"十三五"国家重点出版物出版规划项目

经济科学译丛

环境与自然资源经济学

（第十一版）

汤姆·蒂坦伯格（Tom Tietenberg）
琳恩·刘易斯（Lynne Lewis）
著

王晓霞　石　磊　安树民　耿介坦　等译

ENVIRONMENTAL AND NATURAL RESOURCE ECONOMICS
(ELEVENTH EDITION)

中国人民大学出版社
·北京·

《经济科学译丛》

《经济科学译丛》总序

中国是一个文明古国，有着几千年的辉煌历史。近百年来，中国由盛而衰，一度成为世界上最贫穷、落后的国家之一。1949 年中国共产党领导的革命，把中国从饥饿、贫困、被欺侮、被奴役的境地中解放出来。1978 年以来的改革开放，使中国真正走上了通向繁荣富强的道路。

中国改革开放的目标是建立一个有效的社会主义市场经济体制，加速发展经济，提高人民生活水平。但是，要完成这一历史使命绝非易事，我们不仅需要从自己的实践中总结教训，也要从别人的实践中获取经验，还要用理论来指导我们的改革。市场经济虽然对我们这个共和国来说是全新的，但市场经济的运行在发达国家已有几百年的历史，市场经济的理论亦在不断发展完善，并形成了一个现代经济学理论体系。虽然许多经济学名著出自西方学者之手，研究的是西方国家的经济问题，但它们归纳出来的许多经济学理论反映的是人类社会的普遍行为，这些理论是全人类的共同财富。要想迅速稳定地改革和发展我国的经济，我们必须学习和借鉴世界各国包括西方国家在内的先进经济学的理论与知识。

本着这一目的，我们组织翻译了这套经济学教科书系列。这套译丛的特点是：第一，全面系统。除了经济学、宏观经济学、微观经济学等基本原理之外，这套译丛还包括了产业组织理论、国际经济学、发展经济学、货币金融学、公共财政、劳动经济学、计量经济学等重要领域。第二，简明通俗。与经济学的经典名著不同，这套丛书都是国外大学通用的经济学教科书，大部分都已发行了几版或十几版。作者尽可能地用简明通俗的语言来阐述深奥的经济学原理，并附有案例与习题，对于初学者来说，更容易理解与掌握。

经济学是一门社会科学，许多基本原理的应用受各种不同的社会、政治或经济体制的影响，许多经济学理论是建立在一定的假设条件上的，假设条件不同，结论也就不一定成立。因此，正确理解并掌握经济分析的方法而不是生搬硬套某些不同条件下产生的结论，才是我们学习当代经济学的正确方法。

本套译丛于 1995 年春由中国人民大学出版社发起筹备并成立了由许多经济学专家学者组织的编辑委员会。中国留美经济学会的许多学者参与了原著的推荐工作。中国人民大学出版社向所有原著的出版社购买了翻译版权。北京大学、中国人民大学、复旦大学以及中国社会科学院的许多专家教授参与了翻译工作。前任策划编辑梁晶女士为本套译丛的出版做出了重要贡献，在此表示衷心的感谢。在构建高水平社会主义市场经济体制时期，我们把这套译丛献给读者，希望为中国经济的深入改革与发展做出贡献。

《经济科学译丛》编辑委员会

前　言

当我们随意浏览报纸时，我们不难发现环境经济学已经成为环境政策领域的重要一员。各种概念已经从教科书转移到了立法听证会议室中，例如总量控制和交易、可再生资源配额制度、分段定价、可再生能源信用、开发影响费、保护地役权、碳交易、公共物品、拥堵费、总体平均燃油经济性标准、垃圾按量收费、债务换自然、扩展生产者责任、蔓延、蛙跳式发展、污染天堂、战略石油储备、为生态系统服务付费和可持续发展等。本书中大量的案例显示，曾经局限于学术讨论的各种概念如今不仅是政策组合中的内容，而且已经在现实中发挥了显著的作用。

新增内容

除更新了文中和图表中的数据之外，第十一版带来了更多的国际关注热点，整合了很多新研究、新话题、新图表、新的讨论问题和新案例。估值、能源、水资源和气候变化章节的新内容尤其多。

新增或扩展的话题

- 碳社会成本（第 3 章）。
- 条件价值评估法和选择实验法的当代最佳实践指南（2017 年）（第 4 章）。
- 环境估价参考清单（第 4 章）。
- 选择实验法和效益转移法（第 4 章）。
- 《欧盟可再生资源指令》（第 7 章）。
- 微电网（第 7 章）。
- 各种垃圾处理按量收费方法（第 8 章）。
- 塑料袋禁令和收费（第 8 章）。
- 欧盟《水资源框架指令》（第 9 章）。
- 全额成本收回定价（第 9 章）。
- 为获取毒品砍伐（第 11 章）。
- 美国捕捞配额计划（第 12 章）。

- 欧盟共同渔业政策（第 12 章）。
- 执行——非法的、未报告的、未管制的鱼类资源（第 12 章）。
- 生态系统服务估值（第 13 章）。
- 现行总量控制和交易政策回顾（第 15 章）。
- 欧盟和其他国家的燃油经济性标准（第 16 章）。
- 共享单车计划的经济学分析（第 16 章）。
- 《巴黎协定》的演变及其对气候的影响（第 17 章）。
- 《蒙特利尔议定书》及其对气候变化效应的影响（第 17 章）。
- 碳定价项目的收入利用（第 17 章）。
- 价格区间检验价格波动（第 17 章）。
- 适应气候变化投资的经济学分析（第 17 章）。
- 欧洲《水资源框架指令》（第 18 章）。
- 有毒物质暴露的社会成本（第 19 章）。
- 密歇根州弗林特市的水污染案例（第 19 章）。
- 自然灾害的经济学分析（第 20 章）。
- 加利福尼亚州全球变暖解决法案（第 21 章）。

新案例和讨论

- 气候变化和水资源的可得性：这两种挑战如何联系在一起？
- 碳社会成本的地域范围有多大？
- 一进二出原则是管理监管过度的好方法吗？
- 美国国家公园的价值。
- 页岩燃料：巴肯地层。
- 能效：回弹效应和回火效应。
- 跳出固有模式思考如何降低成本：布思贝试点项目。
- 肯尼亚太阳能微电网的经济分析。
- 节水成本：收入稳定和公平定价的较量。
- 监测经济学的发展及其在入侵物种管理中的作用。
- 瑞典的氮氧化物收费。
- 监管和执行：大众汽车的经验。
- 燃油价格下跌时的燃油经济性标准。
- 关于气候科学的赌注。
- 深海范围英国石油公司漏油事故损失估算。
- 通过允许有限的国际象牙贸易，会增强或减少对大象种群的保护吗？
- 洪水保险——增强抗自然灾害能力。

新特点

- 新讨论题目（第 1、2、13、15、17、18、20 章）。

- 新自测题（第 6、7 章）。
- 新进一步阅读参考（第 1、4、5、6、7、8、11、14、15、17、20、21 章）。
- 新图（第 2、9、12、18 章）。
- 词汇表中新术语。

全书总览

本书将帮助开始学习环境与自然资源经济学的学生了解本领域的学术前沿。尽管本书是为那些已经完成了两学期经济学导论课程或一学期微观经济学导论课程的学生设计的，但也已经成功地用于一些较低年级或较高年级的本科生课程及低年级研究生课程中。

章节结构和论题覆盖面的设计使我们在多种情况下可以方便地使用本书。所有章节都适用于环境与自然资源经济学的调查类课程。虽然我们中的很多人都发现，书中包含的丰富资料已经超过了一个季度甚至一整个学期能够讲授的内容。教师可以根据自己的课程设计灵活使用这些资料。一学期的自然资源经济学课程可选用第 1～13 章和第 20～21 章，而环境经济学概论课程可以再加上第 14 章。一学期的环境经济学课程可以采用第 1～4 章和第 14～21 章。

第十一版的内容涉及理论和实践层面上某些市场机制的创新。随着许多环境问题成为全球化问题，环境和自然资源经济学已经成为一个快速发展和变化的领域。在本书中，我们抓住一些地球面临的复杂问题，探究这些问题，并寻找潜在的解决方案。

本版保留了明显的政策指向。尽管书中讨论了大量的理论性和经验性证据，但目的是增加人们对市场机制和政策问题的理解。每一章均包含研究和政策内容，避免了其他应用经济学教材用书经常出现的问题，即前面章节中的理论与书中其他部分的内容联系不够紧密。

这是一本经济学著作，但又超越了单一的经济学范畴。书中经常出现自然和物理科学、文学、政治科学和其他学科的知识。在一些情况下，这些参考内容提出了很好的问题，恰恰是经济学分析能够发挥作用加以解决的。而在另一些情况下，它们影响了经济学分析的结构，甚至提出了相反的观点。它们的重要作用在于强调经济学方法的独特性，同时也避免我们肤浅地不加批驳地接受所有资料。

本书采用图形化的两期模型引入跨期优化的讨论，所有相关数学（不包括简单的代数）演算参见章节的附录。图表和数学表达式帮助学生用数学语言理解原理及其推理。在第十一版中，我们保留了旧版本中读者评价较高的内容，增加了经济学原理应用的数量，清晰阐述了一些比较复杂的争议性问题，更新了资料，包含了一些最新的全球研究进展。

一些期刊反映了政策领域中环境经济学的作用，本书中包含了这些期刊中全部或大部分的论题。《生态经济学》（*Ecological Economics*）致力于更紧密地联系经济学家和生态学家，共同探寻应对环境挑战的各种适当的解决方案。有兴趣的读者还能够在以下期刊中发现最新的研究成果，包括《土地经济学》（*Land Economics*）、《环境经济学与管理期刊》（*Journal of Environmental Economics and Management*）、《环境经济学与政策回顾》（*Review of Environmental Economics and Policy*）、《环境与资源经济学》（*Environmental and Resource Economics*）、《环境与国家资源经济学国际回顾》（*International Review of Environmental and National Resource Economics*）、《环境与发展经济学》（*Environment and Development Economics*）、《资源与能源经济学》（*Resource and Energy Economics*）和《自然资源期刊》（*Natural Resources Journal*）等。

本书中讨论涉及内容的列表可以在 ResEcon 中找到，这是一个有关环境与自然资源管理问题的学术列表。

www. env-econ. net 是一个非常有价值的博客，有许多环境经济学与政策的问题。

互联网服务变化得如此之快，以至于一些信息可能会过时。要获得及时的更新，请访问本书的网址 www. routledge. com/cw/titenberg。网址中有一个在线参考资料部分，其中可以找到书中所有引用文献。

目　录

第 1 章　展望未来 …… 1
引言 …… 1
未来的环境挑战 …… 3
迎接挑战 …… 5
社会如何回应挑战? …… 5
前方之路 …… 8
第 2 章　经济学方法：产权、外部性和环境问题 …… 13
引言 …… 13
人类与环境的关系 …… 13
环境问题和经济效率 …… 16
产权 …… 18
外部性——市场失灵的原因之一 …… 19
追求效率 …… 29
政府的有效角色 …… 33
第 3 章　权衡利弊：成本-效益分析和其他决策矩阵 …… 37
引言 …… 37
决策的规范标准 …… 37
概念的应用 …… 43
社会和私人贴现率的差异 …… 53
其他决策矩阵 …… 56
第 4 章　环境价值评估：方法 …… 60
引言 …… 60
为什么要对环境进行价值评估? …… 61
价值评估 …… 62
第 5 章　动态效率与可持续发展 …… 89
引言 …… 89
一个两期模型 …… 90
界定跨期公平 …… 93

有效配置是公平的吗？ …… 94
应用可持续性准则 …… 96
环境政策的含义 …… 97
附录　动态效率的简单数理基础 …… 100
第 6 章　可耗竭资源的配置：更长时间跨度、替代品和开采成本的影响 …… 102
引言 …… 102
一种资源分类法 …… 103
有效的代际间配置 …… 105
可耗竭资源的市场配置 …… 112
附录　不变开采成本的可耗竭资源模型扩展：更长时期和丰富替代品的作用 …… 116
第 7 章　能源：可再生资源替代可耗竭资源的过程 …… 119
引言 …… 119
天然气：从价格管制到水力压裂技术 …… 119
石油：卡特尔问题 …… 122
化石燃料：国家安全考量 …… 125
电力：可耗竭资源的作用 …… 130
电力：向可再生能源转变 …… 132
第 8 章　可回收资源：矿石、纸、瓶子和电子垃圾 …… 141
引言 …… 141
矿石 …… 141
可回收资源的有效配置 …… 143
缓解资源稀缺的因素 …… 146
不完全市场 …… 149
回收原料市场 …… 158
电子垃圾 …… 158
污染损害 …… 160
第 9 章　水资源：可再生、可耗竭的资源 …… 164
引言 …… 164
水资源短缺的潜在可能 …… 165
稀缺水资源的有效配置 …… 167
现行配置系统 …… 170
补救措施和改革 …… 175
第 10 章　土地：位置固定的、多用途的资源 …… 192
引言 …… 192
土地配置的经济学分析 …… 193
无效的土地利用和利用方式转变的原因 …… 195
基于市场的创新性政策补救措施 …… 201

第 11 章　森林：可贮存、可再生的资源 …… 207
引言 …… 207
森林采伐决定的特征 …… 208
无效率的根源 …… 213
贫穷和债务 …… 216
可持续林业 …… 217
公共政策 …… 217
附录　森林的采伐决定 …… 224
第 12 章　公共池塘资源：具有商业价值的渔业资源 …… 226
引言 …… 226
有效配置——生物经济学理论 …… 227
可取性和市场解决方案 …… 232
渔业公共政策 …… 235
附录　捕捞决策：渔业 …… 252
第 13 章　生态系统产品和服务：受到威胁的自然馈赠 …… 255
引言 …… 255
生态系统服务的现状 …… 256
生态系统服务的经济分析 …… 257
生态系统服务的价值 …… 257
保护自然服务的制度安排和机制 …… 264
可交易权体系 …… 266
生态旅游 …… 269
濒危动物保护的特殊问题 …… 272
放眼未来 …… 275
第 14 章　污染控制经济学概述 …… 278
引言 …… 278
污染物分类 …… 278
定义有效的污染配置 …… 279
污染的市场配置 …… 282
有效的政策响应 …… 283
均匀混合基金污染物的成本有效性政策 …… 284
其他政策维度 …… 290
附录　符合成本有效性的污染控制的数学意义 …… 296
第 15 章　固定源的局地和区域空气污染 …… 298
引言 …… 298
常规污染物 …… 298
基于市场的手段 …… 304

第 16 章 移动源的空气污染 …… 311
引言 …… 311
补贴和外部性 …… 313
移动源管制政策 …… 315
第 17 章 气候变化 …… 332
引言 …… 332
气候变化的科学认识 …… 332
有关气候变化政策的谈判 …… 334
他山之石：削减臭氧消耗物质 …… 338
经济学和减缓政策选择 …… 339
争论：排放权交易的道德问题 …… 344
减缓政策：时机 …… 344
适应政策的作用 …… 346
第 18 章 水污染 …… 351
引言 …… 351
水污染问题的性质 …… 351
传统水污染控制政策 …… 357
美国的经验 …… 357
效率与成本有效性 …… 361
欧洲经验 …… 369
发展中国家经验 …… 372
第 19 章 有毒物质与环境公正 …… 379
引言 …… 379
市场配置与有毒物质 …… 383
危险废弃物的选址决策 …… 387
第 20 章 寻求可持续发展 …… 398
引言 …… 398
发展的可持续性 …… 398
增长与发展的关系 …… 410
第 21 章 再看未来愿景 …… 418
引言 …… 418
解决问题 …… 418
自测题答案 …… 427
术语表 …… 443

第1章 展望未来

向导引领着他来到一座桥。顺着桥拱，但丁看到了一群占卜者……他们正从第四峡谷的底端缓缓走来。借助他们的魔法和咒语，占卜者窥见了原本只有上帝洞悉的未来，于是，他们的脸痛苦地转向反方向。因为看不见前方，他们不得不向后退。

——但丁·阿利吉耶里，《神曲·地狱篇》，卡莱尔译（1867）

（Dante Alighieri，*Divine Comedy*：*The Inferno*，translated by Carlyle，1867）

引言

□ 自我灭绝假说

北美殖民地取得独立之时，爱德华·吉本（Edward Gibbon）完成了他的传世之作《罗马帝国衰亡史》（*The History of the Decline and Fall of the Roman Empire*）。该书最后一章的开头是一段蕴含深刻含义的文字，作者描绘了这样一个情景：罗马帝国灭亡后，博学的伯吉斯和他的两个仆人一起登上了卡匹托尔山，罗马帝国衰亡前后的巨大差异令他们震惊。

> 在诗人所处的年代，神庙的顶是黄金所造；如今，圣殿已经不复存在，黄金被劫掠一空，命运又完成了一次轮回，神圣的土地上布满了荆棘和杂草……昔日罗马人民用于集会、执行法令和选举行政官员的广场，如今或被圈起来种植调味香菜，或任由猪狗牛羊奔驰。曾被认为将永久矗立的公共和私人建筑已经倒塌，破败不堪，犹如巨人的残骸；残垣断壁历经时光和命运的打磨，显得更加触目惊心。（Vol. 6，pp. 650 - 651）

是什么原因导致了如此辉煌而强盛的社会最终灭亡？吉本构建了一个复杂的理论来解释这个问题，最终结论是罗马帝国自己播下了灭亡的种子。尽管罗马帝国最终亡于外来炮火和入侵，但其脆弱的真正原因是帝国内部的弱点。

长期以来，“社会自身孕育了灭亡的种子”这一理论一直强烈地吸引着学者们。1798年，托马斯·马尔萨斯（Thomas Malthus）发表了经典著作《人口论》（*An Essay on the*

Principle of Population），书中预见世界将出现这样的时期：繁殖的欲望使人口增长超出了土地的潜力，土地无法供应充足的食物，最终导致饥荒和死亡。在他看来，社会对危机最可能做出的响应是，资源环境约束导致死亡率不断上升，而非人们认识到迫在眉睫的稀缺后进行创新或自我限制。

一般而言，经历了战争和短缺考验的人类社会相当稳健，生活水平显著提升，预期寿命不断提高。但是，真实的历史经验显示马尔萨斯自我毁灭的观点有时可能是有价值的。案例 1.1 就是这样两个实例：玛雅文明和复活节岛。

∴案例 1.1　两个文明的传说

位于中美洲部分地区的玛雅文明，曾经充满活力并孕育了高度文明的社会，但未能幸存至今。研究人员详细研究了玛雅文明的主要聚集地——科潘，揭示其崩溃的原因。

公元 400 年后，玛雅人口增长开始受到环境的约束，特别是农业土地的承载力达到了极限。不断增加的人口严重依赖单一的本地作物（玉米）为食。到 6 世纪初期，玛雅的农业生产已经超过了本地最富生产力的土地的承载力，农民开始不得不依靠生态系统中更为脆弱的部分。最新获得的气候数据显示，玛雅文明曾经有两个世纪气候适宜，其后进入了长达四个世纪的干旱期，出现了一系列严重的旱灾。粮食生产跟不上人口增长的速度。

8 世纪和 9 世纪时，证据显示不仅婴儿和青少年的死亡率很高，而且他们普遍营养不良。大约公元 820—822 年，扮演重要社会领导力量的玛雅王朝突然解体了。

第二个案例是复活节岛，它与玛雅文明和马尔萨斯观点有一些显著的相似点。复活节岛距智利海岸约 2 000 海里，现在的到访者注意到岛上的两大特征：(1) 巨大的火山岩雕像；(2) 岛上的气候和环境良好，但植被异常稀疏。这些巨大的雕像竖立在距离采石场很远的地方，这表明复活节岛上曾拥有先进的文明，但现在的到访者们无处寻觅过去文明的踪迹。复活节岛上到底发生了什么？根据学者们的说法，简单的答案就是不断增加的人口，以及建造房屋、制造独木舟、运输雕像严重依赖木材，毁灭性地破坏了森林系统（Brander and Taylor，1998）。毁林导致水土流失、土壤肥力下降、粮食产量大幅度减少。岛上的居民如何应对迫在眉睫的各种物资短缺？显然，当时岛上的派系之间发动战争，最终互相残杀，摧毁了岛上的文明。

我们愿意相信不仅在面临短缺时，社会能够改变行为来适应不断减少的资源供给；而且人们一旦认识到问题的严重性，会自动采取这种善意的应对方式。我们甚至早有这样的说法，“需要是发明之母”。然而，这些故事确实说明，没有出现自动的响应来解决问题。随着本书的展开，我们将会看到，有时社会不仅无法解决问题，反而会使问题变得更糟。

资料来源：Webster, D., Freter, A., & Golin, N. (2000). *Copan: The Rise and Fall of an Ancient Maya Kingdom* (2000). Fort Worth, TX: Harcourt Brace Publishers; Brander, J. A., & Taylor, M. S. (1998). The simple economics of Easter Island: A Ricardo-Malthus model of renewable resource use. *The American Economic Review*, 88(1), 119-138; Turner, B. L., & Sabloff, J. A. (2012). Classic period collapse of the central Maya lowlands: Insights about human-environment relationships for sustainability. *Proceedings of the National Academy of Sciences*, 109(35), 13908-13914; Pringle, Heather. (2012). Climate change had political, human impact on ancient Maya. *Science* (November 9), 730-731.

未来的环境挑战

未来社会将同时面临资源稀缺和污染物不断累积带来的双重挑战。我们在后续章节中将详细讨论这些问题的很多具体实例。本节选择一个污染问题（气候变化）和一个资源稀缺问题（水资源的可得性）来展示人类未来将要面对的挑战。

□ 气候变化

来自太阳的巨大能量驱动着地球上的天气情况和气候状态。进入地球的太阳射线使地球表面的温度升高，地球又把热能反射回太空，而大气中的“温室”气体（水蒸气、二氧化碳和其他气体）截留了向外辐射的部分能量。

如果没有自然的“温室效应”，地表的温度将远低于当前的地表温度，我们所知的生命就无法在如此低温的状态下生存。然而，再好的东西也不能太多。当温室气体的浓度超过正常水平时，就会截留过多的热量，地球有点像是炎炎夏日中车窗紧闭的一辆车。

工业革命以来，温室气体排放量增加，显著地增强了地球大气层截留热辐射的能力。根据美国全球变化研究计划（U. S. Global Change Research Program，USGCRP）(2014)①：

> 世界各地的科学家和工程师收集了从上层大气到海洋深处的各种证据，讲述了一个确凿的事实：地球正在变暖，在过去的半个世纪里，这种变暖主要是由人类活动，特别是化石燃料燃烧引起的。

地球变暖的后果将同时影响人类和生态系统。人类容易受到高温影响，如 2003 年夏天，欧洲的高温热浪导致了数千人死亡。人类健康也会受到疾病（如莱姆病等）的影响，地球变暖使莱姆病的传播范围更广。随着温度较高的海水范围扩大和冰川融化，海平面不断升高，再加上风暴强度增加，预计会使沿海地区更频繁地面临洪水的威胁。各种生态系统将受到温度变化的影响，一些物种转移到新的地区来适应温度的变化，但许多物种可能无法及时做出反应。变化的进程已经开始，而且将在 21 世纪逐渐加剧。

气候变化也有重要的道德含义。很多发展中国家排放的温室气体相对较少，但由于其适应气候变化的能力有限，预计将受到最沉重的打击。

应对气候变化需要全世界协同，共同采取行动。在当前的世界体系中，主权国家占主导地位，国际组织相对弱势，协同是这样的世界体系面临的严峻挑战。

□ 水资源的可得性

人类社会面临的另一类威胁是在资源供给有限的情况下，不断增长的资源需求之间的相互作用。由于水对生命非常重要，水资源是一个特别有趣的案例。

---

① 见 www.globalchange.gov/climate-change。

根据联合国的数据，全世界约40%的人口生活在中度或重度缺水的地区。（联合国淡水资源评估报告中，“中度缺水”指人类消耗的水资源占所有可得的、可再生淡水资源的比例超过20%，“重度缺水”指消耗的水资源占比超过40%。）预计到2025年，世界上将有约2/3的人口（约55亿人）生活在中度或重度缺水的地区。

全球缺水压力的分布并不均匀。例如，在美国、墨西哥、中国和印度的部分地区，地下水的消耗速度快于回补速度，含水层水位持续稳步下降。一些河流，如美国西部的科罗拉多河和中国的黄河，经常在入海之前已经断流。一些曾经规模巨大的水体，如咸海和乍得湖，现如今的容量仅是历史规模的一小部分。许多亚洲河流源头的冰川也在缩减。

根据联合国的数据，非洲和亚洲是受清洁水资源不足困扰最严重的两个大洲。据估计，高达50%的非洲城市居民和75%的亚洲人缺乏足够的安全供水。

人类活动污染了有限的水资源，进一步恶化了可得的饮用水。根据联合国的数据，发展中国家未经任何处理直接排放了90%的生活污水和70%的工业废水。预计气候变化将加剧干旱发生的频率和持续时间，同时增加水资源的需求，减少水资源的供给。

一些干旱地区通过输水管道从水资源更丰富的地区引水，或修建大型水库补充水资源。但是，当重新配置水资源或安置水库移民产生反作用时，这种解决办法可能加剧冲突。另外，高架水渠和大坝的地质结构可能很脆弱。例如，加利福尼亚州的一些水渠穿过或是位于已知地震断裂带上（Reisner，2003）。

此外，气候变化和水的可得性是相互依存的关系。案例1.2探讨了它们之间的关系以及这一点的重要性。

❖案例1.2　气候变化和水资源的可得性：这两种挑战如何联系在一起?

从政策分析的角度来看，这些挑战是否相互依存意义重大。如果它们相互联系，那么在设计任何应对挑战的政策时都必须考虑到它们之间的相互作用。否则，政策响应可能既没有效率也没有效果。

2016年5月3日，世界银行发布了一份报告，记录并分析了这些联系的自然和经济影响。报告指出，随着水资源需求增加，气候变化也会加剧水资源短缺，由此可能导致负面的经济影响和安全挑战。据报道：

> 在未来30年内，全球粮食系统用水需求将增加40%～50%；城市和工业用水需求将增加50%～70%；能源部门用水需求将增加85%；而留给环境的水资源将会更少。

该报告进一步预测，中东和非洲的情况将会恶化，到2050年，这些地区的用水成本将占到GDP的6%。

报告总结道：

> 虽然政策改革和投资是艰巨的，但不采取行动的代价会更高。未来是缺水的和不确定的，但正确的改革有助于政府确保人民和生态系统不受世界严重缺水冲击和不利降雨趋势的影响。(p. ix)

资料来源：World Bank. (2016). *High and Dry: Climate Change, Water, and the Economy*. Washington, D.C.: World Bank. License: Creative Commons Attribution CC BY 3.0 IGO.

迎接挑战

随着经济活动的规模稳步扩大，其引发的环境问题已经超越了地理和代际的界限。当环境问题的规模较小时，主权国家曾是有效解决这些问题的政治组织形式，但现在的情况仍旧如此吗？过去每一代人都可以满足自己的需要，无须担心子孙后代的需要，如今代际效应日益突出。解决诸如贫穷、气候变化、臭氧层消耗和生物多样性丧失等问题需要国际合作。因为后代子孙不能为自己说话，当代人必须替他们考虑。不论有多困难或是不完美，当代的政策必须包含我们对后代的责任。

国际合作绝不是必然的结果。全球环境问题可能会对谈判桌周围的国家产生非常不同的影响。一些气候变化模型预测，海平面上升可能完全淹没地势较低的国家，干旱地区的国家可能发现沙漠化侵蚀了边缘的农地，而由于寒冷地区的气候变暖，农业生长季延长，其他一些国家的农业生产力可能得到提高。

与缺乏责任意识的国家相比，单方面采取行动改善全球环境问题的国家，面临竞争优势降低的风险。在国家水平上，实施严格环境政策的工业化国家可能不会受到很大影响，因为使用可再生清洁能源和安装污染控制设备的行业增加的收入和就业机会可以抵消这种影响。但是，一些特定产业可能由于严格的环境管制，成本明显高于（不采取环境管制的国家）竞争对手，并可能因此失去市场份额。特别严格的环境管制和外包生产风险引发的严重影响包括市场份额下降和就业岗位减少。寻求解决之道时必须重视这些问题。

市场机制在应对挑战方面非常具有弹性。正如我们所见，价格不仅可以激励人们有效利用现有资源，而且可以激励创新来扩展未来的能源选择。

然而，我们也会发现，市场激励并不总能促进可持续发展。当前，即使构成了生存威胁，许多个人和机构仍愿意维持现状。渔民过度捕捞，尽管减少捕捞可以保护种群并使鱼群数量恢复到健康水平，他们也不愿减少产量。依赖化肥和农药补贴的农民也不愿放弃使用农药化肥。煤炭企业抵制减少燃煤电厂碳排放的任何尝试。

社会如何回应挑战？

基本问题是社会将如何应对这些挑战。系统思考这一问题的一种方法涉及反馈。

正反馈指次生效应将进一步强化基本趋势。资本积累的过程是正反馈的一个例子，新投资产生更大的产出，销售这些产出可以产生利润，这些利润可以继续被用于新的投资。请注意正反馈是一个自我强化的过程。

气候变化中也存在正反馈。例如，科学家们认为，甲烷排放和气候变化之间可能就是一个正反馈关系。由于甲烷是温室气体，甲烷排放的增加导致了气候变化。甲烷储存于地球的永久冻土层中，地表温度上升引发了大量额外甲烷的释放；这些更大量的甲烷气体将加剧地表温度的升高，从而导致更多的甲烷释放，依此类推，这是一个正反馈。

人类行为也能够通过正反馈加剧环境问题。例如，当某种商品即将出现短缺时，消费者通常会开始囤积该商品。囤积行为加剧了商品短缺。同样，在面临食物短缺时，人们可能被迫吃掉种子，而种子是未来获得更多食物的关键。这种恶性循环的情况尤其令人头痛。

与之相反，负反馈是自我限制而非自我强化。英国科学家詹姆斯·洛夫洛克（James Lovelock）提出的盖亚假说是全球最知名的负反馈例子，盖亚假说是希腊神话中"地球之母"概念的延伸，将地球比作一个存在复杂反馈机制的有机体，不断寻找着最佳的物理和化学环境。偏离最佳环境将引发自然的、非人为的响应机制来恢复平衡。根据盖亚假说，地球环境的特征本质上是负反馈，因此，在一定范围内，这是一个自我限制的过程。

随着我们调查研究的推进，人类经济和政治系统对新环境问题的强化或限制程度将是我们分析的一个关注点。

□ 经济学的作用

社会如何应对挑战在很大程度上取决于人类个体或集体的行为。特别是存在稀缺性时，经济学分析提供了极其有效的一系列工具，帮助人们理解和/或调整人类行为。在很多情况下，经济学分析指出市场机制弹性的来源体现在负反馈循环上。在其他情况下，经济学分析不仅为识别市场失灵提供了基础，也帮助我们更清楚地了解这些情况如何以及为什么会导致环境退化。继而我们可以以这些知识为基础，设计新的激励机制，在市场失灵的情况下恢复经济与环境间的和谐关系。

这些年里，人们已经发展了两种不同但相关的经济方法来应对未来的挑战。讨论1.1探讨了生态经济学与环境经济学的相同点和不同点，以及它们都能为应对挑战带来什么。

讨论1.1 生态经济学与环境经济学

过去几十年，研究经济和环境作用的学者们已经分为两大阵营：生态经济学（http://www.ecoeco.org/）和环境经济学（http://www.aere.org/）。尽管它们有很多相同点，但生态经济学在方法论上更加多元化，而环境经济学则扎实地建立在新古典经济学的标准范式之上。新古典经济学强调人类福利水平最大化，采用经济激励修正破坏性的人类行为，而生态经济学根据不同的调查目的，利用包括新古典经济学在内的多种方法。

尽管有些人认为两种方法之间是竞争关系（"非此即彼"），包括本书作者在内的另外一些人则认为两者是互补关系。当然，互补不意味着相互间完全认同。不仅这两个领域本身存在显著的差异，而且在一些具体议题上也存在明显不同，如环境资源估值、贸易的环境影响以及对气候变化这类长期问题的政策战略评价等。这些差异不仅体现在方法论上，还体现在指导分析的价值判断上。

本书汲取了来自两个领域的营养。尽管分析的基础是环境经济学，但当章节中的观点存在争议时，往往借助大量生态经济学的观点加以评论，并适当吸纳新古典范式以外的有益内容加以补充。实用主义是本书写作的主导原则，如果某种方法或研究有助于我们理解环境问题及其解决方案，那么无论它来自哪个领域，我们都会将其引入本书内容。

□ 模型应用

本书中所有论题都围绕着“在有限的环境和自然资源背景下如何满足人类需求”这一普遍关注的问题展开。由于这个问题非常复杂，所以将其拆分成几个可处理的部分，有助于大家更好地理解。当我们分别掌握了各个部分的知识后，我们就能把这些部分组装起来，拼成一个更为完整的全景。

如在其他很多学科中一样，在经济学中我们运用模型来研究复杂的问题，比如经济与环境间的关系。模型是对现实特征的简化。以一个熟知的例子类比，尽管一张地图在设计上省略了诸多细节，但在现实生活中，它仍然是一个非常有用的向导。地图显示出不同地点间的相互关系，为我们提供了一个整体视角。尽管地图不能显示出特定地点的所有细节，但能够标示出我们当前所需的关键特征。

本书中的模型也是如此，细节的简化使主要概念和要点间的关系更为清晰。

幸运的是，模型可以帮助我们严谨地研究一些相互关联且具有全球性的问题。糟糕的是，由于模型的选择性，它们可能产生完全错误的结论。我们可能事后才发现，省略的细节对于我们某个特定维度的理解非常重要。因此，模型是有用的抽象工具，但它们产生的结论严格取决于模型的结构。正如你在阅读本书时将看到的那样，改变模型的结构就可能得到不同的结论。因此，我们应该始终谨慎地审视模型。

多数人对世界的看法都建立在一些模型之上，尽管模型涉及的假设条件和相互关系可能通常是隐性的，甚至可能是潜意识的。但是经济学中的模型是明确清晰的，模型的目标、关系和假设条件都有明确的阐述，以便读者可以准确理解模型结论的推导过程。模型是透明的。

经济模型对市场环境和其他设定条件下实际行为的解释程度，验证了模型的有效性和可靠性。计量经济学是一个实证领域，采用统计技术，主要是回归分析，建立关键的经济函数。数据推导出的函数（如成本曲线和需求函数）有诸多用途，如检验有关各种水资源政策效果的假设或预测太阳能电池板的未来价格。

但是，在非实验条件下检验人类行为很具有挑战性，因为除了主要因素，我们几乎不可能完全控制影响结果的所有因素。为了更好地模拟现实环境、获得所需数据，从而更好地理解人类行为，人们开始使用另外一种补充性的分析工具——实验经济学（见案例 1.3）。总的来说，计量经济学和实验经济学可以提供不同的视角，帮助我们理解人类行为及其对世界的影响。

✣案例 1.3　实验经济学：在实验室中研究人类行为

实验经济学的吸引力在于它能够更好地控制实验条件来研究人类行为。20 世纪中期，经济学家们开始设计控制性实验来研究人类行为。实验设计模拟了各种决策情景，向参与者付费，告知参与者实验规则，并要求他们做出决策。通过控制实验条件来改变参与者们面临的各种情景，实验研究人员能够研究各种情景如何影响人们的选择和集体性结果。

让我们通过一个政策案例说明如何将这些方法应用在资源政策之中（Cummings et al.，2004)。2000年4月，佐治亚州立法通过了《弗林特河干旱保护法案》，要求州政府在干旱年份拍卖灌溉权来补偿停止灌溉的农民，目的是利用市场机制识别那些能够以最低成本放弃灌溉权的农民，并公平地补偿他们的节水行为。接近法案生效之时，该州的政策制定者采用了一组经济学家设计的实验，以本地农民为实验参与者。实验结果用于帮助决策者选择具体的灌溉权拍卖方案，以满足法案的要求。

实验结果在某种程度上是可复制的，这些实验使人们能够更深刻地理解市场、政策和制度的有效性。实验经济学的相关文献数量庞大且不断增加，这些文献阐述了一些广泛争论的议题，如各种污染控制和水资源分配政策的有效性、不确定性如何影响选择，合作协议如何影响共享自然资源的可持续性等。

尽管实验的优点是能够控制决策情景，但人为的实验设置产生了这样一个问题：实验结果能够在多大程度上解释实验室以外的人类实际行为。虽然通过仔细设计可以控制实验模拟的程度，但不可能完全消除人为设计的影响。多年以来，实验经济学提供了大量有价值的信息，可以补充我们从计量经济学中学到的东西。

资料来源：Cummings, R. G., & Taylor, L. O. (2001/2002). Experimental economics in natural resource and environmental management. In H. Folmer and T. Tietenberg (Eds.), *The International Yearbook of Environmental and Natural Resource Economics*. Cheltenham, U. K.: Edward Elgar, 123 - 149; Smith, V. L. (1998). Experimental methods in economics. In J. Eatwell, M. Murray, & P. Newman (Eds.), *The New Palgrave Dictionary of Economics*, Volume 2. London: The Macmillan Press Limited, 241 - 249; Cummings, Ronald G., Holt, Charles A., & Laury, Susan K. (2004). Using laboratory experiments for policymaking: An example from the Georgia irrigation reduction auction. *Journal of Policy Analysis and Management*, 23(2), 341 - 363.

前方之路

目前，人类社会是走在自我毁灭的道路上吗？答案部分取决于人类行为构成了正反馈还是负反馈。如果不断增加的稀缺性导致了正反馈的人类行为，加剧了环境压力，这就是悲观主义的看法。如果人类对稀缺性的反应有助于减少环境压力，或者通过改革减少这种压力，这就是乐观主义的看法。

环境与自然资源经济学不仅为理解环境问题的行为根源提供了坚实的基础，也为制定具体的解决方案提供了坚实的基础。在后续的章节中，你将看到如何（或已经）利用经济分析应对气候变化、生物多样性丧失和水资源短缺等问题。很多解决方案相当具有新意。

市场力量非常强大。忽视市场力量解决环境问题，失败的风险非常高。当市场力量与有效率的和可持续的结果一致时，将进一步支持和强化这些结果。当市场力量效率低下和/或不可持续时，可以引导市场力量向新的方向发展，以恢复结果和目标之间的协同性。环境与自然资源经济学为实现目标和结果之间的一致性提供了一系列具体指导。

□ 潜在的问题

当我们展望未来时，乐观主义者看好持续的繁荣，他们相信市场体系能够有效应对环境挑战；悲观主义者认为这些挑战的范围和规模各不相同，他们怀疑人类是否有能力及时应对这些挑战（见讨论 1.2）。

讨论 1.2☞ 未来会怎样?

经济是否正与环境发生冲突？还是已经开始了和解的进程？哥本哈根共识中心负责人比约恩·隆伯格（Bjørn Lomborg）领导的团队对此的结论是：过去，人类社会曾机智地应对了环境问题；当前，环保主义者的担忧过于危言耸听。他在《怀疑的环境保护论者》（*The Skeptical Environmentalist*）一书中写道：

> 事实正如我们已经看到的那样，在过去的400年里，文明带来了卓越和持续的进步……并且我们应当面对这一事实：总的来说，我们没有理由预期这样的进步不能持续下去。

世界观察研究所的研究人员持有相反观点，他们认为当前的发展路径及其造成的环境压力是不可持续的，其报告《2012年世界状况》（*State of the World 2012*）中提到：

> 1992年，里约峰会的与会政府对可持续发展做出了历史性的承诺，可持续发展是一种能够同时促进人类健康和生态系统健康的经济体系。20年过去了，在多个峰会召开之后，人类文明从未如此濒临生态崩溃。三分之一的世界人口处于贫困状态，预计未来40年全球将新增20亿人口。

这些观点不仅对现有历史证据的解释不同，也意味着非常不同的未来战略。

资料来源：Lomborg, B.（2001）. *The Skeptical Environmentalist: Measuring the Real State of the World*. Cambridge: Cambridge University Press; The Worldwatch Institute.（2012）. *The State of the World 2012*. Washington, D. C.: Island Press.

如果人类基于我们认为正确的观点采取行动，而事实恰恰证明该观点是错误的，我们将为此付出巨大的代价。因此，以检验这两种观点（或第三种观点）为基础，形成你们自己的看法是非常重要的。

为了评价这些愿景是否成立，我们必须解答下列基本问题：

（1）我们将问题界定为资源约束不变下的指数型增长是否正确？地球承载力是有限的吗？如果确实如此，如何将承载力的概念应用于操作层面？当前或预期的经济活动规模已经超出地球承载力了吗？

（2）经济系统如何应对稀缺？这种反应过程主要是正反馈还是负反馈？经济系统的反应强化还是缓和了之前的资源匮乏？答案依赖于决策背景吗？

（3）政治系统在控制这些问题中发挥什么作用？什么情况下政府干预是必要的？何种形式的政府干预最有效？政府干预都是好的吗？还是可能使情况恶化？行政、立法和司法三方各自的具体职责是什么？

（4）很多环境问题的特点是问题的严重性和潜在解决方案的有效性存在明显的不确定。我们的经济和政治制度能够以合理的方式应对不确定性吗？不确定性会使现有经济和政治制度瘫痪吗？

（5）在我们重视当代人对后代的责任时，经济和政治系统能够携手消除贫穷和社会不公吗？还是说我们对后代子孙的责任不可避免地与提高当前绝对贫困人口的生活水平，或公平对待所有人（特别是最弱势的、易受伤害的人）存在冲突？短期目标和长期目标能够协同吗？能实现可持续发展吗？如果可以，如何实现？追求可持续发展对工业化国家和欠发达国家未来的经济活动意味着什么？

本书接下来采用经济分析和各种证据来回答这些复杂的问题。

□ 本书概要

在下面的章节中，你们将学习内容丰富且非常有益的环境与自然资源经济学。论题的范围广泛多样。经济学为研究环境与经济和政治系统的关系提供了强大的分析框架，可以帮助我们识别环境问题发生的背景，发现环境问题的成因，并寻找解决方案。每一章介绍了环境与自然资源经济学中的一个单独主题，各章主题编织在一起构成全书的骨架——在以稀缺性为特征的环境中关注发展问题。

本书始于比较经济学家和非经济学家对于环境问题的观点。不同学科的学者看待环境问题和潜在解决方案的方式取决于他们如何组织现有事实，如何解释这些事实以及他们把这些认识转化为政策时持有的价值观基础。在详细研究具体的环境问题之前，我们先比较了传统经济学和其他自然科学和社会科学主流意识形态的差异，这种比较不仅解释了为什么理性的人们基于同样一组事实会得出不同的结论，还揭示了在环境问题研究中使用经济学分析的优缺点。

第 2～6 章深入探究经济学方法，重点介绍了环境经济学家使用的许多工具，包括成本-效益分析、成本有效性分析、对非市场产品和服务进行货币化估值的方法。这部分内容界定了具体的评价标准，并采用案例说明如何将这些标准应用于当前的环境问题。

第 7～13 章转向传统上属于自然资源经济学的主题，包括可耗竭能源和可再生能源、可回收资源、水资源、土地资源、森林资源、渔业资源和其他生态系统。

接着我们进入公共政策领域——污染控制，该领域越来越依赖于使用经济激励引导人们做出期待的响应。这些章节揭示了局地和区域空气污染的特殊性、全球问题（如气候变化和臭氧消耗）、机动车尾气污染、水污染、有毒物质和用于控制这些污染物的各种经济方法的有效性。

在讨论了单个环境和自然资源问题，以及缓解这些问题的政策的成败之后，我们把各章内容组织在一起，提炼出全面综合的内容来回答本章提出的问题。同时，我们还提出了环境政策中有待解决的一些主要问题，这些问题可能是未来几年甚至几十年的中心议题。

小结

难道我们的制度如此短视，选择了一条只能通向毁灭的道路？我们已经简要分析了两种不同的观点。世界观察研究所认为这条道路通向毁灭，但隆伯格的观点更加乐观。悲观主义认为随着人口增长和经济活动水平不断提高，不可避免地超出地球承载力；乐观主义认为，最初的资源稀缺将引发人口增速的大幅放缓和快速的技术进步，技术进步带来更丰富的资源，而非加剧短缺。

对这些不同观点的研究揭示了一些问题，能够引导我们评估未来。寻找答案要求我们更好地理解经济和政治系统的选择机制，以及这些选择和自然环境间的相互影响。寻找答案的旅程始于全书第2章，在这一章中，广义上经济方法得到发展，并与其他传统方法形成对比。

讨论题

1. 经济学家朱利安·西蒙（Julian Simon）在《最后的资源》（*The Ultimate Resource*）一书中指出，“资源基础有限”这种说法是一种误导。为了说明这个观点，西蒙使用了带有一英寸标记的码尺作为类比。两个标记间的距离是有限的，即1英寸，但是在有限的长度内可以划分出无限个刻度。因此，在某种意义上，刻度间的距离是有限的，但同时从另一种意义上来说，它又是无限的。有限资源基础这一概念是否有用？为什么？

2. 本章包含了两种看待未来的观点。除非我们亲身经历预测涵盖的时间段（这样就可以将预测与实际事件相匹配），否则无法完全检验这些观点的有效性。我们怎样才能提前发现哪种观点更正确？我们可以采用哪些标准来评价上述预测？

3. 系统思考未来的关键是正反馈和负反馈。当你审视塑造未来的关键力量时，你发现了哪些正反馈和负反馈？

4. 你认为讨论1.2中的哪种观点更有说服力？为什么？哪种逻辑或证据最能支持这种观点？

5. 水资源的可得性和气候变化挑战间的相互关系将如何影响应对这些挑战的政策设计？请举例说明，与两者独立的情况相比，两者相互依赖情况下设计良好的政策有何区别？

6. 托马斯.L. 费利德曼（Thomas L. Frid）在其著作《感谢你的迟到：繁荣时代乐观主义者的成功指南》（*Thank you for Being Late：An Optimist's Guide to Thriving in the Age of Acclerations*）中讲述了数字革命如何从根本上改变我们已知的生活。你认为它将如何改变人类与环境的关系？它可能成为一种促进和谐还是加剧破坏的新力量？为什么？你有具体的例子来说明你的结果吗？

自测题

1. 价格对资源短缺的正常反应是正反馈吗？为什么？

补充读物

Batabyal, A. A., & Nijkamp, P. (2011). Introduction to research tools in natural resource and environmental economics. In A. A. Batabyal & P. Nijkamp（Eds.），*Research Tools in Natural Resource and Environmental Economics*. Hackensack，NJ：World Scientific Publishing，3–26. 这是对于环境与自然资源经济学中最常用的理论、实证、实验和跨学科研究工具的一个介绍。

Delbeke，J.，Klaassen，G.，van Ierland，T.，& Zapfel，P.（2009）. The role of environmental economics in recent policy making at the European Commission. *Review of Environmental Economics and Policy*，4，24–43. 这篇文章检验了环境经济学在欧洲委员会关于气候变化、能源和空气污染政策中的应用。

Managi，Shunsuke（Ed.）.（2015）. *The Routledge Handbook of Environmental Economics in Asia*. New York：Routledge. 这是一部说明环境经济学原理和方法在亚洲特定的环境与自然资源问题中如何应用的论文集。

Motesharrei，Safa，Rivas，Jorge，& Kalnay，Eugenia.（2014）. Human and nature dynamics（HANDY）：Modeling inequality and use of resources in the collapse or sustainability of societies. *Ecological Economics*，101（May），90–102. 这篇论文讨论了导致两种崩溃的两种机制，并提出了一种能再现历史上不可逆崩溃的动力学模型。

Noussair，Charles N. & van Soest，Daan P.（2014）. Economic experiments and environmental policy. *Annual Review of Resource Economics*，6，319–337. 这篇研究回顾了关于政府干预对于保护环境是否总是必要的以及政府干预是否总是有效的文献，并讨论了使用实验室来检验基于市场的环境政策的方法。

Repetto，R.，Ed.（2006）. *Punctuated Equilibrium and the Dynamics of U. S. Environmental Policy*. New Haven，CT：Yale University Press. 这是关于积极和消极反馈机制如何相互作用而产生环境政策将局获突破的复杂讨论。

Spash，Clive.（2017）. *The Routledge Handbook of Ecological Economics*. New York：Routledge. 由该领域的领军人物编辑，本手册以信息丰富和易于获取的形式提供了生态经济学文献的现代指南。

Stavins，R.，Ed.（2012）. *Economics of the Environment：Selected Readings*，6th ed. New York：W. W. Norton & Company，Inc. 这是一套极好的补充读物，抓住了学科的力量及其引起的争议。

更多的参考文献和重要的历史参考文献可在本书的配套网站查找：www. routledge. com/cw/Tietenberg。

第2章 经济学方法：产权、外部性和环境问题

今晨我看到那令人愉悦的风景，毋庸置疑，它是由二三十个农场组成。米勒拥有这片地，洛克拥有那片，而曼宁是远处那片树林的主人。但是他们都不能占有这片风景。只有诗人的双眼可以拥有这地平线，这是他们农场中最可贵的，却无人能凭产权而据为己有。

——拉尔夫·沃尔多·爱默生，《自然》(1836)

(Ralph Waldo Emerson，*Nature*，1836)

引言

在我们研究具体的环境问题及其政策响应之前，开发和阐释经济学方法是很重要的，这样可以避免只见树木、不见森林。认识概念框架不仅使得单个案例的处理变得容易，而且可能更重要的是使我们能够明白这些单个的案例是如何适用于一个综合的框架方法的。

在本章中，我们开发了经济学中使用的一般概念框架来处理环境问题。我们以经济系统中所显现的人类行为与其引起的环境后果之间的关系研究为开端，然后建立标准来判断这一关系后果的可取性。这些标准为识别环境问题的性质和严重程度提供了基础，同时也为有效政策的设计提供了基本原理。

经济学观点与其他观点的对照贯穿本章始终。这些对照使经济学方法处于更为清晰的焦点之下，有利于激发人们对所有可行的方法进行更为深刻、更具批判性的思考。

人类与环境的关系

□ 环境作为一种资产

在经济学中，环境被视为能够提供一系列服务的综合资产。环境确实是一种非常特殊的资产，为我们提供了维持生存的生命保障系统，但它仍然是一种资产。如同其他资产一样，我们希望环境资产增值或者至少避免不当的贬值，使其可以持续地为我们提供

美学上的愉悦和维持生命的服务。

环境为经济提供了原材料和能量，其中，原材料可以通过生产过程转化为消费品，而能量使得这一转化过程顺利进行。最终，这些原材料和能量以废物的形式返回到环境中（参见图 2－1）。

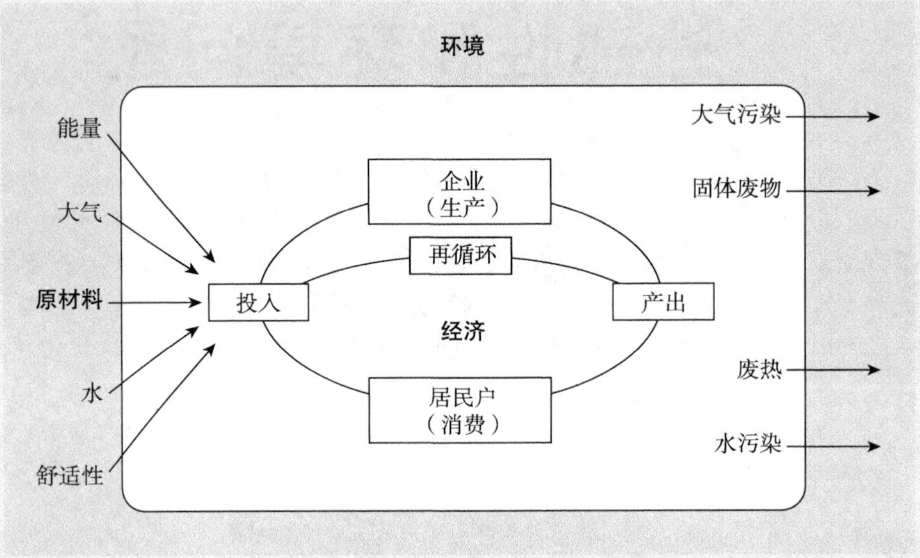

图 2－1　经济系统与环境

环境也直接为消费者提供产品和服务。我们呼吸的空气、从食物和饮料中吸收的营养、为我们提供保护的住所和衣服，我们的全部获益都直接或间接来自环境。作为处于其中的一个重要的子集，生态系统的物质和服务，包含了直接来自生态系统的效益，包括生物多样性、可呼吸的空气、湿地、水质、固碳和娱乐消遣。此外，任何经历过漂流的愉悦、享受过野外独步旅行的宁静、欣赏过落日余晖的屏息之美的人都能够充分认识到生态系统带给我们诸多无可替代的舒适性（对于经济学在维持和保护这些特有产品和服务中扮演的角色，第 13 章提供了进一步的探讨）。

如果环境被定义得足够广义的话，那么环境与经济系统的关系就可以被视为一个封闭系统。对我们而言，封闭系统既没有来自系统外部的输入（能量、物质等），也没有产出输出系统之外。相比而言，开放系统是一个可以输入或输出物质或能量的系统。

如果我们把如图 2－1 所示的关系限定在地球和我们周围的大气之中，那么我们显然并不拥有一个封闭系统。我们直接或间接地从太阳获取了大部分能量，也把宇宙飞船发射到了大气层之外。然而从历史的角度来看，这个系统可以被视作一个封闭系统，因为从物质投入和产出（不包括能量）的角度而言，输出物（例如被遗弃的空间飞行器）和输入物（例如月球陨石）的数量微不足道。这一系统是否保持封闭取决于对太阳系作为原材料来源剩余部分的空间开发程度。

把地球大气视为封闭系统有着重要意义，正如热力学第一定律所概括的那样：能量和物质既不能被创造，也不能被消灭。① 这条定律意味着从环境流入经济系统的大量物质或者在经济系统中累积起来，或者以废物的形式返回到环境中。当累积过程停止时，流入经济系统的物质总量在数量上等于流入环境的废物总量。

当然，过多的废物会使环境资产贬值，当废物超出自然的吸收能力时，废物会减少环境资产提供的服务。我们很容易找到这样的例子：大气污染可以引起呼吸系统疾病，污染的饮用水会引致癌症，烟雾会彻底破坏优美的景观，气候变化会导致沿海地区海平面上升。

人类和环境的关系也服从另一个物理学定律——热力学第二定律，即熵定律。这一定律阐述了“熵增”。熵是不能用于做功的能量总数。运用到能量的转化过程中，此定律意味着从一种形式的能量到另一种形式的能量不存在完全有效率的转化，并且能量的消耗是一个不可逆的过程。在转化过程中总会消耗掉一些能量，而其余能量一旦被使用之后，也就不能再被用于进一步的工作。第二定律也意味着如果没有新的能量输入，任何一个封闭的系统最终一定会耗尽它能获得的能量。由于能量对于生命而言是必需的，有效的能量流一旦停止，生命也就终止了。

我们应该记得，基于能量的视角，我们的地球甚至不是一个近似的封闭系统。我们从太阳获得能量，然而，熵定律告诉我们，太阳的能量流存在一个可以持续获得的上限。一旦存储的能量（例如化石燃料与核能）被用尽，可被用于有效工作的能量将取决于太阳能量流和可贮存起来利用的能量（通过大坝、树木等形式）。因此，从长期来看，能量增长的过程受限于太阳能的可获得性和我们转化利用太阳能的能力。

□ 经济学方法

我们采取了两种不同的经济学分析方法来增加我们对经济系统与环境间关系的理解。实证经济学尽力描述这种关系在现在、过去是怎样的以及在未来将会怎样。与之相对应，规范经济学则论述这种关系应该是怎样的。在实证经济学中，解决争议的方法通常是诉诸事实，而在规范经济学中，则涉及价值判断。

这两种经济学分支都是有用的。例如，假设我们要调查贸易与环境之间的关系。实证经济学可以用来描述贸易对经济和环境的各种影响。然而，它对于贸易是不是可取的这一疑问不能给出明确答案。这种判断必须借助于规范经济学——我们将在下一节探讨的主题。

实证分析自身不能决定一些政策行动的可取性并不意味着它在政策制定中没有用处。案例 2.1 是有关用于政策制定的多种经济影响分析的案例。

当存在任意多的可能性时，规范分析就会出现一个完全不同的情形。例如，我们可能会问，我们应该把温室气体（导致气候变化）排放控制到何种程度？我们如何实现控制目标？或者我们可能会问，各种森林应该被保护到何种程度？要回答这些问题，就要求我们考虑所有可能的一系列结果，选择最好或最优的结果。尽管与要求我们只对两个预定的对象进行比较相比，回答上述问题要困难得多，但是这两种情况下的基本规范分析框架是一致的。

---

① 可是，我们从爱因斯坦的著名公式（$E=mc^2$）中知道，物质可以被转化为能量，这种转化是核能的来源。

∴案例 2.1 减少钢铁铸造厂有害污染物排放的经济影响

美国国家环境保护局（Environmental Protection Agency，EPA，以下简称美国环保署）的任务是开发“最大可实现的控制技术标准”，减少钢铁铸造厂有害大气污染物的排放。作为标准制定中的一部分，美国环保署实施了事先的经济影响分析，评估建议实施标准的潜在经济影响。

如果标准得以实施，要求一些钢铁铸造厂采取污染控制方法会增加受影响企业的生产成本。影响分析回答的有趣问题是这样做会造成多大的影响。

影响分析估计现有污染源的年治理成本为 2 173 万美元。成本增加预计会导致产品价格小幅上升。具体而言，预计铁铸件的价格将上升 0.1%，钢铸件的价格将上升 0.05%。预计使用冲天炉的铸铁厂和铸铁产品的消费者会受到价格上涨的显著影响。预计未受影响的国内铸造厂和国外的焦炭生产商会从这一政策中受益，利润轻微上升。

影响分析有两点好处。其一，分析显示影响结果低于 1 亿美元，处于美国行政管理和预算局（Office of Management and Budget）的权限之内，这一分析排除了花费更多时间和资源进行分析的必要性。其二，对于那些担心会产生更严重影响的人，显示预期影响微小的上述分析有助于减少他们的反对。

资料来源：Office of Air Quality Planning and Standards, United States Environmental Protection Agency.（November 2002）. *Economic Impact Analysis of Proposed Iron and Steel Foundries*. NESHAP Final Report; National Emissions Standards for Hazardous Air Pollutants for Iron and Steel Foundries.（April 17, 2007）. Proposed Rule. *Federal Register*, 72(73), 19150 - 19164.

环境问题和经济效率

□ 静态效率

在规范经济学中，静态效率（static efficiency，或简称效率）是我们判断同一时点上不同资源配置方案的主要标准。如果资源配置方案实现了资源使用净效益的最大化，就可以说该资源配置满足了静态效率标准。经济剩余，就是消费者剩余和生产者剩余之和。

消费者剩余是消费者获得的价值减去其为此而付出的成本。消费者剩余可以用需求曲线下方的面积减去消费者的成本来衡量。消费者成本是在价格线下方，以纵坐标轴为左边界，以商品的数量为右边界所围成的面积。这个矩形的面积为商品的价格乘以数量，表示消费者为获得这个数量的商品的支出。

为什么将价格线上方的面积作为剩余？对于购买一定数量的商品，市场需求曲线上对应的那一点表示某人愿意为最后一单位该种商品所付出的货币值。对于一定数量的该种商品的总支付意愿，假定购买了 3 单位的商品，则总支付意愿就是 3 单位商品中每一单位商品的支付意愿的加总。因此，3 单位商品的总支付意愿可以用第一单位、第二单位、第三单位商品各自的支付意愿的加总来衡量。现在看一个简单的扩展示意，总支付意愿就是连续的市场需求曲线的下方到配置数量的左侧所围成的面积。如图 2－2 所示，Q_d 单位商品的总支付意愿就是对应的阴影面积。我们将用总支付意愿这一概念来定义消费者从他所接受到的一定数量商品中所获取的总价值。因此，消费者获取的总价值等于市场需求曲线下方从原点到消费数量点的区域的面积。从而，消费者剩余就是总支付意愿超出消费者实际支付的部分。

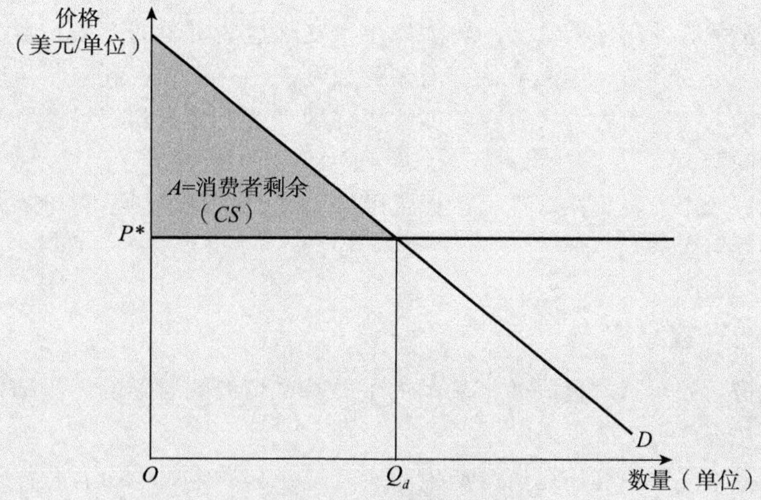

图 2－2　消费者的选择

同时，卖方面临相似的选择（见图 2－3）。给定价格 P^*，卖方选择出售 Q_s 单位，最大化自己的生产者剩余。生产者剩余用面积 B 来表征，它是价格线以下边际成本曲线（供给曲线 S）以上的区域的面积，左边界以纵轴为界，右边界到所出售商品的数量。计算生产者或消费者剩余，只要函数是线性的（如图中所示），每一个面积都表现为一个直角三角形。直角三角形的面积＝1/2×三角形的底边×三角形的高。利用这个公式，试着计算本章后边的自测题 1 中的面积。

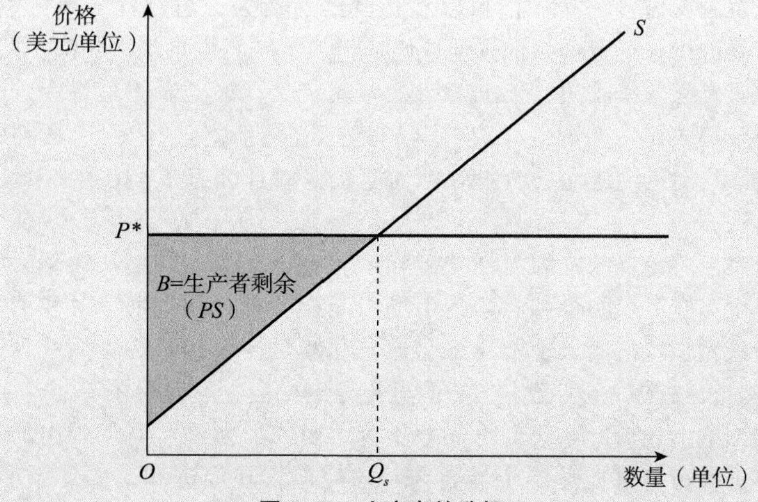

图 2－3　生产者的选择

产权

□ 产权和有效市场配置

生产者和消费者使用环境资源的方式取决于支配这些资源的产权。经济学的产权是指使用资源的一个权利束，用来明确所有者的权利、特许权和权利限制。通过考察这些权利和它们影响人类行为的方式，我们能够更好地理解在政府和市场的资源配置中为什么会产生环境问题。

产权可以授予个人、集体，也可以授予国家。我们如何辨别逐利与效率何时是一致的？何时又是不一致的？

□ 有效的产权结构

我们先来分析一个运作良好的市场经济中能够产生有效配置的产权结构。有效的产权结构有三个主要特征：

（1）排他性——拥有和使用资源产生的所有效益和成本属于所有者，并且只属于所有者，可以直接或间接地出售给他人。

（2）可转让性——所有产权都能以自愿交换的方式从一个所有者转让到另一个所有者。

（3）强制性——产权应该受到保护以免被别人强制性地夺取和侵犯。

产权得到明确界定的（表现出上述三个特征）资源所有者会有强烈的动机去有效使用资源，因为资源价值的降低意味着个人的损失。拥有土地的农民对土地有施肥灌溉的动机，因为这会增加产出并提高他们的收入。同样，他们有动力进行轮作以提高土地生产率。

交换得到明确界定的产权可以促进效率，正如市场经济中的产权交换。为了对此进行解释，让我们来分析当存在明确界定的产权体系时，消费者和生产者面对的各种激励。因为卖方在消费者支付相关费用前可以阻止其消费行为，消费者必须付费以得到产品。对于给定的市场价格，消费者会根据他或她的个人消费者剩余最大化决定购买的数量。

这样的配置是有效率的吗？依据静态效率的定义，答案显然是肯定的。通过市场配置实现经济剩余最大化，如图 2 - 4 所示，它等于消费者剩余和生产者剩余之和（面积 $A+B$）。这样，我们不仅建立了衡量效率的流程，而且拥有了描述生产者和消费者之间剩余分配的方法。

这一区分是至关重要的。因为消费者和生产者都在追求效率，效率无法实现。他们都不能实现效率！在产权明晰和竞争的市场中交换各种权利，生产者和消费者都在试图使自己的剩余最大化。继而，价格体系引导自利的生产者和消费者从社会整体角度出发做出有效选择。价格体系将利己主义的能量传导到社会生产力的轨道上。

由于过分熟悉上述情形，我们可能并不为之赞叹。但是，值得指出的是，消费者和生产者在做出选择时享有充分的个体自由，才使得旨在促进和谐的体系能够有效运转。这真是一个了不起的成就。

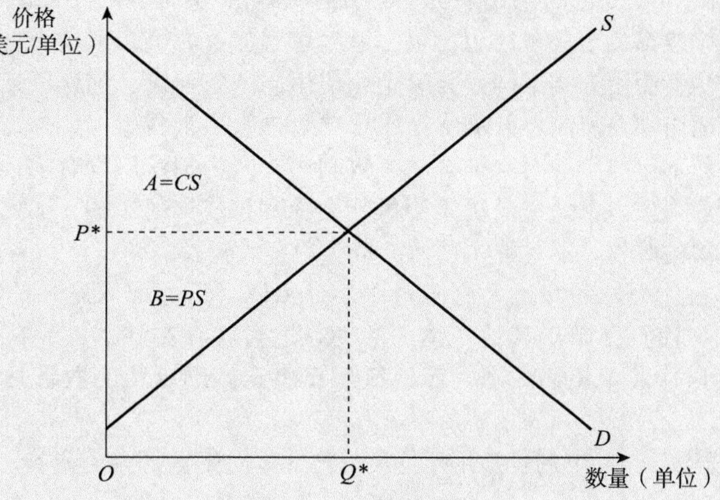

图 2－4　市场均衡

□ 生产者剩余、稀缺租金和长期竞争均衡

由于价格线以下的面积是总收入，并且边际成本（或供给）曲线下方的面积是总可变成本，所以生产者剩余与利润相关。在短期，当一些成本是固定的时，生产者剩余等于利润加上固定成本。在长期，当所有成本是可变的时，生产者剩余就等于利润加上租金，租金是生产者拥有的稀缺性投入的回报。只要新企业能够进入获利行业，并且不会提高投入品的价格，长期利润和租金将等于零。

稀缺租金。无论如何，大多数自然资源行业的租金呈上升态势，即使进入自由，竞争也不能消除生产者剩余。在持续的长期竞争均衡中，生产者剩余被称为“稀缺租金”(scarcity rent)。

大卫·李嘉图（David Ricardo）是认识到稀缺租金存在的第一位经济学家。李嘉图认为，土地的价格是由最不肥沃土地的边际单位产出决定的。价格必须足够高，较为贫瘠的土地才会进入生产领域。否则，人们就会耕种较为肥沃的土地以获取经济利润。竞争不会侵蚀利润，因为土地的数量是有限的，较低的价格仅仅会导致土地的供给下降，不能满足需求。扩大生产的唯一办法是把额外的、并不肥沃的土地（耕种成本高）也用于生产；因此，额外的生产不会降低价格，正如固定成本行业中的情况一样。我们将要看到其他条件也会导致自然资源的稀缺租金上升。

外部性——市场失灵的原因之一

□ 概念

排他性是有效产权结构的主要特征之一。人们在产权实践中经常违反排他性特征。

当一个主体做出一项决定但不用承担其行为后果时，种类繁多的侵害就出现了。

假设两家企业都位于一条河边。第一家生产钢材，而第二家稍靠近其下游，经营一家度假酒店。尽管使用方式不同，两家企业使用同一条河流。钢铁厂把河流当作其废物的接收器，而酒店却在河流上开展水上娱乐项目以吸引消费者。如果这两家企业的所有者不同，那么就不可能实现对水资源的有效利用。因为钢铁厂没有承担废物排入河流导致的酒店的营业损失，钢铁厂的决策不可能会受到该成本的影响。因此，预期钢铁厂会向河流倾倒更多的废物，不可能实现河流资源的有效配置。

这种情形被称为外部性。无论何时，某个主体（厂商或家庭）的福利不仅取决于其自身的活动，而且受制于其他主体的活动，这时就存在外部性。在本例中，河里增加的废物对酒店造成了外部成本，而钢铁厂在决定倾倒废物的数量时并没有对此进行考虑。

图 2－5 描绘了钢铁市场，显示了这类外部成本对钢铁行业的影响。钢铁生产不可避免地在生产的同时造成污染。需求曲线 D 显示了对钢铁的需求，MC_p 是生产钢铁的私人边际成本曲线（不包含污染控制和污染损害）。因为社会既要考虑钢铁生产的成本，也要考虑其污染的成本，社会边际成本函数（MC_s）包含了这两项成本。

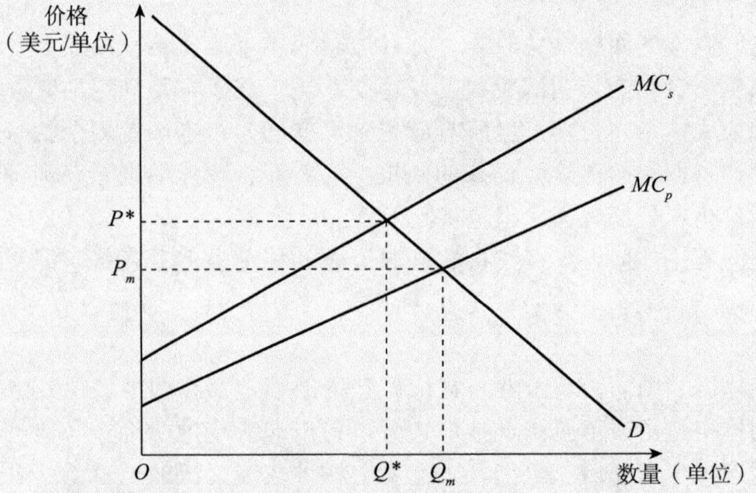

图 2－5 钢铁市场

如果钢铁厂不存在控制排放水平的管制要求，它的产量是 Q_m。在竞争的状况下，将会使生产者剩余最大化。但这显然不是有效的，因为净效益最大化发生在 Q^* 点而非 Q_m 点。你能求出这一社会净损失（无谓损失）吗？当边际社会成本与边际社会效益不相等时，就会出现无谓损失。在这种情况下，市场配置使得边际社会成本高于边际效益。

借助图 2－5，我们可以得到与导致污染外部性的商品市场配置有关的许多结论：

（1）产量过高。

（2）产生了太多的污染。

（3）导致污染的产品价格太低。

（4）只要存在外部成本，市场就不会产生寻找降低单位产出污染方法的激励。

（5）由于污染物排入环境的成本如此之低，污染物回收和再利用缺乏激励。

由于存在这类商品的不完全市场，最终会影响原材料、劳动力等方面的需求。最终影响会通过整个经济表现出来。

□ 外部性的类型

外部性影响或外部性可正可负。历史上，外部成本（外部不经济）和外部效益（外部经济）被分别用来表示受影响者从外部得到的是损害还是效益。显然，水污染的例子代表了外部不经济。然而，外部效益的例子也不难发现。正如本章开篇援引的片段那样，一块风景优美的土地的私人所有者为所有路人提供了一种外部经济。一般而言，当出现外部效益的时候，市场的供给源总是不足的。

另一项明显的差别也是重要的。被称作货币外部性的一类外部性并没有表现出类似污染这样的问题。当价格变化引起外部性影响时，就出现了货币外部性。假设一家新的公司迁入一个地区，使得土地的租用价格上升。这一上升对所有那些支付土地租金的公司产生了负面影响，这就是外部不经济。

不过，由于上升的租金反映了土地的稀缺，所以这种货币不经济并不会引起市场失灵。土地市场提供了一种让交易双方为土地出价的机制；最终的价格反映了不同用途的土地的价值。没有货币外部性，价格信号就不能维持资源的有效配置。

污染并不是一种货币外部性，因为这一影响并没有通过价格传导出去。在这样的例子中，价格不会调整以反映排放增加的污染负荷。对水资源的损害没有反映到钢铁厂的成本中。体现在货币外部性中的基本反馈机制在污染案例中没有出现。

外部性是一个广泛的概念，它涵盖了许多市场失灵的原因（案例 2.2 就是一个例证）。我们下一步要深入研究产生外部性的一些具体条件。

案例 2.2　泰国虾类养殖的外部性

在泰国素叻他尼府海岸的沙颇村，1 100 公顷的红树林湿地的一多半因为村民开展商品虾养殖场而消失。尽管养虾是赚钱的经济活动，但是红树林可以作为鱼类繁殖的场所，可以作为暴风雨和土壤侵蚀的屏障。随着当地红树林的毁坏，沙颇村的村民经历了捕获量下降及暴风雨和水污染的损害。对于剩余的红树林，我们能够信任市场的力量以实现保护和发展间的效率平衡吗？

经济学家 Sathirathai 和 Barbier（2001）的计算证明，进一步破坏红树林湿地导致的生态服务价值的损失超出了取而代之的虾类养殖场的价值。保护剩余的红树林湿地是有效率的选择。

一个潜在的虾类养殖的企业家会做出有效的选择吗？遗憾的是，答案是否定的。这个研究依据当地森林资源的利用、近海处的渔业关联和海岸保护，估算红树林的经济价值约每公顷 27 264～35 921 美元。与虾类养殖的经济回报相比，一旦取消投入品补贴和计入水污染成本，每公顷仅为 194～209 美元。然而，因虾农得到大额补贴，并且不必考虑污染的外部成本，他们的经济回报一般是每公顷 7 706.95～8 336.47 美元。当缺少集体行动施加的某种形式的外部控制时，通常人们会选择发展，尽管发展是低效率的。与红树林的生态服务功能有关的外部性导致出现行为选择方面的偏差，结果是社会净效益更低，但私人获得了巨大的净效益。

资料来源：Sathirathai，S.，& Barbier，E. B.（April 2001）. Valuing mangrove conservation in southern Thailand. *Contemporary Economic Policy*，19（2）. 109－122；Barbier，E. B.，& Cox，M.（2004）. An economic analysis of shrimp farm expansion and mangrove conversion in Thailand. *Land Economics*，80（3），389－407.

□ 一些产权结构导致的背理动机

当然，私人产权不是唯一明确资源使用权利的方式。其他的可能形式包括：

- 国有产权制度（政府拥有和支配产权）；
- 共有产权制度（共同所有者的一个专门小组共同拥有和管理产权）；
- 无主物制度或开放获取制度（无人拥有或行使资源的控制权）。

这些产权制度刺激人们产生了利用资源的迥异的动机。

国有产权制度不仅存在于社会主义国家中，而且实际上不同程度地存在于世界上所有的国家中。例如，公园和森林在资本主义和社会主义国家通常都是由政府所有和管理。当制定和（或）执行资源利用相关规则的官僚们的动机与集体的利益背离的时候，就出现了国有产权制度的效率和可持续性的问题。

共有产权资源是那些被共享的资源，是被共同管理而不是由私人管理的资源。使用共有资源的授权，既可以是受具体的法律保护的正式规则，也可以是受传统或习俗保护的非正式规则。共有产权制度展示了多种程度的效率和可持续性，这些不同的结果取决于集体决策形成的规则。尽管共有产权制度有一些非常成功的案例，但不成功的案例更为普遍。

瑞士的放牧权分配是共有产权制度方面的一个成功先例。尽管瑞士的农业用地通常是私人产权，但是几个世纪以来，阿尔卑斯牧场上的放牧权一直是公共产权。使用者协会制定的具体规则避免了过度放牧，这些规则限制了牧场上许可饲养的家畜数量。由于权利和义务代代相传，因此，协会会员名单上的家庭一直是稳定的。这种稳定性已经显著地促进了互信互惠，为持续地遵守这一规则奠定了基础。

遗憾的是，这种稳定性与其说是规则，倒不如说是例外，尤其在面对严重的人口压力时更是如此。更普遍的情况就如同斯里兰卡的一个名叫 Mawelle 的小渔村经历的那样。起初，村民们制定了一个复杂但是有效的捕鱼权轮流体系，以确保每个人都有公平地在最好的时间和地点捕鱼的权利，同时保护了鱼类资源。随着时间的流逝，人口压力和外来者的涌入使需求不断增加，逐步削弱了集体的凝聚力，以致传统规则没有任何强制力，出现了资源的过度开发，同时降低了所有参与者的收入。

本节主要关注的是无主物产权资源，即任何个人或团体都没有法定的权力来限制其他人的进入，人们根据先到先得的原则进行开发利用，这被称为开放获取资源（open-access resources），造成了大家熟知的“公地悲剧”。

美洲野牛的命运可以说明开放获取资源的问题。野牛是“公共池塘”（common-pool）

资源（共有产权资源）的一个例子。公共池塘资源是共享的资源，具有非排他性和可分性（可分别享用）的特征，非排他性意味着任何人都可以开发和使用该资源，可分性意味着某团体得到的资源数量是可获得资源数量减去其他团体获得的资源数量。（注意公共池塘资源和公共物品的区别，这是下一节的主题。）在美国的早期历史中，野牛非常多，捕猎不受任何限制。边疆地区的人能够很容易地获得所需的皮革和肉。任何一个猎人的捕猎行为不会影响其他猎人花费的时间和付出。当不存在稀缺时，资源的开放获取状态不会威胁效率。

然而随着时间的推移，捕猎野牛的需求不断增加，出现了稀缺。伴随着猎人数量的增加，最终，每额外增加一单位的狩猎活动，获取这相应的额外一头野牛猎物所需要的时间和精力就会增加。

借助图形思考各种各样的产权结构（和猎物获取的水平）如何影响了稀缺租金（在此案例中，消费者和生产者获得的经济剩余是相等的），租金的数量等于捕猎获取的效益减去因捕猎而产生的成本。图 2－6 显示了各种捕猎水平下的效益和成本的比较。在上图中，对应于捕猎活动的每一个水平，效益等于野牛价格（假定不变）乘以捕猎活动水平。向上倾斜的总成本曲线表明总成本随着捕猎活动水平的增加而增加（在本例中假定边际成本不变）。

依据图 2－6 的上图，对于任一水平的捕猎活动都可以衡量出总效益曲线和总成本曲线在纵向上的差距。

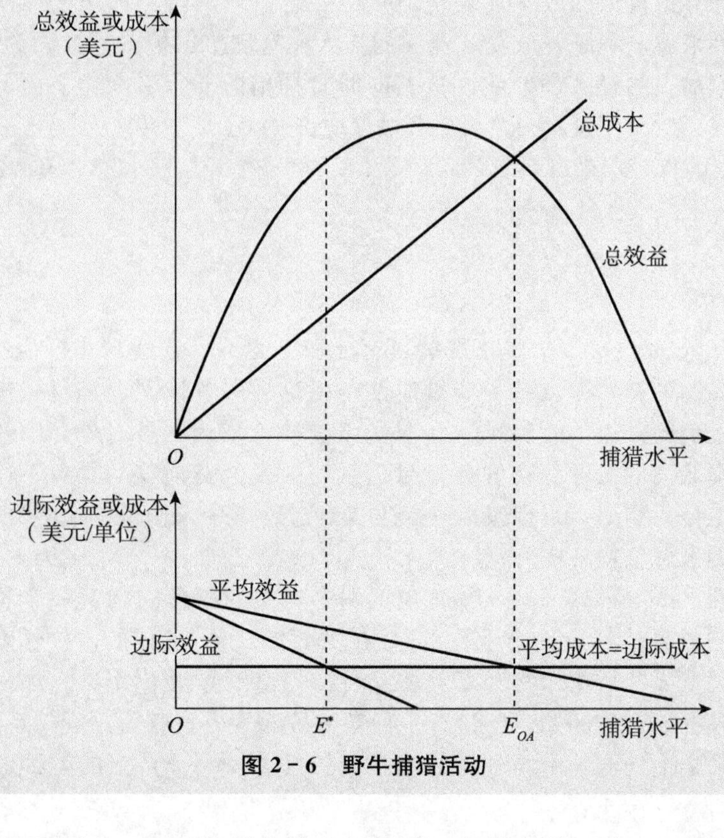

图 2－6　野牛捕猎活动

在图 2－6 的下图中，边际效益曲线向下倾斜（尽管价格不变），这是因为随着捕猎数量的增加，野牛的数量规模下降了。野牛的数量越少，付出的每单位捕猎投入所能捕获的数量也越少。

当捕猎活动处于 E^* 水平时，此时剩余最大化，为最有效的捕猎模式。这一点可以用两种方法在图中进行解释，第一，上图中两条曲线的纵向截距在 E^* 处最大。第二，在下图中的 E^* 水平下，边际效益表示额外一单位捕猎水平的增加所增加的剩余，与之相交的边际成本曲线则表示这最后一个单位捕猎水平的成本支出所减少的剩余。这两种简单而又不同（数学等价）的方法说明的是同样的结果（下图中的曲线可以从上图中的曲线推导出来）。

在所有捕猎者完全不受限制地捕猎野牛的情况下，配置结果不会是有效的。单个捕猎者没有动机通过限制自身的捕猎数量来保护稀缺租金。不具有排他权的单个捕猎者将会不断地捕猎野牛直到他的总效益等于总成本，这意味着捕猎水平为 E_{OA}。由于单个捕猎者不能占有稀缺租金，就会发生过度捕猎的情况；因此，他们就会忽略稀缺租金。通过确立排他性的产权可以避免过度捕猎带来的损失之一——由于过度捕猎而导致的稀缺租金的损失，拥有开放获取资源的猎人在决策过程中不会考虑这一稀缺租金。

我们需要注意开放获取资源配置方式的两个特征：（1）在需求充足的情况下，不受限制的使用权将导致资源的过度开发。（2）稀缺租金被浪费；因为没有人能占有这一租金，所以它就被浪费了。

为什么会发生这样的现象？一方面，不受限制的使用权破坏了保护资源的动机。如果一个猎人能阻止别人捕猎他的猎物，他就会有动机把猎物数量保持在有效水平上。这样的管制措施会导致较低的成本，表现为获得一定数量的野牛付出的时间和劳动成本下降。从另一方面来看，利用开放获取资源的猎人没有动机保护资源，因为在某种程度上，源自自我约束的潜在的经济剩余或许被其他照常捕猎的捕猎者获得。因此，稀缺资源的无限制开放促成无效率配置。过度捕猎和栖息地丧失（土地被转变为农业用地和草地）的结果是大平原野牛几乎灭绝（Lueck，2002）。另一个例子是开放获取渔业资源的问题，这是第 12 章的主题。

□ 公共物品

公共物品（public goods）是指那些具有消费上的不可分性和非排他性的物品，环境资源中公共物品的种类尤为复杂。非排他性是指这样一种情况，一旦提供资源，即使那些没有为它付过费的人也不能被排除在享受该资源带来的利益之外。当一个人对一种物品的消费不会降低其他人可获得的数量时，就可以说消费该物品具有不可分性。许多共有的环境资源是公共物品，不仅包括爱默生提到过的“令人愉悦的风景”，而且包括清新的空气、清洁的水、生物多样性。①

生物多样性（biological diversity）包括两个相关的概念：（1）一个物种内品种之间的基因多样性的数量；（2）一个生物群落内的物种数量。遗传的多样性对于物种在自然界中的生存至关重要，对新作物和新牲畜品种的培育有重要作用。它加强了杂交育种的机会和优良品种的培育。例如，要培育一种新的抗病大麦，获得不同株系是关键。

由于存在一个生物群落中物种间的相互依赖性，每一个特定的物种对于群落整体而

---

① 注意也可能存在公共不良物品，例如肮脏的空气和脏水。

言，都存在远远超过其自身价值的意义。某些物种通过提供食物来源或者控制物种数量来保障生物群落的平衡和稳定。

物种内和物种间差异的丰富性已经为食品、能源、工业化学品、原材料和药品提供了新的来源。然而，大量的证据表明生物多样性正在减少。生物多样性是有价值的生态系统服务。生态系统服务将会在第 13 章详细论述。

我们能够依靠私人部门来提供有效数量的诸如生物多样性这样的公共物品吗？遗憾的是，答案是否定的！假设为了保护正在减少的生物多样性，我们决定采取募捐活动以便能够采取一些保护物种的措施，我们能否募集到足够的资金来支持有效的生物多样性水平？答案一般是否定的。让我们找找原因。

图 2－7 显示了两个消费者 A 和 B 的保护生物多样性的个人需求曲线，市场需求曲线是两条个人需求曲线的垂直相加，这是因为每个人都在同一时间消费同样数量的生物多样性。因此，将消费者为某水平的生物多样性愿意支付的货币数量相加，我们就能够得到市场需求。

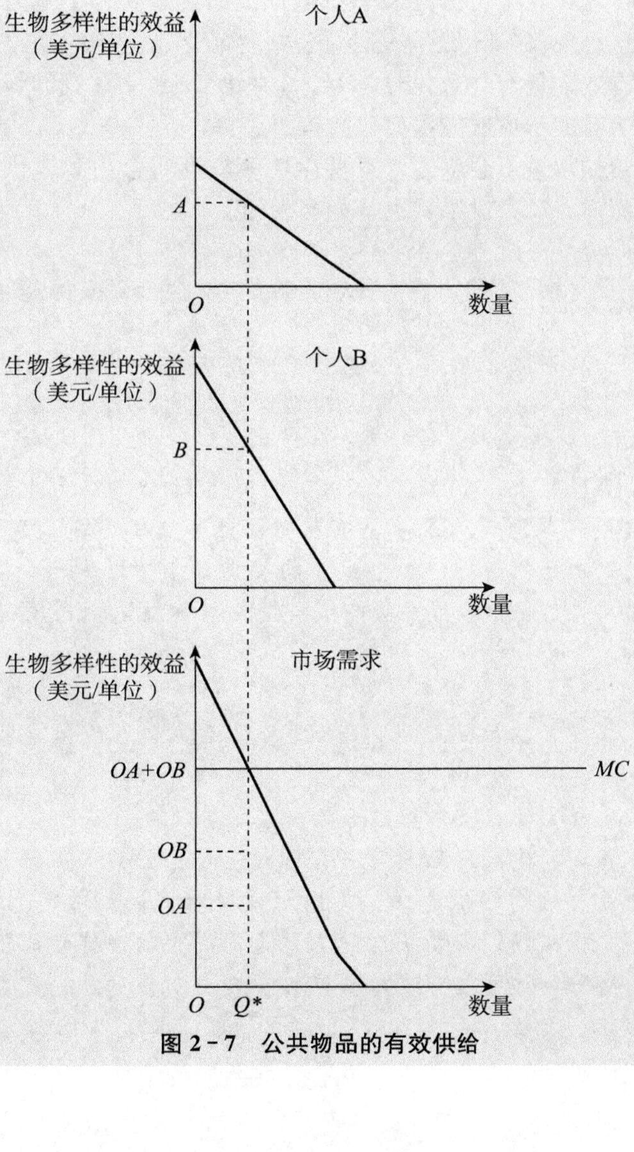

图 2－7 公共物品的有效供给

生物多样性的有效水平是什么？我们通过对效率的定义来决定生物多样性的有效水平。有效配置可以实现经济剩余最大化，它在几何上表现为市场需求曲线以下和不变的边际成本曲线以上部分围成的区域面积。经济剩余最大化的配置水平为 Q^*，需求曲线和边际成本曲线在这一配置水平处相交。

为什么不能期望竞争的市场提供有效水平的这种商品？因为从这种商品的有效配置水平来看，两个消费者具有完全不同的边际支付意愿（*OA* 和 *OB*），有效的价格体系将对每一个消费者收取不同的价格。个人 A 将支付 *OA*，个人 B 将支付 *OB*。（记住，消费者将会依据边际支付意愿等于他们面临的价格来选择商品的消费水平。）然而生产者却没有对价格进行差异化的基础。在排他性缺失的情况下，消费者不可能去选择展示其对这一商品的最强偏好。所有消费者都存在弱化自身偏好的激励而尽力把更多的成本转嫁给其他消费者。

由于每个人都能在别人贡献的基础上成为搭便车者（free rider），就出现了无效率的结果。搭便车者是指那些从某个商品中获取了价值却没有对其供给做出有效支付的人。因为公共物品在消费上具有不可分性和非排他性，消费者获得了他人购买的生物多样性的价值。由于存在这种现象，降低了人们对公共物品做出贡献的动力，就不足以支持我们实现公共物品的有效数量，导致供给不足。（在第 17 章中，我们将利用博弈论的方法去揭示搭便车者如何有助于形成气候变化政策。）

不过，私人供给的数量不会为零。某些生物多样性将会由私人供给。实际上，正如案例 2.3 所表明的那样，私人供给量也是相当大的。

案例 2.3　公共物品的私人供给：大自然保护协会

现实中我们能否看到对诸如生物多样性之类的公共物品的需求？市场会对这样的需求做出反应吗？显然会的，依据就是一个名为大自然保护协会（The Nature Conservancy，TNC）的组织的存在。

大自然保护协会脱胎于一个成立于 1950 年 9 月 11 日的名为生态学家联盟的老组织，目的是建立自然保护区，为那些具有科学、教育或美学重大意义的地区、对象、动物群和植物群的保护提供帮助。这个组织购买或者接受捐赠那些生态学或美学上具有某种独一无二重要性的土地，以防止它们被用作其他用途。TNC 以保护栖息地的方式保护了很多物种。

TNC 从小的保护事业开始着手，到 2012 年，它已经在全球掌管了 1.19 亿英亩森林、湿地、草原、丘陵和岛屿。此外，TNC 已经保护了 5 000 英里的河流，管理着 100 个海洋环境保护项目。这些区域成了珍稀和濒临灭绝的野生动植物的家园。协会拥有和管理着世界上最大的私人自然资源保护区。

这一方式有相当多的优点。私人组织在行动上要比公共部门更为迅速。因为预算有限，大自然保护协会设定了优先序，集中于获得那些最具独特生态学价值的土地。然而公共物品的理论提醒我们，如果这种方式是保护生物多样性的唯一方法，它能保护的只是很小的一部分，达不到有效的保护水平。

资料来源：大自然保护协会，www.nature.org/about-us/vision-mission/index.htm?intc=nature.fnav.about。

□ 不完全市场结构

如果产权交易中的一方能够对结果施加过分强大的力量，也会产生环境问题。例如，当产品只有单一的卖方或垄断时，这种情况就会出现。

在商品市场中，很容易表明垄断违反了我们对效率的定义（见图 2－8）。根据我们对静态效率的定义，供给 OB 单位的商品可以实现有效配置。产生的消费者剩余由三角形 IGC 代表，三角形 GCH 表示生产者剩余。然而，在垄断情况下，生产和销售的产品数量是 OA，此时，边际效益等于边际成本，价格为 OF。在这一点上，生产者剩余（$HFED$）虽然得到最大化，但是消费者和生产者剩余之和显然没有最大化，因为这一选择引起社会经济剩余的损失，损失为三角形 EDC。[①] 垄断企业供给低效率的为数不多的商品。

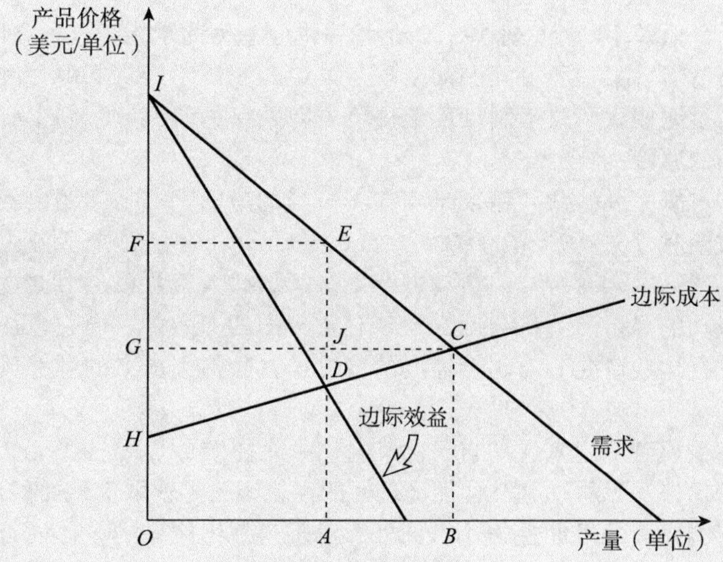

图 2－8　垄断和低效率

在环境问题中，不完全市场显然在发挥着某种作用。例如，主要的石油开采国已经形成了一个卡特尔（cartel），导致了石油价格高于正常水平和产量低于正常水平。卡特尔就是生产者之间用来限制产量以提高价格的一个共谋协议。这个共谋协议使得这一集团起到垄断者的作用。商品市场的低效率通常会在一定程度上被社会成本的降低所抵消。减少石油的燃烧将导致较低的污染水平，从而降低与这种污染有关的社会成本。

□ 信息不对称

对于一个特定的情形或交易，当所有各方都能对这一状况获得同样的信息时，我们

---

① 与有效配置相比，生产者尽管损失了面积为 JDC 的区域，但是他们得到了面积大得多的 $FEJG$ 区域。同时，消费者的境况变得更糟，因为他们失去了面积为 $FECJG$ 的区域。其中，$FEJG$ 仅仅转移给垄断者，而 EJC 成为社会纯损失。总的纯损失（EDC）被称为无谓损失。

就说信息的分配是对称的。然而，如果一方或更多的几方比其他人拥有更多的信息，信息的分配就是不对称的。

信息不对称会使决策者因了解得太少而无法做出有效的选择，这时市场就会出现问题。例如，假定一个消费者偏好有机农产品，但是他不知道什么样的农产品是真正的有机农产品。这样对于生产者而言就变得容易了，即使他们的产品不是有机的，他们也会声称他们的产品是有机种植的。消费者如果不能准确地区分真正的有机农产品和欺诈性的替代品，往往就不愿意为有机农产品支付更高的价格。结果，有机食品的种植户的利润和产出都会处于一种低效率的低值状态。如果消费者没有完备的信息，就会出现负外部性。（在一些章节中，我们会遇到信息不对称的问题，包含能源、污染控制、有毒物质和生态系统服务。）

□ 政府失灵

市场失灵不是低效率的唯一来源。政治程序也应该为此承担责任。在随后的章节中，这一问题将变得清晰，某些环境问题的出现与其说是来源于经济制度，倒不如说是来源于政治制度。为了完成我们关于制度配置环境资源效率的研究，我们也必须理解低效率中来自政府方面的原因。

政府失灵和市场失灵的共同特征是存在不恰当的激励，那是问题出现的根源。特殊利益集团利用政治程序进行所谓的寻租（rent seeking）。寻租是把资源用在游说和其他旨在赢得立法的活动中，而对游说活动进行支持的那些人就可以通过立法的成功而获取更大的利益。成功的寻租活动将会增加特殊利益集团的净效益，但它也往往会降低社会整体的净效益。在这些情况下，比较经典的情况是冒险追逐更大的利益反而只得到了较小的利益。

为什么利益受损者不起来保护自己的利益？一个主要原因是选民无知。对于选民而言，对很多问题保持一无所知是符合经济理性的，原因只是获取信息要付出很高的成本，并且单张选票影响决策的可能性很小。此外，对于松散组织中的个体而言，每一个人的影响力很小，难以形成联合统一的反对势力。从某种意义上说，成功的反对势力是一种公共物品，其参与者存在搭便车的可能。对特殊利益集团的反对往往得不到足够的支持，特别是当反对势力是松散的，而特殊利益集团却是集中抱团的。

寻租可采取多种形式。生产者可以寻求保护以避免进口带来的竞争压力，或寻求最低限价以使价格保持在其有效水平之上。消费者集团能够寻求最高限价或者特别补贴，将自己的部分成本转移到普通纳税人身上。

寻租不是政府政策低效的唯一原因。有时，政府在信息不完备的情况下采取行动，制定的政策结果是非常低效的。例如，前一段时间，政府选择了一项控制机动车污染的技术方案，向汽油中添加 MTBE（一种化学物质），目的在于促进清洁燃烧，而这种添加剂却引发了新的水污染问题。

政府追求的社会政策目标也可能有副作用，造成环境低效率。例如，回顾图 2-5，假设政府迫于游说议员团体的压力，决定补贴钢铁生产，图 2-9 给出了该政策的后果。私人边际成本曲线向下和向右移动，引起了生产的进一步扩张，降低了价格，同时产生了更多的污染。因此，补贴甚至使我们进一步远离剩余最大化的 Q^* 点。阴影三角形 A

为没有补贴时的无谓损失（低效率）。当补贴存在时，无谓损失增加到 $A+B+C$。这一社会政策存在增加环境方面低效率的副作用。

在第 7 章的另一个例子中，我们将看到为了帮助消费者而控制天然气价格的愿望导致的严重短缺。这些例子直接挑战了那些认为政府更为直接的干涉必然会导致更高的效率或可持续性的假设。

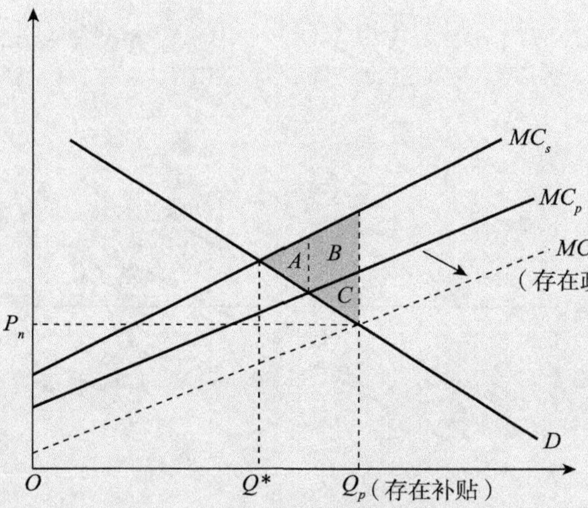

图 2-9　钢铁市场再探讨

这些案例阐明了一般的经济学前提，那就是环境问题的出现是因为个体和集体目标间存在差异。这是一个强有力的解释方法，因为它不仅间接表明这些问题发生的原因，而且提出了怎样解决这些问题的建议——改变个体的激励使其与集体的目标相一致。尽管这一方法不证自明，但问题是，是我们的价值观不正确，还是我们把正确的价值观转化为行动时发生了错误？当人们不能取得一致时，就会存在争议。

经济学家总是不愿争论消费者价值观（values of consumers）被歪曲了，因为这必然会被要求界定什么是正确的价值观。资本主义和民主制度都是建立在这样的假设基础之上的，即大多数人都清楚自己的行为，无论是投票选举代表，还是用货币购买商品和服务。

追求效率

我们已经看到，在产权不明晰、不完全竞争条件下交易产权时都会出现环境问题。现在我们用效率的定义来寻找可能的补救措施，诸如私人协商、司法救济以及政府行政部门和立法的监管。

□ 私人协商的解决办法——产权、法律责任和科斯定理

当受影响各方的数量较小时，协商是恢复效率的最简单可行的办法。例如，本章较

早时用来说明外部性的案例——污染的钢铁厂和下游的酒店之间的冲突。

我们可以利用图 2-10 来审视这一协商是如何发生的。如果酒店向钢铁厂支付金额为 $C+D$ 的美元，为此钢铁厂将生产规模从 Q_m 降低到 Q^*，它们均会处于较之前更好的状态。我们假设支付的金额恰好等于减少的损失，钢铁厂会愿意把产量降低到这一理想水平吗？如果钢铁厂拒绝了这笔补偿，钢铁厂的生产者剩余是 $A+B+D$。如果钢铁厂接受了这笔补偿，钢铁厂的生产者剩余是 $A+B+$补偿，总回报是 $A+B+C+D$。显然，如果钢铁厂接受了补偿，情况会更好，回报比以前多出金额 C。由于从 Q_m 点时的经济剩余 $A-C$ 变为 Q^* 点时的经济剩余 A，所以整个社会的总体状况也由于增加了 C 比以前变得更好了。

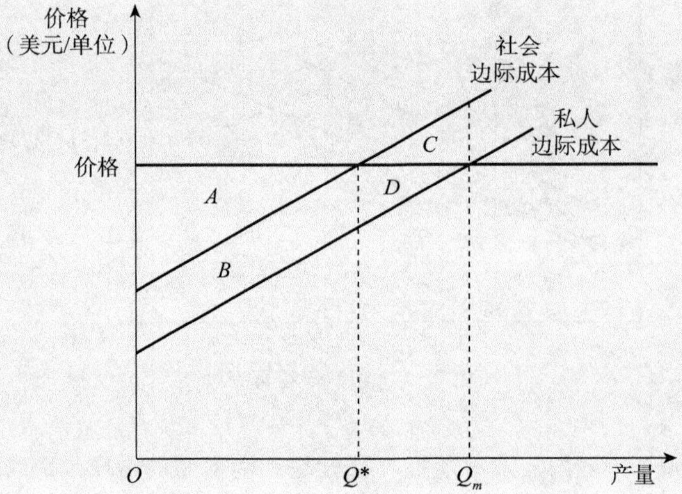

图 2-10　污染损害下的有效产量

我们关于个体协商的讨论产生了两个问题：（1）产权应该总是属于先得到资源的一方吗（本例中的钢铁厂）？（2）当先前的协商显然不切实际的时候，如何来处置环境风险？这些问题应该交由法院来解决。

面对环境冲突，法院可以要求执行产权规则或责任规则。产权规则明确说明了权利或产权的初始配置。在我们的例子中的权利冲突，一方面是向河流中排放废物的权利，另一方面是享有景色宜人的河流的权利。应用产权规则时，法院只需要决定哪一个权利是占优的，并下达不得侵犯该权利的强制令。只有在获得利益受损一方的同意后才能解除强制令，通常情况下只有得到经法庭外协商获取的相关利益后，受损一方才可能同意。

请注意，在没有法院判决的情况下，权利通常自动配置给最容易占有权利的一方。在我们的例子中，自动配置的结果是钢铁厂得到了权利。法院必须决定是否推翻这种配置方式。

法院将如何做出判决？法院的判决会带来哪些变化？答案可能会让你惊讶。

经济学家罗纳德·科斯（Ronald Coase，1960）在一篇经典的论文中认为，只要交易成本可以忽略不计，受影响的消费者就可以自由地相互协商（当受影响的各方数量很小的时候），法院把权利配置给任何一方都会产生有效的配置。法院判决的唯一影响就是改变了剩余在受影响各方之间的分配。这个著名的结论被称为科斯定理（Coase theorem）。

为什么会是这样？图 2－10 显示，如果钢铁厂拥有产权，那么向其提供一笔实现适宜产量的支付符合酒店的利益。现在，让我们做一个相反的假设，假设酒店拥有产权。对于案例中的污染，钢铁厂必须向酒店进行支付。假定当且仅当它赔偿酒店的所有损失后，它才能进行污染。（换言之，对于它所选择的实际的产出水平，它必须同意赔偿两条边际成本曲线之间的差值。）只要需要进行赔偿，钢铁厂就会选择 Q^* 的产量，因为在给定的补偿下，它的生产者剩余在这一生产水平下实现最大化。（注意，由于需要做出赔偿，钢铁厂用以计算生产者剩余的边际成本曲线高于现有的。）

这两种不同的产权配置方法的差异是由于获得有效产出水平的成本在双方之间的分担方式不同造成的。如果钢铁厂得到河流的产权，成本由酒店负担（部分成本表现为环境损害，部分成本是为降低损害水平的贿赂）。如果酒店得到河流的产权，成本由钢铁厂负担（必须赔偿所有损害）。在任何一种情况下都能达到有效的产量水平。科斯定理显示，正是低效率引发了难以做出改善的压力。进而，这种压力与产权的配置无关。

这是一个重要的观点。正如我们将在后续章节中看到的那样，低效率触发的私人努力往往能够阻止环境退化的过度恶化。然而不能过分夸大这种现象，在理论和实践层面都存在争议。理论层面集中在财富效应不重要的假设。将产权赋予某一方的判决会导致财富向得到产权方转移。收入越高就会导致需求越高，转移可能会使钢铁厂或酒店的需求曲线向外移动。如果存在显著的财富效应，法院发布的这类规则由于能够改变边际效益曲线的水平，所以能够影响产出。

财富效应通常很小，因此零财富效应的假设可能不是一个致命的缺陷。然而，某些严重的实践中的瑕疵，确实危及科斯定理的有效性。污染者得到产权会形成对污染的激励。由于法院对产权的判定，污染会变为一种可以谋利的活动，其他污染者为了得到贿赂，存在增加产量和污染的激励，这必然是低效率的。

当受污染影响的人数众多的时候，应用协商的办法也是困难的。你可能已经注意到，存在受影响的多方时，减少污染成了一种公共物品。搭便车问题将会使相关群体难以开展联合有效地恢复效率的行动。

当因这样或那样的原因无法进行协商时，法院可以转而利用责任规则。责任规则是对发生的损害提供货币赔偿，受损方得到的赔偿金额对应于遭受的损失。因此，回到图 2－10，责任规则将迫使钢铁厂赔偿酒店因污染受到的损失。在这种情况下，钢铁厂可以选择任何它希望的产量水平，但是它给酒店的赔偿必须等于从开始到所选择的产量水平的两条边际成本曲线之间区域面积的损失。这样，钢铁厂选择 Q^* 点处的产量水平实现生产者剩余最大化。（钢铁厂为什么不选择更多的产量？钢铁厂为什么不选择更少的产量？）

这个案例的意义是，恰当设计的责任规则通过强迫那些造成损害的人承担相应损害成本的方式也能纠正低效率。外部成本内部化的结果是利润最大化的决策与效率一致。在随后的章节我们将看到，在环境和资源政策的许多领域，“外部性内部化”原则在有效政策的制定中扮演重要的角色。

从经济学的角度来看，责任规则之所以有趣是因为早前的判决为后来者开了先例。例如，我们可以想象，一旦法律规定污染者发生石油泄漏之后有责任清除污染并且补偿渔民的减产损失，石油公司防止石油泄漏的动机就会发生相应的变化。在这种情形下，这一改变显而易见会很快，因为预防事故的成本比事故发生后再处理的成本要低得多。

然而，责任规则也有其局限性。它依靠个案裁决，而每个案例都有独特的背景。在管理上，这样裁定的成本非常高昂。诸如审理时间、律师费用等费用，都属于经济学家所说的交易成本。在当前的背景下，这些是人们试图纠正低效率发生的管理成本。科斯定理依赖于低交易成本的假设。然而在现实中，这种情况几乎不存在。在许多案例中，交易成本可能会相当高。当涉及争端的当事方很多，而且背景有很多共性时，我们尽量通过法令或行政性规章而不是法院判决来纠正低效率。

□ 立法和行政规章

这类纠正方法有几种形式。立法机关能够发布命令，要求钢铁产量或污染物数量不能超过 Q^* 的水平。之后，用足够严厉的刑事处罚或罚款来威慑潜在违规者。或者，立法机关对钢铁或污染物征税。每单位税负等于两条边际成本曲线间的垂直距离（见图 2－10）。

立法机关也可以建立有更大灵活性同时又能减少损害的规则。例如，分区管理法规可以为发展钢铁企业和酒店设置不同的区域。该方法的假设是将不一致的资源使用方法放置在不同区域能够显著降低损害水平。

立法机关也可以要求安装特定的污染控制设备（例如要求在汽车上安装催化转化器），或禁止使用某些产品成分（例如禁止汽油中含铅）。换言之，为了实现有效的产出，立法机关可以管理产出环节、投入环节、生产过程、排放，甚至生产地点的选择。在后续章节中，我们将分析政策制定者的各种政策方案，政策制定者不仅要展示这些政策方案如何纠正环境破坏行为，而且要证实它们改进效率的程度。

当然，支付不是受害者在面对污染时寻求自保能够采取的唯一手段。如果受害者也消费污染企业的产品，消费者抵制是可行的。当受害者是污染企业的雇员时，罢工或者其他形式的劳动抵制也是可行的。

法律和/或规章也能解决信息不对称的问题。因为这一问题的根本就是一个或多个当事人没有足够重要的、值得信赖的信息，显而易见的解决方案就是提供信息。那应该怎样提供信息？

标签是向消费者提供更多信息的一种尝试。以食品标签为例，它会提示消费者产品为转基因产品，使其能够识别有机种植的作物和合法贸易的商品。

最近，有机农业的兴起说明消费者愿意为有机种植的水果和蔬菜多花钱。为了帮助消费者辨别哪种产品是真正有机的，种植者需要一个可靠的认证程序。此外，由于担心失去海外市场，例如欧盟在美国进行了一个多产业的强制标签标准的推广活动，这就为国家统一标签奠定了基础。（由于美国自愿型的认证项目具有高度的差异性，因此它们进入欧洲市场的路径不太可靠。）

面对这一压力，《有机食品生产法》（Organic Foods Production Act，OFPA）在《1990 年农业法案》① 中生效了。该法的第 21 条陈述了以下目标：

> （1）建立管理某些农产品如有机食品的国家标准；（2）确保消费者得到符合一致标准的有机生产的产品；（3）推动新鲜有机食品和有机加工食品的州际贸易。②

---

① 欧盟随后制定了一个相似的政策，与美国的并不完全一致。

② Golan 等（2001）。

作为该法案的组成部分，美国农业部国家有机项目成立了，它负责有机生产的强制认证。该法案也成立国家有机标准委员会，负责制定“有机”标准。2002 年 10 月生效的新条例要求认证要有美国农业部的标志。标有“100%有机”的食品必须只能含有有机原料。标有“有机”的食品除了水和盐之外，必须至少含有 95%的有机农业原料。标有“由有机原料制造”的食品必须至少含有 70%的有机农业原料。

认证会对社会敏感型消费者有影响吗？如案例 2.4 所示，咖啡的生态认证似乎就是这样一个例子。

案例 2.4　生态认证有影响吗？哥斯达黎加的有机咖啡

对于发展中国家的农产品出口，由于生产者数量大且分散，而监管部门通常也没有充足的资金和人员，所以无法使用传统的监管手段处理其农业生产中的环境问题。理论上，产品的生态认证能够解决这些问题，它为社会敏感型消费者提供一种识别生产环境优越的产品的手段，因而消费者愿意为这些产品多花钱。最终，这些多花的钱就成为一种经济激励，刺激生产者达到认证标准。

社会敏感型消费者足够关心环境问题以致愿意多花钱吗？并且这多支付的钱又足以刺激生产者改变产品的生产方式吗？显然，至少哥斯达黎加的咖啡就是这样的例子。

一项研究探讨了哥斯达黎加认证有机咖啡种植的问题，图里亚尔瓦是该国中部山谷的一个农业区，位于首都圣何塞以东 40 英里。哥斯达黎加农民面临来自非认证市场的低成本的巨大压力，这种低成本是一个带来严重环境后果的战略。与此对照，有机生产不仅带来显著高额的劳动成本，而且从基于化学肥料的生产模式的转换也降低了产出。此外，起始的认证和随后的年度检查和报告都带来很高的成本。

研究者们发现有机认证显著改善了咖啡种植者的环境绩效。具体而言，他们发现认证显著地降低了农药、化肥和除草剂的使用，增加了有机肥的使用。总之，他们的研究结果表明，有机认证与防止有害的生产活动之间的因果关系强于与激励有益的生产活动之间的因果关系。该项研究注意到，研究结果与当地所传闻的证据是一致的，即相较对于有益的生产活动的认证标准，当地检查员对于禁止有害生产活动的认证标准执行得更严格。

资料来源：Blackman, A., & Naranjo, M. A. (2012). Does eco-certification have environmental benefits? Organic coffee in Costa Rica. *Ecological Economics*, 83(November), 58 - 66.

政府的有效角色

虽然经济学的方法认为可以利用政府行动恢复效率，但它也认为，低效率不是政府进行干涉的充分条件。任何纠正的机制都会涉及交易成本，如果交易成本足够高，并且从纠正无效中获得的剩余又足够小，那么容忍这种低效率就是最好而又简单的方法。

以污染问题为例。19 世纪晚期，美国曾经广泛使用燃柴火炉烧饭和取暖，火炉是污染源，但是由于空气有巨大的吸纳污染物的容量，不需要对此进行监管。然而，最近以来，部分原因是高油价，人们对燃木火炉的需求突然上升，由于人口密度太高了，导致监管部门对燃柴火炉排放进行严格监管。

随着时间的推移，经济活动规模和由此产生的污染物排放量都有所增加。由于经济活动积聚在城市，城市正在经历着严重的空气和水污染问题。排放源的增加和积聚增加了每单位空气和水中的污染排放量。结果是污染物的浓度已经对人体健康、植被生长和环境美学造成了人们可以察觉的各种问题。

从历史角度分析，随着收入的增加，人们对闲暇活动的需求随之增加。很多诸如划独木舟和徒步旅行之类的闲暇活动都需要在独特的原始环境区域中进行。随着这些土地被转作他用，这样的地方逐渐减少，保留下的地区的土地价值一直在增加。因此，某些保护区的价值随着时间的推移不断增加，直到有一天，价值超过保护它们免于污染或开发的交易成本。

经济活动的扩张和积聚增加了污染问题，增加了人们对清洁空气和原始地区的需求，为政府干预创造了前提条件。政府能够做出响应吗？寻租会阻碍有效的政治解决方案吗？本书中的大部分内容都是在探寻问题的答案。

小结

生产者和消费者如何使用构成环境资产的资源取决于支配资源使用的产权中所包含权利的性质。如果产权体系具有排他性、可转让性和强制性，资源的所有者就有很强的动机来保证资源的有效使用，否则就会承担个人损失。

然而，经济系统并不总是能保持有效的资源配置。导致低效配置的具体条件包括外部性、不明晰的产权制度（诸如开放获取资源和公共物品之类）、交易资源产权的不完全市场（垄断）和信息不对称。当这些条件出现了，市场配置就不会使剩余最大化。

由于特殊利益集团的寻租行为或有效计划的不完美实施，政治系统也会产生低效率。选民对一些问题的无知以及相伴随的政治活动结果的公共物品属性，造成了更趋向于以全体消费者和生产者经济剩余减少为代价而最大化个体私人剩余（例如，通过游说）的结果。

效率标准能帮助我们识别一些情况，以免政治和经济制度使我们误入歧途。它也能推动行政的、司法的或立法的方案设计，从而帮助我们寻求解决之道。

讨论题

1. 著名的法律案例“米勒诉舍内”［Miller v. Schoene（287 U. S. 272)］是一个经典的产权冲突问题。仅用作观赏目的的红雪松树能导致 2 英里半径内的苹果树患病。除了砍伐树木或确信树木周边至少 2 英里内没有苹果园之外，没有可知的其他方法来治愈该疾病。对这种情形应用科斯定理，授权红雪松树的产权所有者可以保留树木，或者授权苹果园的产权所有者免于受到红雪松树疾病的威胁，这两种方法的结果存在差异吗？为什么？

2. 在原始社会，授权使用土地通常是一种占有权而不是所有权。土地上的那些人可以按照自己的意愿使用土地，但是不能将土地转让给其他人。一个人通过简单地占有和使用而获得一块新的土地，别人则可以获得他放弃的土地。这种授权体系与所有权的授权体系相比，存在更多还是更少的保护土地的激励？为什么？占有权的授权体系在现代社会中更有效还是在原始社会中更有效？为什么？

3. 在本章中，我们讨论了市场是如何运作的。最近出现了一些新的市场，市场焦点是在更广泛的用户群体中共享耐用品。例子有爱彼迎（Airbnb）和优步（Uber）。这些共享市场的兴起很可能会对经济和环境之间的关系产生影响。

a. 这些公司发现了哪些市场利基？爱彼迎与希尔顿酒店有何不同？优步与赫兹（Hertz）租车或 Yellow Cab 出租车公司有何不同？这主要是一个不同类型的供给问题，还是需求方面也受到影响？

b. 为什么是现在？个人交通和临时住宿市场已经存在了很长一段时间。这些新公司如何在已经存在一段时间的市场中找到盈利机会？这是否证明市场没有竞争力？还是市场条件的一些变化创造了新的机会？

c. 总的来说，这些新的共享市场可能对环境有利还是有害？为什么？

自测题

1. 假设州政府正在决定一条景观非常怡人的河流的保护长度。社区中有 100 人，他们中的每一个人有同样的逆需求函数 $P=10-1.0q$，其中 q 是保护长度，单位是英里，P 是他或她为保护 q 英里的河流愿意支付的单位价格。(a) 如果保护的边际成本是每英里 500 美元，在有效配置的情况下，应该保护多少英里？(b) 经济剩余有多大？

2. 假设一个正常产品的市场需求函数（以美元为单位）是 $P=80-q$，生产该产品的边际成本（以美元为单位）是 $MC=1q$，这里，P 为产品价格，q 是需求和/或供给的数量。

a. 在竞争市场中，供给价格是多少？

b. 计算消费者剩余和生产者剩余。请证明它们的和是最大的。

c. 假定同样的产品由垄断厂商供给，计算消费者剩余和生产者剩余。（提示：边际效益曲线的斜率为需求曲线斜率的两倍。）

d. 当市场被垄断厂商控制时，生产者剩余较大，消费者剩余较小，与竞争厂商控制下的市场相比，这两个剩余之和较小。请证明。

3. 假设要求你评论一个拟议的控制石油泄漏的政策。由于石油泄漏的平均成本已经被测算为 X 美元，拟议的政策要求承担石油泄漏责任的任何企业立即支付政府 X 美元。这可能会是预防石油泄漏的一个有效数量吗？为什么？

4. “在环境责任案例中，应该强制要求污染者为他们造成的环境事故支付费用，法院对于赔偿数量有一些谨慎。然而，一般而言，要求其赔偿越大越好。”请就该观点展开讨论。

5. 标出下列论点是描述性的还是规范性的，并解释你的选择。

a. 能效项目创造了就业。

b. 保护濒危物种的支出被浪费了。

c. 只有私有化才能挽救渔业资源。

d. 交通成本的提升会降低郊区土地的价值。

6. 识别下列每一资源类别是公共物品、公共池塘资源还是两者都不是，并说出你的观点。

a. 对捕鲸者们而言的一小群鲸鱼。

b. 对鲸鱼守护者们而言的一小群鲸鱼。

c. 减排温室气体的效益。

d. 来自仅限当地居民取用的市镇水井的水。

e. 瓶装水。

补充读物

Lueck，D.（2002）．The extermination and conservation of the American bison. *Journal of Legal Studies*，31（S_2），s609 - s652. 这是对于产权在美国野牛命运中所扮演角色的一个有趣的研究。

Mason，C. F.（2012）．The economics of eco-labeling：Theory and empirical implications. *International Review of Environmental and Resource Economics*，6，341 - 372. 这是关于生态标签相关的不断增长的文献的研究。

Ostrom，E.（1992）．*Crafting Institutions for Self-Governing Irrigation Systems*. San Francisco，CA：ICS Press. 这是诺贝尔奖得主的经典著作，证明了在有利的环境下，公共资源问题有时可以通过自愿组织而不是强制国家来解决；所考虑的案例包括草地和森林的公共保有权、灌溉社区和渔业。

Ostrom，E.，Dietz，T.，Dolsak，N.，Stern，P.，Stonich，S.，& Weber，E. U.（Eds.）．（2002）．*The Drama of the Commons*. Washington，D. C.：National Academy Press. 这是关于公共池塘资源的文章和论文集。

Stavins，R.（2012）．*The Economics of the Environment*：*Selected Readings*，6th ed. New York：W. W. Norton and Company. 一本精心挑选的读物，用以补充本章。

更多的参考文献和重要的历史参考文献可在本书的配套网站查找：www. routledge. com/cw/Tietenberg。

第3章 权衡利弊：成本-效益分析和其他决策矩阵

如果只考虑世界现在的样子，而不考虑世界将来怎么样，便再也做不出明智的决断。

——艾萨克·阿西莫夫，美国科幻小说家、学者（1920—1992）

（Isaac Asimov，U. S. science fiction novelist and scholar，1920—1992）

引言

在上一章中，我们提到经济分析可分为实证分析与规范分析两种。规范分析用于区分可行和不可行的政策。由于资源是有限的，不可能承担所有预期可能出现的风险，所以做出选择是必然的。

规范分析可用于许多不同情景下的公共政策。例如，它可以用来评估一个拟议中的新污染控制规章或将当前的保护区列入开发计划提案的可行性。在这些案例中，这种分析可在项目实施前为项目的可行性提供参考指南。在其他情况下，它可以用来评估一个已实施项目的实际效果。相关的问题有：这种资源利用方式是明智的吗？我们在本章讲述和演示使用几个可以帮助我们进行评估选择的决策矩阵。

决策的规范标准

规范的选择主要产生于两种不同的情境。在第一种情境下，我们仅仅需要在预定方案中进行选择，而在第二种情境下，我们要在所有可能的方案中尽力发现最优的选择。

□ 评价预定方案：成本-效益分析

如果要求你评估一些方案的可行性，你可能会从识别方案的所得和所失入手。如果所得大于所失，支持这一方案就是自然而然的。

这一简单的框架就成为经济学评价政策选择的规范方法的出发点。经济学家建议，所有方案都存在效益和成本。如果效益超过了成本，那么这一方案就是可行的。反之，如果成本超过了效益，那么这一方案就是不可行的。（跨期的效益和成本的比较将在后边的章节讲述。）

我们可以用以下公式表示这一关系。令 B 为提议方案的效益，C 为成本。我们的决策规则就是：

如果 $B>C$，支持这一方案

反之，则反对这一方案。[①]

只要 B 与 C 都为正值，公式可以表述为：

如果 $B/C>1$，支持这一方案

反之，则反对这一方案。

到此为止，公式的表达很清楚，但是我们如何测算效益与成本？经济学的衡量系统是以人类为中心的，所有的效益与成本都是依据它们对人类的影响（广义）进行估值的。正如后文将要指出的那样，这并不意味着除非生态系统直接影响人类，否则生态系统的影响被忽略不计（如其初始表现的一样）。很多人自愿为环保组织做贡献的事实充分说明，人类认为环境保护是有价值的，环境保护的价值已经远远超出了人类能够直接利用环境的价值。但是，人类进行价值评估的观念是存在争议的，这一点将在第 4 章和第 13 章结合具体的价值评估技术重新提及和讨论。

在成本-效益分析中，因为需求曲线反映了消费者的支付意愿，所以效益可以被简单地估量为需求曲线下方的相对应的面积。总成本由边际成本曲线下方相应的面积来表征。

即使环境服务的生产没有人类的任何投入，但是强调它们存在成本也是重要的。所有成本应该被视为机会成本。为了强化机会成本的概念，举一个例子。假如一段特定的河流既可被用来进行漂流运动，也可以用来发电。由于发电的堤坝会影响水流速度，所以这两个用途不可兼容。发电的机会成本是放弃的漂流运动的净效益。边际机会成本曲线可以被定义为，生产一单位电的额外成本等于减少漂流运动机会所造成的净效益的增量损失。

由于净效益被定义为效益超出成本的部分，所以净效益等于需求曲线下方且又在供给曲线上方的那部分面积。

参见图 3－1，让我们采用图示说明保护一条河流的净效益。假设我们要保护一条 4 英里长的河流，这一方案的效益与成本反映在图 3－1 中。那么是否应该保护这条河流？请解释你的理由？由于我们在之后还会回到这个例子上，请记住你的回答。

□ 获得最优结果

在前面的章节中我们研究了如何应用成本-效益分析法评估特定行动方案的可行性。本节我们将研究如何应用这一方法识别“最优”或最好的方案。

随后各章对单个环境问题进行规范分析时，按照以下三个步骤展开。第一步，识别最优方案。第二步，尽可能识别机构实施产生的最优解决方案，以及现实的解决方案与

① 实际上，如果 $B=C$，是否采纳这一方案并无差别，效益与成本恰好相抵。

最佳方案间的差异，并试图揭示问题产生的行为原因。第三步，基于对这些问题本质和隐藏其下的行为原因的认知，设计适宜的政策解决方案。尽管在使用上述三个步骤分析每一个环境问题时，必然反映出每一情况的特殊性，但分析的总体框架是相同的。

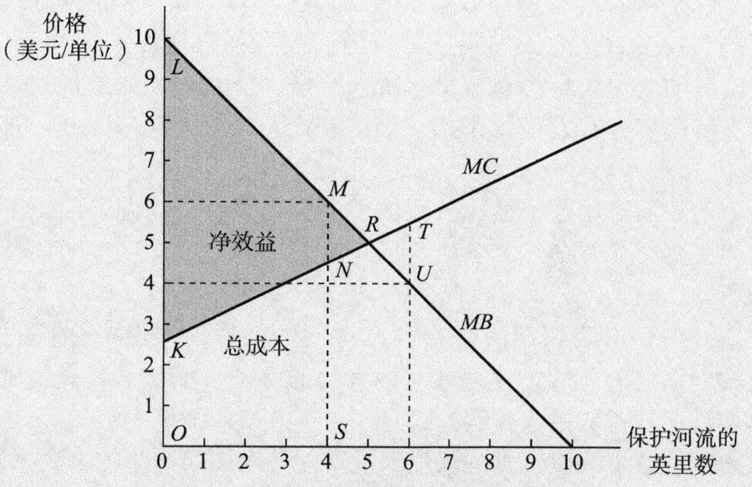

图3-1　净效益的推导

让我们通过一些例子来说明如何在实践中应用这种方法。一个例子来自自然资源经济学，另一个则来自环境经济学。这两个例子被用来作为例证，作为这一观点的支撑，详情留待后面的章节阐述。

资源耗竭的海洋渔业的数量不断增加。渔业资源耗竭关系到鱼群数量下降到很低以至威胁到其作为商业渔业的存在，包括鱼群在内的渔业资源耗竭不仅危及海洋生物的多样性，而且对那些依靠海洋为生的个人和依靠渔业经济的社区构成威胁。

经济学家是如何理解和解决这一问题的？第一步，定义渔业的最优资源存量或最优渔业捕捞率。第二步，与渔业的实际资源存量、捕捞水平进行比较。一旦采用经济学框架，不仅许多渔业资源的存量远远低于最优水平的事实更加清晰，而且过度捕捞的原因也更加清楚。了解了问题的本质，自然就会有解决问题的方案。相应的政策一经实施，渔业资源就得到恢复。详细的分析及政策含义参见第12章。

另外一个相关的问题是固体废物。废物数量不断增长，本地社区可用于填埋的土地用光了，怎么办？

经济学家思考的起点是如何定义废物的最优排放量。这样的定义使最优解决方案中一定包含废物减量和再循环。这一分析不仅揭示出废物的当前排放水平过高，而且对产生这一问题的一些具体的行为根源给出了建议。基于以上认识，人们已经识别和实施了具体的经济学解决方案。采用这些措施的社区普遍实现了废物排放的低水平和再循环的高水平。详细阐述参见第8章。

在本书的其余部分，能源、矿产、水、污染及其他的许多主题都采用了类似的分析方法。在每个案例中，经济学分析方法均有助于我们找到问题的解决之道。所有这一切都必须从定义“最优”开始。

□ 最优与效率的关系

依据本章前面介绍的决策的规范标准，可行的结果是效益大于成本的那些选择。由此推理的下一步就是认为能够使净效益（效益减去成本）最大化的选择就是最优政策。第 2 章引入了静态效率的概念。如果一种资源的配置使得资源利用的经济剩余最大化，我们就说这种资源的配置满足静态效率标准。注意，公共政策的最优结果就是净效益面积的最大化，它等同于在有效配置下的“经济剩余”的最大化。因此，有效的结果也是最优的结果。

以下我们说明如何应用这个概念。我们曾经提出过一个问题，保护 4 英里长的河流的方案是否值得去做（见图 3－1）？因为该方案的净效益是正值，所以回答是肯定的。（你知道理由是什么吗？）

然而，静态效率要求我们回答一个截然不同的问题，即保护多长的河流是最优的（有效率的）？我们据定义可知，使净效益最大化的保护长度就是最优长度；保护 4 英里长的河流能够实现净效益的最大化吗？这是一个有效率的结果吗？

我们通过增加或减少河流保护的长度来观察能否增加净效益的方法来回答这一疑问。如果净效益随着保护的英里长度的增加而增加，显然，保护 4 英里长的河流没有实现净效益的最大化，不能说是有效率的。

如果社会选择保护 5 英里而非 4 英里长的河流，想一想将会发生什么？参考图 3－1，净效益会如何变化？净效益的增加为 *MNR* 的面积。由于我们发现了具有更大净效益的配置方案，保护 4 英里长的河流的方案不再是有效率的，那么保护 5 英里长的河流有效率吗？答案是肯定的，下面我们来分析原因。

我们知道保护 5 英里长的河流比保护 4 英里有更大的净效益。如果这一配置方案是有效率的，那么就可以这样推论，当河流保护的英里数大于 5 时，净效益都会小于保护 5 英里长的河流的净效益。我们可以看到，保护第 6 英里河流所需要增加的成本（边际成本曲线下的区域）要大于从这一保护中所得到的额外增加的效益（需求曲线下的相应区域）。因此，三角形 *RTU* 代表了保护长度是 6 英里而非 5 英里时减少的净效益。

由于河流的保护长度大于 5 英里和小于 5 英里时，净效益均会减少，所以我们的结论就是 5 英里是净效益最大化（阴影面积）的保护水平。依据定义，保护 5 英里长的河流是一项有效的或最优的资源配置方案。[①]

通过此例可以得到在后续的章节中非常有用的结论之一，即“第一等边际原理”：

> 第一等边际原理（即效率等边际原理）：当一项配置方案的社会边际效益等于社会边际成本时，社会净效益最大化。

社会边际效益是指每增加一单位商品或服务的供给所增加的社会效益，同时社会边际成本是指每增加一单位商品或服务的供给所增加的成本。

---

① 净效益的货币价值是两个直角三角形之和，等于(1/2)×(5 美元)×5＋(1/2)×(2.50 美元)×5 或 18.75 美元。你明白这样计算的理由吗？

这一标准有助于使资源消耗最小化，但这样是公平的吗？标准的伦理基础是“帕累托最优”（Pareto optimality），这一概念是根据出生于意大利的瑞士经济学家维尔弗雷多·帕累托（Vilfredo Pareto）的名字命名的，他在 20 世纪初首先提出了这一思想。

如果不存在别的可行的资源配置方案，能够使至少一个人获益而又不使别的任何人的利益受损，那么当前的资源配置方案就是帕累托最优的。

不满足这一定义的资源配置方案均是次优方案。我们总是可以对次优方案再调整，使得在没有其他人损失净效益的情况下，一些人可以获得净效益。因此，获益者可以拿出其效益的一部分来充分补偿受损者，以确保受损者的境况至少与调整前一样。

有效率的配置是帕累托最优的，有效率的配置使净效益最大化，因此不可能再次调整配置方案来增加净效益。没有净效益的增加，获益者不可能充分补偿受损者，获益者得到的效益必然要小于损失者的损失。

低效率的配置不能使被分配的“馅饼”最大化，因此它们是较差的方案。这样的方案不能使净效益最大化，在不损害别人利益的情况下，不存在改善一些人状况的机会。

□ 效益和成本的跨期比较

到目前为止我们已经进行的分析对于那些不必考虑时间因素的方案是非常有用的。然而，目前所做的许多决策的结果都会持续影响到未来，时间是一个重要的因素。可耗竭的能源资源一旦被用尽就会永远失去。生物可再生资源（例如渔业或森林）可能被过度使用，留给后代的种群数量将更少、更脆弱。持久性的污染物会随着时间的推移而累积。当效益和成本可能发生在不同的时点时，我们该如何做出选择？

我们要扩展已经开发的概念，将时间因素纳入分析之中。这种扩展提供了一种方法，我们不仅要考虑效益和成本的大小，而且要考虑它们发生的时间。为了纳入发生的时间，决策规则必须能够比较不同时期的净效益，这样引出的概念就是“现值”。因此，在我们介绍扩展的决策规则之前，必须先定义现值。

现值明确地包含货币的时间价值。现在以 10%的利率投资 1 美元，一年后就能得到 1.10 美元（=1 美元本金+0.10 美元利息）。因此，一年后收到的 1.10 美元的现值是 1 美元，因为给定现在的 1 美元，你能以 10%的利率进行投资将其转变为一年后的 1.10 美元。我们能够计算一年后任一数量（X）的货币的现值为 $X/(1+r)$，其中，r 是适当的利率（在上边的例子中，利率为 10%）。

当年利率为 r 时，你的 1 美元在 2 年后将变为多少？因为要按复利计算，金额应为 1美元$\times(1+r)\times(1+r)=$1美元$\times(1+r)^2$。同理，可以计算出 2 年后收到的 X 美元的现值为 $X/(1+r)^2$，3 年后收到的 X 美元的现值为 $X/(1+r)^3$。

到现在，公式已经很清晰了。从现在起，n 年后一次性得到的净效益的现值为：

$$PV[B_n]=\frac{B_n}{(1+r)^n}$$

在 n 年的时期内，每年均获得净效益 $\{B_0,\cdots,B_n\}$，现值为：

$$PV[B_0,\cdots,B_n]=\sum_{n}^{i=0}\frac{B_i}{(1+r)^i}$$

其中，r 是利率，B_0 为当期收到的净效益的数额。计算现值的过程被称为贴现，r 被称为贴现率。

由现值计算得到的数值可以简单地解释如下。假设你正在研究一个资金配置方案，在随后 5 年里，每年的最后一天依次会产生下列形式的净效益：3 000 美元、5 000 美元、6 000 美元、10 000 美元、12 000 美元。如果利率为 6%（$r=0.06$），使用上述公式计算，将会得到这组净效益的现值为 29 205.92 美元（见表 3－1）。提示：先计算每一个贴现相应年份的现值，然后将这些贴现后的值加总。

表 3－1　现值的计算演示(美元)

年	1	2	3	4	5	合计
每年的数值	3 000	5 000	6 000	10 000	12 000	36 000
现值($r=0.06$)	2 830.19	4 449.98	5 037.72	7 920.94	8 967.10	29 205.92

这个数值意味着什么？如果在一个利率为 6%的储蓄账户存入 29 205.92 美元，在随后的五年里，你在每年的最后一天依次开具金额为 3 000 美元、5 000 美元、6 000 美元、10 000 美元、12 000 美元的支票，你的最后一张支票正好会使这一账户余额重归于零（参见表 3－2）。因此，对你而言，现在一次性得到 29 205.92 美元还是在五年里一共得到 36 000 美元是没有差别的；得到前一个，也就等于得到了后一个。由于这一方法能够把不同时间的价值转换为当前值，因此它被称作现值。

现在，我们能够显示如何利用这种分析方法评估行动方案。计算行动方案的净效益现值，如果现值大于 0，支持该方案，反之则不支持该方案。

表 3－2　现值计算的说明（美元）

年	1	2	3	4	5	6
起始年余额	29 205.92	27 958.28	24 635.77	20 113.92	11 320.75	0.00
支付之前的年终资金余额（$r=0.06$）	30 958.28	29 635.77	26 113.92	21 320.75	12 000.00	
支付	3 000	5 000	6 000	10 000	12 000	

□ 动态效率

当时间不是一个重要因素时，静态效率标准对于我们比较资源配置方案是非常有用的。但是当效益与成本发生在不同时点上时，我们该如何做出最优选择？

当涉及时间时，用以发现最优配置方案的传统标准被称为动态效率（dynamic efficiency），它是静态效率概念的扩展。现值标准为我们提供了比较不同时期净效益的一种方法。

资源配置跨越了 n 个时期。如果所有可能的配置方式中存在净效益现值最大化的方案，那么这项资源配置方案就满足了动态效率标准。①

概念的应用

我们已经花费了一些时间来介绍我们所需的概念，接着，让我们展示应用这些概念的一些具体研究。

□ 污染控制

成本-效益分析已经被应用于评价控制污染工作方案的可行性。污染控制必然会带来一些效益，但也有成本。相对于效益而言，这些成本合理吗？美国国会也想得到该问题的答案，所以，在《1990 年清洁空气法修正案》（Clean Air Act Amendments of 1990）的第 812 条中，美国国会要求美国环保署评估 1970—1990 年和随后的 1990—2020 年美国大气污染控制政策的效益与成本（见案例 3.1）。

案例 3.1 降低污染是经济理性的吗？来自《清洁空气法》的证据

美国环保署在向美国国会提交的 1997 年报告中，展示了其尝试去发现的结果，即在 1970—1990 年期间，《清洁空气法》（Clean Air Act）是否已经产生了正的净效益。结果显示，效益的现值（使用的贴现率为 5%）为 22.2 万亿美元，而相应的成本为 0.523 万亿美元。进行必要的成本扣减，从而算得净效益为 21.7 万亿美元。根据这项研究，美国这一时期的大气污染控制政策在经济上是非常有效的。

在对这个时期进行分析后不久，《1990 年清洁空气法修正案》就产生了重大的变化（详见后续的章节）。这些增加的内容也是经济理性的吗？

2010 年 8 月，美国环保署发布了一份《清洁空气法》1990—2020 年间的效益和成本报告。报告认为，到 2020 年实现《1990 年清洁空气法修正案》的成本预期每年会上升为 650 亿美元（以 2006 年美元计）。来自汽车、卡车和公共汽车的污染控制成本达到 280 亿美元，几乎占据环境遵循成本的一半，同时电力企业为减少大气污染的支出为 100 亿美元。

这些行动带来的效益（来自减少的污染损害）大致由 2000 年的 8 000 亿美元上升为 2010 年的 1.3 万亿美元，最终到 2020 年达到每年约 2 万亿美元（以 2006 年美元计）！对于生活在美国的人们，到 2020 年，人均约 200 美元的花费在空气质量改善上的成本会带来大约 6 000 美元的效益。效益估值中的一部分来自细颗粒物暴露降低所带来的早期死亡风险的下降。表 3-3 提供了成本和效益的加总数据，包含效益/成本比率的计算。

① 动态效率的数学表述参见第 5 章的附录。

表 3-3 《清洁空气法》1990—2020 年效益和成本比较加总表

	年度估值			现值估值
	2000 年	2010 年	2020 年	1990—2020 年
直接货币化的值				
成本（百万美元，2006 年美元）：				
低值[a]				
中值	20 000	53 000	65 000	380 000
高值[a]				
直接货币化的值				
效益（百万美元，2006 年美元）：				
低值[b]	90 000	160 000	250 000	1 400 000
中值	770 000	1 300 000	2 000 000	12 000 000
高值[b]	2 300 000	3 800 000	5 700 000	35 000 000
净效益（百万美元，2006 年美元）：				
低值	70 000	110 000	190 000	1 000 000
中值	750 000	1 200 000	1 900 000	12 000 000
高值	2 300 000	3 700 000	5 600 000	35 000 000
效益/成本比率：				
低值[c]	5/1	3/1	4/1	4/1
中值	39/1	25/1	31/1	32/1
高值[c]	115/1	72/1	88/1	92/1

注：a. 本分析的成本估值基于要素未来变化的假设，例如消费模式、投入成本和技术创新。我们意识到这些假设会使成本结果具有显著的不确定性；但是，不确定性的程度或一些关键要素的偏差并不能准确量化。因此，我们并不能够精确地给出成本估值的低值和高值。

b. 效益低值和高值的估值均基于初始结果，相当于统计不确定性分析结果的 5%和 95%，包含物理影响和效益分析中价值评估步骤的不确定性。其他重要的没有被反映的不确定性包含未量化的价值或者未货币化的效益，它们没有出现在初始结果中和空气质量模型的不确定性中。

c. 效益/成本比率的低值反映了效益估值低值与成本估值中值的比率，同时，比率的高值反映了效益估值高值与成本估值中值的比率。因为不能精确量化成本估值的不确定性，我们表述估值低值为“比 *X* 小”及估值高值为“比 *Y* 大”，这里 *X* 和 *Y* 分别表示效益/成本比率的低值和高值。

资料来源：US Environmental Protection Agency(1997). *The Benefits and Costs of the Clean Air Act, 1970 to 1990*. Washington, D. C. : Environmental Protection Agency, Table 18, p. 56; U. S. Environmental Protection Agency Office of Air and Radiation, *The Benefits and Costs of the Clean Air Act, 1990 to 2020——Summary Report, 8/16/2010*. Full Report available at www. epa. gov/clean-air-act-overview/benefits-and-costs-clean-air-act-1990—2010-first-prospective-study(accessed January 14, 2018).

为了回应国会的要求，美国环保署着手对政策实现的污染减排的效益与成本进行量化与货币化。研究量化的效益包括降低的死亡率以及更低的慢性支气管炎、铅中毒、中风、呼吸系统疾病、心脏病的发生率，以及更好的能见度、减少的建筑物损害和提高的农业产出带来的效益。

本书将在后续章节继续说明我们是如何计算得到这些推测的估值的，此处有一些相关的评论。尽管这项研究没有试图对政策避免的生态系统的污染损害进行价值评估，但是净效益已经是一个非常大的正值了。可以推测，如果这一数值被包含进来，污染控制这一案例将更具说服力，即使仅有部分效益的考虑，此类污染控制政策的可行性也是显而易见的。难以将所有效益货币化并不妨碍我们得到正确的政策结论。

尽管结果证实污染控制在经济上有利可图，但并没有证实政策是经济上有效的。要得到这一结论，我们必须证明净效益的现值是最大的，而不是仅仅为正。事实上，该研究没有试图计算最大净效益方案，如果我们这样做的话，我们几乎必然会发现该政策在这一期间不是最优的。正如我们将在第 15 章与第 17 章中证明的那样，为了实现预期减排目标，已选择的政策方法的成本较高。如果使用最优政策组合，我们将会得到更高的净效益。

□ 二氧化碳减排的效益评估

由于量化效益和成本估值是困难的，所以成本-效益分析通常是复杂的。（第 4 章会详细地继续讨论非市场价值评估的主题。）其中一种这样的价值就是碳排放减排的效益。

行政命令 12866 要求政府部门“评估计划中规章的成本和效益，认识到一些成本和效益的量化是困难的，要根据规章的效益大于其成本而理性地提议或采纳该规章”。① 为了计算二氧化碳减排的效益，政府部门使用所谓的“碳社会成本”来反映没有减排情况下的那些损失。碳社会成本指二氧化碳排放的少量增长（通常为 1 吨）导致的经济损失现值（美元）（例如海平面的上升、洪水、农业产量的变化及变化了的生态服务）的边际增长。由于碳的社会成本是现值的计算，所以减排的时间和贴现率发挥了重要的作用。

部门间碳社会成本工作组在 2010 年发布了第一套碳社会成本的估值。2013 年，修订了每吨碳的碳社会成本的估值，使之从 22 美元上升到 37 美元左右（使用 3%的贴现率）。2016 年，这些数据被再次修正。表 3－4 列出了 2016 年利用 2.5%、3%和 5%的贴现率修正的选定年份的碳社会成本。第 4 列表示在极端情况下（第 95 百分位）利用 3%的贴现率所计算出的结果。要注意决定使用哪一个值作为贴现率的重要性。（你能解释原因吗？）

表 3－4　修正后的二氧化碳社会成本（2015—2050 年，美元/吨 CO_2，2007 年美元）

年份	贴现率			
	5%平均	3%平均	2.5%平均	3%，第 95 百分位
2015	11	36	56	105
2020	12	42	62	123
2025	14	46	68	138
2030	16	50	73	152
2035	18	55	78	168
2040	21	60	84	183
2045	23	64	89	197
2050	26	69	95	212

资料来源：https://19january2017snapshot.epa.gov/climatechange/social-cost-carbon_.html (accessed May 15, 2017).

碳社会成本可用于确定碳减排效益的计算，这一效益反映为预期减少的损害。案例

① Interagency Working Group on the Social Cost of Carbon, August 2016. www.epa.gov/sites/production/files/2016－12/documents/sc_co2_tsd_august_2016.pdf (accessed November 18, 2017).

3.2 显示了碳社会成本在政策中的一种利用方式。

∴案例 3.2 利用资本的社会成本概念：能源部的微波炉规章

2013 年，美国能源部宣布微波炉待机能效新规章。该规章通过改善微波炉的能源效率，降低微波炉运转时消耗的电能，进而降低碳排放。在该规章的监管影响分析中，必然要评估因减排而减少的损害。可以用碳社会成本来获得这一信息。

利用 2010 年碳社会成本计算了微波炉规章实施 30 年后的净效益现值为 42 亿美元。由于该值为正，说明这一规章的实施会增加效率。

我们知道利用 2013 年修正值将会增加净效益的现值，但是，会增加多少？依据美国能源部的看法，利用 2013 年的碳社会成本代替 2010 年的数值，净效益现值将会增加到 46 亿美元。在此案例中，碳社会成本前后两个净效益的估值都足够大，可以证明规章的实施是可行的，但是在其他案例中，在规章变动前已经证明是合理的案例的新估值可能会被证明是不合理的，这一现象是可能出现的。

需要注意的是，微波炉的购买者将会负担这套规章的成本（因更高的生产成本会表现为价格的上涨），但是他们将不会获得全部的效益（反映为外部成本的下降）。不过，美国能源部注意到，由于服从规章的设备能效的上升（降低了购买者的耗能成本），在随后的 30 年间，为消费者节省的资金的现值估计有 34 亿美元（DOE 2013），这一数值大于成本。在这个案例中，规章将为微波炉消费者和地球带来双赢的结局。

资料来源：http://energy.gov/articles/new-energy-efficiency-standards-microwave-ovens-save-consumers-energy-bills; *Technical Update of the Social Cost of Carbon for Regulatory Impact Analysis——Under Executive Order 12866*; https://obamawhitehouse.archives.gov/sites/default/files/omb/inforeg/scc-tsd-final-july-2015.pdf.

总的来说，碳社会成本对政策选择有多大的差异？一项研究调查了自 2008 年以来所有具有重大经济意义的联邦法规，以了解使用碳社会成本会带来的政策选择有什么不同。当调查者将拟议政策的重要性排序与现状进行比较时，发现很少有证据表明，利用碳的社会成本将碳减排效益纳入计算范围，影响了美国迄今的政策选择。作者推测，可以部分解释这种没有明显影响的现象，因为美国监管机构成功地选择了“容易实现的目标”，即早期减少碳排放的政策的净效益最大，因此即使不使用碳社会成本，也最有可能通过成本-效益测试。①

2017 年，随着唐纳德·特朗普（Donald Trump）总统的当选，一切都发生了变化。特朗普总统上任后不久签署了一项行政命令，要求各机构解散温室气体社会成本跨机构工作组，并撤回目前计算碳社会成本的基础文件。美国环保署的网站现在已经删除了这些文件，但是这些资料被科学家们保存了下来（可以在下述网址查阅 https://19january2017s napshot.epa.gov/climatechange/social-cost-carbon_.html）。

虽然这项行政命令并没有完全抛弃这个概念，但它确实表明了人们希望使用一种新的方法来测量和使用这个概念。这对未来的政策意味着什么？让我们拭目以待。

---

① Hahn, Robert W., & and Ritz, Robert A. (2015). Does the social cost of carbon matter? Evidence from US policy. *The Journal of Legal Studies*, 44 (1) (January), 229-248.

□ 效益估值中的问题

负责完成成本-效益分析的分析者会遇到一些决策判断点。如果我们要理解成本-效益分析，那么我们就必须非常清楚这些判断的本质。

初始效益和次生效益。通常，环境项目会同时引发初始效益和次生效益。例如，清理某湖泊的初始效益是增加了湖泊的休闲娱乐用途。初始效益将会引发进一步的连锁效益，影响到提供给更多的湖泊利用者的服务。清理湖泊项目中计算了这些次生效益吗?

答案依赖于周围地区的就业状况。如果需求增加要利用以前未曾使用的资源，比如劳动力，那么，效益中就应该计人增加的就业的价值。此外，如果需求增加的结果是资源从原来的一种用途转为另一种用途，那就另当别论了。一般来说，在高失业地区，或在项目启动时，存在项目需要的某些特定技能人员就业不足的情况，我们就应该计算次生的就业效益。而当项目只是引起生产性的已使用资源的重新配置时，就不必计算次生效益了。

核算立场。核算立场是指计算效益的地理范围。地理范围之所以重要是因为在成本-效益分析中仅仅计算特定地理区域的效益或成本。例如，假设联邦政府负担了一部分成本，而效益仅仅被一个地区所享有。即使成本-效益分析证明这是这一地区很好的一个项目，但是对于国家整体而言，结论就必然不是这样的了。一旦国家成本被计算在内，这项国家项目的效益可能不会超越国家项目的成本。讨论 3.1 探讨了与碳相关的社会成本问题。

讨论 3.1　碳社会成本的地域范围有多大?

碳的社会成本是对某一给定年份的二氧化碳排放量小幅增加所造成的经济损失的估计，通常以 1 公吨为单位。由于拟议的法规而导致的这些损害的任何减少都会被用来估计美国法规制定产生的气候效益。

由于气候变化是一项全球公共物品，有效的损害评估必须包括所有损害，而不仅仅是针对美国的损害评估。一些批评人士认为，由于美国的监管程序中使用了这种方法，因此它应该只包括发生在美国的损害；否则，它可能会证明，那些为了让不承担成本的其他国家的公民享有利益而将成本强加于美国公民的规定是合理的。

进行全球核算的支持者指出，该指标旨在成为将边际外部成本内部化的一种手段，如果剔除一些成本，它就无法准确有效地做到这一点。如果只计算美国的损失，就会产生带有偏差的测量结果，低估损失，并增加基于损失做出带有偏差的监管决定的可能性。

此外，他们认为，将这一措施的特征表述为允许美国公民创造的福利被外国公民享有，有点误导。这些外国公民享受到的福利并不反映在美国公民购买的商品和服务上。相反，它们反映的是美国公民对其他国家造成的损害减少。美国法律通常不允许某人仅仅因为某个邻居在边界的另一边而对其造成损害。减少强加给他人的损害与溢出利益有着不同的道德背景。

现在，一些监管分析人士建议，"仅限美国"的措施不应取代现有措施，而应加以补充。两者都应该提供。你的观点是什么?

资料来源：Dudley, Susan E., Fraas, Art, Gayer, Ted, Graham, John, Lutter, Randall, Shogren, Jason F., & Viscusi, W. Kip. (2016). How much will climate change rules benefit Americans? *Forbes*(February 9).

加总。与核算立场相关的是加总的挑战。为了得到总效益和总成本，效益和成本的估值必须被加总。在任何加总中，多少人获益及多少人负担成本是非常重要的，但是此外，他们获益的方式可能会影响加总。例如，假设与距离这一项目更远的居民相比，靠近这一项目的每一户居民获得更多的效益。在这一案例中，应该核算这些差异。

有无原则。“有无”原则表述的是仅计算由项目带来的效益，要忽略那些用别的任何方式增加的效益。误将其他方式增加的效益包含进来将会夸大项目的效益。

有形效益和无形效益。有形效益是那些可以被合理地赋予货币化价值的效益。无形效益是指不能被赋予货币化价值的效益，或者因为数据不可得，或者因为没有足够的可信度，或者尽管有数据，但是不清楚如何衡量该价值。[①] 无形效益的量化是下一章的主要论题。

如何处理无形效益？一个答案是非常清晰的：它们不应被忽视。忽略无形效益会导致结果的偏差。效益是无形的并不意味着它们是不重要的。

我们应在尽可能的范围内量化无形效益。通常使用的一个技术方法是对来自可信度稍差的数据的效益估值进行敏感度分析。例如，我们可以在非常广的范围内检验结果对该效益的估值是否敏感。如果不敏感，那么我们就不必在此问题上花费更多的时间。如果结果是敏感的，那么，负责决策的人就要承担起对该效益进行判断权衡的最终责任。

□ 成本估值方法

一般情况下，估算成本比估算效益容易一些，但也不简单。估算成本和效益的主要难题都在于成本-效益分析是面向未来的，因此估计某策略的未来成本要比计算一个正在执行的策略的成本困难得多。

已经开发了两种方法来对这些成本进行估值。

调查法。要想知道一项政策的相关成本，一个方法就是去问那些承担成本的人，假设他们大概了解成本的情况，这样就可以为政策制定者提供成本的数值。例如，我们要求污染者向监管当局提供一个污染控制成本的估值。这一方法的问题是受访者存在很强的激励来提供虚假的数据。成本高估会导致监管放松，因此，提供高估的成本值会使企业在经济上获益。

工程法。工程法回避了被监管的污染源，利用一般的工程信息列出实现目标所可能用到的技术设备，然后去估算购买和使用这些技术设备的成本。工程法的最后一步是假设污染源的控制会使用成本最小化的技术设备。对于一个“典型的”、信息完备的企业，可以利用这一方法进行成本估算。

工程法也有它自身的问题。这些估值不可能接近任何一个企业的真实成本。企业自身独特的环境可以使其成本高于或低于估值；简而言之，企业不一定是典型企业。

联合法。为了克服这些问题，分析者通常会联合使用调查法和工程法。调查法被用来收集可能的技术设备的信息和企业所面临的特殊环境。工程法被用来计算在既定特殊环境下的技术设备的真实成本。联合法的目的是将独立计算的数据信息和污染者提供的数据信息综合起来用于判断。

---

① 随着我们技术方法的进步，有形效益和无形效益的划分也在变化。在旅行成本模型出现之前，休闲娱乐效益一直被看作无形效益。旅行成本模型将在下一章论述。

在我们已经描述的案例中，成本相对比较容易量化，问题仅仅是找到一种获得质量最好的信息的方法。然而，并不是所有的情况都是这样，尽管经济学家已经开发了一些巧妙的方法，以确保成本的货币化估值有规律可循，但是一些成本的量化依旧困难。

例如，一项旨在节能的政策要求多人拼车。如果该政策的影响仅仅是增加了平均交通时间，那么该如何衡量该政策的成本？

一段时间以来，交通领域的分析人员已经认识到，人们重视花费在交通上的时间，现在已有大量文献给出了评估节省的时间或增加的时间的价值的方法。时间价值评估的基础是机会成本——如果不将时间耗费在交通上，而是用在其他用途所可实现的最大价值。尽管研究的结果显示时间的价值与时间的长短有关，但看起来人们一般认为，自己的时间价值不超过工资水平的一半。

□ 风险的处理

对于许多环境问题，由于科学评估自身常有的不确定性，因此我们不可能断言某政策的结果。要想知道潜在有毒物质的有效暴露水平，我们需要得到暴露在高剂量水平下的结果，并外推低剂量水平暴露的结果，我们也需要从动物实验的结果外推有毒物质对人类的影响，还需要依靠流行病学研究，通过人口健康指标与记录的污染水平之间的相关性推导出污染引起的不良健康影响。

例如，我们来看气候变化引起的潜在损害。当前，尽管大多数科学家一致认为存在气候变化的潜在影响，诸如海平面上升和物种损失等，但是损失的时间和程度是不确定的。

政策程序中的风险处理涉及两个主要的维度：（1）识别和量化风险；（2）决定风险的可接受水平。前者主要着眼于科学性和描述性；而后者更具有评价性和规范性。

成本-效益分析用多种方法进行风险价值评估。假定我们有 A、B、C、D 一系列政策选项，并且基于未来经济的发展态势，每一项政策都会有 E、F、G 一系列可能的结果。结果取决于低、中或高的资源需求增长。因此，如果我们选择政策 A，可能会得到 AE、AF 或 AG 的结果。同样，其他每项政策也会有 3 个可能的结果，总计会产生 12 种可能的结果。

我们可以对 12 种可能的结果分别进行成本-效益分析。遗憾的是，使结果 E 净效益最大化的政策不一定能使 F 或 G 的净效益最大化。因此，如果我们只知道哪个结果占有优势，我们就能选择使其净效益最大化的政策；问题是我们不知道。而且，如果结果是 E，选择某政策是最优的，但如果出现了结果 G，该政策却可能是灾难性的。

优势政策的出现会避免这样的问题。所谓优势政策是指该政策使每个结果都会赋予较高的净效益。在这种情况下，未来存在风险无关政策的选择。尽管这种幸运的情况偶尔也会出现，但不是常态。

即使没有出现优势政策，也存在其他的选择。例如，假设我们将评估三个可能结果中的每一个发生的可能性。因此，我们可能期望结果 E 发生的概率为 0.5，结果 F 发生的概率为 0.3，结果 G 发生的概率为 0.2。有了这些信息，我们就能估算期望净效益现值。某政策的期望净效益现值是该政策产生的各种可能结果的净效益现值总和，其中每种结果依其发生的概率而被赋予不同的权重。公式表示如下：

$$EPVNB_j = \sum_{i=0}^{I} P_i PVNB_{ij} \qquad j = 1, \cdots, J$$

其中，

$EPVNB_j$＝政策 j 的期望净效益现值；

P_i＝第 i 个结果发生的概率；

$PVNB_{ij}$＝当结果 i 占优时，政策 j 的净效益现值；

J＝政策数目；

I＝结果数目。

最后一步就是选择期望净效益现值最高的政策。

此方法的一个重要优点是它有利于高概率的结果。然而，它也假设了社会的风险偏好。如果社会是风险中性的，此方法是适用的。举一个例子来定义风险中性更为容易。假设允许你在以下两个选项中做出选择，其一是明确你能得到 50 美元；其二是进行抽奖，你有 50%的机会赢得 100 美元，50%的机会什么也得不到。（注意，该抽奖的期望值为 50 美元＝0.5×100 美元＋0.5×0 美元。）如果你认为两种选择没有差别，那你就是风险中性的；如果你更倾向于选择抽奖，显示出你是风险偏好的；如果你更偏好得到确定的 50 美元，意味着你的行为是风险规避型的。采用期望净效益现值法意味着社会是风险中性的。

这是一个有效的假设吗？证据是好坏兼有的。赌博现象的存在意味着至少一些社会成员是风险偏好者，然而保险的存在又说明至少对于某些风险，一些人是风险规避者。既然同样的人既可能赌博，也可能投保，风险类型很有可能是重要的。

即使有证据表明个体是风险规避的，这也不是政府在公共投资评估领域中放弃风险中性原则的充分条件。一篇著名的文章（Arrow and Lind，1970）认为，风险中性是适宜的，原因是“当公众承担公共投资的风险时，总的风险成本就没有意义了，因此，政府应该忽略公共投资评估中的不确定性”。这一结论背后的逻辑暗示，随着风险承担者数量（和风险多样化程度）的增加，每个个体所分摊的风险量趋近于零。

正如 Arrow 和 Fisher（1974）所证明的，当决策不可逆时，人们应该更加谨慎。人们在做出不可逆的决策之后可能会后悔，但永远不会有回到从前的机会了。额外的谨慎也使决策者有机会学习更多的决策替代方案，在行动之前了解更多可能的后果。偶尔的拖延可能是最优的，明白了这一点不也是一种慰藉吗？

在制定国家政策时，法院和立法机关会采取行动，寻找富有想象力的方法，目的是定义可接受的风险。一般情况下，政策方法体现的是就事论事。我们将会看到当前针对很多环境问题的政策体现出高度的风险规避意识。

□ 效益和成本的分配

目前，作为经济分析的组成部分，许多部门要求考虑成本和效益的分配性影响。例如美国环保署在其《经济分析指南》中对分配问题提供了指导。依据美国环保署的指南，分配分析应“通过调查底层人口和组织受到监管的影响，评估社会福利的变化”。分配分析可以采取两种形式进行：经济影响分析和公平分析。经济影响分析关注既定政策的获利者和受损者的总特征。公平分析则调查劣势集团或底层人口受到的影响。后者探讨了成本和效益分配公平或公正的规范问题。Loomis（2011）罗列了一些将分配和公平纳入成本-效益分析的方法。案例 3.2 强调了一些与电器能效规章相关的效益和成本的问题。

□ 选择贴现率

不管何时增长的效益和产生的成本，贴现使得我们可以用现值来比较全部的成本和效益。假定一个项目产生一个 400 万美元（现值）的即期成本，但是直到 5 年末才能获得 550 万美元的效益。这个项目是个好方案吗？从表面来看，这似乎是个好方案，但是回想到这 550 万美元是分散在 5 年中而不同于现值的 550 万美元，用 5%的贴现率，效益的现值减去成本的现值是正的。然而，用 10%的贴现率，同样的计算就会产生一个负值，因为成本的现值大于效益的现值。你能再现产生上述结果的计算吗？

如案例 3.3 所示，贴现率的选择已经是而且以后也会是一个重要的问题。当公共部门使用的贴现率低于私人部门时，公共部门会发现更多的具有较长支付期的项目值得批准。并且，正如我们所看到的那样，贴现率也是资源在代际配置的一个重要的决定因素。

案例 3.3 贴现率的重要性

让我们以一个过去的例子开始。多年以来，美国和加拿大一直在讨论在位于缅因州和新不伦瑞克省之间的帕萨马廓迪湾建设一个潮汐能项目的可能性。该项目的初始资本成本很大，但据推测，在未来相当长的时间内运营成本持续低廉。作为情况分析的一部分，在 1959 年一份完整的成本和效益清单完成了。

基于同样的成本和效益数据，加拿大的结论是该项目不能建设，而美国的结论是应该建设。因为是基于同样的成本-效益数据，结论的差异仅仅是由于使用了不同的贴现率。美国的贴现率是 2.5%，而加拿大是 4.125%。较高的贴现率会增加初始成本在计算中的比重，因此加拿大断定该项目会产生负的净效益。由于较低的贴现率会降低未来运营成本相对较高的比重，美国看到的净效益为正。

一个更近的例子说明了贴现率数值重要性的原因，在 2006 年 10 月 30 日，伦敦经济学院的经济学家尼克拉斯·斯特恩（Nicholas Stern）发布了一份使用 0.1%的贴现率的报告，报告的结论认为针对气候变化的早期行动拥有强大的效益，显著超越了成本。其他经济学家，例如耶鲁大学的威廉·诺德豪斯（William Nordhaus）使用了约为 6%的贴现率，认为减缓气候变化的初期最优经济政策应以适中的减排速率减排，在中期和长期应快速减排。

在这个争议中，当前行动的愿望强烈程度（至少部分）依赖于分析中所使用的贴现率的大小。较高的贴现率会降低当前争议投资产生的未来效益的现值，意味着一个较小的边际效益。由于那些投资的相关成本几乎不会受到贴现率选择的影响（距离未来较近的成本也会因贴现而变小），边际效益的现值越低，转化为减排投资的最优性也会越低。

贴现率的选择问题并不深奥，其在确定公共部门的角色、承担项目的类型和代际资源的配置时至关重要。

资料来源：Stokey E.，& Zeckhauser. R.（1978）. *A Primer for Policy Analysis*. New York：W. W. Norton，164－165；Mikesell，R.（1977）. *The Rate of Discount for Evaluating Public Projects*. Washington，D. C.：The American Enterprise Institute for Public Policy Research，3－5；the Stern Report：http://webarchive.nationalarchives.gov.uk/20100407011151/；http://www.hm-treasury.gov.uk/sternreview_index.htm；Nordhaus，W.（2007）. A review of the Stern Review on the economics of climate change. *Journal of Economic Literature*，*XLV*（September），686－702.

从概念上可以把贴现率定义为资本的社会机会成本。这种资本成本可进一步划分为两部分：（1）无风险资本成本；（2）风险溢价。传统上，经济学家用政府债券的长期利息率作为衡量资金成本的一种手段，然后再用与项目风险有关的风险溢价进行调整。遗憾的是，调整范围的幅度一直依靠分析者自己来斟酌决定。贴现率能够影响某项目或政策可取性的能力导致的结果是，政府部门选择各种各样的贴现率来证明它们支持的计划或项目是合理的。20 世纪 60 年代，美国国会组织的一组听证会发现，同一时间，各部门使用的贴现率范围从 0 到 20%。

20 世纪 70 年代早期，美国行政管理和预算局发出了一份通知，要求所有政府部门在进行成本-效益分析时使用 10%的贴现率，附带例外情况。1992 年发布的修订版通知将该贴现率降至 7%。这一通知也包括成本-效益分析指南，并且特别指出某些贴现率将每年变化。① 这项标准使各机构不能为了证明预先决定的结论合理来选择贴现率，从而降低了偏差。它也允许项目不考虑经济行为的周期性导致的资金真实社会成本的波动。此外，当资金的社会机会成本不同于该行政决定的水平时，一般而言，成本-效益分析不适用于确定有效的配置。

案例 3.3 强调了在涉及长期范围的决策中选择贴现率的差异方面。它考虑的是贴现率是否应该随着时间的推移而下降的问题。讨论 3.2 探讨了这个问题。

讨论 3.2　长时间的贴现：贴现率应该降低吗？

现在你开始认识到，贴现率的选择会显著改变成本-效益分析的结果。对于一个长的时间段，这一影响就更为严重，在花费现有资金去减缓气候变化危害的决策中，因气候变化在数量和发生时间的不确定性，这一影响就尤为重要。多大的贴现率是合适的？最近的文献和一些证据争论在一个长时间段贴现率降低的问题。应该使用降低的贴现率吗？一个高级的专家小组最近集中讨论了相关的问题（Arrow et al.，2012）。

存在一个经济学研究尚未解决的争议：贴现率应该是实证的（"描述性的"），反映真实的市场利率；还是规范性的（"惯例的"），反映伦理道德？由于减缓气候变化的支出是投资支出，所以那些主张描述性方法的人们愿意使用利润的市场利率。那些主张使用规范方法的人主张包括对代际公平的判断，这些贴现率通常低于实际的市场利率（Griffiths et al.，2012）。

美国行政管理和预算局建议目前使用一个固定的贴现率进行项目分析，建议在敏感性分析中使用 3%和 7%的贴现率（OMB，2003），如果未来的几代人会受到影响，就使用一个更低的贴现率的选择方案。英国和法国使用的是随时间而降低的贴现率表。这两者之一的方法比其他的长时间段的贴现方法好吗？如果一个下降的贴现率是合适的，那么贴现率以怎样的速度下降？

专家小组一致认为这一理论为"确定性等值贴现率下降"提供了强有力的依据（Arrow et al.，2012，p. 21）。尽管实证研究也支持贴现率随时间而下降（特别是在未来成本和/或效益出现不确定性时），实证研究的结果因模型的假设和基础数据的差异而存在

① 每年的贴现率可以在该网站查询：http://www.whitehouse.gov/omb/。2010 年的贴现率可在下述网址查询：www.whitehouse.gov/omb/circulars_a094/a94_appx-c。

较大范围的变化。如果一个递减的贴现率表被美国采用，该组专家建议应由美国国家环境保护局的科学顾问委员会开发一个标准，这个标准作为决定贴现率表样式的共同基础。

资料来源：Arrow, K., Maureen, J., Cropper, L., Gollier, C., Groom, B., Heal, G. M., et al. (December 2012). How should benefits and costs be discounted in an intergenerational context: The views of an expert panel. *RFF DP 12-53*; Griffiths, C., Kopits, E., Marten, A., Moore, C., Newbold, S., & Wolverton, A. (2012). The social cost of carbon: Valuing carbon reductions in policy analysis. In R. A. de Mooij, M. Keen, & I. W. H. Parry (Eds.). *Fiscal Policy to Mitigate Climate Change: A Guide for Policy Makers*. Washington, D. C.: IMF, 69-87; OMB (Office of Management and Budget). Circular A-4: Regulatory Analysis. Washington, DC Executive Office of the President. www. whitehouse. gov/omb/circulars_a004_a-4。

社会和私人贴现率的差异

早前我们认为，在“理想”的条件下，比如不存在外部性、存在正确界定的产权、存在交易产权的竞争性市场，生产商在尽力最大化生产者剩余的同时也最大化净效益的现值。

现在我们多加一个条件。如果资源的配置是有效的，企业必须使用同样的适合社会整体的贴现率去贴现未来的净效益。如果企业使用了较高的贴现率，与有效率的使用相比，它们将会更快地采掘和销售资源。相反地，如果企业使用了比适当的贴现率还低的贴现率，它们将会是过度保守的。

为什么私人和社会的贴现率不一致？社会贴现率等于资本的社会机会成本。资本成本可以划分为两个组成部分：无风险资本成本和风险溢价。无风险资本成本是当不存在导致收入比预期收入多或少的风险情况下所得到的回报率。风险溢价是指当预期收入与实际收入不一致时，需要补偿资本所有者额外的资本成本。因此，由于风险溢价的差异，风险行业比无风险行业具有更高的资本成本。

私人和社会贴现率的另一个差异源于社会和私人风险溢价的不同。如果一些私人决策的风险不同于社会作为一个整体所面对的风险，那么社会和私人风险溢价就会不同。一个显而易见的例子就是因政府而存在的风险。如果企业担心它的资产会被政府接收，它可能会在国有化出现之前选择较高的贴现率来赚取利润。从社会——由政府代表——的角度来看，国有化就不是一种风险，从而较低的贴现率是合适的。当私人的贴现率高于社会的时，私人当前的生产水平会高于基于社会的净效益最大化的适宜水平。能源生产和林业生产低效率的根源就在于此。

贴现率的另一个差异源于时间偏好是根本不相同的。时间偏好的差异不但引起私人和社会贴现率的差异（因为企业比公共部门具有更高的时间偏好），而且即使在两个不同的国家进行相似的分析也会产生不同的结果。

例如，与发达国家相比，资金缺乏的发展中国家预期会有较高的时间偏好。因为在这两类国家进行的成本-效益分析基于两个不同的贴现率，因此可能会得到完全不同的结论。适合发展中国家的可能并不适合发达国家，反之亦然。

私人和社会贴现率并不总是偏离，它们可能会一致。当那些条件出现的时候，市场决策就是低效率的。

□ 重要评述

我们已经明白，效益和成本估值有时是困难的，但并不总是那样。当估值存在困难或不可靠时，就会影响成本-效益分析的价值。如果偏差系统性地增加或降低净效益，这样的问题令人相当困扰。这种情况存在吗？

20 世纪 70 年代早期，Robert Haveman（1972）开展了一项研究以解释该问题。研究集中于美国陆军工兵团的水项目，例如洪水控制、内河水道、水力发电之类的项目。哈夫曼（Haveman）比较了事前和事后进行的效益和成本估值，得以说明估值的准确性和偏差。他的结论是：

> 在实证案例研究中，事后评估与事前评估常常关联性很小。基于一些案例和已经做出的分析，我们能够断定纳入部门的事先价值评估程序有一些严重的偏差，导致期望效益的持续高估。在项目建设成本的分析中存在类似的现象，我们发现估算成本和实际成本之间存在巨大的差异，尽管估计中的持续偏差不显著，但是 50%的项目显示的实际成本可以用事先估计的成本加上或减去 20%得到。[①]

至少，在哈夫曼分析的案例中，成本-效益分析纯粹是一种科学应用的观念显然与事实不符；分析者的偏差是存在的，只不过是表现为数字的偏差。

这意味着成本-效益分析有重大的缺陷吗？绝对不是！自哈夫曼的研究以来，估值方法有了很大的改进，但问题仍然存在。但是，这项研究强调了准确估值和包括所有潜在效益和成本（例如，非市场价值）的持久重要性。同时包括收益和成本是必要的，这一点看起来是很基本的要求。如案例 3.4 所示，但实际情况并非总是如此。

∵案例 3.4　一进二出原则是管理监管过度的好方法吗？

环境法规可能代价高昂，但也会产生经济效益。效率意味着那些收益大于成本的法规应该被执行，这是此前的里根总统（EO12291）、克林顿总统（EO12866）和奥巴马总统（EO13563）的行政命令所遵循的路径。

2017 年，特朗普政府放弃了一如旧往的工作模式，发布了第 13771 号行政命令，要求每发布一项新法规，就必须削减现存的两个法规。[②] 经济分析，特别是成本-效益分析，对于这“一进二出”的原则是怎么表述的？

第 13771 号行政命令的部分内容是：“（c）……在法律允许的范围内，与新法规相关的任何新的增量成本应通过消除与至少两个先前法规相关的现有成本来抵消。”

在试图减少监管过度的尝试中，特朗普总统的方法似乎表明，在评估当前和新法规的时候，唯有成本是重要的，收益并不重要。由于大多数现行法规都是根据收益和成本制定的，因此，仅仅依据成本来取消这些法规将是一种“生硬的手段”——这

---

① 最近的一项成本估计（Harrington et al.，1999）研究发现了过高估值和过低估值的证据，不过，过高估值更为常见。作者将过高估值的主要原因归结于没有很好地预见技术创新。

② 第 13771 号行政命令，“减少监管和控制监管成本”。

一手段在做出有效选择方面带有一定的盲目性。

经济学家罗伯特·希勒（Robert Shiller）进一步指出，在许多领域中，法规符合公众利益，“世界太复杂了，不可能想当然地去计算法规的成本，并实施一个一进二出的原则。”

未来资源研究所的经济学家艾伦·克鲁普尼克（Alan Krupnick）指出，即使“唯成本”的做法是合理的，实施起来也并不容易。例如，“什么是成本？它是理论上的预计成本还是已经发生的实际成本？它是经过贴现的成本现值还是别的一些随着时间推移而发生的成本流？它是该算作直接成本还是间接成本（比如对消费者来说）？它是私人成本还是社会成本？”然而，不管这些问题的答案如何，收益确实很重要。

正如克鲁普尼克所指出的那样，“若不考虑法规的收益，我们该如何确定哪些法规是无效的和不必要的？答案很简单，我们做不到。”想象一下，如果我们只拯救了那些拯救成本最低的濒危物种，或者只清理了处理成本最低的石油泄漏。仅仅基于成本做出决策是错误导向的经济学。

资料来源：www. rff. org/research/publications/trump-s-regulatory-reform-process-analytical-hurdles-and-missing-benefits；　www. nytimes. com/2017/02/17/upshot/why-trumps-2-for-1-rule-on-regulations-is-no-quick-fix. html；www. env-econ. net/2017/02/two-for-one-too-blunt-an-instrument-for-good-governance. html.

哈夫曼的分析也提醒我们，成本-效益分析不是一个独立的方法，使用成本-效益分析时应该结合其他可获取的信息。包含成本-效益分析的经济学分析能够提供有用的信息，但是对于所有的决策而言，它不应该成为唯一的决定因素。

成本-效益分析也存在局限性，因为它并没有真正解决谁获得效益和谁负担成本的问题。在产生很高净效益的某特定过程中，社会的某个群体获得效益，成本却由另外一个群体来承担的事实是完全可能的。这个情景说明了一个基本原则：确保公共政策的效率是公共政策的一个重要基础，但不能总是唯一的基础。其他方面，如成本和效益的分担问题也是非常重要的。另外的方面，比如谁受益，谁负担，也是重要的考虑因素。成本-效益分析的分配效应有助于揭示潜在的不公平。

总之，从积极的一面来看，成本-效益分析通常是政策程序中非常有用的一部分。即使当数据基础不是非常严格可靠时，结果也可能显示出对不可靠性不敏感。在其他情况下，虽然数据的可靠性不足以使我们对那些政策进行精细调整，但这些数据的可靠性足以说明广泛政策方向的后果。正确使用成本-效益分析方法能说明何种选择对社会能够产生最高的净效益，成为其他影响政治决策过程的有益补充。

从消极的一面看，成本-效益分析一直被批评承诺的多于实际做到的，特别是缺乏可靠的效益信息。这些批评已经引起了两种回应。第一，已经开发的监管程序能够在信息非常有限的情况下实施，并且仍然获得了可观的经济效益。最近大气污染控制领域的改革提供了一个强有力的实例，我们将在第 14 章和第 15 章中进行介绍。

第二，这涉及为决策提供有用信息的技术，不依赖对难以估值的环境服务进行估值的有争议的技术。本章后续部分将介绍这些有争议的技术中最重要的两个——成本有效性分析和影响分析。

即使当难以或不可能量化效益时，经济分析仍然可以大有所为。例如，即使不能明确地识别有效的政策选择，决策者也应该知道不同政策行动的成本及它们对社会的影响。

其他决策矩阵

□ 成本有效性分析

如果我们缺乏用于成本-效益分析的数据，或者数据不可靠，我们要如何指导政策制定？因为难以准确测量效益，我们不可能做出有效的选择。

然而，在这种情况下，通常可以在某些基础上设定政策目标，而不是严格比较收益和成本。一个例子是污染控制。什么样的污染水平是最大可接受水平？许多国家基于某特定污染物对人类健康的影响确定污染物的最大可接受浓度。研究人员尝试找到临界水平，低于该水平似乎没有损害发生。然后，进一步降低临界点，得到安全边际，就找到了污染控制的目标。

方法也可以以专家意见为基础。例如，可以召集生态学家来确定某物种的临界数目或应该受到保护的特别关键的湿地资源。

然而，我们一旦确定了政策目标，就可以用经济分析方法分析选择某种手段来实现该目标的成本。成本影响的重要性不仅在于消除浪费是符合政策自身要求的一个恰当的目标，而且可以保证成本方面不会触发政治上的强烈反对。

典型情况是我们可以有多种手段来实现特定目标；一些手段相对便宜，而另一些证明是非常昂贵的。问题经常很复杂，以至于只有对选项进行非常详细的分析，我们才能从选项中识别出能够实现目标的成本最低的手段。

成本有效性分析通常包括一个最优化程序。此处，最优化程序仅仅是用以找到能够实现目标的成本最低手段的一个系统化方法。由于事前决定的政策目标可能不是经济上有效率的，所以最优化程序一般不会产生有效配置。所有有效率的政策都是成本有效的，但并非所有成本有效的政策都是有效率的。

在本章的前面，我们介绍了效率等边际原理。依据此原理，当边际效益等于边际成本时，净效益最大。

成本有效性存在一个与此类似且同等重要的等边际原理：

> 第二等边际原理（即成本有效性等边际原理）：当所有可能实现目标的手段的边际成本相等时，就会得到实现环境目标成本最低的手段。

假设我们想要在某地区实现一个特定的减排，并且有一些可能的技术用于减排。每一种技术方法应承担多少控制任务？依据成本有效性等边际原理，使用技术实现期望的减排，对于所有的源，实现减排最后一单位的成本（也就是说边际控制成本）应该相等。

让我们来证明为什么该原理是有效的。假设我们负责分配控制任务，其中一组技术的边际控制成本远高于其他技术。当所有技术保持同样数量的减排时，由于存在进一步降低成本的空间，所以这不是最低成本的分配。具体而言，通过给边际成本低的源分配更多的控制任务，给边际成本高的源分配更少的控制任务，我们就能够进一步降低成本。由于我们可能找到降低成本的方法，显然，初始分配没有实现成本的最小化。一旦重新分配控制任务使边际成本相等，我们无法再找到一个降低成本的方法来完成同样的减排任务，该分配必定是成本最小化的分配。

在污染控制的例子中，我们能够用成本有效性分析找到满足特定标准的最低成本的手段和它的相关成本。将此成本作为基准情形，如果实施的政策并非成本有效的，我们能够估计将会在最低水平上增加多少成本。如果美国环保署要选择更为严格的或宽松的标准，可以用成本有效性分析发现遵循成本的预期变化幅度。在第 14 章和第 15 章，我们将详细探讨当前向着成本有效性政策的转变情况，触发这一转变的部分原因是研究表明，改革可能会大幅降低成本。

□ 影响分析

如果我们不能得到足够的信息进行成本-效益分析或成本有效性分析，我们该怎么做？人们设计了影响分析方法来解决上述问题。不管是关注经济影响、环境影响还是同时关注二者，影响分析试图量化各种行为的后果。

与成本-效益分析相比，纯粹的影响分析不会为了保证可比性，把各种结果都转化成一个维度，如美元。与成本有效性分析相比，影响分析必然不会试图最优化。影响分析为决策者提供大量的相对未经整理的信息，留待决策者评价各种结果的重要性并采取相应的行动。

1970 年 1 月 1 日，尼克松总统签发了《1969 年国家环境政策法案》（National Environmental Policy Act of 1969）。除其他要求以外，该法案要求联邦政府的所有机构：

> 负责官员在显著影响人类环境质量的立法提案和其他主要联邦行动的每一个建议或报告中要包含下列事项的详细陈述：
>
> （i）提议行动对环境的影响；
>
> （ii）实施提案对环境所产生的无法避免的任何有害的影响；
>
> （iii）提议行动的替代方案；
>
> （iv）地区性短期使用人类环境与维持及加强长期生产力间的关系；
>
> （v）提案付诸实施时将产生的不可逆转和无法挽回的资源损耗。[①]

这就是环境影响报告书的起源，尽管颇受争议，环境影响报告书现在已经是我们熟悉的制定环境政策的一部分。

现在的环境影响报告书比其雏形复杂得多，并且除了其他更为传统的影响衡量外，还包含成本-效益分析或成本有效性分析。然而，从趋势上看，环境影响报告书的内容越来越多，以至我们实际上不可能完整理解其全部内容。

因此，负责环境影响报告书程序的美国环境质量委员会（Council on Environmental

---

① 第 83 条第 853 款。

Quality）已经规定了报告书的内容标准，从而使现在的报告书更为简短、清晰。报告书中对影响的量化能够避免出现危及成本-效益分析的“隐性价值判断”问题，但是为了做到这一点，报告书给决策者提供了大量的不可比信息。

小结

我们在人类与环境间寻求平衡需要做出一些选择。服务于理性选择的一些基本原则是绝对必需的。如果决策不是基于基本原则所做出的，那么就是在基本原则缺失的情况下做出的。

规范经济学采用成本-效益方法评价环境提供的服务水平与构成的适宜性。成本有效性分析和影响分析为成本-效益分析提供了替代方法。所有这些方法都能为决策提供价值信息，又都存在缺点。

静态有效配置是指在资源的所有可能用途中实现了净效益的最大化。当时间是一项重要因素时，适用于动态效率标准，它是指来自资源所有可能用途的净效益的现值最大化。在随后的章节我们将根据这些标准，研究社会机构所做的资源配置方案。

因为成本-效益分析既作用强大又备受争议，1996 年，一些政治信仰不同的经济学家聚集在一起，试图就环境决策中成本-效益分析的恰当定位达成某种共识。他们的结论值得我们在此重温：

> 在有关保护和改善健康、安全及自然环境的立法和监管的政策辩论中，成本-效益分析扮演了一个重要的角色。尽管正式的成本-效益分析不应被看作设计明智政策的必要条件或充分条件，但它为组织不同种类的信息提供了一个特别有用的框架，并且按照这种方式，它能大大地改善工作程序，因此也改善了政策分析的结果。如果正确地使用成本-效益分析，它能够为参与制定环境、健康和安全规章的相关机构提供巨大的帮助。并且它也能为评估机构决策和形成法规提供帮助。①

然而，即使难以计算效益，成本有效性的经济分析也是有价值的。该方法能够找到实现预先确定的政策目标成本最小的方式，评估非成本最小的政策带来的额外成本。成本有效性方法无法回答那些预先确定的政策目标是否有效。

本章最后部分介绍了影响分析，仅仅识别和量化某些政策的影响，不试图进行最优化，或使分析得到的各种信息可比。影响分析不能确保一个有效的结果。

本章讨论的三种方法都是有用的，但是没有一个能宣称为普适的“最好的”方法。信息的可得性和可靠性是非常重要的。

讨论题

1. 对于成本-效益分析，风险中性是一个恰当的假设吗？为什么？对于某些环境问题，风险中性似乎比其他的假设更合适吗？如果是，是哪些环境问题？如果你正在评估一个危险废物焚化炉选址的可取性，阿罗-林德（Arrow-Lind）的风险中性的逻辑依据是否合适？为什么？

2. 乔治·布什总统发布的要求监管法规领域更多使用成本-效益分析的行政命令是在向着建立一个更为理性的监管结构前进吗？或者说，这是环境政策制定程序的颠覆吗？为什么？

---

① Arrow, Kenneth, et al. (1996). Is there a role for benefit-cost analysis in environmental, health and safety regulation? *Science*, 272 (April 12), 221 - 222。由美国科学促进会许可转载。

自测题

1. 假设一项提议的公共政策会产生三种可能的结果：（1）净效益现值为 400 万美元，（2）净效益现值为 100 万美元，或（3）净效益现值为 −1 000万美元（即表现为损失）。假定社会是风险中性的，并且这三种可能结果中的每一种发生的概率分别为 0.85、0.10 和 0.05，这项政策是应该推行还是放弃？为什么？

2. a. 假设你想把非法放入一个湖泊的外来物种的 10 条鱼除去。你有三种可能的去除方法。你可以选择去除数量为 q_1、q_2、q_3 的每一种方法，通过这些方法的任意组合以完成例如 $q_1+q_2+q_3=10$ 的目标。如果每种去除方法的边际成本分别是 $10q_1$ 美元、$5q_2$ 美元和 $2.5q_3$ 美元，你将各使用多少美元的每种方法以实现成本有效的去除？

b. 为什么排除方法 3 的方法组合不是成本有效的？

c. 假设三个边际成本为常数（不会随着前一情形而增加），比如说 $MC_1=10$ 美元，$MC_2=5$ 美元，$MC_3=2.5$ 美元。在此情形下，成本有效性如何？

3. 在长时间段问题中，例如气候变化，需要考虑贴现率的作用。假设一个特定的排放削减战略在未来 50 年会导致 5 000 亿美元的损害减少。如果贴现率是 2%，而不是 10%，那现在要去除这些损害，最大的支出数值是多少？

补充读物

Freeman，A. Myrick Ⅲ（2003）. *The Measurement of Environmental and Resource Values*，2nd ed. Washington，D. C.：Resources for the Future. 这是对于环境评估的概念和方法的全面和分析严谨的调查。

Hanley，N.，& Spash，C. L.（1994）. *Cost-Benefit Analysis and the Environment*. Brookfield，VT：Edward Elgar. 这是对于这种分析方法应用于环境问题的理论与实践的说明，包含大量的具体案例研究。

Norton，B.，& Minteer，B. A.（2002）. From environmental ethics to environmental public philosophy：Ethicists and economists：1973—future，In T. Tietenberg and H. Folmer（Eds.），*The International Yearbook of Environmental and Resource Economics*：*2002/2003*. Cheltenham，U. K.：Edward Elgar，373－407. 这是对于环境伦理与经济评价的相互作用的研究综述。

Scheraga，J. D.，& Sussman，F. G.（1998）. Discounting and environmental management. In T. Tietenberg and H. Folmer（Eds.），*The International Yearbook of Environmental and Resource Economics 1998—1999*. Cheltenham，U. K.：Edward Elgar，1－32. 这是关于在环境管理中使用折扣的“最新技术”的摘要。

U. S. Environmental Protection Agency（2010）. *Guidelines for Preparing Economic Analyses*（Report ＃ EPA 240-R-10-001）. Downloadable at：www. epa. gov/environmental-economics/guidelines-preparing-economic-analyses＃download. 美国环保署为其分析工作规定的程序。

更多的参考文献和重要的历史参考文献可在本书的配套网站查找：www. routledge. com/cw/Tietenberg。

第4章 环境价值评估：方法

我们往往在享有某一件东西的时候，一点不看重它的好处；直到失去它之后，又会格外夸大它的价值，发现我们拥有时看不到的优点。

——威廉·莎士比亚，《无事生非》

（William Shakespeare，*Much Ado About Nothing*）

引言

1989年3月24日，埃克森·瓦尔迪兹（Exxon Valdez）号油轮在阿拉斯加海岸威廉王子湾的布莱暗礁触礁搁浅，泄漏了大约1 100万加仑的原油。事发不久，埃克森公司[Exxon Corporation，现埃克森美孚（Exxon Mobil）石油公司]宣布对原油泄漏所造成的损失负责。责任包括两部分：（1）清除泄漏原油及尽可能恢复地区原貌的花费；（2）赔偿对当地生态造成的损害。清除工作的支出将近21亿美元，埃克森还花费了3.03亿美元赔偿渔民，因为这些渔民的生计在漏油后的5年里都受到了影响。[①] 关于环境损害的诉讼以埃克森同意在10年内支付9亿美元了结。这件诉讼案的惩罚性损害赔偿阶段从1994年5月开始。2004年1月，经过多轮上诉之后，美国阿拉斯加州地方法院判决惩罚性损害赔偿45亿美元。[②] 这一数字后来被削减近一半至25亿美元，2008年高等法院裁定，那些惩罚性损害赔偿超越了其所基于的海洋法，进一步认为在已支付的损害赔偿中，惩罚性损害赔偿不应超过5.07亿美元。[③]

在2010年春天，英国石油（BP）公司在墨西哥湾“深水地平线”的油井爆炸，每45天就喷射一次相当于埃克森·瓦尔迪兹号溢油数量的石油。到2010年8月泄漏油井被封堵时，估计有1.34亿加仑石油泄漏到墨西哥湾，几乎为埃克森·瓦尔迪兹号泄漏石油量的20倍，这是美国历史上最大的海上漏油事件。2016年，双方达成和解，要求支付

---

①② 美国阿拉斯加州地方法院（位于阿拉斯加州内的美国联邦法院），第A89－0095CV号诉讼案，2004年1月28日。

③ 埃克森船运公司诉贝克案。

208 亿美元；其中 88 亿美元用于自然资源损害赔偿。[①] 加上漏油事故后已发生的清理费用和其他索赔，这一数额大约已经达到并超过了 300 亿美元。[②] 溢油之类的引起巨大经济和环境危害的事故的经济损失，该如何计算？例如，在墨西哥湾已经发现数以千计的鸟类因英国石油公司的溢油而死亡，它们值多少钱啊？有趣的是，埃克森·瓦尔迪兹号溢油事件促发了为环境损害进行货币化估值的开创性工作，为现在所要考虑的非市场价值评估的标准实务创造了条件。

在第 3 章中，我们讨论了经济学家计算环境损害的基本概念。然而，应用这些概念远不像计算一道习题那么容易。虽然清除费用相当透明，但是对环境损害的估值非常复杂。例如，埃克森案例里 9 亿美元和英国石油公司案例里 200 亿美元的损害数值是如何计算出来的？

我们在本章中将探讨如何从一般性的概念发展到法庭所要求的赔偿的确切估值。一系列特定的方法已被开发用来计算环境改善带来的效益，或者反过来计算环境退化造成的损失。由于多数已经应用多年的常规估值方法不适用于环境资源，所以有必要开发这些特定的方法。成本-效益分析要求对建议的政策或项目的所有相关的效益和成本进行货币化计算，不只是那些能够从市场交易中获得的价值。究其自身而言，那些不能在任何市场上交易的环境物品和服务的货币化也是重要的。那些与非使用价值有关的非市场化效益的评估更为困难，我们将会在下文进行探讨。

为什么要对环境进行价值评估？

尽管对某一环境舒适性进行准确估值可能很困难，但不这样做就会在计算中使其缺省为零。如果环境价值为零，我们会做出最好的政策决定吗？恐怕不会，但这不能阻止围绕企图用一个更为适中的价值代替零价值的争论（讨论 4.1）。

许多联邦部门的决策都要依赖成本-效益分析。在既定的有限预算下，实现最理想的目标——选择最经济可行的项目方案。以下不同的方案均使用了效益和成本的估值：

- 自然资源损害评估，例如溢油（美国国家海洋和大气管理局）；
- 《濒危物种法案》（Endangered Species Act）要求的重要栖息地的选定；
- 水电站重新申请许可证［美国联邦能源管理委员会（Federal Energy and Regulatory Commission，FERC）］；
- 评估《清洁空气法》（Clean Air Act）和《清洁水法》（Clean Water Act）的成本和效益。

然而，这些分析通常都不能包含重要的非市场价值。如果这些分析不能包含全部应该体现的价值，计算结果必然存在缺陷。这一做法值得吗？

---

① Bishop 等（2017）。

② 2017 年，美国内政部发布了《深水地平线钻井平台响应与修复管理记录》，其中包括对损害赔偿总额的估计（见案例 18.4）。

讨论 4.1　人类应该赋予环境以经济价值吗？

已故的挪威哲学家阿恩·内斯（Arne Naess）使用了“深生态学”（deep ecology）一词，指出非人类环境具有自身的内在价值（intrinsic value），该价值独立于人类的利益之外。与内在价值相对应的工具性价值（instrumental value）是指取决于满足人类期望的环境有用性。

内斯提出两个问题：（1）环境价值评估的基础是什么？（2）如何完成价值评估？事实上，环境价值可能超出它对于人类而言的直接使用价值的观点与现代经济学价值评估技术是相当一致的。正如我们将在本章中展示的那样，目前，经济学价值评估技术能够量化众多“非使用”价值和更多传统的“使用”价值。

我们不能轻而易举地解决关于价值来源的争论。正如本章所描述的那样，经济价值牢牢地建立在人类的偏好之上。此外，深生态学的拥护者认为，由人类来决定其他物种的价值或者由其他物种来决定人类的价值均缺乏道德基础。在一定程度上，深生态学家认为，人类应该仅仅使用那些生存所必需的环境资源；除此以外，自然不应该再受到人类的扰动。而且，由于环境价值的经济学评估无助于决定哪些是人类生存的必需品，深生态学家认为经济学的价值评估对环境管理的作用不大。

反对全盘经济学价值评估的人面临两难的困境：如果人类不能成功评估环境价值，在制定政策的过程中，环境价值可能被认定为缺省价值，即为零。环境零价值有助于为大量的环境退化提供合理的解释，然而如果对环境进行恰当的经济估值，环境退化是不能被认可的。至少，即使我们从有限的拟人化视角出发，环境自身无法感知环境退化，但经济价值评估是表明环境价值的一种非常有用的工具，支持这一观点的人越来越多。

资料来源：Costanza, R., et al. (1998). The value of ecosystem services: Putting the issues in perspective. *Ecological Economics*, 25(1), 67 - 72; Daily, Gretchen, & Ellison Katherine (2003). *The New Economy of Nature: The Quest to Make Conservation Profitable*. Washington, D. C.: Island Press.

价值评估

尽管我们将要讨论的价值评估方法对污染引起的损害和环境提供的服务都适用，但每一情境都有其独一无二的问题。我们研究估值技术，先从污染控制的首个情境所带来的一些特殊挑战开始。

在美国，损害估值不仅应用在政策制定中，而且在法院判案中也已经变得重要，正如在本章开篇所示，法院需要一些依据来决定赔偿责任的大小。[①]

污染造成的损害会以许多不同的形式表现出来。首当其冲的，也可能是最显著的形式，就是对人类健康的影响。人类摄入被污染的空气和水会导致疾病。其他的损害形式包括：户外活动享乐的损失以及对植物、动物和物品的损害。

---

① 美国内政部的行政法规明确规定了如何决定这些损害的规则。详见 40 Code of Federal Regulations 300：72 - 74。

评估损害数值有如下要求：(1) 识别受影响的类别；(2) 估计污染物（包括自然来源）的排放量与受影响的对象受到的损害之间的物理关系；(3) 估计受影响方为避免或减轻一定程度损害所做出的反应；(4) 对人身损害进行货币化估值。完成以上每一步通常都很困难。

因为用来探求因果关系的数据通常并不能来自受控实验，识别受影响的类别是一件十分复杂的事情。显然，我们不能用很多人口来进行受控实验。如果我们为了研究污染的短期和长期影响而让人们承受不同水平的一些污染物，如一氧化碳，那么一些人可能会生病甚至死亡。基于伦理上的原因，我们不可能开展这类人体实验。

因此，我们其实只有两种选择：一是通过条件受控的动物实验推测污染物对人类的影响；二是统计分析生活在受污染环境中的不同人群死亡率或发病率的差异，发现它们在多大程度上与污染物浓度相关。这两种方法都存在问题。

动物实验开销大，并且从污染物对动物的影响推测其对人类的影响说服力不足。许多显著的影响在长期内没有出现。为了在一个合理的时间段内确定这些影响，动物实验必须在一个相对较短的时间段内加大污染物的剂量。然后，研究者依靠这些高剂量、短时期的动物实验结果的外推来估计污染物对人群的低剂量、长时期的影响。由于这些外推远远超越了实验本身的范围，许多科学家不赞成外推法使用的方式。动物实验也引起了伦理问题。

此外，统计分析的方法可以研究长期遭受低剂量污染物损害的人群，但糟糕的是，这些研究又存在其他的问题——统计相关并不一定意味着存在因果关系。例如，人口越多的城市死亡率越高的事实并不能证明人口越多造成了死亡率更高。也许这些城市的人口平均年龄偏大，或者也可能是那些人口中有较多的吸烟者。现在的研究已经非常精细，以至可以解释这些其他的可能影响因素中的一些因素，但是，由于相对缺乏数据，统计分析还不能涵盖所有的影响因素。

当我们识别某一特定的影响是否来自污染时，就出现了我们前面讨论的问题。下一步是估计污染物浓度与影响之间的关系强度。也就是说，不仅要发现污染物是否会引起呼吸道疾病发病率的上升，而且还要估计污染物降低一个给定的水平后，呼吸道疾病预期会下降的程度。

不能通过实验的方式得到这些数据使我们难以得出结论。不同的研究者分析相同的数据得出截然不同的结论，这样的情形并不少见。当影响存在协同作用时，即这一影响取决于以非叠加方式起重要作用的因素，例如受害者的吸烟习惯，或者大气或水体中有其他的有害物质，问题的分析就更为复杂。

一旦识别了有形损害，下一步就要对它们赋予货币化价值。这项工作的复杂性是显而易见的。我们可以想象对下列情况进行估值的困难：延长一个人几年生命的价值，或是癌症患者及其家庭承受的痛苦、折磨和悲痛的价值。

如何克服这些困难？我们有哪些价值评估方法不仅能对污染损害进行价值评估，而且能对环境所提供的大量服务进行价值评估？

□ 价值类型

经济学家把资源的总经济价值分为三个主要组成部分：(1) 使用价值，(2) 选择价值，（3）非使用价值（或被动使用价值）。使用价值反映了环境资源的直接使用（价值）。例如，从海洋中捕鱼，从森林中采伐木材，从溪流中抽取用于灌溉的水，还有感受自然风景的景观美感。如果你用感官之一享用了资源——看、听、摸、尝或闻——那么你已经使用了资源。例如，当大气污染使得人类更容易受到疾病侵害、石油泄漏给渔业带来不利影响的时候，或者当烟雾笼罩自然景观的时候，污染就会引起使用价值的损失。

选择价值反映了人们为未来能够使用的环境赋予的价值。选择价值反映这样一个事实，即使当前没有人使用环境，人们也愿意保留在未来使用环境的选择权。使用价值反映的是源自当前使用的价值，选择价值则反映了保留未来可能使用的一种潜在性的意愿。你计划明年夏季去黄石国家公园吗？或许不，但是你愿意保留将来某一天去那儿的选择权吗？

在资源使用的过程中，当资源实际上并没有被用光（消耗完）时，就出现了被动使用价值或非消耗性使用价值。这些类型的价值反映了一种普遍的观点，即人们非常愿意为改善或保护那些永不使用的资源付费。第一类非使用价值是遗赠价值。遗赠价值是为确保后代可以获得资源做出的一种支付意愿。第二类非使用价值是一种纯粹的非使用价值，被称为存在价值（existence value）。存在价值是为了确保资源持续地存在、没有个人未来使用的利益之嫌而做出的支付意愿。存在价值这一术语是由经济学家约翰·克鲁梯拉（John Krutilla）在他著名的引文中创造的："许多人能够从仅仅知晓北美荒原的部分保留中获得满足感，即使他们有可能去那儿探险时也会充满恐惧。"① 这些价值"与这些人现在或将来对这些资源的使用无关"②。

当美国垦务局（Bureau of Reclamation）着手在大峡谷（Grand Canyon）附近寻求一个适合大坝的地址时，像塞拉俱乐部（Sierra Club）这样的组织一定会站出来反对这一独特资源的潜在破坏。随着格伦峡谷（Glen Canyon）已经被水淹没形成鲍威尔湖（Lake Powell），即使那些永不打算去参观这一景观的人都会认识到这一潜在的损失。因为这一价值并不能从直接的或潜在的使用中获得，它反映了一种非常与众不同的价值类型。

这些不同类型的价值可以合并在一起得到总支付意愿（total willingness to pay，TWP）：

$$TWP = 使用价值 + 选择价值 + 非使用价值$$

由于非使用价值或被动使用价值源自一些动机而不是个人的使用，与使用价值相比，它们显然很少是有形的。然而，如果个人的环境资产被剥夺，不含非使用价值的总支付意愿估值将小于个人要求补偿的金额的最小值。此外，估算的非使用价值可能非常大。因此，我们也就不必对由此引发的争议惊讶了。事实上，美国内政部在起草关于履行自然资源损害评估的适用程序的规定时，禁止包含非使用价值，除非评估对象的使用价值为零，才能考虑非使用价值。随后在 1989 年，哥伦比亚特区上诉法院（880F. 2nd

① Krutilla，John V.（1967）. Conservation reconsidered. *American Economic Review*，57（4），777 - 786.

② 同①，p. 779.

432）的判决推翻了这项规定，认为只要能可靠地测量非使用价值，就应该包括非使用价值。

□ 价值评估方法的分类

典型地，研究者的目的是对考虑的物品和服务的总支付意愿进行估值。这是需求曲线下方到消费数量所围成的面积（回想第 2 章的讨论）。对于一件市场商品，这个计算相对直接。可是，非市场物品和服务是本章的焦点所在，需要通过观察行为，进而从相关物品的需求进行推断，或者通过对调查的回答得出总支付意愿的估值。并且，正如前文所强调的那样，要包括价值的全部组成部分是具有挑战性的。

本节将简要回顾一系列可行的方法和它们之间的关系。后面的小节中将会详细地介绍如何使用这些方法。

价值评估方法可以划分为两大类：陈述偏好法和揭示偏好法。揭示偏好法是基于实际可观察到的选择，我们可以直接从这一选择中推断具体资源的价值。例如，在计算石油泄漏给当地渔民造成的损失时，揭示偏好法可能会计算捕获量下降的数量和最终减少的鱼类价值。在这个案例中，价格是直接观察到的，可以直接用于计算价值损失。或者更间接地，在计算职业环境风险的价值时（例如带有健康风险的物质的暴露），我们可以考察承担不同水平风险的工人的行业工资差异。

将揭示偏好法与陈述偏好法相比，当价值不能被直接观察到时，我们可以直接用陈述偏好法，例如保护一个物种的价值。研究者通过调查得到受访者对保护这一物种的支付意愿（他们陈述的偏好），据此尝试得到这一物种的价值。

每一大类方法都包括间接和直接的手段。这些可行的方法如表 4-1 所示。我们先来探究陈述偏好法。

表 4-1　衡量环境和资源价值的经济学方法

方法	揭示偏好法	陈述偏好法
直接	市场价格	条件价值评估
	模拟市场	
间接	旅行成本	选择实验
	特征资产价值	联合分析
	特征工资	基于特征的模型
	预防支出	条件排序

资料来源：由作者改编自 Mitchell 和 Carson（1989）。

□ 陈述偏好法

陈述偏好法利用调查手段得到实现一个边际改善或避免一个边际损失的支付意愿。这些方法通常有两种类型，分别为条件价值评估法和选择实验法。条件价值评估法是最为直接的方法，它提供了一种手段，帮助我们获取依靠传统方法不能评估的价值。该方法最简单的形式是仅需要询问受访者对于一种环境质量的变化（例如湿地的改善或污染物暴露的减少）或保护资源使其保持当前状况的支付愿意是多少。这一问题的典型表述方式为："你为这一变化愿意支付的最大金额是多少？"另一个替代版本是问"是"或"否"的问题，例如问受访者是否愿意为阻止这一变化或保护某物种支付 X 美元。受访者的回答就会要么展现出一个上限值（依据否定的回答），要么展现出一个下限值（依据肯定的回答）。

此外，选择实验法为被调查者提供了一组选择。每一组都由物品的不同层次的属性或特征组成。其中一个特征就是属性包的"价格"。每一个选择集通常包括现状属性包，其中包括 0 美元的价格，它表示没有变化。被调查者选择他们喜欢的选项。

□ 条件价值评估法

条件价值评估法的调查创造了一个假想的市场，并且假想在这个市场存在的情况下，要求受访者回答一个支付意愿的问题。条件价值评估法的问题来自对它们自身的质疑。条件价值评估法最为关注的是调查受访者给出偏差回答的可能性。我们已经开展了大量的研究，关注了六类可能的偏差：（1）策略性偏差；（2）信息偏差；（3）起点偏差；（4）假设偏差；（5）支付手段偏差（反复投标）；（6）支付意愿（willingness to pay，WTP）和接受赔偿意愿（willingness to accept，WTA）间的不一致。

策略性偏差的产生是由于受访者为了影响结果而提供了存在偏差的回答。例如，如果为了钓鱼要保护一条河流的决定取决于调查中发现的人们赋予钓鱼的价值，那么，那些喜欢钓鱼的受访者给出的价值可能很高，而不是一个较低的、反映河流真实价值的价值。策略性偏差的另一个变量是社会期望偏差，当被调查者试图以一种有利于自己的方式表述自己时，就会出现这种偏差；一个常见的例子是当选民声称他们已经投票时，其实他们没有投票。

不管何时，只要受访者是被迫在对某事物很少了解或根本不了解的情况下对其进行价值评估，都有可能产生信息偏差。例如，要求休闲者评估一片水域水质降低带来的价值损失，可能要建立在受访者在其他水体中有可比的水质更好的情况下进行休闲娱乐的体验。如果受访者没有这种体验，那么其价值评估就只能是建立在完全的假想中。

视觉辅助已经被证明能降低受访者对被评估的物品和服务的不确定性和不熟悉程度，但是视觉辅助的本质可能会影响反应。Labao 等（2008）发现彩色图片和黑白图片会对受访者对菲律宾鹰的支付意愿产生相反的影响。与黑白图片相比，彩色图片导致更高的支付意愿。为什么？作者认为可以这样解释高支付意愿，彩色图片提供了更多的信息或者"增强了受访者领会这一信息的能力"。在任何案例中，可视性对于帮助揭示偏好是重要的。

起点偏差的产生与一些调查手段的使用有关，要求受访者在预先确定范围的一系列可能性中给出支付意愿，调查设计者如何确定范围可能影响调查的结果。例如，即使没有受访者给出的答案在 0～10 美元之间，用 0～100 美元的调查范围和 10～100 美元的调查范围可能会得到不同的价值估值。Ladenburg 和 Olsen（2008）研究了丹麦新的高速公路开发中保护自然保护区的支付意愿，发现在他们的选择实验中起点偏差是性别特有的，女性受访者对起点显示了最大的敏感性。

发生假设偏差是由于受访者面对的是一组设计的而非真实的选择。由于他或她不必真实地支付其评估的价值，受访者可能不会认真地对待这一调查，提供了不妥的答案。有一项调查（Hanemann，1994）发现，十项研究比较了来自调查的支付意愿估计值和实际支付。虽然确实一些研究中调查的支付意愿估计值大于实际支出，但是对于大部分研究而言，二者间的差异在统计上不显著。随后，Ehmke、Lusk 和 List（2008）测试了假设偏差是否依赖于地理区位或文化。在中国、法国、美国的印第安纳州和堪萨斯州以及尼日尔的一项学生实验研究中，他们发现地理区位的偏差带来显著的差异。假定政策制定者通常依靠现有的来自其他地区的效益估值做出决策，这一发现就不能被轻视。利用一种情境下的估值推断另一地区的效益，被称为效益转移法，下文就要谈及。

环境经济学家们正越来越多地利用这些类型的实验尽力确定这些偏差中的一些严重性，同时弄清楚如何降低偏差。在实验室环境中，人们进行了一些实验，例如为这一目的设计的计算机实验室或教室。在一个自愿提供公共物品（捐赠）的实验中，Landry 等（2006）发现，在上门访谈中，访谈员的外在吸引力的增加会导致捐赠金额的大幅增加。有趣的是，外在的吸引力也会导致访谈成功率的增加，尤其是男性家庭。这种偏差有时被称为访谈员偏差，可以通过精心设计和预先测试的访谈来降低。

另一个挑战是，当受访者对支付手段的选择产生负面反应时，可能会产生支付手段偏差。支付手段就是表征如何收集受访者所陈述的愿意支付的金额。常见的选择项包括捐款、缴税或增加水电费。如果被调查者反对征税或对收取（假设）支付款的机构有负面的看法，他们可能会将愿意支付的金额表述为 0 美元。如果他们真正的支付意愿实际上大于 0，但他们因“反对”这个问题或支付手段而表述为 0 美元，这种情形下的“0 美元”必须被排除在分析之外。因此，将有效的零出价与反对情形下的零出价进行区分是重要的。

偏差的最后一个来源是两个一般看来关系接近的概念——支付意愿（WTP）和接受赔偿意愿（WTA）之间的明显差距。在条件价值评估调查中，与被问及因增加同样的物品或服务他们愿意支付多少货币相比，当被问及因一些物品或服务的具体损失他们愿意接受多少赔偿时，受访者趋向于提出一个高得多的价值。从经济学理论来说，这两个值应该是相等的。讨论 4.2 探讨了出现这一差异的一些原因。

讨论 4.2　支付意愿与接受赔偿意愿：为什么如此不同?

条件价值评估法的一些研究已经发现，受访者在被问及对于损失愿意接受的赔偿数额时，通常远大于其对于增量改善（incremental improvement）愿意支付的数额。经济学理论认为支付意愿与接受赔偿意愿的差异应该很小，但是环境经济学和其他微观经济学的实验结果却显示它们存在较大的差异，为什么?

一些经济学将这一差异归结为心理学中的禀赋效应，它是指个人一旦拥有某项物品，那么他对该物品价值的评价要比未拥有之前大大增加。换句话说，就是一个人失去某物品时所要求的赔偿比为得到该物品所愿意做出的支付更大，也就是他更不愿意放弃它（WTA>WTP）（Kahneman，Knetsch，and Thaler，1990）。这是一种厌恶损失的形式：心理学假设失去物品的价值高于得到物品的价值。

其他一些人认为可以依据市场状况来解释这一差异。由于缺乏好的替代品，预期的结果是 WTA 和 WTP 之间存在明显的差异。如果有近似的替代品，WTP 和 WTA 就不会有那么大的差异，不过，替代程度越小，WTA 与 WTP 之间的差异越大（Hanemann，1991；Shogren et al.，1994）。

物品的特征可能也是很重要的。Horowitz 和 McConnell（2002）在一篇实验研究提供证据的综述中指出，WTA 和 WTP 在“普通物品”上的差异小于其在公共和非市场物品上的差异。他们的结论支持了产权（对于价值的影响）并非中性的观点。

价值的道德层面可能也是重要的。Croson 等（2005，手稿）认为，如果要求造成损失的一方付费进行修复，那么过失的程度越大，WTA 越高。然而，如果由第三方来支付，（数据分析的结果反映出）WTA 对过失的程度不敏感。这一差异说明，这里评估的价值包含对造成损害方征收的一定数量的罚款（价值等于损失价值加上罚款）。

也有可能在动态环境中，受访者不确定商品的价值。Zhao 和 Kling（2004）认为跨期条件打破了补偿变量/等效变量和 WTP/WTA 的等价性，部分原因是 WTP 和 WTA 的行为选择和决策时机受到消费者的时间偏好率和风险承担意愿的影响。承诺购买或销售的买方或卖方，必须放弃获得额外信息的机会。这些“承诺成本”减少了 WTP，增加了 WTA。承诺成本越大，WTP 和 WTA 之间的差异就越大。

最后，环境价值评估中使用何种方法与相关产权配置有关。如果某人拥有资源的产权，合适的问题是问他需要得到多少补偿。如果受访者没有相应的产权，使用 WTP 方法是正确的。然而，正如 Horowitz 和 McConnell 所指出的那样，由于资源拥有者和非拥有者的产权价值不同，初始的产权配置将对环境舒适性的价值评估结果产生很大影响。正如 Zhao 和 Kling 所提到的那样，决策的时间段也是一个重要的因素。

资料来源：Croson, R., Rachlinski, J. J., & Johnston, J. (Draft 2005). Culpability as an explanation of the WTA-WTP discrepancy in contingent valuation; Hanemann, W. M. (1991). Willingness to pay and willingness to accept: How much can they differ? *American Economic Review*, 81, 635 - 647; Horowitz, J. K., & McConnell, K. E. (2002). A review of WTA/WTP studies. *Journal of Environmental Economics and Management*, 44, 426 - 447; Kahneman, D., Knetsch, J., & Thaler. R. (1990). Experimental tests of the endowment effect and the Coase theorem. *Journal of Political Economy*, 98, 1325 - 1348; Shogren, J. F, Shin, Senung Y., Hayes, D. J., &Kliebenstein, J. B. (1994). Resoloving differences in willingness to pay and willingness to accept. *American Economics Review*, 84(1), 255 - 270; Zhao, Jinhua, & Kling, Catherine. (2004). Willingness to pay, compensating variation, and the cost of commitment. *Economic Inquiry*, 42(3), 503 - 517.

以价格变化表征的支付意愿和接受赔偿意愿的度量使得两个概念密切相关——补偿估价和等效估价。补偿估价是指当价格上涨时，为了使消费者的福利与价格上涨前一样所需要补偿的货币值。消费者因价格上涨受到的“不良影响”的程度可以用补偿估价来衡量。等效估价是指要使消费者（同样的收入）的货币与价格上涨前无差异所需要补偿的货币数量。换言之，消费者支付多少钱可以避免价格上涨的影响？

如果补偿估价大于零，那个数值表示支付意愿。如果是负值，它表示接受赔偿意愿。换言之，对于环境质量的改善，补偿估价就是正值（WTP）。对于环境质量的恶化，它就是负值（WTA）。等效估价正好相反——家庭需要被补偿以保证和环境变化前一样好。环境质量改善时，等效估价为正（WTA）；环境质量恶化时，等效估价为负（WTP）。理论上而言，不存在任何收入效应时，这些计算（除消费者剩余以外）应该是相等的。

人们已经开展了很多条件价值评估法的实验性工作以测定上述这些偏差的严重程度。

一份早期的调查（Carson et al.，1994）分析了 1 672 项条件价值评估法的研究，并且更近的一项调查对 130 个国家 7 500 多项研究进行了分析（Carson，2011）。这些调查的结果对于政策的制定足够可靠吗？

面对计算石油泄漏造成损失的需求，美国国家海洋和大气管理局（National Oceanic and Atmospheric Administration，NOAA）召集了一个独立的经济学专家委员会（包括两位诺贝尔经济学奖获得者），评估了用以确定被动使用价值或非使用价值的条件价值评估法。他们在 1993 年 1 月 15 日发表的报告（58 FR 4602）中对条件价值评估法表达了谨慎的支持态度。

该委员会解释了关于该技术方法的几点关注，罗列如下：（1）条件价值评估法的支付意愿的估值趋向于过大而不理性；（2）难以确定受访者是否充分理解调查的问题；（3）难以确定受访者的回答是针对调查中的特定问题，而不是作为一种基于公益意识的一般意义上的热烈响应，被称为“温情效应”。[①]

然而，该委员会也清晰地解释了它得出的结论：设计得当的调查可以消除偏差或将它降低到一个可接受的水平；而且，委员会在附录中提供了一个具体指南用以判定相关研究的设计是否得当。该委员会认为，如果操作人员按照指南操作，他们可以得到：

> 足够可靠的结果，以此作为损失评估的判断程序中的起点值，包括失去的被动使用价值……（一个设计良好的条件价值评估研究）包含法官和陪审团希望使用的信息，结合其他的估值，包括专家证词的说明。

具体而言，他们建议使用全民公决类（是/否）支付意愿问题、个人访谈（如果可能）、清晰的情景描述和后续问题。

这些指南已经影响了随后的研究。例如，案例 4.1 介绍了应用条件价值评估法的大规模调查，目的是评估预防未来石油泄漏的价值。虽然这些指南很有影响力，但已经过时，并在 2017 年发布了新的“当代指南”（Johnston et al.，2017）。这些指南为条件价值评估和选择实验提供了最佳实践建议，总结了自 NOAA 指南首次发布以来出版的约 8 000份陈述偏好研究中的经验教训。作者提出了 23 条建议，包括设计一项明确描述现状或基线情景的调查，选择受影响人口的随机样本，以及选择适当的调查模式。他们还建议对调查手段进行预测试。它们对何时选择条件价值评估而不是选择实验提供了广泛的指导，反之亦然，并为减少和解决反应偏差提供了建议。

∴案例 4.1　无行为痕迹：使用条件价值评估法衡量被动使用价值

埃克森·瓦尔迪兹号油轮泄漏 1 100 万加仑原油进入阿拉斯加海岸威廉王子湾，直到发生了这一事件后，非使用价值（或被动使用价值）才成为一个被广泛研究的主题。然而，依据 1989 年法庭对俄亥俄州诉美国内务部的判例，目前损失的被动使用价

① 关于确切的埃克森·瓦尔迪兹号的条件价值评估调查中条件价值评估法的技术方法问题和关注点的更为详细的说明参见 Mitchell（2002）。

值可以在自然资源损害评估和《1990年石油污染法案》(Oil Pollution Act of 1990) 的范围内予以赔偿，非使用价值和被动使用价值的评估不仅成为存在巨大争议的话题，而且成为在经济学界中快速发展的研究领域。

一项研究（Carson et al.，2003）针对与大量原油泄漏有关的被动使用价值评估分析了大规模调查的设计、实施和结果。特别是，该调查询问受访者对于资助护卫舰项目预防和/或控制未来石油泄漏、避免未来相似灾害发生的支付意愿。阿拉斯加州开展了此项调查，为起诉埃克森·瓦尔迪兹号油轮泄漏做准备。

这项调查遵从了美国国家海洋和大气管理局经济学专家委员会对条件价值评估调查的指导建议，确保估值的可靠性。调查的样本来自对国家人口的抽样，方法是面对面的访谈。研究使用的问题有两个选项（是或否），询问受访者是否愿意支付具体数额的资金，资金数额在四个版本的调查中是不一样的。对于可能的支付手段，研究者们选择税收的一次性增加作为支付手段。他们采用评估单一对象的调查方式，避免了潜在的内在偏差（受访者评估多种对象可能存在估值困难）。为了使受访者熟悉估值对象，他们在调查中提供了许多的图片、地图和背景信息。

利用调查数据，研究者能够进行统计分析，回归分析了受访者的支付意愿与其特征，用以估计估值函数。用估算的支付意愿的中值乘以样本数，他们得到被动使用价值总的损失为28亿美元（1990年美元价格）。由于接受赔偿意愿更适合于衡量石油泄漏的实际损失的被动使用价值（参见讨论4.2）以及支付意愿的中值小于平均值，因此他们指出这一数值较低。

埃克森·瓦尔迪兹号油轮石油泄漏事件引发了衡量非使用价值和被动使用价值的争论。石油泄漏发生后生效的法律使得自然资源损害评估中纳入了被动使用价值。全球其他地方会效仿这一判例吗？

资料来源：Carson, Richard T., Mitchell, Robert C., Hanemann, Michael, Kopp, Raymond J., Presser, Stanley, & Ruud, Paul A. (2003). Contingent valuation and lost passive use: Damages from the *Exxon Valdez* oil spill. *Environmental and Resource Economics*, 25, 257-286.

□ 选择实验法

间接假设陈述偏好法包括几种基于特征的方法。当项目选项具有多个不同级别的特征时，基于特征的方法是非常有用的，例如选择实验法。与条件价值评估法类似，选择实验法也是基于调查的，但不要求受访者陈述支付意愿，而要求他们在不同的商品组合中进行选择。每个商品组合中都有一个特征集，不同的商品组合中的每个特征的级别是不同的。由于每个商品组合中的一个特征是价格度量，因此可以确定支付意愿。

举一个例子（Landry and Mires，2017），实验对北卡罗来纳州居民进行了调查，了解他们对海洋文化遗址（如沉船）的偏好和支付意愿。这个选择实验包括五个特征，包含保护区、公共项目的可用性以及是否有徒步、虚拟或潜水道等。表4-2再现了特征和等级。两个特征有三个等级，三个特征有两个等级，共有216个可能的不同配置情形。最佳实践建议采用部分析因设计，作者选择了8个版本，每个版本的调查有3个选择集，结果得到24个选择集。

表4-2 选择实验：特征与等级

特征	等级
保护区	● 现状；30起沉船事故遗址得到保护。 ● 新增38艘沉船受到保护（共计68艘；增加127%）；2 192平方米的滩涂。 ● 新增56艘沉船受到保护（共计124艘；增加313%）；13 498平方米的滩涂
公共项目	● 没有变化。 ● 增加博物馆展览和提供教育研讨会。 ● 增加博物馆展览和提供教育研讨会，以及关于沉船的公共电视系列节目和沉船游船之旅
徒步道	● 是/否
虚拟道	● 是/否
潜水道	● 是/否

受访者可以在三种不同的管理方案和现状（不用支付）中做出选择。表4-3展示了一个抽样调查问题。研究人员发现，每户家庭愿意支付98美元，用于中等级别的海洋考古和沉船公共项目；为大西洋墓地提供徒步道，每户愿意支付90美元；为大西洋墓地提供虚拟道，每户愿意支付84美元（Landry and Mires，2017）。

表4-3 选择实验问题样本

Ⅰ：第一次投票机会

（请在以下四个选项中选择一个，并在其中一个空框中划上“×”）

26.		项目1		项目2		项目3		现状
保护区		黄色地区		黄色地区		红色地区		红色地区
公共项目		大量投资		无投资		大量投资		无投资
徒步道		是		否		否		否
虚拟道		否		是		是		否
潜水道		是		否		否		否
一次性税		12美元		55美元		145美元		0美元
在右侧空框中选择一个并划上“×”		□		□		□		□

27. 你对这些选择有多大信心（请选择一个）？

○非常确定；○有点确定；○有点不确定；○非常不确定；○不知道。

Ⅱ：现在考虑另一个有不同选择的投票机会

（请在以下四个选项中选择一个，在其中一个空框中划上“×”）

28.		项目4		项目5		项目6		现状
保护区		橙色地区		橙色地区		黄色地区		红色地区
公共项目		大量投资		无投资		无投资		无投资
徒步道		否		是		否		否
虚拟道		否		是		否		否
潜水道		是		否		是		否

续表

28.		项目 4		项目 5		项目 6		现状
一次性税		145 美元		12 美元		55 美元		0 美元
在右侧空框中选择一个并划上“×”		□		□		□		□

29. 你对这些选择有多大信心（请选择一个）？

○非常确定；○有点确定；○有点不确定；○非常不确定；○不知道。

Ⅲ：最后，考虑有不同选择的第三次投票机会

（请在以下四个选项中选择一个，在其中一个空框中加上“×”）

30.		项目 7		项目 8		项目 9		现状
保护区		红色地区		红色地区		黄色地区		红色地区
公共项目		无投资		适中投资		适中投资		无投资
徒步道		是		否		是		否
虚拟道		是		否		是		否
潜水道		否		是		否		否
一次性税		12 美元		145 美元		55 美元		0 美元
在右侧空框中选择一个并划上“×”		□		□		□		□

31. 你对这些选择有多大信心（请选择一个）？

○非常确定；○有点确定；○有点不确定；○非常不确定；○不知道。

选择实验法是从条件价值评估和市场营销研究演变而来的，这种方法允许受访者做出一个熟悉的选择（选择一个组合），并允许研究者从该选择中获得一个特征的边际支付意愿。

在另一个例子中，Haefele 等（2016）展示他们估算美国国家公园总经济价值的选择实验结果（案例 4.2）。包括观光价值和美国居民的被动使用价值，美国国家公园和项目的总价值超过了对其支付的价值 920 亿美元。这一估计值被视为最低限值，因为该研究没有包含国际观光价值。

条件排序法是另一种调查方法，也属于间接假设法。它要求受访者对一组环境舒适性（不是一组特征）有差异的情景进行排序。然后，通过比较排序，发现增加的环境舒适性与减少的其他特征之间隐含的替代关系。当这些特征中的一个或多个能够用货币价值表征的时候，就可以利用这些信息和排序去估算环境舒适性的价值。

有时，可能会同时使用多种方法。在一些案例中，需要使用多个技术去计算总经济价值；而在另外一些案例中，则仅需要寻求一个可靠估值的清单来单独评估某种价值。第 13 章将额外提供几个例子。

❖案例 4.2　美国国家公园的价值

2016 年，美国国家公园管理局迎来了 100 岁生日。随着联邦预算赤字的逼近，一些人开始谈论出售这些公园。国家公园的土地、水域和历史遗迹的价值是什么？根据有史以来第一次全面的估计，它的价值至少为 920 亿美元。

Haefele 等（2016）发表了一项针对美国家庭的调查结果，该调查的重点就是估算国家公园和项目的总经济价值（total economic value，TEV）。之前的研究主要关注特定国家公园或纪念碑遗址的价值，但没有人试图估算所有这些国家财富的价值。目标是计算总经济价值、观光价值和被动使用（或非使用）价值。

研究人员以所有美国家庭的人口为样本，采用混合模式的方法，即利用邮件和互联网调查，并辅以电话提醒。2013 年至 2015 年实施了两轮调查。

在调查中，受访者被问及保护国家公园对他们是否重要。将近 95%的样本回答"是"，即使他们没有到访过公园。此外，93.5%的人认为，无论现在和未来的人们是否使用公园，保护小路、公园和开放空间都很重要。这些问题中的语言暗示了遗产和被动使用价值。只有 6.2%的人认为美国应该出售一些国家公园。调查还包括了对受访者政治观点的提问。受访者的样本倾向于保守的一方。

陈述偏好调查设计是一个选择实验，在这个实验中，受访者在包括项目削减的规模和出售土地的百分比的组合中进行选择。选择实验通常允许受访者选择一个价格为 0 美元的现状组合。为了尽量减少假设的偏差（受访者表示他们的支付意愿比实际支付要高），选择问题之后是提醒，要求受访者考虑自己的预算。这种"廉价说辞"技巧已被证明能显著减少假设偏差。

受访者被问及是否愿意为国家公园服务项目支付一定数额的资金。使用的支付手段是在接下来的 10 年中每年增加联邦所得税。正如我们在本章中所讨论的那样，必须从数据中省略某些反对的响应，因为这些响应并不代表没有支付意愿，而是表示反对某一情景（通常是支付手段工具）。由于选择的支付手段是联邦所得税，最初有人担心因反对这一支付手段而出现的支付意愿为零的问题，然而，这样的反对响应只占到 7.5%。

运用计量经济学分析方法，对每一类国家公园或国家公园服务项目的边际支付意愿（或隐含价格）进行了估计。表 4-4 展示了这些价值。

表 4-4　国家公园体系和国家公园项目基于每户的总经济价值（TEV）

国家公园	价值的估计值（美元）
以自然为中心的国家公园（79 096 632 英亩）	1 113.24
以历史为中心的国家公园（226 处）	874.72
以水为中心的国家公园（4 818 275 英亩）	977.93
所有国家公园英亩/场地基于每户的价值	**2 967.00**
国家公园项目	
每年保护的古迹和建筑物（2 000 个）	316.31
每年转移到社区的英亩数（2 700 英亩）	98.41
每年保护的国家地标（114 个）	347.98
由国家公园项目的教育项目服务的学童（410 万个）	682.62
所有国家公园项目基于每户的价值	**1 445.00**

资料来源：Haefele 等（2016）表 4。

然后将这些家庭价值乘以人口中的家庭总数，以确定总经济价值。为了提出一个最低限度的值（或非常保守的估计），他们假设没有响应调查的家庭的支付意愿为0美元。

最终的920亿美元包括游客使用价值和被动使用或存在价值，其中620亿美元（或三分之二）为国家公园管理局的土地、水域和历史遗迹的价值，300亿美元为国家公园项目的价值。在620亿美元中，作者认为大约一半的价值是被动使用价值。当然，这些价值甚至不包括每年访问美国国家公园的数百万名国际游客的支付意愿，也不包括那些对这些地点持有被动使用价值的游客。因此，920亿美元的总经济价值（TEV）也代表“美国家庭为避免国家公园和国家公园项目损失的支付意愿的最低金额”（Haelfele et al.，2016，p. 25）。

根据这项研究的作者之一，哈佛大学的琳达·比尔姆斯（Linda Bilmes）的观点，这项研究表明，“美国人对国家公园服务的价值评估值至少是政府对公园支出的30倍”。这的确是一个快乐的100岁生日。

资料来源：Haefele, Michelle, Loomis, John, & Bilmes, Linda. (2016). Total economic valuation of the National Park Service Lands and Programs: Results of a survey of the American public. Faculty Research Working Paper Series. RWP16 - 024(June); Haefele, Michelle, Loomis, John, & and Bilmes, Linda. (2016). Total economic valuation of US National Park Service estimated to be $92 billion: Implications for policy. *The George Wright Forum*, 33(3): 335 - 345; National Park Foundation Press Release. (June 30, 2016). 国家公园基金会宣布一项研究确定美国的国家公园的价值为920亿美元。

□ 揭示偏好法

揭示偏好法是“可观察的”和“间接的”，“可观察的”是因为这类方法涉及具体的行为和支出；而“间接的”是因为这类方法推断出一个价值而不是直接估值。例如，设想一个特定的用于休闲的钓鱼场所受到的污染威胁，污染引起的损失之一就是垂钓消遣活动的减少。当垂钓免费时，如何评估这一损失的价值？

旅行成本法。一种方法是通过旅行成本法求得损失价值。旅行成本法可以通过游客到达该处场所的支付信息，建立游客娱乐期间的表征支付意愿的需求曲线，从而推断出娱乐休闲资源的价值（例如一个用于休闲的钓鱼场、公园或可供游人拍照的野生生物保护区）。

Freeman等（2014）识别了该方法的两种不同的类型。在第一种类型中，研究者分析的是一个景点的游客数量。在第二种类型中，研究者分析人们是否决定去参观一个景点，如果要去，去哪一个景点。第二种类型包括使用随机效用模型对环境质量的变化进行价值评估。

第一种类型允许构造一个旅行成本需求函数。该景点的服务流的价值就是从原点到参观景点的游客总数构成的需求曲线下方区域的面积。利用这一方法，可以估计个体消费者剩余。需求曲线下方同时又在旅行成本（价格）之上的部分所围成的区域面积就是消费者剩余。

第二种类型使我们能够分析具体的景点特征如何影响游客的选择，进而间接地得到这些特征的价值。知道了每个景点的价值随其特征的变化而变化，研究者就可以针对这些特征的退化（例如来自污染的影响）将会如何降低景点的价值来进行价值评估。

旅行成本法已经被用来评估国家公园、爬山、休闲垂钓和海滩的价值。旅行成本法也被用来评估一些事件造成损失的价值，例如石油泄漏期间海滩关闭、鱼类消费劝告和失去休闲功能区域的开发成本。这两种类型的方法详见 Parsons（2003）。

在随机效用模型中，选择特定景点的个人会考虑景点的特征和价格（旅行成本）。影响景点选择的特征包括便利的交通和环境质量。每一个景点有其特有的效用水平，假设每个人会选择自己能得到最高效用水平的景点。那么，例如石油泄漏事件导致的福利损失就能通过人们不得不选择一个替代的、期望度低的景点引起的效用变化来衡量。

案例 4.3 展示了利用旅行成本法评估西班牙梅诺卡岛因溢油而关闭海滩的经济影响。

那些居住在景点附近的人实际上经常去游览，旅行成本很低，当对这些人使用旅行成本法时，一个有趣的悖论出现了。即使这些用户针对游览经历的（未测定的）支付意愿非常高，但这个景点对他们而言却是低价值的。这一方法的另一个挑战是如何将时间的机会成本包含进来。通常而言，它可以被表征为工资，但是那一方法并不能被普遍接受。

∵案例 4.3　利用旅行成本法评估休闲价值：西班牙梅诺卡岛海滩

梅诺卡岛位于地中海，是一个非常受游客欢迎的旅游胜地。在夏季月份，梅诺卡岛的人口会翻番，从年居住人口 80 000 人增加到 150 000～175 000 人。最为吸引人的就是梅诺卡岛海滩。

那些海滩的价值是多少？为了估值，研究者们设计了一个假想的情景——溢油导致岛屿的某些海滩关闭。分析使用了基于调查数据的随机效用模型来评估海滩关闭的经济影响。

2008 年，在该岛屿的不同海滩进行了 573 例面对面的个人离散选择的旅行成本调查。受访者被问及一些典型的旅行成本调查问题，例如从哪里出发、如何到达这里、有多少人一起旅行、年龄多大了等，以及一些有助于收集受访者的社会经济背景信息的问题。在询问他们对不同海滩特性的态度后，他们完成了一份有关他们正在游览的海滩特征的调查问卷。这些特征包括这个海滩区域的城市化程度、沙子的种类、海滩的清洁程度、拥挤程度、是否有卫生间、是否有饮料售卖点、水温、水面是否平静、环境质量、救生员出现情况、海滩的朝向、海滩上是否有裸体主义者等。旅行成本包括燃料和过路费，再加上旅行时间。旅行时间取决于交通方式——使用平均步行速度和平均驾驶速度。

随机效用模型使得研究者能够通过调查评估海滩的各种特征效用受到的影响。与效用正相关的特征有朝北、有救生员、有卫生间和饮料售卖点、细沙、有裸体主义者出现、温暖的水温和良好的环境质量。与效用负相关的特征有非朝北的海滩、城市化的海滩、拥挤、水藻和水面平静。

因为海滩的一些性质会比另一些性质有更高的价值，所以估值的范围会受到情景详细程度的巨大影响。例如，受影响关闭的海滩是西海岸的海滩，在旅游峰值达 25 000 名游客的情况下，每人每天避免这一损失的支付意愿是 0.24 欧元（2008 年）。加总每一个游客的价值就能得到这些关闭的海滩的日福利损失为 6 000 欧元。另外，溢油迫使最有价值的朝北的海滩关闭引起的福利损失将会达到每天每人 1.73 欧元，在旅游高峰期的总损失为 43 250 欧元。

由于高度愉悦的休闲景观是由自然免费提供的，人们认为享有一切是理所当然的。当资源需要保护和维护时，人们也没有尽到应尽的义务。旅行成本法有助于为政策提供信息，不仅证明了景观资源真实的价值，而且也会对各种休闲资源做出有益的区分。

资料来源：Pere，Riera，McConnell，Kenneth E.，Giergiczny，Marek，& Mahieu，Pierre-Alexandre.（2011）. Applying the travel-cost method to Minorca beaches：Some policy results. In Jeff Bennett（Ed.），*International Handbook on Non-Market Environmental Valuation*. Cheltenham，U. K.：Edward Elgar，60－73.

特征资产价值法和特征工资法。另外两种揭示偏好法被称作特征资产价值法和特征工资法。这两种方法都运用多元回归分析的统计学方法在关联市场中找出环境成分的价值。例如，在所有其他要素都一样的情况下，污染地区的房地产价格低于非污染地区的，此时，我们就可能发现环境的价值。（污染地区房地产价格下降是因为这些地方不太适宜人们生活。）

特征资产价值法利用市场数据（房屋价格），并且将房屋销售价格按照房屋的组分进行分解，包括房屋的特征（例如卧室的数量、院子的面积和特征）；周边地区的特征（例如犯罪率、学校质量等）；环境特征（例如空气质量、附近开发空间的比例、垃圾填埋场的距离等）。

对于一种特征的离散变化，特征模型可以衡量其边际支付意愿。大量的研究已经利用这一方法分析一些因素对房地产价格的影响，例如，与危险废物场所的距离（Michaels and Smith，1990）；与大型饲养场的距离（Palmquist et al.，1997）；与露天场所和飞机着陆航线的距离（Bockstael，1996；Geoghegan et al.，1997；Acharya and Bennett，2001）；与大坝和河流的距离（Bohlen and Lewis，2009；Lewis and Landry，2017）；与棕地的距离（Mihaescu and vom Hofe，2012）；与页岩油生产厂的距离（Gopalakrishnan and Klaiber，2013）。这种方法结合地理信息系统（下文探讨）的做法已经非常普遍。[①]

特征工资法与特征资产价值法相似，只是特征工资法尝试分离工人工资中补偿环境风险的部分，这部分工资等于从事危险职业风险的工人要求补偿的数量。众所周知，为了激励工人接受风险，从事高风险职业的工人的工资比较高。当这种风险来自环境方面时（例如，暴露在有毒物质下），利用多元回归分析的结果可以得出避免这种环境风险的支付意愿。此外，补偿工资的差别能够被用来计算生命统计价值（Taylor，2003）。降低危及生命风险的价值评估技术将在本章的下文探讨。

□ 效益转移法和元分析

美国国家海洋和大气管理局经济学专家委员会的报告创造了一个有趣的两难境地。

① 这类例子很多。这些仅仅是很少的一部分。

尽管该委员会认为使用条件价值评估法估计被动使用价值（非消费价值）和非使用价值是合理的，但是它也设计了相当严格的指南，值得信赖的研究应该遵循指南要求。开展（结果可靠的）“可接受”的条件价值评估法研究的成本将会相当高，以至于仅对大型事故才是有用的，当事故的损失足够高时，采用该方法才是合理的。然而，由于缺乏其他技术方法，不使用条件价值评估法可能导致被动使用价值为零，这不是一个非常吸引人的替代方法。

实施美国国家海洋和大气管理局经济学专家委员会建议的可能支出产生了一个两难境地，效益转移法可能成为解决这一难题的一个关键手段。由于原创的研究需要耗费时间和金钱，而效益转移法允许我们基于其他地方的估值对感兴趣的地方进行估值，或者将早期的估值作为当前估值的基础。

效益转移法可以采用三种形式：价值转移、效益函数转移或元分析。有时，依据某一地点估计的效益值简单地由一个情景直接转移到另一个情景，通常因研究地点与政策地点（待研究地点）的差异而进行调整。效益函数转移涉及使用一个先前估值的由地点特征决定地点价值的效益函数。在这个案例中，将相关地点的变化特征代入先前得出的效益函数中，就能得到新的更多具体地点的价值（Johnston et al.，2006）。

最近，元分析开始得到利用。元分析有时被称为“分析的分析”，它把研究作为一个样本得出经验评估，统计与它们相关的研究特征，并且分析报告的差异是否可以归因于位置、对象或方法方面的差异。例如，元分析利用条件价值评估法研究的横截面作为分离非使用价值的决定因素的基础。一旦分离了决定因素，并且将其与具体的政策情景联系起来，我们就可能将一个情景下的估值转移到另一情景下，不必每次花费时间和金钱开展新的调查。

对于受资金、时间或数据制约的原创分析，已经广泛地使用了效益转移法。政策制定者通常参照先前公开的研究，推断出未来的决策。效益转移法的优点是快速和便宜，但是由于原估值的背景与新的应用背景间存在差异（时间或空间上的差异），估值的准确性会下降。效益转移法也没能避免争论。Johnston 和 Rosenberger（2010）以及 Johnston 等（2015）对效益转移进行了全面的讨论，并概述了效益转移法使用中存在的一些潜在的问题，包括缺少质量足够高的又与政策相关的研究。此外，许多已发表的研究没有提供足够的特征信息以评估它们是如何影响价值的。

针对这些关注，一个价值评估清单数据库出现了。环境估价参考清单（Environmental Valuation Reference Inventory，EVRI）是一个关于环境效益和人类健康影响经济价值的实证研究的在线可检索数据库。它被专门开发作为效益转移法的工具。①

效益转移也容易出现重大错误。一些研究已经测试了变换场地后环境价值转移的有效性。在那些已经转移的案例中，转移误差相当大，范围也很广，对于陈述偏好法调查的效益转移，有时误差超过 100%（Brouwer，2000；Rosenberg and Stanley，2006）。Kaul 等（2013）使用了 31 项实证研究的元数据，发现中间转移误差为 39%。Lewis 和 Landry（2017）将原创的特征资产价值模型结果与通过效益转移函数得到的转移结果的

---

① www. evri. ca.

测试进行比较，发现误差范围在 29%和 1 000%之间！这些结果建议谨慎使用效益转移法。

□ 利用地理信息系统强化经济价值评估

地理信息系统（geographic information systems，GIS）是计算机化的制图模型和分析工具。一份 GIS 的地图由不同的图层叠加而成，利用数据叠加可以同时看到许多变量。GIS 辅助经济学分析是经济学家新近增加的有力工具。GIS 拥有强大的描述和检验空间关系的工具集。最简单的是，我们能够用 GIS 生成图形，显示数据的空间结构和分析结果，GIS 表达结果的有力和清楚是其他方法做不到的。不过，这项技术的真正价值在于充分考虑数据的空间结构，使我们得以研究新颖的问题，丰富我们对于社会和经济过程的理解。我们几乎从定义就可以看出，研究环境外部性的模型都关系到很强的空间组成。①

自然具有空间特性，特征资产价值法非常适于采用 GIS 技术。从一个邻近地区到另一个邻近地区，房产价格系统地和可预期地变化。从空气质量到露天场所的可得性的空间特征能够影响整个周边地区的资产价值；如果一处住宅拥有大片的露天场所或特别优质的空气质量，则它周围的房子可能也是这样。

在 2008 年的一篇文章中，Lewis、Bohlen 和 Wilson（2008）利用 GIS 和统计分析评估建坝和拆坝对当地房产价值的影响。在一个独特的“实验”中，他们收集了缅因州肯纳贝克河上的爱德华兹大坝拆除前后 10 年的房产销售数据。爱德华兹大坝是第一个被美国联邦要求拆除的水电大坝，主要是为了河流的恢复。他们也收集了上游大约 20 英里处的房产销售数据，那儿有两座大坝。GIS 技术通过计算每一处房产距河流和附近大坝的距离强化了这一项研究。Lewis 等（2008）发现房主会因靠近大坝而遭受价格损失。也就是说，同样的住房，其位置距离大坝越远，人们愿意支付的价格越高。他们也发现，在爱德华兹大坝被拆除之后，该大坝附近房产的价格损失接近零。有意思的是，上游房产的价格损失也显著下降了。靠近上游大坝的房产的价格损失保持了一段时间，在下游大坝被拆除后，这一价格损失下降了。你能理解其中的原因吗？②

案例 4.4 显示了特征资产价值法如何利用 GIS 研究房产的某种特征影响房产价值的可能途径。

∵案例 4.4 利用 GIS 显示特征资产价值：数据可视化

GIS 为经济学家和其他研究者提供了强有力的分析空间数据和空间关系的工具。对于非市场价值评估，由于能够近似地将环境特征及其规模或数量纳入分析，GIS 已被证明特别有助于增强特征资产价值模型。GIS 研究也能够将反映附近土地使用类型

---

① 例如，Bateman 等（2002）描述了 GIS 通过将空间维度纳入经济分析做出的贡献，包含了成本-效益分析；所做的 Clapp 等（1997）另一项研究则讨论了 GIS 对推动城市与房产经济学的潜在贡献。

② 有意思的是，在本研究完成后，在哈利法克斯大坝拆除令发布数年后，上游两个大坝之一的哈利法克斯大坝于 2008 年 7 月被拆除了。

和多样化的变量纳入分析。

地理编码的住宅交易系统为每个在售的住宅项目分配纬度和经度坐标。GIS 将土地使用、河道和人口调查数据等诸如此类的其他空间数据分层显示在地图上。如果我们圈出每一个房子的期望的周边范围，GIS 能够帮助我们计算圈中每一种环境舒适性的数值和居住于此地的人口类型和密度。我们还可以得到许多的人口数据，例如收入、年龄、教育程度、犯罪率、通勤时间等变量。GIS 也可以帮助我们比较轻松地计算出想要去的（或不想去的）地方，例如公园、湖泊、学校或垃圾填埋场的直线距离。

在 2002 年的一篇标题为《眼不见，心不烦？利用 GIS 将视觉景观纳入特征资产价值模型》(Out of Sight，Out of Mind? Using GIS to Incorporate Visibility in Hedonic Property Value Models）的文章中，佩特森（Paterson）和博伊尔（Boyle）利用 GIS 衡量了视觉景观影响康涅狄格州房产价格的程度。在他们的研究中，视觉景观用房产方圆 1 公里范围内可见土地的比例表示，既包括土地的总量指标，也包括细分的各种土地利用方式的比例。最后，他们增加了表示每一项开发住宅项目方圆一公里范围内农业、森林和水面比例的变量。

他们发现，除了视线可及范围物质的性质外，视觉景观确实是一个重要的能够解释房产价值的环境变量。然而，简单地看到一处景色并不是资产价值的一个重要的决定因素，能够看到一定种类的土地利用方式所形成的景观才是资产价值的重要决定因素。例如，只有当开发发生在视线可及的范围内，开发才会降低房产的价值，这暗示了眼不见，实际上就等于心不烦！他们的结论是，任何分析如果忽略了反映周边环境状况的变量，得到的土地利用影响资产价值的结论都可能是误导的或错误的。GIS 是一个强有力的工具，可以帮助研究者在分析中纳入这些重要的变量。

资料来源：Paterson，Robert，& Boyle，Kevin. (2002). Out of sight，out of mind? Using GIS to incorporate visibility in hedonic property value models. *Land Economics*，78(3)，417 - 425.

预防性支出。间接观察法的最后一个事例是研究“避免”或“回避”性支出。预防性支出指的是采取一些避免或防御行为降低污染损害的支出。例子包括安装室内空气净化器处理进入室内的大量污染气体或者用瓶装水应对当地饮水供给的污染。由于通常情况是人们用于预防问题的支出不会大于问题本身导致的损失，所以，预防性支出能够提供出污染损害估值的一个下限。对于贫困家庭，这个方法就会引起不相称的问题，因为贫困家庭并不能负担那些预防性支出。Dickie（2016）认为忽视避免支出或行为可能会低估损害。他举了一个饮用被污染的饮用水的简单例子。假设受污染的饮用水使水传播的疾病增加了 4%。如果一半的人口通过某种形式的避免污染的行动，如使用替代水源，疾病的发生率将下降到 2%。现在只有一半的人口受到污染暴露，从而减少了损害。但是，避免费用必须包括在损害估计中。如果不包含，损害将被低估。案例 4.5 说明了应对或预防性支出对尼泊尔加德满都居民的影响。

❖案例 4.5　供水可靠性的价值评估：尼泊尔加德满都谷地的应对支出

像许多贫穷的发展中国家一样，尼泊尔长期为安全饮用水的短缺所困扰。加德满都谷地也毫不例外。国家供水公司为70%的人口供水，但是公共供水服务既不可靠，也不安全。水资源短缺是常态，水质经常被粪大肠杆菌和氨氮污染（Pattanyak et al.，2005）。

应该投资多少钱改善水质取决于清洁水对于这些人口的价值。对效益的量化要求确定居民对清洁水的支付意愿。在这一情景下，量化支付意愿的一条路径是分析居民户应对不可靠的供水的支出状况。结果显示，他们从自动售水机买水，从公共水龙头打水，花钱打井或买储水罐，购买过滤水装置，以及/或者购买瓶装水。所有这些应对措施都会产生货币成本和应对过程的时间成本。利用应对成本替代支付意愿，以此为基础构建供水情景下的需求曲线的较低边界估值，其他更直接的估值策略没有实际实施。

在对5个城市1 500个家庭的调查中，研究人员发现加德满都谷地居民户应对或预防行为支出约占家庭平均月收入的1%。大部分是因为打水产生的时间成本。作者注意到，这些应对成本几乎是支付给自来水公司的月水费账单的两倍。

一些人口因素被发现会对家庭应对支出产生影响。

- 研究发现，越富有的家庭，应对支出越高。正如作者提及的那样，这印证了人们的直觉，即相对富裕的家庭拥有更多的资源，因此可以将其用在水处理、储藏和购买的支出上。
- 受访者的受教育程度越高，应对支出也会越高，可能这些家庭更懂得污染水的风险。

如果如这两个结果所揭示的那样，穷人在获取清洁水的过程中面临较高的经济和教育障碍，该地区的水政策面临环境公正问题和效率问题。

即使预防性支出仅仅表征了对供水支付意愿的一个较低的边界值，但是它们也为供水的效益估值提供了有价值的信息。此外，这些数据暗示过去的一个共识可能是错误的看法，即贫穷国家清洁水的供给成本太高了以至超越了用水户所获得的效益，当使用较低的边界估值方法时，可以发现加德满都谷地的水价值至少是当前单位收费水平的两倍。

资料来源：Pattanayak, Subhrendu K., Yang, Jui-Chen, Whittington, Dale, & Bal Kumar, K. C. (2005). Coping with unreliable public water supplies: Averting expenditures by households in Kathmandu, Nepal. *Water Resources Research*, 41(2), doi: 10.1029/2003WR002443.

□ 挑战

加总。现在你可能已经明白，非市场价值面临严重挑战。一个挑战为成本-效益分析中利用估值加总为总价值的计算。相关的人口规模有多大？研究中的效益会随着与资源的距离而变化吗？讨论 4.3 探讨了一些这样的挑战性问题。

讨论 4.3　支付意愿的距离衰减性：地理位置何时重要？价值几何？

进行成本-效益分析的挑战之一就是“市场范围”的实际选择。市场范围指的是能够从所研究的资源中获益的人。Loomis（1996）认为，没能核算市场的全部范围（即包括获益的每一个人）会导致支付意愿和加总价值的低估。

此外，一个更为包容的设计可能包含大量的仅仅因其地理位置而表现为低支付意愿的受访者。对于一些资源而言，远距离的受访者对于所研究资源的改善有较低的支付意愿。这似乎是一个理性的预期，例如，河流污染的下降对于一个家庭而言的效益可能取决于靠近河流的程度。那些靠近河流的家庭会对河流的改善给出最高的价值。换言之，一些类别的价值存在“距离衰减”似乎是理性的预期，在效益加总时，这一衰减应该予以考虑。

Bateman 等（2006）认为，没有考虑距离衰减会导致支付意愿的高估。那些距离较远的人仍能获益，应该被计算在内，但是要以某一递减的比率计算。最近，关注距离衰减的陈述偏好法（条件价值评估法和选择实验法）的研究数量已经上升，我们可以从中学到更多。

这些关于距离衰减的处于上升态势的研究都说了些什么？

有意思的是，实验证据显示被衡量的价值类型（使用价值和非使用价值）以及支付意愿问题的类型（补偿估价和等效估价）都是重要的。Hanley 等（2003）和 Bateman 等（2006）均发现使用价值出现距离衰减，但是非使用价值很少出现或者根本不出现。然而，如果当前非使用者成为建议情景下的使用者，它们的价值将会经历一些距离衰减。这个结果印证了这样的直觉，即如果支付意愿的问题被设计成质量的边际改善（补偿估价），那么一些非使用者可能会成为使用者，并且被反映在它们的价值中。如果问题被设计成等效估价（避免损失的支付意愿），由于非使用者将会依旧保持非使用者的身份，非使用者的价值不会发生距离衰减。

这些研究显示，空间特征在非市场价值中拥有重要的含义，不仅涉及成本-效益分析如何进行与解释，而且关系到分析如何影响政策的评估。关于市场范围的不同选项设计以及是否超越政治或经济管辖范围的加总会导致不同的结果。正如 Schaafsma 等（2012）所提议的，当对支付意愿调查抽样，以及加总结果时，应该考虑这些空间特征。

资料来源：Batemen, Ian, Day, Brett H., Georgiou, Stavros, & Lake, Ian. (September 2006). The aggregation of environmental benefit values: Welfare measures, distance decay and total WTP. Discussion paper; Hanley, Nick, Schlapfer, Felix, & Spurgeon, James. (2003). Aggregating the benefits of environmental improvements: Distance-decay functions for use and nonuse values. *Journal of Environmental Management*, 68, 297 - 304; Loomis, John B. (1996). How large is the extent of the market for public goods: Evidence from a nationwide contingent valuation survey. *Applied Economics*, 28, 779 - 782; Schaafsma, Marije, Brouwer, Roy, & Rose, John. (2012). Directional heterogeneity in WTP models for environmental valuation. *Ecological Economics*, 79(1), 21 - 31.

部分价值。非市场价值的另一个巨大挑战是大多数研究仅仅计算了环境物品或服务总价值的一部分。例如，生态系统存在价值束，但是本章所罗列的方法仅仅能计算其中的一部分价值。

图 4-1 列举了环境经济学家用来计算不同类型价值的不同方法。这些方法中的每一种都要依赖不同的数据、许多的时间、不同的专家。若要对一个具体的问题使用所有的方法，充足的时间和金钱往往是不可得的。

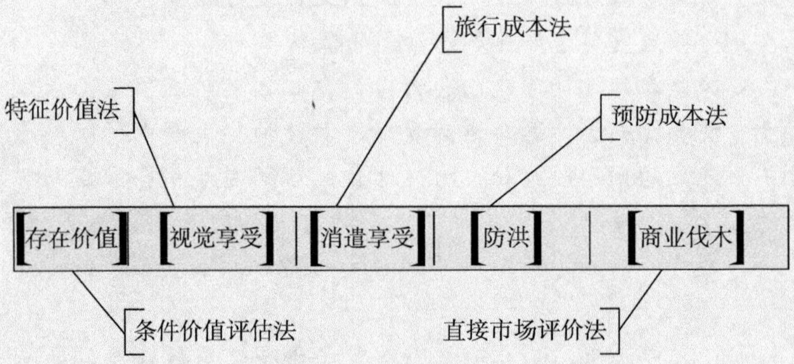

图 4-1 不同方法，不同专家，不同数据

资料来源：Courtesy of James Boyd，Resources for the Future.

讨论 4.4 列举了一个具体的案例研究——尝试计算加拿大北极熊的总经济价值所面临的挑战性和重要性。

讨论 4.4 北极熊的价值是什么？

由于北极熊是如此有魅力的一个物种，它们很受欢迎，但是它们的价值有多大？2011 年，加拿大政府发布了一个报告，该报告尝试对加拿大北极熊的各种社会经济价值进行评估。

在某种程度上，加拿大政府委托进行这项研究是为了测定将北极熊列入濒危物种名单的经济影响。这项研究是尝试对北极熊价值进行估值的为数不多的研究的代表之一，并且是唯一的一个研究全面的版本。

研究者们尽力去计算主动使用价值（维持生计狩猎和运动狩猎、北极熊观赏、科学研究的价值）以及被动使用价值（存在和遗赠价值）。这项研究使用了多种非市场价值评估方法，包括旅行成本法（景观）、市场价格法（狩猎）、元分析和效益转移法（被动使用价值）。时间和预算的制约排除了条件价值评估法和选择实验法之类的陈述偏好法的使用。研究结果概要如图 4-2 所示。需要注意的是，直接使用价值在总价值的实际构成中只占相对很小的比例。

证明此类物种价值的努力产生了一个数值，毫无疑问，比起缺省为零的价值，这一数值更接近真实的价值，但是接近程度如何？有一些附加的说明需要考虑：

● 考虑北极熊作为肉的价值计算。这一成本有很接近的替代品，在这一情形下可以用牛肉（人类食用）和狗粮来计算。人们一定会对替代品产生争议。

● 狩猎活动的价值利用效益转移法来评估。回顾使用效益转移法的挑战，特别是像北极熊这样少见的物种。与这一研究最相近的是 1989 年进行的关于大猎物和棕熊狩猎活动的评估。对于北极熊的研究而言，要将 1989 年的价值转化为 2009 年的货币值。作者认为，由于猎杀北极熊是一种特殊的经历，因此他们的估值可能偏低。此外，他们也承认，如果北极熊的外形特征降低了人们狩猎的支付意愿，那么这一估值也就很容易被判定为高估。

● 最后，被动使用价值也是利用效益转移法计算的。由于加拿大尚无有关北极熊的保护价值的研究，研究者们利用了风险物种的元分析（Richardson and Loomis，2009）。在该研究计算总经济价值时，对于北极熊的研究而言，效益转移法专门被用来获取保护价值。去除直接使用价值（游客），而没有去除类似科考价值之类的间接使用价值，这些做法相对直接。

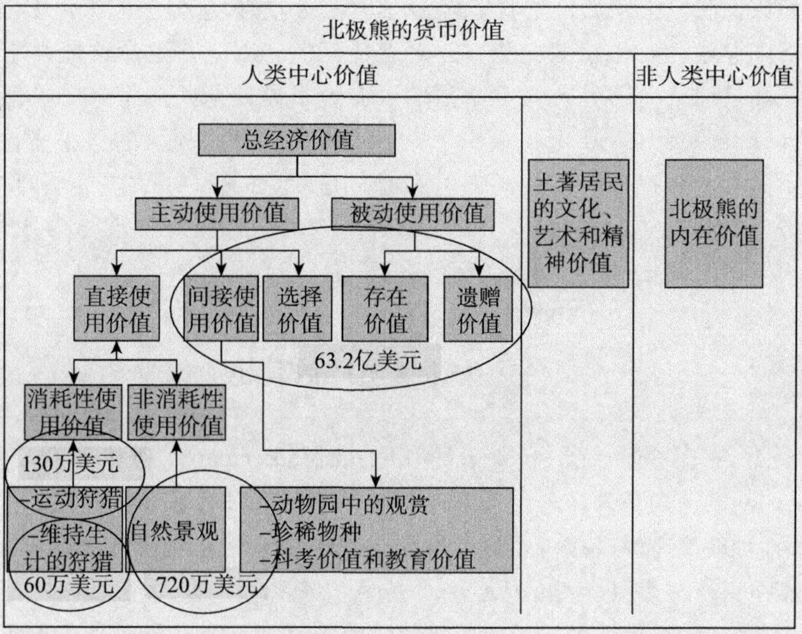

图 4-2　利用价值清单表征的加拿大北极熊的货币价值（加拿大的加总值）

资料来源：ÉcoRessources Consultants，for Environment Canada，2011，p. 32.

将这些价值中的任何一个放入另外一个价值中都会产生重复计算的可能，一个共同的错误将在第 13 章讨论。事实上，科考价值在北极熊的研究中被分开计算，又被包含在经由效益转移法估值的保护价值中。这样的话，这些价值就会被高估。

为了保护北极熊，人们的支付意愿是什么？正如我们在本章所看到的那样，这些问题的回答具有挑战性。

资料来源：ÉcoRessources Consultants. (2011). Evidence of the socio-economic importance of Polar bears for Canada. Report for Environment Canada. http://publications. gc. ca/site/archivee-archived. html? url = http://publications. gc. ca/collections/collection_2012/ec/CW66-291-2011-eng. pdf; Richardson, Leslie, & Loomis, John. (2009). Total economic valuation of endangered species: A summary and comparison of the United States and the rest of the world estimates. In K. N. Ninan(Ed.), *Conserving and Valuing Ecosystem Services and Biodiversity: Economic, Institutional and Social Challenges*. London: Earthscan, 25 - 46.

□ 人类生命价值评估

应用各种估值方法评估人类生命价值是一个被广为关注的公共政策领域。从控制工作场所或饮用水中的有害污染物到改善核电厂的安全，许多政府项目的目标是保护生命和减少疾病。这些项目中的资源配置方式最终取决于人类生命的价值。为了回答这个问题，对生命进行估值就成为社会的必需，并且联邦规制的成本-效益分析也要求对生命进行价值评估。那生命该如何进行价值评估？

当然，简单的回答就是生命无价，但是，这个回答意义不大。因为保护生命的资源是稀缺的，所以，我们必须做出选择。经济学方法评估环境风险中减少死亡的价值，计算环境风险下降导致的死亡率的变化，并对变化赋值。因此，生命估值并不是对生命本身进行估值，而是评估一部分人的生命预期可能短于另外一些人带来的价值损失。生命统计价值（value of statistical life，VSL）表示个人针对死亡风险的微小变化而做出的支付意愿。它不是表示防止必然死亡的支付意愿。它衡量的是“死亡风险和货币（例如其他物品和服务）之间的边际替代率”（Cameron，2011），因此也被称为死亡风险评估。讨论 4.5 探讨了有关死亡风险变化价值评估的争论。

讨论 4.5 生命价值评估有违道德吗？

2004 年，经济学家弗兰克·阿克曼（Frank Ackerman）和律师莉萨·海因策林（Lisa Heinzerling）共同撰写了一本书，从道德层面质疑对旨在保护人类生命的措施进行成本-效益分析的价值评估。在《无价：知晓一切的价值和毫无价值的价值》（*Priceless: On Knowing the Price of Everything and the Value of Nothing*，2004）一书中，他们认为，成本-效益分析有违道德，因为相对于传统的标准——全体市民享有不受污染损害的绝对权利，它代表一种倒退。成本-效益分析可能证明允许一些导致死亡的污染物排放的措施在经济上是可取的，因此，侵犯了人们的这一绝对权利。

经济学家莫林·克罗珀（Maureen Cropper）回应说，不考虑生命保护措施的效益才是违反道德的。资源是稀缺的，我们应该配置资源以生产最重要的物品。如果将所有的污染物排放削减为零，即使这是可能的，成本也将会极其高昂，而且投入的资源必然来自其他能够产生效益的用途。克罗珀教授也认为，由那些对此事没有发表意见的人共同承担成本也是违反道德的——例如，额外的污染控制成本——至少没有考虑到如果让人们自己做出选择，他们会有怎样的决定。不管我们喜欢与否，我们都必须做出艰难的选择。

克罗珀也指出人们在权衡采取更多保护措施的成本和不采取保护措施对健康的影响之后总会做出选择。利弊权衡是我们常见的做法。她指出，人们为了节省时间而开快车，因此增加了死亡风险。人们也会决定支付多少钱购买药品以降低疾病风险，或者接受致病甚至有死亡风险的工作。

克罗珀在回应阿克曼和海因策林时，她承认成本-效益分析有自身的缺陷，它永远不会成为唯一的决策指南。而且，她辩解说，成本-效益分析增加了决策过程中的有用信息，并且剔除了那些会伤害到阿克曼和海因策林试图要保护的人的信息。

资料来源：Ackerman，Frank，& Heinzerling，Lisa（2004）. *Priceless：On Knowing the Price of Everything and the Value of Nothing*. New York：The New Press；Ackerman，Frank.（2004）. Morality，cost-benefit and the price of life. *Environmental Forum*，21（5），46 – 47；Cropper，Maureen.（2004）. Immoral not to weigh benefits against costs. *Environmental Forum*，21(5)，47 – 48.

我们可以将上述过程中推算出的价值解释为“人类生命的隐含价值”，计算方法是用个体对降低死亡率的支付意愿除以下降率。例如，假设某项环境政策可以降低 100 万人遭受暴露的有毒物质的平均浓度，减少暴露预期可使死亡风险从十万分之一降到十五万分之一。这就意味着，这项政策实施的结果可以使暴露人口的预期死亡人数从 10 下降到 6.67。如果一百万人中每一个人愿意为降低该风险支付 5 美元（合计 500 万美元），那么，隐含的生命价值大约就是 150 万美元（500 万美元除以 3.33）。或者，利用 WTP 的变化除以风险的变化得到 VSL。例如，用 5 美元除以死亡风险的变化（1/100 000- 1/150 000）得到 150 万美元。因此，VSL 可以得到货币和死亡风险微小变化之间的替代关系。

从这些方法中我们得到的生命的实际价值如何？一项早期的调查研究了许多关于减少威胁生命的风险的研究资料（Viscusi，1996），结果发现大多数人类生命的隐含价值（1986 年美元价格）在 300 万和 700 万美元之间。调查建议最适当的人类生命估值可能接近 500 万美元。也就是说，所有旨在降低生命风险的政府项目，从成本-效益分析出发，挽救一条生命的成本小于 500 万美元是合适的。成本更高可能是合适的，也可能是不合适的，取决于在项目特定风险背景下挽救生命的价值。

在一个元分析中，Mrozek 和 Taylor（2002）发现 VSL 有更低的价值。利用 40 岁以上的劳动力市场进行研究，他们的研究显示 150 万～250 万美元的 VSL 取值范围是合适的。VSL 会随着年龄变化吗？显然会。Viscusi（2008）发现 VSL 和年龄存在倒 U 形关系。具体而言，使用特征工资法，他们估计 18～24 岁人的 VSL 为 370 万美元，35～44 岁的人的 VSL 为 970 万美元，55～62 岁的人的 VSL 为 340 万美元。依据他们的研究，VSL 随着年龄的增长而上升，到达峰值后逐步下降。

不同国家不同收入人口的生命统计价值如何？美国的大多数部门利用的生命统计价值在 500 万和 800 万美元之间。[①] 这些估值在很大程度上基于特征工资法的研究，这些研究是在美国或者其他高收入国家进行的。[②] 那些结果如何被应用到低收入国家的人口情景中？

收入的校正经常使用需求的收入弹性来估值。回顾一下收入弹性，它是指给定的 1%的收入变化所引致的消费变化的百分比。Hammitt 和 Robinson（2011）认为，如果将来自美国等国家的收入弹性盲目地应用到低收入国家，可能会导致 VSL 估值不敏感。当美国的部门机构一如既往地假设实际收入随着时间发生 1%的变化时，VSL 发生 0.4%～0.6%的变化，这些估值从高收入国家转到低收入国家时，弹性接近 1.0%或者更高才更

① 详见例如，www.epa.gov/environmental-economics/mortality-risk-valuation。

② 许多劳动力市场对生命统计价值估值的平均值接近 700 万美元（Viscusi，2008）。

符合实际。由于在非常低的收入水平下，死亡风险的支付意愿随着收入的降低而降低。贫困家庭的有限收入用来满足基本需求，所以使用较高的收入弹性是值得的。

小结

我们在本章研究了最重要的但无疑不是唯一可采用的技术方法，这些方法可以为决策者制定有效的政策提供必需的信息。确定服务流的总经济价值需要估算三种价值：(1) 使用价值；(2) 选择价值；(3) 非使用价值或被动使用价值。

我们回顾了不同的技术方法，包括直接观察法、条件价值评估法、选择实验法、旅行成本法、特征资产价值法和特征工资法、预防性支出法。当时间和资金制约初始的研究时，效益转移法或元分析为价值评估提供了替代方法。我们给出了使用这些技术方法的实际案例。2011 年 1 月，在埃克森·瓦尔迪兹号漏油事件 20 年后，在美国环境资源经济学会年会上，一个专家小组集中探讨了非市场价值。"深水地平线"漏油事件的 8 个月后，当专家小组成员被要求参与评估时，他们中的任何人对此事都一无所知。这个专家小组成员都参加过埃克森·瓦尔迪兹号漏油事件的损害价值评估。专家小组的共识是，在一些存在偏差的问题已经被文献关注的同时，一些尚未回答的问题仍旧存在，一些领域仍需研究。他们一致认为，无法再低估对价值评估的强劲需求（即能确定一些价值数值总比没有数值好），并且现在我们有合适的能被所有研究者容易使用的方法，他们也强调了存在问题的一些领域。第一，旅行成本法中的时间价值的问题还没有被解决。例如，如果你失业了，你的时间的机会成本是什么？第二，在讨论其他揭示偏好法时，他们问到这样的问题："最近在房地产市场发生的大量的房屋抵押品被没收的现象如何影响特征资产价值模型的假设？"① 第三，选择实验法不能解决条件价值评估中存在的全部问题。选择实验法似乎更好地再现了真实的市场选择，一些在条件价值评估法中出现的问题，例如支付手段的选择，也在选择实验法中出现了。除此以外有一些新的挑战，例如选择实验法中的选择排序如何影响结果。专家小组强调，行为经济学领域的研究已经增强了该领域的研究，行为经济学是一个新兴的研究领域，将经济学和心理学结合起来研究人类行为。最终，他们认为，应该更新 NOAA 委员会的建议以反映新的研究进展。2017 年，发布了一套新的指南来实现这一目标。指南中的 23 条建议解决了与陈述偏好调查相关的这些问题，并试图综合目前为非市场估值提供信息的大量研究（Johnston et al.，2017）

这些专家中的一些人，以及其他一些人，在英国石油泄漏事故发生后，开展了一项全国性的调查，以评估美国家庭为避免再次泄漏造成的损失将支付多少费用。他们使用最先进的技术进行陈述偏好调查，发现美国家庭愿意支付 172 亿美元，以避免再次漏油造成的损害（Bishop et al.，2017）。一位作者声称，"这证明，对于游览海湾地区的美国公民和那些只关心这一宝贵资源不受损害的人而言，我们的自然资源具有巨大的货币价值。"

讨论题

1. 当设定污染物排放水平标准时，某些环境法律禁止美国环保署从满足多种标准的成本的角度来考虑，这是一个适当优先考虑人类健康的好例子，还是仅仅是一种不合理的资源浪费？为什么？

---

① 这个问题被 2012 年美国环境资源经济学会年会的另一个专家小组提出，稍后由 Boyle 等（2012）发表。

自测题

1. 马克・A. 科恩（Mark A. Cohen）在《环境经济学与管理杂志》（*Journal of Environmental Economics and Management*）第 13 期（1989 年 6 月）中发表了题为《预防石油泄漏和强制履行的成本和效益》的文章，试图量化美国海岸警卫队在石油泄漏防御区域内的执法行动的边际效益和边际成本。他的分析表明（p. 185），基于当前执法行动水平的每加仑石油的边际效益是 7.50 美元，而边际成本是 5.50 美元。假设这些数值是正确的，你将建议海岸警卫队是增加、减少还是保持当前的执法行动水平？为什么？

2. 基普・维斯库斯（Kip Viscusi）教授估计，在政府当前的各类降低风险的项目中，挽救每条生命的成本的范围是：从直排式加热器的 10 万美元到减少甲醛职业暴露的建议标准的 720 亿美元。

a. 假设这些价值是正确的，如何提高这两个计划的效率？

b. 政府是否应该努力使所有挽救生命计划达到挽救每条生命的边际成本相等？

3. a. 假设特征工资研究显示，为降低来自环境灾害的 1/100 000 的过早死亡风险，每人的支付意愿为 50 美元。如果暴露人口数量为 400 万，那么隐含的生命统计价值是多少？

b. 假设实施一项控制环境灾害的环境规章，在 400 万人暴露的情况下，预期每年可使过早死亡的风险从 6/100 000 降低到 2/100 000。你的老板要求你告诉她，这项管制最多会花费多少钱，并且是否仍旧存在至少和成本一样大的效益。你的答案是什么？

补充读物

Bateman, Ian J., Lovett, Andrew A., & Brainard. Julii S. (2005). *Applied Environmental Economics: A GIS Approach to Cost-Benefit Analysis*. Cambridge: Cambridge University Press. 利用地理信息系统研究土地利用变化和估值。

Bennett, Jeff (Ed.). (2011). *The International Handbook on Non-Market Environmental Valuation*. Cheltenham, U.K.: Edward Elgar. 这是关于非市场估值方面的优秀汇编。

Boardman, Anthony E., Greenberg, David H., Vining, Aidan R., & Weimer, David L. (2005). *Cost-Benefit Analysis: Concepts and Practice*, 3rd ed. Upper Saddle River, NJ: Prentice-Hall. 这是关于成本-效益分析的优秀文章的汇编。

Champ, Patricia A., Boyle, Kevin J., & Brown, T. C. (2016). *A Primer on Nonmarket Valuation*, 2nd ed. New York: Springer. 这是非市场估值方面的全面概述。

Costanza, R. et al. (1998). The value of the world's ecosystem services and natural capital. (Reprinted from *Nature*, 387, 253, 1997.) *Ecological Economics*, 25 (1), 3-15. 这是一个雄心勃勃的观点，但最终仍有缺陷，试图将经济价值放在生态服务上。这期《生态经济学》也包含一些证明这些缺陷的文章。

Johnston, R. J., Rolfe, J., Rosenberger, R., Brouwer, R. (Eds.). (2015). *Benefit Transfer of Environmental and Resource Values. A Guide for Researchers and Practitioners*. Dordrecht, the Netherlands: Springer. 本文对利益转移的设计和使用具有一定的指导意义。

Johnston, Robert J., Boye, Kevin J., Adamowicz, Wiktor, Bennett, Jeff, Brouwer, Roy, Cameron，Trudy Ann，Hanemann，W. Michael，Hanley，Nick J.，Ryan，Mandy，Scarpa，Riccardo，Tourangeau，Roger，& Vossler，Christian A.（2017）. Contemporary guidance for stated preference studies. *JAERE*，4（2）. http://dx.doi.org/10.1086/691697. 这一问题包括对美国国家海洋和大气管理局关于适用或有估值的指导方针的更新。它也对选择实验的使用提出了建议。

Mitchell，Robert Cameron，& Carson，Richard T.（1989）. *Using Surveys to Value Public Goods：The Contingent Valuation Method*. Washington，D. C.：Resources for the Future. 对条件估值研究进行全面审查，并简要总结了代表性研究和对调查设计的建议。

Whitehead，John，Haab，Tim，& Huang，Ju-Chin（Eds.）.（2011）. *Preference Data for Environmental Valuation：Combining Revealed and Stated Approaches*. London：Routledge. 这是非市场估值经济学家所写的使用不止一种估值方法或数据组合的新颖应用的文章汇编。

更多的参考文献和重要的历史参考文献可在本书的配套网站查找：www.routledge.com/cw/Tietenberg。

第5章 动态效率与可持续发展

我们通常仅仅看到了我们希望得到的东西——如此以至于我们有时候在它们不在的地方也认为它们存在。

——埃里克·霍弗,《激情心灵状态》(1993)

(Eric Hoffer, *The Passionate State of Mind*, 1993)

引言

在前面几章中，我们已经制定了两个识别配置问题的具体标准。第一个标准是静态效率，它允许我们评估那些时间不是配置问题的关键因素的情形。典型的例子包括配置资源，例如每年补给的水供应或太阳能，明年的流量与今年的选择无关。第二种更复杂的标准，即动态效率，适用于那些时间是一个关键因素的情形，后续的选择取决于先前的选择情形。燃烧石油等可耗竭能源资源是一个典型的例子，因为后代无法再获取现在已经使用的能源储量。

我们确定这些标准并展示如何利用它们后，可以证明这些标准对我们的研究是非常有帮助的。它们不仅能够帮助我们识别环境问题和找到问题产生的行为根源，而且为我们识别纠正的办法提供了基础。这些标准甚至有助于设计最优的政策工具，用以恢复经济和环境间的某种意义上的平衡。

然而，在探求平衡时，这些是有效而又有用的工具的事实并不意味着它们是我们应该关注的唯一标准。在一般意义上，我们利用效率标准阻止浪费性地使用环境和自然资源，效率是一个可取的特征，但它不是唯一可取的特征。例如，我们可能不仅关心环境的价值（饼的大小），而且关心如何分配价值（每个人能够得到的那份饼的大小）。换言之，我们在考虑效率时也应该考虑公平或公正。

在本章中，我们研究一个特定的公平问题——如何对待后代子孙。我们从考虑一个具体的、伦理上具有挑战性的情形入手——考虑一种可耗竭资源的跨期分配问题。

具体而言，采用动态效率标准提出可耗竭资源在不同时间的配置，并且显示配置如何受贴现率变化的影响。为了给公平评估创造基础，我们定义了代际间的公平分配。最后，我们不仅分析了这种理论性的定义如何在操作上可测量，而且考察了它与动态效率的关系。在何种程度上动态效率和代际公平是一致的？

一个两期模型

动态效率通过最大化资源使用的净效益现值平衡一种可耗竭资源在现在和未来的使用，这意味着对资源跨期的一种特别配置。借助简单的数例，我们阐明了这种配置的特性。我们从一个最简单的模型开始——跨越两个时期的动态有效配置。在随后的章节里，我们将说明如何将这些结论推广到更长时期和更为复杂的情况。

假设我们要将一个固定的可耗竭资源的供给配置到两个时期。进一步假设两个时期的需求函数是一样的，公式 $P=8-0.4q$ 给出了边际支付意愿，资源供给的边际成本不变，为每单位 2 美元（见图 5-1）。

注意，如果总供给是 30 单位或者 30 单位以上，并且我们只关注这两个时期，那么，在不考虑贴现率的情况下，一个有效的配置是每个时期均生产 15 单位。在两个时期里，30 单位将足以满足需求；在时期 1 中的消费不会降低时期 2 的消费。在这个案例中，由于两个时期的配置不是相互依赖的——充足减少了稀缺，可以采用静态效率标准。

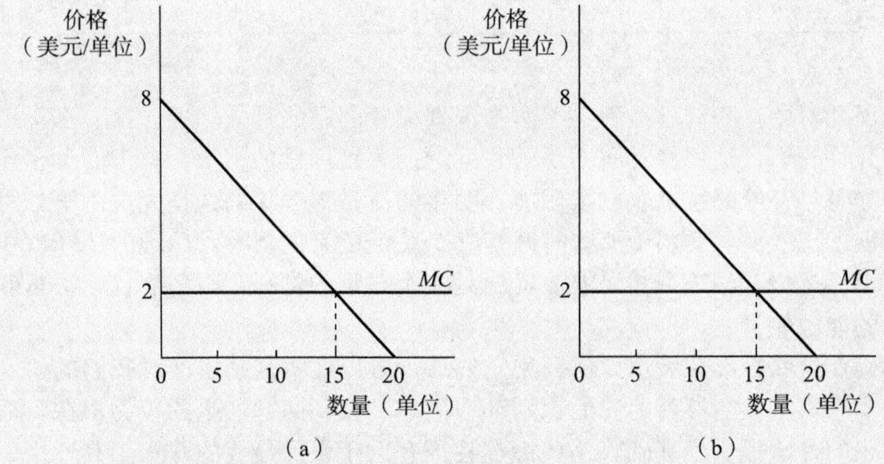

图 5-1　充足的可耗竭资源在（a）时期 1 和（b）时期 2 的配置

思考一下，如果供给不足 30 单位又会发生什么情况？假设供给等于 20 单位。我们如何决定有效配置？依据动态效率标准，有效配置就是要最大化净效益的现值。两期净效益的现值是两期中每一期现值的简单加总。举一个具体的例子，考虑一个具体配置的现值：时期 1 为 15 单位，时期 2 为 5 单位。我们如何计算这一配置的现值？

时期 1 的现值是需求曲线以下、供给曲线以上的那一部分的几何面积——45 美元。[①] 时期 2 的现值是需求曲线以下供给曲线以上，从原点到 5 单位的那一部分的几何面积，再乘以 $1/(1+r)$ 得到的值。假如，我们令 $r=0.10$，那么时期 2 得到的净效益现值为

① 三角形的高是 6 美元（=8 美元−2 美元），而底是 15 单位。因此，面积为(1/2)×(6 美元)×15=45 美元。

22.73 美元[①]，而 2 年净效益的现值则为 67.73 美元。

现在我们知道了如何求解任何配置的净效益现值。如何发现最大化现值的配置？一种方法是借助计算机的帮助，尝试所有总和为 20 的 q_1 和 q_2 的可能组合，选出产生净效益现值最大化的组合。这种方式对于那些有必要的数学知识的人是乏味和多余的。

结果是，资源的动态效率配置必须满足以下条件：时期 1 的最后一单位的边际净效益现值等于时期 2 的边际净效益现值（推导方法见本章附录）。即使不用数学，我们也容易理解这个原则，我们可以使用一个两期配置问题的简单图示加以证明。

图 5－2 描述了两时期中每个时期的边际净效益现值。时期 1 的边际净效益现值曲线从左至右看。边际净效益现值曲线与纵轴在每单位 6 美元的位置处相交；价格 8 美元时对应的需求为 0，同时边际成本为 2 美元，所以差额（边际净效益现值）是 6 美元。时期 1 在 15 单位时的边际净效益现值为 0，因为在该数量下，支付意愿恰好等于边际成本。你能证明这个结果吗？

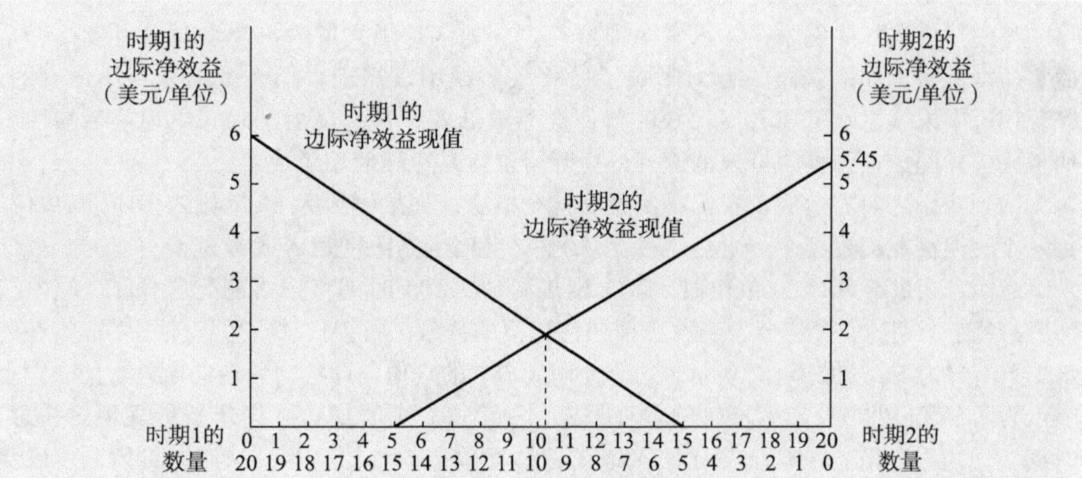

图 5－2　动态效率配置

图示方法存在的唯一挑战就是构建时期 2 的边际净效益现值曲线。我们需要注意两个方面：第一，时期 2 净效益的零点在右侧，而不在左侧。因此，时期 2 刻度的增加是由右向左标出的。这样可以得到横轴上所有的点，共有 20 单位，可供配置给两个时期。轴上的任一点分别对应两个时期一个特定的配置数值。[②]

第二，时期 2 的边际净效益现值曲线与纵轴的交点与时期 1 的相应曲线与纵轴的交点不同。你知道为什么吗？因为这是根据一年后收到的事实得出的，时期 2 的边际效益需要贴现［乘以 $1/(1+r)$］后转化为现值的形式。这样，当我们采用 10%的贴现率，右侧纵轴的边际净效益是 6 美元，现值则是 6 美元/1.10 ＝5.45 美元。注意，较大的贴现率（$r>0.10$）使时期 2 边际净效益现值曲线绕着净效益零点（$q_1=5$，$q_2=15$）向着右轴

① 未贴现净效益是 25 美元。计算为(6－2)×5＋(1/2)×(8－6)×5＝25 美元。因此，贴现的净效益为 25/1.10＝22.73 美元。

② 注意，图 5－2 的两个配置的总和总是 20，左轴表示所有 20 单位都配置给时期 2，右轴表示所有 20 单位都配置给时期 1。

旋转，我们马上就会用到这一事实。

现在，我们很容易地识别出两条边际净效益现值曲线的交点就是有效的配置（因为在这一点，两期的两个边际净效益的现值相等）。那么，总的净效益现值就是，时期 1 边际净效益现值曲线以下直到有效配置点的面积，加上时期 2 边际净效益现值曲线以下从右轴起直到有效配置点的面积。因为我们实现了有效配置，所以这两块面积之和是最大的。[①]

因为我们得到的效率标准与制度背景无关，所以我们可以用该标准评估市场、政府甚至独裁者突发奇想的资源配置方案。尽管任何有效配置的方法都必须考虑稀缺，但具体如何精确地实施取决于工作的背景情况。

跨期的稀缺导致机会成本，我们称之为边际使用者成本。当资源短缺时，更多的资源会在当前被使用，降低了未来的使用机会。边际使用者成本是指边际机会成本的现值。更具体而言，在资源不存在稀缺的时候，资源的使用方式可能是适宜的；一旦出现稀缺，则原有的利用方式就不再适宜。

考虑一个实际的例子，在水资源补给充足的地区，用大量的水浇灌绿地可能是完全适宜的。但是，如果这样的行为影响了后代人的饮用水需求，那么就是相当不适宜的。资源现值中未考虑水资源更高稀缺的价值会导致低效率，这是由于未来出现的稀缺性增加带来额外的成本。稀缺带来的额外的边际价值就是边际使用者成本。

回到我们之前的数例，我们举例说明这个概念。如果供给为 30 单位或多于 30 单位，每一个时期都能配置到 15 单位，资源不稀缺，此时的边际使用者成本为零。

然而，当供给只有 20 单位时，就会出现稀缺。每个时期将不再能配置到 15 单位了；配置给每个时期的资源将会少于没有稀缺情形下的数量。由于稀缺，边际使用者成本在此情形下不再为零。如图 5-2 所示，边际使用者成本的现值，即稀缺创造的额外价值在图上表示为两个现值曲线交点到横轴的垂直距离，等于每一个时期边际净效益的现值。注意，时期 1 的边际净效益的现值等于时期 2 的边际净效益的现值。这一共同的价值既可以从图中读出，也可以通过更精确的计算得到，如本章附录中所证明的，值为 1.905 美元。

当我们在市场背景中考察边际使用者成本的应用时，可以更具体地理解这一概念。有效的市场不仅必须考虑资源开采的边际成本，也必须考虑边际使用者成本。但是，当不存在稀缺时，价格仅等于资源开采的边际成本；随着稀缺的出现，价格将等于边际开采成本和边际使用者成本之和。

当面临跨期稀缺问题的时候，我们在有效的市场里可以用价格来解决问题。将两期的有效数量（分别是 10.238 和 9.762）代入支付意愿函数（$P=8-0.4q$），得出 $P_1=3.905$ 和 $P_2=4.095$。相应的供给和需求曲线如图 5-3 所示。比较图 5-3 和图 5-1 就可以看到稀缺对价格的影响。

请注意，图 5-1 中边际使用者成本为零，正如在缺乏稀缺性的情况下所预期的那样。在涉及稀缺性的有效配置中，每个时期的边际使用者成本是价格和开采的边际成本之间的差额。还要注意，它在时期 1 的值为 1.905 美元，而在时期 2 的值为 2.095 美元。

---

① 通过先给时期 2 较多的配置（因而配置给时期 1 的较少）来演示，并且证明总面积减少了。再尝试给时期 2 较少的配置，结论也是总面积减少。

在这两期，边际使用者成本的现值都是 1.905 美元。第二期，实际的边际使用者成本是 1.905 (1+r) 美元。在此例中如果 $r=0.10$，那么时期 2 的边际使用者成本是 2.095 美元。[1] 这样，当两期边际使用者成本现值相等时，实际的边际使用者成本会随着时间增加而增加。

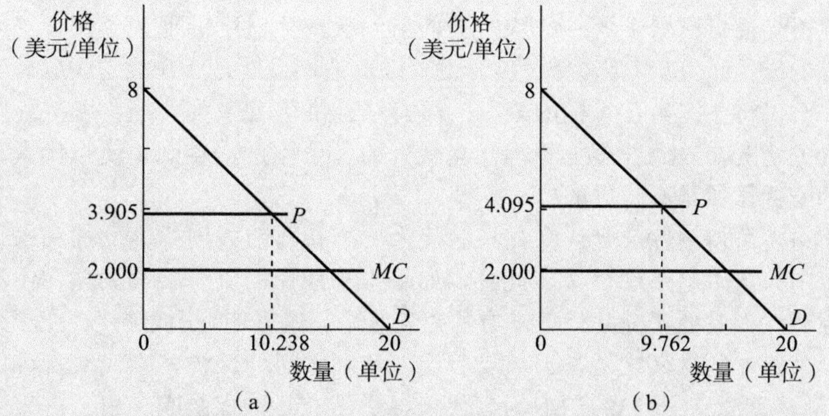

图 5－3　可耗竭资源的有效市场配置：固定边际成本案例（a）时期 1 和（b）时期 2

边际使用者成本的大小和资源在两个时期的配置都不仅会受到稀缺程度的影响，而且会受到贴现率的影响。在图 5－2 中，由于存在贴现，有效配置总会使配置到时期 1 的资源多于时期 2。贴现率大于 0.10 在图中表现为将时期 2 的曲线沿着它与横轴的交点向右轴转动（不是移动）一个合适的数量。（你能明白其中的道理吗?）贴现率越高，转动的数量越大。

结果显而易见——随着贴现率更高，配置到时期 2 的资源量必然更少了。在我们考虑的所有模型中，一个一般性的结论是较高的贴现率使资源偏向于现期开采，这是在平衡资源现期和未来使用的相对价值的时候，给予未来较少权重导致的结果。因此，选择什么样的贴现率就成为需要决策者考虑的一个非常重要的问题。

界定跨期公平

虽然不存在普遍接受的公平或公正的标准，但显然一些标准比另外一些得到更多支持。一个公平的标准就是关注未来几代人的利益。前代人应该给后代人留下何种遗产?这是一个特别困难的问题，因为相对于其他我们想要确保公平对待的群体，后代人无法表达他们的愿望，更不可能与当代人进行协商（例如，如果你们留给我们足够多的钛金属，“我们”可以接受你们的放射性废物）。

哲学家约翰·罗尔斯（John Rawls）的鸿篇巨制《正义论》(*A Theory of Justice*) 第一次提到了代际公平，他建议可以得到一般性公平原则的一种方法就是假定人们都在“无知的面纱”（veil of ignorance）后面处于原始状态。这层“无知的面纱”使得他们彼

---

① 可以通过计算 2.095 美元的现值，并且说明它等于 1.905 美元来完成证明。

此不知各自在社会上的地位。在这层面纱之后，人们将会被要求去决定其所生活在其中的社会管理规则，一旦做出决定，每个人都必须去遵守。

应用这个方法，我们可以假想召开一个会议，参与者是当代和未来几代的所有成员，会议要决定在几代人之间配置资源的规则。在规则被确定后，由于存在“无知的面纱”，会议成员并不知道自己属于哪一代人，他们就不会成为过度的保护主义者（以免他们最终是前几代的成员），也不会选择过度开发（以免他们最终是后几代的成员）。

这样的会议将会产生什么样的规则？可持续性准则是一种可能。可持续性准则要求后代人所处的境况在最低程度上不能比当代人差。依据这一准则，使当代人富裕而使后代人贫穷的配置显然是不公平的。

本质上讲，可持续性准则认为如果后代人要维持与前人同样高的福利水平，后代人就不会同意前人自由地使用资源。此外，如果未来使用的资源转移到现在使用，降低了后代人的福利，使其低于前几代人享有的福利水平，这就违背了可持续性准则。

可持续性定义的含义之一是，只要后代人的利益得到保护，当代人就可以使用资源（甚至是可耗竭资源）。我们的制度为后代人提供了充足的保护吗？以下内容的分析起点是有效配置在何种情况下满足可持续性准则的条件。有效配置都是可持续的吗？

有效配置是公平的吗？

我们已经构建的数例中没有出现有效配置满足可持续性准则的情况。在两期的例子中，与时期 2 相比，更多的资源被配置给时期 1。因此，时期 2 的净效益低于时期 1。可持续性不允许前人以后代人为代价谋取利益，发生这样的事情，这个例子一定会成为一个案例出现。

然而，表象可能具有欺骗性，选择特定的资源开采路径并不妨碍时期 1 中的人们将净效益中的一部分储蓄起来留给时期 2 的人们。如果配置是动态有效的，那么，人们总可能从时期 1 的净效益中留出足够的部分给时期 2 的人们，这样时期 2 的人们的境况至少和在其他资源开采方式下一样，并且其中的一个时期将会变得更好。

我们能用数例来证明这一观点，比较动态有效配置和将资源平等配置到各代并且允许各代间存在共享。例如，假设你认为每一时期留出全部可获取资源的一半（10 单位）是比动态效率配置更优的配置方式。每一时期从这个替代性方案中得到的净效益是 40 美元。你明白为什么吗？

现在，让我们将其与利用动态效率配置取得净效益的配置方式进行比较。如果动态效率配置满足可持续性准则，那么我们必须能够证明它的结果是每一代人至少和等量配置的生活境况一样好，并且人们将会更好。能证明这个结果吗？

在没有分享的动态效率配置中，时期 1 的净效益为 40.466 美元，而时期 2 的则为 39.512 美元。[①] 显然，如果两个时期之间没有共享部分净效益，这个数例违背了可持续

---

① 时期 1 的计算式为 $1.905\times10.238+0.5\times4.095\times10.238$，而时期 2 的计算式则是 $2.095\times9.762+0.5\times3.905\times9.762$。

性准则；与平等分享的配置状况相比，第二代人的生活境况恶化了。（在跨越两期的平等分享资源的配置中，它将能得到 40.00 美元，在不存在任何效益分享的动态效率配置中，它将能得到 39.512 美元。）

然而，假设第一代人愿意将他们从资源开采中获得的部分净效益与第二代人共享。如果第一代人保留 40 美元的净效益（该数量与每一期等量配置时相同），同时为第二代人以 10%的利率储蓄额外的 0.466 美元（用动态效率配置中时期 1 得到的 40.466 美元减去为自身所保留的 40 美元）。该储蓄额将会在时期 2 增加到 0.513（=0.466×1.10）美元。把这个数额与动态效率配置得到的净效益（39.512 美元）相加，第二代人将得到 40.025 美元。在共享部分净效益的动态效率配置下，时期 2 的那些人的境况比等量配置资源时更好。

这个例子证明尽管动态效率配置不能自动地满足可持续性准则，但其与可持续性是一致的，即使在严重依赖可耗竭资源的经济情况下，也是同样的道理。可持续性准则时期 2 的境况能够变得更好的可能性并不必然发生，必须有一定程度的净效益共享。案例 5.1 指出，正如我们能够看到的那样，尽管在某些条件下，确实发生了净效益共享，但共享更可能是一种例外而不是一种常态。在随后的章节里，我们将会检验在什么条件下，我们期待的适宜程度的共享才会发生；在什么条件下，它不会发生。

案例 5.1 阿拉斯加州永久基金

当前，阿拉斯加州存在代际共享机制的一个有趣例子。阿拉斯加州油田的开采产生了巨大的收入，但是它也降低了该州主要的环境资产的价值。1976 年，当阿拉斯加州输油管线建设接近竣工的时候，为了保护后代人的利益，阿拉斯加州选民通过了一个宪法修正案，授权成立一只专用基金：阿拉斯加州永久基金。基金的目的是从州石油销售收入中取出一部分与后代人共享。修正案要求如下：

至少把 25%的矿产租金、特许权使用费、专营税、联邦矿产收入分享金及州政府得到的红利划入永久基金。基金的本金仅能被用作增加收入的投资。

没有阿拉斯加州多数选民的同意，不能用基金本金支付当前的开销。

该基金完全投资于资本市场，进行了多种资产配置。收益来源于债券利息、股票红利、房地产租金和资产销售的资本收益。到目前为止，立法机构将这些年收益中的一部分以红利的方式发给符合条件的每一位阿拉斯加州居民，其余用来增加本金的规模，确保本金不会受到通货膨胀的影响而萎缩。2015 年，基金的市值达到 528 亿美元，并且每位居民在当年的分红是 2 072.00 美元。

尽管这只基金确实为后代保留了一部分收益，但其两个特征值得我们关注。第一，如果当前选民多数同意，本金可被用于支付当前的费用。到目前为止，虽然还没有发生这一情况，但已经就此进行了讨论。第二，基金中只划入了 25%的收益；假设收益反映的是稀缺租金，完全可持续性将会要求将 100%的收益划入基金。因为当代人不仅得到了永久基金的经营收入，而且得到了当前石油销售收入的 75%。这种分享安排不符合完全可持续性。

资料来源：该基金由阿拉斯加州永久基金公司管理。www.apfc.org/home/Content/home/index.cfm(accessed January 19,2017)；阿拉斯加州永久基金网站：www.pfd.state.ak.us/(accessed January 19,2017)。

应用可持续性准则

采用上述可持续性准则评估跨期配置的公平性的困难之一就是很难应用。我们要想知道后代的福利水平是否比当代人低，就不仅要了解资源跨期配置的一些情况，还要了解后代的偏好（目的是要确定不同的资源流对他们的价值），这是一个很高的（也许是不可能的）要求！

那么，能否开发操作性更强的可持续性准则？幸运的是，广为人知的“哈特威克（Hartwik）规则”使这种愿望成为可能。在一篇早期的文章里，John Hartwik（1977）论证说，如果人们将环境禀赋中资源开采得到的所有稀缺租金以资本方式进行投资，那么就可以将资源的消费始终维持在一个固定的水平上。投资水平应该足以保证总资本存量的价值不会降低。

对可持续性准则的重新诠释中有两个重要的见解。第一，采用这种可持续性准则，我们通过检查总资本存量价值下降与否——一个降低的资本存量违背规则，可以判断配置的可持续性。在不知道有关后代配置或偏好的任何信息的情况下，可以每年进行资本存量的检查。第二，这种分析暗示了可持续性结果需要的具体的共享程度，即所有稀缺租金必须全部用于投资。

让我们稍作停顿，以确认我们理解了上文所说的内容，以及理解为什么会有这样的说法。尽管我们会在本书的以后章节中重新回到这一主题，但现在至少需要对这一分析的隐含意义有一个直觉理解。考虑一个类似的例子，假设祖父母留给你一份价值 10 000 美元的遗产，而你将其存入银行，可以获得 10%的利息。

跨期配置这笔钱有哪些选择？选择的含义是什么？如果你每年恰好花掉 1 000 美元，银行里储蓄的金额将一直保持在 10 000 美元，并且这一收入将会永远持续下去；你花费的仅仅是利息，本金保持完整。如果你每年的花费多于 1 000 美元，本金必然会随着时间而减少，最终你账户的余额会变为零。在此讨论的情境下，你每年 1 000 美元的花费或更少的花费将满足可持续性准则，而更多的花费则会违背可持续性准则。

在这种情境下，哈特威克规则的意思是什么？它是一种方法，用以识别一项配置（支出方式）是否可持续，方法是检查本金价值跨期发生的变化。如果本金减少了，则配置（支出方式）是不可持续的。如果本金增加了或者保持不变，则配置（支出方式）是可持续的。

我们如何在环境领域采用这样的逻辑？一般而言，哈特威克规则认为当代人被给予了禀赋。禀赋部分由环境和自然资源（被称为自然资本）与人造资本（诸如建筑物、设备、学校、道路之类）构成。禀赋的可持续使用意味着我们应该保持本金（禀赋价值）的完整无缺，只消耗禀赋的服务流。换言之，我们不应该砍伐所有的树木，用尽所有的石油，让后代自谋生路。相反，我们需要确保维持总资本存量的价值，而不是减少资本存量的价值。

这种可持续性准则的可取性严重依赖于两种形式的资本的可持续方式。如果人造资本易于替代自然资本，那么我们维持两种资本价值的总和是足够的。然而，如果人造资本不能完全替代自然资本，那么投资于人造资本可能不足以保证可持续性。

人造资本和自然资本之间存在完全替代性的假设站得住脚吗？显然，人造资本不能替代某些种类的环境资源。尽管我们能够想象在一个有圆形屋顶的城市，用大规模的空调系统取代自然空气，但是，该方法的成本和虚拟都表明这是很荒唐的补偿方法。显然，我们需要仔细寻找代际补偿的方法（见案例 5.2）。

∵案例 5.2　　瑙鲁：极端的弱可持续性

人们用弱可持续性准则来判断是否可以通过人造资本或金融资本的充足增长弥补自然资本的消耗，最终避免总资本的减少。由此似乎自然就能够得出结论：违背这一准则的行为是不可持续的行为。但是，弱可持续性准则对于可持续性行为是一个充足的检验吗？让我们来看瑙鲁的例子。

瑙鲁是一个小的太平洋岛国，位于澳大利亚东北约 3 000 公里处。它蕴藏着目前人类所发现的最高级别的磷酸盐矿石之一。磷酸盐是化肥的主要成分。

一个世纪以来，先是殖民者，之后是独立后的瑙鲁人决定开采储量丰富的磷酸盐矿石。这一决定使得当地的居民富裕起来的同时（包括创立了一只估计有 10 亿美元的信托基金），也破坏了当地大部分的生态系统。现在，当地的各种需求主要依靠进口，资金来源于磷酸盐的销售收入。

不管瑙鲁人民所做的选择是否明智，这样的做法不能在全球范围内采用。每一个人的生存不能仅仅依靠信托基金支持的进口商品；每一件进口的商品必须来自其他人的出口！瑙鲁的故事证明，其他的、更多的需求准则对于弱可持续性准则具有互补性的价值。满足弱可持续性准则是可持续的必要条件，而不总是充分条件。

资料来源：Gowdy, J. W., & McDaniel, C. N. (1999). The physical destruction of Nauru: An example of weak sustainability. *Land Economics*, 75(2), 333 - 338.

由于替代可能性是有限的，人们认识到不变总资本定义的缺点，一些经济学家提出了新的补充定义。根据新的定义，如果配置保持了自然资本存量的价值，那么该配置就是可持续的。该定义假设自然资本决定后代的福利，进一步假设人造资本和自然资本间的替代可能性很小或不存在。人们为了区别这两个定义，于是把维持总资本价值不变称为“弱可持续性”（较少的限制），将维持自然资本价值不变称为“强可持续性”（更多的限制）。

“环境可持续性”是最后一个补充定义，它要求保持某种重要的个别资源的特定物质流不变。根据该定义，维持总体价值不变对于可持续性是不充分的。例如，针对一个渔场，该定义要求捕捞量不能超过渔场鱼类资源的增长量。对于湿地而言，该定义要求保护其特有的生态功能。

环境政策的含义

我们在政策设计中要想使用可持续性准则和效率准则，二者就必须既不同义，也不冲突，它们能满足这一要求吗？

它们满足既不同义也不冲突的要求。正如我们将在本书后续章节中看到的那样，并非所有的有效配置都是可持续的，也并非所有可持续的配置都是有效的。但同时有一些可持续的配置是有效的，也有一些有效的配置是可持续的。而且，市场配置可能是有效或低效与可持续或不可持续的组合。

这些差别有政策含义吗？事实上是有政策含义的。特别是它们意味着政策的一种具体策略。在资源满足可持续性准则的所有可能的使用方式中，我们选择一种最适宜的能够最大化动态或静态效率的方式。在这一过程中，可持续性准则是社会决策中一个压倒性的约束条件。然而就其本身而言，可持续性准则是不充分的，因为面对无数种可持续配置方式，它没有告诉我们应该选择哪一种。这正是我们要借助效率准则的地方。效率准则作为一种手段，可以帮助我们从所有可能的可持续配置方式中找到财富最大化的配置。

效率和可持续性的结合对于指导政策制定是非常有益的。许多不可持续的配置来自行为低效率。纠正低效率能够恢复可持续性或有力推动经济向可持续方向前进。而且，重要的是，纠正低效率通常能够产生双赢的结果。双赢使得受影响的各方的境况在变化发生后均有所改善。这与另一些变化形成了鲜明的对照，在这类变化中，获益者得到的小于受损者失去的。

双赢有可能出现是因为从低效率转为高效率配置的过程增加了净效益。净效益增加为补偿因变化受损的人提供了可能。补偿受损者降低了变革的阻力，增加了变革的可能性。我们的经济和政治制度通常能够产生既有效率又可持续的结果吗？在后续章节中，我们将为这个重要的问题提供明确的答案。

小结

关注效率和伦理能够指导我们做出更适宜的环境方面的私人和社会选择。前者主要关注的是资源使用中的废物削减，而后者主要关注的是确保公平对待所有各方。

前几章集中讨论了静态效率和动态效率标准。第 19 章将集中探讨对于当代人而言，环境退化和修复的环境公正方面的含义。本章探讨了前几代人对于后几代人负有义务的一个全球性的重要特征，以及承担这一义务所产生的政策影响。

本章探讨的具体义务是可持续发展，即只要前几代人的所为不会降低后代人的福利，他们就可以自由追逐自己的福利。基于这样一个观点，我们给出了可持续性配置的三个可供选择的定义：

弱可持续性。前几代人使用的资源量不应该妨碍后代人至少实现同样福利水平的资源量。这个定义的含义之一是不应该降低资本存量（自然资本加上人造资本）的价值。总资本中的每一个组成部分的价值都可以降低，只要其他组成部分的增加价值（一般通过投资）足以使总体价值未发生变化。

强可持续性。依据这一解释，应该保持自然资本存量价值不下降。在自然资本和人造资本有限替代可能性的假设下，该定义特别强调了对自然资本（而不是总资本）的保护。该定义延续了先前定义的两个特征：它保存价值（而不是物质流的具体水平）和保存自然资本总量（而不是任何具体组成部分）。

环境可持续性。在此定义下，应该保持某种资源的物质流不变，不仅仅是总体的价值不变。以渔业为例，这个定义强调维持不变的捕鱼量（指的是可持续的产出），而不是渔业资源价值维持不变。对于湿地而言，该定义要求保护湿地的独特的生态功能，而不仅仅是它们的总体价值。

我们可以将以各种配置（包含市场配置和有效配置）为特征的理论条件与这些定义支撑下的实现可持续配置的必要条件进行检查和对比。依据哈特威克规则，如果将所有从稀缺资源使用中得到的稀缺租金投资于资本，那么配置的结果将满足可持续性的第一定义。

总之，并非所有的有效配置都是可持续的，而且并非所有的可持续配置都是有效的。此外，市场配置可能是：(1) 有效但不可持续；(2) 可持续但低效率；(3) 低效率且不可持续；(4) 有效且可持续。双赢提供了同时增加当代和后代福利的机会。

随着本书的深入，我们将更加集中地探讨这些主题。特别是，我们将发现何时我们可以期望市场配置产生满足可持续性定义的配置，而什么时候不可以。我们也将看到在一些具体的例子中经济激励如何被熟练地使用以使得政策制定者利用双赢去推动向可持续未来的转型。

讨论题

1. 环境可持续性与强和弱可持续性在重要的路径上存在差异。环境可持续性通常意味着维持某种资源的物质流不变（例如海中的鱼或森林中的木材），而其他的两个定义要求维持那些服务流的总价值不变。什么时候这两种准则会导致不同的选择？为什么？

自测题

1. 在文中给出的数例中，可耗竭资源的逆需求函数是 $P=8-0.4q$，供给的边际成本为 2 美元。(a) 如果在两个时期配置 20 单位的资源，在动态效率配置中，贴现率为零时，多少单位资源被配置到时期 1，还有多少被配置到时期 2？(b) 对于这个给定的贴现率，这两个时期中的有效价格是多少？(c) 每一时期的边际使用者成本是什么？

2. 假设与自测题 1 所述的需求函数相同，但是贴现率为 0.10，开采的边际成本为 4 美元。在有效配置条件下，每一时期的产出是多少？每一时期的边际使用者成本是什么？对于这个问题，静态效率和动态效率标准会得出相同的答案吗？为什么？

3. 比较两种两期可耗竭资源模型，它们存在的差异仅仅是边际开采成本的处理。假设在第二种模型中，时期 2 的固定边际开采成本低于时期 1 的（或许是由于预期的新的优良的开采技术）。在第一种模型中，两个时期的固定边际开采成本都是一样的，等于第二种模型中时期 1 的边际开采成本。在动态效率配置中，第二种模型与第一种模型在资源开采方面的差异如何？与第一种模型相比较，在第二种模型中配置到时期 2 的资源相对多了还是少了？在第二种模型中，边际使用者成本高了还是低了？为什么？

4. a. 思考贴现率对可耗竭资源跨期动态效率配置的总体影响。假设我们有本章所讨论的两期模型的两个版本。这两个版本除了第二个版本拥有比第一个版本更高的贴现率外，其余都是一样的。更高的贴现率对两期模型的配置和边际使用者成本现值的数量有何影响？

b. 请解释得出这一结果的理由。

5. a. 思考人口增长对可耗竭资源跨期动态效率配置的影响。假设我们有本章所讨论的两期模型的两个版本。这两个版本除了第二个版本拥有比第一个版本更高的需求外（由于人口增长，需求曲线向右移动），其余都是一样的。时期 2 更高的需求对两期模型的配置和边际使用者成本现值的数量有何影响？

b. 请解释得出这一结果的理由。

补充读物

Heal，G，（2012）. Reflections——Defining and measuring sustainability. *Review of Environmental Economics and Policy*，6（1），147－163. 这是对可持续概念及其量化可能性的考察。

Kiron，D.，Kruschwitz，N.，Haanæs，K.，& Velken，I. V. S.（2012）. Sustainability nears a tipping point. *MIT Sloan Management Review*，53（2），69－74. 私营部门在可持续发展方面的作用是什么？对"底线"的关注是否与促进维持的愿望一致？

Lopez，R.，& Toman，M. A.（Eds.）.（2006）. *Economics Development and Environmental Sustainability*. New York：Oxford University Press. 这是探索如何在通过发展减少贫困的背景下贯彻可持续原则的13篇论文。

Pezzey，J. V. C.，& Toman，M. A.（2002）. Progress and problems in the economics of sustainability. In T. Tietenberg & H. Folmer（Eds.）. *The International Yearbook of Environmental and Resource Economics*：*A Survey of Current Issues*. Cheltenham，U. K.：Edward Elgar，165－232. 这是关于可持续发展的经济学文献的优秀技术研究。

USEPA Sustainability website：www. epa. gov/sustainability/learn-about-sustainability # what. 这是对于可持续概念如何影响美国环保署工作的描述。

World Bank.（2011）. *The Changing Wealth of Nations*：*Measuring Sustainable Development in the New Millennium*. Washington，D. C.：World Bank. 本研究首次预设了一套涵盖150多个国家的1995年、2000年和2005年的"财富账户"。这一套核算使我们能够在可持续性薄弱的情况下对全球、区域和国家的表现进行更长期的评估。

更多的参考文献和重要的历史参考文献可在本书的配套网站查找：www. routledge. com/cw/Tietenberg。

附录 动态效率的简单数理基础

假设一种可耗竭资源的需求曲线随着时间呈线性平稳变化，这样，第 t 年的逆需求曲线可被写为

$$P_t = a - bq_t$$

那么，第 t 年提炼 q_t 数量的总效益是这一函数的积分（逆需求曲线下面的区域）：

$$(\text{总效益})_t = \int_0^{q_t}(a-bq)\mathrm{d}q = aq_t - \frac{b}{2}q_t^2$$

进一步假设提炼该资源的边际成本是常数 c，从而得到第 t 年提炼 q_t 数量资源的总成本：

$$(\text{总成本})_t = cq_t$$

如果该资源总的可用数量是 $\bar{Q}$，则资源在 n 年内的动态配置应该满足下式最大化：

$$\operatorname*{Max}_{q} \sum_{i=1}^{n} \frac{aq_i - bq_i^2/2 - cq_i}{(1+r)^{i-1}} + \lambda\left[\bar{Q} - \sum_{i=1}^{n} q_i\right]$$

假设 $\bar{Q}$ 少于正常所需的数量，那么动态有效配置必须满足

$$\frac{a-bq_i-c}{(1+r)^{i-1}}-\lambda=0,\ i=1,\cdots,n$$

$$\bar{Q}-\sum_{i=1}^{n}q_i=0$$

这两个方程中第一个方程的含义是，($P-MC$) 随时间以利率 r 增长。这一差值被称作边际使用者成本，它对于我们思考跨期的资源配置方案非常重要。

使用这些求解方程和一些假定的参数值可以推导出两期模型的确切答案。

假设一个两期模型的参数值如下：

$$a=8,\ c=2,\ b=0.4,\ Q=20,\ r=0.10$$

将这些参数值代入这两个方程中（每期一个），我们得到：

$$8-0.4q_1-2-\lambda=0$$

$$\frac{8-0.4q_2-2}{1.10}-\lambda=0$$

$$q_l+q_2=20$$

现在很容易证明，答案（精确到小数点后第三位）为：

$$q_1=10.238,\ q_2=9.762,\ \lambda=1.905$$

我们现在就能证明文中讨论的命题。

(1) 从口头上说，在动态效率配置的方式下，时期 1 的边际净效益现值（$8-0.4q_1-2$）必等于 λ。此外，时期 2 的边际净效益现值也等于 λ。因此，它们必然相等。这就证明了图 5-2 所示的命题。

(2) 用 λ 表示边际使用者成本的现值。这样，第一时期的价格（$8-0.4q_1$）应该等于边际开采成本（2 美元）与边际使用者成本（1.905 美元）之和。λ 乘以（$1+r$），显然，时期 2 的价格（$8-0.4q_2$）等于边际开采成本（2 美元）加上时期 2 的更高的边际使用者成本 [$\lambda(1+r)=1.905\times1.10=2.095$（美元）]。这一结果说明了图 5-3 的曲线。它们也证明了这一观点，在本例中，跨期边际使用者成本随着时间的推移而上升。

第6章 可耗竭资源的配置：更长时间跨度、替代品和开采成本的影响

智慧、一般观念和法律、固定的和外在的物体、原则、人和诸神组合而成的全部系统是众多符号化和代数化的表达。它们代表经验，这些经验转瞬即逝，我们无法保留和考证其种种关系。如果我们不凭借这些知识工具乘风破浪向前行，就会像走兽一样在绝望中挣扎。理论可以帮助我们忍受对事实的无知。

——乔治·桑塔亚纳，《美感》(1896)

(George Santayana，*The Sense of Beauty*，1896)

引言

社会如何应对有限的可耗竭资源储量的日益稀缺？是通过自我限制的反馈机制推动资源利用方式向可持续的稳定状态过渡？还是通过自我强化的反馈机制导致系统过度消耗资源，甚至可能加速社会崩溃？

我们从研究效率和利润最大化决策的丰富含义开始，寻求上述问题的答案。这些决策蕴含了哪种反馈机制？这与向可持续的稳态平稳过渡一致吗？还是更有可能导致资源超负荷使用和社会崩溃？

我们分几步来分析这些问题。首先，界定和讨论一种简便实用的资源分类法（分类体系），并解释忽视资源类别差异的危险。其次，界定在没有可再生替代资源的情况下，可耗竭资源的跨期有效配置，探讨有效配置必须满足的各种条件，并通过数字模型说明这些条件的含义。

我们采用最简化的可能情况将可再生资源纳入分析，假设资源供给速度固定且充足，并且获得资源的边际成本不变。太阳能和可补充的地表水基本符合这些特质。将可再生资源纳入基本可耗竭资源模型，假设两种资源是完全替代品，我们可以研究两种资源的有效开采路径，并进一步探讨成本函数的变化和有无外部性对有效开采路径的影响。随后各章将使用上述原则研究能源、矿产、土地和水等各种资源的配置，为建立更精细的可再生生物种群模型（如渔业和森林等）提供基础。

一种资源分类法

我们使用三个不同的概念对可耗竭资源储量进行分类：（1）当前储量；（2）潜在储量；（3）资源禀赋。美国地质调查局（U. S. Geological Survey，USGS）的职责是记录美国的资源状况，开发了图 6－1 所示的资源分类体系。

注意这套体系有经济和地质两个维度。自上而下的纵向移动表示资源开采成本不断增加。与之相对应的是，从左到右的横向移动代表不断增加的资源基数规模的地质不确定性。

当前储量（即图 6－1 中阴影部分）指在目前价格水平下具有开采价值的已探明储量。当前储量可以用某一数值表示。

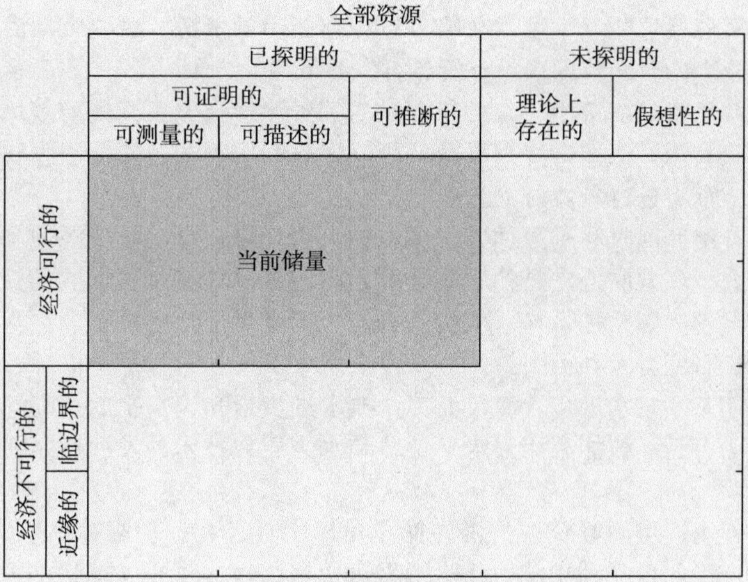

图 6－1　一种资源分类方法

术语：

已探明的资源：在现有工程技术条件下，基于地质方面的证据，地点、质量和数量得到明确证实的矿产资源。

可测量的资源：来自地质情况非常明确的样本区域，数量和质量估算误差小于 20%的资源。

可描述的资源：资源的数量和质量估算部分依靠样本分析，部分来自合理的地质推测。

可推断的资源：可以根据地质推测证明存在但未开采的资源。

未探明的资源：基于一般地质学知识和理论推测存在但还未能发现的矿产资源。

理论上存在的资源：基于已知地质状况，在已知的开采区域，有理由期望存在但仍未发现的资源。

假想性的资源：可能存在于已知矿床（在仍未勘探的有利地质环境中）或尚待确认的未知矿床中尚未发现的资源。

资料来源：U. S. Bureau of Mines and the U. S. Geological Survey.（1976）. Principle of the Mineral Resource Classification System of the U. S. Bureau of Mines and the U. S. Geological Survey. *Geological Survey Bulletin*，1450-A.

潜在储量最准确的定义是一个函数，而不是一个数值。潜在储量取决于人们愿意为这些资源支付的价格——价格越高，潜在储量就越高。更高的价格不仅意味着可以采取更昂贵的手段从传统来源回收更多的资源，还可以采取措施开采未开发的非传统资源。

资源禀赋指地壳中蕴藏的资源天然储量。资源禀赋的规模同价格无关，是一种地质概念，而不是经济概念。资源禀赋是重要的概念，因为它表示地球上可获取资源的物理上限。

三个概念之间的区别很明显。一种基本错误是将当前储量视为最大潜在储量，导致人们显著低估了资源耗竭前还有的时间。

第二种常见错误是将资源禀赋误认为人们愿意支付的价格水平下的潜在储量，由此认为资源禀赋都是可用的。如果价格可以无限高，则我们可以开采所有资源禀赋，但这显然不成立。

资源分类概念的其他区别对我们也很有帮助。第一类包括所有可耗竭、可回收资源，如铜。可耗竭资源指那些基本可以忽略自然更新能力的资源。这些资源的自然更新速度很慢，因此在合理的时间范围内没有资源再生的可能。

可回收资源是指目前正用于某种特定目的的资源，当失去其先前效用后，大部分物质仍旧能够回收利用。例如，汽车报废后可以回收利用铜线。资源回收利用取决于经济条件，本书第 8 章将进行具体讨论。

通过经济补给和回收利用两种方式可以扩大可耗竭、可回收资源的当前储量。经济补给有多种形式，其共同特点是将原先不可回收的资源转变为可回收的资源。经济补给手段的一个明显刺激因素是价格。价格上升使生产者更广泛的勘探、更深入的采掘和利用较低密度的矿石变得有利可图。

高价格也能刺激技术进步。简单而言，技术进步指知识水平的提高，这使我们可以将更多可能变为可行。核能利用、水平钻井和水力压裂技术的发明就是明显的佐证（见第 7 章）。

然而，可耗竭、可回收资源的潜在储量可以消耗殆尽。耗竭速率取决于需求状况、产品耐用性和产品的重复利用能力。除了需求价格弹性非常小（即价格不敏感）的情况外，高价格会减少需求量。产品越耐用，对新产品的需求越少。可重复利用的产品（如充电电池或者跳蚤市场上交易的物品）可以替代新产品。

一些资源潜在储量的规模明确取决于资源储存的能力。例如，氦气通常与天然气混合储存在普通气田中。在天然气开采和储存过程中，如果不能同时捕捉和储存氦气，氦气就会散入大气。一旦扩散进入大气，大气中的氦气浓度非常低，以至于在当前甚至未来的价格水平下，从空气中提取氦气不具有经济可行性。可见，氦气的可用存量关键在于我们决定储存的数量。

不是所有的可耗竭资源都可以回收利用。例如煤炭、石油和天然气等可耗竭能源的使用过程是不可逆的，一旦燃烧就会转化成热能散入大气层，无法回收。

可耗竭资源禀赋是有限的。当前使用可耗竭、不可回收资源就会妨碍其未来的使用。因此，如何在代与代之间分配这些资源无情地摆在当代人面前。

可耗竭、可回收资源面临同样的问题，但情况要好一些。在其他条件相同的情况下，回收再利用延长了现有存量的使用期限。尽管可耗竭、可回收资源可以 100%回收利用听上去很具吸引力，但第 2 章中的物理学熵定律说明了回收利用率的物理理论上限小于 100%，回收利用过程中总会丢失一部分物质量。

因为回收利用的物质量小于 100%，可用存量必定减少至零。因此，即使是可回收的可耗竭资源，其累积可用存量也是有限的，当代人的消费模式仍会影响后代。

可再生资源与可耗竭资源的区别主要在于，自然再生的能力以可见的速度补充了可再生资源的流量。太阳能、水、生物种群都是可再生资源。可再生资源的流量有可能一直保持在一个水平，但并非注定如此。①

某些可再生资源的流量大小和可持续性与人类的关系很大。土壤侵蚀和养分流失减少了食物流量。过度捕捞减少了鱼类存量，反过来又降低了鱼群的自然增长率。你可以举出类似的例子吗？

另一些可再生资源的流量同人类无关，如太阳能。当代人的资源消耗不会减少后代的资源使用量。

一些可再生资源可以储存，另一些则不行。对于可以储存的可再生资源而言，储存是管理资源跨期配置的另一种方式。我们不是简单地听任自然兴衰起伏。如果贮存不当，食物会很快腐烂，但在适当的条件下，贮存的食物可以养活灾荒时期饥饿的人们。未储存的太阳能从地球表面辐射并扩散到大气中。储存太阳能的方式多种多样，通过光合作用将太阳能转化为生物能是最常见的自然储存方式。

储存可再生资源的目的不同于储存可耗竭资源。储存可耗竭资源延长了其经济寿命，而储存可再生资源则可以作为一种消除周期性供需失衡的手段。存余以备不时之需。常见的例子包括囤储食物和大坝蓄水发电。

管理可再生资源和管理可耗竭资源面临不同的挑战，但这些挑战同样重要。可耗竭资源管理的困境是在最终实现可再生资源替代之前，如何在代际间分配日益减少的资源存量。管理可再生资源面临的挑战是如何维持有效的、可持续的资源流量。本书第 7～13 章将讨论经济和政治部门如何管理一些重要的资源。

有效的代际间配置

如果我们要判断市场配置的效率，就必须界定与可耗竭资源和可再生资源管理有关的效率的含义。因为关键是跨期配置，核心概念是动态效率。动态效率标准假定社会目标是资源净效益现值的最大化。对于可耗竭、不可回收资源而言，动态效率要求平衡当前和未来资源的使用。为了更新我们对动态效率原则下平衡的认识，本节首先详细分析第 5 章提到的两期资源配置模型，其次进一步讨论如何将模型结论应用于更长的规划周期和更复杂的情形。

---

① 可再生资源最终也是有限的，因为它们的可再生性依赖于太阳能，而太阳作为能量来源的时间期限预计是 50 亿年或 60 亿年。由于可再生资源的有限性在相当遥远的将来才会显现出来，因此可耗竭资源和可再生资源间的区别仍然具有实践意义。

□ 回顾两期模型

本书第 5 章分析了在边际开采成本不变的情况下有限资源的两期配置。在资源需求曲线稳定的条件下，有效配置意味着将一半以上的资源分配给时期 1，将不到一半的资源分配给时期 2。资源的两期配置受边际开采成本、边际使用者成本和贴现率的影响。

可耗竭资源的供给是固定的和有限的，今天多使用 1 单位就意味着明天少使用 1 单位。因此，今天的生产决策必须考虑放弃的未来净效益。边际使用者成本是考虑了代际间平衡的机会成本。

在两期资源配置模型中，假定边际开采成本不变，边际使用者成本随时间增加。事实上，正如第 5 章附录部分的数学证明所示，当不同时期的需求曲线保持稳定，并且边际开采成本不变时，边际使用者成本现值的增长率等于贴现率 r。因此，时期 2 的边际使用者成本是时期 1 的（$1+r$）倍。[①] 要维持当代和未来的产量平衡，有效配置中的边际使用者成本以速率 r 增长。

总之，两期资源配置模型显示，在边际开采成本不变的情况下，有限资源的有效配置中，边际使用者成本不断上升，资源消耗量不断下降。我们如何将这一结论拓展到更长时期和更复杂的情况？

□ *N* 期不变成本模型

依旧假设边际开采成本不变，延长资源配置的时间范围，将资源配置问题一般化。图 6-2（a）和图 6-2（b）保留了两期模型中的资源需求曲线和边际成本曲线，但将资源配置的时间范围扩展到多个时期，将可开采供应量从 20 增加为 40。（本章附录给出了相关数学证明及例子，我们将引导你通过直觉从这一节的分析中得出结论。）

图 6-2（a）表示不同时期有效资源开采量的变化，图 6-2（b）表示边际使用者成本和边际开采成本的变化情况。总边际成本是边际使用者成本与边际开采成本之和。边际开采成本是图 6-2（b）中位置较低的直线，边际开采成本和总边际成本之间的垂直距离表示边际使用者成本。注意，X 轴代表时间，并不是通常表示的数量。

我们需要注意一些趋势。N 期情况与两期情况一样，尽管边际开采成本保持不变，有效率的边际使用者成本却稳定上升，反映了资源日益稀缺，资源剩余存量减少导致当前消费的机会成本（反映了放弃的未来机会）相应增加。

随着时间的推移，成本增加，开采量也随之下降，最终降为 0，此时总边际成本为 8 美元。在这一时点上，总边际成本等于任何人愿意支付的最高价格，供给量和需求量都等于 0。由此可见，即使开采成本不增加，有效配置也会使资源平滑过渡到耗竭状态。尽管本例中资源最终用尽，但资源枯竭并不是突然发生的，因为价格信号显示稀缺性不断增加。

---

① 只有当边际开采成本不变时，边际使用者成本才以 r 的速率增加。本章后半部分展示了边际开采成本变化如何影响边际使用者成本。正如第 1 章所提到的那样，任何模型的结果都取决于模型假设，这就是一个实例。

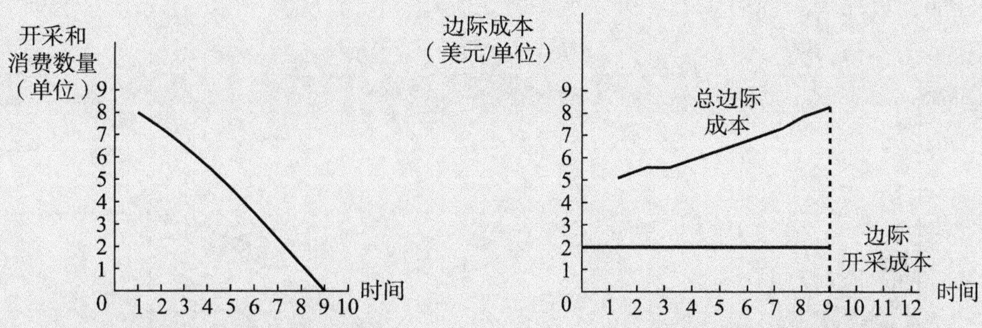

（a）在不存在可替代资源的条件下，边际开采成本不变的资源在不同时期的开采量

（b）在不存在可替代资源的条件下，边际开采成本不变的资源在不同时期的边际成本

图 6-2

□ 向可再生替代品转变

我们已经讨论了在没有可替代资源的情况下可耗竭资源的配置。然而，假设能够以不变的边际成本获得可再生替代资源，重新考虑有效配置的特点。这一问题适用于分析存在太阳能和风能替代资源的情况下，石油或天然气的有效配置；以及存在地表水替代的情况下，可耗竭地下水资源的有效配置。这些情况下，我们如何界定资源的有效配置?

由于这些情形同前面的讨论内容有相似之处，我们可以基于已有结果分析这种新情况。与前面的情况一样，在这类情况中，可耗竭资源最终也会耗尽，但由于我们可以在合适的时间转向使用可再生替代资源，因此这种耗尽带来的问题会少一些。

为简便起见，假设可耗竭资源存在完全替代品，并且这一替代资源可以无限使用，单位成本为 6 美元。由于可再生资源的边际成本（6 美元）低于可耗竭资源的最高支付意愿（8 美元），因此可耗竭资源最终将转向可再生资源。（如果可再生替代资源的边际成本是 9 美元而不是 6 美元，可耗竭资源的有效配置将会如何?）

社会总会选择更便宜的可再生替代品，所以当存在 6 美元的完全替代品时，可耗竭资源的总边际成本永远不会超过 6 美元。因此，当不存在替代品时，最高支付意愿（8 美元，窒息价格）设置了可耗竭资源总边际成本的上限；只要完全替代品的边际成本低于窒息价格，在新情况下，替代品的边际开采成本（本例为 6 美元）就设定了可耗竭资源总边际成本的上限。图 6-3（a）和图 6-3（b）描绘了这种情形下的有效路径。

在这种有效配置中，资源的替代过程是平滑的。随着边际使用者成本的增加，单位时间的可耗竭资源开采量逐渐减少，直到最终转向使用替代品。无论是边际成本还是数量，这种改变都是平滑而非突变的。

可耗竭资源的开采时间如何变化? 与没有可再生资源的情况相比，存在可再生资源将增加可耗竭资源的早期开采量，你知道原因吗?

在本例中，转换发生在时期 6；但在上一个例子中（没有可再生资源），在时期 8 结束时耗尽了最后一单位的可耗竭资源。这看上去符合常识，存在替代资源减少了为后代保留一部分可耗竭资源的压力，机会成本减少了。

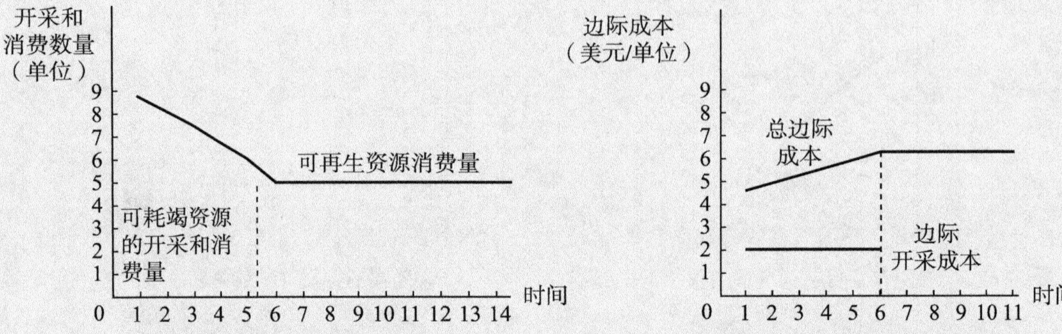

（a）在存在替代资源的条件下，
边际开采成本不变的可耗竭资源
开采量随时间变化的趋势

（b）在存在替代资源的条件下，
边际开采成本不变的可耗竭资源
边际成本随时间变化的趋势

图 6-3

人们在转折点开始使用可再生资源。在转折点之前，人们仅使用可耗竭资源；在转折点之后，人们仅使用可再生资源。这种消费模式的次序取决于选择成本。在转折点之前，可耗竭资源相对便宜。在转折点，可耗竭资源的边际成本（包括边际使用者成本）增加到等于替代资源的边际成本，向替代品的转变开始。由于存在替代资源，在转折点之后的任何时间，资源消费量都不会低于 5 单位。

为什么是 5 单位？因为当边际成本等于 6 美元（替代资源价格）时，消耗 5 单位资源的净效益最大。（将 6 美元代入支付意愿函数，求解需求数量，验证这种说法的正确性。）

当从一个边际成本不变的可耗竭资源过渡到另一个固定边际成本更高的可耗竭资源时，我们不需使用数学方法即可显示有效配置状态（见图 6-4）。资源 1 的总边际成本随时间不断增加，在过渡点（T^*）等于资源 2 的总边际成本。在转折点前的一段时间里，人们只使用总边际成本最低的资源，直到 T^* 点时，该资源完全耗尽。

总边际成本路径分析揭示了两个值得注意的特征。第一，转变是平滑的，总边际成本永远不会突然跳跃到更高的水平。第二，替代发生后，总边际成本曲线的斜率更加平缓。

我们很容易解释第一个特征。两种资源的总边际成本在转变点必然相等。如果二者不相等，从成本较高的资源转向成本相对较低的资源可以增加净效益。在其他时点，二者的总边际成本不相等。在转折点之前，资源 1 更加便宜，因此只使用资源 1。在转折点之后，资源 1 已经耗尽，仅资源 2 可用。

转折点之后，总边际成本曲线的斜率更加趋缓，这是因为资源 2 增长的总边际成本（边际使用者成本）占总边际成本的比例小于资源 1。每一种资源的总边际成本取决于边际开采成本和边际使用者成本。两种情况下，边际使用者成本都以速率 r 增长，边际开采成本保持不变。正如图 6-4 所示，资源 2 的边际开采成本占总边际成本的比例高于资源 1。因此，至少在替代发生后的最初阶段，资源 2 的总边际成本增速较缓。

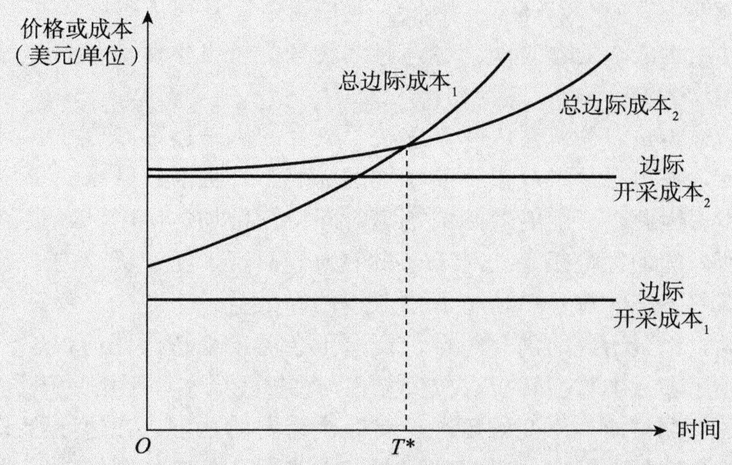

图 6－4　两种边际开采成本不变的可耗竭资源之间的替代

□ 持续增加的边际开采成本

我们已经研究了在能够获得其他可耗竭资源或可再生资源作为完全替代品的情况下，可耗竭资源的长期有效配置。为了更加贴近现实，我们现在考虑这样一种情况：随着开采量的增加，可耗竭资源的边际开采成本持续增加。矿物的开采通常是这样，生产者通常先开采高品位矿石，之后逐渐依赖边际开采成本更高的低品位矿石。

从分析上看，这个案例与前一个案例相同，除了边际开采成本函数略显复杂①——边际开采成本随累积开采量的增加而增加。依旧在净效益现值最大时为资源的动态有效配置，但本例中的开采成本函数发生了变化，如图 6－5（a）和图 6－5（b）所示。

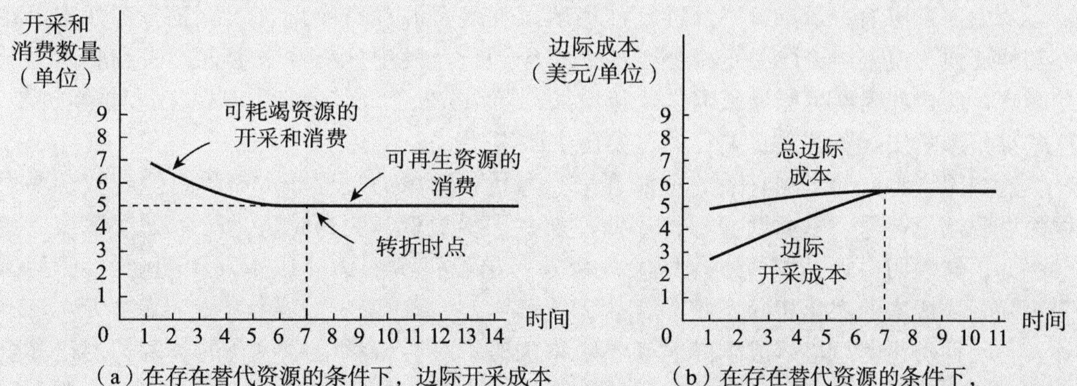

（a）在存在替代资源的条件下，边际开采成本上升时的可耗竭资源开采量随时间变化的趋势

（b）在存在替代资源的条件下，边际开采成本上升时的可耗竭资源边际成本随时间变化的趋势

图 6－5

这个案例同以往案例最大的不同点是边际使用者成本发生了变化。在边际成本不变

① 新边际开采成本公式是：$MCt=2$ 美元$+0.1Q_t$，Q_t 是累积开采量。

的情况下，边际使用者成本以速率 r 增长。但是当边际开采成本随累积开采量的增加而增加时，边际使用者成本随着时间减少，直到转变为可再生资源，此时边际使用者成本降为零，这是为什么？

边际使用者成本是一种机会成本，反映了放弃的未来边际净收益。与边际开采成本不变的情况相反，在边际开采成本不断增加的情况下，当前每开采一单位资源都会增加未来的开采成本。因此，当前的边际成本随时间持续增加，由于已经提前消费额外一单位资源，后代所做的牺牲将减少。对于未来的人们而言，随着资源的边际开采成本不断增加，他们从保留下来的每一单位资源中获得的净效益越来越少。最终，边际开采成本将会变得非常高，以至于提前消耗一单位资源不会对未来造成任何损失。当前开采的机会成本（边际使用者成本）在转折点减少至零，总边际成本等于边际开采成本。①

成本递增的情况与成本不变的情况还有一个重要的区别。在边际开采成本不变的情况下，可耗竭资源储量最终完全耗尽。然而，在边际开采成本递增的情况下，资源储量不会耗尽。因为未开采的可耗竭资源价格高于替代资源，人们不会再使用可耗竭资源。

至此，我们已经讨论了多种情况下资源的有效配置。我们分析了边际成本不变时开采有限数量资源的情况，尽管边际开采成本没有增加，有效配置是向替代资源的平滑过渡，如果不存在替代品，人们只能节约资源。边际成本递增的复杂性改变了边际使用者成本随时间的变化趋势，但并不改变我们的基本发现，即随着总边际成本的增加，可耗竭资源消耗量逐渐减少。

上述分析可以作为判断当前资源开采是否有效的依据吗？我们分析历史数据时会发现大多数可耗竭资源的消费量随着时间的推移而增加，而非减少。这是否证明资源没有得到有效配置？

□ 资源勘探和技术进步

历史上资源消费量持续增加并不能说明可耗竭资源没有实现有效配置。正如本书曾提到的那样，模型结论取决于模型结构。迄今为止，模型分析并未考虑人口和收入增长的影响，而这些因素可能导致需求逐年增加；模型分析也未考虑新资源勘探和技术进步。这些都是影响实际资源消费路径的重要历史因素。②

这些因素将如何影响有效的资源开采？寻找新资源的过程非常昂贵。随着较容易发掘的资源储量耗尽，资源勘探不得不前往那些回报更低、更昂贵的地方，如海底或者地球深处。这表明边际勘探成本（即发现额外一单位资源的边际成本）预期随时间增加，同边际开采成本的变化相同。

当一种资源的总边际成本随时间不断增加时，社会将积极寻找新的资源。当已知资源的边际开采成本大幅度增加时，寻找新资源的净收益将大幅提升，在此之前，开采新

① 可耗竭资源的总边际成本不会大于替代品的边际成本。在边际开采成本增加的情景下，在替代时点处，可耗竭资源的边际开采成本一定等于替代品的边际成本。如果这一点不成立，就意味着一些边际成本低于替代资源的可耗竭资源仍未被开采使用。因为使用这些资源而非更昂贵的替代资源可以增加净效益，所以这不是有效配置。因此，在边际开采成本递增的情况下，替代时点处可耗竭资源的边际开采成本等于替代品的边际成本，即边际使用者成本为零。

② 为了推导由收入增加或人口增长导致的跨期需求曲线上升如何影响资源开采路径，完成本章自测题 2。

资源无利可图。

一些资源勘探成功发现新的资源储量。若新发现资源的边际开采成本非常低，这些新发现可以降低总边际成本，或至少延迟总边际成本的增长。因此，新增资源储量将鼓励更多的资源消费和资源开采。与不存在勘探可能的情景相比，勘探模式下的资源消费量下降幅度较小，下降速度较慢，抑制了总边际成本的增长。

将技术进步纳入有效资源配置模型分析也不困难。经济学家通常用技术进步代表知识体系的进步。在本章中，技术进步表现为开采成本随时间推移不断下降。对于边际开采成本不变的资源，降低边际开采成本的一次重大技术突破将加速资源替代的到来。此外，对于边际开采成本递增的资源，技术进步将提高资源的开采量。（为什么？）

技术进步最显著的作用在于使跨期资源开采成本持续下降。若技术进步非常强劲，即使日益依赖低品位的矿产资源，边际开采成本也可以降低，由此资源的总边际成本也会随时间下降（见案例 6.1）。由于资源的数量有限，总边际成本的下降是暂时的，最终将上升。但是，本书在随后的章节中将会谈到，这一转变过程可能持续相当长的时间。

∵案例 6.1　铁矿石行业技术进步的历史事例

"技术进步"在矿石资源的经济分析中发挥着重要的作用。这个词看上去很抽象，甚至神秘，但并非如此！技术进步并不是一种脱离现实生活的盲目信仰，而是指人们运用一系列巧妙的方法对迫近的资源短缺做出反应，预期以合理的成本使资源供应量有数量级的增长。下面用经济史上一个有趣的案例来说明技术进步是一个多么具体的概念。

1947 年，美国共和钢铁（Republic Steel）公司董事长 C. M. 怀特（C. M. White）经计算认为，明尼苏达州北部梅萨比岭的预期矿石开采年限是 5～7 年（第二次世界大战期间近 60%的铁矿石来源）。仅 8 年后，1955 年《美国新闻和世界报道》（*U. S. News and World Report*）认为人们对铁矿石短缺的恐慌将成为过去，铁矿石从短缺转变为丰富的原因是一种新铁矿石处理技术的出现，即球团技术。

在球团技术发明之前，提取铁的标准铁矿石需含铁量至少为 50%，甚至在 65%以上。地壳中存在大量含铁量低于 30%的角岩矿，但人们缺乏经济有效的技术手段。

球团技术是在矿石进入高炉之前，在采矿厂处理和精炼矿石的过程。球团技术的推广使得角岩矿的开采使用有利可图。虽然这类铁矿石的品位较低，但球团技术在扩大铁矿石供应的同时，降低了成本。

成本降低来自几个方面的原因：第一，大大降低了能源消耗。尽管球团技术处理过程本身消耗更多能源，但矿石技术向球团技术的转变节约了 17%的能源，这是因为使用经球团技术处理后的铁矿石提高了高炉运行效率。第二，这种新技术使每吨矿石的劳动力需求减少了 8.2%，同时增加了高炉产出。俄亥俄州米德尔敦市（Middletown）阿姆柯钢铁厂（Armco Steel）的高炉额定能力是每天约 1 500 吨铁水，改用 90%的球团化铁矿石后，1960 年的产量达到每天 2 700～2 800 吨。球团化矿产量几乎是以前高炉产量的两倍！

资料来源：Kakela, P. J. (1978). Iron ore: Energy labor and capital changes with technology. *Science*, 202(December 15), 1151 - 1157; Kakela, P. J. (1981). Iron ore: From depletion to abundance. *Science*, 212(April 10), 132 - 136.

可耗竭资源的市场配置

以上各节详细分析了在多种假设条件下，可替代、可耗竭和可再生资源如何实现跨期有效配置。本节的分析重点是：在真实市场条件下是否能够实现有效配置？私人市场中有数以百万计的消费者和生产者，他们依自身偏好行事，最终能否实现动态有效配置？利润最大化与动态效率一致吗？

□ 合理的产权结构

很多人认为即使是完美市场也不可能实现可耗竭资源的有效配置，因为生产者想以尽可能快的速度开采并出售资源，以期获取最大利润。这种常见误解使人们认为市场是短视的，并不关心未来状况。

只要自然资源的产权具有排他性、可转让性和强制性（具体内容见第 2 章），这些资源的交易市场不一定导致短视选择，因为短视会降低利润。考虑边际使用者成本的生产者将采取有效行为实现利润最大化。

地下资源的所有者有两种潜在的价值来源：(1) 资源出售实现的使用价值（短视的人认为的唯一价值来源）；(2) 未开采资源的资产价值。只要资源价格持续上升，未开采资源的价值就越来越高。但是，资源所有者只有在持有资源以待未来出售的情况下，才能获得资产效益增值。早期出售所有资源的生产者会失去未来更高资源价格的机会。

追求利润最大化的生产者会试图平衡当前和未来的产量，以实现资源价值最大化。未来更高的资源价格提供了节约资源的激励，忽视这种激励的生产者将无法使资源价值最大化。追求资源价值最大化的一些生产者愿意从短视生产者那里购买资源，推迟资源开采。只要社会贴现率和私人贴现率一致，产权结构明晰（没有外部性），且可以获得可靠的未来价格信息，生产者在追求利润最大化的同时也会使社会净效益现值最大化。

以上分析的意义在于，在竞争性资源市场中，资源价格等于资源开采和使用的总边际成本。图 6-2 (a) 到图 6-5 (b) 不仅说明了有效资源配置的情形，也可以代表有效率的市场产生的资源配置。在效率市场中，总边际成本曲线描述了资源价格变化的时间路径。

□ 环境成本

然而，并非所有实际情况都能满足私人和社会利益最大化的条件这一和谐结果。当生产者没有将开采自然资源造成的外部社会成本内部化时，就会出现产权结构不明晰。环境成本的相关例子有：矿山开采造成的景观破坏，残铀堆放引起的健康风险，以及采矿作业造成酸性物质浸入河流等。环境成本具有重要的现实意义和理论意义，它是传统上相互分离的环境经济学和自然资源经济学两个领域之间的桥梁之一。

例如，假设可耗竭资源的开采过程对环境造成一定程度的损害，而生产者的开采成本没有完全反映这些损害，根据第 2 章的内容，这就是外部成本。资源所有者在计算资源开采数量时考虑了承担的资源开采、处理和运输成本。然而，由于资源所有者可能没有承担环境损害成本，且无外界压力促使这部分成本内部化，所以他们的开采决策不会考虑环境破坏的影响。仅基于资源所有者承担的成本，与基于所有成本（不管最终由谁来承担这些成本）的有效资源配置有何不同？

稍加修改本章前面提及的数字例子加以说明。假定环境损害增加了 1 美元边际成本[①]，即额外开采 1 单位资源产生的环境损害。你认为这一外部成本将如何影响资源开采数量的有效时间路径？

图 6－6（a）和图 6－6（b）给出了答案。在资源替代时点考虑环境成本非常有趣，因为涉及两种反向的影响。从需求侧看，环境成本内部化使资源价格上升，这往往会抑制需求，在其他因素不变的情况下，资源消费速度降低，资源使用期限延长。

然而，其他因素并非不变。在有效配置中，边际成本增加意味着可耗竭资源的累积开采量减少。（为什么？）如图 6－6（a）和图 6－6（b）所示，在不考虑环境成本的情况下，有效累积开采量为 30 单位，而不是 40 单位。在其他条件不变的情况下，这种供给侧效应将加快向可再生资源的转变。

消费速率效应和供给侧效应哪一个起主导作用？通过数学分析，供给侧效应起到了决定作用，有效配置的替代时点会早于市场配置。一般情况下，答案取决于边际开采成本函数的形状。例如，若边际成本不变，市场就不存在供给侧效应，资源替代时点延后。如果环境成本与可再生资源的使用而不是可耗竭资源有关，有效配置的替代时点将会晚于市场配置。你能解释原因吗？

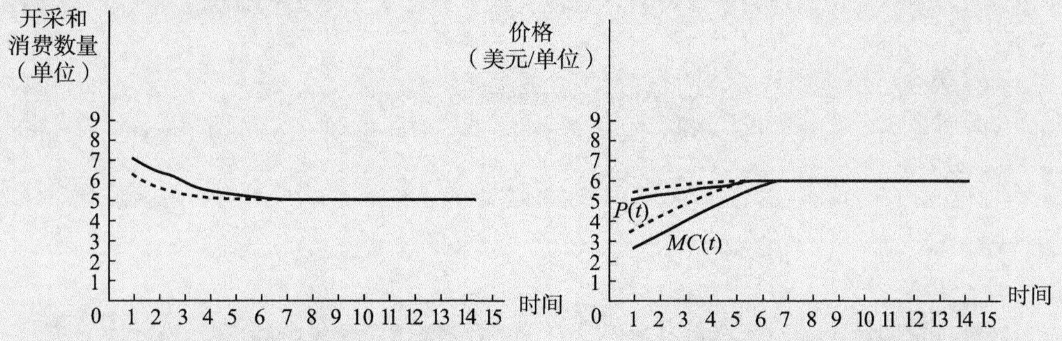

（a）在存在环境成本和可替代资源的条件下，边际开采成本上升时的可耗竭资源开采量随时间变化的趋势（实线代表未考虑环境成本，虚线代表考虑环境成本）

（b）在存在环境成本和可替代资源的条件下，边际开采成本上升时的可耗竭资源价格随时间变化的趋势（实线代表未考虑环境成本，虚线代表考虑环境成本）

图 6－6

决定开采率的主体不考虑环境副作用时，成本持续增加的可耗竭资源跨期配置分析可以给我们什么启示？与有效率的开采路径相比，忽略外部成本会导致可耗竭资源的价格过低，资源开采量过多，资源开采速度过快。

因为将这些外部成本内部化的政策会同时影响开采量和资源价格，有时会产生非预

---

① 纳入环境损害后，边际成本函数将从 2 美元＋0.1Q 变为 3 美元＋0.1Q。

期的结果（见案例 6.2）。

❖案例 6.2　　绿色悖论

人们通常认为，征收污染税促进非污染技术推广时，只要税率不过高，就可以减少污染排放，改善福利。Sinn（2008）在一篇耐人寻味的文章中指出，在应对全球变暖问题时，这类降低需求型的政策会在某些条件下引发价格效应，从而实际上减少福利。由于这种分析认为将外部性内部化的政策实际上可能降低经济福利，因此将这种结果称为“绿色悖论”。

可以用本章的可耗竭资源模型说明绿色悖论背后的逻辑。辛恩（Sinn）用碳税作为具体的政策研究案例，假定碳税税率的增长快于利率。碳税改变了当前和未来销售的相对价格，提高了早期开采的相对盈利水平。（记住，延迟开采的原因之一是开采者在未来某一时点可以获得更高的价格。在这种特殊的税收政策下，税后实际效益下降而非上升。）这项政策不仅改变了利润最大化的开采路径，导致更多资源被提前开发，而且可能使净效益现值下降。

需要注意，这一结论取决于更早而非更大的累积损害。在边际开采成本不变的模型中，累积开采量（由此，累积损害）固定，因此这些政策将影响累积排放的时点，而不是总量。但是，在边际开采成本增加的模型中，累积排放量实际上会减少，征收碳税最终会使更多的可耗竭资源留存于地下。

绿色悖论是否会成为气候变化政策的严重障碍？早期意见似乎为否（van der Ploeg，2013；Jensen et al.，2015），但因缺乏选择是或否的经验证据，很难就此盖棺论定。

资料来源：Sinn, H.-W. (2008). Public policies against global warming: A supply side approach. *International Tax and Public Finance*, *15*, 360-394; van der Ploeg, F. (2013). Cumulative carbon emissions and the green paradox. *Annual Review of Resource Economics*, 5, 281—300; Jensen, Svenn, Mohliny, Kristina, Pittelz, Karen, & Sternet, Thomas. (2015). An introduction to the green paradox: The unintended consequences of climate policies. *Review of Environmental Economics and Policy*, 9, 246—265, doi: 10.1093/reep/rev010.

这再一次印证了关乎未来的各项决策之间相互依存。关乎环境和自然资源的决策之间存在着紧密和复杂的联系。

小结

可耗竭资源和可再生资源的有效配置取决于情景。在边际开采成本不变的标准情景中，可耗竭资源开采的有效数量随着时间推移而下降。若不存在替代品，可耗竭资源的开采量将平稳减少至零。若存在边际成本不变的可再生替代品，可耗竭资源的开采量平缓下降到某一数值后被可再生资源替代。无论在哪种情景下，所有可用的可耗竭资源最终都会耗尽，边际使用者成本随着时间不断上升，在开采最后 1 单位资源时达到最大值。

同样，在边际成本递增的有效配置模型中，资源的开采量也随时间的推移而下降，但在边际使用者成本和累积开采量方面有所不同。当边际开采成本不变时，边际使用者成本随时间的推移不断上升；当边际开采成本增加时，边际使用者成本则随着时间的推移而下降。此外，在边际成本不变的情景下，累积开采量等于可供应量；在边际开采成本递增的情景下，累积开采量取决于边际开采成本函数和替代品成本之间的关系，一些资源可能留在地下不被开采。

将技术进步和勘探活动纳入模型会推迟可再生资源的替代过程。勘探扩大了当前储量的规模，技术进步阻止了边际开采成本过快上升。如果技术进步和勘探的效应足够强劲，一段时期内资源边际开采成本下降，导致开采量增加。

在没有环境成本的情况下，如果产权结构明晰，可耗竭资源的市场配置可以是有效率的，利润最大化和效率可以兼容。

然而，如果资源开采产生了外部环境成本，市场配置一般是无效率的。在这种情况下，可耗竭资源的市场价格过低，开采速度过快，资源开采量过多。（请在阅读第 7 章水力压裂技术的影响时思考这个模型。）

在有效率的市场配置中，从可耗竭资源向可再生资源的过渡是平稳的，不会呈现“过度和崩溃”的特征。各类资源的真实市场配置是否有效率有待观察。当市场可以实现有效率的过渡时，政府的恰当反应是采取自由放任政策。但是，如果市场不能实现有效配置，可能需要政府某种形式的干预。我们在后续几章中将针对不同类型的可耗竭资源和可再生资源讨论这些问题。

讨论题

1. 目前估算可耗竭资源剩余年限的一种方法是用广泛认可的当前储量估计值除以当前年消费量。这种计算有用吗？为什么？

自测题

1. 为了理解后续章节中更复杂的可再生资源模型，我们略微调整了本章的可耗竭资源两期模型。假定某种生物资源是可再生的，时期 1 中未开采的资源将会以速率 k 生长。同那些边际开采成本不变且总量固定的可耗竭资源相比，这种资源的两期有效配置模型有何不同？［提示：$MNB_1/MNB_2=(1+k)/(1+r)$，其中 MNB 表示边际净效益。］

2. 假设某种可耗竭资源的边际开采成本递增，并且不存在有效的替代资源。(a) 概括性描述在需求曲线保持稳定或随时间向外移动的两种情况下，早期可耗竭资源的边际使用者成本如何变化；(b) 资源跨期配置会受到什么影响？

3. 美国许多州都对州内资源开采活动征收开采税。为了理解开采税对矿产资源跨期配置的影响，假设需求曲线保持稳定，(a) 若存在边际成本不变的替代资源，按量征税（如每吨 4 美元）如何影响边际成本递增的可耗竭资源竞争性配置？(b) 比较政府在征税和不征税两种情形下的资源配置，两者在累积开采量及价格变化路径方面有何差异？

4. 对于边际开采成本递增的可耗竭资源配置模型而言，以下因素如何影响最终资源累积开采量？(a) 贴现率的增加；(b) 垄断企业（而非竞争性企业）控制资源开采；(c) 政府对使用替代资源实施按量补贴。

5. 假设你想要加快某一可耗竭化石能源向太阳能的转变。比较对可耗竭资源按量征税和对太阳能按量补贴两种政策的影响（单位税收等于单位补贴）。两项政策下的替代时点是否相同？为什么？

6. 假设对一种可耗竭资源的开采征税，征税期为 10 年，而这种资源的边际开采成本不变的可再生替代资源可以不征税。

a. 对于边际开采成本不变的可耗竭资源来说，开采税将如何影响资源开采时间和累积开采量？为什么？

b. 如果可耗竭资源的边际开采成本随时间增加，上述问题的答案如何变化？为什么？

补充读物

Andre，F.，& Cerda，E.（2006）. On the dynamics of recycling and natural resources. *Environmental & Resources Economics*，33（2），199 - 221. 这篇文章正式考察了可耗尽资源的可回收性如何影响开采概况和可持续性。

Banzhaf，H. Spencer.（July 2016）. The environmental turn in natural resource economics：John Krutilla and "conservation reconsidered." Resources for the Future Discussion paper DP 16 - 27. Available from：www. rff. org/files/document/file/RFF-DP - 16 - 27. pdf. 讨论了 20 世纪早期的一篇经典论文是如何用经济学来统一自然保护主义者和自然保护主义者传统上不同的观点的。

Conrad，J. M.，& Clark，C. W.（1987）. *Natural Resource Economics：Notes and Problems*. Cambridge：Cambridge University Press. 回顾了动态优化技术，并说明如何将它们应用于各种资源系统的管理。

Fischer，C.，& Laxminarayan，R.（2005）. Sequential development and exploitation of an exhaustible resource：Do monopoly rights promote conservation? *Journal of Environmental Economics and Management*，49（3），500 - 515. 研究了垄断者比竞争行业更快或更慢地提取可耗竭资源的条件。

Strand，J.（2010）. Optimal fossil-fuel taxation with backstop technologies and tenure risk. *Energy Economics*，32（2），418 - 422. 这篇文章考察了一种可耗竭资源的最优税收和开采配置的时间路径，这种资源产生负的库存外部性（想想气候变化），涉及不断增加的边际开采成本，并受到不产生外部性的无限后备资源的竞争。

更多的参考文献和重要的历史参考文献可在本书的配套网站查找：www. routledge. com/cw/Tietenberg。

附录　不变开采成本的可耗竭资源模型扩展：更长时期和丰富替代品的作用

第 5 章附录中，我们使用一个简单模型解释边际成本不变的可耗竭资源跨期有效配置，并且给出了两期配置模型的数学推导过程。本章附录介绍了扩展基本模型的数学推导过程，并解释这些扩展模型的数学结果。

□ *N* 个时期、成本不变、不存在替代资源

第一种扩展是在没有限制开采时期的情况下，计算可耗竭资源的跨期有效配置。由于不能事先确

定资源能够维持的时间，计算会更加困难。耗竭时间和资源耗竭前的开采路径必须经推导而得。

使净效益现值最大化的配置数学表达为：

$$\frac{a-bq_t-c}{(1+r)^{t-1}}-\lambda=0,\ t=1,\cdots,T \tag{6.1}$$

$$\sum_{t=1}^{T}q_t=\bar{Q} \tag{6.2}$$

令参数值为文中所给的例子：

$a=8$ 美元，$b=0.4$，$c=2$ 美元，$\bar{Q}=40$，$r=0.10$

满足以上条件的配置情况如下：

$q_1=8.004$　$q_4=5.689$　$q_7=2.607$　$T=9$

$q_2=7.305$　$q_5=4.758$　$q_8=1.368$　$\lambda=2.7983$

$q_3=6.535$　$q_6=3.733$　$q_9=0.000$

将这些数值代入等式可验证这种配置方式是最优的。（由于小数点四舍五入，这些数值之和为39.999，而不是40.000。）

实际上，通过这些等式求最优解并不容易，但也不是特别困难。开发一种计算机算法（计算程序）不需过多数学理论知识就可以获取正确答案。对于本例而言，可以构建如下算法：(1) 假定λ为某一数值；(2) 基于λ求解等式（6.1）中的各期q值；(3) 若各期的q值之和大于$\bar{Q}$，则调大λ值，若小于$\bar{Q}$，则调小λ值（基于前一步所得信息调整λ值，确保每一次尝试都更加接近真实答案）；(4) 使用新的λ重复式（6.2）和式（6.3）的步骤；(5) 当各期q值之和足够接近于$\bar{Q}$时，终止计算。对计算机编程感兴趣的同学可以构建一个小程序来验证此例结果。

□ 边际成本不变，存在丰富的可再生替代资源

在这个扩展模型中，假设存在一种丰富的、可再生的、完全替代资源，而且可以以每单位6美元的成本无限获取。为了推导可耗竭资源及其替代资源的动态有效配置，令q_t代表t时期边际成本不变的可耗竭资源开采数量，q_{st}代表边际成本不变的完全替代资源开采数量。d（美元）代表替代资源的边际成本。

总效益和总成本的公式如下：

$$总效益=\sum_{t=1}^{T}a(q_t+q_{st})-\frac{b}{2}(q_t+q_{st})^2 \tag{6.3}$$

$$总成本=\sum_{t=1}^{T}(cq_t+dq_t) \tag{6.4}$$

目标函数为：

$$PVNB=\sum_{t=1}^{T}\frac{a(q_t+q_{st})-\frac{b}{2}(q_t^2+q_{st}^2+2q_tq_{st})-cq_t-dq_{st}}{(1+r)^{t-1}} \tag{6.5}$$

其中，可耗竭资源的可利用总量满足以下约束条件：

$$\bar{Q}-\sum_{t=1}^{T}q_t\geqslant 0 \tag{6.6}$$

式（6.7）、(6.8)、(6.9) 给出了目标函数最大化的充分必要条件：

$$\frac{a-b(q_t+q_{st})-c}{(1+r)^{t-1}}-\lambda\leqslant 0,\ t=1,\cdots,T \tag{6.7}$$

当$q_t>0$时，式（6.7）为等式。

若

$$a-b(q_t+q_{st})-d\leqslant 0,\ t=1,\cdots,T \tag{6.8}$$

式（6.7）为负值。

当$q_{st}>0$时，式（6.8）为等式。当$q_{st}=0$时，式（6.8）为负值。

$$\bar{Q}-\sum_{t=1}^{T}q_t\geqslant 0 \tag{6.9}$$

设$a=8$美元，$b=0.4$，$c=2$美元，$d=6$美元，$Q=40$，$r=0.10$，则满足以上条件的最优解为：

$q_1=8.798\quad q_3=7.495\quad q_5=5.919$

$q_2=8.177\quad q_4=6.744$

$q_{s6}=2.137$　当$t>6$时，$q_{st}=5.000$，当$t<6$时，$q_{st}=0$

$q_6=2.863\quad \lambda=2.481$

可耗竭资源在第6期末时耗尽，同时转向替代资源。从式（6.8）可得，在自由竞争市场下，当可耗竭资源的价格等于替代资源的边际成本时，就会发生资源替代。

此例中的转折时点（时期6）早于前例的转折时点（时期9）。由于在两个例子中，除了是否存在替代资源这一点外，其余条件都相同，因此结果差异可以归因于是否存在可再生的替代资源。

第7章 能源：可再生资源替代可耗竭资源的过程

没坏就不要修理它！

——缅因州的古老谚语

(Old Maine proverb)

引言

能量是人类赖以生存的关键资源之一，没有它，生命就会停止。人类从食物中获取能量。我们直接消费的植物或者通过动物产品间接消费的植物，都通过光合作用从太阳摄取能量。人们从地球生物圈中获取建造居所需要的原料，生产所需的消费品并加工转化为最终产品，这些都伴随着能源消耗。

目前，一些工业化国家主要依靠石油和天然气满足能源需求。根据国际能源署（International Energy Agency，IEA）的统计数据，这两种能源消费占全球所有初次能源消费的59%。（煤炭是另一种化石能源，三者总计占比为86%。）化石燃料是可耗竭、不可回收的能源。

根据可耗竭资源模型，只有当额外使用石油和天然气的边际成本高于更加丰富和/或可再生替代资源的边际成本时，人类才会停止使用石油和天然气。在有效市场路径中，资源替代过程可以是顺畅的。近几十年的资源配置过程是否有效？可耗竭资源配置的市场机制是否存在缺陷？如果存在，这种缺陷是致命的吗？如果不存在致命缺陷，是什么导致了无效率配置？问题可以得到纠正吗？

本章将讨论与跨期能源配置相关的一些重要问题，并探索经济分析如何帮助我们深入理解以上问题的根源及解决方法。

天然气：从价格管制到水力压裂技术

□ 早期历史

1974年冬到1975年初，美国天然气严重短缺。持有购买合同并愿意付费购买天然气的客户的需求无法得到满足。1974—1975 年，天然气短缺数量［联邦能源管理委员会（FERC）称之为“削减”］达到 2 万亿立方英尺，约占 1975 年市场产量的 10%。在有效配置的市场经济下，不应该出现如此巨大的资源短缺。到底发生了什么？

简单回答是管制。1938 年美国通过《天然气法》，天然气进入管制时期。该法案将联邦电力委员会［Federal Power Commission，FPC，即联邦能源管理委员会（FERC）的前身］转型为联邦管制机构，负责维持“公正”的天然气价格。1954 年，一项最高法院裁决迫使 FPC 将价格管制范围从仅针对管道运输公司扩展到生产者。

事实证明设置最高限价的程序复杂，仓促构思形成的“过渡期”限价方案执行了近十年后，委员会才出台了更加深思熟虑的价格上限方案。管制的效果如何？

基于前一章中的模型，我们能够预计到管制将引发严重的破坏性作用。最高限价使价格无法达到应有的正常水平。由于价格上涨可以刺激资源保护行为，较低的未来价格将会导致早期大量资源的低效使用。最高限价政策下早期的能源消费水平将高于没有价格控制政策的情景。

价格管制效应同样显著影响生产者行为。生产者在有利可图的情况下才会生产。一旦边际成本增加到价格上限水平，不管这种价格水平下的能源需求情况如何，生产者也将停止生产。只要始终存在价格管制，能源产量就会低于没有价格管制的情景，并造成能源生产向早期集中的情况。

供求效应的协同影响将严重扭曲资源配置［见图 7－1（a）和图 7－1（b）］。这种配置在若干方面均有别于有效配置，其中一些特别重要，市场对价格管制的反应主要通过以下四种方式进行：（1）未开发的资源增多；（2）提高了消费率；（3）资源替代时间点提前；（4）资源替代突然发生，资源价格突然升至新的更高水平。这些影响均是破坏性的。第一个效应意味着我们无法在消费者愿意支付的价格水平下充分使用所有可用的天然气。由于价格管制使价格低于有效的价格水平，这会导致资源过早耗竭。这两个效应会导致资源替代突然提前发生，此时替代资源的利用技术可能尚未成熟。

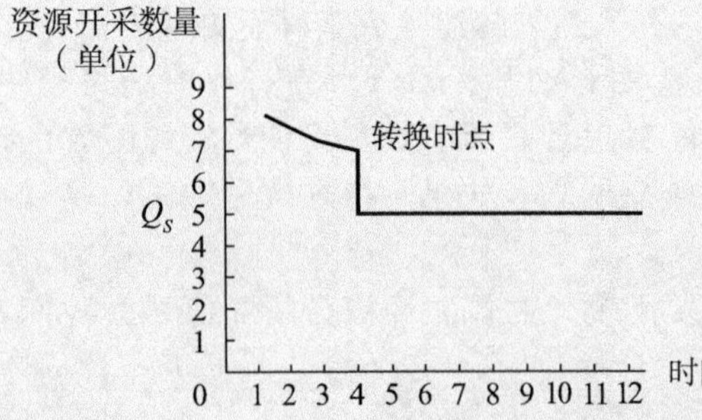

（a）当某一资源存在价格控制且其边际开采成本持续增加时向替代资源转换的过程：数量趋势

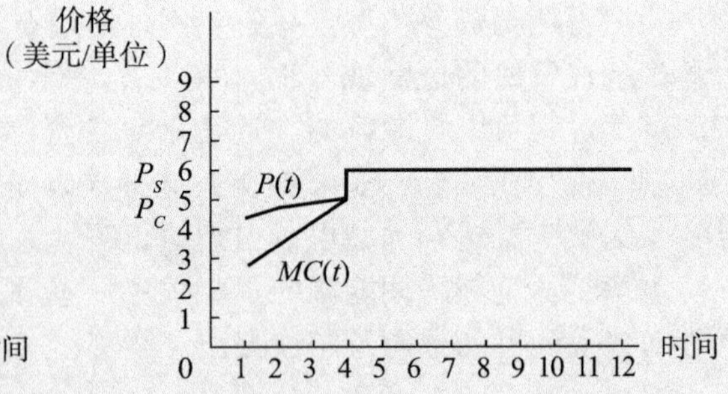

（b）当某一资源存在价格控制且其边际开采成本持续增加时向替代资源转换的过程：价格趋势

图 7－1

由于价格管制削弱了价格的灵活性，不连续的新技术转型将增加消费者的负担。在人为低价的吸引下，消费者将投资购买天然气设备，结果却是在资源替代后，没有可利用的天然气了。

最高限价的一个有趣特征是，它未实施之前就会影响市场行为。[①] 图7-1（a）和图7-1（b）说明了资源利用早期的这种影响。第一年的价格即使低于最高限价，也不是有效率的价格。（你能解释原因吗？想想价格管制对生产者边际使用者成本的影响。）最高限价影响当期资源的重新配置，进而降低了早期的资源价格。

我们可以得出如下结论：控制天然气价格削弱了经济系统对环境变化的适应能力，造成一系列混乱局面。发生这类政治性管制时，可能出现管制过度和市场崩盘的情景，造成这些局面的原因是政府行为而不是纯市场行为。本章开篇的谚语值得深思！

政治家可能将稀缺租金视为一种从生产者转移到消费者的收入。然而，正如我们所了解的那样，稀缺租金是一种机会成本，其明确目标是保护未来消费者。当政府试图通过价格管制减少稀缺租金时，会导致分配给当前消费者的资源过多，而分配给未来消费者的资源就会过少。因此，价格管制看似是从生产者到消费者的资金转移，但从很大程度上来说，也是从未来消费者向当代消费者的特定商品转移。当代消费者代表的是当前选票，而未来消费者可能不知道将他们面临的资源短缺局面归咎于谁，因此价格管制具有很强的政治吸引力。糟糕的是，价格管制是低效率的，因为未来消费者和生产者的损失大于当前消费者的收益。价格控制扭曲了当前分配，对未来消费者不公平。存在价格管制的市场具有短视性，但问题的根源在于管制政策，而不是市场本身。

经过对价格管制的长期争论，美国国会于1978年11月9日通过了《天然气政策法案》，逐步解除了天然气价格管制。1993年1月，天然气供应源不再受到价格管制。

□ 压裂技术

在20世纪70年代中期至2005年间，美国天然气产量一直保持相对稳定，当时一项新技术极大地降低了从页岩（沉积岩类）中开采天然气的成本。[②] 水力压裂技术是通过向油井中注入高压水、沙子和一些化学物质形成的混合液体，将水平钻探和液压破裂相结合的一项重大技术进步。水力压裂页岩不仅可释放出大量天然气，其开采成本也低于传统开采成本。

美国能源信息署（Energy Information Agency，美国能源部的信息统计部门）认为，这项技术进步显著增加了美国的天然气产量，在未来几十年内，这类液压气体很可能发挥更加重要的作用。这很好地证明了技术变化能够对人类社会和经济发展产生深远影响。

天然气产量的增加极大地改变了美国的能源格局，这些改变也引起了诸多争议（见讨论7.1）。

讨论7.1 水力压裂技术投资增加净效益吗？

水力压裂技术无疑降低了美国能源进口依赖度（下节将重点讨论），替代了高价燃料，降低了能源成本，刺激了美国经济发展，但是，这项技术应用也产生了某些成本。

---

① 对于这一问题的早期认识，参见Lee（1978）。

② 尽管我们在这里关注的是水力压裂技术在页岩天然气开采中的作用。在案例7.1中，还将其用于提高页岩油产量。

短期问题主要集中于水污染（液压化学物质进入当地井水中）、水耗竭（开采过程使用大量水资源）、空气污染问题（某些有毒化学物质扩散到大气环境中）和“泄漏”（甲烷，是天然气的重要组成成分，也是影响气候变化的主要温室气体之一，会伴随水力压裂开采过程释放到大气中）。国际能源署认为，长期过度依赖天然气不利于实现预设的气候政策目标。

水力压裂技术的应用同时带来可观的效益和巨大的成本，这项技术是否具有经济性？简单的回答是我们还不清楚。通过第 3 章的学习，我们知道问题的答案取决于分析的核算立场（地理范围）。享受技术效益的地理区域可能不需要承担技术产生的成本。不同地理范围的界定会产生不同的分析结果。

从根本而言，全国范围的成本-效益分析过程也很耐人寻味，因为在技术应用早期，分析的很多内容还无法找到确定性数据，从而无法判断分析结果的可信度。有一个事例可以证明我们的无知，同煤炭、石油相比，若天然气的开采泄漏率超过 3.2%，其在气候变化方面并不具备任何优势。糟糕的是，我们仅仅深入研究了部分特定油井的泄漏率。此外，我们也难以全面了解开采产生的水污染和大气污染成本。最后，就算我们能够在实施管制之前得出适用于当前阶段的合理结论，一旦出现了减少上述问题的监管框架，分析结果很可能更加支持水力压裂技术的推广和应用。

幸运的是，正在进行的各项研究正不断弥补信息的不足，最大限度地控制产业负净效益的相关规制可能也会随之出现。请继续关注。

资料来源：Alvarez, R. A., Pacala, S. W., Winebrake, J. J., Chameides, W. L., & Hamburg, S. P. (2012). Greater focus needed on methane leakage from natural gas infrastructure. *PNAS*, 109, 176435-176440; Jackson, R. B., et al. 2013. The environmental costs and benefits of fracking. *Annual Review of Environment and Resources*, 39, 327—362.

石油：卡特尔问题

目前世界上绝大部分的石油产自名为“石油输出国组织”（Orgnization of the Petroleum Exporting Countries，OPEC）的卡特尔。这个组织的成员国共同作用，影响世界石油的供应和价格水平。根据第 2 章的相关理论，若缺乏有效的市场竞争，卖方控制资源将会导致无效率配置。卖方通过市场力量限制供给，推动价格异常升高。

我们针对产品推导出的结论同样也适用于可耗竭资源。垄断性供给者限制资源供应，从可耗竭资源储备获得的稀缺租金高于竞争性供给者。垄断性资源的替代过程会导致生产率更低、价格更高。[①] 与竞争性市场相比，垄断市场下可耗竭资源向替代资源过渡的时间更晚。垄断性开采提高了供给者利润的净现值，但降低了社会净效益的净现值。总的来说，消费放缓减少了与气候变化相关的社会成本，但正如我们将在第 17 章中看到的那样，由于存在很多方法可以降低社会成本，所以这种结果是无效率的。

① “垄断采矿业的资源开采速度慢于竞争性采矿业”这一结论并不完全是普遍适用的。可以构造垄断者开采速度大于或等于竞争行业的需求曲线。从实际情况来看，这些条件似乎不太可能。最有可能的结果是垄断者将限制产出，但这并非不可避免。

石油供应卡特尔的历史表现好像不错（Smith，2005），为什么？难道是石油市场的获益条件与众不同？还是石油卡特尔将成为自然资源卡特尔浪潮的先兆？石油卡特尔的未来前景如何？要想回答这些问题，我们需要分离出那些形成卡特尔并使其获益的影响因素，这些因素有很多，但主要包括以下四个：（1）OPEC 石油的长期和短期需求价格弹性；（2）石油需求收入弹性；（3）非 OPEC 石油供应者的市场供给反应能力；（4）OPEC成员之间的利益兼容性。

□ 需求价格弹性

需求价格弹性被用于衡量需求对价格变动的反应程度，属于经济分析的重点内容。当需求弹性介于 0 和 −1（数量变化百分比小于价格变化百分比）之间时，价格上涨会增加生产者的收入。价格上涨引起的收入增加幅度取决于需求价格弹性的大小。一般而言，需求价格弹性的绝对值越小（接近于 0.0），组成卡特尔获得的效益越多。

石油需求价格弹性的大小取决于节能的可能性以及替代资源的可得性。由于保温窗户可以减少热量损失，室内维持同样温度所需的能源少于无保温窗户的房屋。与燃油经济性较低的大型汽车相比，燃油经济性更高的小型汽车行驶相同距离消耗的油量更少。这种可能性越大，开发技术的资金支出越小，需求价格弹性就越大。这说明，长期的需求价格弹性（有充足的调整时间）大于短期的需求价格弹性。

替代品的可获得性也是重要影响因素之一，因为它限制了卡特尔为逐利而抬升价格的空间。数量丰富且价格相对便宜的石油替代品等同于设置了卡特尔价格的上限。除非卡特尔能同时控制这些替代品（石油领域没有这种可能），不然任何试图超过上限的定价行为都会促使消费国轻易转向使用替代品，而卡特尔自身可能因定价过高而退出市场。

□ 需求收入弹性

石油需求收入弹性的重要性在于它反映了卡特尔产品需求相对于世界经济增长的敏感程度。石油价格既定，收入增加，石油需求将增长。需求的持续增长将增强卡特尔提高价格的能力。

石油需求收入弹性的重要性还在于它反映了石油需求相对于经济周期的敏感程度。需求收入弹性越高，经济快速增长或衰退期的需求波动性越大。1983 年的经济危机削弱了石油卡特尔的实力，2008 年的经济危机导致石油价格大幅下跌。相反，当全球经济复苏时，卡特尔可获得超常规的效益。

□ 非 OPEC 成员石油生产国

能否有效限制新供应商（非卡特尔成员国）进入市场并压低价格，是决定卡特尔生产国控制自然资源市场能力的另一个关键因素。在水力压裂技术广泛应用之前，OPEC 的供应量占全球石油总量的 45%，水力压裂技术带来的石油产量增加正在改变这种格局。当非 OPEC 成员的生产国大规模扩大供应量时，预期石油价格将随着 OPEC 市场份额一起下跌；如果这种供给效应足够大，石油的卡特尔配置将接近竞争性水平。

基于以上分析，卡特尔的价格决策必须充分考虑非成员生产国的影响。1976 年，萨伦特（Salant）提出了一个有趣的垄断定价模型，该模型包含了少部分非成员国的小生产商，因此可以作为我们分析此类问题的基础。模型中的生产商可分为两类：绝大多数组成了卡特尔；小部分形成了“处于竞争边缘的生产商”。假定卡特尔在考虑竞争边缘生产商的情况下，制定实现卡特尔集体利益最大化的石油价格。竞争边缘生产商不能直接制定价格，但可以自由选择实现利润最大化的生产水平，因此它们可以通过增加石油生产量来影响卡特尔的定价策略。

模型得到了哪些结论？模型分析认为：若存在竞争边缘生产商，资源型卡特尔会采取不同的定价策略，其初始价格将低于纯粹垄断价格，并允许价格快速上涨。初始低价策略引诱竞争边缘生产商在早期阶段扩大产量（应对更高的市场需求），直到资源全部耗尽，从而使卡特尔的利益最大化。一旦竞争边缘生产商开采完其所有资源储备，卡特尔将提高价格，此后的价格增速将明显低于初始阶段。

从卡特尔的角度分析，最优策略是在资源市场初期阶段限制自身销售量，而促使其他生产商短期内耗尽自身供给能力。在卡特尔最优策略下，随着时间的推移，一方面竞争边缘生产商的销售量和利润将逐步下滑，另一方面随着价格不断上涨，卡特尔的销售量和利润逐步增加，进而继续抢占更大的市场份额。

模型另一个有趣的结论是：卡特尔组织形成后，竞争边缘生产商利润现值的增长高于卡特尔利润现值的增长，即没有市场力量的生产者比拥有市场力量的生产者获利更多！

这个结论看似有违直觉，但很容易解释。卡特尔必须削减自身产量水平来保证价格持续上涨。但是，竞争边缘生产商不受该条件的限制，可以在不削减自身产量的情况下，自由地利用卡特尔削减产量造成的高价来获利。因此，竞争边缘生产商在早期获得了较高的利润，从现值角度看，贴现较少。卡特尔成员国只能等待竞争边缘生产商在市场上的影响力减弱。根据模型，尽管竞争边缘生产者仅控制 1/3 的市场份额，但它们仍旧是影响石油市场的重要力量。

1985—1986 年期间发生的一系列事件生动地说明了竞争边缘生产商对于 OPEC 的影响。1979 年，OPEC 的石油产量约占世界的 50%，1986 年下降到约 30%。当经济衰退导致全球石油需求量下降 10%时，卡特尔试图通过减少自身石油产量以尽可能地维持较高的价格水平，但因竞争边缘生产商保持产量不变而未能得逞，石油价格最终下降。美国原油进口的实际成本从 1981 年的 34.95 美元/桶下降到 1986 年的 11.41 美元/桶。面对竞争边缘生产商的持续供应，OPEC 根本无法控制住油价，卡特尔的产量减幅远远超过其成员国可以承受的范围。

随着全球经济快速增长，潮流逆转。2008 年，原油价格飙升到每桶 138 美元以上。海湾战争导致伊拉克的石油产量锐减，而全球石油需求翻倍。高油价促使一些业界领先的石油公司去发掘更多的非传统石油来源，包括加拿大油砂，以及美国采用水力压裂技术从页岩中开采的石油等。卡特尔的市场力量又一次受到压制，而这次是来自非成员国的。

□ 成员国利益的一致性

卡特尔内部的凝聚力是影响自然资源市场卡特尔潜能的最后一个关键因素。如果只有一个卖家，这个卖家可以追求自身利润，而无须担心会疏远那些能够破坏企业利润的其他卖家。在由多方卖家组成的卡特尔中，追求利润的自由会受到限制。每个成员国的目标和卡特尔的整体目标有可能存在分歧。

卡特尔成员国存在强烈的动机来实施欺骗组织的行为。如果其他成员国没有发现某一个成员国的欺骗行为，该成员国可以秘密地降低其石油价格，偷偷摸摸地抢夺其他成员国的市场份额。从形式上看，单个成员国的需求价格弹性远远高于卡特尔整体组织的需求价格弹性，因为单个成员国通过制定较低的价格实现销售量的增加，意味着其他成员国销售量的减少。当生产者认为市场是高需求价格弹性时，它会为追求利润最大化而降低价格。因此，成功的卡特尔组织需要建立一套预警欺骗行为的监管机制，执行合谋协议。

然而，除了欺骗行为，另一个威胁卡特尔稳定性的因素是成员国无法在价格和产量决策上达成一致。现实的石油市场便是展示成员国分歧形成的生动舞台。自从 1974 年 OPEC 成为影响石油市场的世界力量崛起以来，沙特阿拉伯对 OPEC 定价决策的影响力逐渐减弱。为什么？

最重要的原因之一就是沙特阿拉伯的国家石油储备规模。2015 年沙特阿拉伯控制着 OPEC 已探明石油储量的 22%左右（仅次于委内瑞拉的 24.8%），因此，沙特阿拉伯有保护这些资源价值的激励。过高的定价会削减石油的未来需求。正如前述，石油的长期需求价格弹性高于短期需求价格弹性。像尼日利亚这些石油储备量较少的国家，从长期来看，它们的石油储备会耗竭，因此它们更注重短期效益。低储备量的国家想尽快获取一切资源租金，但是高储备量的国家想要保存资源的未来租金。

通过分析成功卡特尔所需的前提条件，可以得出以下两点：（1）在资源生产国之间建立成功的卡特尔并非一蹴而就；（2）未来 OPEC 控制市场的难度只会继续增加。

化石燃料：国家安全考量

脆弱的战略进口商品（如石油）具有市场无法反映的额外成本。国家安全是一种典型的公共物品。任何个体进口商在决定资源进口量时，都不可能正确地从国家安全利益出发。因此，从气候变化和国家安全的角度来看，如果由市场决定进口和国内生产之间的适当平衡点，通常会导致对进口的过度依赖（见图 7-2）。

我们通过五种供应曲线解释各种因素之间的相互作用。国内供给曲线有两条。第一条为 S_{d1}，即未考虑过量石油燃烧导致气候变化损害的长期国内供给曲线。第二条为 S_{d2}，即考虑了石油燃烧单位损害成本的供给曲线。

虽然第 17 章重点讨论气候变化政策，我们可以在此推导出气候变化政策和能源选择之间的关系。所有化石能源都包含碳元素，如果不采取任何碳捕捉措施，这些燃料燃烧后，碳元素将转化成二氧化碳释放到大气中，成为引起气候变化的重要原因之一。由于不同的化石能源包含不同数量的碳元素，所以二氧化碳的释放量与化石能源的种类有关。表 7-1 列出了主要化石燃料每单位能源产出的含碳量，无烟煤最高，天然气最少。

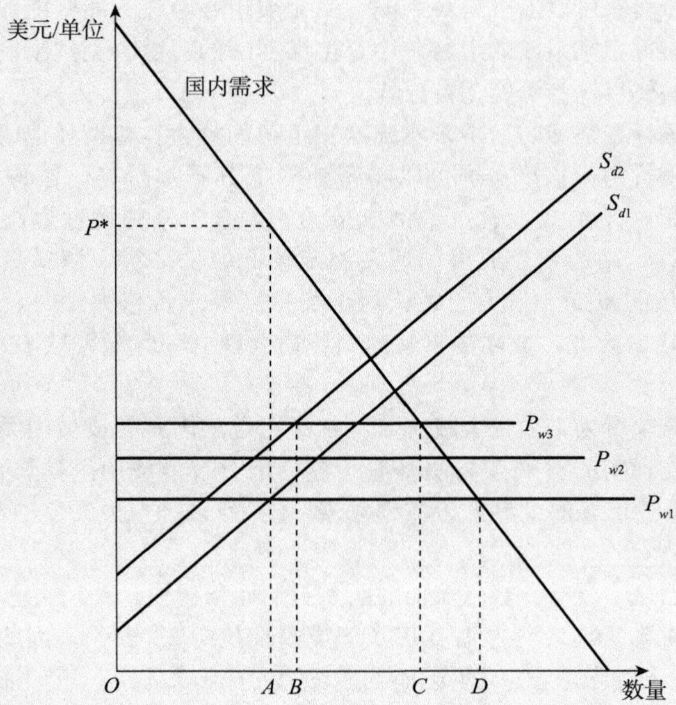

图 7-2 国家安全问题

表 7-1 每产生 100 万 Btu 能量所产生的二氧化碳中的碳量（磅）

无烟煤	228.6
烟煤	205.7
褐煤	215.4
亚烟煤	214.3
柴油和民用燃油	161.3
汽油	157.2
液化石油气	139.0
天然气	117.0

资料来源：Energy Information Administration. Retrieved from http://www.eia.gov/tools/faqs/faq.php?id=73&t=11（accessed January 28，2017）.

供给曲线向上倾斜反映了如果有充足的开采时间，价格越高，国内石油产量越高。国外进口石油供给曲线有三条，P_{w1}代表观察到的世界油价；P_{w2}是观察到的世界油价加上“脆弱性溢价”；P_{w3}是在P_{w2}的基础上考虑了每单位进口石油燃烧产生的气候损害成本。脆弱性溢价反映了进口导致的额外国家安全成本。假设任何国家的进口行为都不会影响石油的世界市场价格，所以这三条曲线平行于 X 轴。

如图 7-2 所示，在不考虑国家安全和气候变化的情况下，市场石油均衡量为 D，其中，国内产量为 A，进口量为 $D-A$。（为什么？）

在有效的资源配置下，考虑国家安全和气候变化时的最优消费量为 C，其中 B 为国内产量，$C-B$ 为进口量。对比这两个结果，我们可以发现由于国家安全和气候变化具有外部性，市场总体上趋向于消费更多石油。脆弱性石油进口往往超过了有效水平。

在贸易禁令期间会发生什么？小心！直觉上你可能会认为消费量是国内需求和国内供给的交点，但这种理解是错误的。S_{d1}是国内供给曲线，资源开发时间非常充足。如果突然颁布贸易禁令，不可能马上开发额外的资源（多年开发的时间跨度很普遍）。因此，从短期看，供给曲线完全没有弹性，为垂直于 A 点的直线，此时价格会上升至 P^* 来保持供需平衡。如图 7－2 所示，禁令期间消费者剩余的损失非常巨大。

进口国应如何应对这种低效率？讨论 7.2 将分析一些可采用的策略方案。

进口国可以自给自足，但是它应该这样做吗？如果图 7－2 充分反映了国家的资源供需状况，答案显然是不应该。自给自足的市场均衡点为供给曲线 S_{d1}和需求曲线的交点，其净收益明显小于最优配置 C 点的净收益。

讨论 7.2　各国应如何处理石油进口的脆弱性？

大多数国家的石油消费大部分依赖进口。石油属于战略资源，如何解决进口中断产生的脆弱性问题呢？

一种方案着眼于提高国内石油、煤炭和天然气的产量。这一方案包括在沿海水域或公共土地等地方开发新的油田，以及扩大油砂或油页岩等新资源的生产。我们也可以通过税收优惠和补贴刺激国内石油生产。

另一种方案强调能效和节能。该方案认为扩大国内产量可能加剧环境问题（包括气候变化）。这种方案包括颁布汽车燃料经济性标准、设备能效标准和建筑物节能战略。

基于经济学理论，我们可以分析这两个方案可能产生的影响：(1) 短期和长期石油价格；(2) 影响气候变化的温室气体排放；(3) 短期和长期石油进口。你希望你的国家选择哪种或哪些战略？为什么？

你可能会问，如果贸易禁令显然会产生如此多的损害，而自给自足让国家免受这些损害，那么为什么自给自足是低效率的？在国家安全受到威胁的情况下，我们为什么还要进口？答案非常简单：脆弱性溢价低于实现自给自足的成本。这种回答不禁使人继续发问，为什么脆弱性溢价更低？主要有三种原因：(1) 贸易禁令不是确定性事件，甚至可能永远都不会发生；(2) 国内采取一些措施减少进口的脆弱性；(3) 通过补贴增加国内产量会减少未来的国内资源可利用量，从而产生使用者成本。

一个或多个贸易禁令造成的预期损害取决于禁运发生的可能性、强度和持续性。也就是说，因为禁止进口的可能性越低，所以 P_{w2} 曲线越靠近 X 轴。从与本国利益冲突越小的国家进口资源会更加安全，脆弱性溢价会更低。[①]

对于脆弱性进口，我们可以采取一些应急措施来减少禁运带来的损害。最常用的手段是建立国家石油储备，以便在禁运期间使用。美国已经采用了这种手段。我们将这种储备称为“战略石油储备”，其最初的设计是容纳 10 亿桶石油（见案例 7.1）。按 300 万桶/天的需求量计算，10 亿桶储备几乎可以满足近一年的需求，日需求量越大，满足期

① 这说明了为什么美国极其关心加拿大和拉丁美洲的石油，尽管从历史上看，这一区域的石油并不便宜。

限相应越短。与其他石油资源不同，这一储备可以作为临时的国内供应来源在短时间内迅速部署。简而言之，它是一种防护性保险措施。这种防护措施的成本越低，P_{w2}会越小，进口吸引力就越大。

❖案例 7.1　战略石油储备

美国战略石油储备（Strategy Petroleum Reserve，SPR）是世界上最大的应急原油供应方。墨西哥湾沿岸巨大的地下盐穴中储存了联邦所有的战略石油储备。

在《能源政策和保护法案》的授权下，总统命令使用 SPR 原油。如果发生“突发能源事件”，SPR 石油以竞争性销售的方式分配。实际上，突发能源事件远远超出了禁运范畴。美国很少使用战略石油储备，就算使用，也没有一次同禁运有关。以下列举了释放战略石油储备的四种情况：

- 1991 年在“沙漠风暴作战”行动期间，释放 1 730 万桶石油稳定石油市场，缓解了由战争引起的供应减产。
- 2005 年在卡特里娜飓风后，密西西比和路易斯安那海湾区域的石油生产设备、终端、管道和炼油厂都遭受了严重破坏，因此释放了 1 100 万桶石油弥补国内石油短缺。
- 为降低古斯塔夫飓风和艾克飓风造成的一系列紧急变化所引起的损害，释放 540 万桶石油。
- 2011 年，为了缓解因利比亚局势动荡引发的全球石油供应紧张局面，奥巴马授权释放 3 059 万桶石油，支持国际能源署要求成员国向市场释放更多战略原油储备的行动。

建立石油储备依靠特许石油使用费项目。在特许石油使用费项目下，那些获得许可在联邦所有的外大陆架地区（禁止石油和天然气开采的地区）开采石油的生产商，需向美国政府提供其石油产量的 12.5%～16.7%。这些石油要么直接增加到储备库存中，要么以销售所得来购买石油增加库存。但是，2011 年 4 月，美国国会取消了支持扩张 SPR 项目的所有资金。

随后，作为 2018 年财政预算的一部分，特朗普政府提出出售 SPR 的一半石油以减少财政赤字。你认为这种尺度的减少会提高效率吗？为什么？如果你认为这是一个好办法，你是否会觉得这个计划太大或者会改变环境？如果是后者，情况发生了哪些变化，如何降低了战略石油储备的最优水平？

资料来源：U. S. Department of Energy Strategic Petroleum Reserve website，http://energy.gov/fe/services/petroleum-reserves/strategic-petroleum-reserve(accessed October 20，2016).

脆弱性溢价低于自给自足成本的最后一个原因是，我们必须在一个动态而非静态的框架中考虑脆弱性。石油属于可耗竭资源，使用者成本是有效配置的重要参数。自给自足策略是基于现实情况调整资源的开采量，减少了未来的净效益。因此自给自足战略比较短视，尽管它解决了短期的脆弱性问题，却给后代留下了更加严重的问题。支付脆弱性溢价可以为现在和未来资源利用，以及进口量和国内产量提供更有效的平衡点。

我们已经证明政府能够减少进口的脆弱性，尽可能降低风险溢价。对于石油而言，即使建立了石油储备，风险溢价也不会为零。P_{w1}和P_{w2}不可能重合。因此，政府必须采取措施实现有效的消费水平以及进口占消费量的有效份额。我们可以分析一些政策措施。

讨论 7.2 提到，能源节约是解决进口脆弱性的可能手段。实现额外节能方法之一是征收化石燃料消费税。如果以图形来表示，则显示为征税后的需求曲线向左移动。税收可以使能源消费和温室气体排放降低到一个有效水平。但是，由于能源税减少了所有能源消费，而安全问题仅仅同进口有关，所以这种税收并不能实现进口的有效份额。尽管节能可以增加净效益，但它不能作为一个独立的政策使用，否则不能达到有效率的配置。

另一种方法是扩大国内产量，由于水力压裂技术的发展（如巴肯地层开采），美国已经开始实施这种方法。美国地质调查局称，近年来，在巴肯及蒙大拿州和北达科他州的相关地层发现了大量非常规石油，这些页岩岩层的一部分延伸到加拿大的萨斯喀彻温省和马尼托巴省。2008 年，该地区使用水力压裂技术带来了产量的激增和进口的减少。

然而，正如案例 7.2 所指出的那样，如果一个地方的经济完全或主要依赖于某一种商品，那么即使当地社区获得了繁荣，前路也是坎坷不平的。

案例 7.2 页岩燃料：巴肯地层

水力压裂法使石油生产的繁荣成为可能，从而使北达科他州成为美国增长最快的州。随着工资上涨，人口也不断增加，为适应人口增加的趋势，随之兴起了大量的零售活动和公共基础设施建设。

2014 年油价下跌（部分原因是国内页岩油产量增加导致石油供应过剩）逆转了这一过程。随着价格的下跌，农村小城镇受到尤其严重的打击。

例如，北达科他州威利斯顿（Williston）的石油行业以及为满足新工人涌入而建立的零售行业都经历了失业。在这种情况下，不仅人口开始减少，而且为容纳更多人口而进行的公共基础设施投资也难以筹措资金。在繁荣时期，威利斯顿新建了一所价值5 700万美元的高中，但由于石油价格下降，经济活动减少，导致支付这所学校所需的税基下降。

对于像威利斯顿这样依赖资源的小型经济体来说，繁荣—萧条的经济循环尤其具有破坏性。由于这些经济体的经济基础不具有多样性，所以当其严重依赖的资源价格产生波动时，它们特别容易受到打击。

资料来源：USGS releases new oil and gas assessment for Bakken and Three Forks formations. Retrieved from www2. usgs. gov/blogs/features/usgs_top_story/usgs-releases-new-oil-and-gas-assessment-for-bakken-and-three-forks-formations/；Hydraulic fracturing，www. epa. gov/hydraulicfracturing（accessed February 4，2016）；Oldham，Jennifer，& Philips，Matthew.（2016）. The Bakken bust hits North Dakota hard（February 4），www. bloomberg. com/news/articles/2016-02-04/the-bakken-bust-hits-north-dakota-hard（accessed October 11，2016）；Millsap，Adam.（2016）. What the boom and bust of Williston，North Dakota teaches us about the future of cities（June 7），www. forbes. com/sites/adammillsap/2016/06/07/ williston-nd-and-the-rise-and-fall-of-american-cities/#66ae277a6c81（accessed October 11，2016）.

水力压裂技术的发展会促进国内石油生产的扩张，反映在图 7－2 上即国内供给曲线向右平移。注意，一个效应是减少了进口在总消费中所占的比例，这种有效率的结果已经发生了。净能源进口（进口减去出口）在 2005 年达到峰值。自 2005 年以来，能源进口下降而出口增加（见图 7－3）。

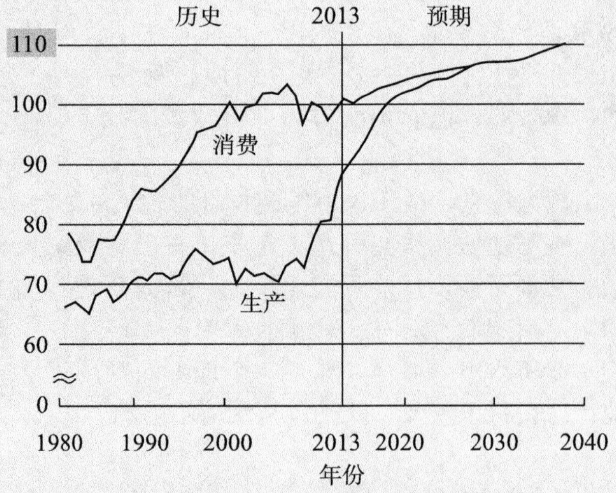

图 7－3　1980—2040 年总能源生产和消费

资料来源：U. S. Energy Information Administration，Annual Energy Outlook 2015，p. 17.

然而，扩大国内产量会使引起气候变化的排放增加（一个无效率的结果）。此外，这个策略将加速国内储量的消耗，使国家在长期内更加脆弱（另一个无效率的结果）。尽管国内化石燃料的扩张减少了进口，但较低的价格和随之增加的消费增加也往往加剧了气候变化问题的严重性。

第三种方法更强调如何应对国家安全问题。国家可以征收进口关税，税额等于 P_{w1} 和 P_{w2} 之间的垂直距离，或者实施进口配额制度，控制进口数量等于 $C-B$。无论采用哪种方式，石油消费价格将上升到 P_1，总消费减少至 C，进口量为 $C-B$。这种方法可适当平衡进口量和国内产量之间的关系（一个有效率的结果），但它并未将由于国内生产增加导致的气候变化成本内部化（一个无效率的结果）。第 17 章会更加详细地阐述，为碳排放单独定价可以将气候外部性内部化，是一揽子政策的关键组成部分。

电力：可耗竭资源的作用

大多数考虑能源未来情况的观察者认为，电力将在整个能源格局中发挥越来越重要的作用。从这个角度来看，用于加热冷却（热泵）以及运输（电动汽车）的电力技术发展具有重要意义。

应该使用哪些能源发电？工业化国家目前还依赖于石油、煤炭和天然气这些传统能源，但从长期来看，要解决气候变化和国家安全问题，显而易见的办法就是向不产生温室气体的国内可再生能源过渡。那么，用于发电的其他可耗竭资源，比如煤炭和铀矿，又发挥怎样的作用?

一些观察人士认为，向可再生能源发电的转变将非常迅速，以至于没有必要把这些化石燃料作为过渡性能源，但仍有许多人认为，可耗竭燃料将继续发挥重要的过渡作用。

在美国，煤炭曾具有非常强的竞争力，但由于水力压裂技术的推广降低了天然气的开采成本，天然气的竞争力已经高于煤炭。对减少温室气体的关注日益增加也是一个因素，因为天然气燃烧产生的碳排放较少。

也的确存在其他的竞争者，除了天然气外，最受关注（也最有争议）的过渡性燃料是铀矿。铀矿作为一种潜在的过渡性燃料，在核电站的使用中有其自身的局限性——安全性和经济性。

从安全性的角度来讲，我们的担心主要来自两个方面：（1）核事故或蓄意破坏；（2）放射性废料的储存。市场能否有效判断核电在能源结构中的地位和作用？考虑到当前的决策环境，答案是“不能”。我们逐一分析这些问题。

核反应堆在发电过程中产生放射性元素，如果这些放射性元素释放到大气，并与人体的接触达到一定浓度，就会导致生理缺陷、癌症或者死亡。尽管工厂在正常运转过程中也会泄漏放射性元素，但是核能的最大风险是核事故和蓄意破坏的威胁。

正如2011年日本福岛核事故所表明的那样，核事故会向环境中泄漏大量放射性物质。与其他发电过程不同，核能发电在核反应堆关闭后的很长一段时间内，仍在持续产生热量。这就意味着必须要持续冷却核燃料，否则其热量水平不断累积，最终将超过反应堆防护罩的设计容量。如果温度过高导致反应堆容器破裂，放射性气体和微粒会成团地释放到大气中。

另一个关注的问题是储存核废料。废料储存问题涉及核燃料循环的两端，即处理开采过程中的铀尾料和反应堆产生的核废料，后者受到的关注更多。铀尾矿包含几种元素，其中最多的是钍-230，它的半衰期为78 000年。钍-230衰变形成放射性的化学惰性气体氡-222。氡-222一旦形成，其半衰期非常短（38天）。

核反应堆产生的核废料中含有多种不同半衰期的放射性元素。在最初的几个世纪里，放射性物质的主要来源是裂变产物，主要是锶-90和铯-137。大多数元素会在约1 000年后衰变，只留下具有更长半衰期的超铀元素。这些剩余元素的风险期长达24万年。因此，当下有关核电的任何决策不仅影响当代人承担的风险水平（核事故的发生），还影响今后许多代人承担的风险水平（核废料处理造成的放射性风险具有持久性）。

核能也受到经济挑战的困扰。保障核电系统安全性的监管体系不断完善，推动了新核电站的建设成本大大增加。20世纪后期，核电相对于煤炭的经济优势逐渐消失，导致新核电站的建设需求不断减少。例如，1973年美国有219座核电站计划在建或投入运行。然而1998年末，由于撤销大部分核电站，其数量下降至104座。

向低碳燃料的过渡使人们对核能产生了新的兴趣。2016年，美国20年以来第一个新的核能发电站在田纳西州投入商业运营，该年全球核电站提供了全世界11%以上的电力。世界原子能协会（World Nuclear Association）2016年宣布，31个国家运行了大约440座核反应堆，目前13个国家正在建造60多座反应堆。中国一年新建了8个核反应堆。

福岛核事故之后，核能在其他国家将扮演怎样的角色还有待观察。

电力：向可再生能源转变

或因为可耗竭资源已经消耗殆尽，或更有可能的是使用可耗竭资源的环境成本高到令使用可再生能源更加便宜，人类能源需求终会完全依靠可再生能源。

我们使用水能、风能、太阳能和潮汐能等许多可再生能源来发电。这些能源不仅使发电过程更具可持续性，而且减少了一国对化石燃料的依赖。

可再生能源有多种形式，不同种类的能源具有不同的比较优势，因此不同的可再生能源之间需要相互配合。讨论 7.3 说明，即使是在环保组织内部，更多依赖于可再生能源的发展路径也是充满争议的论题。

讨论 7.3 决斗外部性：美国应该发展风能吗?

从表面上看，得到答案似乎不费吹灰之力。与要替代的化石能源不同，风能是不排放温室气体的可再生能源。然而，包括小罗伯特 · K. 肯尼迪（Robert F. Kennedy，Jr.，一位致力于环境法律的律师）在内的一些知名度很高的执著环保主义者强烈反对风力项目。为什么风力项目会饱受争议?

环保组织内部人士反对发展风能的原因很多。一些人指出涡轮机运行产生的噪音影响了在周边区域生活、露营和远足的人们，其他人认为大规模的涡轮机建设会对蝙蝠和鸟类造成巨大危险，特别是当风电厂建立在鸟类迁徙路径上时，还有一部分反对者认为在山顶或者海岸线上建设大量涡轮机会破坏自然景观。

风电产生的效益（减少空气污染，包括气候影响）和成本（美学、鸟类和噪音影响）具有典型的外部性。也就是说，风电开发者和消费者不能获得减少气候变化的所有环境效益，也不承担风电开发带来的所有环境成本。使问题更加复杂的是，一些环境成本将集中在相对少数的人（附近居民）身上，而利益将分配给全球居民，其中大多数人根本无须承担任何成本。外部性通常会破坏市场有效配置的能力，因此严格监管新建风力发电设施的许可程序也就不足为奇了。监管程序通常鼓励人们参加听证会，参与决策过程。集中在附近居民身上的成本会有效促使他们参加在拟建地点附近召开的公众听证会，但是分散性效益就无法提供等同的驱动力，推动受益人群在听证会上表达自己的意见。

环境外部性同时以成本和效益的形式存在，其中大部分环境成本集中于相对较少的人群。因此，听证会存在争议和反对风力发电的声音如此强烈是可以理解的事实。

资料来源：Kennedy Jr.，R. F. (December 16，2005). An ill wind off Cape Cod(op-ed). *The New York Times*；Barringer，F. (June 6，2006). Debate over wind power creates environmental rift. *The New York Times*.

可再生能源的市场化程度主要取决于它们的相对成本和消费者的接受度。同传统能源系统相比，新能源通常缺乏可靠性，价格也更加昂贵。一旦新能源系统成熟，可靠性就会提高，成本就会下降。失败乃成功之母。

新技术或产品早期阶段的生产者和消费者是先行者，他们会经历低可靠性和高成本的问题，所以他们的最优个人策略就是推迟消费这些技术或产品。从个人角度看，他们的最优策略应该是等到解决所有技术缺陷、成本降低、投资决策风险减少之时再消费。

然而，从社会角度看，如果每位生产者和消费者都推迟转向新技术的时间，新行业就无法达到有效的运行规模，无法得到足够的经验教训来改善可靠性和降低成本，而这些都是实现可再生资源具体目标的必备条件。如何克服这种初始阶段的障碍？

策略之一是制定具体的可再生资源目标，并为实现这些目标设定最后期限。例如，《欧盟可再生资源指令》（E. U. Renewable Resource Directive）确立了欧盟生产和推广可再生能源的总体政策。该计划要求，到 2020 年，欧盟至少 20%的能源需求由可再生能源提供。此外，该指令指出，到 2020 年，所有欧盟国家必须确保至少 10%的交通运输燃料来自可再生能源。

最近，欧盟国家已同意加强最初的可再生能源目标，以确保到 2030 年整个欧盟至少 27%的最终能源消耗来自可再生能源。目前正在广泛使用的可再生能源之一是离岸风能。2017 年 6 月，德国、丹麦和比利时承诺在未来十年新增 60 千兆瓦的海上风力发电，这一发电量是目前全球装机容量的五倍多。

另一策略是通过税收优惠政策补贴先行者的投资①，通常是生产税或者投资税减免。一旦市场足够大，具备了规模经济，克服了最初的不可靠性问题，补贴就可以取消。

另一种通用政策手段是结合使用可再生能源配额制（Renewable Portfolio Standards，RPS）和可再生能源信用证（Renewable Energy Credits，REC）。可再生能源配额制规定了每台发电机发电总量中可再生能源发电（如风电、太阳能发电）所占的最小比例。发电实体可以通过两种方式达到制度要求：一是直接使用具体可再生能源按照规定比例发电；二是间接从独立发电商处购买可再生能源信用。

独立的可再生能源发电企业实际上可以提供两种可出售的商品。一种是向电网销售的电力产品本身；另一种是可再生能源信用证，它是将环境特性（比如它是由符合资质的特定可再生能源发电产生）转换为法律认可并可以独立交易的资产形式。一般而言，可再生能源发电企业每上网 1 000kwh（相当于 1mwh）电量产生一个 REC。

REC 是履行政策要求的一种灵活方式，降低了合规成本。从短期来看，REC 流向需求最高的地方；从长期来看，REC 提高了非 RPS 控制地区可再生能源发电的利润。2013 年，美国 29 个州和哥伦比亚特区制定了可再生能源标准，另外有七个州制定了非约束目标，并且绝大多数地区也都实行 REC 计划。

这些政策的成本有效性如何？案例 7.3 介绍了一项关于这类问题的研究成果。

∴案例 7.3　美国可再生能源政策成本有效性的比较分析

美国通过可再生能源配额制、生产和投资税收减免构成的一揽子政策框架，促进可再生能源发展，控制碳排放。它也采用了一种完全不同的方式来减少碳排放，即直

① 虽然我们在这里重点关注用于发电的可再生技术，但一般而言，税收抵免和其他补贴也用于推广可再生技术，如生物燃料或直接为建筑物供暖的太阳能装置。

接为碳排放定价。我们将在第 15 章和第 17 章详细讨论碳的定价方法，这里我们只是简单地讨论一下，与专门促进可再生能源的政策相比，碳价这样的综合性政策的成本-效益如何。

Palmer 等（2011）采用非常详细的区域内和跨区域电力市场模型，分析了 2010—2035 年的政策有效性问题，从减少碳排放的相对有效性和成本有效性、可再生能源发电的有效性，以及对电价的影响等方面评估这些政策方法。

在两种可再生资源政策之间，税收减免的成本有效性最低，可再生能源配额制则要好一些。由于税收减免涉及补贴，而其他政策不涉及，因此税收减免会降低电价，诱发更多的电力消费，由此产生相对更大的排放量。排放量的增加抵消了税收减免政策的成本有效性。

然而，最好的政策是第三种，碳排放总量控制和交易制度，这是碳定价的一种特殊形式。我们在第 17 章中可以更详细地看到，碳排放总量控制和交易制度对碳排放的定价为减排提供了非常有效的激励，提高了其成本有效性。因此，这种方法占据主导地位不令人们惊奇。此外，这是唯一一个增加不可再生高碳能源相对使用成本的政策。无论是税收减免还是可再生能源配额制只适用于可再生能源，完全不鼓励使用不可再生高碳资源技术。

资料来源：Palmer, K., Paul, A., Woerman, M., & Steinberg, D. C. (2011). Federal policies for renewable electricity: Impacts and interactions. *Energy Policy*, *39*(7), 3975 - 3991.

另一类促进可再生能源发电的政策是上网电价补贴。欧洲广泛使用上网电价补贴，它规定了使用合格可再生能源发电设备并向电网售电的发电用户能获得的价格。价格水平（通常由项目相关规定事先确定）基于电力供应成本设置。具体来说，设置的价格水平应足以确保使用可再生能源的发电用户获得合理的投资回报率。在德国，每台发电设备可享受 20 年的激励补贴，同时为了反映预期技术进步和规模经济，新建发电设备的补贴水平逐年下降（年递减率一般为 1%～2%）。

上网电价补贴政策实际上提供了两方面激励：（1）设置了足够高的价格以刺激所需的投资规模；（2）确保了电价的长期稳定，使投资者无须担心由于化石燃料价格波动或者补贴政策反复变化引发的市场不确定性。

当然，为可再生能源投资者支付更高的价格，总要有人承担这些成本。德国由上网电价政策导致的较高成本通常会转嫁给电力消费者。因此，德国电价相对较高。原则上，由于上涨的化石燃料成本预计将超过上网电价补贴政策所规定的相对稳定价格，所以该政策导致的较高成本应该是暂时的。这在现实中是正确的吗？继续关注。

西班牙采取了不同的方法并产生了不同的效果，不允许本国的电力公司将增加的发电成本转嫁给消费者，导致电力系统的财政赤字难以为继，最终西班牙于 2013 年停止同新的可再生能源发电项目签订上网电价合同。

在其他政策环境下我们也曾看到过相似的情形，可见，政策实施细则影响政策效果。

□ 电力：节能

全世界都在努力创建面向未来的正确的能源组合，节能政策发挥的作用愈加显著。节能的含义是某项活动既定生产水平下的能量投入最低；节能活动覆盖的范围很广泛，包括建筑物的供暖或照明，100 英里的汽车行驶，或 1 吨纸张的生产等。近些年，投入节能领域的私人和公共资金数量呈大幅增长趋势。

当然，在更广泛的能源政策组合中，能效的作用取决于机会有多大。尽管测算剩余潜力不是精确的科学方法，但存在巨大机会这一结论是毫无疑问的。

我们可以把这些机会的存在视为政府干预的必要条件，但不是充分条件。能源价格和贴现率水平决定着节能投资的经济回报率，回报率可能很低，以至于政府干预缺乏合理性。在这种情况下，政策干预的成本将超过可能带来的任何收益。

政府干预最有力的现实依据是存在外部性。市场自身不太可能将这些外部性自动内部化。上述提到的能源安全、气候变化以及污染诱发的社区健康影响等能源外部性问题有力地说明市场低估了节能投资产生的协同效益。

然而，该领域的经济研究分析表明，政策干预的理由远远不止外部性问题。外部性内部化是实施政策响应的一个非常重要的目标，但不是全部目标。

我们想想还有哪些实施政策干预的基础？消费者信息不充分和资金有限会阻碍其做出理性选择，（即使由此产生的节能效果可以证明以现值计算的额外费用是合理的，资金有限也会阻碍消费者为更节能的选择支付前期成本）。不正当的激励也会起到一定作用。一些房屋（如宿舍）或者公寓用户的能源使用量并没有直接计入账单，导致居住者额外使用能源的边际成本为零。另一个与不正当激励相关的案例是租房（见案例 7.4）。

∵案例 7.4　租房市场的能效状况

经济分析不仅能够帮助我们理解出租房屋的节能普遍低于业主自住房屋这一实证研究，也能帮助我们理解减少出租房屋能源浪费的各项政策的相对效力。

从激励角度探究能源浪费的源头。在业主自住房屋中，业主承担所有的节能成本，也享有相应的节能投资收益（降低的能源消费成本）。但是，在典型的出租房屋中，租户负担能源费用，房屋所有人投资节能设备（例如，保温或者高效供热系统）。如果未来的租户不了解房屋能源成本的可靠信息（这是普遍情况），房屋租金就无法真实反映出能源成本的差异性。由于减少出租房屋能源浪费的投资成本无法通过更高的房租得到有效补偿，所以房屋所有者在节能方面的投资不足。

节能的确不仅能减少能源浪费（通过降低能源消费成本），也是减少碳排放的成本有效性途径。是否可以克服出租房屋节能的市场障碍？

一项最近的实验经济学研究针对四种政策工具分析了这个问题：（1）强制命令；（2）自愿性的房屋能耗等级标识（类似于设施能效之星等级标识）；（3）绩效监管标准（类似于设施能效标准）；（4）成本分担制度，也就是要求房屋所有人必须承担一定比例的租户能源费用。

在基线（无政策干预）情况下，作者证明了理论假设，即房屋所有者对自住房屋的能效投资要高于对出租房屋的能效投资。

对不同政策的研究发现，经过认证的有关租用房屋能源成本的低成本信息披露肯定能够减少能源浪费，自愿性信息和强制性信息披露都可以达到高效率水平。研究发现，与强制性和自愿性信息计划相比，监管手段带来的平均投资水平更高，但是会减少市场中可供出租的房屋数量。显然，一些房主宁可放弃出租房屋，也不愿服从监管要求。成本分担政策达到的效率水平与监管手段相当，但远远低于强制性和自愿性信息计划。

研究充分验证了信息策略的有效性，这的确是一个好消息，但是必须记住两点注意事项。首先，多数现实的信息策略对房东而言是有成本的，正如研究中的假设那样。在一定程度上，房主需要承担提供认证信息的部分甚至全部成本，因此这项研究高估了（程度未知）信息策略的有效性。其次，实验经济学的研究对象是召集到实验室的参与者，而不是基于市场真实选择所获得的数据。如第 1 章所述，实验室结果通常可以提供信息，但那并非从现实环境中得到的结果。

资料来源：Burfurd, I., Gangadharan, L., & Nemes, V. (2012). Stars and standards: Energy efficiency in rental markets. *Journal of Environmental Economics and Management*, 64(2). 153 - 168.

提高能源效率的政策（例如，补贴房屋的气温变化费用）是否会触发抵消其有效性的反应？如案例 7.5 所示，原则上可能。

案例 7.5　能效：回弹效应和回火效应

节能政策可能引发抵消性的反馈，从而降低其有效性。本书区分了两种可能的结果——回弹效应和回火效应。

考虑一个例子。天气变化补贴降低了住宅加热或降温所需能源的数量和成本。房主会因此调高或降低设备温度、加热或制冷更多的房间吗？任何因成本降低而增加的能量消耗都被称为回弹效应。当回弹效应足够大，以至于天气补贴实际上增加了能源消耗量时，就会产生回火效应。

这些影响的证据是什么？一项试图回答这个问题的研究综述发现，“现有的文献并不支持回弹效应会逆转节能收益的说法”（Gillingham et al.，2016，p. 85）。换句话说，现有的文献几乎没有（如果有的话）支持回火效应的。然而，它确实发现了回弹效应的证据，根据环境的不同，回弹效应的范围可能高达 60%。

这对节能政策的有效性意味着什么？作者总结道，这个案例的确表明由于回弹效应可以在一定程度上抵消节能政策的直接节能效果，因此该政策在减少能源（和减少碳排放）方面的效果可能不如预期。然而，他们也注意到，回弹效应的福利效应是含糊不清的——由于破坏气候造成的影响使抵消作用增加，能源消耗的增加降低了福利，但它让居民拥有更舒适的家居环境，又增加了其福利。现存文献并未对哪一种效果更大给出答案。

资料来源：Gillingham, Kenneth, Rapson, David, & Wagner, Gernot. (2016). The rebound effect and energy efficiency policy. *Review of Environmental Economics and Policy*, 10(1)(Winter), 68 - 88.

□ 电力：目标分布式能源

分布式能源源头（例如太阳能、风能甚至节能）的一个特征是它们可以位于用户附近。与此相反，大型发电厂都位于中心位置。分布式能源靠近用户，可以缩短从源头到用户的电力传输距离（从而降低成本）。

是否可以将分布式能源的源头瞄准面临传输限制的区域，从而消除新建传输线的费用，使之成为该地区所需能源组合中具有成本有效性的能源组成部分？如案例7.6所示，在适当的情况下可以。

❖案例7.6　跳出固有模式思考如何降低成本：布思贝试点项目

布思贝港区（Boothbay Harbor region）是位于缅因州海岸一个半岛尽头的夏季旅游胜地，但它现在遇到一个问题，该地区现有的输电线路在夏季无法处理庞大且不断增长的电力需求。传统的应对措施是升级输电线路，但成本非常昂贵，能否用另一种成本更低的方式解决这个问题？

缅因州公共事业委员会决定研究，与新建输电线路或升级输电系统相比，非输电替代方案（non-transmission alternative，NTA），如分布式发电、提高能效、储电和新的智能电网技术，能否以更低的成本和更少的污染解决电网可靠性需求。2012年，该委员会启动了布思贝智能电网可靠性试点项目以检验NTA的假设。在头3年的初始阶段，布思贝试验项目将提供实验性证据来证明能否在用电高峰期，通过一系列NTA减少中央缅因州布思贝区域特定输电设备2兆瓦（MW）的电力负荷，避免约1 800万美元的输电线路重建成本。

这个试点项目说明了什么？基于项目初始阶段的结果，一系列证据表明，允许实施的NTA的净成本加上管理和运营费用，预计不到新建输电线路费用的33%。此外，在到2025年的10年项目期内，将节省纳税人约1 870万美元（包括节约能源）。

这些结果表明，在面临传输限制的地区，针对性地采用一系列分布式能源的集成解决方案产生的电网效益远远超过向单个客户提供直接服务所获得的效益。

资料来源：Grid Solar LLC，Final report：Boothbay Sub-Region Smart Grid Reliability Pilot Project（January 19，2016）.

分布式能源的另一个新领域是为以前从未接入过电网的偏远地区供电。案例7.7指出，非洲乡镇正在使用太阳能微电网，并采取创新的基于技术的融资模式为偏远地区供电。

❖案例7.7　肯尼亚太阳能微电网的经济分析

企业家们正在肯尼亚偏远的农村地区建造太阳能光伏微电网。肯尼亚的微电网是可以独立于大型电网运行的小型发电和配电系统。由于其规模较小，通常不如大型电网供电便宜，但对于无法接入大型电网的偏远地区来说，太阳能微电网供电通常比使用当地其他替代能源（如柴油发电机）发电便宜。

安装这些微电网需要投资，但这些村庄通常很穷，无法获得资金。它们如何克服这个巨大的障碍？企业家提供资金，拥有太阳能电池板，并向当地家庭和企业出售电力。出售的产品是电力而非安装太阳能电池板。

在一种融资模式中，基于云端的软件通过智能电表跟踪电力消费和支出。智能电表通过与支付软件的远程通信来测度和调控输送给镇上每个用户的电力。虽然当预付的信用额度用完时就会切断电力，但客户可以随时充值，充值金额可低至不到1美元。

太阳能微电网的一个问题是，晚上的电力需求最大，但此时太阳不发光。可以通过电池存储单元解决这个问题，电池存储的电量通常可以支持24小时的消耗。电量存储增加了成本，但成本的增加显然不足以抵消微电网给当地居民带来的经济优势以及企业家的盈利。劳伦斯·伯克利国家实验室的分析表明，在非洲大部分地区，风能和太阳能具有经济和环境竞争力。

资料来源：Pearce, Fred. (2015). African lights: Solar microgrids bring power to Kenyan villages(October 27) Yale Environment 360. Available at: http://e360.yale.edu/features/african_lights_microgrids_are_bringing_power_to_rural_kenya; Lawrence Berkeley National Laboratory. (2017). The economic case for wind, solar energy in Africa. *Science Daily* (March 27). Available at: www.sciencedaily.com/releases/2017/03/170327172829.htm.

小结

我们已经发现，政府和能源市场之间的关系并不总是和谐有效的。过去，价格控制倾向于减少节能，抑制能源开发和供给，导致燃料类型替代之间的偏差，不利于未来的消费者，并可能导致向可再生能源突然的不连续转换。这个重要案例清楚地说明了应减少监管而不是增加监管。

然而，这个结论并非普遍适用。能源问题的其他方面，如气候变化和国家安全，则表明政府需要发挥作用。进口能源的不稳定性需要诸如关税和战略储备等政策，以减少国家安全的脆弱性并平衡进口能源和国内能源的真实成本。此外，政府必须确保能源成本不仅要充分反映潜在的巨大环境成本，包括气候变化，而且要反映依赖外国能源的国家安全成本。

经济分析表明，单一政策不能同时有效解决国家安全和气候变化的问题。例如，补贴国内能源供应会减少能源消费总额中的进口能源份额（有效率的结果），但是并没有减少能源消费，也没有减少导致气候变化的温室气体排放（一个无效率的结果）。此外，节能（例如对能源消费征税）将减少能源消费和温室气体排放（一个有效率的结果），但是由于能源税影响所有能源消费，而国家安全问题仅涉及进口能源，因此这一方法不能实现有效率的进口份额（一个无效率的结果）。因为能源税的征税对象是能源本身，而不是使用能源所产生的实际排放，而且不同能源产生的实际排放差异很大，能源税也不能完全有效解决气候影响问题。征收碳税而非能源税能够有效区分不同燃料的碳排放。

所有可耗竭的替代燃料（油砂、水力裂压石油和天然气，以及煤炭和铀）都会产生一定的环境问题，所以节能和可再生能源正在发挥并将持续发挥更大的作用。

在向可再生能源的转型中，能源清单罗列了大量选项，现在还无法判断未来能源组合的最终结果，但很明显，政府政策是未来向可持续能源平稳转型的必要因素。由于能源使用的许多重要成本具有外部性，只有通过将外部性内部化使竞争环境公平，才能实现向可再生能源的有效转型。尽管历史上并没有出现过，但我们的经济和政治体制显然存在有效和可持续地配置能源资源的潜力。

讨论题

1. 在决定核电供应比例中，成本-效益分析应是重要经济方法、补充性分析方法，还是无效方法？请给出理由。

2. 经济学家阿巴·勒纳（Abba Lerner）建议对进口石油征收等于石油进口价格100%的关税，目的是减少对进口能源的依赖，并且以此阻止OPEC提高价格（通过征收关税，交货价格比OPEC价格上涨一倍，随后导致消费大幅减少）。这项建议是否可以成为公共政策？请给出理由。

3. 政府从未使用战略石油储备来弥补石油禁运所造成的石油短缺，这是否意味着浪费了建立石油储备的资金？请给出理由。

自测题

1. 在1983年全球经济衰退期间，石油卡特尔开始失去市场份额。为什么卡特尔在经济衰退中不仅失去销售额，还会失去市场份额？

2. 第2章的第2道自测题假设需求和边际成本给定。进一步，假设政府规定价格控制在$P=80/3$美元。(a) 计算在这种配置情况下的消费者剩余和生产者剩余；(b) 比较这种价格控制下的配置状况和那道自测题 (c) 部分的垄断条件下的配置状况。

3. 不久前，一家造纸企业和一个环保团体联盟之间就是否在缅因河发展水力发电发生了冲突。对于修建大坝，造纸企业认为若不发展水电，一些造纸机运行的能源成本过高，最终只好关停运转。环保团体则反驳称，造纸厂估计的能源成本过高是因为将所有高成本（燃油发电）电力都分配给了这些特殊机器。这么说似乎是不合适的，因为所有的机器都连接到相同的电网中，因此，它们可以从所有能源而不仅仅是高成本能源处获得电力。因此，环保团体主张，这些机器的成本远低于平均成本，这些机器运转所带来的收入足够支付平均成本。你认为哪一方的说法正确？

4. 那些只有在需求高峰才要求投入使用的峰值电站，建造成本通常低于一直运营的基本负荷电站。请你解释为什么电力公司使用低固定成本、高运行成本的峰值电厂和高固定成本、低运行成本的基荷电厂是有意义的。

5. 如果OPEC将石油价格提至足够高的水平，是否能够促进有效的能源组合？

6. 判断以下说法是正确、错误还是不确定的，并解释你的选择。（不确定意味着它可以是对的，也可以是错的，这取决于具体情况。）

a. 某类资源卡特尔的所有成员目标都是一致的，即尽可能快速推动价格上涨。

b. 通过控制可耗竭资源的价格使其低于正常值，加快了资源的跨期开采速度和最终资源开采量。

c. 在市场价格真正达到价格控制水平之前，价格控制实际上对可耗竭资源的开采路径没有影响。

d. 强制要求海上石油开采公司对其任何设施的石油泄漏所造成的损害进行补偿是有效率的。

7. 解释为什么可再生能源信用市场可以降低电厂达到可再生能源配额制标准的合规成本。

8. 借助图7-2，说明若图中国家实施国家安全问题内部化决策，但无视气候变化影响，石油进口水平和价格水平会如何受到影响。

9. a. 一些新技术如LED灯泡的特点是比传统的白炽灯更贵，但是它们节省能源。如何使用现值标准来判断这些新技术的成本效益？计算过程需要什么信息？计算将如何进行？你将如何使用这些计算结果来判断它们的成本效益？

b. 电费月账单通常有两个组成部分：(1) 基本电费（如每月10.00美元）；(2) 与用电量相关

的电费（如每千瓦时 0.14 美元）。如果一家电厂计划提高向客户收取的电费，你认为这会对 LED 灯泡的需求产生阻碍作用、激励作用还是没有影响？这是否取决于它改变了哪部分电费？请解释理由。

10. 电热泵这种技术在适当的情况下可以成为具有成本-效益的热源。在寒冷的天气中，电热泵经常可以补充传统加热能源，如石油或天然气锅炉，以减少总能源成本。然而，为了具有成本效益，使用电热泵所节省的石油和天然气必须足够大，以证明其初始成本和之后额外的电力运行成本是合理的。你认为当地利率水平会影响电热泵的销售量吗？请解释理由？

补充读物

Anthoff, D., & Hahn, R. (2010). Government failure and market failure: On the inefficiency of environmental and energy policy. *Oxford Review of Economic Policy*, 26 (2), 197 - 224. 这是一本精选的调查文献，以突出管理能源和环境风险的特定类型的政策、法律法规中所知的内容。

Gillingham, K., Newell, R. G., & Palmer, K. (2009). Energy efficiency economics and policy. *Annual Review of Resource Economics*, 1, 597 - 620. 回顾能源效率和节能决策的经济概念和相关的实证文献。

Gillingham, K. Rapsony, D. & Wagner, G. (2016). *The rebound effect and energy efficiency policy*. *Review of Environmental Economics and Policy*, 10 (1), 68 - 88. One argument against energy efficiency, called the rebound effect, occurs when the actual energy savings are lower than initially expected due to offsetting consumption increases. 反对能源效率的一个论点，称之为回弹效应，发生在由于抵消消费的增加、实际节约的能源低于最初预期的情况下。本文回顾了关于回弹效应的规模和政策含义的杰出文献。

Schmalensee, R. (2009). Evaluating policies to increase electricity generation from renewable energy. *Review of Environmental Economics and Policy*, 6, 45 - 64. 基于对美国和欧盟经验的研究，评估旨在增加利用可再生资源发电的政策。

更多的参考文献和重要的历史参考文献可在本书的配套网站查找：www.routledge.com/cw/Tietenberg。

第8章 可回收资源：矿石、纸、瓶子和电子垃圾

人类与生俱来便有为子孙后代增加和积累财富的理由和创造力。然而，到目前为止，人类什么都没有创造，只有破坏。森林面积越来越少，河流逐渐干涸，野生物种逐渐消亡，气候遭到破坏。每一天，地球都在变得越来越丑陋，越来越贫瘠。

——安东·契诃夫，《万尼亚舅舅》，第一幕（1896）

（Anton Chekhov，*Uncle Vanya*，Act I，1896）

引言

能源一经使用，最终转化为热能，无法再重复利用。但是，一些其他的资源在使用过程中保持基本的物理和化学性质，在适当的条件下还可以被回收或重复利用。因此，它们代表了我们要研究的一个单独的范畴。

有效率的资源回收数量是多少？在政府不干预的情况下，市场是否可以自行达到这个数量？可回收资源和不可回收资源的有效跨期分配有何不同？我们的研究始于矿石在生产和经济发展中的作用，随后将进一步讨论有效率的可回收、可耗竭资源的市场运作，最后以此作为基础更加详细地分析一些回收利用问题。

矿石

矿石在许多生产过程中都非常重要，包括铜、铁、铝、钢和金等金属。图 8-1 说明了非燃料矿物在美国的作用。美国地质调查局（United States Geological Service）保存着有关供求、价格、进口和出口的大量数据。

根据图 8-1，美国生产过程中所投入的国内原材料和可回收材料可以产出 6 300 亿美元的矿物。工业部门利用这些矿物（包括铝、砖块、铜、肥料和铁等）和净进口的精矿，在 2015 年创造了大约 2.5 万亿美元的增加值。

尽管矿石和金属是数量有限的不可再生资源，但可以通过回收再利用过程补充其存量。我们可通过简单的数学模型解释这一点。假设一个产品中包含 100 单位的资源，该

产品的使用期限为一年。进一步假设一年后 90%的资源可被回收和重新利用。第一年初，100 单位的资源全部投入使用。第二年末，剩余 90 单位资源中的 90%可被再利用，也就是第三年可以继续使用 81 单位的资源，如此类推下去。

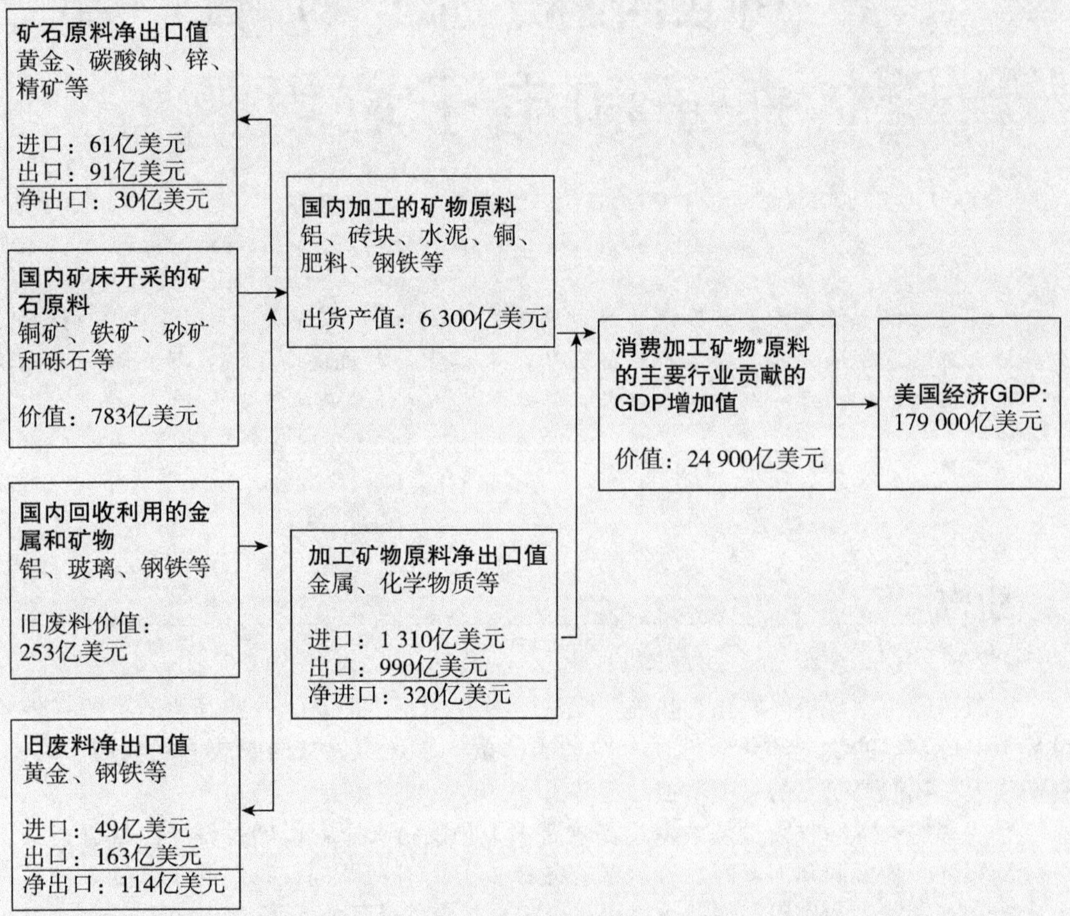

图 8-1 美国非燃料矿物的经济价值（2015 年估计值）

*加工矿物的主要消费行业是建筑、耐用品制造业和非耐用品制造业。加工矿物的出货产值不能直接计入国内生产总值。

资料来源：美国地质调查局和美国商务部。https://minerals.usgs.gov/minerals/pubs/mcs/2016/mcs2016.pdf.

通过循环利用方式会增加多少资源可用量？用数学方法来解释，假设资源最初存量为 A，回收率为 a，那么可利用的资源总量将是一个无限数值 $A+Aa+Aa^2+Aa^3+\cdots$，若使用时间无限长，则数列加总可以表示为 $A/(1-a)$。[①] 当 $a=0$ 时，代表资源是不可回收资源，在这种情况下，资源使用量的总和等于可用的资源存量。当 $a\neq0$ 时，表示资源是可回收资源，此时资源流量总数超过存量规模。a 越接近 1.0，资源流量总数就越大。例如在上述例子中，若 $a=0.9$，那么资源流量总数是其存量的 10 倍。资源回收利用的效果是将资源的可用规模增加了 10 倍。

① $1/(1-a)$ 同初级宏观经济学中乘数 $1/(1-MPC)$ 的概念相似。

可回收资源的有效配置

□ 开采和处理成本

一个不存在任何市场失灵的有效市场将如何配置可回收、可耗竭资源？第 6 章讨论的模型是本章回答该问题的起点。在早期阶段，由于天然矿石（又称原矿）的价格最便宜，成了独一无二的开采对象。随着开采的精矿数量日益增加，采矿业开始转向低品位矿石的开采或者进口国外的较高品位矿石。

在技术进步的情况下，对低品位矿石依赖程度的增加不会推动成本的突然迅速上涨（如案例 6.1 所示），至少在初期是这样。但是，随着资源开采难度不断提高，原料的开采成本和原矿价格最终会呈上升趋势。

与此同时，随着人口密度显著增加和财富水平的提高，废弃物排放水平也不断提高，产品的处理成本也随之上涨。近两个世纪以来，世界人口的地理集中度不断增加。城市的诱惑和农村人口的外流导致城市或城市近郊的人口数量急剧扩张。

人口过度集中自然会引发废弃物处理的问题。历史上，土地资源丰富，废弃物的危害性较小，土地填埋是处理废弃物的主要方式。随着土地变得稀缺，土地填埋的成本日益昂贵。此外，由于土地填埋可能会对水资源造成一定的环境影响，对周围土地的价值造成一定的经济影响，人们不再那么容易接受这种垃圾处理方式。

原材料和废弃物处理成本的上涨提高了回收利用的经济吸引力。资源回收通过恢复利用原材料并将其重新引入系统中，不仅可以替代部分天然矿石，也减轻了废弃物处理的负荷。

消费者和供给商在市场供求上发挥了重要作用。在需求侧，消费者会发现仅以原矿为投入品的产品价格要高于以更廉价的回收材料为投入品的产品价格。因此，只要产品质量不存在瑕疵，消费者将倾向于选择使用回收材料生产的产品。这种有力的激励机制就是需求结构效应。

一旦消费者承担处理成本，就会形成另外一种激励机制，促使他们将使用过的可回收产品送回收集中心。这样消费者不仅可以避免承担处理成本，而且可以从为他人提供所需产品中获得一些资金回报。

市场运作方式的理论分析具有高度的程序化特征，但实际市场运行还面临一些现实的难点。只有存在对回收产品的需求，整个资源循环体系的运行才可能完成。新市场也许最终会出现，但是这种过渡可能不会一帆风顺。如果回收产品只是被就近填埋，或者因为有强制循环利用法，回收产品的供给大幅增加，价格大幅下降击穿了价格底线（破坏了继续供应回收产品的激励），那么将回收产品送回收集中心可能收效甚微。

回收产品的纯度是影响需求程度的因素。铝回收率高而塑料回收率低的原因之一在于从铝和塑料废料中生产高品质产品的难度差异。成捆的铝罐具有相对一致的质量，然而塑料废物中往往包含大量非塑料物质和许多不同类型的塑料，而塑料的制造过程对纯度的要求又相当高。金属废物中的杂质通常可以通过高温燃烧去除，但塑料在如此高温下会遭到破坏。最后，废弃物中含有的有毒物质（如汞和铅）进一步增加了回收的复杂性。快速增长的电子废弃物既包含有毒废物，也含有宝贵的金属材料，造成其回收利用的复杂局面。正如我们在本章后面一节将讨论的那样，工业化国家的电子废弃物市场可能缺乏良好的执行机制以确保正确处理有毒成分。

□ 回收再利用：更仔细观察

上节提到的模型分析得到如下结论：随着天然矿石的价格和处理成本的上升，资源回收利用率会逐步提高。现实似乎也提供了佐证。以铜为例，1910 年美国回收再利用的铜占精炼铜产量的 18%。今天，全世界通过回收可以满足大约 40%的铜需求。美国铜废料约占总供应量的 31%。[①] 根据国际回收局（Bureau of International Recycling，BIR）的研究结果，美国出口的废铜中，约有 70%满足中国的工业需求。利用回收废料制造出的其他金属还包括铝、铅和锌，其回收材料的投入量占比分别约为 33%、35% 和 30%。

其他材料的回收率也在不断上升。根据美国环保署的数据，美国 2013 年的废弃物回收率上升至 34.3%（见图 8－2）。有些材料的回收率甚至更高（汽车电池是 99%，报纸是 67%，铝制啤酒和软饮料易拉罐是 55%，铁罐是 71%）。聚对苯二甲酸类塑料（PET）瓶回收率为 37%，高密度聚乙烯（HDPE）瓶和玻璃瓶的回收率皆为 28%。这里还有另一项衡量指标，20 年前，只有 1 个路边回收项目投入运行，但到 2006 年已有超过 8 600 个路边回收项目。

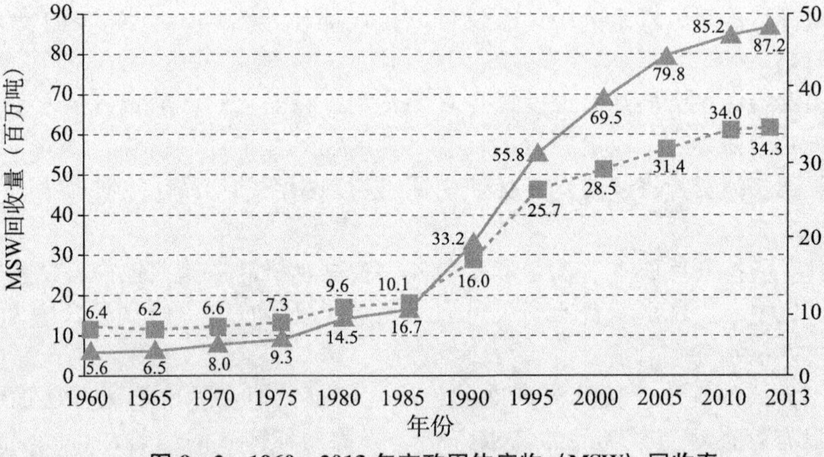

图 8－2 1960—2013 年市政固体废物（MSW）回收率

资料来源：Advancing Sustainable Materials Management：2013 Fact Sheet，Figure 2. United States Environmental Protection Agency，www. epa. gov/smm/advancing-sustainable-materials-management-facts-and-figures-report.

在大多数情况下，回收成本并不低廉。在回收成本的各项构成中，运输和加工成本

① https://minerals. usgs. gov/minerals/pubs/commodity/copper/mcs-2017-coppe. pdf.

占比通常较大。废料来源可能集中在大规模消费产品的城市地区。然而，由于历史原因，废料加工设施都设在原矿开采地的周围。因此，需要将废料运送到加工处理企业，再将加工处理后的废料运送到市场。

此外，劳动力成本是加工处理成本的重要构成部分。收集、筛选和处理废料通常是劳动密集型工作。较高的劳动力成本会降低循环废料在原料市场的竞争力。认识到劳动力成本的重要性，就有可能在劳动力成本较低的地区提高回收率，实际情况似乎也是如此。发展中国家正在涌现出很多活跃的废料市场。

能源成本问题也不容小觑。国际回收局（BIR）认为，回收比直接生产原材料节省了大量能源。例如，钢铁回收节省了74%的能源消耗，铝回收节省了95%，铜回收节省了85%，纸张回收节省了64%，塑料回收节省了80%。此外，以循环利用的方式生产还可以减少水污染和空气污染。国际回收局估计，通过循环利用的方式生产纸张，可以减少35%的水污染和74%的空气污染。

最后，由于废料作为原料进入生产过程会产生特有的环境问题，遵守环境相关规定会增加废料回收的投入成本。例如，在美国，相对低廉的世界铜价和较高的环保合规成本产生了成本挤压效应，导致2001年美国所有的重熔工厂和相关的电解精炼厂全部倒闭。

然而，若回收市场平稳运行，废料就会成为一种具有成本竞争力的投入品，加工制造业也会发生巨大的变革。制造商不仅高度依赖回收原料的投入，而且也开始设计有利于回收利用的产品。对于那些制造商和废料处理代理商关系非常密切的产业而言，通过产品设计促进回收利用显得尤为重要。经常被要求处理旧飞机的飞机制造商可以在制造过程中对零件的合金成分进行标识，以方便回收。目前这种理念已经扩展到其他产业。例如，瑞士的滑冰鞋制造商也开始在所有的鞋子部件上标识代码，以方便辨别部件的成分。

□ 可回收资源和原矿耗竭

与不可回收资源相比，可回收资源的跨期有效配置有哪些特点？回顾第6章的模型，不难发现其最大区别在于替代时点不同。只要资源再利用的边际成本低于替代资源的边际成本，与开采成本不变的不可回收资源相比，市场更趋向于长时间地依赖可回收资源。这并不奇怪，因为回收的效应之一就是增加了资源供给量。回忆本章开始曾提到的一个简单的数学例子，资源可利用总量为$A/(1-a)$，其中A为资源利用存量，a为回收率。

这个公式也说明了回收的另一个特征。资源流量总和是有限的，除非回收率是100%，即$a=1.0$。这意味着即使一些可回收材料可以一直循环使用，但是随着时间的推移，可利用的数量会趋近于无穷小。

有效率的经济系统会在新开采资源和可回收材料的消费之间、废品处理和循环利用之间、进口和国内生产之间寻求平衡。案例8.1阐述了经济环境的改变引发了更多的循环利用。

案例 8.1　铅循环利用

在过去的30年中，美国国内铅需求已经发生了重大变化。1972年，消耗性的不可回收的铅使用量（主要是石油添加剂、油漆颜料和弹药）占消费量的约30%。所有生产出来的铅中仅有30%来自可回收材料。

然而，国会认识到铅对健康尤其是对儿童健康产生的负面影响，制定了一系列法律限制汽油和油漆中所允许的最大含铅量。这种管制行为不仅导致铅的总使用量下降，而且大大减少了铅的消耗性使用量（1997年已经下降到总消费量的13%）。铅的消耗性使用比例下降表明了铅回收率的提高。事实上，目前大部分铅都是回收利用的。到2012年为止，80%的铅消费来自回收的废铅。铅酸电池产业仍旧是最大的铅用户。

回收利用的铅废料中绝大部分都是旧（消费者使用后的）废料，其中废旧电池约占旧废料的90%。电池制造商已经开始与零售商达成回购协议，这既是推动新电池销售的市场工具，也是确保其下游制造业原料供应的一种手段。铝的回收与其形成对比，例如在2012年，53%的回收铝来自新（制造过程产生的）废料，仅有47%的回收铝来自旧废料（饮料罐和其他废弃铝制品）。

资料来源：U. S. Department of the Interior, *Minerals Yearbook*. Retrieved from: http://minerals.usgs.gov/minerals/pubs/mcs/.

缓解资源稀缺的因素

资源稀缺推动了资源的回收利用，而资源稀缺程度又受到众多不同因素的影响，最重要的三个因素分别是：（1）勘探和发现；（2）技术进步；（3）替代。

勘探和发现

追求利润最大化的企业会一直开展勘探活动，直到边际勘探成本等于销售单位资源所获的边际稀缺租金①时停止。边际稀缺租金（等于价格与边际开采成本之差）是企业从勘探活动中获得的边际效益。为了追求利润最大化，勘探水平会不断提高，直到边际效益等于边际成本。

对稀缺租金和边际勘探成本关系的理解将有助于我们分析勘探活动如何对人口和收入增长做出反应。这两个因素都会持续推动资源需求上升，相应推高了边际使用者成本和稀缺租金，进一步激励生产者投入更多的边际勘探成本。

能够多大程度缓解这种需求压力，取决于勘探活动水平和每单位勘探活动所发现的资源数量。如果边际勘探成本曲线是平坦的（表示仍有大量可用的资源），稀缺租金的增加能够刺激大量成功的勘探活动。若边际勘探成本曲线比较陡峭（在这种情况下，勘探环境不断恶化，资源变得贫瘠），此时稀缺租金的增加会导致资源勘探活动的减少。

---

① 只有开采具有严格确定性，两者才绝对相等。

□ 技术进步

技术进步通过新的开采、处理和使用方法，降低了矿石的成本。例如在第 6 章，我们了解到球团技术显著影响了从铁矿石中生产钢铁的成本。尽管仍要使用较低品位的矿石，但是技术进步的影响非常显著，推动了生产成本大幅降低。

资源稀缺程度影响技术进步的速度和类型，这一点是非常重要的。不断上升的开采成本为技术创新提供了新的获利机会。那些可以节省稀缺资源、利用丰富资源的新技术获利机会最大。在劳动力稀缺和资本丰富的时代，新技术往往朝着充分利用资本、节省劳动力的方向发展。当人口增长扭转了劳动力和资源的相对稀缺关系时，随后的技术进步会将重点放于如何充分利用劳动力并节省资本投入之上。过去，化石燃料能源丰富而且廉价，新的勘探技术进步都高度依赖这些能源。随着化石燃料的供给出现下降趋势，我们预期技术进步节约能源的两种方式分别是使单位化石燃料产生的有用能源数量增加和使用可再生能源替代化石燃料。

□ 替代

利用丰富资源替代稀缺资源是缓解资源稀缺不利后果的最后选择。丰富的可耗竭资源或可再生资源的替代越容易，稀缺资源可获得性下降以及成本上升所带来的不利影响就会越小（见图 8－3）。

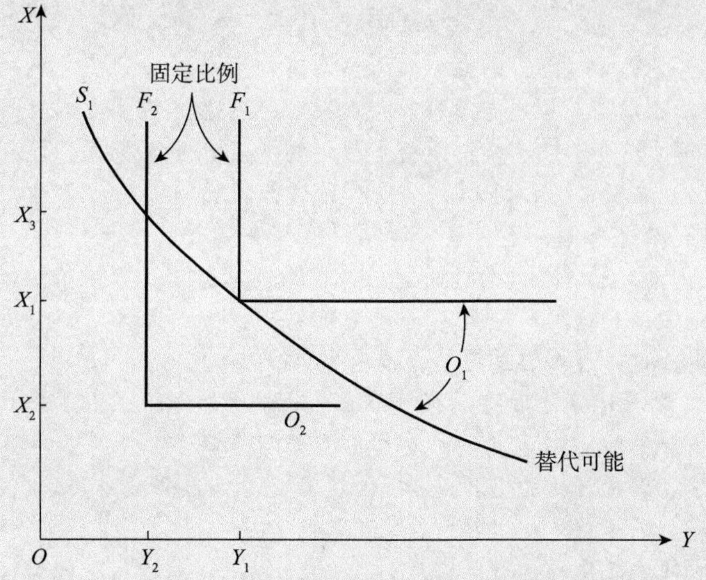

图 8－3　产出水平和投入替代品的可能性

资料来源：Adpated from Table 3. 9 in J. B. Opschoor and Dr. Hans B. Vos. *Economic Instruments for Environmental Protection*. Paris：Organization for Economic Co-operation and Development，p. 53.

图 8－3 中有三条等产量曲线（S_1，F_1，F_2）。等产量曲线表示给定产出水平下各种可能的投入组合。两条直角等产量曲线（F_1，F_2）表示资源投入比例固定，资源之间不

存在任何替代的可能。固定比例等产量曲线 F_2 靠近原点，表示其产出水平低于等产量曲线 F_1 所代表的产出水平。第三条等产量曲线 S_1 则表示资源投入之间可以替代，在图中，S_1 的产出水平和 F_1 相同，为 O_1。当然，等产量曲线 S_1 的生产技术或者技术集不同于等产量曲线 F_1。

通过图 8－3 可以说明投入替代对产出的重要意义。假设 Y 资源（可耗竭资源）的投入量从 Y_1 减为 Y_2。在 S_1 代表的技术条件下，通过将另一种资源 X 的投入量从 X_1 提高到 X_3，维持产出水平不变（O_1）。X 资源量的增加弥补 Y 资源量的减少，使得产出水平不受影响。

注意，当产出过程是等产量曲线 F_1 而不是 S_1 时，将会产生何种结果？Y 资源（可耗竭资源）的投入量从 Y_1 减少为 Y_2，产出水平则需要从 O_1 降低为 O_2。X 不能替代 Y。此外，由于资源投入比例固定，X 资源的投入量也从 X_1 减少到 X_2。再多的 X 都是多余的，都无法产生任何额外的产出。这个例子说明了一个基本前提：资源替代组合可能性越大，资源稀缺性对于产出的影响就越小。

以上简单阐述了一些因素（人口增长和收入增加）可能会导致资源稀缺性增加，但其他因素（如勘探和发现、技术进步和投入替代）可以缓解这种稀缺的严重性。若在某种程度上，资源稀缺性越来越严重，我们会发现资源价格的上升速度要快于一般价格水平（见案例 8.2）。反过来，资源价格又会影响资源回收的动机和边际处理成本。

案例 8.2　赌局

1980 年，在资源稀缺性的论战中，两位杰出的主角都做到了言行一致。保罗·埃利希（Paul Ehrlich）是一位生态学家，坚信资源很快就会耗竭。朱利安·西蒙（Julian Simon）是一位经济学家，坚信有关资源耗竭的观点毫无根据。埃利希接受了西蒙的挑战。根据赌注条款，假设埃利希选择五种资源商品为投资标的物，每种商品投资 200 美元。（埃利希选择铜、铬、镍、锡和钨五种金属商品。）十年后，按照实际价格（扣除通货膨胀因素）计算相同数量的这五种产品的总价值。如果价值增加，西蒙将要寄给埃利希一张额度为这五种金属总价值差价的支票。如果价值减少，埃利希将要寄给西蒙一张额度为这五种金属总价值差价的支票。

1990 年，埃利希计算之后将一张 576.07 美元的支票寄给了西蒙。五种金属商品的实际价格同十年前相比都下降了，有些价格甚至下降了一半多。在这十年中，大量新的矿藏被发现，新替代品的出现改变了相关金属在某些领域的用途（如计算机）。此外，持续提高锡价的卡特尔组织瓦解。

如果西蒙和埃利希赌局的时间跨度为整个 20 世纪，结果还一样吗？根据 McClintick 和 Emmett（2005）对这五种金属相关数据的后续分析，尽管在过去的一个世纪里，五种金属商品的价格时高时低，西蒙仍旧会赢得这一世纪赌局。

那么，除了本次赌局所涉及的这个十年，如果赌局发生在其他的十年，结果会如何？西蒙是否因选择了 20 世纪 80 年代而存在侥幸？从某种程度来看，西蒙确实很幸运。在 20 世纪里，西蒙可能在五个十年里赢得赌局（20 世纪初、10 年代、40 年代、

80 年代和 90 年代)，在剩下的五十年里输掉赌局。如果赌局设在 20 世纪 50 年代，西蒙将会输掉一些钱，而在其他四个十年损失会更大。这是否对未来有所启示？你自己来判断一下。

资料来源：Tierney, J. (December 2, 1990). Betting the Planet. *New York Times Magazine*, 52 - 53, 74, 76, 78, 80 - 81; McClintick, D., & Emmett R. B. (2005). The Simon-Ehrlich Debate, *PERC Reports*, 23(3), 16 - 17.

不完全市场

继续石油如何影响国家安全的思路，当矿物进口至关重要且进口渠道存在一定风险时，市场资源价格比率会出现偏差，这一比率没有计入进口产生的社会成本，而这最终会导致市场处于无效率状态并过度依赖进口。

其他的市场缺陷也是显而易见的。生产商和消费者之间不尽相同的废弃物处理态度或方式会导致市场在废弃物回收和使用原矿的选择上出现偏差。因为处理成本是决定有效资源回收数量的关键因素，如果经济主体不能承担全部处理成本，则意味着市场会偏向于选择原始材料而不是回收。我们应先考虑为处理潜在的可回收废品提供资金支持这种方法如何影响回收水平。

□ 处理成本和效率

边际处理成本决定了回收的有效程度。例如，假设某一社区以每吨 20 美元的成本回收某种产品废弃物，再以每吨 10 美元的价格出售给当地制造商。由于在这场交易中社区亏损，是否就可以认为这项回收行动是无效率的？事实上我们不能如此下定论！除了出售回收产品赚取每吨 10 美元的收入之外，社区也不需承担产品废弃物处理成本。我们可以将这个不需承担的边际成本大致当作回收的边际效益。假设避免的边际成本是每吨 20 美元，那么从回收行动中社区所得效益为每吨 30 美元（每吨产品避免的成本 20 美元加上每吨产品的转售价值 10 美元)，成本是每吨 20 美元。因此，这是一项有效率的回收行动。边际处理成本和回收价格直接影响了回收的有效水平。

□ 处理决策

通常来说，可回收废弃物可以分成两种废料类型：旧废料和新废料。新废料由生产过程中产生的残余废料组成。例如，生产钢梁的过程中产生的小块残余铁渣就是新废料。旧废料是从消费者使用过的产品中回收的，通常称之为消费后废料。

为了说明新废料和旧废料的相对重要性，以美国铝行业为例，大约 40%的回收铝废料来自旧废料。回收新废料的难度要远远小于回收旧废料的难度。新废料已经存放在生产的地方，在大多数情况下只需重新作为原料投入生产过程中，基本不用考虑运输成本。但运输成本是旧废料成本的重要构成之一。

激励手段也能说明两者的相对重要性。新废料由于没有离开工厂，完全处于制造商的可控范围内。在制造产品和处理废料的双重责任下，制造商有动机使用新废料设计生产产品。厂商自发建立各种程序以确保废料的同质性并尽量简化回收利用的必要程序，使其建立优势。以上分析说明，新废料市场很可能会有效和高效运行。

糟糕的是，同样的情况并不适用于旧废料。由于产品使用者不承担处理其产品的全部边际社会成本，市场处于无效率运行状态。因此，市场倾向于使用原生材料，而避免回收旧废料。

没有将这些成本内部化的关键在于单个产品使用者所面临的激励。假设你有一些不会再使用的小型铝制品，你可以把它们送到回收中心或者扔进垃圾桶。比较这两种选择，回收意味着增加一种成本（交通成本），而第二种选择意味着承担另一种成本（处理成本）。

由于传统财政一直补贴垃圾收集系统，消费者很难采取有效率的行动。在城市地区，若公共部门提供垃圾收集的服务，税收是重要的财政补贴手段；若由私人服务部门提供，则通过垃圾定额收费提供补贴。这些手段都没能直接将个人支付的费用和其丢弃的垃圾总量挂钩。居民多扔 1 单位垃圾所应承担的边际成本可以忽略不计，然而对社会造成的成本却不能忽略。总体而论，边际私人处理成本和社会成本存在差异（见图 8－4）。

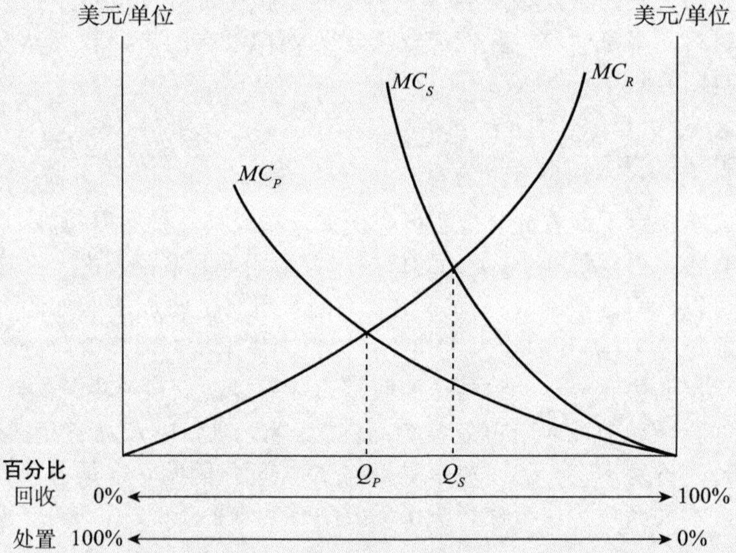

图 8－4　有效率的回收水平

当私人边际处理成本（MC_P）低于社会边际处理成本（MC_S）时，市场回收水平是无效率的［边际回收成本（MC_R）同私人边际处理成本（MC_P）的交点］。当且仅当边际处理成本中包含了所有的社会成本，市场才能达到有效率的回收水平（Q_S）。①

可以通过数字强化这一认识。假设你所在的城市提供垃圾收集服务，为此你需要每年支付 150 美元的税金。无论你扔掉多少垃圾（在合理限度内），你所支付的费用都是 150 美元。在这一年里，对你而言，你扔掉垃圾所承担的额外（边际）成本为零。当然，

① 根据图 8－4，100％回收是否有效率？你能否理解这个结论？为什么？

边际社会成本不为零。因此，在平衡这些选择时，居民更倾向于扔掉垃圾。[①]

乱丢垃圾是比较极端的例子。在缺少某种政府干预的情况下，乱丢垃圾的社会成本包括美感丧失以及丢弃的玻璃和易拉罐的锋利碎片对汽车轮胎及行人造成损害的风险。对于个人而言，向车窗外丢弃用过的容器基本无须承担成本，但对社会而言产生的损失则是不可估量的。[②]

□ 处理成本和废料市场

如果一项政策强制要求产品使用者承担真正的边际处理成本，会引起哪些市场反应？这类政策将主要影响可回收材料的供应。通过回收，消费者不仅可以避免处理成本，甚至可以利用丢弃的产品获得一些收入。这将导致一些材料转向回收中心，重新流入材料加工过程。回收材料供应规模的扩大可使回收商充分利用之前未开发的规模经济优势，进而降低平均加工成本，产生更多的可回收材料。

价格下降将会导致投入品消费总量的增加，可回收材料的使用量也会大幅提高，天然矿石使用量减少。由此，正确计入处理成本可以增加回收总量，并延长可耗竭、可回收资源的有效经济寿命。

□ 原材料补贴

处理成本仅是问题的一部分。如果竞争环境是公平的，回收材料制成的投入品才能与原材料竞争。但是，对原材料的各种补贴是造成市场无效率的另一个原因，这会减少回收投入品的使用。

补贴有多种形式。其中一种形式在美国 1872 年颁布的《矿业法》中有体现，这部颁布于约 150 年前的法律致力于推动在公共土地上开矿。根据这部法律，为了在公共土地上进行矿产勘探，矿主能够申请脉矿所有权（地下矿石）和砂矿所有权（地表矿石），且每年支付 100 美元以保留这项权利。如果在矿权地域发现了矿石，且开发或开采投资不少于 500 美元，那么可以每公顷 5 美元的价格购买脉矿权地域的土地，以每公顷 2.5 美元的价格购买砂矿权地域的土地。1999 年，美国国会颁布了一项暂停土地买卖的法令，但并没有暂停矿权买卖。

相对于市场价格而言，获得公共土地的价格非常低廉，以至于构成了一笔相当可观的隐性补贴。这种补贴不但没有使纳税人享受到公共土地提供的采矿服务的真实价值，还降低了天然矿石的开采成本，因此，人为压低了原材料价格，破坏了可回收资源的市场，导致市场无效率运行。

□ 矫正性公共政策

为什么回收率如此低？毫无疑问，一些责任在于不正确的定价规则传导的错误激励信息。由于处置成本低而造成的分配不当能被纠正吗？

---

① 问题不在于 150 美元太低，而是它可能太高！关键是废物处理成本没有随着处理量的增加而增加。

② 基于经济学分析，你会认为暂住者还是居民更倾向于乱丢垃圾？为什么？

按量付费（pay-as-you-throw，PAYT）垃圾处理。一种方法是按垃圾数量或者使用者付费，即根据垃圾数量收取垃圾处理费用。这种定价方式可以真实地反映处理废弃物的社会成本。案例 8.3 提供了一个早期案例，探究了这种方法的成本效益。目前已经有许多 PAYT 项目，它们通常有三种类型：

- 按袋或容器定价：用户必须购买专门的袋子或容器标签。
- 部分单位定价：收费或财产税中包含固定金额。额外的袋子或者容器按其单价定价。
- 基于容器容量和/或容器规模的可变费率定价。

❖案例 8.3　一个早期案例：佐治亚州玛丽埃塔市的垃圾定价

1994 年，佐治亚州玛丽埃塔市的居民参加了一项改变垃圾定价方式的示范项目。垃圾收集费从原来的每月 15 美元削减为每月 8 美元。此外，半数居民按包缴纳垃圾收集费（每包垃圾 0.75 美元），其余居民则按月缴纳垃圾收集费，费用取决于居民每月希望收集的垃圾的最大桶数。这个数量通过合同与居民事先确定，且每个月不会发生变化。每桶垃圾费用为 3 美元或 4 美元（与数量有关）。

根据经济理论，这两项计划都应能减少垃圾数量，提高回收率。但按包收费效果更为显著。(你能解释原因吗?)

实际情况确实如此。桶计划减少了大约 20%的不可回收废弃物，而包计划减少了大约 51%。两项计划在鼓励居民回收垃圾方面产生了同样强烈的影响，不仅推动了回收利用，还减少了垃圾产生量。

根据成本-效益分析，这项计划是否有效？根据经济学家的相关研究，这项计划具有成本有效性。包计划的城市净效益大约为每日 586 美元，而桶计划的城市净效益大约为每日 234 美元。

资料来源：Van Houtven, G. L. and Morris, G. E. (Novermber 1999). Household behavior under alternative pay-as-you-throw systems for solid waste disposal. *Land Economics*. 75(4), 515 - 537.

美国 6 000 多个社区和加拿大 200 多个社区收取一定的垃圾使用费。在日本，30%的市政当局采用了使用者付费系统。许多城市采用每袋或其他单位定价与免费回收相结合的方式。由于现在扔垃圾需要花费一定成本，这就为垃圾回收提供了额外的激励。

在按量付费政策实施之前，人们有这样一种担忧，即这项政策可能将穷人置于更加艰难的境地。提高价格的措施总会让人们担心这些政策最终会给穷人带来无法承受的负担。案例 8.3 说明，上述担心显然不对。在旧的垃圾收集财政体系下，每个居民无论产生多少垃圾都支付相同的费用。因为低收入居民产生的垃圾量相对较少，所以事实上他们补贴了富裕居民。在新体系下，由于低收入居民不需要购买处理额外垃圾的标签贴纸，所以他们仅仅支付一个固定费用。这些垃圾贴纸的费用低于平均处理成本（旧收费体系的基础）。因此，新定价体系改善而不是恶化了低收入居民的境况。

路边回收项目。路边回收项目在许多城市都很常见。经济学理论指出若垃圾的边际回收成本低于垃圾的边际处理成本，回收率将提高。路边回收项目，特别是和垃圾按量付费政策相结合，是平衡垃圾处理和回收的有效政策方案。美国路边回收项目的数量从 1988 年的 1 000 个增加到 2009 年的 9 000 多个。[①] 案例 8.4 探究了路边回收项目的供给和需求状况。激励手段是否有用？

∴案例 8.4　有激励的路边包装垃圾回收项目可以提高效率吗？

限制土地填埋或者采用高垃圾处理费的市政当局想了解是否可以通过增加垃圾回收（供应）减少土地填埋用地的压力。考虑是否实施路边回收项目的市政当局也非常想知道哪种手段可以最有效地刺激垃圾回收。

Koford 等（2012）在肯塔基州列克星敦市的两个地区进行了一项有趣的政策比较实验。在其中的一个地区，市政府通过征收财产税来提供垃圾收集和回收利用服务。这种情况下路边回收的边际成本为零。在另一个地区，居民私下签订垃圾回收服务合同并以投票形式决定采取哪种服务。

科福德（Koford）等人采用支付意愿调查法调查了有关回收行为和回收动机的问题，估算路边回收项目的需求程度。该调查问卷以邮寄的方式递送给两个地区的居民。

在两个地区的样本中，63%的居民认为道德责任是促使他们回收垃圾的主要原因，余下的 37%的居民则认为经济激励可促使他们提高垃圾回收水平。

调查问卷询问了居民对于假设的路边回收项目的支付意愿，即他们是否愿意为这项服务支付特定费用。根据回收的问卷，居民愿意支付的费用差异较大，他们对这个项目的平均支付意愿大约为每月 2.29 美元。有趣的是，居民当前是否享有城市垃圾服务对支付意愿大小基本不产生影响。

对于供给的调查，科福德等人进行了一项实验，以了解居民在经济激励和沟通激励下的回收行为。他们设定了三档经济激励标准（0 美元、1 美元、2 美元）和四种不同的沟通方式（没有沟通、信息的沟通、负罪感的沟通或者感觉良好的沟通），由此共得到了 12 个经济激励和沟通的组合方案。他们按月将沟通信息发送给列克星敦市的随机样本（居民）。研究者对随机样本在控制期（没有实施激励或者沟通手段）和实验期的垃圾回收数量进行测量和记录。

实验结论很多。沟通策略相对无效，若同经济激励相结合（交互作用），信息诉求产生了较强影响，但是净效益竟然是降低了回收水平！有趣的是，尽管很少一点钱就能对回收行为产生积极影响，而显著改变行为所需的经济激励手段通常成本高昂。作者估算的支付意愿（每月每户 2.29 美元）低于路边回收项目的行政管理成本（每月每户 2.4 美元）。在此案例中，成本大于效益。

这些结论只适用于肯塔基州列克星敦市吗？并非如此。Aadland 和 Caplan（2006）在对美国西部实施的一项研究中发现，尽管不同城市的研究结论不尽相同，路边回收项目的社会净效益等于零（成本与效益相等）。个人沟通的相对无效性也和其他相关文献研究结论一致，比如 Viscusi 等（2011）的研究认为社会规范影响很小，除非信息

① https://archive.epa.gov/epawaste/nonhaz/municipal/web/pdf/msw_2010_factsheet.pdf.

诉求中包含了与他人行为的比较（Ferraro et al.，2011）。但是，减少回收时间、减少不便成本，或者瓶子押金返还这些通过经济激励促进回收的法律措施是非常有影响力的（Viscusi et al.，2011）。

资料来源：Aadland, D. M., & Caplan, A. J. (2006). Curbside recycling: Waste resource or waste of resources? *Journal of Policy Analysis and Management*, 25(4), 855 - 874; Ferraro, P. J., Miranda, J. J., Price, M. K. (2011). The persistence of treatment effects with norm-based policy instruments: Evidence from a randomized environmental policy experiment. *American Economic Review*, 101(3), 318 - 322; Koford, B. C., Blomquist, G. C., Hardesty, D. M., & Troske, K. (2012). Estimating consumer willingness to supply and willingness to pay for curbside recycling. *Land Economics*, 88(4), 745 - 763; Viscusi, W. K., Huber, J., & Bell, J. (2011). Promoting recycling: Private values, social norms, and economic incentives. *American Economic Review*, 101(3), 65 - 70.

押金返还政策。如今许多城市采用的另一项促进回收的方法是押金返还政策。这项政策已经广泛应用于饮料容器的回收，成为产品消费的一种补偿方式。

返还体系可以实现两个目的：（1）初始收费反映了处理成本，产生了预期的需求结构效应；（2）回收使用过的产品便可获得返还，这种返还制度有助于节约原材料。瑞士和挪威已经建立了这项体系以解决废弃汽车问题。

铝制饮料罐的押金返还计划得到的回收效益颇丰。[①] 包括德国、芬兰、挪威、丹麦、瑞典、巴巴多斯、加拿大、南澳大利亚州以及美国 10 个州和 1 个属地在内的不少国家和地区都实施了容器押金返还制度。尽管并不是所有的州都颁布了“瓶子法案”，但美国现在回收利用了超过一半的铝制饮料罐。因此，铝制旧废料已成为铝供应总量中越来越重要的部分。同使用原矿石生产新铝相比，回收铝制品可以节约大约 95%的能源。由于成本压力会促使生产商寻求节约能源的新方法，因此节能的规模对铝制品的回收需求具有重要影响。讨论 8.1 探讨了为什么只有一些州实施瓶子押金返还政策。

讨论 8.1 “瓶子法案”：经济激励是否有效？

美国的 10 个州，包括加利福尼亚州、康涅狄格州、夏威夷州、艾奥瓦州、缅因州、马萨诸塞州、密歇根州、纽约州、俄勒冈州和佛蒙特州以及美国的海外领地关岛，通过了“瓶子法案”立法。密苏里州哥伦比亚市通过了立法，但 2002 年又废除了这项法令。特拉华州于 2010 年曾废除瓶子押金返还政策，2011 年 2 月又重新实施。每年都会有一些州提出新的立法或扩大现有立法的范围，往往这些提案不会通过。在美国，瓶子的押金从 0.05 美元到 0.15 美元不等，并且法律对于哪些容器可以兑换押金这一问题有不同的规定。[②]

尽管美国容器平均回收率一直低于 40%，但在实施瓶子押金的州，回收率要高得多，平均在 80%左右。密歇根州 0.10 美元的饮料瓶押金可使回收率接近 100%。统计数据显示，实施瓶子押金的州所获效益最大，垃圾量大幅减少。

---

① 铝制废料的强大需求也很有影响力。事实上，1988 年铝制废料的价格一路攀升，导致小偷们偷走了很多铝制的高速公路路牌和护栏。

② 加拿大的许多省和地区也有饮料瓶押金（www.bottlebill.org）。

尽管同那些未实施瓶子押金制度的州相比，实施瓶子押金制度的州的回收率是其两倍，但这并不能充分表明所有州执行这项制度都是有效的。

有关瓶子押金的经济学研究不多。Porter（1983）评估了当时刚刚通过的密歇根瓶子法案的成本和效益，他发现基于大多数成本和效益估计数据，法案通过了成本-效益分析。Ashenmiller（2009）研究发现瓶子押金政策使这些瓶子从路边回收项目转移出来，可回收瓶子的数量增加，减少了垃圾成本。通过分析加利福尼亚州的数据，他发现兑换中心有36%～51%的材料无法仅依靠现有的路边回收项目（没有配套的押金返还政策）收集到。然而，更有趣的是，加利福尼亚州计划的成功可以部分归因于路边回收项目采用垃圾定量计价的这种政策设计方式。分析也认为路边回收项目在人口密集地区效果最好，现金回收计划会成为贫苦劳动者的重要收入来源。

由于押金返还政策的成本是决定其效率的关键因素，因此这些政策可能适合一些州，而不适用于另外一些州。瓶子押金的相对成本的关键决定因素因州而异。垃圾填埋场的可得性决定了垃圾处理成本，人口密度和到兑换中心的距离决定了瓶子的回收率。实施押金返还政策的州可能会从附近未实施这项政策的州购买瓶子，由此可能会产生非法回收的额外费用。跨州执法成本高昂且不完善。拥有像可口可乐这样大型罐装企业的州通常反对瓶子押金返还政策。你所在的州是否实施瓶子押金返还政策？你认为这是正确的选择吗？

资料来源：http://globalwarming. house. gov/mediacenter/pressreleases? id = 0126; www. container-recyling. org; Porter, R. C. (1983). Michigan's experience with mandatory deposits on beverage containers. *Land And Economics*, 59. doi: 10. 2307/3146047; Ashenmiller, B. (August 2009). Cash recycling, waste disposal costs, and the incomes of the working poor: Evidence from California. *Land Economics*, 85(3)539 - 551.

由于饮料瓶押金返还政策对居民将瓶子或者易拉罐送到回收中心这种行为产生了激励作用，因此也有利于减少非法处理（乱丢废物）的行为。在一些城市，打扫和回收这些瓶罐为无家可归的人提供了重要的收入来源。加拿大的一项研究发现为，回收计划创造的就业岗位是垃圾填埋的六倍。

电池和轮胎领域也实施了押金返还政策。例如，新罕布什尔州和缅因州对新汽车电池征收附加费。这些州的消费者如果用旧电池换购新电池可以享受一定的优惠折扣。俄克拉何马州对每一个销售的新轮胎征收1美元的费用，已认证的加工厂每处理一个轮胎可获得0.5美元的返还。

美国部分州和某些发展中国家也使用押金返还政策以确保回收使用后的杀虫剂容器。这些容器使用后通常含有有毒残留物，这些有毒物质将会进一步污染水和土壤，因此收集这些容器重新使用或者进行无害化处理，就能够消除这种污染威胁。

一些区域试图以征收产品处理或者回收附加费作为经济激励手段。这种附加费在购买新产品时支付，收费额度通常要弥补产品使用寿命结束后的回收成本。产品回收越难，费用就会越高。通常，管制者要求销售者利用这些附加费收入建立回收体系。假定这些费用可以正确地将回收成本内在化，那么由于易回收产品的价格（含收费）比较低，就会促使消费者考虑回收和处理成本。需要注意，因为消费者把废弃物带到回收中心不能获得任何退款，因此回收附加费不激励人们反对非法处理（乱丢废物）的行为，但也没有激励乱扔废弃物的行为。由于在产品销售端支付附加费，因此无法避免其后发生的非法处理行为。从这个意义上来说，押金返还政策明显优于回收附加费和垃圾按量付费制度。

□ 塑料袋禁令和收费

许多城市（奥斯汀、马萨诸塞州剑桥、芝加哥、洛杉矶、旧金山、西雅图）已经在杂货店实行塑料袋禁令，其他一些城市已经收取塑料袋费用（科罗拉多州博尔德、缅因州波特兰、纽约市、华盛顿特区、得克萨斯州的布朗斯维尔市就是明显的例子）。2015年至2016年，23个州提出了77项关于塑料袋监管的法案。

爱尔兰对塑料袋征收了高额的费用，在这些政策实施后的一年里，塑料袋垃圾减少了93%，而且塑料袋的使用量减少了90%。美国现在对塑料袋征收的费用是0.33美元。第18章（见案例18.2）讨论了爱尔兰塑料袋收费政策对水污染的影响。

通常塑料袋垃圾最终会流入排水沟，通往大海，给海洋哺乳动物、海鸟和鱼类造成危害，因此塑料袋收费和塑料袋禁令的倡导者认为，塑料袋禁令可以显著减少塑料袋垃圾。同样，塑料袋也会堆积在垃圾填埋场。一些反对塑料袋收费和禁令的人认为，如果实施塑料袋禁令，消费者只会使用更多的纸袋，而纸袋和棉袋一样会对环境造成影响。那么理想的塑料袋政策是什么？可能是一种混合的方法：对纸袋和塑料袋收费的同时赠送可循环使用的塑料袋。①

税收、补贴和其他经济手段。税收系统通过向原材料征税或者补贴回收活动来促进回收。欧洲的废油回收计划要求居民和商业用户回收产生的所有废油，原油进口的高成本加强了这一计划。对原始润滑油征税，再将税收收入补贴回收产业，因此，许多国家的可用废油回收率高达65%。

美国没有对废油回收实施补贴政策，废油市场状况较差，但处于上升态势。此外，许多州法律禁止废油处理。

许多地区都在通过税收政策补贴公共部门和私人部门购买回收设备的活动。常见的形式有对私人部门的销售税免除或投资税收减免政策，对社区的贷款或资助，希望借此启动回收计划，并使其最终能实现自我运转。先行者已经获得了补贴。

以俄勒冈州计划为例分析税收手段的运作。在1981—1987年期间，为了减少能源消费和促进回收利用，俄勒冈州能源部对163个项目提供了税收减免政策。参与这项税收减免计划的企业五年内可以从其应纳税额中扣除相当于回收设备购买价格35%的税收减征额。同时，俄勒冈州对购置设备、土地和建筑物实施更广泛的税收减免。纸业公司作为两种税收减免类型的主要受益者，通过这些政策大大增强了造纸过程中回收新闻纸和硬板纸的水平。根据Shea（1988）的研究，这些激励手段大大提高了俄勒冈州新闻纸回收率（65%），达到了全国平均水平的两倍。

任何一项解决固体废弃物问题的长期方案不仅必须影响消费者的购买、包装和处理选择，同时也必须影响生产者在产品设计（提高回收率）、产品包装和在生产过程中使用回收产品（相对于原材料而言）等方面的选择。扩展生产者责任是一种通用手段，要求生产者在产品使用寿命结束后回收包装甚至这些产品（见案例8.5）。

---

① Adler（2016），www.wired.com/2016/06/banning-plastic-bags-great-world-right-not-fast/.

✧案例 8.5　"回收"原则的实施

"回收"原则要求生产者对产品（含包装材料）承担"从摇篮到坟墓"的回收管理责任，即当产品生命周期结束后将产品收回。原则上，这项要求的主要目的是鼓励生产者减少使用不必要的包装材料，激励研究开发易于回收的产品和包装材料，支持在生产过程中使用更多回收资源以替代原料的投入。

德国相关法律要求生产商（以及作为中间商的零售商）必须接纳与其产品相关的所有包装材料，包装材料类型多样，比如，从向零售商运送牙刷的硬纸板包装箱到牙膏管。政府通过设立便利的回收中心、针对一些包装材料实施押金返还政策、对丢弃包装材料设置高额处理成本等一系列手段的相互配合，鼓励消费者退还包装材料，

为了响应政策要求，生产商共同建立了一个新型私人非营利公司，德国双向系统（Duales System Deutschland，DSD），该系统收集包装材料并回收利用这些收集到的材料。公司的运行资金来自生产商缴纳的费用，缴费额度取决于生产商使用的包装材料公斤数。DSD 只接纳经过回收认证的包装材料。一旦通过认证，开发商可以在其产品上使用绿点标志，向消费者表明该产品已被 DSD 体系接受。其他包装材料必须直接返还给生产商，或者通过零售商返还给生产商。

这项法律明显减少了包装材料的生产量，也减少了包装垃圾的填埋和焚烧量。然而，DSD 体系无法为其收集的回收材料寻找到市场，这是最引人关注的失败之处。德国一些包装垃圾甚至出现在其邻国，引起国际社会的强烈反对。不仅德国，世界许多国家的回收材料供应量远远超过了需求量，这一情况非常常见。除非培育出新的回收材料市场，否则进一步提高回收水平的努力也是徒劳的。

尽管执行"回收"原则初期面临很多困难，但是制造商应对其产品负最终责任这一理念具有足够强的吸引力，它已经从单纯地关注包装废料扩展到关注产品自身。2002 年，欧盟通过一项法律，要求制造商提供资金支持其回收生产的设备。2004 年，欧盟废弃电子电器设备（Waste Electrical and Electronic Equipment，WEEE）指令生效，欧盟各国制造商和进口商都有责任收回并妥善处理其产品。

作为 WEEE 计划的一部分，研究者分别在北京、德里和约翰内斯堡进行了试点研究。研究发现这三座城市的电子垃圾回收已经形成市场化运作模式。

资料来源：Rousso, A. S. & Shah, S. P. (September 1994). Packaging taxes and recycling incentives: The German Green Dot Program. *National Tax Journal*, 47(3), 689 - 701; Ryan, M. (September-October 1993). Packaging a Revolution *World Watch*, 28 - 34; Boerner, C. & Chilton, K. (January/February 1994). False economy: The folly of demand-side recycling. *Environment*, 36(1), 6 - 15; Widmer, R., Oswald-Krapf, H., Sinha-Khetriwal, D., Schnellmann, M., & Boni, H. (2005). Global perspectives on e-waste. *Environmental Impact Assessment*, 25, 436 - 458.

矫正性政策小结。本书后续讨论污染问题时还会继续讨论激励问题。我们以上分析的政策说明，如押金返还政策、时间或者便利性激励（如路边回收项目），这些经济激励手段能够提高回收率。然而，Viscusi 等（2012）的研究认为，多项回收政策组合的净效应低于单独实施一项政策的边际效应。他们主要研究塑料水瓶，当然也涉及其他类型的回收。他们建议应从边际角度（增量影响是什么？）而不是从平均绩效角度来评估政策。他们还认为瓶子押金返还政策将许多不进行回收利用的人转变为回收利用者，由此提高了回收率。

然而，正如案例 8.4 所示，经济效率要求仔细辨析政策实施环境并进行相应的政策设计。

回收原料市场

回收计划成功与否在很大程度上取决于回收原料的市场需求状况。以塑料市场为例，回收的 PET 瓶目前主要用于地毯纤维和羊毛等材料的纺织加工业，回收 PET 瓶未来潜在的应用领域将扩展到防水集装箱和涂布纸加工。回收的 HDPE 塑料主要用于制造瓶子和园艺产品，例如草坪封边和草坪椅。

某些领域加工塑料废弃物的能力和原料需求量甚至要大于回收废物总量，而塑料市场正在这些领域扩张。随着新用途不断拓展，塑料回收市场必然不断扩张。根据美国环保署的消息，美国材料与试验协会（American Society for Testing and Materials，ASTM）正在使用新的实验方法来促进建筑行业使用回收塑料。

电子垃圾

电子垃圾是垃圾流中增长最快的部分，这也使得人们日益关注部分电子垃圾对环境和健康的影响。铅、汞、镉和溴化阻燃剂广泛应用于电子器件中，都是有害废弃物，严重危害人类尤其是儿童的健康。

今年你更换手机了吗？或许你有了一台新的笔记本电脑或平板电脑？或者你有了一个新的 MP3 播放器或 iPad。旧设备又该如何处理？截至 2017 年，全球约有 47 亿手机用户和 70 亿部正在使用的手机。到 2019 年，手机用户的数量有望达到 50 亿。全球 63%的人都拥有手机，到 2019 年这一比例预计达到 67%。中国有 14 亿部移动电话，预计到 2019 年印度的移动电话数量将超过 10 亿。[①] 美国的手机数量从 1985 年的 34 万部，2004 年的 1.8 亿部，再到现在大约有 3.3 亿部。到 2018 年，全球 50%的手机将是智能手机。根据美国环境保护署的报告，在 2010 年美国丢弃的 1.52 亿部手机中，只回收了不到 10%（U. S. EPA，2011)，而且也只回收了 19%的电子产品（见表 8-1)。

美国许多州已经实施了电子垃圾法案。以较早颁布电子垃圾法案的加利福尼亚州为例，2003 年加利福尼亚州颁布法案规定，向购买计算机显示器或者电视的消费者收取一定的费用，并将这些费用支付给回收者以确保当用户不再需要这些电器时可以安全地处理它们。收费额度取决于显示器的尺寸。2009 年，15 英寸以下的显示器处理费为 8 美元，15～35 英寸的为 16 美元，大于 35 英寸的则为 25 美元。2004 年，加利福尼亚州颁布法案规定，在未建立妥善处理废旧手机的收集、再利用和回收系统的情况下，零售商出售手机是违法的。这项法律将回收责任完全交给了企业，由企业自行决定执行方案。尽管这种方法可以使企业的回收成本降到最低，但是由此产生的政策是否会以确保人类健康和环境安全的方式促进材料的回收利用，还有待观察。

---

① www.statista.com/statistics/274774/forecast-of-mobile-phone-users-worldwide/.

表 8-1　**2010 年电子垃圾概况**

产品	处理总量**（部）	垃圾量（部）	回收量（部）	回收率（%）
电脑	51 900 000	31 300 000	20 600 000	40
显示器	35 800 000	24 100 000	11 700 000	33
硬拷贝设备	33 600 000	22 400 000	11 200 000	33
键盘和鼠标	82 200 000	74 400 000	7 830 000	10
电视机	28 500 000	23 600 000	4 940 000	17
移动设备	152 000 000	135 000 000	17 400 000	11
电视机外围设备*	—	—	—	—
总数（部）	384 000 000	310 000 000	73 700 000	19

这里包括什么？

电脑产品包括 CPU、台式和笔记本电脑。

硬拷贝设备指打印机、数码复印机、扫描仪、多功能设备和传真。

移动设备包括手机、个人数字助理（pda）、智能手机和寻呼机。

*这项研究没有包括一大类电子垃圾：电视外围设备，如录像机、DVD 播放器、硬盘录像机、有线/卫星接收器、转换盒、游戏机。

** “处理”意味着变成垃圾或回收。这些总量不包括仍然储存在家庭和办公室中但已经不再使用的产品。

资料来源：EPA.

许多州的法律都把重点放在制造商身上。① 这些州以市场份额为依据，将回收责任分配给电视和视频游戏制造商。例如，2011 年在缅因州，三星承担 19.6%的回收份额，索尼承担 11.3%，Vizio 为 9.9%，等等，而 Audiovox 只有 0.1%的回收份额。②

世界范围内电子垃圾的数量是惊人的。在未来 5 年里，全球产生的电子垃圾总量预计增长 30%以上，从 4 900 万吨增加到 6 450 万吨。③ 电子垃圾市场也在发生巨大变化。电子垃圾含有对环境有害的有毒物质，但也含有铜、铁、镍、银和锌等贵重金属，此外还有少量的铝、金、铅、钯和锡。这些材料有价值吗？显然是很有价值的！根据美国地质勘探局的数据，仅储存在手机中的金属价值就超过 3 亿美元（2007 年）。④

国际上，《巴塞尔公约》（Basel Convention）规范了电子废弃物的跨国转移问题（UNEP，1989），但并非所有的国家都批准了这些条约。除了有价值的材料外，电子废弃物还含有铅和汞等有害物质，因此公约中的一部分条款禁止从发达国家向工业化国家转移电子废弃物。

Widmer 等（2005）分析电子垃圾趋势时发现，未批准《巴塞尔公约》的国家（如美国）将其国内收集的电子垃圾中的 50%～80%运往印度和其他亚洲国家，而印度等国家国内产生的电子垃圾和非法进口的电子垃圾数量都在急剧增加。然而，有证据表明这种趋势正在改变。发展中国家向发达国家运送的电子垃圾开始多于它们的进口。此外，一

① 关于各州计划的详细信息可见 http://www.electronicsrecycling.org/public/ContentPage.aspx?pageid=14。

② www.maine.gov/dep/rwm/ewaste/manufacturers.htm.

③ Ives (2014). In developing world, a push to bring e-waste out of shadows. *Yale Environment 360*. http://e360.yale.edu/features/in_developing_world_a_push_to_bring_e-waste_out_of_ shadows.

④ USGS fact sheet (2007). www.cbinsights.com/research/consumer-tech-acquisition-merger-deals/.

些创新型资助机制也正在支持发展中国家的回收项目。这些废料是有价值的，但并非没有对环境和人类健康造成影响的风险。第 19 章将更详细地分析这类有毒物质和环境公正问题。

污染损害

污染损害也影响资源回收和天然矿石的使用。开采和使用天然材料会破坏环境，而使用回收资源则不会破坏环境，如果市场价格未考虑这部分环境破坏成本，市场配置将不利于资源的回收再利用。资源的开采过程可能会对环境造成破坏，如露天开采造成的土地侵蚀和美学损失，将矿石转化为可用资源的加工过程也可能对环境造成破坏。

假设强制要求开采企业承担这种环境损害成本，废料市场会有什么变化？成本内部化会导致天然矿石供给曲线左移，进而导致资源的总供给曲线左移。由于供给减少会导致资源的价格升高，市场会减少使用天然资源，从而选择提高回收水平。那么，正确处理环境成本，分担处理成本，可以逐步提高资源回收的作用。

垃圾处理还会产生外部成本，如产生气味、造成虫害、污染物渗入供水系统和景观破坏等。Kinnaman 和 Fullerton（2000）发现美国垃圾填埋场的数量一直在减少，但由于大型区域卫生填埋场逐步取代小城镇设施，垃圾填埋场明显增加了处理总容量。然而，填埋场规模越大，越有可能招致当地社区的强烈反对，因此填埋场的选址成了最有争议的问题。

尽管政府目前对垃圾填埋场实施管制以保证公众安全，但是这些管制难以消除垃圾填埋场给当地社区带来的所有不良影响。因此，只要不将填埋场建在本社区内，许多社区就全力支持其建设和运营。如果每个社区都有这样的想法，新填埋设施的选址将变成极其困难的事情。

解决这个邻避问题的方法之一是征收业主费（host fee）。这些业主费是对那些接受在社区内建设垃圾处理设施的社区（或周边社区）的补偿。这种方法不仅赋予了当地社区选址的表决权，而且试图通过使社区净效益为正的方式分享区域处理设施的效益，从而使得社区接受这些设施的建设。

根据 Porter（2002）的报告，Browning Ferris 公司和密歇根州塞勒姆镇之间的业主费协议规定，所有垃圾填埋收入的 2.5%和所有肥料收入的 4%归该镇所有。该镇还分享了销售垃圾填埋场气体（作为能源使用）所得的收入，并且可以免费使用设施处理当地垃圾，而无须考虑垃圾总量。该镇居民每人每年约获益 400 美元，这个数额显然足以击败反对的声音。

业主费并不是解决选址问题的完美方案。例如，塞勒姆镇可以免费处理废弃物，但这并没有激励该镇减少源头污染。此外，确保选址不会引发环境公正问题也很重要。第 19 章将更深入地分析这个问题，这里只是进行简单的论述，当地社区必须充分了解该区域卫生填埋设施产生的各种风险，并且有权决定接受或是拒绝这项补偿计划。由于有害废弃物的管理和处理过程中存在更多危险，即有害废弃物增加了问题的复杂性，因此政府也设计了很多有效降低相关风险的针对性政策。第 19 章也会详细讨论这些政策。

小结

市场失灵是人类探知稀缺性和应对稀缺性过程中最严重的缺陷之一，失灵的市场体系未考虑由于资源使用增加所导致的各种环境成本，诸如产生放射性物质或有毒物质，丧失基因多样性，破坏美学价值，污染空气和饮用水以及气候变化等。如果市场未考虑这些成本，各类市场指标就会提供误导性的乐观信号，市场做出的选择就会让社会陷入低效的风险之中。

因此，尽管市场机制可以自动产生有利于回收和再利用的激励，这些激励的方向是正确的，但力度不足。越来越高的处理成本和日益稀缺的原材料的确产生了更多的回收需求，这一点已经体现在许多产品上，例如含铜或铝的产品。

然而，市场的一些不完善之处表明目前的回收程度低于有效率的水平。人为压低的处理成本和矿石税收减免政策共同限制了旧废料能够而且应该发挥的作用。如果开采税资源管理目标的纠正能力不足，也只能发挥有限的作用。

人们不禁会注意到很多问题，如市政垃圾处理服务的定价和天然矿石的税收减免都是政府行为的结果。因此，在这个领域中，政府所应扮演的角色是选择性退出并辅以微调。

然而，对于因非法处理垃圾、空气和水污染以及露天开采造成的环境破坏而言，政府的退出不是一剂良方。若生产产品的原材料是天然资源而不是回收或再利用资源，而且任何相关的环境损害成本没有内部化，政府可能就需要采取一些行动。

政府在某些领域的选择性退出必须辅以实施环境损害成本内部化的相关方案。认为可以通过结束政府干预或增加政府控制来解决环境问题的意识形态处方都过于简单。政府若想在经济和环境系统的平衡中发挥有效的作用，就需要在一些领域减少控制而在另一些领域加强控制，而这种控制的形式也很重要。

讨论题

1. 玻璃瓶既可以回收（压碎后重新熔化），也可以重复使用。市场倾向于选择最低成本路径。哪些因素会影响这些选择的相对成本？市场能做出有效率的选择吗？通过“瓶子法案”要求建立瓶子押金返还政策的各州能做出有效率的决策吗？为什么？

2. 许多地区试图要求服务站充当收集中心或者建立押金返回政策来增加废旧润滑油的回收数量。如果有的话，政府干预的理由是什么？未采取任何措施的州，同这些要求服务站充当收集中心或实施押金返还政策的州相比，废旧润滑油市场有哪些差异？为什么？

3. “时尚”的收入分配效果是什么？对于那些最终会购买更好的、更便宜的二手车的低收入者来说，富人驾驶新车的需求是否能被看作对他们的一种恩惠？

自测题

1. 假定某种产品以天然矿石为生产原料，边际成本为 $MC_1=0.5q_1$，若以可回收资源为生产原料，边际成本为 $MC_2=5+0.1q_2$。(a) 若反需求函数为 $p=10-0.5(q_1+q_2)$，分别计算以天然矿石和可回收资源为生产原料的产品产量。(b)若反需求函数为 $p=20-0.5(q_1+q_2)$，答案是什么？

2. 若政府允许私人公司开采离岸或公共土地上的矿石资源，两种常见的利润分配手段是奖金竞标和生产特许权使用费。前者由出价最高的竞标者获得开采权，后者对石油单位开采量收取使用费。奖金竞标是一次性预先支付费用，生产特许权使用费则是在开采矿石时支付。

a. 如果两种方法可以产生相同数量的收入，它们是否会对矿山的跨期配置产生相同的影响？为什么？

b. 哪一种方法符合有效分配？还是两种方法都符合有效分配？为什么？

c. 如果矿石储量和未来价格走势都是未知的，这两种手段如何在采矿企业和政府之间分配风险？

3. 讨论“随着时间的推移，垃圾处理的社会成本会不断上升，垃圾回收率也会自动上升”这种观点。

4. 假定某城镇推断每个家庭平均每年花费 30 美元来处理家庭产生的垃圾。现讨论筹集处理成本所需资金的两种方式：(1) 要求每包需要处理的垃圾必须贴上垃圾贴，每户每年购买垃圾贴的平均费用为 30 美元；(2) 每年每户缴纳的财产税中包括 30 美元的处理费。

a. 假定不存在非法处理行为，哪种方法的效率更高？为什么？

b. 若非法处理行为十分猖獗，这会如何影响你的回答？对某些大型垃圾实施押金返还政策会有助于减少非法处理行为吗？为什么？建立押金返还政策对该城镇的收入有何影响？

补充读物

Ferrara, I., & Missios, P. (2012). A cross-country study of household waste prevention and recycling: Assessing the effectiveness of policy instruments. *Land Economics*, 88 (4), 710-744. 使用来自 10 个国家（澳大利亚、加拿大、捷克共和国、法国、意大利、韩国、墨西哥、荷兰、挪威和瑞典）的 10 251 名受访者的全面家庭水平数据集，调查了垃圾处理政策、回收行为和垃圾预防措施。

Jenkins, R. Salvador, R., Martinez, A., Palmer, K., & Podolsky, M. J. (2003). The determinants of household recycling: A material-specific analysis of recycling program features and unit pricing. *Journal of Environmental Economics and Management*, 45, 294-318. 这项研究调查了一个独特的家庭水平的数据集，代表了美国 20 个大都市统计地区的中上和中等收入群体。它包含五种不同材料物品的回收百分比的信息：玻璃瓶、塑料瓶、铝、报纸和庭院垃圾。

Kellenberg, D. (2012). Trading wastes (2012). *Journal of Environmental Economics and Management*, 64, 68-87. 利用 92 个国家的双边废弃物贸易数据和环境严格程度指数，本研究发现令人信服的证据表明，环境法规恶化的国家对其贸易伙伴关于废弃物的进口会增加。这意味着环境标准的差异对一些国家废弃物贸易流动起着重要作用。

Kinnaman, Thomas C. (2016). Understanding the economics of waste: Drivers, policies, and external costs. *International Review of Environmental and Resource Economics*, 8 (3-4), 281-320. 这是对 2000 年以来文献的全面回顾。

Kinnaman, T. C. & Fullerton. D. (2000). The economics of residential solid waste management. In T. Tietenberg & H. Folmer (Eds.). *The International Yearbook of Environmental and Resource Economics2000/2001*. Cheltenham, U.K.: Edward Elgar, 100-147. 这是关于家庭固体废弃物收集和处理的经济文献的综合调查。

Lifset, R., Atasu, A., & Tojo, N. (2013). Extended producer responsibility: National, international，and practical perspectives. *Journal of Industrial Ecology*，17（2），162－166. 这是一篇关于生产者责任延伸的特刊的介绍性摘要文章。本期文章提供了关于 EPR 如何及为什么演变成现在的形式，以及它将如何进一步发展的见解。

Porter，R. C.（2002）. *The Economics of Waste*. Washington，D. C.：Resources for the Future，Inc. 它对如何使用经济原理和政策工具来改善各种商业和家庭废弃物管理进行了可读性强的深入的论述。

Tilton，John E.，&Guzmán，Juan Ignacio.（2016）. Mineral Economics and Policy. Reprint Edition. Washington，D. C.：RFF Press. 这本教材提供了矿产经济学领域的介绍。它包括矿物商品市场的行为，并评估了该部门的公共和公司政策。重点是金属和非金属商品，而不是石油、煤炭和其他能源商品。

更多的参考文献和重要的历史参考文献可在本书的配套网站查找：www. routledge. com/cw/Tietenberg。

第9章 水资源：可再生、可耗竭的资源

只有当水井干涸，我们才会意识到水有多么重要。

——本杰明·富兰克林，《穷理查年鉴》(1746)

(Benjamin Franklin, *Poor Richard's Almanack*, 1746)

引言

在俄克拉何马州的红土地与部分灰土地乡村，上一场雨下得比较温和，并没有切断土地上遍布的干涸伤痕……太阳日复一日地照耀着生长的玉米，直到每一条绿叶边缘都晒出一条褐色的线。乌云出现又接着消失，并在一段时间里，它们始终没有再出现过。

John Steinbeck (1939) 在其著名的小说《愤怒的葡萄》(*The Grapes of Wrath*) 中描绘了这样一组画面：自先辈在俄克拉何马州定居以来，农业为当地居民提供了营养和生计，然而干旱以及对土壤保护不力破坏了农业生产。出于绝望，曾在那片土地耕作的人们不仅被迫放弃了他们的财产，还放弃了他们曾经拥有的过去。他们迁移到加利福尼亚州寻找工作，背井离乡，却陷入层层的剥削和绝望之中。

基于现实，小说不仅展现了巨大的压力（如水资源不足）如何撕裂了社会结构，还展现了社会结构的撕裂带来了多大的痛苦。[①] 显然，人们应该尽可能地预测和预防类似的这些问题。

水是生命不可缺少的要素之一。人类不仅依靠摄入水分来补充自身不断流失的体液，还依赖于本身靠水生存的食物来源。因此，应该特别重视水资源。

在本章中，我们将研究经济和政治制度一直以来如何配置水这种重要的资源，以及今后如何改善水资源的配置。我们调查研究了水资源匮乏的可能性及严峻性。在水资源管理方面，我们研究了地下水与地表水的跨期有效配置，并结合美国经验将这些配置与当前的做法进行比较。最后，我们研究了有意义的制度改革将带来的各种机遇。

① 流行电影如《豆田战役》(*The Milagro Beanfield War*) 和《唐人街》(*Chinatown*) 反映了相似的主题。

水资源短缺的潜在可能

水循环是一个连续的循环系统（见图 9－1），它支配着地球上可再生的水资源供应。通过这个系统，每年循环利用的水资源数量十分惊人，但每年只有一小部分循环水可供人类使用。

在地球的水资源总量估算中，淡水只占 2.5％（14 亿立方千米），其中仅有 200 000 立方千米，即不到全部淡水资源的 1％（地球总水量的 0.01％）可供人类和生态系统使用（Gleick，2000）。

如果我们只是简单加总全球可用淡水资源（总径流量）的供应量，并与当前的消耗量比较，我们会发现目前供给量大约是消耗量的 10 倍。尽管这看似令人欣慰，但这一数字同样具有误导性，因为它掩盖了水资源需求日益增长带来的影响，以及在世界某些地区已经出现的相当严峻的水资源短缺状况。综合来看，在世界许多地区，包括非洲、中国和美国在内的部分地区，水资源短缺问题已经迫在眉睫。经济学是否提供了可能的解决方案？正如本章即将阐述的那样，经济学可以做到，但有时落实这些方案很难。

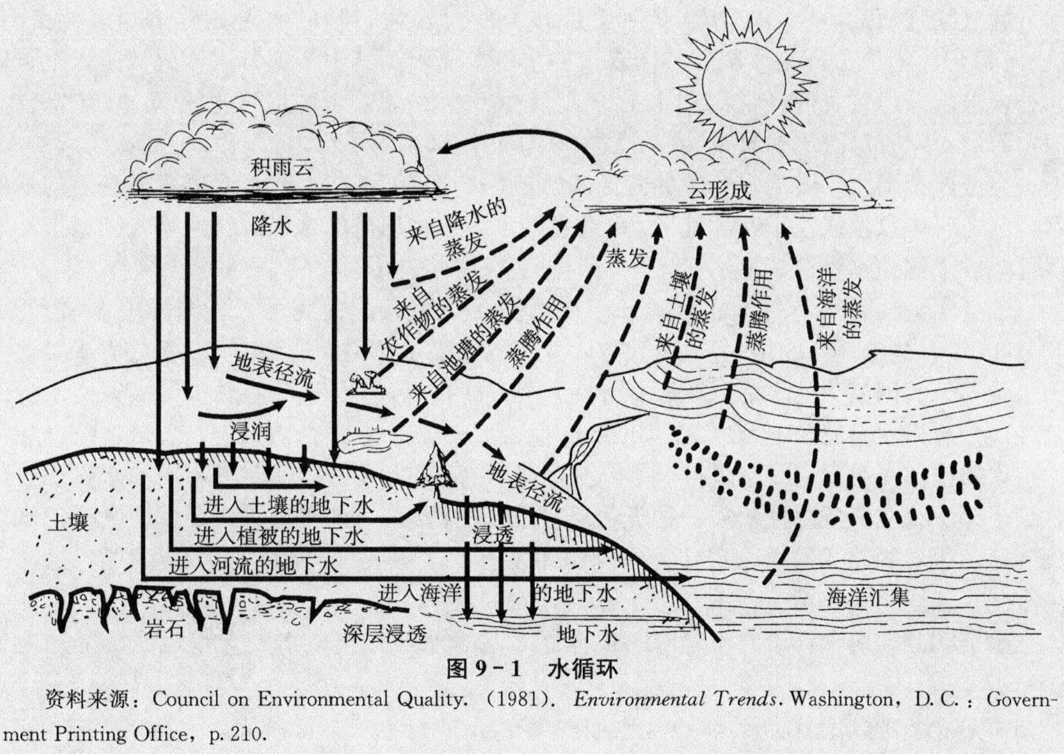

图 9－1　水循环

资料来源：Council on Environmental Quality.（1981）. *Environmental Trends*. Washington，D. C.：Government Printing Office，p. 210.

可利用的水资源供给来自两类相当不同的来源——地表水与地下水。顾名思义，地表水在地球表面聚集和流动，包括河流、湖泊和水库中的淡水；与之相比，地下水来自地下岩石的多孔层，即含水层。尽管雨水或融化的雪水向地下渗透可以补充一部分地下水，但大部分地下水是在地质时代积累起来的，而且由于其位置原因，这些水一旦耗尽，无法再进行补给。

据 UN Environment Program（2002），地球上 90%的现成淡水资源是地下水，而其中只有 2.5%是可再生水资源，其余都是有限的、可耗竭的水资源。

2010 年，美国每日用水量约为 3 550 亿加仑，虽然这听起来很多，但实际上已经比 2005 年减少了 13%。在淡水取水量中，每日约 760 亿加仑取自地下水。地表水和地下水的取水量因地理条件不同而有所不同。加利福尼亚州、得克萨斯州、亚利桑那州和佛罗里达州是地下水抽取量最大的几个州。

热电厂发电和灌溉是美国最大的用水户，约占取水量的 90%。[①] 美国西南部长期面临水资源短缺。亚利桑那州的图森市向人们展示了西部社区如何应对水资源短缺的挑战。图森市年均降雨量为 11 英寸，是美国最大的完全依赖地下水的城市（直至中央亚利桑那州项目完成，科罗拉多河被引流到图森市）。图森市每年从地下抽取的水是自然补给地下水的五倍。图森市一些水井的水位已经下降了 100 多英尺。按照目前的消耗速度，图森市的地下水不到 100 年就会消耗殆尽。尽管图森市水资源的供水量正在枯竭，但其水资源的消耗量仍持续快速增长。

为遏制日益增长的水资源消耗量和日益减少的水资源供给量之间的差距，人们建立了中央亚利桑那州项目，大坝、输送管道、隧道及运河组成了一个庞大的网络，把水从科罗拉多河输送到图森市和凤凰城。项目建设耗时 20 年，耗资 40 亿美元。尽管这个工程（通过联邦州际协定商定）从亚利桑那州科罗拉多河转移的水量达到 280 万英亩-英尺[②]，但仍不能充分满足凤凰城和图森市的水资源需求。其中一部分水资源被压入地下以回补含水层。尽管我们经常用调水的方式为西部水资源紧张的地区输送额外的水资源，但作为应对水资源匮乏的政策响应，这样的调水越来越不可行。

在全球范围内，清洁水资源的匮乏问题愈加严重。超过 10 亿人无法获得清洁的饮用水，其中一半以上居住于亚洲地区。[③] 通过调水工程将河流的水引到快速增长的城市地区也会造成水源地水资源短缺。

包括水力压裂技术在内的能源部门用水量正以惊人的速度增长。国际能源署预测，到 2035 年，能源部门的用水需求将在 2010 年的水平上翻倍，达到 1 350 亿立方米，这一用水量等于美国最大的水库（米德湖水库）容量的 4 倍，也等于美国 3 年家庭用水量的总和（Lavelle and Grose，2013；International Energy Agency，2012）。[④]

水质也是一个问题。全世界有 24 亿人无法使用卫生设施。许多可利用的水资源已经受到了化学物质、放射性物质、盐类物质和细菌的污染。我们将在第 18 章详细讨论水污染问题，重要的是我们应该记住：水资源短缺有一个重要的维度，即水质问题，这进一步限制了饮用水的供给。

水资源的耗竭和污染并不是唯一的问题，从含水层过量取水是导致地面沉降的主要

---

① 美国地质勘探局根据水量和用水量对水的使用情况进行详细记录。https://pubs.usgs.gov/circ/1405/pdf/circ1405.pdf.

② 英亩-英尺是容积单位，1 英亩-英尺指 1 英亩土地面积上水深 1 英尺的水量。州际协定是由跨州河流所流经的州共同商定的协定，一经国会批准就成为联邦法律，成为一种配置水资源的机制。

③ www.undp.org/content/undp/en/home/ourwork/environmentandenergy/foucus_areas/water_and_ocean_governance/water-supply-and-sanitation.html.

④ International Energy Agency World Energy Outlook. www.worldenergyoutlook.org/resources/water-energynexus/.

原因。地面沉降是指由于地下物质（这里指水）移动引起地表逐渐沉陷或突然下沉的现象。地面沉降已经在包括加利福尼亚州、得克萨斯州和佛罗里达州在内的几个州造成了数百万美元的损失。美国超过 80%的地面沉降是由人类利用地下水引发的。[①]

墨西哥城的地面以每年 1～3 英寸的速度下沉，这座城市整个 20 世纪已经下降了 30 英尺！为庆祝墨西哥独立战争 100 周年建于 1910 年的独立纪念碑，现在需要 23 个额外的台阶才能到达它的底座。拥有约 2 000 万人口的墨西哥城面临巨大的水资源问题。这座城市不仅地面在沉降，而且平均每年新增 35 万人口，水资源正逐渐耗竭（Rudolph，2001）。

亚利桑那州凤凰城发现从科罗拉多河运送中央亚利桑那州项目 80%水资源的一段运河已经发生了地面沉降，削减了运河约 20%的输水能力。短期内的应对措施是将运河的衬砌抬高 1 英里。作为长期的应对措施，亚利桑那州已经开始向地下含水层注入地表水，回补地下水水位，防止地面进一步沉降。这一过程叫作人工回补，其他一些地方也已经应用此技术来储存多余的地表水并防止盐水倒灌，但地面下沉会继续对该项目产生不利影响。[②]

一项对各种证据的简要调查表明：在世界上的某些地区，地下水正在枯竭，这可能对未来使用者造成潜在的伤害。为了各种目的“抽取”无法回补的水资源来满足当前的各种需要，一旦发生，水资源就不可再生。这种配置是有效的还是有明显的无效之处？要回答这个问题，我们需要十分清楚地知道地表水与地下水有效配置的含义。

稀缺水资源的有效配置

在界定水资源的有效配置时，区分抽取的是地表水还是地下水至关重要。在无蓄水条件下，地表水的配置就是在相互竞争的使用者之间分配固定量的可再生水资源。未来的地表水资源供给主要取决于自然现象（如降雨），而非当前的取水情况，因此代际影响不是那么重要。此外，对于地下水来说，当前取用地下水确实会影响到后代人的可用水资源。所以地下水的跨期配置是分析的一个重要部分。在某种程度上，地表水的分析更为简单，因此我们先从地表水的有效配置开始分析。

□ 地表水

地表水资源的有效配置必须满足：(1) 在大量的竞争性使用者之间寻求均衡；(2) 应用可行的方法以解决地表水流量的年度波动。前者存在尖锐的冲突，因为许多不同的潜在使用者有参与竞争的合法权利。一些取水者（如城市饮用水供应方或农民）将这些水资源用于消耗性用途，另一些仅仅使用但不消耗水资源（如游泳者或乘船者）。由于年度或月度的地表水供应并不稳定，这种变化也给地表水的配置带来挑战。由于降水量、径流量和蒸发量每年都在变化，所以有些年份可供分配的水量会比其他年份少。因此，水资源配置系统不仅要满足平均水量的分配，而且必须预测和分配高于或低于平均水平的流量。

---

① water. usgs. gov/ogw/pubs/fs00165/.

② www. cap-az. com/documents/public-information/subsidence. pdf.

至于在竞争性使用者间配置水资源，效率的指导要求十分清楚——水资源的配置应使所有用途的边际净效益相等。（记住：边际净效益是水资源的需求曲线与开采及分配最后一单位水资源的边际成本曲线之间的垂直距离。）

为什么有效配置要求所有用途的边际净效益相等？考虑一种边际净效益不相等的情况。举例如下，在初始配置下，城市用户的边际净效益是 2 000 美元/英亩-英尺，而农业用户的边际净效益则是 500 美元/英亩-英尺。如果将 1 英亩-英尺的水资源从农村转移到城市，农业用户损失了 500 美元的边际净效益，但城市用户获得了 2 000 美元的边际净效益，这次转移的净效益总额提高了 1 500 美元。因为边际净效益随着使用量的增加而下降，转移后城市新的边际净效益将少于 2 000 美元/英亩-英尺，农村的边际净效益将大于 500 美元/英亩-英尺（较少的分配意味着边际净收益曲线的上移），在二者相等之前，我们仍可以通过类似的转移继续提高净效益。既然通过转移可以提高净效益，那么初始配置就不能实现净效益的最大化。有效配置能使净效益最大化，那么任何未能使边际净效益相等的配置都不是有效的。

如果边际净效益不相等，把水从那些边际净效益低的使用者手中转移给边际净效益更高的使用者通常能提高净效益。把水转移给边际价值更高的使用者，使用水的净效益才会提高；减少水消费量的使用者损失要小于那些增加水消费量的使用者所得。当边际净效益相等时，任何转移都会降低净效益，如图 9－2 所示。

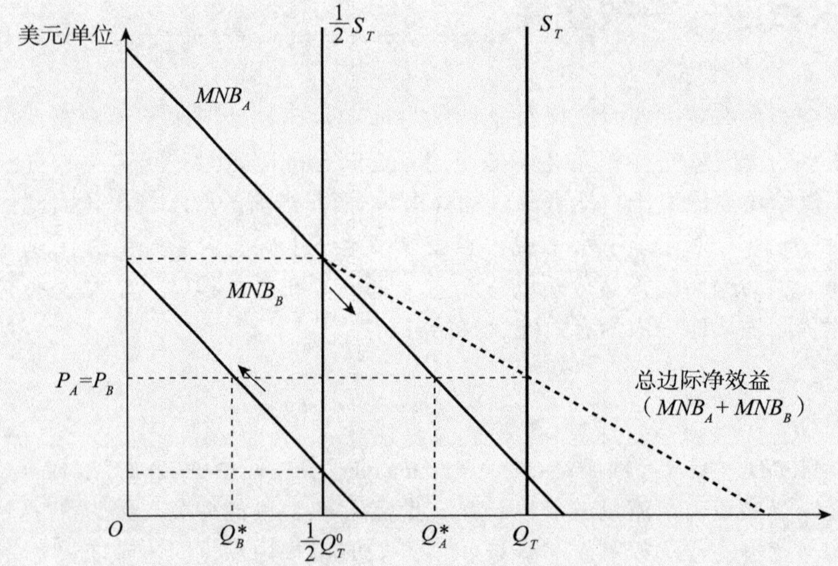

图 9－2　地表水的有效配置

在图 9－2 中，S_T 代表水资源供给，可用水量是 Q_T，假设存在两条不同的边际净效益曲线[①]代表不同的使用者（A 和 B），A 代表城市用水户，B 代表灌溉区域用水户，城市用水户的需求高于灌溉区域用水户，即有更高的支付意愿。总边际净效益是两条需求曲线水平方向之和。在用水边际价值不同的两个用水户之间，水资源的有效配置是什么？

① 记住边际净效益曲线是根据需求曲线与边际成本曲线之间的垂直距离画的。

最优配置就是水资源的需求（MNB_A+MNB_B）等于总供给。在该价格下，当 MNB＝价格时，即在 Q_A^* 和 Q_B^* 的位置出现最优配置。因此，有效配置就是将 Q_A^* 分配给用户 A（城市），Q_B^* 分配给用户 B。[①] 对于最优配置来说，注意两个用户的边际净收益是相等的。这种配置使得总净效益最大化，也就是两条需求曲线以下到其水资源分配点之间的面积最大。

假设州政府或水务管理当局出于公平或政治原因决定，将可用水资源平均分配给两个用水户，每个用水户得到的水量为 $QA=QB=\frac{1}{2}Q_{T^*}$。你知道这种配置为什么是无效率的吗？这种配置会使得两个用水户的边际净效益不相等。如果边际净收益不相等，那么净收益也就没有最大化。

在图 9－2 中同样可以发现，两个使用者的边际净效益均为正。这意味着水资源出售中包含正的边际稀缺租金。我们能否绘制出一个图使得边际净效益（也就是边际稀缺租金）为零？怎样才能做到？

如果水资源不稀缺，边际稀缺租金将为零。如果供给曲线代表的可获得的水量大于总边际净效益曲线与 X 轴的交点所代表的水量，水资源就不会稀缺。两个用水户都能得到他们想要的水量，需求间没有竞争关系。他们的边际净效益仍然相等，但在这种情况下，边际净效益都是零。

现在我们考虑第二个问题——供给的波动性。只要能够预测供给水平，边际净效益相等法则依然适用，但是不同的供给水平可能意味着使用者之间的配置相差甚远，这是该问题很重要的特点，它意味着简单的配置法则可能不再是有效的配置，如每个用水户按固定比例获得可用水资源，或者享有优先权的用水户获得保证的供水量。

我们换一种方式再来看图 9－3，假设总的水资源供给是 $\frac{1}{2}S_{T^*}$。如何在两个用水户之间有效配置较少的水资源供给？答案是第一个用水户得到全部的水资源。你知道为什么吗？当水资源供给为 $\frac{1}{2}S_T$ 时，用水户 B 没有得到水，而用水户 A 得到全部水资源，因为 A 的支付意愿在任何情况下都高于 B。为什么当水资源供给从 S_T 变为 $\frac{1}{2}S_T$ 时，有效配置会发生如此剧烈的变化？答案在于两条水资源需求曲线的形状。

A 的边际净效益曲线位于 B 的上方，这意味着随着水供给的减少，用水户 A 由于减少水的使用而遭受的损失（净效益损失）要远大于 B。为使这种损失最小化，就要把水资源短缺带来的负担更多地转嫁给 B。在有效配置中，当水资源供应减少时，与那些几乎没有替代品的用水户相比，更容易找到替代品或更能节约的用水户分配到的水资源比例更少。实际上，可以通过现货交易市场来处理这类问题（Zarnikau，1994）。

□ 地下水

把上述分析扩展到地下水需要明确地考虑地下水供给的可耗竭特性。当某一特定含水层的开采量大于补给量时，人们将会持续开采水资源，直到水资源供应耗竭或者抽取

---

① 构造 $Q_A^*+Q_B^*=Q_{T^*}$。

额外水资源的边际成本高到无法承受为止。这与第 6 章讨论的成本递增的可耗竭资源模型有相似之处，这有助于我们学习地下水的跨期有效配置。

最先可供借鉴的是边际使用者成本与开采地下水有关，反映的是当前使用的每一单位水在未来不能使用的机会成本。有效配置考虑了使用者成本。

当跨期需求曲线稳定时（不随人口或收入增加而移动），有效开采方式是逐步减少地下水的使用。边际开采成本（将最后一单位地下水泵至地表的成本）随着地下水水位的下降而上升。当（1）地下水位干涸或者（2）抽取水的边际成本大于边际效益或大于从其他来源获取水资源的边际成本时，抽水就会停止。

靠近地下水位置的丰富地表水可作为地下水的替代物，这有效地设置了开采地下水的边际成本上限；使用者抽取一单位地下水的费用不会超过获得其他水源的费用。遗憾的是，世界上许多地区过度抽取地下水的情况十分严重，地表水的竞争也极其激烈，便宜的地表水资源不复存在。

在有效的地下水市场中，水价将随着时间的推移而上升。这种上升将一直持续到资源耗竭点，在这一点上，边际抽取成本高到无法承受，或边际抽取成本等于次高的水资源抽取成本，在这一点上，边际抽取成本等于水价。在这三种情况下，水价与边际开采成本之差，也就是水的净价将随着时间的推移而下降，直到在转换时点（若存在替代品）或在耗竭点（若不存在替代品）时变为零。

在一些地区，地下水和地表水供给不存在物理性的分离。例如，由于阿肯色河河谷多孔隙土的存在，该地区地下水的开采影响了科罗拉多州和堪萨斯州边界附近的地表水流动（Bennett，2000）。由于缺乏水资源的联合利用管理，堪萨斯州以州边界地表水枯竭为由起诉科罗拉多州。（联合利用管理是指对地表水和地下水资源的联合管理，以优化其协同使用，并尽可能减少过度依赖一种资源的不利影响。）如果想避免这样的跨州冲突，设计水资源配置体系时必须考虑水资源的水文性质。

现行配置系统

在管理水资源的法律和制度框架之下，不论水资源的来源如何，大多数配置水资源的安排迄今没有产生经济有效的资源配置。管理水资源分配和再分配的复杂法律阻碍了发挥水资源的最高价值用途。

□ 河岸法则与优先占用法则

美国的水资源配置方式随地理区域的不同而有所区别，尤其是关系到治理冲突的法律条文时更是如此。在这部分，我们将主要关注干旱的西南部地区普遍存在的配置体系，这种体系必须能够应对该地区可能出现的最严重且最紧迫的缺水问题。

在美国西南部与西部地区定居的早期，政府介入极少，居民们基本上靠自己创建了秩序。在存在潜在不稳定因素的局势中，产权曾在减少冲突方面发挥了重要的作用。

水资源一直是一个地区发展的重要因素，所以第一批定居者总是在靠近水的地方定居。产权逐渐演变发展成为“河岸法则”，即把水资源的使用权分配给那些靠近水的土地的所有者。凭借其地理位置，这些土地所有者可以很方便地获得水资源，因此这是一个实用的解决方案。此外，当时有足够多毗连水源的地方，水资源能够满足几乎所有人的需求。

随着人口和随之而来的土地需求的增长，这种配置体系越来越不适宜。随着土地需求的增加，靠近水源的土地变得稀缺，迫使一些过剩人口在不靠近水源的土地上定居。这些土地所有者为提高土地的生产力，开始寻求获得水源的方法。

大约在这个时期，随着加利福尼亚州金矿的发现，淘金成了一个重要的工作机会来源。淘金热的出现，需要把水从河流引流到其他地方。遗憾的是，河岸法则并未对将水引到其他地方的做法做出规定，即用水权和土地捆绑在一起，不能够单独转让。

正如经济理论预测的那样，这种情况要求改变产权结构，即把河岸法则转化为一种更适合转让的权利。缺乏可转移性导致了巨大的浪费，以至于超过了改变产权制度带来的任何过渡成本。最先发生在矿场的产权演变就是优先占用法则的先驱。

采矿者间形成了这样一种惯例：第一个到达的人拥有对水的优先使用权，后来的人则只有次一级的权利。实际上，这切断了河岸法则下土地所有权与用水权之间的联系。随着立法、司法以及七个州法律采纳这条新原则，基于优先占用法则的大范围引水成为可能。把水转移到更有价值的用途上所获的利润，刺激了私人企业成立并建造了灌溉系统，把水从富余地区输送到短缺地区，农业得以繁荣。

虽然在1860年以前政府的作用相当微弱，但情形逐渐开始改变——这个过程刚开始是十分缓慢的，但在20世纪初，其势头越来越大。政府最早的介入是确立水资源所有权完全属于州政府的原则，只授予申请人使用的权利，即用益物权，而不是所有权。公有制原则建立之后，紧接着州政府限制私人灌溉公司将水输出本地区，并建立集中的政府机构管理这一过程，从而控制了私人灌溉企业的收费利率。由于消耗性用途很少将提取的水全部使用完，所以用益物权还意味着提取出来的部分水资源可能为下游的其他人所有。例如，对于灌溉农业，作物吸收一部分水，一部分水蒸发，剩下的水再流回流域。

这仅仅是一个开始。在干旱的西部和西南地区，土地的需求仍然在增长，因而产生了补充性的水资源需求，以使这片不毛之地实现繁荣。大规模调水带来的巨额利润为联邦政府介入创造了必要的政治环境。

联邦政府主要出于促进区域发展和经济增长的考虑，19世纪初开始介入水资源管理。为了达到这些目的，联邦政府建立了内陆水路网络承担交通运输功能。自1902年《拓殖法案》颁布以来，联邦政府已经修建了大约700座大坝为西部定居点提供水源和电力。

为促进经济增长和区域发展，联邦政府平均承担了联合建设和运营成本的70%，州政府、地方政府及私人用户承担了剩下的30%。政府的这种补贴甚至已经拓展到能够覆盖一些市场性供水服务的成本。例如，根据1996年总审计署报告，每1美元的工程建设成本，灌溉者只支付约47美分。额外的补贴还包括无息贷款和非常便宜的水价。利用中央河谷计划的农民支付的水价大约是17美元/英亩-英尺，而城市使用者支付的水价为其10倍。尽管表面上看，这些补贴数额巨大，但由于产生了足够多的区域效益，一些项目，如中央河谷计划，仍能通过成本-效益检验。（见第3章有关核算立场的讨论。）

简而言之，这就是美国西南部水资源利用的现状。州政府和联邦政府都在其中扮演了重要的角色。各州法律有相当大的差异，特别是在地下水开采和河道内水流功能方面。虽然优先占用法则是这种配置体系的基础，但它受到政府法规和政府直接拨划大量水资源的严重限制。

□ 无效率的根源

现行的体制是无效率的。虽然如收费过低等其他因素是无效率的部分原因，但效率低下的主要原因是对水资源转让的限制，阻止了水资源向更高价值的方向转移。

转让限制。为实现水的有效配置，水资源所有用途（包括非消耗性的生态用水）的边际净效益应相等（见图 9-2）。在水资源产权制度完善的情况下，水权的可转移性就可以实现效率。当前配置下边际净效益较低的使用者把水权转让给那些边际净效益更高的使用者，双方都将从中获益。出售方获得的收益大于净效益损失，而购买方支付的金额又低于所获水资源的价值。

遗憾的是，现行优先占用法则的混合系统，再加上非常严格的联邦和州法律，削弱了水资源的转让。可转让性的降低反过来又削弱了促使边际净效益相等的市场压力。仅凭这些，还不足以证明当前系统的无效率。如果能够证明这种管理系统能够替代某些行政程序寻找并维持这种均衡，仍然可能实现有效率。遗憾的是，通过更深入分析转让限制的本质特征，我们发现情况并非如此，这样的配置是无效率的。

最早的限制之一是要求使用者必须充分使用其水权，否则就将失去这些权利。通常将“有益使用”原则应用于河道外的消耗性用水。不难看出这种“要么使用，要么丧失”的原则对节约用水动机的影响。特别仔细的用水户自己支付费用寻找减少用水的方法，其用水配额也会相应减少。因此，这种限制严重阻碍了水资源的保护。

第二种限制为“优先使用原则”，即试图建立一种官僚式的等级用水制度。根据这一原则，政府试图建立不同用水类别的分配优先等级。在一种用水类别（如农业灌溉）里，根据优先占用法则（“先到先得”）决定优先次序；但在不同类别之间，优先使用原则起支配作用。

优先使用原则造成三种不同的无效率结果：首先，官僚体制决定的优先次序替代市场化的优先次序，降低了边际净效益相等的可能性；其次，它挫伤了为低等级用水类别补充水资源的投资动机，原因很简单：高等级用水类别的需求增加迫使抽取低等级用水；最后，它以无效率的方式分配了水资源短缺的风险。

前两种无效率不言自明，第三种值得进一步解释。由于水的供给随时间波动，因此在任何特定年份中都可能出现罕见的水资源短缺情况。有了明确的产权制度，就可以将这种风险带来的损失降到最低，具体做法是在干旱时，允许那些因缺水而受损最严重的使用者从同样面临短缺但损失不那么严重的使用者处购买更多份额的水资源。

在需求冲突严峻的时期，削弱甚至在某些情况下取消从所谓的“高级别优先使用”转移到“低级别优先使用”的能力，会使水资源稀缺造成的损失更高。实质上，优先使用原则没有充分考虑暂时性短缺导致的边际损失，而结构优良的产权体系却能自动避免这种损失。

水资源难以转让的另一个原因是人们通常只消耗从河流中抽取的一部分水。只要将抽取的水在同一流域内使用，一部分水最终将以回流的形式返回河流中。例如，依靠灌溉水种植的谷物，仅使用了农田里的一部分灌溉水，即消耗性用水。剩余的水要么蒸发要么渗入土壤，最终回到其源头（如河流或灌溉沟渠）。下游的农民（或其他使用者）通常拥有使用这些回流水资源的权利。从法律上讲，水资源的转让不能对下游的水权所有者造成负面的影响，所以西南部的水务法院非常忙碌，案件的裁决往往需要数年。

限制转让非常具有现实意义。由于能源成本低和联邦政府给予的补贴，农业灌溉已经成为西部地区用水的第一大部门。然而，农业用水的边际净效益比市政及工业用水低，有时甚至低很多。把水从农业灌溉转移到其他用途将增加边际净效益。因此，农业用水向市政用水的转移越来越普遍也就不足为奇了。

联邦复垦项目与农业用水补贴。即使净效益为负，联邦复垦项目向已获批准的项目提供各种补贴，为其调配水资源。为什么这样做？建设这些无效率项目的动机是什么？

Howe（1986）早期的一些研究提供了一种可能的解释。他研究了在科罗拉多州东北部建造大汤普森工程的成本和效益。该工程把水抽至某一高度，然后通过管道输送到山脉的东侧，在山的那一侧建立了一些电厂。在低海拔地区，该工程将水引流到天然河流及引水渠，分配给灌溉区域和山脉前沿城市。

豪（Howe）按照不同的工程年限计算了包括所有效益和成本在内的这项工程的全国性净效益，为−3.414亿美元或−2.370亿美元。这项工程的建设成本大大超过了它所获得的效益。然而，地方从这项工程获得的区域性净效益很明显（分别是7.669亿美元或11.87亿美元）。由于绝大多数成本都通过税收转嫁给了国家纳税人，因此这项工程对当地来说是一种额外的福利。因此，尽管该工程本身是经济无效率的，但地方有足够强大的政治压力确保工程获得批准。迄今，这仍是为数不多的关注项目事后成本和效益的研究之一。

尽管联邦政府包办设施建设是无效率的一个来源，而水的定价方式则是另一个无效率的来源。名目繁多的补贴金额相当巨大。Frederick（1989）报告了美国自然资源保护委员会计算威斯特兰水域灌溉农业补贴时所做的一些工作。该区域位于加利福尼亚州圣华金河谷西侧，是世界上最富庶的农业地区之一。威斯特兰供水区水价为10～12美元/英亩-英尺，不到向该区域输水总成本（不含补贴）的10%。由此产生的补贴大约为每英亩灌溉面积217美元，或者平均规模的农场每年补贴500 000美元。

城市和工业用水。供水机构收取的水价同样没有提高水资源的使用效率。价格水平和费率结构都有问题。一般而言，水价太低，费率结构没有充分反映为各类用户提供服务的成本。

自来水公司有多种水费和收费项目，其中一些更能反映成本。与水相关的各种费用反映了储水、处理及向用户输水的成本。然而，这种费用很少能反映出水的真实价值。

部分原因可能是我们将水视为一种必需品，所以公共供水公司收取的费用通常很低。地表水水价便宜有两个不同的原因：（1）费率由历史平均成本决定；（2）极少包括边际稀缺租金。

有效定价要求使用边际成本而不是平均成本。为充分维持水资源保护与利用的平衡，消费者应该支付提供最后一单位水带来的边际成本。然而，从近期公开披露的数据来看，通常仅允许受管制的供水机构收取能够弥补运行成本的费用。供水机构属于资本密集型行业，短期内固定成本很高，这意味着短期平均成本将逐渐下降，也意味着边际成本低于平均成本。在这种情况下，边际成本定价将导致供水机构的年收入不足以抵消成本。（你知道这是为什么吗？）

然而，情况可能正在改变。现在，由于新设施的开发成本通常要高很多，旧的供水设施又受生产能力所限，所以长期成本可能正在上升。

问题的第二个根源在于管制者无法预见供水公司的运行情况，在计算合适的价格时未考虑稀缺租金。当涉及地下水时，这个问题甚至更加严重。对于不可再生资源，有效价格应该等于边际成本加边际使用者成本（回忆第 5 章的两期模型）。一项研究发现，由于未包括使用者成本，亚利桑那州图森市当时的水价低了约 58%，虽然后来有所上升(Martin and kulakowski，1991)。讨论 9.1 说明了农业和市政用水定价间的矛盾。

定价过低和忽略边际稀缺租金造成水资源需求过度。当水价过低时，人们常忽略一些简单的行为，如修理漏水的水龙头或种植非本地草坪等。然而在纽约这样的城市，漏水的水龙头就造成了巨大的水资源浪费。

讨论 9.1 水的价值是什么？

正如本章之前提到的那样，科罗拉多州大汤普森工程（Colorado-Big Thompson，C-BT）将水从科罗拉多河输送到科罗拉多州山脉的东坡。北科罗拉多州管理区（The Northern Colorado Conservancy District）每年将大约 25 万英亩-英尺的水分配给科罗拉多州东北部的灌溉者、乡镇居民、城市居民和工业用水者。拥有初始水权的灌溉者为每份水资源（平均一份水资源为每年 0.7 英亩-英尺）支付 3.5 美元。城市居民如果拥有初始水权，每份水资源则需要支付大约 7 美元。

C-BT 的水资源份额在区域内是可转让的，并且这种交易很活跃。水资源的市场价格最低为每份 1 800 美元，以 8%的贴现率计算，相当于永久获得每英亩-英尺水资源约需 2 600美元，或每年 208 美元。最高市场价格竟达到每份 22 000 美元！另外，（对于那些想要出售或购买一年期水资源的用户）水是可以出租的。正如你们预计的那样，租金市场的价格往往要低得多，通常为每英亩-英尺 7.5 美元到 25 美元。

城市中的用水户需面对各种水价。Boulder 公司采取的是累进定价制，对于每月水费支出水平为平均水平 0%～60%的部分，每千加仑为 3.19 美元；对于每月水费支出为平均水平 61%～100%的部分，每千加仑为 4.25 美元；对于每月水费支出为平均水平 101%～150%的部分，每千加仑为 8.50 美元；对于每月水费支出为平均水平 151%～200%的部分，每千加仑为 12.75 美元；对于每月水费支出大于平均水平 200%的部分，每千加仑为 21.25 美元。Ft. Collins 公司有一些没有安装水表的消费者，他们每个月缴纳固定费用，但无须承担额外使用量的边际成本。安装水表的消费者每月需支付 14.99 美元的固定费用和累进定价制决定的水费。8 000 加仑以内的价格是每千加仑 2.73 美元；8 001～15 000 加仑以内的价格是每千加仑 3.57 美元；每月用水量超过 15 000 加仑的消费者面临最高累进费率，价格为每千加仑 4.40 美元。Longmont 公司有装表和无表用水户，对居民用水户实行累进定价制，对小部分商业用水户实行累退定价制。

经济学理论不仅表明对于给定的水资源项目，所有用途和所有使用者的边际净效益应该相等，而且共同边际净效益指标也为所有水资源使用者提供了边际水量价值的有用指示。

我们如何理解这些价格之间的巨大差异？从效率的视角看，我们观察到的各种价格之间唯一的差别应该是向用水户输水的边际成本差异（因为所有用水户的边际净效益应该相等)。C-BT 的水价差异却无法只用边际输水成本来解释，因此它们显然不仅是无效率的，而且传递出有关水资源价值非常混乱的信号。

资料来源：Howe, C. (1998). Forms and functions of water pricing: An overview. In D. D. Baumann, J. J. Boland, & W. M. Hanneman(Eds.), *Urban Water Demand Management and Planning*. New York: McGraw-Hill, 181 - 191; Rate information from the cities of Boulder, Longmont, and Ft. Collins, Colorado, and the Northern Colorado Conservancy District(2004). Updated prices and rates from www.watercolorado.com and https://bouldercolorado.gov/water/utility-rates. Accessed January 2018.

河道内水资源。水资源的河道内和河道外使用间的矛盾并不罕见。由于河道内水流属于非消耗性使用，传统的优先占用法则未将其纳入考虑。

让我们来看一个著名的案例。2001 年，联邦政府切断了克拉马斯流域农民的用水以保护受威胁的银鲑鱼，这种银鲑鱼受到联邦《濒危物种法案》的保护。当地农民强行打开灌溉闸门，排成运水长龙取水灌溉。内政部长盖尔·诺顿（Gale Norton）随即决定恢复对 1 400 多名使用克拉马斯河水的农民的原有供水。6 个月之后，由于河流水量过少，大量的鱼类死亡（估计至少有 35 000 条银鲑鱼）。这种持续到现在的纷争说明了当前水资源管理的相关法律和制度结构上的一类问题。如果不正式确认河道内生态需水的水权，水资源配置决策就难以恰当地考虑包括银鲑鱼在内的物种的价值。

人们的假设可能是，为保护物种而引水必然会降低测算的净效益，但情况不总是如此。一项对新墨西哥州里奥格兰德河的研究发现，从上游农业引水为濒临灭绝的鲦鱼提供最小生态需水流量，为下游高价值用途提供更多的水资源，增加了净效益（Ward and Booker，2003）。其他研究也发现，这种水资源的休憩价值（另一种河道内水资源的用途）高于灌溉用水。

公共财产或开放获取问题。配置地下水必须面对另一个问题，当许多使用者都从同一含水层抽水时，该水层就是开放获取的资源。开发一个开放获取的资源会使资源消耗过快，使用者就丧失了节约资源的动机，人们会忽视边际稀缺租金。

在有效市场中，保护地下水资源的动机来自两个方面的期望：一是防止取水成本增长过快，二是从未来合理预期的更高价格中获利。但对于开放获取资源，这两种期望都不会转化为保护行为，原因很简单，因为节约者不拥有对其所节约的水的排他性权利，其他人可以轻而易举地使用某人节约的水；一方为了利用未来更高的价格所节约下来的水很容易在获取高价之前就被其他人使用了。

经济学理论指出了开放获取资源的几个直接后果：抽水成本急剧上升，初始价格太低，早期用户消费过量等。浪费负担的分摊是不均的，因为典型的含水层呈碗状，含水层边缘的使用者尤其会受到严重打击。当水位下降时，边缘地带先干涸，而中心地带却仍能在相当长的一段时间内继续供水。与当前使用者相比，未来使用者也将受到沉重的打击。对于沿海含水层来说，过快抽取含水层的一个潜在额外成本是盐水入侵。

补救措施和改革

□ 农业用水定价

合理定价是提高效率的一个途径。由于认识到补贴稀缺资源消费导致的低效率，美国国会于 1992 年通过了《中央河谷工程改善法案》。尽管只对最后 20%的水按成本征收全额费率，该法案提高了联邦政府对灌溉用水的收费。政府将收集到的收入投入一只基金以减轻中央河谷的环境破坏。该法案还允许将水转移到新的用途。

Dinar 等（2004）回顾和评估了发展中国家灌溉用水的定价实践。表 9－1 从定价系统的类型和属性两个方面总结了他们的发现。如表 9－1 所示，在所获信息有限的情况下，水资源管理者需在效率和可行性之间权衡取舍。

表 9－1 定价方法及其特点

	定价体系	特点
最优	按量定价	实施困难，易控制水资源需求
	阶梯定价	实施困难较小，较容易控制水资源需求
	两部定价	与阶梯定价相同，但提高效率需要更长的时间
	水市场	实施极度困难
次优	按产量定价	实施相对容易，较容易控制水资源需求
	按投入定价	实施简单，较容易控制水资源需求
无效率	按面积定价	最易实施，但没有效率且难以控制水资源需求

资料来源：摘自 Dinar 等（2004）。

两部定价和按量定价虽然非常有效，但需要了解每个农民的用水量，因此发展中国家很少使用这样的定价方法。（两部定价包括按水量收取的费用和不随用水量变化的固定月费。月费的目的是收回固定成本。）个人用户安装水表可以提供用水量信息，但成本较高。此外，按产量定价（水费与农业产出而不是用水量挂钩）的效率较低，但它只需要每个用水户的产量数据。按投入定价甚至更简单，因为它既不需要监控水的使用也不需要监控农业产出。按投入定价是根据与水相关的投入（如肥料的单位费用）对灌溉者征收税费。当需求出现季节性高峰时，阶梯水价是最常见的。以色列和加利福尼亚都有阶梯水价的实例。按面积定价可能是最容易实施的，因为它唯一需要的信息就是灌溉土地的面积和该土地上的作物类型。虽然这种方法是最常见的，但由于其额外用水的边际成本是零，所以它缺乏效率。

Dinar 等（2004）针对发展中国家提出了一套水资源改革方案，在可能的情况下采用边际成本定价，以及利用阶梯定价法在水资源供应者和农民之间转移财富。这一策略把固定成本的负担分给相对富裕的城市人口，反过来，城市人口也将从较为便宜的食品中受益。

供水公司应该抛弃只收回输水成本并把水当作免费商品的传统做法。相反，供水公司采用的定价体系应能够反映边际成本递增和地下水的稀缺价值。从任何意义上说，稀缺的水资源都不是免费商品。只有现有用户承担相应的水资源使用成本，才会产生适当的节水激励，并保护未来几代用水户的利益。

□ 城市用水定价

将使用者成本计入水价可能比最初看起来要困难得多。供水公司由于在当地具有垄断地位，通常受到政府监管。对受监督的垄断企业费率结构的要求通常是企业只能获得“公平”的回报率，不允许获取超额利润。如果对所有用户收取的统一水价包括使用成本，卖方可以获得利润。（回忆第 2 章关于稀缺租金的讨论。）卖方因计入使用者成本而产生的稀缺租金就是超过运营成本和资本投入的收入。

由于固定成本较高，这些自然垄断企业的绝大部分生产活动的平均成本都在下降。在向用户收取水费时，供水公司有多种选择，他们需要在保证稳定收入的定价和节水之间取得平衡（在一些城市中）。图 9－3 展示了最常见的按量定价的价格结构。一些公司仍然收取固定费用，而从稀缺的角度来看，这是最糟糕的定价方式。固定费率不以用水量为基础，因此额外耗水量的边际成本为零！甚至没有计算私人用户的用水量。

当然可能实现更复杂的固定费用体系，但它们并不能解决节约的激励问题。至少在 20 世纪 70 年代末以前，科罗拉多州的丹佛市使用 8 种不同的因素（包括房间数量、人数和浴室数量等）来计算每月的水费。尽管这个计费系统很复杂，但由于收费金额与实际用水量无关（没有计量用水量），额外用水的边际成本仍然是零。

按量定价的价格结构需要测量用水量。一些价格是固定费用加上按消耗量收取的费率，一些价格可能包括最低用水量。三种常见的按量定价结构包括统一定价（线性或固定定价）、累退定价和累进定价（图 9－3）。

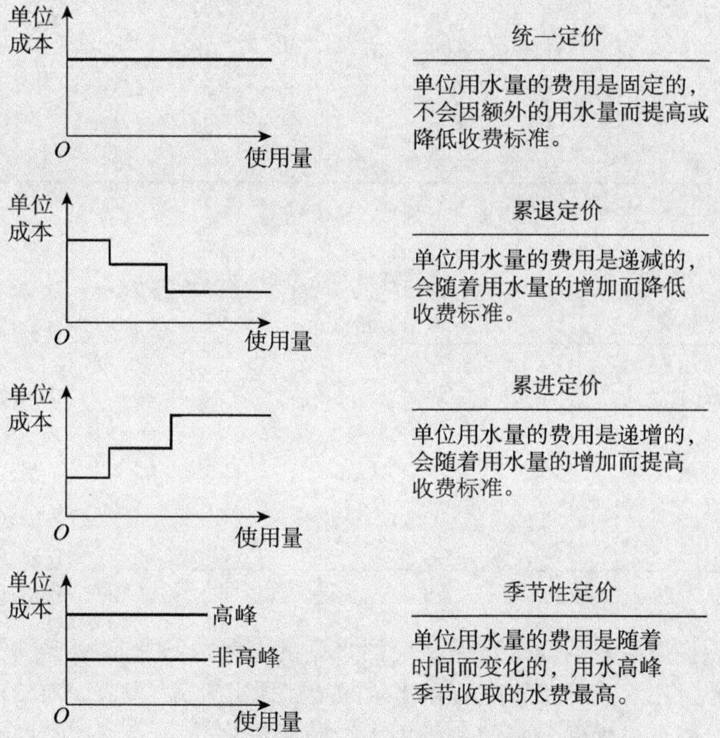

图 9－3　各种可变费率结构一览

资料来源：Four examples of consumption charge models from water rate structures in Colorado：How Colorado cities compare in using this important water use efficiency tool，September 2004，p. 8 by Colorado Environmental Coalition，Western Colorado Congress，and Western Resource Advocates. Copyright © 2004 by Western Resource Advocates. Reprinted with permission.

统一或不变费率的定价结构由于容易执行而极为普遍。对所有消费水平的用水户按照统一的边际成本收费表明，供水的边际成本是恒定的。虽然这个费率确实考虑了水的边际成本不为零的事实，但它仍然是无效率的。

从历史来看，累退费率比累进费率更为普遍。累退费率作为一种广泛分摊固定成本的手段鼓励了更高的水资源消费量，在产能过剩的城市尤其是美国东部极为普遍。由于产能过剩的企业通常是固定成本较高的自然垄断企业，因此，累退费率反映了这一行业结构平均成本和边际成本递减的特征。此外，试图吸引更多商业机会的市政当局可能也发现这个费率很有吸引力。但是，随着人口增长或用水量增加，用水需求也会增加，用水成本也会随之增加而不是减少，所以这个费率就是无效率的。

监管机构对用水量较低的用户收取较高的边际成本，对用水量较高的用户收取较低的边际成本，这就给那些用水量较少的低收入人群带来了过多的经济负担，而高收入人群的边际成本过低以至于无法提供足够的节水激励。正因如此，许多城市已经放弃了累退费率定价方式（表 9-2 和表 9-3）。

表 9-2　美国公共供水系统的定价结构（1982—2013 年，%）

	1982 年	1987 年	1991 年	1998 年	2002 年	2004 年	2006 年	2008 年	2010 年	2012 年/2013 年
统一收费	1	—	3	—	—	—	—	—	—	—
统一按量收费	35	32	35	34	37	39	40	32	31	30
累退费率	60	51	45	35	31	25	24	28	19	18
累进费率	4	17	17	31	32	36	36	40	49	52
总计	100	100	100	100	100	100	100	100	100	100

资料来源：Raftelis Rate Survey，Raftelis Financial Consulting.

表 9-3　世界城市和费率结构（2016 年）

费率类别	城市数量（个）	百分比（%）
固定费用	4	1
统一费率或线性费率	155	40.4
累进费率	199	51.8
累退费率	11	2.8
其他	16	4.1
总计	385	100

资料来源：Global Water International，2016 Tarrif survey，www.globalwaterintel.com/tariff-survey/.

供水公司在提倡节水的同时试图保证回报率的一种方法是使用累进费率。在这种定价方式下，每单位用水量的价格随着用水量的增加而上升。

这种定价结构通过确保较高的额外用水边际成本来鼓励节约。用水户在额外用水量的边际点上，可以通过节约用水来节省一大笔钱。然而，由于起征点水资源定价较低，这种方法也降低了供水机构的收入。这样做的另一个好处是，那些需要水但又负担不起赋予富裕用户所支付的边际价格的人也可以获得水资源，又不会像统一费率那样将他们的预算置于危险境况。例如，南非德班的第一档用水实际上是免费的（Loftus，2005）。许多供水公司将冬季（室内）平均用水量作为第一档水量。只要第一档水量不会大到将所有用户都留在这一档，这个费率就会提高效率，也能发出缺水的价格信号。

有多少美国供水公司正在使用累进定价体系？如表 9－2 所示，使用累进定价的供水公司数量正在增加，但增长缓慢。

国际上是怎么样的？2016 年全球水资源的水价调查显示，累进费率逐渐成为全球趋势（表 9－3）。自 2012 年的上一次调查以来，采用累进费率的城市数量增加（从 48%增加到约 52%），累进费率在定价体系中处于主导地位。报告中所有采用按量定价方法的城市里，绝大多数城市采用固定费率或累进费率。有趣的是，在采用累退费率的 14 个城市中，有 9 个是美国城市。

费率结构的其他方面也很重要。效率要求价格等于供应的边际成本（适当时包括边际使用成本）。从这个定理可以得出几个实用的推论。需求高峰期的价格应该高于非高峰期的价格。用水的需求高峰期通常在夏季。高峰期用水对供水系统的供应能力产生压力，因此产生了扩建系统的需求。因此，应向季节性用户收取更高的费用来补偿与系统扩建相关的额外费用。尽管美国西南部的一些城市已经开始采用季节性水价，但目前的水价系统很少能够在实践中满足这一要求。例如，亚利桑那州图森市在 5 月至 9 月就采用季节性费率。此外，市政当局采用的累进费率的第一档等于冬季平均用水，有人认为对一般用水户来说，这本质上就是季节性费率。除了夏季的几个月外，一般用户不太可能进入第二档或第三档。图 9－3 的最后一幅图描述了季节性的统一费率。

在干旱时期，季节性定价是合理的，但在政治上很少可行。然而，在极端情况下（如严重干旱），城市更有可能成功实现水价的大幅变革来应对干旱问题。1987—1992 年期间，加利福尼亚州圣巴巴拉经历了 20 世纪最严重的干旱之一。为了应对超额需求带来的危机，圣巴巴拉市在 1987—1995 年期间对费率和费率结构进行了 10 次调整（Loaiciga and Renehan，1997）。1987 年，圣巴巴拉采用了每 ccf 0.89 美元的固定费率。[①] 1989 年底又改为执行累进费率，该累进费率体系包括四档用水量，第一档的水价为每立方英尺 1.09 美元，最高一档的水价为每立方英尺 3.01 美元。1990 年 3 月至 10 月，最高一档的水价已经升至每立方英尺（748 加仑）29.43 美元！随后费率有所降低，但较高的费率成功地减少了近 50%的用水量。似乎当一个社区面临严重干旱并且社区支持使用价格杠杆来解决问题时，价格确实可能发生重大变化。

为了应对加利福尼亚州最近严重的干旱情况，州长杰里·布朗（Jerry Brown）要求减少 25%的居民用水。然而，从供水公司的角度来看，居民用水量大幅减少可能会给企业收入的稳定性带来风险，企业可能难以弥补其（巨额）固定成本。回想一下，供水公司是固定成本极高的自然垄断企业。案例 9.1 比较了侧重收入稳定性的替代定价结构和累进费率定价。在这种情况下，可以实现收入稳定，但要以公平定价为代价。

❖案例 9.1　节水成本：收入稳定和公平定价的较量

2014 年 1 月，加利福尼亚州州州长杰里·布朗宣布加利福尼亚州进入干旱紧急状态，并要求所有加利福尼亚州人减少 20%的用水量。2015 年 4 月，一项行政命令将这一比例提高到 25%。加利福尼亚州正在经历一场严重的干旱且正面临严重的水资源短

---

① ccf 指 100 立方英尺，大约是 748 加仑。

缺。虽然这类命令确实可以促进水资源的节约，但由于以消耗量为基础的费率有助于企业弥补成本，因此大幅削减用水量可能会严重损害供水公司的收入。

我们已经了解到，固定成本很高的自然垄断企业的平均成本和边际成本递减，因此这些企业必须设法在有效定价和弥补成本（包括固定成本）之间取得平衡。当用水户节约用水时，按消耗量收费的供水公司将会面临收入减少的问题。

Spang 等（2015）提出了一个解决收入稳定性问题的理论论据。他们建议采用基于消耗量的固定费率（Consumption-Based Fixed Rate，CBFR），将消费者的费用分为三部分，每一部分都基于供水公司的一种成本：固定-固定成本、固定-可变成本（比如可随扩张增加的固定成本）和纯可变成本。表 9－4 对这些成本进行了说明。

表 9－4　成本定义和分类

固定-固定成本：不受系统用水量影响的常数	合规成本、安全检查、办公人员、处理厂能源使用成本等
固定-可变成本：其存在与系统用水无关，但随着系统用水需求变化而变化	管道基础设施、化学品、维修和保养等
纯可变成本：由用水量水平直接决定	水资源买卖成本、抽水能源成本等

CBFR 将固定-固定成本分配给所有用户，而将固定-可变成本和纯可变成本按照用户当月用水总量的百分比按比例进行分配，即成本×（用户用水量/全系统总用水量）。

贝茨学院（Bates College）大四学生埃米·施密特（Amy Schmidt）对 CBFR 能否在实践中发挥作用感到好奇，于是决定一探究竟。在本科毕业论文中，施密特收集了加利福尼亚州和科罗拉多州两个城镇的水务数据，发现 CBFR 确实稳定了收入，但这以低用水量用户的利益为代价。换句话说，CBFR 解决了收入问题，但造成了私人用水户之间的不平等。在某些情况下，用水较少的用户水费会大幅增加，而用水较多的用户则因水费较低而获益巨大。

加利福尼亚州洛米塔和科罗拉多州朗蒙特两个城镇目前都采用累进费率。对于这两个城镇来说，CBFR 将高额的固定成本平均分摊给每个用户，所以为高用水量用户节省的资金超过了低用水量用户。在科罗拉多州朗蒙特，中、低水平用水量的用户水费实际上大幅增加。低用水量的用户水费几乎是原来的三倍（表 9－5）。

表 9－5　2013—2014 年财年模拟 CBFR 系统下的用户水费支出占实际支出百分比的估算情况

高用水量用户（50hcf）	洛米塔 30%	朗蒙特 35%
平均用水量用户（35hcf）	洛米塔 40%	朗蒙特 171%
低用水量用户（15hcf）	洛米塔 63%	朗蒙特 268%

资料来源：摘自 Schmidt 和 Lewis（2017）。

产生这个结果的部分原因是供水公司如何对这些成本进行分类。对于这两个城镇而言，CBFR 显然在定价方面造成了一些不公平。在解决一个问题的同时，也会产生另一个问题。

基于公平的考虑，这个结果建议我们谨慎使用 CBFR 方法。不过在严重干旱时期，这个方法可能是有用的，可以暂时缓解收入短缺造成的威胁。

基于公平的考虑，Schmidt 和 Lewis（2017）模拟了一个修正的 CBFR 价格体系，即根据家庭收入给价格赋予权数。使用这种比例定价法或“基于消耗量的比例固定费率”，高用水量用户的水费将增加，而低用水量用户的水费将减少约 30%。他们建议可以考虑替代定价模型。以消耗量为基础的比例固定费率（Scaled Consumption-Based Fixed Rate，SCBFR）似乎是确保供水公司收入稳定而又不损害低收入家庭承担能力的更好选择。

资料来源：Schmidt, A. , & Lewis, L. (2017). The cost of stability: Consumption-based fixed rate billing for water utilities. *Journal of Contemporary Water Research and Education*, 160, 5 - 24; Spang, E. S. , Miller, S. , Williams, M. , & Loge, F. J. (2015). Consumption-based fixed rates: Harmonizing water conservation and revenue stability. *American Water Works Association*, 107, 164 - 173.

边际成本定价理论的另一个推论是，当一家供水公司为某一类客户提供服务的成本高于为另一类客户提供服务的成本时，每一类客户都应该承担与各自服务相关的成本。通常这意味着那些远离水源或海拔较高（需要有更大压力的水泵）的用户应该支付更高的费用。在实践中，供水公司的收费对不同用户所做的区分远远低于效率的要求。因此，成本较高的用水户实际上得到了补贴；所以他们缺乏节约用水的激励，也没有动力落户到供水成本较低的城市地区。

□ 全额成本收回定价

另一种可行的定价机制是，供水公司对供水服务收取全额成本收回（full cost recovery，FCR）价格，来赚取高于正常回报率的利润。全额成本收回包括环境成本和资源成本。由于配置效率的实现离不开用户对水资源价值的清晰认识，因此 FCR 是一种潜在的解决方案。

全额成本收回是欧盟水资源政策指令的支柱之一。《水资源框架指令》指出，“成员国应确保水资源定价政策可以为有效利用水资源提供充分的激励，从而有助于实现这一政策目标中的环境目标。”实行 FCR 定价对成员国意味着什么？

Reynaud（2016）评估了 9 个国家（奥地利、保加利亚、捷克共和国、爱沙尼亚、法国、希腊、意大利、葡萄牙和西班牙）全额成本收回定价对欧洲家庭的影响。他特别感兴趣的内容是价格变化对消费、负担能力和公平的影响。

对于第一个度量即消费，雷诺（Reynaud）估计实施 FCR 定价导致价格上升，并估计了需求的价格弹性（对价格变化的反应程度）。不出所料，结果因国家而异。在爱沙尼亚和意大利，水价大幅上涨，用水量分别减少 21.2%和 33.8%。他测算出意大利的消费者剩余损失最大，每人损失 81.2 欧元，这可能由于意大利家庭的需求价格弹性较大。水价变动对保加利亚、捷克共和国和西班牙的影响较为温和，对其他国家的影响很小。

通常采用家庭收入中用于水资源的比例来衡量水资源的负担能力，“水匮乏”的家庭指将收入的 3%或更多用于供水服务的家庭。在调查的 9 个国家中，只有保加利亚的水资源负担能力成为 FCR 定价下的一个问题，因为该国的家庭将 3%以上的收入用于供水服务。

显然，FCR 定价评估必须具体问题具体分析。雷诺认为，效率意味着所有家庭都应该支付有效率的价格，然后可以利用收入再分配来解决水资源负担能力的问题。然而在实践中，这样的计划可能难以实施。如果没有这样的计划，补贴或社会定价将是次优选择。一些欧洲国家已经实施了某种形式的社会定价。

□ 定价和需求的价格弹性

不管选择何种定价体系，供水公司不仅想知道面对更高的水价，用户是否会减少用水量，更想知道在给定价格上涨幅度的情况下，用户的反应程度是多少，即用户的需求价格弹性是多少。我们预计城市用水的需求价格弹性较弱，这意味着价格每上涨1%，消费者的用水量会减少，但降幅不到1%。对美国24项水需求研究的meta分析（Espey，Espey，and Shaw，1997）发现，需求价格弹性的平均值为−0.51。Olmstead和Stavins（2007）在论文总结中发现了类似的结果。这些结果表明，城市用水需求对价格有反应，但不是特别敏感。然而，区域供水和当地气候条件会影响水需求的价格弹性。干旱气候下居民用水需求的价格弹性要大于潮湿气候下的需求价格弹性。在干旱地区，如美国西南部，奢侈或户外活动使用了很大一部分的水资源，这些水资源需求中更具有弹性的部分会影响价格弹性。Yoo等（2014）测量了亚利桑那州凤凰城的短期和长期价格弹性，发现居民用水需求的长期价格弹性大于短期价格弹性。为什么你认为这是真的？他们还发现，与高收入（高用水量）用户相比，低收入用户对价格的反应更大，这表明需要更陡峭的累进费率。

□ 水交易、水市场和水银行

另一项改革是减少对水资源转让的多种限制。经常与优先占用法则相伴而生的“要么使用，要么丧失”的原则会加剧水资源的过度使用并阻碍节约水资源，典型的就是没收节约的水资源。允许使用者从出售节约的水资源中获益将鼓励用水户节约水资源，并使得水资源用于价值更高的用途上（案例9.2通过历史案例展示其如何发挥作用）。

案例9.2　应用经济学原理保护加利福尼亚州的水资源

1977年，为解决加利福尼亚州的长期水资源问题，时任州长杰里·布朗与各方磋商建造一项新的输水工程，但遭到了环保团体的反对，这些反对早在预料之中，但未预料到的是反对所采取的形式。环境保护基金（Environmental Defense Fund，EDF）不是简单地反对计划中每一个争议之处，而是向工程支持者展示了如何通过不对环境施加额外压力的方式更好地满足用水需求。

根据该策略，如果能说服水域西部寻找水资源的农业土地所有者采取新型的节水灌溉技术来减少用水量，就可以通过该工程将节约下来的水输送到目标地区。然而，因为节约用水需要安装昂贵的新设备，而且根据“要么使用，要么丧失”的原则，农民也得不到节约下来的水，因此农业生产者缺乏节约用水的激励。人们能够做些什么来改变现状？

1989年1月17日，在环境保护基金的努力下，种植者协会（灌溉用水的主要用户）和加利福尼亚州都市用水行政区（Metropolitan Water District，MWD，向洛杉矶地区供水的公共机构）达成了一项历史性协议。协议规定 MWD 承担该大型项目的资本投入、运营成本以及间接成本（如水力发电的减少），包括减少水在传输过程中的渗漏，以及在农田中安装新型节水灌溉技术设备等产生的成本。作为回报，MWD 获得所有节约下来的水资源。各方都从中获益：MWD 以合理的价格获得了所需的水资源，种植者不必被迫承担大量额外成本，可以保持灌溉效益不变。

由于当前管制体系导致严重的无效率，转向一个更有效的水资源配置方案自然能够增加净效益。创造性地利用这些额外的净效益，也许能削减严重的环境威胁。

这份协议的成功还影响了其他协议。例如，2003 年 10 月达成的两份水资源转让协议，在市政府的资金支持下，通过在因皮里尔河谷采取水资源保护措施，每年能够为圣迭戈地区多提供 200 000 英亩-英尺的水资源。

资料来源：Taylor, R. E. (1990). *Ahead of the Curve: Shaping New Solutions to Environmental Problems*. New York: Environmental Defense Fund; San Diego County Water Authority, www.sdcwa.org/first-water-delivery-consummates-historic-water-transfer.

人们越来越多地利用水市场和水银行，通过短期租约或长期租约（多年租约或永久转让即出售）转让季节性的水资源。水市场是一种使水资源转向使用价值最高的用途上来提高效率的制度化结构。尽管多数水市场和水银行都受限于特定的地理区域，但在某种程度上，水资源可以向价值最高的用途转移。公告牌、水资源经纪人和电子计算机网络将买卖双方聚集在一起。例如，加利福尼亚州和科罗拉多州已经在水资源销售中利用电子公告牌。干旱年银行在加利福尼亚州成功施行。1996 年，亚利桑那州建立了一家水银行，使中央亚利桑那州项目的水资源能够直接回补图森市和凤凰城的地下含水层，作为“替代补给”以供未来使用。水资源紧张的南内华达州已经签署了《州际银行协定》（2001 年签署，2004 年修订），在该协定中，亚利桑那州水银行出售给内华达州 125 万英亩-英尺长期储存权。为此，内华达州要支付给亚利桑那州 1 亿美元，外加这些水权的存储和恢复成本（Kenney et al.，2013）。

案例 9.3 分析了科罗拉多州的一个独特的水市场。然而，水资源的转移可能产生高昂的交易成本，包括获得批准所需的时间（有时可达 2 年）以及对流域下游的潜在影响。科罗拉多州大汤普森工程市场成功的一个原因是水权结构和基础设施条件良好使交易成本较低。电子银行也有助于提高交易的透明度。www.watercolorado.com 网站就像是一个水资源交易的 Craigslist 分类广告网站，为买卖双方提供了信息交换的场所，将买卖双方联系在一起。

∵案例 9.3　科罗拉多州的水资源转让：什么使水市场发挥作用？

讨论 9.1 中重点介绍的科罗拉多州大汤普森工程（C-BT）从落基山脉上坡西侧的科罗拉多河抽水，经过大陆分水岭下的隧道进入南普拉特河。这个庞大的调水系统由多条运河和多个水库构成，其最大调水量为 310 000 英亩-英尺，平均每年调水 270 000 英亩-英尺。该项目的水权份额可以转让，北科罗拉多水资源保护区（North Colorado Water Conservancy District，NCWCD）促进了 C-BT 配额在农业、工业和市政使用者之间的转让。1937 年，C-BT 的每份初始水权的成本是 1.5 美元。市政用途的 C-BT 水权永久转让的价格已经达到 2 000～2 500 美元（Howe and Goemans，2003）。2012 年，每份价格甚至涨到 22 000 美元（www. watercolorado. com）。

科罗拉多州的水市场有独特性，一方面是由于每份水权都是同质的，而且交易很方便；另一方面，调水所需的基础设施已经存在，且产权界定明确（由于水资源来自不同的流域，所以在调水过程中不计入回流）。因此，与大多数水市场不同，该市场的交易成本很低。这个市场相当活跃，是西部组织最好的水市场。该项目开始时，农业使用了几乎所有的水权。到 2000 年，市政当局使用了超过一半的 C-BT 水权。为了展现不同的制度安排如何影响水权转让的规模和类型，Howe 和 Goemans（2003）比较了 NCWCD 市场和科罗拉多州的其他两个市场。他们分析了南普拉特河流域和阿肯色河流域的水权交易。对西部的大多数市场来说，传统的水权依据优先占用法则，很难转让，而且难以发挥水资源使用的最大价值。他们发现，与南普拉特河和 NCWCD 相比，阿肯色河流域较高的交易成本导致水权交易数量少，但是规模更大。他们也发现，就水资源转让的外部性而言（主要指流域外转移），阿肯色河流域地区转让的负面影响要大于其他两个地区，并且获得法庭批准的时间长。如果机制安排可以相对便捷地转让水权，水市场就有助于实现经济效率。他们建议应当扩展水资源转让的评估准则，使其包括对水源地区域造成的次级经济和社会成本。

资料来源：www. northernwater. org/WaterProjects/C-BTCProject, aspx; *The Water Strategist* 2006. Retrieved from www. waterstrategist. com/; Howe, C. W. , & Goemans, C. (2003), Water transfers and their impacts: Lessons from three Colorado water markets. *Journal of the American Water Resources Association*, 1055 - 1065.

Basta 和 Colby（2010）研究了加利福尼亚州、科罗拉多州和得克萨斯州以及太平洋西北部（爱达荷、俄勒冈和华盛顿）和山间地区（亚利桑那、内华达、犹他和新墨西哥）的市场。美国大部分水交易发生在这些州。他们在研究趋势后发现，虽然各州交易价格和交易量各不相同，但都有一些共同点。随着时间的推移，水资源交易量和水资源租赁的数量一直在上升。除了加利福尼亚州和得克萨斯州的租赁价格相对持平外，其他地区的价格也都呈现上升趋势。科罗拉多州的平均售价最高（每英亩-英尺 1.2 万美元以上）。山间地区的租赁价格最高，大部分的租赁价格从每英亩-英尺 500 美元到 2 000 美元不等。2006 年租赁价格飙升至每英亩-英尺 14 000 美元，2007 年达到每英亩-英尺 10 000 美元！不足为奇，在潮湿的西北太平洋地区，无论是出售还是租赁的价格都是最低的。水市场正在国际上许多地区获得吸引力。案例 9.4 从经济效率、公平性和环境可持续性等方面评估了澳大利亚、智利、南非和美国的水市场。

❖案例 9.4　澳大利亚、智利、南非和美国的水市场评价

水市场作为一种水资源配置机制，正变得愈加重要。各种水市场能否成功使水资源流向使用价值更高的用途，继而有助于使各种用途的边际效益相等吗？

Grafton 等（2011）采用 26 条准则评价了四个已经建立的水市场，分别是澳大利亚墨累-达令流域、智利利马里谷、南非和美国西部。中国还有一个新兴的水市场，由

于其运行时间较短，我们未纳入本案例中。其中8条准则与经济效率有关，8条准则与制度基础有关，5条与公平性有关，其他5条与环境可持续性有关。继而将26条准则融为一个四点量表。

关于经济效率准则，水市场应该能够有助于水资源从低价值用途转向价值更高的用途。格拉夫顿（Grafton）等人将市场的规模定义为交易水权占全部水权的比例，他们发现智利和澳大利亚的水市场规模是30%，非常高。为了让大家理解这些数字的背景，研究估计智利水市场交易带来的效益占到农业对GDP贡献的8%～32%。

他们也定义了一些他们认为可以体现制度特征的定性变量，如市场的规模和范围，这些变量最终能够通过影响交易成本、价格的可预测性和透明度来影响市场运行的状况。澳大利亚在定性变量测量中表现最好，次之是智利。南非和美国西部水市场的表现喜忧参半。

从他们的分析中得到的一个重要认识是："水市场能够为买卖双方带来其他方式不能提供的显著效益，并且随着可用水资源的减少，这些效益将增加。"但是他们也指出，水市场需要有足够的灵活性，以适应长期的效益和环境需水带来的变化。水权的特有结构发挥了一定的作用。在美国西部，优先占用法则限制了水资源的转让，而在澳大利亚由法规而不是优先占用法则界定的水权体系使水资源的转让更为简单。

经济效率是这些水市场的一个重要目标，但是他们指出，在一些流域，水市场的设计和运行需要在公平和效率间进行权衡。经济效率甚至可能不是发展水市场的第一目标或主要目的。最后，他们指出澳大利亚已经制定出环境可持续性目标不向经济效率目标让步的体系，两个目标可以兼容并存。

资料来源：Grafton, R. Q., Landry, C., Libecap, G. D., McGlennon, S., & O'Brien, R. (2011). An integrated assessment of water markets: A cross country comparison. *Review of Environmental Economics and Policy*, 5(2), 210-239.

澳大利亚的水市场。正如案例9.4所强调的那样，澳大利亚已经建立了完善的水市场系统。澳大利亚政府委员会从1993年开始水资源改革，允许水和土地所有权分离，以促进向水市场的过渡。用水权与土地所有权关系的解缚给予用水户更多水资源转移的灵活性，提高了水交易的效率和成本有效性。这种分拆产生了两种主要类型的水资源：可交易的水资源获取权，即可以永久出售的特定消费池中的水份额；以及可交易的水资源配置，即某个特定季节配置的一定数量的水资源（National Water Commission，2013）。目前，澳大利亚有八种水资源交易机制，包括公开水市场、拍卖以及允许跨州交易和远期合约的"水权交易"等（Tisdell，2011）。大部分交易发生在墨累-达令盆地。

自2008年以来，在墨累-达令河流域南部，用水权利和水资源配置的交易量急剧上升。然而，由于严重干旱之后可用水资源回升，水资源交易价格下降。

在任何给定时间段内，经济因素（比如水需求的价格弹性、水价和投入品的价格）和非经济因素（包括水的可用性、土壤湿度、储存水量和预测）都会影响出售水资源配置的决定。水权也受到类似的影响，但相对较小；水权的价格波动远远小于水资源配置的价格波动（National Water Commission，2013）。你能解释一下为什么吗？

□ 环境需水交易

要在环境需水和水资源的消耗性使用之间寻求平衡并不容易。随着水资源竞争程度的加剧，将更多的水资源分配给消耗用途的压力也不断上升。最终，水位过低以至于无法支持水生生物生长及休憩活动。

维持环境需水的水权确实存在，但与消耗性水权相比，其数量少得多。这些仅有的环境需水水权与更高等级的消耗性水权相比，优先等级通常较低。事实上，这意味着当水流量较小时，环境需水水权丧失，所抽取的水资源将用于消耗性用途。正如许多州的情况一样，只要有益使用原则要求首先保护消耗性用水，就会低估用于保护鱼类栖息地及人们休憩的水资源价值。

迄今，取代先得者特权和允许保留环境需水的法律已经引起了很多争议。保护环境需水必须面对以下两个问题。首先，任何已获得的环境需水水权通常是公共物品，这意味着其他人可以搭便车。因此，环境需水的水权需求较低且无效率。私人获得环境需水的水权也不是一个有效的补救措施。其次，一旦获得了环境需水的水权，利用此水权保护环境需水量的行为可能不是"有益使用"（因此可能没收水权或把水权授予他人用于消耗性用途），或者在水量较小以及在最需要水资源时，环境需水优先次序过低以至于完全失去效率。然而，在一些情况下，如果保护濒危物种需要环境需水，环境需水可以处于高优先序。案例 9.5 显示，为环境需水预留水资源已经不止一次引起了争议，环境需水价值的低估并非不可避免。

∴案例 9.5　为了濒危物种，保护环境需水

里奥格兰德河发源于科罗拉多州，是得克萨斯州和墨西哥的天然边界。在这种水资源需求超过供给的地区，长期以来水资源共享的纠纷普遍存在。1974 年，美国渔业和野生动物管理局将里奥格兰德银鲑鱼列为濒危物种。银鲑鱼曾经是该流域最为丰富的鱼类，但分水坝的修建限制了银鲑鱼的游动，严重破坏了银鲑鱼的栖息地。

保护银鲑鱼将带来哪些影响？Ward 和 Booker（2006）比较了两种方案的效益：（1）不对银鲑鱼所需的环境需水量做特殊保护；（2）采用经济学、水文学和水流管理机构的综合模型维持银鲑鱼所需的充足水量。有趣的是，他们发现保护银鲑鱼栖息地给新墨西哥州农业带来正经济效益。水量增加后，新墨西哥州南部农民的效益抵消了新墨西哥州中部农民、市政和工业用水户的损失。例如，阿尔伯克基市以上流域的农业损失约为每年 114 000 美元，阿尔伯克基市以下流域的农业损失是每年 35 000 美元，市政和工业用水户的损失是每年 24 000 美元，而流域南部农业收益每年约 217 000 美元。得克萨斯州的农业和市政用水户都获益。总体而言，保护银鲑鱼的政策估计每年为得克萨斯州农业带来略多于 20 万美元的平均净收益，另外还为埃尔帕索的市政和工业用水户提供了 100 万美元的额外效益。

三角洲胡瓜鱼是一种很小的加利福尼亚州鱼，它的情形则不同。2007 年，一位加利福尼亚州法官为保护受威胁的三角洲胡瓜鱼颁布了一项临时命令，限制从三角洲地区向外输送水资源给农业和市政用水户。这意味着在平常年份，农业和城市减少了 586 000

英亩-英尺的水量。一项研究（Sunding et al.，2008）显示，此项命令每年造成的经济损失超过 5 亿美元（在长期干旱年景高达 30 亿美元）。研究人员指出，如果投资回收利用并保护水资源，实施水银行和水交易政策，长期损失将减少（每年 1.4 亿美元）。2009 年，农民对停止输水以保护该物种这项命令提出的抗议引发了强烈关注，喜剧演员乔恩·斯图尔特（Jon Stewart）甚至在《每日秀》节目中提到了消耗性用水和非消耗性用水间的权衡取舍。

当涉及濒危物种保护时，环境需水上升为优先使用等级，但不是每个人都认同这样的优先序。

资料来源：Ward, F. A., & Booker, J. F. (2006). Economic impacts of instream flow protection for the Rio Grande silvery minnow in the Rio Grande Basin. *Review in Fisheries Science*, 14, 187 - 202.; Sunding, D., Ajami, N., Hatchet, S., Mitchell, D., & Zilberman, D. (2008). Economic impacts of the Wanger interim order for delta smelt. Berkeley Economic Consulting.

为保护栖息地和物种而进行的水交易越来越普遍，特别是通过短期租约进行的水交易。美国的环境租约在加利福尼亚州和新墨西哥州（主要是在里奥格兰德河）最为常见。供水压力（来自干旱天气、人口增长）给水价带来上行压力。潮湿年份的租约可以保存到干燥年份，有助于减少城市和农业用户的水费开支，因此这是一个有吸引力的选择。以环境保护为目的的水租约是保护物种和栖息地所必需的。气候变化将增加对环境租约的需求（Jones and Colby，2010）。

与美国相比，英格兰和苏格兰更依赖于用市场来保护环境需水。它们成立了私人垂钓协会，从土地所有者手中购买垂钓权。协会获得垂钓权后，对垂钓者收费，用部分收入保护和改善鱼类栖息地。由于英国垂钓权的售价高达 22 万美元，所以权利的持有者有很大的动机保护其投资。成立钓鱼者合作协会（Anglers Cooperative Association）是采取这种保护措施的形式之一。该协会负责监测河流的污染情况，并在出现任何潜在问题时向管理机构发出警示。

□ 海水淡化和废水循环利用

解决水资源短缺问题越来越具有挑战性，但海水淡化技术、水资源的重复利用以及收集（和储存）雨水都有助于稳定水资源的供应。

直到最近，海水淡化的成本仍然相当昂贵，因此在中东以外的地区，这并不是一个可行的选择。然而，反渗透、纳米过滤和超滤技术的进步已经降低了海水淡化的成本，使其成为缺水地区一种潜在的新水源。反渗透是通过高压将抽取的海水泵入渗透膜，从海水中分离出盐分。根据联合国世界水资源发展报告，目前全世界有 150 个国家的 17 000多家海水淡化厂在运作（2014 年）。这些海水淡化厂每天生产 210 亿加仑的淡化水。自 2000 年以来，海水淡化能力每年增长大约 7%（Gleick，2006）。

目前的海水淡化技术是能源密集型的，因此非常昂贵。海水淡化技术的成本差异很大，但是在大多数地区，即使是成本最低的项目（每英亩-英尺为 750 美元）都是地下水开采成本的两倍多（Katz，2014）。预计海水淡化技术的成本将会继续下降，但下降速度不会很快。但是，许多项目的建设成本高得异常。

在美国，佛罗里达州、加利福尼亚州、亚利桑那州和得克萨斯州的海水淡化能力最强。然而，实际生产情况喜忧参半。例如，坦帕湾 1999 年签订了一个大型海水淡化项目的合同来提供饮用水。尽管这个项目技术最先进，成本也很低（每立方米为 0.45 美元），却受到多方阻碍。虽然该工厂在 2007 年底全面投产，但预计成本达每立方米 0.67 美元（Gleick，2006）。1991 年，加利福尼亚州圣巴巴拉市为应对前文提到的干旱问题建立了一个海水淡化厂，该淡化厂的供水成本预计为每立方米 1.22 美元。然而，在建设完成后不久，干旱就结束了，于是工厂再也没有开工。2000 年，圣巴巴拉市把工厂卖给了沙特阿拉伯的一家公司。虽然这座海水淡化厂不再运作，但如果目前的水资源供应用完，它仍然可以投入使用。

在加利福尼亚州，圣地亚哥新工厂的海水淡化成本约为每英亩-英尺 2 000 美元，远远高于该市目前从科罗拉多河和圣华金河三角洲调水的成本。

2011 年初，迪拜的一个大型海水淡化项目和以色列的另一个海水淡化项目分别由于需求增长低于预期和成本问题而中途取消。这两个项目占海水淡化市场份额的 10%。[①] 日益严重的水资源短缺和替代能源的成本日益增加最终将为这项技术创造公平的竞争环境。

□ 私有化

在过去的几十年里，供水的私有化引起了人们越来越多的关注。围绕这一策略产生了激烈的长期争论（见讨论 9.2）。

讨论 9.2 水系统是否应该私有化？

面对摇摇欲坠的供水系统和水资源补贴带来的财政负担，工业化国家和发展中国家的很多城市地区已经将供水系统私有化。一般来说，私有化是将公共所有的供水和输水资产出售给私人公司。私有化运动背后的动机是相信私人公司可以更有效地运转（因而能够降低成本，进而降低水价），并且可以通过向供水系统追加新的投资来改善水质和供水情况。

这种方法也存在问题，尽管原则上存在相关机构监管水价，但很多地区的供水者处于垄断地位，利用垄断优势抬高水价，使之高于完全竞争下的价格水平。玻利维亚科恰班巴的例子显示了这种问题的严重性。

科恰班巴将水资源系统私有化之后，水价立即上升。在某些情况下，水价上涨了 100%～200%。穷人受到的打击最为严重。2000 年 1 月，群众举行了 4 天的罢工，抗议供水系统私有化，使这个城市陷入停顿状态。2 月，玻利维亚政府宣布抗议非法，并派军队进行镇压。尽管超过 100 人受伤，1 人死亡，反抗仍一直持续到 4 月份，直到政府同意停止私有化。

---

① *Global Water Intelligence*，12（1），www.globalwaterintel.com/archive/12/1/need-to-know/desal-misery.html.

科恰班巴是个典型案例吗？它当然不是私有化失败的唯一案例。例如，佐治亚州的亚特兰大也经历了供水系统私有化的失败（过早终止私有化合同）。我们还不清楚私有化对其他方面的总体影响以及能否为成功引入私有化创造前提条件，但我们很清楚的事实是，水资源系统私有化不是灵丹妙药，并有可能是一场灾难。

然而，重要的是区分不同形式的私有化，因为它们会带来非常不同的结果。供水私有化可能会造成垄断和费率过高，但是用水权的私有化不会带来这些问题。

供水私有化将整个水资源系统转变为私人部门，但用水权的私有化只是建立了可具体量化的使用公共水资源的权利。正如本章前面讨论的那样，用水权的私有化是解决开放获取资源导致的用水过度问题的一种途径，因为基于用水权分配的水量符合可持续使用要求的用水量。如果用水权的分配是公平的（一个重要的假设），并且能够持续执行下去（又一个重要的假设），那么由强制性保证的可靠性能够保护用水者（包括穷人或者土生土长的用水户）的权利免受侵害。于是问题演变为："用水权的分配公平吗？可以持续执行吗?"如果答案是肯定的，那么用水权的私有化对所有用水者都是有益的，而不仅仅是富人。

小结

从全球范围看，可利用的水资源量大于需求量，但在某些特殊时期和许多地区，水资源短缺已成为一个严重的问题。在一些地区，当前用水量超过了可补充的供给量，意味着人们正不可逆转地抽干含水层。

效率原则要求不管供水量高于或低于正常水平，补充水资源的配置也应使各种用途的边际净效益相等。

地下水资源的有效配置要求考虑这种可耗竭资源的使用者成本。当采取边际成本定价时（包括边际使用者成本），水资源的消耗模式将在当前使用和未来使用之间取得有效平衡。通常，边际抽水成本随着时间的推移而上涨，直到超过水资源带来的边际效益或者水源枯竭。

在美国早期，市场在水的配置中发挥主要作用。但最近，政府在配置这一关键资源方面开始发挥更大的作用。

当前水资源配置系统几个无效率的原因显而易见。在美国西南部等地区，水资源在不同使用者之间的转让受限，结果使水资源只能用于低价值用途，而无法用于高价值用途。在西部许多州，政府不鼓励人们使用河流水。公共供水者收取的水费通常不能够弥补成本，费率结构的设计也不是为了提高水资源的有效利用。对地下水而言，水价很少包括使用者成本；对于所有水源，费率结构通常不反映服务成本。这些缺陷结合在一起，导致我们既没有充分利用正在使用的水资源，也没有为将来节约足够的水资源。

一般而言，任何解决水资源稀缺的方案都应该更广泛地使用边际成本定价的一系列原则。服务成本较高的用户应该比服务成本较低的用户支付更高的水价。相似地，当水资源系统引入成本更高的新型水资源来满足特定用户需求时，这些用水户应该支付水资源的边际成本，而非仅仅支付较低的所有供水的平均成本。最后，当需求峰值的上升引发了扩张供水和输水系统的需求时，高峰用水户应该支付与扩张相关的更高成本。为确保低收入用水户的负担能力而提供的补贴也应纳入其中。

这些原则说明我们需要一个更为复杂的水价结构，而非仅对所有用水户收取相同的费用。但是，引入这些变革带来的政治性后果可能相当激烈。许多家庭的负担能力也是有效定价的一个问题。

变革是可能的。允许节约者从出售节约的水资源中获益将鼓励节约行为。建立独立的可出售的钓鱼权，或者允许环保组织获得并保留环境需水权，可为保护鱼类栖息地提供激励。越来越多的自来水公司可以采取累进定价制或者全额成本回收定价，来帮助用水户认识和考虑供水的所有成本。

在世界上许多地方，水资源短缺已经成为一个严重的问题，如果不采取预防措施，情况将会变得更糟。尽管到目前为止，我们采取的措施仍不足以应对挑战，但这个问题并不是无法解决的。

讨论题

1. 你所在学院或大学采用怎样的用水定价系统？这个定价系统影响你的用水行为（如沐浴时间等）吗？如何影响？你能根据目前的情况设计一个更好的定价系统吗？你设计了怎样的定价方式？

2. 在你的家乡，公共供水的定价系统是怎样的？为什么选择这样的定价系统？你能推荐一个替代方案吗？

3. 假设你来自一个水资源丰富的地区，水资源的需求量永远低于可利用水量，你应该对你所使用的水量保持谨慎，还是任何时候都随便使用任何数量的水资源？为什么？

自测题

1. 假设某地区全年用水量波动很大，家庭夏季平均用水量远大于冬季。这种情况会对有效率的水价结构产生何种影响？

2. 固定费率制或固定费用哪个对于稀缺水资源的定价更有效率吗？为什么？

3. 人们担心未来水资源稀缺的情况愈加严重，特别是在干旱地区，气候变化可能进一步减少降水量。我们的机制安排能够对这样的问题做出有效的响应吗？

为了思考这个问题，让我们利用两期模型来考虑地下水的跨期开采：

a. 假设你在自己的土地上打井获取地下水，而这口井的地下含水层具有排他性，在长时间内，你有激励去有效率地开采地下水吗？为什么？

b. 假设地下水来自你的私人井，而这口井的地下含水层不具有排他性，其他人也可以通过开凿私人井从中取水。你会从这个公共含水层中以有效率的速度抽取地下水吗？为什么？

4. 水是一种不可或缺的资源，必须保证每个人至少都能得到足够的水资源来维持生存，因此道德上的考虑施加了相当大的压力。但是有关公平和效率的考虑可能存在冲突。免费的水资源不可能支持有效的使用（边际成本太低），而向每个人按市场价格收费（特别是在稀缺的情况下）可能导致一些贫穷的家庭无法负担其所需的水资源。请讨论阶梯水价如何为这种困境提供一些解决方案？如何才能使这样的定价机制发挥作用？

补充读物

Colby, B. G., & D'Estree, T. P. (2000). Economic evaluation of mechanisms to resolve water conflicts. *Water Resources Development*, 16, 239-251. 检验各种水纠纷解决机制的成本与效益。

Grafton, Q. R. (Ed.) (2009). *The Economics of Water Resources*, Elgar Reference Collection. International Library of Critical Writings in Economics, vol. 234. Cheltenham, U. K. and Northampton, M A:

Edward Elgar. 这是从水价到水市场的优秀的文章汇编。

Griffen, Ronald C. (2016). *Water Resource Economcs: The Analysis of Scarcity, Policy and Projects*, 2nd ed. Cambridge, MA: MIT Press. 这是优秀的资源配置经济学报道，重点关注节约、地下水、水市场和水的需求及供给估计。

Lago, M., Mysiak, J., Gómez, C. M., Delacámara, G., & Maziotis, A. (Eds.). (2015). Use of economic instruments in water policy: Insights from international experience. Available at www. springer. com/us/book/9783319182865. 这是对塞浦路斯、丹麦、法国、德国、匈牙利、意大利、西班牙、英国、澳大利亚、智利、以色列和美国的案例研究中经济政策工具（EPI）的评估。

Shaw, W. D. (2005). *Water Resource Economics and Policy: An Introduction*. Cheltenham, U. K.: Edward Elgar. 一篇专门关注水资源经济学的文章。

Von Weizsäcker, E. U. Young, O. R., et al. (Eds.). (2005). *Limits to Privatization: How to Avoid too Much of a Good Thing*. London: Earthscan. 关于私有化尝试（包括但不限于供水私有化）的个案研究，评估与成功或失败相关的因素。

Young, R. A., & Loomis, J. B. (2014). *Determining the Economic Value of Water: Concepts and Methods*, 2nd ed. Washington, D. C.: Resources for the Future, Inc. 对于各种用途的水的价值的理论和现存价值的详细调查和综合。

更多的参考文献和重要的历史参考文献可在本书的配套网站查找：www. routledge. com/cw/Tietenberg。

第10章 土地：位置固定的、多用途的资源

买地吧，造物主不再创造更多的土地了。

——马克·吐温，美国幽默作家
（Mark Twain，American Humorist）

土地伦理反映着一种生态学意识的存在，反过来又反映了个人对土地健康负有责任的理念。土地健康是土地自我更新的能力。资源保护是我们为了了解和保护这种能力而付出的努力。

——奥尔多·利奥波德，《沙乡年鉴》
（Aldo Leopold，*Sand County Almanac*）

引言

土地不仅在市场环境下占有特殊的地位，也根植于人类的精神世界深处。作为一种资源，土地的一些特性能够影响其自身配置。地形当然是重要的因素，但是土地的位置也非常重要，特别是与其他许多资源相比，土地的位置是固定不变的。绝对意义上而言，位置的重要性不仅在于位置直接影响了土地的价值，而且相对而言，周边土地的用途也会影响任何一块特定土地的价值。另外，土地能够提供多种服务，包括为所有的陆生生物，而不仅仅是人类，提供栖息地。

相邻土地的一些用途是相互兼容的，但另一些用途则不能兼容，这时就必须解决土地利用不兼容情况下的冲突。在美国等一些国家，当现行法律体系将土地视作私有财产时，市场是解决这些冲突的场所。

市场在解决这些冲突中表现如何？土地用途的产出和交易是否有效和可持续？它们是否充分反映了人们对土地所持有的更深层次的价值观？为什么？

本章我们将开始探索这些问题。市场如何配置土地资源？市场化的土地配置在多大程度上符合我们的社会标准？市场和社会期望的结果之间分歧何在？哪些政策工具可以解决这些分歧？政策工具的有效性如何？它们能够使目标和结果之间达成一致吗？

土地配置的经济学分析

□ 土地利用

一般情况下，与其他资源一样，市场倾向于将土地配置给价值最高的用途，通常以使用者的支付意愿或接受意愿来表示土地用途的价值。图 10-1 显示了三种假设的土地利用方式——居住用地、农业用地和荒野。[①] 横坐标轴表示农产品销售市场的位置，越向右代表到市场（中心地区）的距离越远。

纵轴表示每英亩土地的净效益。有三个土地利用公式，在文献中被称作竞租函数，分别显示出在每种土地利用方式下，到城镇或城市中心的距离与每英亩土地所获净效益之间的关系。竞租函数显示，利用每英亩土地得到的最大净效益是到中心地区距离的函数。这三种土地利用方式的函数都是向下倾斜的，因为距离越远，物品和人员的运输成本使每英亩土地的净效益损失得越多。

根据图 10-1，依据将土地配置给使用价值最高的用途这一市场过程，将距离中心地区最近的土地（距离 A）用于居住用地开发，次优价值的土地用于农业开发（从 A 到 B），距离市场最远的土地将保持荒野状态（从 B 到 C）。这种配置方式能够使社会从土地中得到的净效益最大化。

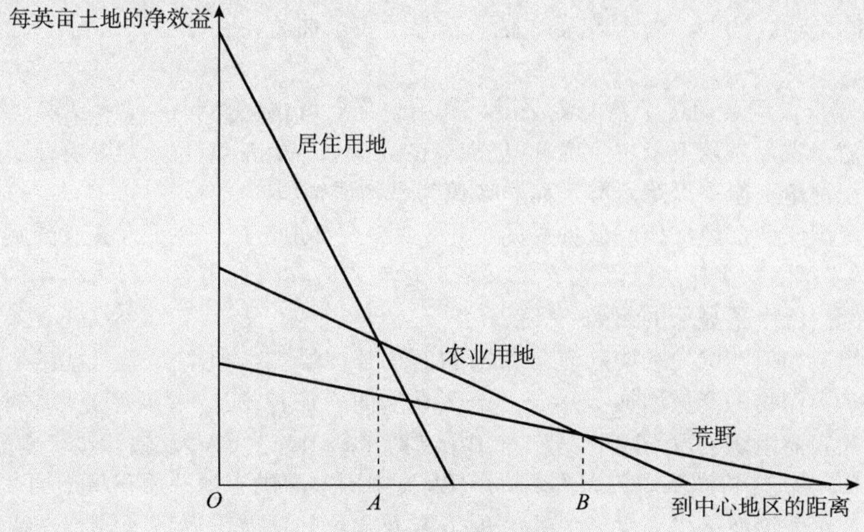

图 10-1　土地配置

尽管模型非常简单，但它帮助我们理解了跨期土地利用变化的过程，也说明了市场配置过程的有效程度，这些我们将在下两节中加以研究。

① 在我们假设的这个实验中，荒野是指保持了自然状态的大片未开垦土地。

□ 转变土地利用方式

不管何时，当隐含的竞租函数移动时，土地利用方式也会发生转变。显然，美国的土地竞租函数已经发生了显著的移动。根据美国农业部经济研究服务局一份名为《美国土地主要利用方式》的报告，在1945—2012年间，城市土地面积增长了四倍（Bigelow and Borchers，2017，Table 2），是同期人口增速的两倍。

当居住用地的竞租函数向上移动，农业用地函数向下移动，或是两种情况都出现时，农业用地可能变为居住用地。在美国，土地转变为城市用地主要基于两方面的原因：(1) 随着向城市迁移的人口和生产设备不断增加，包括居住、商业、工业甚至相关运输（机场、高速公路等）和休憩（公园等）用地在内的城市用地竞租函数快速向上移动；(2) 农业用地生产力不断提高，较少的耕地可以生产出更多的食物，使人们可以用更少的耕地面积满足不断增加的人类食物需求。

农业土地：更仔细的观察。自1920年后，尽管美国用于农业的土地总数量已经大幅下降，但灌溉面积却一直在增加。

简单地从1920年后农业用地面积下降的情况推出未来农业用地面积会持续下降的结论可能不太准确。自20世纪70年代中期以来，美国城市化进程已经放缓，以至于美国的一些城市地区人口正在减少。不能仅用郊区蔓延到原城市边界以外来解释这种转变。

此外，食物需求的增长伴随着食品价格的上涨，农地的价值也应该提升，更高的食品价格会减缓从农业用地向其他土地用途的转变。

那些仍然用于农业但不再生产粮食的农用土地的情况如何？这些土地的配置也受到同样因素的影响。例如，由于政策改变了乙醇的需求曲线，用于生产乙醇的玉米的种植面积增加了。

2007年末，国会通过了新能源法案，其中包括对可再生燃料的强制要求——到2022年要从谷物，主要是从玉米中生产50亿加仑的乙醇。在此法案下，大规模补贴乙醇刺激了更多农民种植玉米来提炼乙醇，而非转化为食物或饲料。

根据美国农业部经济研究服务局的数据，2005—2006年，14%的玉米被用于生产乙醇，而2016年，这个比例已经涨至36.5%。尽管乙醇在汽油市场中只占很小的份额，但它对农业部门产生了显著的影响。

灌溉情况如何？国内和国际灌溉农田的面积都在增加，但增长率一直在下降。灌溉可以使大多数作物的产量增加100%～400%，从而增加种植这些作物的土地的价值。联合国粮食及农业组织（Food and Agriculture Organization，FAO）估计，未来30年，粮食生产的70%将来自灌溉农田，到2030年发展中国家灌溉土地的面积将增加27%。

然而，尽管灌溉是提高生产力的一种传统方式，其发展也遇到了限制，特别是在美国西部。传统上用于供水的一些重要地下水资源回补速度不足以抵消取水的影响。由于受到补贴的刺激（最终将补贴的成本转嫁给消费者），水资源消耗水平高到足以耗尽水资源供应。

现有水资源的污染也是一个问题。用含有天然盐分的水灌溉会造成盐分在土壤表层集中。盐化的土壤生产力降低，在极端情况下，农作物将无法生长。

有机食品的兴起。食品市场不仅受到农地利用方式变迁的影响，也受到农业生产方式的影响。有机食品工业是美国增长最快的食品行业。2005—2011 年，获得认证的有机牧场面积和天然牧场面积上下波动。但有机农场的认证面积扩大了近 80%，达到 310 万英亩。然而，2008 年，有机土地面积占美国所有农田的面积也仅为 0.7%，同时有机牧场面积仅占全部牧场面积的 0.5%。

由于有机食品消费者有更高的支付意愿，美国有机食品和饮料的销售额从 1990 年的 10 亿美元增长到 2015 年的 433 亿美元。2015 年，美国销售的食品中有近 5%是有机食品。

其中，有机水果和蔬菜处于领先地位，占美国水果和蔬菜销售额的 1%以上。

无效的土地利用和利用方式转变的原因

在没有任何政府监管的情况下，土地的市场配置是否有效？在一些情况下市场配置是有效的，但并非在所有情况甚至多数情况下如此。

我们将要分析几组工业化国家普遍出现的与无效土地利用相关的问题：城市蔓延和蛙跳式发展，不相容的土地利用方式，低估环境舒适性价值，税收对土地利用方式转变的影响，以及市场势力。这其中的一些问题也困扰着发展中国家，我们将在后续章节中专门讨论发展中国家面临的一些特殊问题。

□ 蔓延和蛙跳式发展

当前，蔓延和蛙跳式发展是人们大量关注的与土地利用相关的两个问题。基于经济学观点，当某一特定区域的土地利用是无效率的分散，而不是有效的集中时，就会发生蔓延。蛙跳式发展的相关问题是指新的开发不是在当前开发的边缘上继续，而是在更远处进行。因此，开发商“跳过”了相邻的甚至是闲置的土地，选择了远离经济活动中心的土地。

分散式发展加剧了若干环境问题。前往城镇中心办公、购物或进行娱乐活动所需的路程更远。更远的距离不仅意味着更多的能源消耗，也意味着从污染最小的出行方式（如自行车或步行）向污染更大的机动车出行转变。如果上下班通勤车辆使用汽油内燃发动机，分散式发展增加了对石油的需求（包括进口石油），由此导致空气污染物排放水平更高（包括温室气体排放），并增加了对钢铁、玻璃和其他原材料的需求，以满足不断增长的机动车需求。

公共基础设施问题。为了说明无效率的蔓延和蛙跳式发展出现的原因，我们必须研究开发者面临的激励以及这些激励对选址的影响。

我们在公共服务定价中能够发现一系列低效的激励措施。如果要为新的发展提供服务，在现有公共排水和供水系统之外进行新的开发，可能需要扩展这些设施。那么问题就是“谁将为扩展公共设施付费以及这个选择如何影响选址决策?”

如果作为成本内部化的一种方法，强迫开发者付费，她或他会自动将此视为在远处选址成本的一部分。如果将这些成本转移给新开发地产的购买者，购买者将面临在较远地方生活时较高的边际成本，而且可能愿意为一处较远的房产支付更低的价格。

然而，假设城市范围内的税收为扩展公共服务提供资金，通常情况下确实如此。当城市地区的所有纳税人都为开发成本提供补贴时，开发者和新开发地产的潜在购买者都会发现，这样就人为压低了在更远地方建造和生活的成本。这种偏差使开发者难以有效权衡是在已开发区域内提高开发密度，还是在区域外欠发达的土地上进行开发。这种偏差促进了无效率的蔓延。

交通补贴或负外部性也能够促进在远离经济活动中心的土地上进行开发。潜在的住房购买者在选择居住地点时，交通成本是一个重要因素。在较远地方居住可能意味着通勤时间更长或购物路程更长。毫无疑问，当居住地点偏远带来更多或更长的往返路程时，选择居住地点应该考虑交通成本；更高的交通成本提高了居住在中心地区附近的相对净效益，因此也提高了买家对通勤距离更短的土地的支付意愿。

这意味着，如果由于补贴或没有将负交通外部性内部化，导致交通成本无效率的低廉，那么由此产生的偏差会使人们偏好比较远的地点，这是无效率的。找到低效率的过低交通成本的案例并不困难，我们将会在第 16 章中详细讨论一个移动源污染的相关案例。但基于当前目的而言，我们只考察两个例子：污染的外部性和停车费补贴。

- 当没有将与汽车尾气污染相关的社会成本完全内部化时，额外行驶 1 英里的边际成本较低，缺乏效率。这意味着不仅人们会增加开车行驶的里程数，而且分散式的发展模式也会更加具有吸引力，但这是无效率的。
- 尽管雇主们必须对停车场付费，但很多雇主仍为其员工提供免费的停车位。免费停车是对汽车使用者的补贴，降低了开车上班的成本。因为通勤成本（包括停车费）通常是本地交通总成本的重要组成部分，免费停车造成了人们对偏远住宅开发项目的偏好，并鼓励了蔓延。

尽管这些因素能够刺激蔓延，但它们不能完全解释为什么开发者会跳过比较邻近的土地。经济学分析发现了推动蛙跳式发展的一些因素（Irwin and Bockstael，2007），包括地形特征（如开发的适宜性）、土地利用的外部性（如获得风景优美的水域）和政府政策（如道路建设和城市分区）。注意并非所有这些因素都是低效率的。

□ 不相容的土地利用方式

正如本章中前面提到的那样，一片土地的价值不仅受到其位置的影响，也受到其邻近土地特点的影响。这种相关性可能是无效率的另一个来源。

我们从本书之前的讨论中已经知道，即使存在充分界定的产权，当存在外部性时，私人动机和社会动机也可能存在分歧。当任何决策将外部成本施加给一方时，使决策制定者净效益最大的配置方案可能不是使社会全体净效益最大化的配置方案。

土地交易中存在的负外部性非常普遍。与特定土地使用相关的许多成本可能并不由土地所有者完全承担，而是由邻近土地的所有者承担。例如，邻近机场的房屋受到噪声的影响，有毒废弃物处理设施附近的居民可能面临更高的健康风险。

当前一个充满争议的案例是一场关于大型工业化养殖场的选址斗争。大规模养殖场养猪供屠宰，邻近居民承担了养殖场的一些成本（如畜禽粪便造成的臭味和水污染）。由于这些成本是外部性的，所以不受监管的养殖场业主在选择土地时，往往有意忽视或低估这些成本，由此造成了偏差。从图 10-1 可以看出，养猪场的私人净效益曲线高于社会净效益曲线，由此导致将更多的土地无效率地配置给养殖场。[①]

解决土地利用不相容这一问题的传统补救方法是采取分区的法律手段。分区就是颁布条令为每个分区指定准许的土地利用方式。根据土地利用形式（如居住、商业和工业）、密度、结构高度、面积大小、结构布局以及所允许的活动等特点，规范各个区域的土地利用方式。分区管理背后的理论之一就是将近似的土地利用方式集中起来，以限制或至少减少负外部性。

分区的一个主要限制是实际上它促进了城市蔓延。通过对所有地产设定严格的标准（如要求每一户住宅要有大面积，禁止多户混居），分区可以强制要求较低的房屋密度。降低居住区的密度，需要提供更多土地来容纳一定数量的人口，分区政策事实上助长了城市蔓延。[②]

□ 低估环境舒适性价值

正外部性是上述负外部性的镜像。许多与特定土地利用方式相关的有益生态系统产品和服务并不完全属于土地所有者。因而，土地所有者可能低估一些特殊土地利用方式的价值。

例如，大型农场可以为周边（或甚至为邻近道路上的旅行者）提供景色优美的开放空间，并为森林、溪流和牧场上的野生动物提供栖息地。由于无法将旅行者完全排除在外，即使他们对农场的保护毫无贡献，农场主也无法得到农场所提供景色的所有效益。[③]当不存在排他性时，农场主只能得到总效益中的一部分，导致其决策出现偏差。特别是，在这个案例中，农场主会更倾向于能够带给自己更多效益的土地利用方式，而不是那些价值被低估的土地利用方式，即便从社会角度来看前者明显缺乏效率。

让我们在图 10－1 中考虑这些观点。在存在外部性的情况下，当决定是保护可以提供大量外部收益的农业用地还是将土地卖给开发商时，农民会倾向于出售土地用于开发。农场主的私人净效益曲线低于社会的净效益曲线。这种偏差意味着配置给农业的土地将会减少，给住宅开发配置的土地将会增多，且都表现为无效率。

正外部性引起了土地利用方式的无效转换，一种针对环境舒适性的解决办法是采用管制措施或条令直接保护环境资产。以湿地为例，湿地通过自然过滤污染物、营养物质和沉淀物，保护了湖泊、江河、溪流和水井的水质，湿地还通过储存强降水和融化后的雪水来减少洪水的破坏，并为野生动植物提供至关重要的栖息地。法规通过限制那些可能损害生态服务功能的活动来保护湿地的功能。例如，滨岸湿地通常禁止排水、掘土、填埋或泄洪。

然而，正如讨论 10.1 指出的那样，旨在保护湿地社会价值的法规可能会减少土地所有者持有的财产价值，因而造成有关湿地利用的一些争论。

---

① 参见 Herriges 等（2005）中对这种影响的经济学分析。

② 请参考 McConnell 等（2006a）对此问题提供的相关实证证据。

③ 注意开放空间的审美价值是一种公共物品，在很多情况下，排他要么是不可能的，要么是不现实的（可能仅仅是因为成本过于高昂），景观效益是不可分割的。

讨论 10.1 应该对受到“管制征收”的土地所有者进行补偿吗？

当政府实施环境管制（如保护湿地的法规）时，管制措施限制了土地所有者充分开发土地的能力，开发潜力的丧失经常会减少土地所有者的财产价值，普通法中通常将此称为“管制征收”。应该为此补偿土地所有者的损失吗？

支持者认为，补偿要求使政府只有在有效的情况下才更有可能进行监管。根据这一论点，要求政府支付管制成本将迫使政府在成本和社会效益间权衡，只有在效益超出成本时，政府才倾向于实施管制。支持者也强调私人土地所有者为全社会的效益负担成本是不公平的，这些成本应该通过向受益人征税来获得资金。

反对者则认为，在多数政府面临严重预算约束的情况下要求政府支付补偿会导致许多管制措施根本无法实施，尽管这些措施在经济学上是有效率的。他们也强调，当财产价值损失仅仅是为了防止土地所有者损害社会利益（如破坏一片湿地）时，公平原则并不意味着补偿。土地所有者并不享有不受约束地危害社会的权利。此外，当管制提高了土地价值时，土地所有者通常不需要补偿政府。

目前的司法判决只有在实际没收征用财产造成严重损失（100%的价值损失）时才会进行补偿，通常对土地所有者较少的损失不进行补偿。

反对这项规定的俄勒冈州选民于 2004 年批准了 37 号办法，该法案允许私人土地所有者因规划、环境管制或其他政府管制造成的任何财产价值损失向当地社区索赔。在目睹了该法案的效果后，俄勒冈州的选民在 2007 年通过了 49 号办法，减少了 37 号办法的影响。

你认为哪一个说法更令人信服？为什么？

□ 税收对土地利用方式转变的影响

许多政府将土地税（和设施税）作为重要的收入来源。例如，联邦政府和州政府对使用年限内的房地产（包括土地价值）征税，地方政府严重依赖房地产税收入来提供教育等市政服务。然而，除了增加政府收入外，税收也可以为人们改变土地利用方式提供动机，即使这种转变并不是有效率的。

房地产税问题。在美国，对土地和土地设施征收的房地产税通常是地方政府的主要资金来源。房地产税由两部分组成：税率和税基。通常情况下由近期销售反映的市场价值或专业估价师的评估决定税基（土地价值）。

从我们的目的来看，这个系统的有趣之处在于，评估通常基于观察到的市场价值，而市场价值可能与土地当前的使用价值存在很大差异。这种差异意味着如果种植等土地密集型活动位于开发压力很大的地区，房地产税评估可能反映土地的开发潜力，而非其在种植方面的价值。由于可开发土地的价值通常更高，而且可能高出种植价值很多，因此征收的房地产税可能明显提高种植成本（降低净收入），从而促使农业用地转变为开发土地。现行征税体制下就不会发生利用方式的转变。如果房地产税不能真实地反映资助的政府服务使用状况，这样的资金机制可能产生反对土地密集型活动的偏差。

□ 市场势力

实际上，可供各种用途的土地总供应量是固定的。进而，由于每块土地的位置是独一无二的，缺乏良好的替代品有时会引起市场势力问题。市场势力使出售价格高且无效率，从而影响市场将土地用途向增加社会价值方向转变的能力，不能实现市场效率。市场势力阻碍政府为推进一些公共目标而进行收购就是一个例证。

公共目标困惑。政府的功能之一是为社会提供各种服务，例如公园、可饮用水、卫生服务、公众安全和教育。在提供这些服务的过程中，政府可能需要将用于私人目标的土地转变为公共用途，如建立一个新的公园或新建一条道路。

效率原则规定，只有当转变的效益大于成本时，才应进行转换。公共部门可以直接从土地的当前所有者手中购买土地，这种方法有很多可取之处。不仅土地所有者能够得到放弃所有权的充分补偿，而且买断交易能够确保将土地转变为公共用途的决定反映了土地的机会成本（先前所有者不能按当前方式继续使用土地）。如果转变的效益低于成本（包括由于转变导致的先前使用收益损失），转变就不会（从效率角度来看也不应该）发生。

然而，假设私人土地的所有者认识到，他或她对某一块最适合公共目标的土地的所有权使他们有机会成为垄断性卖方。为了利用这个机会，他或她可能一直持有土地不出售，直到公共部门支付了垄断价格。当这种情况发生时，由于将土地成本提高到无效率的高水平，可能会导致无效率的公共目标困惑。[①] 拥有市场势力的土地出售者能够无效率地限制公共部门提供公共服务（如公园、自行车道或林中道路）所需的土地数量。

在美国，解决“公共目标困惑”问题的传统手段是政府的征用权。在征用权下，只要给予土地所有者“公平的补偿”，政府就可以通过征用（强制转让）合法获得私人土地用于公共目的。

征用和市场交易有两个不同的特征。首先，市场交易是自愿的，而在征用权下的土地转让是强制性的，土地所有者不能拒绝。其次，征用权下对土地所有者的补偿不是由公共部门和私营组织协商决定的，而是由法律确定了一个公平价格。

请注意尽管征用权可以有效避免“抵抗”的问题，并要求公共部门支付（因此也认可）土地的机会成本，但只有土地用途转变确实是为满足合法的公共目标，政府的补偿也确实反映了土地真实的机会成本时，征用权才是有效率的。这两个条件显然都需要相当仔细的法律审查。

征用对公平补偿的裁定通常需要由中立的地产评估专家进行一次或多次评估。就住宅型房地产而言，通常基于该地区可比房产的最近出售价格估价，并根据转让地块的独特性适当调整价格。因为在合理的情况下（如一个家庭世代拥有的农场），这一推算出的

---

① 尽管我们在这里集中讨论公共部门行动，同样的逻辑也适用于试图购买一些土地进行大规模建设的开发者。如果潜在土地出售者中的一人认识到其土地是继续推进开发项目不可缺少的，而只有公共部门有权征收土地，他会坚持不出售以最终获得高价格。有鉴于此，私人开发者试图让地方政府为他们的利益行使征收权。请参见讨论 10.2。

价值可能不能反映所有者对价值的真实评价[1]，因此土地所有者经常不认同最终给予的补偿是“公平的”，申诉是常见的。

争议还涉及确定哪些土地利用方式转变符合“公共目标”的问题（见讨论 10.2）。

讨论 10.2 什么是公共目标?

美国《宪法》只允许为实现“公共目标”行使征收权。公共目标到底是什么?

尽管为建立公园和监狱此类典型设施使用土地是合法的公共目标，但是私人开发者使用征收权对私人社区进行城市改造的决定引起了很大争议。

例如，在 2005 年凯洛（Kelo）与康涅狄格州新伦敦市的诉讼中，法院支持城市开发部门征收地块，并将这些土地租赁给私人开发者，以换取他们同意根据发展计划条款开发土地。

这一决定的支持者指出，大规模的私人开发面临很多与公共部门同样的市场力量障碍（如拒绝出售土地）。而且，因为这种大规模的私人开发为社区提供了社会效益（如就业岗位、增加本地区税收等），所以它们将征收权视为合理的，可以避免阻碍开发的低效壁垒。

反对者则指出这样做仅仅是利用政府权力来满足一些私人土地所有者（开发者），而非其他人（当前的土地所有者）。

基于经济学视角，应该允许此类公共管理的私人开发项目来实现公共目标吗? 如果允许，开发者是否须符合特殊要求以确保公众利益?

□ 发展中国家的特殊问题

产权没有得到充分保障。很多发展中国家的土地产权要么是非正式的，要么根本就不存在。在这种情况下，可能以先到先得的方式决定土地的使用方式，土地的占有者实际上并不拥有土地的产权。更有甚者，这些占有者利用界定不清和/或执行不力的产权，仅仅通过占用而不是购买或租赁就获得了土地。在这种情况下，得到土地是免费的，但一旦其他人最终强制申诉要获得该土地，并且成功执行该申诉，那么土地占有者将面临被驱逐的风险。

缺乏清晰的产权会造成效率和公平问题。从效率来看，先到先得的土地配置制度既影响了土地使用的性质，也影响了保护土地价值的动机。土地的早期占有者决定了土地的利用方式，由于他们免费获得了土地，因此他们不考虑与其他潜在更具有社会价值的利用方式相关的机会成本。因此，低价值用途可能主导高价值用途。这意味着极有价值的森林或生物多样性的土地可能转化为住房或农业用地，即使利用其他地点可能更有效率。

先到先得的土地分配制度会激励人们保护土地价值，还是破坏土地价值? 产权稳定的土地占有者能够将土地出售给他人，再次出售会激励他们保护土地价值以获取可能的最高价格。另外，如果离开土地就会丧失对土地的全部权利，正如没有土地所有权的占

---

① 在这种情况下，“真实评价”的含义是在不存在垄断时自愿交易接受的价格。

有者那样，保护财产价值的动机就会减弱。

在公平层面也存在冲突，缺乏产权会使占有者在面临其他人的竞争性土地要求时缺乏法律保护。例如，假设一些本地居民在很长时间里一直使用某块土地，但因为在法律上他们不拥有土地的任何产权，他们无法执行拥有的隐性产权。如果在“他们的”土地上发现了有市场价值的自然资源，政府可能会施加巨大的政治压力来驱逐这些占有者，几乎不保护他们的利益，所以也会剥夺这些自然资源。

效率原则要求，只有在新用途的净效益大于旧用途的净效益时，才应该转换土地用途。满足该条件的传统方法是要求充分补偿土地所有者，使他们能够自愿放弃土地。如果他们的产权不能执行，可以将其忽视，即使保护土地当前利用方式是有效率的，他们也会被迫转变土地的利用方式。使用者拥有正式的可执行的产权，就能够合法保护自身的利益。非正式产权的执行存在问题，使土地使用者容易受到伤害。

贫困问题。在很多发展中国家中，贫困可能在某种程度上约束了人们的选择，仅仅出于生存考虑选择土地利用方式，使土地退化成为土地可持续利用面临的主要问题。即使可持续利用土地的现值更高，缺乏收入或其他资产可能使人们无法利用这些潜在的机会。

正如 Barbier（1997）所指出的那样，发展中国家的贫困农村家庭拥有的主要资本通常只是土地和非技术型劳动力，人力、财力或实物资本很少，这种情况产生的糟糕结果是资产有限的农户在投资改善土地时，经常面临严重的劳动力、土地和现金约束。巴比亚（Barbier）讲述了他和伯吉斯（Burgess）在马拉维的一项研究的结果：

> 在马拉维，女性户主家庭占“核心贫困”家庭的比例很大（42%）。通常，他们耕种的土地面积很小（小于 0.5 公顷），经常是位于贫瘠土地边缘或是陡坡上……他们经常无法为农业投入（如化肥）提供资金，难以进行每年的作物轮作，不能使用有机肥料或进行水土保持。结果是，更贫困的女性户主家庭通常面临土壤肥力和作物产量下降的问题，这进一步加剧了他们的贫困状况，增加了他们对土地的依赖。

由于缺乏维护投资而造成的土地退化使农民从退化的土地迁移到其他边缘土地上，结果却使这些土地遭受同样的命运。出于类似的原因，贫困可能会加剧热带森林的砍伐，加剧过度放牧，并加速土地向农业用地无效率转变。

基于市场的创新性政策补救措施

前一节列举了市场和公共部门在配置各种土地用途时失败的若干原因。应对失败的一种方法是在经济和政府间建立某种互补作用。然而，如果政策补救措施是有效率的，它们必须在不引入新的无效率的同时纠正上述失灵。正如我们看到的那样，这可不是轻松的任务。

□ 建立产权

只建立可实施的产权可以矫正某些市场失灵，但需要合适的环境才能产生有效率的结果。Harold Demsetz（1967）早期一篇颇具影响力的文章指出，面对不断变化的环境，有效的产权制度往往会随着时间的推移而不断演变。

建立正式的产权制度可以减轻或避免仅按先到先得原则分配土地时可能出现的过度开发问题，但建立一个具有法律效力的私有产权体系是一项成本高昂的投资。当土地用途相对同质，且相对于需求来说土地数量比较丰富时，缺乏产权造成的无效率成本可能小于建立产权体系的巨大成本。然而，随着社会逐渐发育成熟，以及土地需求和土地价值不断增加，当缺乏产权导致的无效率成本过高以至于可以承担建立产权体系带来的额外成本时，通常会达到一个临界点。建立安全的、可执行的、可转移的、充分的产权体系能够激励产权的有效转让并有效维护财产价值，因为在这两种情况下，产权出售者都将直接获益。只要不存在本章中提到的导致低效率的特定环境，建立安全的产权能够促使私人和社会动机达成一致。

□ 可转让开发权

按效率原则应当保护土地的所有者通常反对旨在保护土地的分区管制条令，因为他们承担保护成本（如讨论 10.1 中所指出的那样），而社会作为一个整体可以获得收益。可转让开发权（transferable development right，TDR）可以改变这种情况。

可转让开发权项目是一种将住宅开发从社区的一个部分转移到另一个部分，而保护性土地的业主不必承担所有成本的方法。当地政府部门划分出让区域（禁止或不鼓励开发的区域）和受让区域（鼓励开发的区域）。

根据已通过的城市规划标准，授予出让区域的土地所有者一定的开发权。在通常情况下，依据可开发场地的数量和质量确定开发权的分配。

想要在受让区域开发的土地业主必须先从出让区域业主手中购买一定数量的开发权。原则上，出售这些开发权获得的收入应能补偿出让区域土地业主不能开发其土地的损失，从而让他们更多地支持保护措施。① 可转让开发权项目力求在不增加公共预算或保护性土地业主负担的情况下保护土地（见案例 10.1）。

∵案例 10.1　　利用可转让开发权控制土地开发

我们通过一个案例来说明可转让开发权在实践中的作用。新泽西州的松树岭位于该州东南部，是一大片未开发的沼泽地，面积约为 100 万英亩。这个地区为许多濒危物种提供了栖息地。为了把土地开发引向环境最不敏感的区域，松树岭开发委员会设立了松树岭开发信用（pineland development credit，PDC），即一种可转让开发权。

环境敏感区域的土地业主可以用 39 英亩现存保护性农田换 1 个 PDC，用 39 英亩的受保护山地换 1 个 PDC，以及用 39 英亩湿地换 0.2 个 PDC。为了创造对信用的需求，委员会要求如果开发者寻求在开发规划设定的出让区域上增加标准密度，则每提高 4 个单位的密度，就要先获取 1 个 PDC，信用的价格由市场决定。

---

① 在 McConnell 等（2006b）中，有对这一项目在马里兰州卡尔弗特县如何实施的分析。

为确保市场具有足够的活力，委员会还建立了松树岭开发信用银行作为 PDC 最后的托底购买者，每个 PDC 的法定托底价格为 10 000 美元。1990 年，该银行以每 PDC 20 200 美元的价格拍卖其库存。直至 1997 年，开发者已经使用的 PDC 超过 100 个。2015 年，每个 PDC 的平均价格为 8 326.00 美元。

资料来源：Anderson, R. C., & Lohof, A. Q. (1997). *The United States Experience with Economic Incentives in Environmental Pollution Control Policy*. Washington, D. C.: Environmental Law Institute.; New Jersey Pinelands Development Commission website, www. state. nj. us/pinelands/pdcbank/(accessed October 13, 2016).

□ 放牧权

早在 20 世纪之初，美国农民和牧场主就获得了在公共土地上放牧的许可。1934 年的《泰勒放牧法案》试图通过确保放牧数量与土地承载能力一致来防止过度放牧。[①]

该法律建立了一个向农民和/或牧场主发放放牧许可证的制度。每个许可证授权指定了特定时间特定区域放牧牲畜的数量，以家畜单位月（animal unit month，AUM）表示许可证的单位。一个 AUM 指一个家畜单位（例如，1 000 磅的母牛和小牛）一个月所需的饲料或粮草的数量。根据土地承载力（即根据可供应的粮草量）确定发放许可证的数量。对每个 AUM 收取的放牧费可以用来资助这个项目。

□ 保护地役权

保护地役权是一种受欢迎的保护土地的方法。保护地役权是土地业主与私人或公共机构签订的法律协议，为了保护土地的环境价值，该协议永久地限制了土地的利用方式。

保护地役权一旦建立，可以将其出售或者捐赠。一项捐赠如果通过永久保护重要资源使公众受益，且满足其他联邦税收要求，便能获得慈善税收减免。免税金额是有地役权和无地役权的土地价值之间的差额。

基于经济学视角，保护地役权可以将与土地所有权有关的权利束分解为单独的可转让单位。将土地开发权分离出来，并允许它们流转到价值最高的用途（在这一案例中是保护），可能在增加土地整个权利束价值的同时保护了土地。只有在地产所有者恰好使每一项权利都实现了最高价值时，不能拆分的土地权利束价值才能够最大化，而这几乎是不可能的。

例如，假设土地所有者希望在其土地上继续伐木，而不是转向用于住宅开发。在没有保护地役权时，他面临基于最高价值用途（开发）而非现有使用方式（伐木）征收的土地税。然而，如果土地所有者与可以合法管理保护地役权的私人或公共部门签订协议，土地税就会降低（因为资产的估值降低），他也可以获得可观的所得税减免（以慈善的方式捐赠地役权）或者获得收入（出售地役权）。同时，土地免于开发并得到了永久的保护，而且除了保护地役权协议明确限制的用途外，当前土地所有者可以将土地用于任何用途。

保护地役权有很多可取之处。由于是自愿交易，没有人被迫失去开发权，任何地役权转让都要经过双方同意。这种方法还可以保护土地免受不必要的使用。如果保护的唯一选

---

① 土地管理局的放牧权网站。可从 www. blm. gov/or/ resources/rangelands/index. php 检索。

择是购买土地本身而不仅仅是地役权中所包含的具体权利，保护地役权可能要便宜得多。

然而，地役权也会带来一些问题。政府必须监控受保护地役权影响的土地用途以确保协议持续落实，如果没有落实，购买者就要承担为落实协议内容采取的法律行动带来的成本。这些法律行动当然不便宜。另外，如果在遥远的未来，开发成为有效的利用方式，保护地役权的永久性将会成为一个问题。

□ 土地保护信托

哪些实体会承担起与遵守地役权协议有关的监控和执行责任，并牢记这些责任可能永久存在？在某些情况下，政府发挥了这一作用，不过已有越来越多的法律实体为此成立，即土地保护信托。土地保护信托是非营利组织，其全部或者部分使命是采取各种方式积极保护土地。土地保护信托可以购买土地实施永久保护，接受土地或地役权的捐赠或遗赠。因为土地保护信托是根据联邦税法建立的慈善组织，向土地保护信托捐赠地役权或土地可以获得所得税的慈善减免。

□ 开发影响费

开发影响费是向开发者征收的费用，用以抵消开发带来的新增公共服务成本，通常在开发者获得建筑许可时向其征收这些费用，并将许可费收入用于资助新增公共服务，如供水和下水道系统、道路、学校、图书馆、公园和娱乐设施等，这些都是在开发过程中新增居民所必需的。由于这些费用产生的成本可能会转嫁给开发过程中的房屋购买者，原则上，这些费用将扩展现有服务范围的成本内部化，可以防止公共基础设施问题。外部性内部化可以修正与住宅开发选址相关的激励机制，并减少加速无效蔓延和蛙跳式发展的扭曲状况。

□ 房地产税调节

美国的一些州将房地产税优惠作为保护当前社会期望土地利用方式的一种手段，特别是当我们将未优惠的房地产税视为对此利用方式的无效率歧视时。当基于市场价值而不是现有用途决定房地产税时，税收结构会给土地所有者造成转变土地用途的压力。如果当前活动是土地密集型（如耕作或者森林保护），并且可以出售土地用作新的住宅项目开发时，这一情况尤为显著。由于忽视了现有用途的全部正外部性，这种压力在一定程度上是没有效率的。

试图抵消这一税收歧视的方案将根据土地的评估价值给予符合条件的土地所有者（为社区提供了外部效益但没有得到补偿）一定数量的税收减免。通常房地产所有者通过地方市政府提供的申请程序参加这样的项目。每个项目必须符合一定的标准，才能使每个地块符合条件，参加这项税收优惠项目的地块用途未来如有任何变化，土地所有者可能失去享受优惠的资格并被处以罚金。①

---

① 例如，在农田项目中，如果参加的土地不再满足农业用地的要求，那么经过评估后的罚金将等于过去 5 年里作为非农地应该支付的税金减去原来征收的税金，再加上差额部分的利息。

小结

土地是一种重要的环境资源，不仅出于自身的价值，而且是许多相关生态系统的重要补充。土地为野生生物提供栖息地，回补含水层，为森林和农业等土地密集型活动提供基础，因此土地配置是人类与环境和谐关系的核心。

市场倾向于将土地分配给能使其价值最大化的用途，当各种土地用途的相对价值变化时，市场会促使土地使用方式的转换。例如，随着时间的推移，美国农业用地的数量逐渐减少，而农业内部各种类型的土地配置也发生了变化。特别是，由于政策的强制要求，越来越多的农业用地用于燃料（乙醇）生产。由于有机农场的产品可以获得更高的价格溢价，市场也将越来越多的土地配置给经过认证的有机农场。

尽管原则上，市场将土地配置给价值最高且最好的用途，但实际上，土地的一些属性和配置方式可能导致无效率、不可持续性和/或不公平的结果。这些问题的原因不仅包括市场问题，如不清晰的产权、市场势力和外部性，也包括公共部门的问题，如无效率的税收和使用者收费结构。此外，贫困限制土地的选择，也会导致土地配置的无效率和不公平。

有一些政策手段，其中一些相当新颖，可以抵消一部分社会不期望看到的结果。这样的政策包括：将产权正式化来保护使用者免受侵犯；可转让开发权；保护地役权和土地保护信托，以降低成本并提高开展有效保护的可能性。在公共部门，政策选择包括调整土地税结构和征收开发影响费，消除无效动机，促进有效的土地利用决策。尽管这一系列政策可以纠正土地配置制度中的一些失衡，但大多数充其量只是朝着正确的方向前进，还不能完全实现效率和可持续性。

讨论题

1. 加利福尼亚州中央河谷空气污染办公室的官员们开辟了抵制城市蔓延的新战线，全州的管理者和环保者们正密切关注着他们的进展。从 2006 年 3 月开始，加利福尼亚州的圣华金河谷空气污染控制区成为美国第一个向新增住房和商业开发区收费以专门减少空气污染的管理机构。反对者认为这不是控制污染的有效手段，主要将提高房价，使穷人更加买不起房。这一政策是不是一个好主意？（更多的项目细节请查看 http://www.valleyair.org/ISR/ISRHome。）

自测题

1. 假设一城市发现其入城高速公路拥堵，考虑两种措施：（1）对高峰期所有高速公路的使用者征收拥堵费；（2）在现有高速公路上增加几条车道。这两种措施会对住宅用地产生同样的影响吗？为什么？

2. 就土地保护组织为保护土地而采取的策略而言，保护地役权的发展速度似乎比购买土地进行保护的速度快。与直接获得土地相比，土地保护组织对保护地役权的哪些方面更感兴趣？土地所有者向保护组织捐赠土地或保护地役权的经济动机是什么？

3. 假设一州试图决定用房地产税还是所得税来资助初级教育和中级教育。这项决策可能对该州的土地利用产生哪些影响？

4. 人口结构的变化也能够影响土地利用方式的转变。在美国，65 岁及以上的人口所占比例正在增加，这种情况将对住宅用地的位置和性质产生哪些影响？

5. 美国对使用玉米生产的乙醇燃料实施补贴。利用竞租函数分析该补贴对土地利用方式可能产生的影响。

6. 不断发展的通信技术使越来越多的人可以在家中工作。你认为这可能对土地利用模式，特别是住宅开发的密度产生何种影响？

补充读物

Bell，K. P.，Boyle，K. J.，& Rubin，J. (2006). *Economics of Rural Land-Use Change*. Aldershot，U. K.：Ashgate. 它介绍了农村土地利用变化的经济学概述，包括对这一变化的决定因素和后果的理论和实证工作。

Hascic，I.，& Wu，J. (2012). The cost of land use regulation versus the value of individual exemption：Oregon ballot measures 37 and 49. *Contemporary Economic Policy*，30 (2)，195－214. 它检验了分区法规对于土地价值的影响，该法规导致了 37 项措施，这在讨论 10.1 俄勒冈州的项目中提到过。

Irwin，E. G.，Bell，K. P.，Bockstael，N. E.，Newburn，D. A.，Partridge，M. D.，& Wu，J. J. (2009). The economics of urban-rural space. *Annual Review of Resource Economics*，1，435－459. 不断改变的经济状况，包括交通和通信成本的下降、技术的变化、实际收入的增加以及对自然便利设施品味的变化，都导致了城乡相互依存的新形式。本文回顾了有关城市土地利用模式的文献，重点研究了环境影响、生长控制和旨在管理这些增长的土地保护计划的有效性。

Johnston，R. J.，& Swallow，S. K. (Eds.). (2006). *Economics and Contemporary Land Use Policy*. Washington，D. C.：Resources for the Future. 这探讨了城市边缘地区迅速加速土地转换的原因和后果，以及对有效政策反应的影响。

Magliocca，N.，McConnell，V.，Walls，M.，& Safirova，E. (2012). Zoning on the urban fringe：Results from a new approach to modeling land and housing markets. *Regional Science and Urban Economics*，42 (1－2)：198－210. 论文研究了在 20 年里大地块分区对土地转换、土地价格、新开发空间配置和密度的影响。

McConnell，V.，& Walls，M. (2009). US experience with transferable development rights. *Review of Environmental Economics and Policy*，3 (2)，288－303. 本文总结了 TDR 规划设计中的关键要素，并回顾了一些现有市场，以确定哪些市场表现良好，哪些没有。

更多的参考文献和重要的历史参考文献可在本书的配套网站查找：www.routledge.com/cw/Tietenberg。

第11章 森林：可贮存、可再生的资源

没有什么比率先建立新制度更为棘手、成功更加飘忽不定、操作起来有更多风险了。因为革新者将成为所有旧制度既得利益者的敌人，而那些将从新制度里获益的人却反应冷淡，并不全力拥护。这种不冷不热的态度部分出于对掌握律法的反对者的畏惧，部分出于人类的多疑心理。人们只有亲身经历过才会真正相信新事物。

——尼可罗·马基雅维利，《君主论》(1513)

(Niccolò Machiavelli，*The Prince*，1513)

引言

森林为人类提供丰富的产品和服务。房屋、木制品和纸张的原料都来自森林；在世界很多地方，木材是一种重要的燃料；林木还通过吸收二氧化碳和释放氧气来净化空气；森林还可以为野生动物提供庇护所和栖息场所，同时在保护提供大量饮用水的水源地方面发挥重要作用。

尽管我们很容易忽视森林对人类日常生活的贡献，但即使最粗略的计算也能够显示出森林的重要性。美国近三分之一的土地为森林所覆盖。除牧场和草地外，林地是最大的土地利用类别。例如，缅因州有茂密的森林，森林覆盖率达95%。与之相比，2015年全球的森林覆盖率是30.8%。

管理森林不是轻松的任务。与谷类等按年种植和收获的作物不同，树木成熟的速度慢得多。管理者不仅要决定如何在给定面积的林地上使产出最大化，还要决定林木采伐时间以及造林更新时间。另外，管理者必须在森林各种可能的利用方式之间建立微妙的平衡。由于采伐森林减少了森林的其他价值（例如，保护森林的美学价值，为喜阴品种提供生长环境），因此，需要使用一些方法来比较可能相互冲突的用途的价值，以建立适当的平衡。显然，效率原则是其中一种工具。

砍伐森林这一严重的问题已经加剧了气候变化，减少了生物多样性，造成了农业生产力下降，加剧了水土流失和土地沙漠化，加速了森林原住民传统文化的衰退。当前，人们正在“套现”一些森林，而不是可持续地利用森林来满足当代人和后代子孙的需要。目前

关于林业的一些做法可能违反可持续原则和效率原则。[①] 问题有多严重？我们能做些什么？

本章我们将探讨如何将经济学和森林生态学结合起来，有效管理这一宝贵资源。我们首先阐述了在仅考虑采伐森林木材价值的情况下森林资源有效配置的含义。将经济学的思路引入树木生长的生物学模型，为采伐相同树龄的单一林分或树木种群建立有效决策模型。其次，调整模型来展示森林资源的多种价值将如何影响采伐决定，并分析如果进行无限期的规划，不断采伐和复种森林，问题又将发生怎样的变化。最后，我们将讨论制度充分性的问题，并分析公共和私人的管理决策造成或可能造成的无效率，进而探讨恢复效率的策略。

森林采伐决定的特征

□ 木材资源的特殊属性

木材与其他生物资源有许多共同特点，但也有一些独特之处。与很多其他有生命的资源一样，木材既是产出也是资产。采伐后的树木是可销售的商品，不采伐则是一种资产，来年继续生长。每年，森林管理者都必须决定是采伐特定数量的树木还是不采伐让树木继续生长。与其他有生命的资源相比，树木从初始投资（植树）到收回投资（采伐）的时间周期很长，25 年或更长的时间周期在林业中十分常见，但在其他产业中并非如此。最后，林业容易受到很多特殊外部性的影响，这些外部性与立木或是采伐树木的行为相关。外部性不仅使有效配置难以界定，而且严重破坏了激励机制，降低了机构有效管理的能力。

□ 生物学方面

通常用某一林地上立木的材积量测量树木的生长，以立方英尺为计算单位。在计算材积量时，不包括树皮和枝丫，只计算树干从树桩至直径为 4 英寸的树顶之间的体积。对于大树，树桩是距地面 24 英寸的部分。计算材积量时只测量活立木，不包括被风吹倒或自然衰老倒地的树木。在这种意义上，材积量是净值而不是毛额。

基于这样的材积量测量方法，相关数据揭示了立木清晰的生长阶段。幼树期时，尽管树木的高度有明显的增加，但材积量的增长是非常缓慢的。之后，树木持续快速生长，材积量显著增加。最后，当活立木完全成熟时，生长开始放缓，直到停止生长甚至反向生长。

树木的实际生长受许多因素的影响，包括天气、土壤肥力、病虫害的易感性、树种、树木养护水平、森林火灾的发生情况和空气污染程度，因此立木间的生长差别很大。在这些促进生长或阻碍生长的因素中，有些受到森林经营者的影响，而有些则不然。

---

① 在这里，可持续指的是砍伐不能超过森林的生长；可持续砍伐可以确保剩余木材的数量不随时间减少，从而保护后代的利益。这与第 5 章讨论的环境可持续性标准相一致，但它比满足弱可持续标准所需的条件要高。可以想到，即使木材数量随时间减少，也可以通过提供一些价值更高的商品或服务进行补偿来满足弱可持续标准。

基于这些差异，可以建立假设性的但反映事实的树木生长生物学模型。图 11－1 所示的模型基于太平洋西北部道格拉斯冷杉树的生长数据。[①] 请注意，此图与前文描述的生长阶段一致，首先是生长速度有限的幼年期，其次是青壮年期，135 年后生长停止。

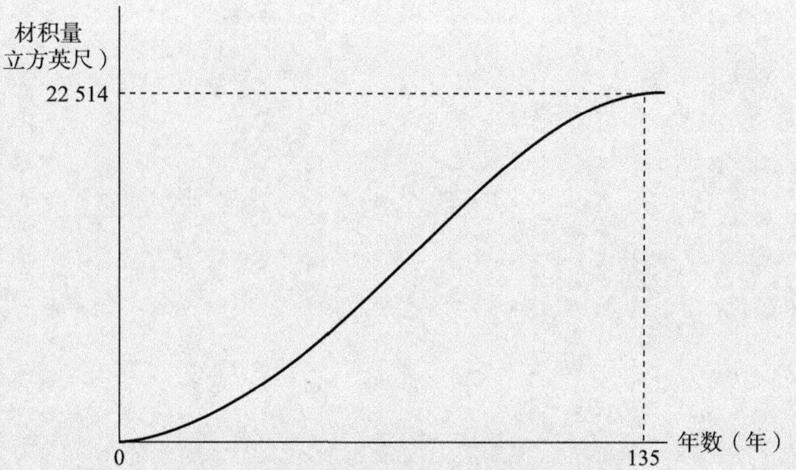

图 11－1　典型的道格拉斯冷杉树生长模型

□ 森林采伐经济学

应该何时采伐一片林木？根据效率的定义，林木的最佳采伐时间应该是木材净效益现值最大化之时。土地是永久用于林业生产，还是采伐后任其保留自然状态，都会影响木材的净效益。在第一个模型中，我们假设只采伐一次，之后土地保留在那里；我们还假设价格（假定为每立方米 1 美元）和采伐成本（每立方米 0.30 美元）都不随时间变化，假定这片林木的种植或复种成本是 1 000 美元。该模型显示如何将林业经济原则应用于最简单的案例，为我们分析更复杂和更符合实际的情况提供必要的基础。

种植成本和采伐成本有一个重要的区别，它们发生的时间显著不同。种植成本是立即发生的，而采伐成本是采伐之时发生的。因此，在现值计算中，由于采伐成本在未来支付，所以要对其进行贴现，而立即支付的种植成本不需要贴现。

介绍过模型的上述方面之后，我们现在可以计算在不同树龄下采伐树木产生的净效益现值（见表 11－1）。净效益为在选定的采伐年份下木材现值减去各种成本之和的现值。模型中采用了 3 种贴现率来说明不同贴现率对于采伐决定的影响。未贴现的计算（贴现率 $r=0.0$ 时）显示了采伐时获得的木材价值，而正贴现率考虑了货币的时间价值。

---

① 书中的数学模型的数据来自 Marion Clawson. *Decision Making in Timber Production, Harvest, and Marketing* Research Paper R-4. Washington, D. C.: Resources for the Future, p. 13, Table 1。图 11－1 中与材积量和立木树龄有关的数学公式是一元三次函数，$v=a+bt+ct^2+dt^3$。其中，v 是材积量，单位是立方英尺；t 是立木的树龄，单位是年；a、b、c 和 d 是系数，分别为 0、40、3.1 和－0.016。

表 11-1　经济的采伐决定:道格拉斯冷杉树

树龄(年)	10	20	30	40	50	60	68	70	80	90	100	110	120	130	135
材积量(立方英尺)	694	1 912	3 558	5 536	7 750	10 104	12 023	12 502	14 848	17 046	19 000	20 614	21 792	22 438	22 514
未贴现(r=0.0)															
木材价值(美元)	694	1 912	3 558	5 536	7 750	10 104	12 023	12 502	14 848	17 046	19 000	20 614	21 792	22 438	22 514
成本(美元)	1 208	1 574	2 067	2 661	3 325	4 031	4 607	4 751	5 454	6 114	6 700	7 184	7 538	7 731	7 754
净效益(美元)	−514	338	1 491	2 875	4 425	6 073	7 416	7 751	9 394	10 932	12 300	13 430	14 254	14 707	14 760
贴现(r=0.01)															
木材价值(美元)	628	1 567	2 640	3 718	4 712	5 562	6 112	6 230	6 698	6 961	7 025	6 899	6 603	6 155	5 876
成本(美元)	1 188	1 470	1 792	2 115	2 414	2 669	2 833	2 869	3 009	3 088	3 107	3 070	2 981	2 846	2 763
净效益(美元)	−560	97	848	1 603	2 299	2 893	3 278	3 361	3 689	3 873	3 917	3 830	3 622	3 308	3 113
贴现(r=0.02)															
木材价值(美元)	567	1 288	1 964	2 507	2 879	3 080	3 128	3 126	3 046	2 868	2 623	2 334	2 024	1 710	1 449
成本(美元)	1 170	1 386	1 589	1 752	1 864	1 924	1 938	1 938	1 914	1 860	1 787	1 700	1 607	1 513	1 435
净效益(美元)	−603	−98	375	755	1 015	1 156	1 190	1 188	1 132	1 008	836	634	417	197	14
贴现(r=0.04)															
木材价值(美元)	469	873	1 097	1 153	1 091	960	835	803	644	500	376	276	197	137	113
成本(美元)	1 141	1 262	1 329	1 346	1 327	1 288	1 251	1 241	1 193	1 150	1 113	1 083	1 059	1 041	1 034
净效益(美元)	−672	−389	−232	−193	−237	−328	−415	−438	−549	−650	−737	−807	−862	−904	−921

注:木材价值＝价格×材积量/$(1+r)^t$;

成本＝1 000 美元＋(0.30 美元×材积量)/$(1+r)^t$;

净效益＝木材价值－成本;

价格＝1 美元。

从表 11－1 可以得到一些有趣的结论。首先，贴现法缩短了有效采伐的时间。树龄为 135 年时材积量最大，此时未贴现的净效益最大。然而，当贴现率仅为 0.02 时，最大净效益出现在树龄为 68 年时，约为未贴现情况下树龄的一半。

其次，在上述假设下，改变种植成本和采伐成本的大小不会影响最优采伐时间。我们可以通过比较产生最大木材价值的树龄和产生最大净效益的树龄发现这一点。注意，在各贴现率下，这两个最大值都发生在同一年。即使种植成本和采伐成本均为 0，也不会影响最佳采伐时机，木材价值最大化的树龄保持不变。

最后，如果贴现率足够高，再造林可能就是没有效率的。注意当 $r=0.04$ 时，因为假设的种植成本为 1 000 美元，净效益的现值都为负。此时，立木净效益现值最大化的采伐时间应在树龄约为 40 年时，但是再造林成本的现值将会超过效益的现值，因此再造林是没有效率的。

贴现率越高意味着采伐期越早，高贴现率表示对树木成熟过程中的缓慢生长没有耐心。采用正贴现率意味着直接比较未采伐木材的价值增值（采伐的机会成本）和在贴现率水平 r 下采伐树木销售收入的投资收益增值。在不贴现的情况下，贴现率为 0 意味着资产的机会成本为 0，因此只要树木还在生长，就应该投资于树木。然而，当贴现率为正时，只要树木的生长速率下降幅度足够大，使得采伐和将采伐效益用于高回报资本投资可以获得更多收益时，就应当采伐。换言之，也就是当材积量的生长速率 g 变得小于 r（采伐收益的投资利息）时。

不难解释为什么模型中的采伐成本和种植成本都不会影响采伐周期。由于种植成本是立即支付的，所以其现值等于实际支出，不随采伐期的变化而变化。重要的是，每一年的木材价值减去的是一个常数，所以不会改变产生最大净效益的年份，只影响其采伐收入的现值。

采伐成本不影响采伐年份还有另外一个原因。由于假设采伐总成本与采伐木材的数量成比例（0.30 美元/立方英尺），每立方英尺木材的价格和边际采伐成本都是常数，不随年份变化。在我们的数例中，贴现前此常数的净值是 0.70 美元（即 1 美元的价格减去 0.30 美元的边际采伐成本）。如果不考虑边际采伐成本的数值，贴现前的净值是一个常数乘以对应年份的木材材积量，再除以 $(1+r)^t$。贴现的作用仅仅是升高或者降低净效益曲线的位置，但不会改变曲线的形状，也不会改变净效益最大化出现的时点。因此，只要边际采伐成本小于木材的销售价格，不论边际采伐成本是多少，都不会改变净效益最大化的年份，边际采伐成本上升不会影响最佳采伐年份。（如果边际采伐成本高于价格，最优采伐策略是什么？）

政策对于采伐年份有何影响？在这一简化的模型中，对每立方英尺的木材征收 0.20 美元的税收将会产生什么影响？由于税收将税后边际采伐成本从每立方英尺 0.30 美元提高到了 0.50 美元，它将与采伐成本增加产生同样的效果。但是，如上文已经阐述的那样，税收不会影响最佳采伐年份，但会降低采伐的税后收入。

以上模型得出的最后结论是复种决策取决于贴现率和种植成本之间的相互关系。高贴现率和高复种成本下基于商业采伐目的的植树造林产生正净效益的可能性低于低贴现率的情况（注意在表 11－1 中，只有贴现率低于 0.04 时，再造林才具有经济意义）。在高贴现率下，树木生长过于缓慢以至于不能弥补种植成本。追求利益最大化的森林所有者应该会支持砍伐现存的森林而不是再造林。

□ 扩展基本模型

基本模型在一些方面有些不符合现实情况。其中一个原因是它将采伐视作一个孤立的事件，而不是不断重复的“采伐—再造林—采伐”循环中的一个部分。在无限规划模型中，在采伐后的土地上立刻更新造林，然后在这样无止境的循环中继续进行下去。

乍一看，这似乎与前面基本模型考虑的情况没有什么区别。难道我们不能用基本模型来分析每个时期植树和采伐之间的有效时间间隔吗？Bowes 和 Krutilla（1985）的数学分析告诉我们，这不是思考这一问题的正确方法。稍加思考就不难看出原因。

当且仅当所有周期都是独立的（意味着任一周期的决策不会受到其他周期的影响）时，已经建立的单采伐周期模型才适用于无限规划周期。但是，如果不同周期间相互关联，采伐决定必然反映出这些相互关系。

周期间的相互关联确实存在。在一个无限规划模型中，推迟采伐的决策会增加额外成本；在单采伐周期模型中，则不会出现相应的情况，推迟采伐的成本进入下一个植树和采伐循环。在单采伐周期模型中，树木额外生长一年产生的边际效益与资本的边际机会成本相等时，即为最佳采伐时间。换言之，当树木继续生长一年带来的效益等于采伐树木的效益与效益再投资得到的效益之和时，我们应该进行采伐。在无限规划模型中，树木继续生长的效益必须能够弥补将采伐延迟至下一周期产生的机会成本，单采伐周期模型里不存在此种情况。

在无限规划模型中包含延迟采伐的机会成本可能造成非常深远的影响。假设其他方面保持不变（例如植树和采伐成本、贴现率、生长函数和价格），由于推迟下一采伐周期存在机会成本，无限规划模型中的最佳采伐周期（在有限规划模型中称之为最佳轮伐期）要短于单采伐周期。与采伐后闲置土地相比，追求经济效率的森林管理者计划在同一土地上复种树木时，会在较早的年份采伐。

与基础模型相比，这个比较复杂的模型也产生了其他一些不同的结论。如同第 1 章中的结论所指出的那样，只有把握了问题的本质，从特定世界观出发得到的结论才有效。

例如，考虑植树成本增加的影响。在单采伐周期模型中，植树成本增加不影响最佳采伐时机。但在无限规划模型中，因为更高的植树成本降低了延迟循环周期的边际机会成本，由此就会影响最佳轮伐期。与植树成本较低的情况相比，延迟采伐将减少净效益的损失。结果，随着植树成本的增加，最佳轮伐期（植树与采伐之间的时间）也延长了。另外，采伐成本增加也会造成类似的结果，在这种情况下，最佳轮伐期也将延长。（你知道为什么吗?）

在无限规划模型中，由于采伐成本增加将延长最佳轮伐期，因此对采伐木材按量征税也会延长该模型中的最佳轮伐期。而且，更长的轮作周期意味着采伐树木的树龄更长，因此采伐的材积量也更大。

基础模型的另一个局限是它假设不同时期木材的相对价格是一个不变的常数。事实上，木材的相对价格一直在上涨。与木材价格不变的情况相比，在无限规划模型中引入一个以固定速率增长的木材相对价格，会导致最佳植树与采伐的时间间隔增加。重要的是，以固定速率上涨的价格抵消（减少）了贴现的效果。因为我们已经说明了较低的贴现率意味着较长的轮作周期，那么不断增加的价格也将导致有效率的轮种间隔更长。

目前为止模型中的最后一个问题是模型只涉及将木材作为产品的销售。事实上，森林还有其他丰富的功能，例如为野生动物提供栖息地、满足人们休闲娱乐的需要和稳定流域。对于这些利用方式，一旦采伐树木，这些依附于树木的附加价值就将丧失或是减少。

我们可以把这些效益纳入模型中来显示它们对有效轮伐期的影响。假设一片森林提供的舒适性效益与森林的年龄成正比，在无限规划模型中，最佳轮伐期也应该发生在延迟采伐的边际效益等于边际成本时。与不考虑舒适性效益的情况相比，考虑舒适性效益时延迟采伐的边际效益（包括将这些舒适性效益再保留一年）更高。因此，考虑舒适性效益将会延长最佳轮伐期。如果舒适性效益足够大，一直不采伐，将森林保留下来作为荒野保护区可能是有效率的。

无效率的根源

前一节我们讨论了采伐决策的本质，本节我们将揭示无效率决策的来源。这些无效率的原因使利润最大化的决策向过度砍伐森林偏移。

□ 土地所有者的背理动机

当决策者存在背理动机时，利润最大化的动机并不会产生有效率的结果。遗憾的是，林业中普遍存在背理动机诱导产生的无效率和不可持续的结果。

在全世界范围内，私有林是一支重要力量。但在一些国家，如美国，私有林是主导力量。正如下文所述，私有林决策受到多种形式外部成本的困扰。提供可持续的木材供给并非森林唯一的社会目的。当采伐木材的行为对森林的其他价值（例如，流域维护、防止水土流失、保护生物多样性等）造成损害时，决策制定者没有承担这些成本。利润最大化的决策通常不会充分考虑这些舒适性成本。

森林作为野生动物栖息地或本地生态系统关键要素的价值是森林采伐的外部成本，这种外部成本可能引发威胁生物多样性的无效率决策。未认识到现有森林的全部社会价值，不仅会促使人们无效率地采伐大量现有森林，而且即使存在有效率的保护性措施，也会促使人们采伐。例如，在美国西北太平洋地区，由于对栖息地破坏持有的观点不同，环保主义者和伐木工人之间爆发了关于保护北方斑点猫头鹰栖息地的争论。伐木工人将北方斑点猫头鹰的灭绝视为外部成本，环保主义者则把因保护栖息地导致的木材采伐价值损失视为外部成本。

政府的政策也会对土地所有者产生背理激励。例如，历史上巴西政府在一定程度上推动了亚马逊森林的快速砍伐。巴西政府降低放牛的收入所得税使砍伐森林并将其转化为牧场变得有利可图。这种税收制度促使林地向牧场的转化率高于有效率的水平（适用第 10 章中的模型），税收补贴的活动在没有税收歧视的情况下通常在经济上是不可行的。本质上，巴西纳税人不知不觉地资助了森林砍伐，从而使其自然资本存量价值贬值。

巴西的土地产权制度在早期森林砍伐中发挥了重要作用。自 1850 年起，巴西正式认可了通过占有土地获得土地所有权的做法。“占用者”获得用益物权（继续使用土地的权利）的方式是：（1）居住在无人认领的公共土地上；（2）在规定的时间内一直“有效地”使用该土地。如果同时满足这两个条件达到 5 年，占用者就获得了土地所有权，包括向他人转让土地的权利。申请者得到的土地最高为其砍伐森林面积的三倍。注意这个由产权制度创造的激励机制。因此，占用者砍伐的森林越多，他/她能够获得的土地面积越大。事实上，无地农民只能通过砍伐森林获得土地。这一政策人为地增加了砍伐森林开垦土地的边际效益。

认识到上述背理动机的后果后，政府政策不再要求开垦土地以获得土地所有权来鼓励森林砍伐，也不再补贴养牛活动。然而，重新安置计划也促进了道路、港口、水路、铁路和水力发电厂向亚马逊河流域中部密林地区扩张。所有这些政府政策剧烈改变了与森林保护相竞争的土地利用方式的价值（回顾第 10 章），由此造成了砍伐森林的结果。

重新安置计划使许多移民从事农业生产。Caviglia-Harris（2004）通过研究这些农民的决策发现，正如土地转化模型所显示的那样，市场状况和政府政策影响了农民砍伐森林的程度。市场力量不仅影响农民扩大生产规模的动机，也影响他们选择特定农业生产方式的动机。例如，她的实证研究结果显示，移民对牛的所有权显著提高了森林砍伐的比例。因此，随着牛及其相关产品（牛奶和牛肉）市场的发展，森林砍伐水平也在提高。

由于像降雨这样的自然条件能够影响农业的盈利能力，所以也会影响土地利用方式的转变。例如，Chomitz 和 Thomas（2003）发现，在其他条件不变的情况下，降雨量的不断增加显著降低了亚马逊地区土地用于农业生产或集约化养牛的可能性。这一点非常重要，它表明亚马逊河流域西部由于湿度普遍很高，可能不适宜发展农业，因此不太容易受到森林转为农业用地的威胁。

在远东和美国存在另一形式的背理动机。伐木是这两个地方森林被破坏的主要原因。伐木者为何不能采取有效率的行动？其中一个原因是森林的许多舒适性价值对于伐木者而言是外部性的，因此在他们的决策过程中并没有起到太大的作用（如果有的话）。

特许权协议规定了采伐公共森林的条件，从中我们可以找到无效率的另一个原因。对于伐木者而言，采伐现有森林比种植新的森林有明显的优势：可以立即采伐成熟的林木来获得利润。树木越大，树龄越高，现存森林的经济租金越可观（即林业中的立木价值）。

原则上，政府有多种政策工具可以在处置特许权时从特许经营者那里获得这些租金，但政府通常在未获得全部租金的情况下就给出了采伐木材的特许权。[①] 结果人为降低了采伐成本，伐木者能够采伐的木材数量远多于有效率的水平。政府未能获得这些租金意味着这些森林财富通常流向少数因此变得富裕的个人和企业，而不是流向需要这些财富来缓解贫困问题或是实现其他有价值社会目标的政府。

未能从特许权协议中获得租金并不是唯一的问题，这些特许权协议中的其他合同条款也有问题。因为通常授予森林特许权的期限有限，所以特许权持有人很少有动力去造

---

① 政府获得租金的一种方法是拍卖木材经营特许权。投标人有激励为了获得特许权一次性付清立木价值。招标竞争越激烈，政府获得全部租金的可能性越高。在实践中，那些对政府有影响力的人以远低于市场水平的价格获得一些特许权。参见 Vincent，Jeffrey R.（1990）. Rent capture and the feasibility of tropical forest management. *Land Economics*，66（2）（May），212－223.

林，并在采伐过程中尽心尽力，或是在有效采伐时间之前小心保护幼龄树木。未来的森林价值不是他们能够获取的收益，由此造成的采伐行为通过以下方式破坏大量幼龄树木：（1）修建采运道路；（2）砍伐和拖拽树木；（3）清除保护性树冠。尽管对于很多这些国家来说可持续林业本可能实现，但有限期限的特许权协议使其不太可能实现。[①]

最后，非法活动可能导致森林采伐。非法采伐是最明显的。不合法的采伐者没有保护森林未来价值的动机，就好似贴现率无限大一样。

其他非法活动则不是那么明显，如为获取毒品砍伐。根据一项研究[②]所述，问题不在于古柯叶（可以加工成可卡因）的种植，而在于整个毒品贸易范围内的人们通过购买大量土地来洗白他们的非法利润。估计在过去十年中，他们在洪都拉斯、危地马拉和尼加拉瓜的可卡因走私可能占森林总损失的 30%。在国内和国际指定的保护区内发生的森林损失占 30%～60%，由此威胁维持森林碳汇和生态服务的保护工作。

无效率林业的受害者通常包括那些长期生活在森林中并以此为生的原住民。随着伐木者和擅自占地者向森林内部逐渐深入，无力阻止这一趋势的原住民被迫搬迁到离传统土地更远的地方。

□ 国家的背理动机

森林砍伐的另一个原因与跨越国界的外部成本有关。虽然期望个别国家采取行动纠正完全在其边界内的外部性是合理的，但期待国家政策解决跨边界问题并不现实。在这些情况下，通常需要采取一些国际行动恢复效率。

生物多样性。由于物种灭绝，地球上生命形式的多样性正以前所未有的速度减少。当然，物种的灭绝是一个不可逆的过程。森林砍伐，特别是热带雨林的破坏是物种灭绝的一个主要原因，因为它破坏了最具生物价值的栖息地。特别值得一提的是，英国环境学家诺曼·迈尔斯（Norman Myers）将亚马逊地区描述为"热带生物最富饶的地区"。该地区特有的鸟类、鱼类、植物和昆虫的数量是地球上其他任何地方都无法相比的。

这种情况的悲剧性讽刺之一是，物种灭绝恰恰发生在有史以来人类最有可能利用生物多样性基因库的时刻。目前，现代技术使得将理想基因片段从一个物种移植到另一物种成为可能，从而创造出带有新性状（例如增强抗病性或抗虫性）的物种。但是基因库必须多样化，才能作为供体基因的来源。热带森林为提高经济作物（如咖啡和可可）的抗病性提供了基因物质，并成为一些全新食物的来源。约有四分之一的处方药物来自从热带植物中提取的物质。然而，砍伐森林的有害影响威胁着人类未来的发现。

气候变化。砍伐森林也会导致气候变化。因为树木可以吸收二氧化碳（一种主要的温室气体），所以砍伐森林抑制了缓解二氧化碳排放的可能性。此外，常常伴随清理农地出现的焚林活动释放了贮存在树木中的碳，增加了大气中的二氧化碳排放量。

---

① 当前，森林从业人员相信封闭的热带雨林的可持续产出为 0，因为他们还不知道一旦采伐破坏了树冠，如何使这些树种再生。采伐破坏了厚厚的树冠，光线得以穿过，大大改变了树木的生长条件和土壤的营养元素水平，以至于人们难以复种那些遭到采伐的树木。

② Sesnie，Steven E. et al.（2017）. A spatio-temporal analysis of forest loss related to cocaine trafficking in Central America. *Environmental Research Letters*，12（5）. https：//doi. org/10. 1088/ 1748 - 9326/aa6fff.

几乎所有人都认为现有森林可以提供显著的效益，那么为什么毁林现象仍发生得如此迅速？理解外部性的作用是解决这一悖论的关键。对私人采伐者和控制森林的国家来说，气候变化和生物多样性效益都存在很大的外部性，而阻止森林砍伐的成本主要是内部性的。森林砍伐导致的生物多样性丧失，或许对工业化国家的影响最为深刻，因为拥有多样化基因库开发技术的是工业化国家，而不是那些拥有森林的国家。目前，开发基因库的各种技术在工业化国家得到最广泛的应用。相似地，那些毁林国家以外的地区也可以感受到气候变化带来的大部分损害。然而，停止砍伐森林意味着放弃工作岗位以及来自采伐或采伐后土地开垦的收入。因此，最强烈反对生物多样性丧失的是工业化国家，而不是拥有热带森林的国家，这也就不足为奇了。全球性外部性不仅是市场失灵的明确原因，而且是无法指望主权国家自己解决这些问题的明确理由。尽管私人机构的一些外部成本事实上在国家层面得以内部化（即生活在同一国家的人民承担了这些成本），但全球外部成本并非如此。

贫穷和债务

贫穷和债务也是对森林造成压力的主要来源。农民将无主林地视作成为土地所有者的机会。与从富人那里强行取得土地相比，拥有广大农民的国家将无主的或是公共所有的森林看作政治上更可行的土地来源。没有土地，大量农民涌向城市地区寻找工作，其数量超过了城市劳动力市场的容纳规模。沮丧和绝望的氛围创造和酝酿着政治上一触即发的紧张局势，迫使政府对这些农民开放林地，或至少在农民们提出他们的要求时寻求其他的解决方式。

在非洲的东部和南部，正反馈循环造成了一个贫穷和毁林相互加强的恶性循环。长期以来，人们砍伐了大多数天然林来获取木材、薪柴以及毁林造田进行农业生产。随着森林逐渐消失，农村贫困人口被迫花费更多的时间寻找新的燃料来源。一旦薪材不足，人们便燃烧粪便作为替代，由此减少了用于提高贫瘠土地肥力的肥料。树木的减少加速了土壤侵蚀，土壤减少导致土壤营养下降，营养减少使人们难以找到或负担得起足够的薪柴或畜禽粪便来满足炊事和煮沸不清洁用水的需求，由此加剧了对人类健康的威胁。健康恶化会消耗人体的能量，增加对疾病的易感性，降低了生殖能力。生存策略可能仅仅是为了避免饥饿或死亡而牺牲长期目标，森林成为典型的早期牺牲品。

在国家层面上，贫困的形式是惊人的债务水平。偿还这些债务和由此产生的利息会降低一个国家积累外汇收入的能力。在实际利率较高的时期，国家即使不使用全部外汇收入，也会使用绝大部分来偿还债务。用这些外汇收入偿还债务，就不能用来资助可持续的减轻贫穷的进口。

根据“债务-资源假说”，发展中国家所欠的巨额债务迫使这些国家过度开发其资源禀赋来筹集必要的外汇。木材出口就是这样的一个实例。尽管很多研究发现这一假设的实证支持，但并非全部支持。另外，将这一假说从森林拓展到其他自然资源的支持似乎相当薄弱，例如，Neumayer（2005）报告指出：

我们没有证据表明，那些债务水平较高或偿债负担较重的国家，其地下化石燃料和矿物资源的开发程度以及经济作物的产量高于其他国家。(p.138)

可持续林业

我们研究了影响森林砍伐率的三种土地所有者决策，即采伐决策、复种决策和转变土地利用方式的决策。在这三种情况下，利润最大化的决策可能并不经济有效，这些无效率往往导致更高的砍伐率，这既是挑战也是机会，机会来自纠正这些无效率可以同时提高效率和可持续性。

恢复效率能够保证可持续的结果吗？假设我们将环境可持续性的定义应用于林业。根据这一定义，只有充分保护森林使采伐可以永远进行，才能实现可持续林业。此外，可持续林业要求采伐不能超过森林的生长，保持林木材积量长期不变（或增加）。

效率不一定与可持续林业的定义一致。现值最大化涉及延迟采伐带来的价值增加（很大程度上是因为材积量的增加）与采伐收益和收益再投资带来的价值增加（很大程度上是 r 的函数，r 是投资储蓄获得的投资收益率）之间的隐含比较。生长缓慢树种的材积增长速率较慢。对于这类树种，选择使净效益现值最大化的采伐树龄可能涉及采伐的材积量高于森林净生长的情况。

对经济上可持续的林业实践探索已经引发了对各种林业新模式的思考。其中之一集中于在种植园栽种速生树种。由于占用投资资金的时间较短，速生树种提高了复种的经济吸引力，人工林的树种采伐和复种成本较低。开发人工林的目的多种多样，例如为发展中国家提供薪柴，以及为工业化国家和发展中国家的造纸企业提供纸浆。

然而，种植人工林存在争议。人工林通常只有单一树种，导致野生动物栖息地质量下降，而且往往需要大量的化肥和农药投入。

在世界的一些地方，尽管早期几十年的采伐水平不可持续，但森林生态系统的自然恢复能力足够高，因此最终还是实现了可持续性。例如，美国在 20 世纪 40 年代的某个时期，林地的净增长超过了木材的采伐。之后的调查已经证实，尽管对木材的需求相当大且不断增加，森林的净增长始终大于采伐。至少自第二次世界大战以来，美国的森林生物总量持续增长；尽管某些地区某些树种的采伐不具有可持续性，但对于国家整体而言，这个时期内的采伐是可持续的。

公共政策

公共政策涉及恢复有效的激励机制。经过前文的讨论，我们可以自然得到下面一些结论：

- 特许权所有者应为其在公共所有的土地上采伐的权利支付全部费用，包括补偿采伐给周边森林造成的破坏。

- 转让给占用者的土地面积不应该是其砍伐森林面积的倍数。
- 尊重原住民的权利。

其他方法涉及在可持续林业的发展中调动消费者的力量，这一过程通常包括建立可持续林业标准，雇用独立的检查人员核实这些标准的遵守情况，允许得到认证的供应商加贴认证标签表明其产品遵守了可持续标准。

这个管理系统的正常运转需要具备一些前提条件。认证过程必须可靠并得到消费者的信任。另外，消费者必须充分关注可持续林业，以支付足够高的价格溢价（与其他相似的未认证产品的价格相比），为林业企业开展认证提供足够的经济激励。这意味着企业获得的收益至少能够弥补认证带来的较高成本。在通常情况下，无法保证可以普遍满足这些条件。案例 11.1 研究了实践中的林业认证，包括其在存在许多认证活动的国家中的有效情况。

各个国家为保护自己的森林资源，可以进行大部分这样的改变，而且这样做符合它们的利益。从定义上说，无效率行为的成本大于效益。转向一套效率更高的政策组合必然会产生更多的净效益，这些效益可以通过多种方式分享，以获得改革所需的政治支持。但是，跨越国界的全球范围的无效率又是什么情况？如何解决这些问题？

存在几种经济策略，共同特点是补偿那些有正外部效益的国家，以激励符合全球效率原则的保护行动。

案例 11.1　通过认证建立可持续林业

森林管理委员会（Forest Stewardship Council，FSC）是一个国际性非营利组织，最初总部设在墨西哥的瓦哈卡，秘书处于 2003 年迁至德国波恩。

FSC 很大程度上是由环保组织，尤其是世界自然基金会（World Wide Fund for Nature，WWF）提出的构想。FSC 作为有效管理森林的独立第三方认证机构，其目标是促进对全世界的森林实施环境适宜、社会受益和经济可行的管理。

FSC 已经制定了各种相关标准来评估林业管理的绩效。这些标准体现了环境、社会和经济方面的要求。森林评估需要多个领域的（通常包括林学、生态学/野生动物管理学/生物学和社会学/人类学）专家组成小组进行一次或多次的实地勘查。另外，FSC 要求对森林评估报告进行独立的同行评审。可以通过正式的诉讼程序对任何 FSC 的评估结果提出质疑。人们可以通过产品上的认证标签和产品宣传资料中的认证信息识别 FSC 认证的产品。例如 2017 年 2 月，FSC 认证的森林面积达到 196 285 056 公顷（1 公顷等于 2.471 05 英亩）。

FSC 认证有效吗？证据是有限的，采用各种技术方法针对墨西哥森林砍伐的一项研究发现，统计分析不能排除 FSC 认证对该国森林砍伐几乎没有影响的可能性。然而，研究者指出，他们并没有研究 FSC 认证是否阻止了森林砍伐，因此这方面的有效性有待检验。在其他情景设置下和其他林业方面，这一分析有待证明。

资料来源：The Forest Stewardship website. www.fsc.org.（accessed April 14，2013）；Blackman，A.，Goff，L.，& Rivera，M.（2015）. Does eco-certification stem tropical deforestation? Forest Stewardship Council certification in Mexico. Environment for Development Discussion Paper Series DP 15－19（August）.

□ 债务换自然

一种策略缓解了一些发展中国家由于欠下国际债务而对森林产生的压力。“债务换自然”是探索全球共同点的创新性政策之一。“债务换自然”通常由环境方面的非政府组织（在次级债市场上以折扣价）购买发展中国家的债务。非政府组织成为新的债务持有人，当债务国采取环境友好的行动时，非政府组织承诺取消债务作为回报。

1987 年，玻利维亚出现了第一个“债务换自然”的实例。此后，一系列发展中国家都安排或探讨了债务换自然的办法，包括厄瓜多尔、菲律宾、赞比亚、牙买加、马达加斯加、危地马拉、委内瑞拉、阿根廷、洪都拉斯和巴西。

马达加斯加案例的简单研究可以说明“债务换自然”如何运行。作为全球生物多样性的重要来源，地球上其他地方没有马达加斯加大部分的陆地哺乳动物、爬行动物和植物。马达加斯加同时也是世界上最贫困的国家之一，背负沉重的外债。因为其国内财政资源十分有限，马达加斯加无法自己应对其面临的严重环境退化。

在 1989—1996 年间，保护国际、密苏里植物园和世界自然基金会与马达加斯加协商形成了 9 个商业性的债务换自然计划，共涉及 1 170 万美元的保护资金。马达加斯加政府和参与的环境保护组织共同签署协议，确认了资助的具体项目。例如，其中一个项目培训了 320 名关注当地社区森林管理的自然保护人员。

此后，不同政府和不同环境组织的其他安排也遵循这一做法。这些安排对债务国的主要好处是可以用本国货币偿还巨额的外债。债务换自然使不可持续的经济活动（债务危机）的主要力量转变为资源保护的力量成为可能。

□ 开发利用型保护区

一项专门用于保护森林原住民并防止滥伐森林的策略是建立开发利用型保护区，将该区域的森林留给原住民从事传统的打猎和采集活动。

巴西的阿克里地区已经建立了开发利用型保护区。数千人从散布在森林中的橡胶树上采胶是该地区的主要经济活动，这一活动可以追溯到 100 年前。在奇科·门德斯（Chico Mendes，橡胶工人的领导者，后来被暗杀）的领导下，巴西政府在 1988 年 6 月建立了 4 个开发利用型保护区，以保护橡胶工人免受周边经济发展侵占土地的影响。

□ 保护地役权和土地保护信托

在决定如何使用资源时，保护地役权是将森林的正外部效益（因而被低估）内部化的一种私人方法。第 10 章详细讨论了该内容，此处只是指出，保护地役权提供了一种在林业决策中充分考虑森林舒适性价值的方法。在适当的情况下，这可以促进这些价值的有效呈现（见案例 11.2）。

∵案例 11.2 行动中的保护地役权：布莱克富特社区计划

迄今为止，蒙大拿州的农村和野外的布莱克富特山谷还没有像西方很多其他风景优美的山谷那样经历快速的发展。尽管它为周边社区提供了巨大的舒适性效益，但这些效益对绝大多数潜在开发者而言都是外部性的，因此未来的私人交易必将对其产生危害。

认识到这一潜在威胁，美国大自然保护协会（the Nature Conservancy，TNC）从私营土地所有者梅溪木材公司那里购买了大量土地（截至2007年，总计69 179英亩）。然而，其目标并非拥有土地所有权，该协会一旦确认新的土地所有者会保护关键的舒适性自然资产，就会卖出持有的土地。土地的再出售为组织提供额外的资金，与一直保留土地所有权相比，这种购买再销售的策略使TNC可以用出售土地所获的资金保护更多的土地。

出售给公共组织的土地已达32 480英亩。例如，霍斯舒山是位于鲍勃·马歇尔野外地带和布莱克富特清水野外管理区之间的一个重要野生动物廊道，2007年5月的一笔交易将该地区西部5 234英亩的土地转让给美国林务局。林务局先前也购买了临近霍斯舒山东半部分的土地。

一旦土地买卖契约中附带了保护舒适性效益的保护地役权条款，美国大自然保护协会倾向于将其持有的半数土地出售给私人土地所有者。

资料来源：www.nature.org/ourinitiatives/regions/northamerica/unitedstates/montana/stories/clearwater-blackfoot-project-1.xml (accessed October 18, 2016).

□《世界遗产公约》

《世界遗产公约》诞生于1972年，主要使命是识别和保护世界各地优秀的文化和自然遗产，并通过国际合作确保对其实施保护。目前，已有178个国家加入该公约。

加入公约的国家有机会将具有突出普遍价值的自然财产列入《世界遗产名录》。加入《世界遗产名录》的动机是为了获得对申遗地的国际认可，并利用这一称号所带来的声望提高遗产保护意识和保护申遗地的可能性。加入公约的国家可以从世界遗产委员会获得资金支持和专家建议，为保护财产的推广活动和宣教材料的编制提供支持。

遗产所在国要承担起为申遗地提供充分保护和管理的责任，但特别是对于发展中国家而言，加入公约的一个主要好处是获得世界遗产基金。公约缔约国的义务捐款为该基金提供资金支持，按该国对公约执行机构——联合国教科文组织捐款1%计算，该基金每年可得到约300万美元，主要用于资助低收入国家的技术援助项目和培训项目，并帮助这些国家准备申遗计划书或开发保护项目，该基金也可以提供紧急援助以便采取紧急行动，修复人为或自然灾害对遗产造成的危害。

□ 专利费

制药业有极高的兴趣从具有生物多样性的动植物资源中寻找新药物，这种兴趣就成为保护生物多样性的一个潜在资金来源。那些拥有丰富生物资源的国家有权从利用保护区基因资源开发的任何和所有药物产品中获得规定的专利费，这样既可以为保护资源提供激励，也可以为实施保护提供资金。

拥有丰富生物保护区的国家开始认识到资源的价值，并开始从制药业中发掘这些资源的部分价值，将部分收入用于编制保护目录，在保护资源的同时深入了解这些资源。例如，1996 年，伊利诺伊州一家名为 Medichem Research 的制药公司与马来西亚沙捞越政府共同建立了一个合资项目。这个合资成立的组织有权为两种有望用于抗癌治疗的化合物申请独家专利。

其协议规定一旦药品上市，专利费五五分成。协议授予沙捞越政府独家供应乳胶原料（从中提取两种化合物）的排他权利。此外，沙捞越的科学家参与了化合物的筛选和提取，沙捞越的医学专家参与了临床实验。

该协议不仅为保护生物资源提供了强有力的理由，而且使资源拥有国未来可以获得生物多样性的价值（Laird and ten Kate，2002）。由于这些安排有助于分担跨界保护成本，因此显得非常重要。当世界上较富裕的国家是主要受益者时，期望养护这些保护区的国家承担全部保护费用是不现实的。同时，药品需求足以为有效保护提供资金的假设也是不现实的（见案例 11.3）。

债务换自然、开放利用型保护区、特许使用费和保护地役权都说明解决森林砍伐的全球外部性问题需要采取与解决森林砍伐其他问题截然不同的方法。一般来说，这种办法涉及从工业化国家向热带国家的财政转移，这种转移的目的是将全球利益纳入有关热带森林未来发展的决策。

❖案例 11.3　制药业的需求能够为生物多样性提供足够的保护吗？

当植物对人类存在价值时，保护植物的激励更强。这一理论是清楚的，但实际上确实如此吗？

紫杉醇的例子具有启发性。紫杉醇提取自生长缓慢的太平洋紫杉，已经证明它可以有效治疗晚期乳腺癌和卵巢癌。1998 年，紫杉醇曾经是最畅销的抗癌药物。

由于这类树木主要生长在太平洋西北部的原始森林中，因此环保组织希望紫杉醇重要性的提高可以提供可持续的就业机会并为原始森林提供保护。

然而事实并非如此。化学实验用的紫杉醇取自树皮，而剥去树皮导致树木死亡。为化学实验提供足够的树皮给资源带来了巨大的压力。

最终，销售紫杉醇的私营公司 Bristol-Squibb 使用进口可再生树木成功开发了一种半合成的替代物。

紫杉醇是 20 世纪最重要的医学发现之一，太平洋紫杉就是其最初来源，但它却完全没有得到保护。原本为供应树皮而逐步发展起来的产业最终也破产崩溃。最后证明其商业价值是短期的，其维持太平洋西北部地区可持续生计的能力终成虚幻。并不是所有的好主意都能产生预期结果。细节很重要。

资料来源：Goodman，J.，& Walsh，V.（2001）. *The Story of Taxol：Nature and Politics in the Pursuit of an Anti-Cancer Drug*. New York：Cambridge University Press.

保护生物多样性栖息地的国际援助资金十分有限，各国已经开始尝试其他的资金来源。旅游收入已经成为一个越来越受欢迎的资金来源，特别是在那些将旅游业与资源保护联系在一起的地区。各国政府并没有把这部分旅游收入与其他公共资金混合使用，而是将其专门用于保护（见案例 11.4）。

案例 11.4 栖息地保护信托基金

在国际和国内资金均有限的情况下，地方政府如何为保护生物多样性提供资金支持？一个积极倡导的选择是建立信托基金。信托基金是法律上规定用于特定用途的货币基金（不同于存放在国库之中的资金）。受托人负责管理资金，确保资金的使用方式符合信托条款的规定。绝大多数（并非所有）信托基金是留本基金，即受托人可以使用其产生的利息和红利，但不能动用本金，以保障长时间内的资金持续性。

那么，信托基金的钱从哪里来？一些拥有生物多样性保护区的国家无力投入保护生物多样性所需的资源。一种可能的办法是引进外国对于保护的需求。在伯利兹城，这些资金来自对所有外国旅游者收取的“保护费”。1996 年 1 月，伯利兹议会决定收取 3.75 美元的初始费用，每年可以为信托基金募集 50 万美元的收入。这些费用连同津贴和捐款为保护区保护信托基金（Protected Areas Conservation Trust，PACT）提供了可持续的保护区资金来源。

目前，伯利兹约 103 个保护区形成了一个庞大的国家保护区系统，其类别包括森林保护区、自然保护区、国家公园、海洋保护区、私人保护区、野生动物保护区、自然遗迹、鸟类保护区、产卵聚集保护区和考古保护区。墨西哥、洪都拉斯和危地马拉也已经建立类似的信托基金。根据信托协议中的条款，信托基金的收入可以有多种用途，包括培训公园看守人、开发生物信息、支付主要人员的薪水、实施环境教育项目。

依赖国库资金支持的生物多样性保护容易受到多变的预算压力的影响。当资金竞争加剧时，就可能取消或大幅度减少保护性资金。信托基金的优点是瞄准生物多样性保护，提供长期、可持续的资金。

资料来源：www. pactbelize. org（accessed October 18，2016）.

小结

森林是可贮存、可再生资源的代表。树木一般有三个明显的生长阶段，材积量早期缓慢增加，中期增长迅速，达到完全成熟时增长更为缓慢。采伐树木的森林所有者得到销售木材的收入，但是延迟采伐的所有者可以得到额外增加的材积量。材积量的增长与立木所处的生长阶段有关。

从经济学视角分析，采伐木材的有效时间是净效益现值最大化的时候，即延迟一年采伐的边际效益等于延迟的边际成本。超过最佳采伐时间的延迟砍伐带来的额外成本大于额外效益，而早于最佳采伐时间的提前采伐放弃的效益（就木材价值的增加而言）大于因此节约的成本。对于大多树种来说，最佳采伐期是 25 年或更长时间。

最佳采伐树龄取决于决策者面对的情况。与立即复种树木开始一个新的周期相比，如果采伐后将土地闲置，最佳采伐期要更晚。如果立即复种，延迟当前采伐会造成额外的成本——延迟下一次采伐的成本，如果我们考虑这个因素，提前采伐会更加可取。

许多其他因素也影响有效率的轮伐期。一般而言，贴现率越大，采伐时间越早。在无限规划模型中，植树和采伐成本增加会延长最佳轮伐期，而在单周期采伐模型中，成本的变化不影响最佳轮伐期。与价格保持不变相比，如果木材相对价格按照恒定的速度增长，最佳轮伐期要更长。最后，如果立木提供的舒适性服务（如休闲娱乐或野生动物管理）与立木的材积量成比例，那么在无限规划模型中，最佳轮伐期要长于不考虑舒适性服务的情况。此外，如果舒适性价值足够大，效率原则会阻止森林采伐。

在适当的情况下，利润最大化可以与有效率的森林管理一致。特别是在没有外部性、没有政府政策造成的扭曲或非法采伐的情况下，追求利益最大化的私人所有者将有激励来采取最佳轮伐期，并投资扩大森林规模，因为这种策略可以使他们的净效益最大化。

事实上，并非所有私营公司都会实施有效率的森林管理，它们可能放弃利润最大化原则，可能公司的经营规模太小，或者是外部性或公共政策可能造成无效的激励。最后，当舒适性价值很大而森林所有者不能获得时，私有林的轮伐期就不会考虑这些价值，从而导致采伐周期过短，造成效率低下，甚至会导致人们砍伐应该保护的森林。

未能在决策中考虑森林的全球效益刺激了无效率的森林砍伐：特许权协议可能刺激人们过早过多砍伐，可能无法为保护后代利益提供足够的激励；土地产权制度使占用者可以获得相当于其砍伐森林面积数倍的土地面积；税收政策可能对现有森林存在歧视。

只要认识到并纠正存在的背理动机，热带森林国家可以而且应该采取行动，就可以在恢复效率和可持续性方面取得重大进展。但这些行动本身不能为热带森林的全球效益提供足够的保护，债务换自然、开发利用型保护区、专利费、森林认证以及保护地役权这五种可以使跨界效益内部化的机制已经开始实施。

讨论题

1. 美国的国有森林应该私有化（出售给私人）吗？为什么？

2. 在《再论联邦土地》（*The Federal Land Revisited*）一书中，玛丽昂·克劳森（Marion Clawson）提出了“撤回”的概念：

> “撤回”是指任何个人或团体可以在法律许可的范围内按其使用意愿申请一块联邦土地。但是，在提交初步申请和批准其他土地租赁或出售之间的有限时间内，任何其他个人或团体可以“撤回”其申请地块的一部分……撤回条款的使用者将变成撤回土地的申请人，他必须满足与初始申请条款相同的要求……但申请人可以自己选择土地使用方式，不必与初始申请人一致。(p. 216)

“撤回”的概念可以作为保护主义者防止在联邦土地上开发矿产或采伐木材的一种手段，请你对其做出评价。

自测题

1. 假设有两块相同的林地，唯一的区别是一块林地在采伐后复种，而另一块在采伐后用作住宅开发。从效率而言，哪一块林地的采伐期更晚？为什么？

2. 在表 11 - 1 中，当 $r=0.02$ 时，成本的现值增长了 68 年，随后逐渐减少，为什么？

3. 当能源结构向可再生燃料过渡时，以森林为基础的生物质燃料将从中受益。能源结构变化会对消费者、生产者和资源拥有者产生哪些可能的影响？

4. 私人森林所有者通常可以在森林的休憩用途和采伐之间达到有效平衡吗？为什么？

5. 比较森林认证和有机产品认证，考虑两个认证预期的有效程度之比。

6. 木材价格上涨有利于可持续林业活动还是相反？为什么？

补充读物

Amacher, G. S., Ollikainen, M., & Koskela, E. A. (2009). *Economics of Forest Resources*. Cambridge, MA: MIT Press. 本书介绍了森林经济学及其发展情况。

Araujo, C., Bonjean, C. A., Combes, J-L., Motel, P. C., & Reis, E. J. (2009). Property rights and deforestation in the Brazilian Amazon. *Ecological Economics*, 68 (8–9), 2461–2468. 本文主要研究巴西亚马逊地区的森林采伐对产权不安全的影响。

Pagiola, S., Bishop, J., & Landell-Mills, N. (2002). *Selling Forest Environmental Services: Market-based Mechanisms for Conservation and Development*. London: Earthscan. 人们认为，以市场为基础的办法大有作为促进森林保护手段的希望，并可以作为农村社区的新收入来源。基于广泛的研究和案例，本书评估了支付系统的可行性和有效性及其对穷人的影响。

Zhang, Daowei. (2016). Payments for forest-based environmental services: A close look. *Forest Policy and Economics*, 72, 78–84. 本文将环境服务的支付与其他政策和市场机制进行了比较，以鼓励在林地上有效地提供环境服务。

更多的参考文献和重要的历史参考文献可在本书的配套网站查找：www.routledge.com/cw/Tietenberg。

附录　森林的采伐决定

假设要在木材现值最大化时采伐一片树龄相同的森林。我们可以通过以下方法计算采伐时的树龄：（1）将采伐木材的现值定义为立木树龄的函数；（2）通过求解函数最大化得出树龄。

$$\text{现值} = [PV(t) - C_h V(t)]e^{-rt} - C_p$$

其中，P＝单位材积量木材的价格；

$V(t)$＝在第 t 年采伐的木材材积量；

C_h＝木材的单位采伐成本；

t＝木材的树龄；

C_p＝植树的固定成本。

对函数中的树龄求导，使其等于 0。①

$$(P - C_h)\frac{\mathrm{d}V(t)}{\mathrm{d}t} = (P - C_h)V(t)r$$

① 如果采用离散时间的分析方法［例如，将贴现表示为 $(1+r)^t$，而不是 e^{-rt}］，最优条件不发生变化，只是将 r 换成 $\ln(1+r)$。你可以将我们所使用的 r 值代入验证，会发现两个表达方式的结果基本一致。

或改写为

$$\frac{\frac{\mathrm{d}V(t)}{\mathrm{d}t}}{V(t)}=r$$

这意味着让林木最后生长一年带来的回报率等于市场回报率。

请注意固定植树成本不影响采伐时间的选择。它虽然改变了植树成本的具体数额，增加或减少了木材现值，但不会改变函数何时达到最大值。然而，如果种植成本足够高，函数会在一个负数处达到最大值。在这种情况下，不植树使现值最大化，即使这意味着未来没有采伐的可能。(现值为 0 仍大于植树后现值为负。)

同时，请注意价格和采伐成本都不会影响最佳采伐期。从数学上看，这是因为它们在第二个公式相互约去了。从经济学上看，这是因为采伐一单位树木的价格和成本不随树龄变化而变化；因此随着树龄的变化，立木现值的变化是因为材积量的变化，而不是单位材积量价值的变化（因为价值的变化为 0）。

第12章 公共池塘资源：具有商业价值的渔业资源

公地体系在人口过密（过度开发）的地区很可能遭到破坏……即使有人完全意识到其行为的最终后果，他也不太可能改变行为方式。因为良知使他限制了自己的行为，但是他不能指望别人有这样的良知和行动。

——加勒特·哈丁，《承载力：一种伦理观念》(1967)

(Garrett Hardin, *Carrying Capacity as an Ethical Concept*, 1967)

引言

2009年，世界银行和联合国粮农组织（FAO）发布了一份名为《沉没的数十亿：渔业改革的经济理由》的报告。根据这份报告，每年全球因过度捕捞、管理不善和缺乏经济效率造成的海洋渔业经济损失约500亿美元。在过去的30年里，损失合计超过2万亿美元！报告还指出，管理优良的海洋渔业能够为数以百万计的渔场、沿海村庄和城市带来可持续的经济效益。本章将讨论经济学在有效管理渔业中能够发挥的作用。

人类与许多其他生物共同生活在地球上。对待生物种群的方式在一定程度上取决于它们是否具有商业价值，以及管理性机制框架能否为那些最适宜保护资源的相关者提供充足的保护激励。

在本章中，我们将思考如何改革渔业管理过程，同时提高效率和可持续性。物种的商业价值是一把双刃剑。一方面，物种自身对人类的价值是人们关注其未来强有力的直接理由。另一方面，物种的价值可能造成过度捕捞。如果商业开发导致种群数量下降超过了阈值，物种可能会不断枯竭直到灭绝。

尽管物种灭绝的问题非常重要，但这并不是可再生资源管理中唯一重要的问题。既然任何可持续的收获水平都可以避免资源枯竭，我们应该如何选择？何种可持续的收获水平是适宜的？

生物种群属于一种可再生资源，我们称之为交互资源，其中资源存量（种群）的规模由生物因素和社会行为共同决定。收获后的存量规模反过来又决定未来资源的可获得性。因此，人类行动影响到资源的跨期流量。因为资源流量不完全是纯粹的自然现象，收获的速率具有跨期效应，当前的捕捞行为会影响未来的资源利用决策。

以渔业作为案例，我们先研究什么是有效率和可持续的捕捞水平；继而，我们研究效率是不是一个足够有力的避免资源枯竭的原则，有效率的捕捞总会带来可持续的结果吗？在展示了将两个社会选择标准应用于渔业之后，研究体制能够多大程度地满足这些标准？一般的激励措施是否符合有效率的可持续捕捞水平？

糟糕的是，我们发现在很多情况下，一般的激励既不符合效率原则，也不符合可持续原则。我们将许多商业渔业划分为开放获取资源和公共池塘资源（第 2 章）两类，因此它们都遭受了过度捕捞。据 FAO（2009）估计，全球 75％以上的鱼类资源处于充分捕捞或过度捕捞的状态。现有制度不能保护资源的资产价值时就会出现公地悲剧。[①] 正如我们看到的那样，在如此多的渔业正遭受过度捕捞的情况下，找到同时满足效率和可持续原则的解决方案充满挑战性。

有效配置——生物经济学理论

□ 生物学方面

和许多其他研究一样，我们对渔业特征的描述基于 Schaefer（1957）提出的生物模型。Schaefer 模型说明了鱼类存量增长和鱼类存量规模间的平均关系。由于不考虑水温和鱼类年龄结构等因素的影响，该模型是一种平均关系，因而并未揭示鱼类资源的每日特征，而是表示长期平均情况，长期内这些随机影响往往相互抵消（见图 12－1）。

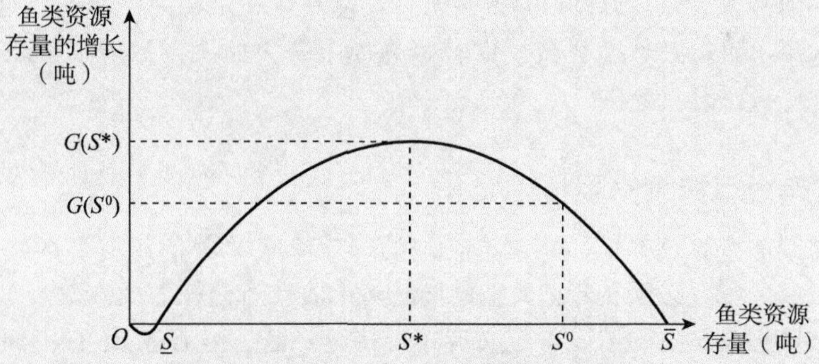

图 12－1　鱼类资源存量与增长间的关系

横轴表示鱼类资源存量，纵轴表示鱼类资源存量的增长。从图中可以看出，从 $\underline{S}$ 到 S^*，随着资源存量的增加，资源存量的增长不断加速。从 S^* 到 $\overline{S}$，资源存量的增加最终导致资源存量的增长减速。为了进一步阐明这种关系，我们可以更仔细地研究该函数与横轴的两个交点（$\underline{S}$ 和 $\overline{S}$），这两点的存量增长均为 0。$\overline{S}$ 是自然均衡点，即在没有外来因素影响的情况下能够长期维持的种群规模。由于出生、剩余鱼类的生长和向内迁入而增加的鱼类资源存量恰好抵消死亡或向外迁出而减少的鱼类资源存量。

---

① Hardin，Garrett.（1968）. The tragedy of the commons. *Science*，162，1243－1247.

由于自然均衡点是稳定的，所以可以维持下去。稳态均衡是指远离均衡水平的偏移会产生恢复均衡的动力。例如，如果资源存量暂时超过了 $\overline{S}$，就超过了生态环境的承载力，死亡率或迁出率将会增加，直到资源存量重新恢复到环境承载力允许的 $\overline{S}$ 点。

存量规模从另一个方向向 $\overline{S}$ 点恢复的趋势也是成立的。假设资源存量暂时低于 $\overline{S}$ 点，由于此时资源存量较小，资源的增长为正，因此存量规模增加。经过一段时间，鱼类资源将沿着曲线向右移动到 $\overline{S}$ 点，再次实现均衡。

曲线上其他点的含义是什么？$\underline{S}$ 是最小存活种群，其含义是低于此存量水平，资源存量的增长为负（死亡和迁出数量超过了出生和迁入数量）。与 $\overline{S}$ 点不同，这一点的均衡状态是不稳定的。在 $\underline{S}$ 右侧，资源存量增长为正，资源存量沿着曲线向 $\overline{S}$ 点移动。从 S 点向左，资源存量不断下降，直至最终灭绝。在这个范围内（坐标原点至 $\underline{S}$ 点），种群规模无法恢复到可存活下去的水平。

当捕捞水平等于鱼类资源存量的增长率时，这一捕捞水平是可持续渔获量，因为该水平可以一直保持下去。只要存量规模保持不变，增长率和渔获量也可以保持不变。

在生物学中，S^* 点是最大可持续产量下的资源存量，该存量规模对应的存量增长最大。因此最大可持续产量（渔获量）等于最大存量增长量，代表可以持续捕捞的最大渔获量。因为渔获量等于资源存量的增长，$\underline{S}$ 和 $\overline{S}$ 之间任一存量规模对应的可持续渔获量可以按照以下方法确定：从横轴该资源存量点上画一条垂直线，与函数曲线相交，再从交点画一条水平线与纵轴相交，可持续渔获量就是这条线与纵轴的交点对应的存量增长量。因此，根据图 12－1，$G(S^0)$点表示在资源存量为 S^0 时的可持续渔获量。由于渔获量等于增长量，种群规模和下一年的增长量均保持不变。

现在我们清楚了为什么 $G(S^*)$是最大可持续渔获量。短期内可能获得更大的渔获量，但该渔获量水平不可持续，会导致资源存量规模下降，如果存量规模下降到 $\underline{S}$ 点以下，最终会导致物种灭绝。

□ 静态有效可持续产量

最大可持续产量有效率吗？答案是否定的。效率意味着使用资源的净效益最大化。我们定义有效率的配置必须在考虑效益的同时考虑收获所消耗的成本。

我们先在不考虑贴现的情况下定义有效可持续产量。静态有效可持续产量指年净效益最大的可以持续捕捞的产量。我们将其称为静态有效可持续产量，以区别考虑贴现的动态有效可持续产量。这个静态概念使我们在处理更复杂的贴现情况之前充分理解基本关系。随后我们研究效率是否总决定可持续渔获量而不是随时间变化的渔获量。

为了在不损失太多真实性的前提下简化分析，我们提出三个基本假设：（1）鱼类价格保持不变，并且与销售量无关；（2）单位捕捞努力量的边际成本是常数；（3）单位捕捞努力量的渔获量与鱼群规模成正比。（鱼群规模越小，单位捕捞努力量的渔获量越少。）

基于上述假设建立经济学模型。根据假设（3），将捕捞努力量函数叠加在图 12－1 的鱼类资源存量函数上。因为每单位捕捞努力量的渔获量不变，图 12－2 的线性函数描绘了在给定的捕捞努力量水平下，渔获量和存量间的关系［向上倾斜的直线，见本章附录中的式（12.3)］。注意提高捕捞努力量将使渔获量函数以原点为轴心，向左上方旋转

($E_2 > E_1$)。每一捕捞努力量水平对应的可持续渔获量是这两条曲线的交点。如果将各个捕捞努力量水平对应的可持续渔获量连起来，就得到以捕捞努力量而非鱼群存量定义的可持续渔获量函数，如图 12－3 所示。(可以采用船只年份、捕鱼时间或者其他常规度量单位衡量捕捞努力量。)

为了避免混淆，请注意图 12－2 中增加捕捞努力量会导致鱼群资源存量规模减小，表现为从右向左移动。因为图 12－3 中的横轴是捕捞努力量，而非鱼群资源存量规模，因此增加捕捞努力量将显示为从左到右的移动。

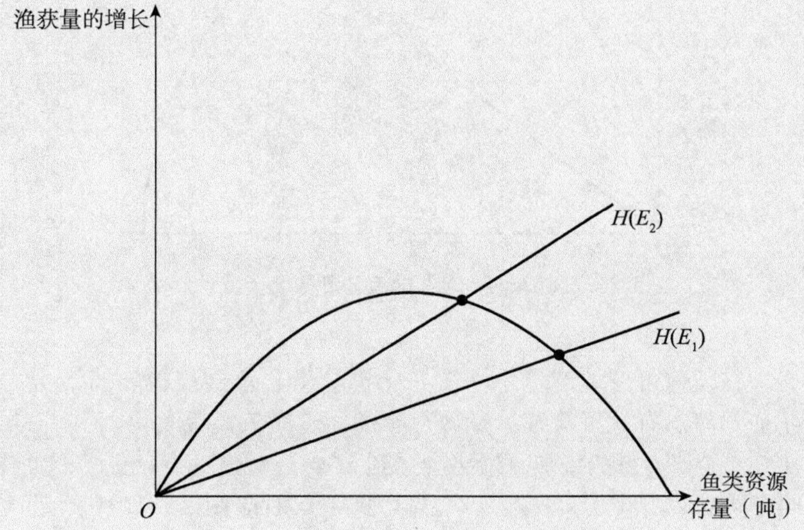

图 12－2　捕捞努力量、渔获量和存量规模

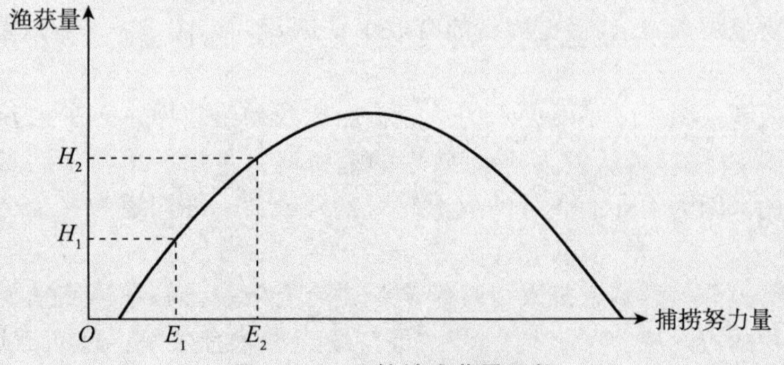

图 12－3　可持续渔获量函数

模型到目前为止还不错。为了将其转化为完整的经济学模型，我们需要确定成本与效益，在此例中，就是总收入与总成本。基于假设（1）可知，生物函数的形状决定了收入函数的形状。只需将图 12－3 中的每一个可持续产量（渔获量）乘以固定不变的价格，我们就将物理单位（捕捞量）转化为货币单位（总收入）。基于假设（2），我们能够得到模型的最终构成部分；描绘总成本的线性函数是每一单位捕捞努力量的固定边际成本乘以捕捞努力量。图 12－4 将成本与效益（收入）解释为捕捞努力量的函数。

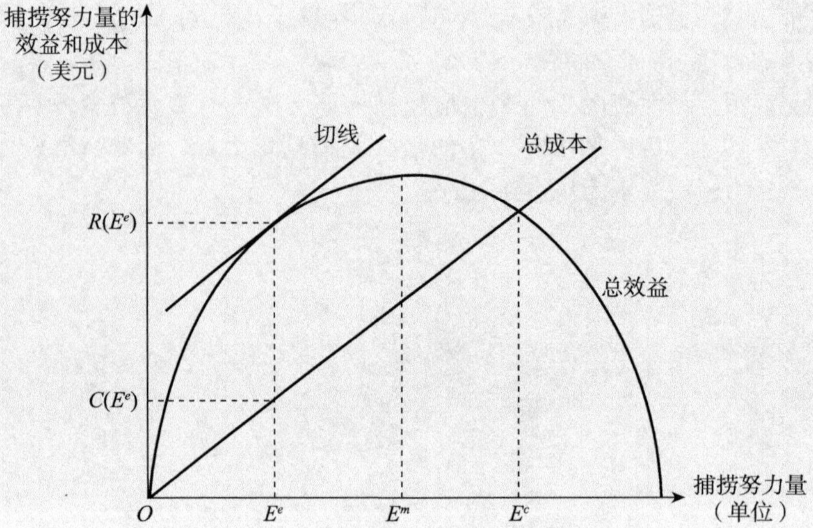

图 12－4　渔业的有效可持续产量

根据定义，在任何可持续产量水平下，年渔获量、鱼群规模、捕捞努力量水平和净效益都保持不变。静态有效可持续产量使每年的固定净效益最大化。

随着可持续捕捞努力量的增加，最终会达到 E^m，超过这一点，更多的捕捞努力量会减少所有年份的可持续渔获量（和收入）。当然，这一点对应图 12－1 中的最大可持续渔获量（S^*），也就是这两个点反映了相同的鱼群规模和存量增长水平。图 12－3 和图 12－4 中每一个捕捞努力量水平都对应图 12－1 中特定的鱼群规模。

净效益是效益（价格乘以渔获量）与成本（捕捞努力量的固定边际成本乘以捕捞努力量）之差（垂直距离）。捕捞努力量的有效水平是 E^e，即图 12－4 中效益和成本之间垂直距离最大的点。

因为边际效益（图 12－4 中表示为总效益曲线的切线斜率）等于边际成本（总成本曲线为直线，斜率不变），所以 E^e 是有效率的捕捞努力量水平。高于此点的捕捞努力量水平是无效率的，因为额外渔获量的成本超过额外收益。你知道为什么更低的捕捞努力量也无效率吗？

现在我们有充分信息确定最大可持续产量是否有效率。答案当然是无效率。只有当额外捕捞努力量的边际成本为 0 时，最大可持续产量才有效率。你知道这是为什么吗？（提示：最大可持续产量的边际效益是多少？）由于 E^m 点的边际效益小于边际成本，有效率的捕捞努力量水平要低于最大可持续产量对应的捕捞努力量水平。因此，与最大可持续产量对应的捕获努力量相比，静态有效捕捞努力量使鱼群规模更大，但年渔获量更低。

为了牢牢记住这些概念，考虑一下如果技术变革（例如，更好的声波探测）降低了捕鱼的边际成本，静态有效可持续产量会如何变化？更低的边际成本会导致总成本曲线向右旋转。在这一新的成本结构下，原来的捕捞努力量水平不再有效。此时捕鱼的边际成本（总成本曲线的斜率）低于边际效益（总效益曲线的斜率）。这是因为边际成本是常数，只有边际效益下降，才能使边际成本等于边际效益。这意味着捕捞努力量会增加。新的静态有效可持续渔获量均衡意味着更多的捕捞努力量、更小的鱼群规模、更大的年渔获量和更高的渔业净效益。

□ 动态有效可持续产量

静态有效可持续产量就是动态有效可持续产量在贴现率为 0 时的特殊情况。不难理解这其中的原因，静态有效可持续产量是每个时期（相同的）净效益最大化的配置状态。高于这一水平的任何捕捞努力量都将在短期内产生更大的渔获量（和净效益），但当鱼类存量达到新的较低水平时，未来减少的净效益会抵消这种短期效益。因此，未贴现的净效益降低。

正贴现率对渔业管理的效应类似于对可耗竭资源配置的影响——贴现率越高，资源持有者维持任何给定存量水平的成本越高（就放弃当前收入而言）。引入正贴现率，有效率的捕捞努力量将增加，以至于超过静态有效可持续产量对应的水平，而均衡的种群规模相应下降。

年度捕捞努力量的增加超过有效可持续产量最初会增加渔获量，从而增加净效益。（单位捕捞努力量的渔获量与鱼群数量成正比。）然而，由于渔获量超过了鱼群规模允许的可持续产量，鱼群规模将减小，从而未来的鱼群规模和渔获量都将减小。最后，在该捕捞努力量水平下，渔获量再次等于鱼群存量增长时的均衡水平更低。Clark（1976）已经用数学方法在图 12 - 4 中说明，随着贴现率的增加，动态有效捕捞努力量水平也将增加，随着贴现率无限增大，动态有效捕捞努力量水平将会达到 E^c 点，此时净效益等于 0。

很容易理解为什么使用无穷贴现率会导致 E^c 点为有效配置点。我们已经看到跨期配置会产生边际使用者成本，由此衡量不断增加的捕捞努力量的机会成本。这种机会成本反映了当前开采更多资源时放弃的未来净效益。有效跨期配置为边际支付意愿等于边际使用者成本加边际开采成本。

当贴现率无限大时，将资源留给未来不能带来任何价值，边际使用者成本为 0。（你知道为什么吗?）这意味着：（1）资源开采的边际成本等于边际支付意愿，等于恒定价格；（2）总效益等于总成本。[①] 我们已经表明静态有效可持续产量意味着鱼群数量多于最大可持续产量下的鱼群数量。一旦引入贴现率，动态有效可持续产量水平对应的鱼群规模必然小于静态有效可持续产量下的鱼群规模，可持续渔获量可能更低，但这可以避免。你知道为什么吗？在图 12 - 4 中，当贴现率无穷大时，可持续渔获量明显更低。

鱼群数量减少至最大可持续产量对应的鱼群数量以下的程度取决于贴现率。一般而言，捕捞成本越低且贴现率越高，动态有效捕捞努力量水平越可能超过最大可持续产量对应的捕捞努力量水平。如果你还记得早前讨论过的极限情况，就不难理解其中的原因。当边际资源采集成本为 0 时，静态有效可持续产量等于最大可持续产量。

---

① 用数学方式进行解释并不困难。在我们的模型中，产量 h 可以表示为 $h=qES$，q 是每单位捕捞努力量的渔获量占种群的比例，S 是鱼群规模，E 是捕捞努力量水平。当贴现率无限大时，动态有效配置必须满足的一种情况是 $P=a/qS$，P 是不变价格，a 是每单位捕捞努力量的不变边际成本，qS 是每单位捕捞努力量的渔获量。该式的左右两边均乘以 h，得到 $Ph=aE$。公式的左边是总效益，右边是总成本，含义是净效益为 0。

因此，在边际资源采集成本为 0 和正贴现率情况下，动态有效捕捞努力量水平必然超过静态有效捕捞努力量水平和最大可持续产量对应的捕捞努力量水平。较高的开采成本会降低静态有效可持续产量，但不会降低最大可持续产量。（这是一个生物学概念，而不是一个经济学概念。）如果减少有效捕捞努力量，捕捞成本会更高，贴现使得鱼群规模降至最大可持续产量水平以下的可能性减少。

动态有效管理体系会导致鱼类资源灭绝吗？如图 12－4 显示，在这个模型中，因为 E^c 可能是模型中的最高动态有效渔获量水平，而这个水平远不足以导致鱼群灭绝，所以不可能出现这种情况。然而，在其他复杂模型中，可能出现资源灭绝。

在动态有效管理体系中，资源灭绝出现的条件是最后一单位资源的采集效益必须超过相应的采集成本（包括子孙后代的成本）。只要鱼群增长速率超过贴现率，就不会灭绝。然而，如果增长速率低于贴现率，且采集最后一单位资源的成本足够低，即使有效的管理体系也会产生资源灭绝的情况。

有效渔获量是否导致资源灭绝为什么会和生物量的增长率有关？增长率决定了保护性捕捞努力量的水平。[①] 较高的增长率能够比较容易地满足后代子孙的需要。反之，如果资源的增长率很低，当代人就需付出很大的牺牲，为子孙后代留下更多的鱼。在增长率为 0 的极端情况下，资源供给是固定的，鱼类成为可耗竭资源。当资源的价格高到足以弥补开采最后一单位资源的边际成本时，资源就会消耗殆尽。

我们已经知道，对于交互性可再生资源，动态有效原则不会自动产生可持续的不变产量，因为从数学意义上看，动态有效的渔业配置可能导致资源灭绝。这些原则与实践发生冲突的可能性有多大？

现实中的情况可能与基本模型不同。真实的渔业与标准模式主要存在两方面差别。首先，捕捞的边际成本通常不是恒定的（如之前讨论的模型那样），而是随着资源存量的减小不断增加。其次，尽管模型中的鱼类价格保持不变，但捕捞量会影响价格。捕捞量增加，价格会下跌。上述两方面对基本模型的修正说明存在保护鱼类资源存量的额外激励。

这些激励在实证中有多么重要？Grafton 等（2007）针对四种特定鱼类研究了这些激励的重要性。以这四种鱼类为研究对象，他们发现不仅资源灭绝不是有效率的结果，而且在更新的模型中，净效益现值最大化的存量水平通常实际上高于最大可持续产量对应的存量水平。他们的研究看起来对应贴现率相对较高和鱼类相对长寿的情况。（下文详细谈论的深海鲈鱼就是研究的四种鱼之一。）

可取性和市场解决方案

我们已经阐述了渔业资源的跨期有效配置。下面要说明一般市场配置的特点，并比较这两种配置。了解二者的区别之后考虑采取各种公共政策加以纠正的可能性。

我们先来看由具有竞争力的唯一所有者管理渔业资源产生的配置结果。唯一所有者

① 注意，等同于第 11 章中有效木材采伐增长率的作用。

意味着鱼类资源产权清晰。我们可以通过对图 12－4 进行复合来表示唯一所有者的行为，正如图 12－5 所示。注意上下两图的横轴相同，因此可以在两图中分析各种捕捞努力量水平的影响。

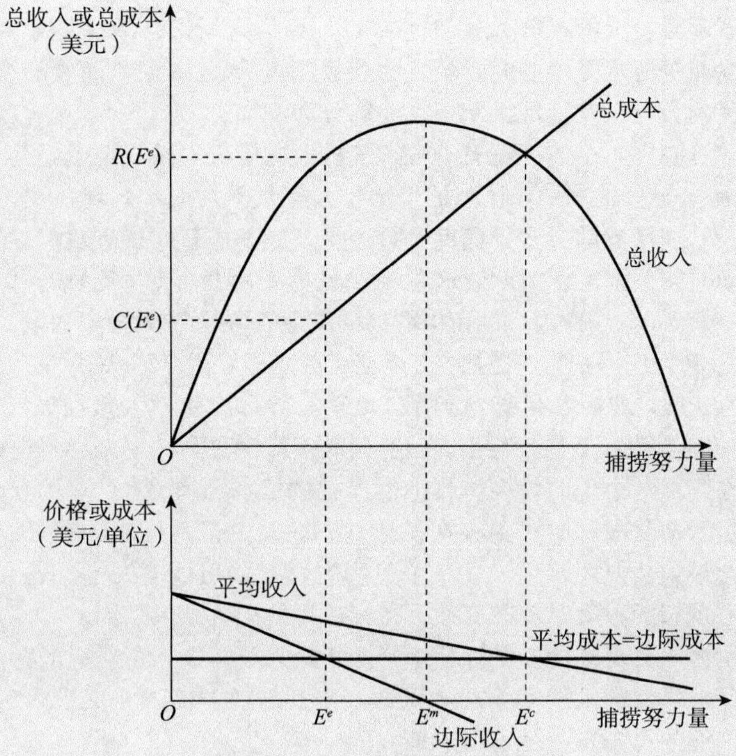

图 12－5　渔业资源的市场配置

唯一所有者希望自己的效益最大化。[①] 暂不考虑贴现率，所有者可以通过增加捕捞努力量来增加利润，直到边际收入等于边际成本。这是发生在 E^e 点的捕捞努力量水平，即静态有效可持续产量，此时利润为正，等于 $R(E^e)$ 和 $C(E^e)$ 之差。

然而，海洋渔业资源不可能存在唯一所有者。海洋渔业资源是典型的开放获取资源，没有人可以完全控制资源。由于渔业资源的产权不属于任何唯一所有者，所以任何渔民都不能排除他人对渔业的利用。

当进入渔业完全不受限制时，会发生哪些问题？开放获取资源存在两类外部成本：当期外部成本和跨代外部成本。当代人承担的当期外部成本主要源于渔业的过度捕捞、太多的渔船、太多的渔民和太多的捕捞活动。因此，当代渔民捕捞努力量的回报率较低。子孙后代承担跨代外部成本，原因是过度捕捞减少了鱼类资源存量，而这反过来降低了未来的渔业利润。[②]

---

① 注意我们在假设里排除了垄断行为，即价格不受捕捞努力量的影响。

② 如果捕捞努力量水平超过了相应的最大可持续产量，子孙后代的渔业资源更少，效益更低。如果开放获取资源的捕捞努力量水平低于最大可持续产量允许的捕捞水平（当作业成本很高时），有利于存量的增长，为子孙后代提供更多的鱼（尽管净效益更低）。

我们用图 12－5 说明外部成本的产生。[①] 一旦过多的渔民可以不受限制地使用同一公共渔业资源，渔业的产权就不再得到有效界定。有效水平意味着每条渔船的利润等于其拥有的稀缺租金份额。然而，稀缺租金刺激了新的渔民进入，提升了成本，稀释了租金。开放获取导致过度捕捞。

唯一所有者不会扩大捕捞努力量超过 E^e 点，因为这样做会减少渔业利润，导致个人损失。当获取渔业资源不受限制时，扩大渔获量超过 E^e 点减少了渔业的整体效益，但不减少新进入渔民的效益。其他渔民承担了大部分利润损失。

在开放获取资源中，个体渔民有动力继续扩大捕捞努力量直至效益为 0，即图 12－5 中 E^c 点代表的捕捞努力量水平，该点的平均收入等于平均成本。现在我们就很容易理解当期外部成本——捕捞活动过多，而渔获量过少，成本显著高于有效配置的水平。

E^c 点看起来抽象，但实非如此。这些问题目前正困扰着许多渔场。例如，一项研究（Huppert，1990）显示，白令海和阿留申群岛的渔业存在严重的投资过剩。尽管渔业母船（用于在海上装载和处理捕获物，使捕捞船不必太频繁地往返于码头和捕捞地点之间）的有效数量应该约为 9 艘，实际数量却达到了 140 艘，导致净效益大量损失（每年 1.24 亿美元）。如果捕捞的速度没那么快，且更少的船只发挥其载重量，可以达到同样的渔获量。

我们已经在第 2 章中说明，拥有排他性产权的资源所有者会平衡资产价值与使用价值。当资源的进入不受限制时，不存在排他性。渔民由于不可能占有资源，因此不考虑资产价值，只会最大化使用价值。在这个过程中，稀缺租金消失了。进入渔业不受限制的配置结果与贴现率无限大时动态有效可持续产量的配置结果相同。

开放获取资源不会自动使资源存量水平低于最大可持续产量对应的存量水平 S^*。我们可以画一条足够倾斜的斜线表示成本函数，使其与效益曲线相交于 E^m 点左边。然而，成熟开放获取渔业的可开发程度远高于最大可持续产量水平。

开放获取渔业可能会也可能不会对物种灭绝造成威胁，这取决于物种的特征，以及高于 E^m 点的捕捞努力量水平下的成本和效益。高于 E^m 点的捕捞努力量可能会使鱼群存量降至最小存活种群量以下。北方蓝鳍金枪鱼可能面临这种风险。由于蓝鳍金枪鱼在寿司店非常受欢迎，渔民可以获得很高的市场价格，因此人们仍在以不可持续的水平捕捞这种极度濒危的物种。我们不能仅从理论上识别物种灭绝的威胁，还必须基于具体案例进行实证研究。

开放获取资源和公共池塘资源的概念相同吗？二者是不同的概念。不是所有的公共池塘资源都允许随意进入。公共池塘资源采集者之间的非正式安排（采集者协会可以促进这种非正式安排）可以限制进入权。（案例 12.1 即是一个此类安排。）

开放获取资源通常违反效率原则，也可能不符合可持续原则。如果要满足这些原则，需要重构决策环境。下一节将讨论政府在实现决策环境重构中可能发挥的作用。

∵案例 12.1　缅因州港口帮和其他非正式安排

随意获取公共池塘资源严重损害净效益，这种损失会刺激资源的使用者联合起来，尽可能地限制资源的进入权。缅因州龙虾业就是这样一个案例：通过非正式制度限制

① Gordon（1954）第一次进行了这类分析。

进入权，并取得了相当大的成功。

这些制度的关键是在捕鱼区之间划定边界的领地体系。特别是近海岛屿附近，往往由组织严密、纪律严整的捕捞组织在这些捕鱼区专门捕捞。渔民通过各种方法限制外来人进入他们的领地。（尽管一些方法有效，却是隐蔽和非法的，如切断新进入者捕虾网的线，使捕虾网无法使用。）

Acheson（2003）发现在有防护措施的区域，一年四季每个捕虾器捕获的龙虾磅数和个头都更大。不仅龙虾的重量越大使渔民收入越多，而且个头大的龙虾每磅价格更高。在此案例中，非正式制度安排取得了部分成功，因为缅因州龙虾存量也得到其他规定的保护，包括限制可捕捞龙虾的大小（规定了允许捕捞的最小和最大尺寸），以及禁止捕捞产卵期的雌性龙虾。

许多其他社区共管案例也为可持续发展提供了鼓舞人心的证据。例如，智利鲍鱼（一种叫 loco 的软体鱼类）是智利最有价值的渔业资源。1988 年，当地渔民已经开始合作管理海岸线的一小段（2 英里）。今天，合作管理体系已经覆盖了 700 个合作管理区域、20 000个手工渔民和 2 500 英里海岸线。

所有公共池塘资源都具有开放获取资源的特点这一假设是错误的，那么以下假设也是错误的：所有非正式的合作管理可以自动产生有效渔获量，因此不需要强有力的公共政策介入。一项研究（Gutiérrez et al.，2011）调查了 44 个发达国家和发展中国家的 130 个渔业样本，发现只有在强有力的领导、社会团结和补充性激励措施（如实行个体或社区配额）下，合作管理才能奏效。他们发现有效的以社区为基础的合作管理既能维持资源，也能保护附近渔民和渔业社区的生计，并且附近保护区也是合作管理成功的一个重要决定因素。

资料来源：Acheson，J. M.（2003）. *Capturing the Commons：Devising Institutions to Manage the Maine Lobster Fishery*. Hanover，NH：University Press of New England.；Gutiérrez，N. L.，Hilborn，R.，& Omar Defeo，O.（2011）. Leadership，social capital and incentives promote successful fisheries. *Nature*，470（17 February），386 - 389. Retrieved from www. nature. com/nature/journal/v470/n7334/full/nature 09689. html.

渔业公共政策

我们可以做什么？可能存在一系列公共政策响应，也许适宜的做法是从发挥市场作用来改善情况入手。

□ 提高捕鱼的真实成本

要说明经济分析辅助政策制定的优点，最好的方法之一就是展示忽视经济分析的政策方法所产生的严重负面影响。因为最早期的渔业管理方法只关注获得最大可持续产量，很少或根本不考虑如何使净效益最大化，这就为我们的研究提供了有益的比较素材。

一个引人注目的具体实例就是美国最初为解决太平洋鲑鱼过度捕捞问题而设计的一系列政策。由于其迁移的生理特性，五种太平洋鲑鱼特别容易遭到过度捕捞，甚至可能因此而灭绝。太平洋鲑鱼要在布满卵石的河床上产卵，幼鱼游向大海，成年后又洄游到其出生地产卵，而后死亡。成年的鲑鱼有向出生地洄游的本能，捕捞者很容易在鲑鱼逆流而上时用陷阱、渔网或其他捕捞工具将其捕获。

政府意识到该问题的紧迫性后采取了行动。为了减少捕捞量，政府提高了捕捞成本。最初政府规定禁止在河道中使用任何阻拦装置，禁止在产量最高的地区使用陷阱网具（一种最有效的捕捞装置）。因为各种移动捕鱼技术（拖钓、网具等）的捕捞能力非常强大，本身就很容易造成过度捕捞，结果证明这些措施并不那么有效。随后政府开始关闭指定的捕鱼水域，并在规定的时间内暂停其他水域的捕鱼活动。图 12－4 显示，这些措施使总成本曲线向左旋转，直到在 E^e 点的捕捞努力量水平上与总效益（收入）曲线相交。所有这些管制措施共同作用，实现了降低鲑鱼渔获量的预期目标。

这些政策在经济上有效率吗？尽管渔获量是有效率的，但政策仍然没有效率。这种说法似乎和上述结果矛盾，但其实并非如此。效率不仅意味着渔获量必须达到有效率的水平，而且必须以尽可能最低的成本达到该渔获量。这些政策违反了后一个要求（见图 12－6）。

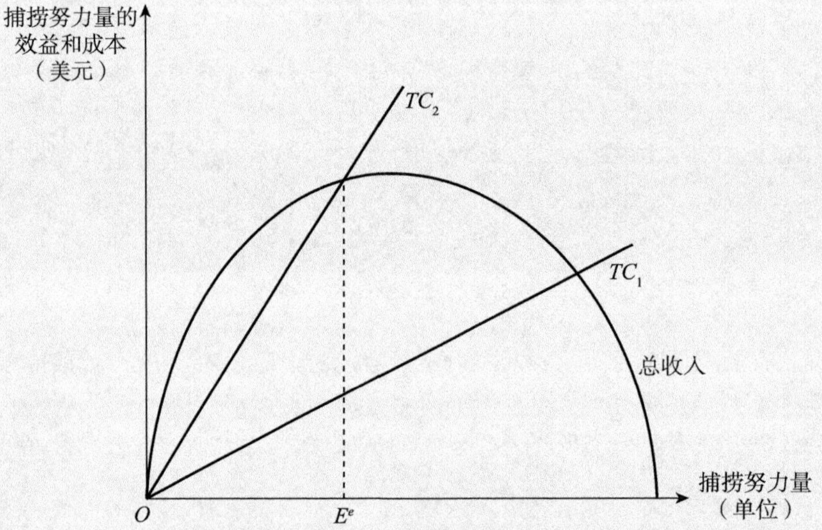

图 12－6　管制效应

图 12－6 反映了无管制渔业的总成本（TC_1）和实施管制后的总成本（TC_2）。有效政策的净效益在图上表示为总成本和总效益曲线间的垂直距离。然而，在实施管制措施后，（有效捕捞水平 E^e 点上）净效益减少为 0，对社会而言，净效益（以垂直距离表示）不存在了。为什么会出现这种情况？

这是因为达到理想水平渔获量的成本过高，浪费了净效益。禁止使用陷阱网具，而不是利用它来降低捕捞成本。因此，相同的渔获量需要更高的资本和劳动力支出。这些额外的资本和劳动力是净效益损失的一个原因。

限制捕鱼时间也对成本产生了类似的影响。时间限制不允许渔民将捕捞活动跨期分散开来以便更有效地利用渔船和设备，渔民不得不购买更大的渔船以便在短暂的捕捞季节尽可能多地捕捞。[作为一个极端的案例，Tillion（1985）指出在 1982 年鲱鱼捕捞季，威廉王子湾仅 4 小时的渔获量就超过了该地区的捕捞配额。] 投资严重过剩造成了总体无效率。

管制也造成其他成本。人们很快发现尽管上述管制措施足以保护鱼类种群规模以避免资源耗竭，但是无法遏制个体渔民增加份额的动机。尽管高昂的成本造成利润下降，但是新的技术变革能够增加技术应用者的市场份额，迫使未采用技术的渔民退出市场。

为了保护自身，渔民最终被迫禁止使用新技术。技术限制有很多形式，其中两种值得注意。第一种是禁止使用单链网，用粗链网取而代之。鲑鱼在白天可以发现粗链网，从而避开网具，因此粗链网只在夜间有效。与此相反，更薄的单链网白天和夜晚都能发挥作用。加拿大和美国在单链网刚出现时就禁止了其使用。

阿拉斯加州禁止布里斯托尔湾的刺网捕鱼者使用发动机驱动渔船，这是一项最严重缺乏效率的管制措施。公众越来越关注，也意识到该措施严重落后于时代的发展，这一管制措施于 20 世纪 50 年代结束。世界上技术最发达的美国使用帆船在白令海捕捞，而其他国家，特别是日本和苏联，正以惊人的速度推进捕鱼船队的现代化。

由于仅仅关注生物学上的最大可持续产量而忽视了成本，这些政策导致渔业的净效益大量减少。成本是非常重要的因素，如果忽视成本，渔民就会遭受收入损失，当收入受到影响时，更难以进一步采取保护措施，渔民违反管制措施的动机就会加强。

增加成本、减少捕鱼活动的管制方法受到技术变革的挑战。技术创新能够降低捕鱼的成本，因此抵消了管制措施所增加的成本。例如，Jin 等（2002）报告，20 世纪 70 年代和 80 年代新英格兰渔业引入鱼探机和电子导航辅助设备等新技术，导致渔获量增加和鱼群数量下降，尽管这一时期当地实施了广泛控制的政策。

□ 税收

在确保产量减少到有效率水平的同时，有可能为降低成本提供激励吗？我们能够设计更有效率的政策吗？研究过这一问题的经济学家相信更有效率的政策是可能的。

考虑对捕捞活动征税。在图 12－6 中，对捕捞活动征税造成总成本曲线旋转，征税后的成本曲线是 TC_2。既然税后成本曲线与 TC_2 曲线（即所有无效率管制的成本曲线）重合，这是否意味着税收政策也是无效率的？不是。理解二者差异的关键是区别转移成本和真实资源成本。

在本章前面的管制政策下，TC_2 曲线包含的所有成本是资源开发利用中涉及的真实资源成本。与此相比，转移成本是指将资源从社会系统中的一部分转移至另一部分，而不是消耗资源。转移确实意味着社会中的一部分人承担了成本，但资源接受者所获的效益又抵消了这一成本。与真实资源成本不同，资源不会随着转移而消耗。因此，计算净效益应该减去真实资源成本，而不是转移成本。对于社会总体而言，转移成本是净效益的一部分，只影响承担转移成本的群体，而不影响净效益的大小。

对捕捞量征税将产生类似的结果，但在这种情况下，总收入曲线收缩（价格减去税收），而不是总成本增加。这两种税收都有助于使均衡向 E^* 点方向靠近。你可以用图 12－6画出来吗？

在图 12－6 中，税收制度下的净效益等于有效配置下的净效益。净效益表示由渔民承担的转移成本，税收收入正好抵消了这一成本。讨论不应该掩盖这一事实，即对于个体渔民而言，纳税是非常真实的成本。政府收取了原先由渔民个体获得的部分稀缺租金。

由于涉及的税收收入数额可观，希望有效管理渔业的渔民可能反对这种特别的做法。他们可能会倾向于允许保留租金的同时限制捕捞量，这样的方式可能吗？

□ 捕捞配额计划

捕捞配额计划提供了一种选择。捕捞配额计划将允许捕捞总量分配给个人、社区或协会。这一类别的各种计划包括个体捕捞配额（IFQ）、个体可转让配额（ITQ）、个体船舶配额（IVQ）、领地使用权渔业（TURF）、渔业合作社和社区捕捞配额。[①] ITQ 计划就是特殊的 IFQ 计划，初始分配捕捞权后可以转让。个体船舶配额有时可以转让，而领地使用权渔业则按照地理区域授予捕捞权。这些方法要么针对渔业整体，要么针对特定地理区域，创造一种捕捞权利。[②]

22 个国家和所有大洲都存在捕捞配额计划（表 12－1）。

表 12－1　采用个人可转让配额制度的国家及地区

国家及地区	管理的鱼类数量
阿根廷	1
澳大利亚	26
加拿大	52
智利	9
丹麦	1
爱沙尼亚	2
马尔维纳斯群岛	4
格陵兰岛	1
冰岛	25
意大利	1
毛里求斯	1*
摩洛哥	1*
莫桑比克	4
纳米比亚	10
荷兰	7
新西兰	97
葡萄牙	1*
南非	1*
美国	6

* 无法列出完整的鱼类种类。挪威、秘鲁和俄罗斯也利用 ITQ 体系作为其渔业管理体系的一部分。

资料来源：Adapted from Chu，C.（2009）. Thirty years later：The global growth of ITQs and their influence on stock status in marine fisheries. *Fish and Fisheries*，10，217－230；Arnason，R.（Summer 2012）. Property rights in fisheries：How much can individual transferable quotas accomplish? *Review of Environmental Economics and Policy*，6（2），217－236；Jardine，S. L. & Sanchirico，J. N.（2012）. Catch share programs in developing countries：A survey of the literature. *Marine Policy*，36，1242－1254.

---

① 美国国家海洋和大气管理局捕捞配额计划见 www. nmfs. noaa. gov/sfa/management/catch _ shares/about/documents/noaa_cs_policy. pdf（accessed June 2017）。

② 美国国家海洋和大气管理局在其官网上有一个完整的捕捞配额计划。www. nmfs. noaa. gov/sfa/management/catch_shares/resources/references. html.

个体可转让配额。让我们先来看个体可转让配额，它的一些明显特点有助于提高效率：

(1) 针对某种鱼类的全部授权渔获量，配额规定了配额持有者可捕捞的数量。

(2) 所有渔民持有配额授权的渔获量之和应该等于渔业的有效渔获量。

(3) 配额可以在渔民间自由转让，配额转让市场应该能够针对渔业价值释放出恰当的价格信号。

上述三个特征中的每一个都在保证有效配置中发挥了重要的作用。例如，假设根据渔船而不是渔获量分配配额（这种配额方式并不少见）。在限制渔船数量的情况下，仍然存在无效率的激励促使每个船主建造更大的渔船，在渔船上安装过量的设备，花更长的时间捕鱼。这些行动会扩大每艘渔船的捕捞能力，使实际渔获量超过目标（有效）渔获量。简单地说，基于渔船发放的配额限制了渔船的数量，但没有限制每艘渔船的渔获量。如果我们的目标是达到并保持有效配置，最终必须限制捕捞量。

尽管第二个特征的目的（设置正确的捕捞配额）很明显，可转让性的作用值得更深入的思考。在可转让的情况下，配额自然流向那些获益最大的渔民，因为这些渔民的捕捞成本更低。因为配额是有价值的，所以可转让配额的价格为正。那些持有配额但捕捞成本更高的渔民发现出售配额比直接使用配额赚取的效益更多。同时，那些成本较低的渔民发现购买更多的配额能赚钱。

可转让配额也鼓励技术进步。削减成本的新技术的采用者能够在已有配额的基础上获得更多的效益，同时从未采取新技术的渔民手中购买新的配额也有利可图。因此，与早先用来提高成本的管制方法相比，税收制度和可转让配额都在不威胁渔业可持续性的情况下，鼓励发展新技术。

租金的分配情况如何？在配额体系中，租金的分配主要取决于配额的初始分配。配额的初始分配有很多种可能，对应着不同的结果。一种方法可能是政府拍卖配额。通过拍卖，政府将独占所有的租金，这样的结果与税收的结果很相似。如果渔民不喜欢税收体系，他们也不会喜欢配额拍卖的方式。

另一种方式是，政府根据渔民的历史渔获量，按比例给予其配额。继而渔民间可以进行配额交易，直到市场达到均衡。当代渔民获得所有的资源租金，想要进入市场的渔民必须从现在有配额的渔民手中购买配额，潜在购买者之间的竞争将提升可转让配额的价格，直到该价格反映出未来租金经过适当贴现后的市场价格。①

因此，这种配额体系允许渔民保留租金，但仅限于当代渔民。对于未来渔民而言，这种配额体系和税收体系没有区别。不管是通过税收方式还是购买配额，他们都必须付费才能进入该行业。

在世界范围内，目前有 22 个国家使用 ITQ 来管理数百种不同的鱼类资源（见表 12－1）。每年 ITQ 下的全球捕捞量可达到全球渔获量的四分之一（Arnason，2012）。ITQ 体系如

---

① 之所以会如此，是因为任何潜在进入者的最大投标价格都来自推算的拥有许可证的价值。价值等于未来租金的现值（价格和每单位售出鱼量边际成本之差）。竞争使得购买者的投标价格接近最大价值，否则他/她可能失去配额。

此迅速地扩展到新渔业这一事实表明，其潜力日益得到认可。这种扩展并不意味着不会产生任何担忧。1997 年，美国宣布暂停实施新的 ITQ 项目，而该项目本应于 2002 年到期。关于配额的期限、配额持有者是否需要积极参与渔业以及对分配的影响等问题仍然存在争议。

最成熟的 ITQ 项目之一在新西兰。1986 年，新西兰建立了一个有限的个人可转让配额体系，以保护深水拖网渔业（Newell et al.，2005）。尽管它并非应用 ITQ 的唯一案例，甚至也不是最早的 ITQ 案例，但它是世界上规模最大的 ITQ 案例，为我们研究可转让配额在实践中的作用提供了丰富经验。新西兰约有 130 种商业鱼种。[①]《1986 年渔业修正案》（Fisheries Amendment Act of 1986）建立了覆盖 17 种沿海鱼类和 9 种离岸鱼类的可转让配额计划。

因为 ITQ 计划是新开发的，分配配额相对比较容易。依据地理区域将新西兰经济专属区（Economic Exclusion Zone，EEZ）划分为不同的配额管理区域。按照配额管理区域将 7 种基本鱼类的允许捕捞总量划分为个人可转让配额。到 2000 年已经发展了 275 个配额市场。

最初根据现有渔业公司的平均历史捕获量分配配额。然而，由于渔业具有规模经济的特点，仅仅按比例削减每个公司的捕捞量没有多大意义。这只会增加每个渔业公司的成本，并浪费大量的捕鱼作业能力，因为所有渔船在大部分时间里处于闲置状态。更好的解决办法显然是减少船只数量。这样一来，每艘船可以在不威胁鱼类存量的情况下发挥最大作业能力。应该要求哪些渔民放弃他们现有的生计方式，退出渔业生产？

解决这个问题的经济激励方法是政府从那些愿意出售配额的渔民手中买回配额。最初，回购配额的资金来自一般性财政收入，继而来自捕捞配额收费。从本质上讲，每个渔民都给出一个退出渔业所能接受的最低价格，监管者从中选择以最低价格离开渔业的渔民，从配额收费收入中支付规定的数额，并收回这些渔民捕捞某种鱼类的执照。实施这种方法的时间不长，政府就收回了足够的渔业配额，保护了鱼类的种群数量。由于该项目建立在渔民自愿的基础之上，渔民只有认为自己得到足够的补偿时才会退出渔业。同时，支付了配额费的渔民意识到随着鱼群数量的恢复，这些少量的投资可以在未来得到可观的效益。通过改变经济激励的创新方法，可以缓解珍贵的自然资源面临的困境和潜在的危险。

然而，1987 年底出现了一个新问题。生物学家严重高估了罗非鱼的资源存量，基于此设计的配额总量使政府发放了不可持续的过量配额，罗非鱼群存量处于非常危险的境地。新西兰政府开始从渔民手中买回配额，但回购价格非常昂贵，政府花费 4 500 万新西兰元买回了沿海渔业 15 000 吨配额。

新西兰政府面对难以承受的巨额回购资金，转而采取百分比配额分配法。渔民拥有允许捕捞总量的一个百分比份额，而不是根据鱼类资源具体数量确定的配额。政府确定每年的允许捕捞总量。政府每年可以基于最新的鱼群存量调整允许捕捞总量，而不必再

---

① 新西兰渔业部，www. fish. govt. nz/en-nz/default. htm。

去回购（或出售）大量的配额。该方法更好地保护了鱼类资源存量，但是增加了渔民的财务风险。到 2004 年，新西兰的 ITQ 项目已经扩展到 70 个鱼种。Newell 等（2005）发现，这些鱼种的出口价值从每吨鲭鱼 700 新西兰元到每吨岩虾 4 万新西兰元不等。他们还发现，到 2000 年，大约 70%的配额持有者参与了 ITQ 市场交易。

尽管配额交易活跃，但在实施中也出现了一些问题。在捕鱼活动中往往难以实施精准捕捞，除了那些渔民想捕捞的鱼种，其他一些鱼类（副捕获物）也可能成为捕获物的一部分。如果这些副捕获物也处于配额管理之下，但渔民并没有足够的个人可转让配额，那么渔民在捕捞未经许可的鱼类时，可能面临罚款。将副渔获物重新倒入海中可以避免罚款，但这些鱼类通常难以存活，这就造成了双重浪费——不仅减少了鱼类资源存量，还浪费了已经捕获的鱼。

当配额明确规定了可以捕捞的鱼种重量时，由于捕捞的经济价值在很大程度上取决于鱼的大小，在这种情况下，管理者还必须处理"高等级"问题。渔民为了使配额的经济价值最大化，故意把价值较低的鱼（一般是较小的鱼）扔回海里，只留下那些最有价值的鱼。与副渔获物一样，扔回海里的鱼类死亡率很高，渔民追求高品质的鱼类，既导致了鱼群数量减少，也造成了渔获量的浪费。

尽管 ITQ 计划还远未完善，但它提供了改善传统渔业管理的机会（见案例 12.2）。美国国家海洋和大气管理局（NOAA）在 2012 年提交给国会的年度报告中指出，已经重建了 32 个鱼类种群，仍有 41 个种群（19%）处于过度捕捞状态，但与前一年的 45 个种群相比有所下降。

∵案例 12.2　在大西洋扇贝渔业中，可转让配额与限制捕捞大小和捕捞活动等传统方法的相对效果

理论表明，与传统的限制措施（如允许捕捞的最小尺寸和最大捕捞努力量）相比，ITQ 可以更具有成本有效性。这一理论预期和 ITQ 实践一致吗？

在一个精彩的研究中，经济学家 Robert Repetto（2001）通过比较加拿大和美国在大西洋沿岸控制扇贝渔业的方法，检验了这一问题。加拿大采用了 ITQ，美国采取了限制允许捕捞的扇贝大小、捕捞努力量和捕捞区域的混合措施。该比较提供了一个利用自然实验的宝贵机会，因为扇贝不迁移，且两国的捕捞技术相似，因此我们有理由假设两国捕鱼实践的区别在很大程度上源于管理措施的不同。

在生物资源层面，两种管理措施对两国扇贝业造成了何种影响？

- 加拿大渔业不仅能够将鱼类存量维持在一个较高的丰度水平，还能抑制捕捞过小扇贝的行为。
- 美国的鱼类资源丰度下降，小尺寸扇贝的捕捞水平一直较高。

这些差异的经济影响如何？

- 加拿大每日的渔业收入显著增加，在很大程度上是由于更丰富的鱼类资源量使每日的渔获量增加了 7 倍。
- 美国每日的渔业收入下降，不仅是由于鱼类资源量的减少使每日的渔获量下降，还因为捕捞的扇贝尺寸过小。

● 尽管加拿大扇贝配额持有者的数量在 14 年间从 9 个减少为 7 个，但 65%的配额仍然在最初持有者手中。证据显示配额规模较小的持有者并不处于明显的竞争劣势。

两种措施的公平性如何？

● 传统上，美国和加拿大渔业都采用“分账制”，即在扣减了一定的运营费用后，根据预先确定的百分比在船员、船长和所有人之间分配收入。这就意味着，在实施管理措施之后，渔业中的各种团体分享不断增加的资源租金。

至少在这些渔业中，实践经验似乎支持了理论预期。

资料来源：Repetto，R.（2001）. A natural experiment in fisheries management. *Marine Policy*，25，252 - 264.

Costello、Gaines 和 Lynham（2008）研究了 1950—2003 年这些政策在 11 000 多个渔场的全球性效果。与缺乏捕捞配额管理（包括 ITQ）的渔业相比，实施此类管理政策的渔业资源崩溃的情况要少得多。事实上，他们发现，到 2003 年，有 ITQ 的渔业发生资源崩溃的情况仅为没有 ITQ 渔业的一半。他们认为，因为很多实施 ITQ 管理的渔业拥有配额的时间不长，因此可能低估了这一结果。这一大型研究表明，设计良好的产权体系（捕捞份额计划，或更具体一点是 ITQ）可能有助于防止渔业资源崩溃和/或有助于一些鱼类资源存量的恢复。Chu（2009）研究了实施 ITQ 计划后的 20 个鱼类种群存量，发现其中 12 个种群的存量规模得到了改善。但是，剩下 8 个鱼群的存量继续下降。显然，ITQ 有时能够发挥作用，但并非是万能的。在下一章中，我们将学习 ITQ 是否有助于保护不同的海洋鱼类，如鲸鱼。

美国捕捞配额项目。在美国，《马格努森-史蒂文斯法案》（Magnuson Stevens Act）根据“有限捕捞特权”方案批准了几种类型的捕捞配额方法。美国有 16 个捕捞配额方案（表 12 - 2），其中大多数是个体捕捞配额，但最近出现了合作社和社区配额。

表 12 - 2　美国渔业管理区域的捕获配额

新英格兰	大西洋中部
● 大西洋海扇贝 IFQ（2010 年） ● 新英格兰多鱼种部门（2010 年）	● 浪蛤与海蛤 ITQ（1990 年） ● 黄金方头鱼 IFQ（2009 年）
南大西洋	太平洋
● 多锯鲈 ITQ（1991 年）	● 太平洋剑鱼许可 IFQ（2001 年） ● 太平洋海岸底栖鱼拖网作业合理化 IFQ（2011 年）
北太平洋	墨西哥湾
● 大比目鱼和剑鱼 IFQ（1995 年） ● 阿拉斯加西部 CDQ（1992 年） ● 白令海阿波洛克合作社（1999 年） ● 底栖鱼（非阿波洛克）合作社（2008 年） ● 白令海海王和坦纳蟹 IFQ（2005 年） ● 阿拉斯加湾中部岩鱼合作社（2011 年）	● 红鲷鱼 IFQ（2007 年） ● 石斑鱼和方头鱼 IFQ（2010 年） 大西洋高度洄游物种 ● 蓝鳍金枪鱼个体配额（2015 年）
加勒比	西太平洋
● 无捕捞配额项目	● 无捕捞配额项目

资料来源：NOAA 2017. Adapted from www. nmfs. noaa. gov/sfa/management/catch_shares/about/programs_by_region. html.

欧洲共同渔业政策。共同渔业政策是欧盟的渔业政策，设置了各成员国允许捕捞总量（total allowable catch，TAC）。每个成员国根据 TAC 的百分比获得国家配额。每个国家对每种鱼类种群采用不同的分配百分比。欧盟成员国之间可以进行配额交易。每个成员国有责任执行其配额。[①] 2015 年的 TAC 涵盖 36 个鱼类种群。[②]

领地使用权渔业。替代 ITQ 的另一个选择是将使用权分配给特定区域的一种鱼或一类鱼，而非总允许捕捞量的一部分。这种基于地理区域的权利体系就是领地使用权渔业或 TURF。和 ITQ 一样，TURF 授予捕捞者获取权而非所有权。

TURF 允许捕捞者进入某一区域水体的某一层（如海底或海面），也可以允许进入某一特定牡蛎海床或软体动物活动区域。可以将使用权授予个人、社区、协会甚至国家。经济专属区就是授予一个国家的 TURF。

TURF 较早的案例出现在日本。现在已经建立的 TURF 将捕捞区域分配给当地渔民组织，即渔业合作社（Fishery Cooperative Association，FCA）。目前日本约有 1 300 个渔业合作社（Wilen et al.，2012）。智利也有这样的组织。智利拥有 3 000 英里的海岸线，并且已经沿近岸创建了管理和开发区（management and exploitation area，MEA）。这些 TURF 有助于管理智利具有经济重要性的鲍鱼和海胆（Wilen et al.，2012）。在孟加拉国、斐济、格林纳达、印度、巴布亚新几内亚、菲律宾、所罗门群岛、土耳其和越南都可以找到 TURF 的其他案例（Jardine and Sanchirico，2012）。

TURF 通过创建一种产权形式，使人们能够更有效率地利用渔业资源，尽管其产权形式与 ITQ 所建立的产权形势不同，但都为保护资源的未来价值创造了激励，反过来推动了机制的自我执行。它们也都能够改善小型捕鱼社区的福利。

尽管 TURF 确实有助于减少开放获取问题，但因为鱼类是游动的，并不停留在一个位置，这使得 TURF 的价值复杂化。因为 TURF 是限定地点的，其价值受到 TURF 区域外捕捞的影响。显然，对于迁移距离不长的鱼群来说，TURF 的价值会增加。

一些研究人员认为结合 TURF 和 ITQ 的政策可能是最有效的。讨论 12.1 就研究了这个问题。

讨论 12.1 ITQ 还是 TURF？物种、空间或二者兼顾？

ITQ 和 TURF 能够提高效率，有助于避免过度捕捞渔业资源。其中一种方法优于另外一种吗？能够将二者结合起来使用吗？

事实证明基于鱼种的 ITQ 非常流行，理论上 ITQ 可以创造有效捕捞和保护的激励。然而在实践中，实施 ITQ 具有挑战性，受到多种外部性的干扰。ITQ 可能会加剧最突出的外部性，包括对生态系统的联动影响，空间外部性和跨物种的交互作用等。让我们来看看这些是如何发生的。

一般来说，允许捕捞总量（TAC）在几个或者多个持有者中分配。尽管他们在捕捞规模上不存在竞争（因为捕捞份额是固定的），但在捕捞时点上存在竞争。最丰产的时期

---

① European Commission（2017），https://ec.europa.eu/fisheries/cfp_en.

② https://ec.europa.eu/fisheries/sites/fisheries/files/docs/body/poster_tac2015_en.pdf.

（意味着每单位渔获量所需的私人努力量减少）恰好是施加最大外部成本的时期（增加副渔获物的可能性或对幼鱼产生负面影响），时点可能至关重要。如此这般，在有助于解决一个问题（保证可持续的捕捞总量）的同时，造成了另一个问题（鼓励了增加外部成本的捕捞时点）的产生。

科斯定理（第 2 章）认为，原则上所有权应该创造解决现有外部性的激励，但在实践中，协商的交易成本明显过高。

TURF 怎么样？TURF 有助于解决跨期和跨空间的捕捞管理问题，并且有助于保护敏感区域，因为个人或团体独享该区域的使用权。地方合作组织具有优势，原则上能够管理物种间的相互作用和栖息地破坏。但是，在实践中，TURF 容易受到冲突和协调问题的影响。另一种普遍批评是，TURF 的规模必须与物种范围相匹配，但许多 TURF 没有达到或不能达到应有的规模。

与其将问题框定为 ITQ 和 TURF 哪个更好，倒不如说它们都有各自的优点。当然，在制度结构薄弱的发展中国家，与基于物种的 ITQ 相比，TURF 有很多优势。TURF 也可能更适用于当地的小规模鱼群。此外，许多海洋渔业已经成功应用 ITQ。显然，一刀切的思路不适合用于渔业政策。

资料来源：Wilen，J. E.，Cancino，J.，& Uchida，H.（Summer 2012），The economics of territorial use rights fisheries，or TURFs. *Review of Environmental Economics and Policy*，6（2），237 - 257.

□ 水产养殖

前文已经说明将渔业资源视为开放获取资源会导致渔业管理缺乏效率，一个明显的解决方案是允许某些渔业归私人所有。这种方法适用于流动性不强的鱼类，可以通过人造障碍物限定其活动范围，或者鱼类会自然洄游到出生地产卵的情况。

这样做的好处远超过避免过度捕捞的范围。鼓励所有者投资资源，采取措施增加渔业的生产力（产量）。（例如，在水中加入一些营养物质或控制水温都能够显著增加一些鱼类的产量。）水产养殖就是人为控制鱼类的养殖和捕捞。水产养殖取得最高产量的情况可能是用木筏养殖贻贝。例如，在西班牙加利西亚海湾，用这种方式养殖的贻贝产量高达 30 万公斤/公顷，这种产量已经接近家禽养殖的产量水平，我们通常认为家禽养殖是提高农场动物蛋白质生产力最成功的方法。

日本已经成为水产养殖的早期领导者，发展了世界上一些最先进的水产养殖企业。日本政府通过为过去共有水体创建私人产权大力支持这些活动。日本的县政府（相当于美国的州政府）通过指定水产养殖的区域来推进这一进程，然后当地渔民合作社把这些地区划分为小块儿，分配给个体渔民专用。这种排他性控制使资源所有者投资于资源，并有效果和有效率地管理资源。

另一个水产养殖的市场方法是牧鱼，而非养鱼。养鱼是在整个生命周期的控制环境内进行养殖，而牧鱼只是在生存时间的头几年圈养它们。

牧鱼依靠某些鱼种固有的洄游天性，如太平洋鲑鱼或海洋鳟鱼，这些鱼最终会游到出生地，从而渔民最终在出生地捕获这些鱼类。鲑鱼或鳟鱼的幼鱼孵出后，要把它们限制在一个便于今后捕捞的水域内养殖近两年时间。释放这些鱼后，它们将游入大海。当它们发育成熟时，本能地洄游到出生地水域，也就是渔民最终捕捞到这些鱼的地方。

养鱼肯定影响了渔获量的总供给量。水产养殖目前是增长最快的动物食品生产部门。中国的水产养殖目前占渔业生产的三分之二以上，已经成为最大的海产品生产国（和出口国），产量占全球养殖鱼类供应量的 62%。虾、鳗鱼、罗非鱼、鲈鱼和鲤鱼都采用集约化养殖。水产养殖当然不能解决所有的渔业问题，只对特定鱼类品种很有效，但是对于其他一些品种，可能永远无法人工饲养。此外，养鱼会造成严重的环境问题。特别是鲑鱼养殖和虾养殖会产生负外部性，在受污染的水中养鱼也是如此（见讨论 12.2）。然而，令人宽慰的是水产养殖在一些地区对一些鱼类起到了一定的保护作用，在养殖过程中，减轻了过度捕捞对天然渔业的压力。保持水产养殖的可持续性将成为未来的挑战。

讨论 12.2 水产养殖：私有化造成的问题比解决的问题更多吗？

商业渔业的私有化，即水产养殖，在一些特定鱼种上已经取得了巨大的成功，被奉为应对过度捕捞的一种解决方案。例如，通过商业化的水产养殖，可以轻松地管理和养殖贝类资源。然而，对于其他品种，成功的可能性并非如此清晰。

大西洋鲑鱼是美国东北部一个面临生存危机的物种，一些流域将其列为“濒危物种”。养殖鲑鱼减少了对野生种群的捕捞压力。大西洋鲑鱼集中养殖在缅因州沿海、加拿大东北部、挪威和智利。大西洋鲑鱼养殖几乎占据了整个鲑鱼养殖市场，占全球鲑鱼市场的一半以上。尽管养殖的鲑鱼是野生鲑鱼很好的替代品，而且水产养殖有助于满足消费者对鲑鱼的需求，但它也不是没有问题。

从养殖区域钻出的鲑鱼威胁了本地品种，养殖栏中向外渗出的污染物造成了很大的外部性，海边可以看到的养殖栏降低了沿海居民的景观质量。密集的养殖栏也加速了海虱和鲑鱼贫血这类疾病的传播和扩散。我们认为用于保护鱼群健康的抗生素威胁了人类健康。养殖栏中的疾病也传播给了野生种群。2007 年，大西洋鲑鱼联合会和其他 33 个保护组织号召鲑鱼养殖场将养殖栏移至远离敏感野生种群的地方。

担忧还不止于此。当前，人们捕捞许多个头小的鱼（如凤尾鱼或鲱鱼）来饲喂肉食性的养殖鱼类。科学家们争辩这不是生产蛋白质的有效方式，因为要生产 1 磅养殖鲑鱼，需要投入 3～5 磅小鱼。

与产量增加相关的污染外部性包括鱼塘的污染水源补给和严重污染的废水。一些渔民为了在受污染的水体中养殖，不得不在鱼饲料中添加非法兽药和杀虫剂，造成了食品安全问题。一些鱼肉在检测中被发现含有重金属，包括水银，以及阻燃剂。

集约化水产养殖在解决一些问题的同时产生了其他问题。潜在的解决方法包括远洋水产养殖（将养殖栏移至海洋）、封闭式养殖栏、监测水质和改善执法。显然，在外部性普遍存在的情况下，明确界定渔业的独家产权并不是什么灵丹妙药。

养虾业会好一些吗？全球消费的虾有一半以上是养殖的，虾的养殖主要在亚洲和中美洲，而市场主要在美国和中国。养虾的发展中国家为了建造养虾水域而砍伐宝贵的红树林，这些红树林可以防护风暴并提供重要的海岸生境（回顾案例 2.2）。然而，情况正在改变。一些养虾场正在实验用内陆池塘处理废弃物，它们还在探索利用植物蛋白作为虾的食物来源。挑战很大，我们可以依赖新技术来满足人类对虾的需求吗？

资料来源：Atlantic Salmon Federation，www. asf. ca/main. html；Barboza，D.（December 15，2007）. China's seafood industry：Dirty water，dangerous fish. *New York Times*；Urry，Amelia.（2014）. Grist. http://grist. org/food/is-there-a-sustainable-future-for-americas-most-popular-seafood/.

□ 补贴和回购

商业渔业中普遍存在船只捕捞能力过剩或投资过热的问题。捕捞能力过高加速了过度捕捞。许多补贴促进了过度捕捞和过度投资而加剧了这种影响。燃油补贴、税收豁免、鱼价保护和购买新船的赠款都是渔业中常见的补贴形式。这些补贴通过提高利润制造了背理动机，即使鱼群存量已经下降，人们仍继续捕捞。

另一种截然不同的补贴方式旨在抑制过度捕捞。如果船主的船只没有其他用途，他们可能抵制捕捞限令或其他避免资源存量耗竭的措施。可供选择的管理方案包括回购或取消补贴以减少捕捞能力。2004 年，美国政府花费 1 亿美元买下了阿拉斯加州 260 艘雪蟹捕捞船中的 28 艘，使其不再从事捕捞作业。用于买断过剩捕捞能力的款项是有效的补贴方式，但是如果随着时间的推移，额外的捕捞能力逐渐渗透，这些款项就不如其他管理措施有效。如果渔民预期政府会回购船只，他们可能购买超过实际所需的船只，这会导致更严重的生产能力过剩。

□ 专属经济区——200 海里界限

政策层面的最后一个关注点是国际渔业问题。显然，有效管理渔业的各种政策手段都要求主管部门拥有渔业管辖权，从而能够落实管理政策。

当前，许多海洋渔业的情况并非如此。对于各国政府和个体渔民来说，海洋的很多公共水域都是公共池塘资源。没有一个单独的机构或部门可以控制公共水域。只要这种情况一直存在，就难以实施纠正措施。认识到这一现实，国际公约制定的海洋法正在不断演进。例如，这一法律的结果之一是已经对捕鲸做出了一些限制。这一过程最终能否产生一个一致的、综合的管理体系还有待观察，但它肯定是一场艰苦的战斗。

《联合国海洋法公约》（United Nations Convention on The Law of The Sea）授予沿海国家约 200 海里外海域的所有权。在这些经济专属区内，各国有专属管辖权，可以实施有效的管理政策。这些区域基本上是非常大的 TURF。这些“专属区”声明得到了支持，并牢固确立了在国际法中的地位。因此，沿海非常丰富的渔业资源能够得到保护，而开放水域中的渔业资源仍在等待国际谈判的结果。欧盟拥有世界上最大的专属经济区。

糟糕的是，专属经济区没有充分保护高度迁移的鱼类资源，如金枪鱼和鲨鱼。因此，58%的海洋（公海）里的鱼类资源都存在过度开发和过度捕捞的情况（White and Costello，2014）。

□ 海洋保护区域和海洋保护

捕捞数量管制措施并不控制船只使用的变速箱类型或是捕捞地点。如果不控制这些因素，哪怕成功控制了捕捞量，也可能导致鱼类栖息地的环境退化。一些渔船的变速箱不仅对于目标鱼类特别具有破坏性（例如，捕捞的幼鱼不仅不能出售，而且捕捞后就死亡了），而且对于非目标鱼类（捕捞副产品）也特别具有破坏性。类似地，在一些海域（如产卵地）捕捞可能对渔业的可持续性造成极其严重的破坏。

环保生物学家建议建立海洋保护区域系统（marine protected area，MPA），以补充现有的政策体系。美国联邦政府将 MPA 定义为：联邦、州、部落、自卫队或地方法律或管理条例为长期保护部分或全部自然和文化资源而保留的海洋环境区域。① 管制的强度从较低水平到全面保护。海洋保护区是一个受到充分保护的海洋区域，该区域禁止捕捞活动，享有很高的保护水平以避免受到如污染等其他威胁。

生物学家相信海洋保护区域具有多重维护和恢复功能。首先，通过禁止在保护区内捕捞来保护特定物种。其次，保护区域减少了渔具或作业（会改变生物结构）带来的栖息地破坏。最后，与保护单一物种的配额措施相比，保护区可以通过避免捕捞生态关键物种（无论是目标物种还是捕捞副产品）来促进生态系统平衡。生态关键物种的丧失将改变生态系统的多样性和生产力，使生态系统失去平衡（Palumbi，2002）。

减少在保护区域的捕捞保护了鱼群、栖息地和赖以生存的生态系统。这种保护可以增加鱼群数量，如果鱼群游出了保护区域，捕捞区域就会有更大的渔获量。

简单来说，保护区域有利于鱼群恢复，从而促进渔业的可持续性。然而，该措施对当前渔业资源使用者的福利影响并不那么清晰。MPA 的支持者表示，设立保护区域能够以双赢的方式促进渔业的可持续性（即当前渔业资源使用者也能够从中受益）。这一点很重要，因为没有获益的使用者可能在政治上反对设立海洋保护区域，从而使建立保护区域困难重重。

建立海洋保护区域能够最大化渔民净效益的现值吗？如果 MPA 按照计划发挥作用，它可以在短期内减少渔获量（宣布原来允许捕获的区域禁止捕捞），但长期将增加渔获量（因为鱼群数量恢复并游出了保护区域的边界）。然而，延迟捕捞带来了成本。（还记得贴现率如何影响现值吗？）举一个具体例子来说明延迟捕捞对捕捞者造成的成本，渔民可能不得不偿还渔船的贷款。即使银行允许他们延期支付，但由于利息增加，总还款数额必定增加。因此，未来渔获量增加不能保证建立保护区域可以使渔民净效益现值最大化，除非渔获量增加带来的效益足够大，可以很快弥补延迟带来的各种成本。②

由于保护区域政策对现值的影响取决于个案的具体情况，个案研究有助于揭示相关细节。在一个加利福尼亚海胆产业的有趣案例中，Smith 和 Wilen（2003）陈述了以下内容：

> 与生物学文献对保护区的积极赞扬相比，我们全面评价了保护区域作为渔业政策工具的效果，结果更加模棱两可……我们发现……采用鱼龄结构模型，只有在鱼类资源严重耗竭的前提下，保护区域政策有助于增加渔获量。我们也发现……即使稳定的渔获量随着空间封闭不断增加，贴现率回报往往是负的，反映了相对于贴现率来说，生物资源的恢复过于缓慢。（p. 204）

---

① http://marineprotectedareas.noaa.gov/提供了美国海洋保护区域的信息和地图。www.mpatlas.org 提供了更多的世界地图集。

② 成本和效益的分布也很重要。Sumaila 和 Armstrong（2006）在一个东北大西洋鳕鱼案例中发现，MPA 的分布效应与建立 MPA 时运行的管理制度和渔业合作水平显著相关。

这当然不意味着建立海洋保护区域或海洋保护是一个糟糕的想法。在一些地方，设立海洋保护区域是人们实现可持续渔业目标所需的一步；在其他地方，它可能是实现可持续渔业目标最有效率的手段。然而，这确实意味着，我们应该谨慎对待建立保护区域总是会双赢这种说法。建立保护区域可能意味着当地渔民要做出牺牲。海洋保护区域政策必须意识到这类政策的成本，并直接采取措施加以应对，而不是假设其不存在。

国际海洋保护区域也采取一些行动。1992 年的《国际生物多样性公约》的目标之一是保护全球至少 10%的生态区域，包括但不限于海洋生态区。陆地生态区保护已经取得了显著的进展，但海岸和海洋生态区的保护要逊色得多。

Lester 等（2013）提出了一个创造性的提议，将生态认证标签与相邻的海洋保护区联系起来，以激励创建新的海洋保护区和可持续的捕鱼活动。提议建立在人们对绿色产品和可持续渔业生态标签［如海洋管理委员会（Marine Stewardship Council，MSC）的标签和蒙特利水族馆海鲜观察项目］需求激增的基础上，探索通过海鲜认证和生态标签为邻近的 MPA 提供信用。海洋保护区对鱼类种群的影响是显而易见的，可以根据影响来确定可持续信用。他们认为在认证标签上明确地表明产品与海洋保护区的联系有助于保护鱼类资源。

□ 执行——非法的、未报告的、未管制的鱼类资源

非法的、未报告的和未管制的（illegal，unreported，and unregulated，IUU）捕鱼是一个日益严重的全球问题。美国消费的海鲜大约 90%是进口的，要么是外国渔船捕捞的，要么是本国捕捞送到国外加工后再进口的。其中一半是野生海鲜。据估计，美国进口的野生海产品中有 20%～32%来自 IUU（Pramod et al.，2014）。全球市场复杂庞大，当海产品经过多次易手，似乎就连合法进口的海产品也可能含有 IUU 渔获物。有些监管措施很难执行，例如《暂停公海漂网保护法案》规定交易用漂网捕捞的产品是非法的。在许多情况下，调控、控制和监管的成本高得令人望而却步。

另一种非法行为是“只保留高级品种”，当渔民已经达到配额时，会捕捞更大、更有价值的鱼类，并将价值较低的鱼类丢弃。配额政策下，通常根据某一鱼种的重量规定捕捞量，但捕获物的价值很大程度上受到鱼个体大小的影响。一种可能的策略是仅仅禁止弃鱼，但是由于监管和执行困难，这个方案并不是看起来那么简单。Kristofersson 和 Rickertsen（2009）研究了在冰岛鳕鱼渔业中禁止弃鱼是否有效。他们将 ITQ 项目的渔业模型应用于冰岛鳕鱼渔业。他们估计，延绳钓渔船丢弃了多达 25%的小鳕鱼，刺网渔船丢弃了多达 67%的小鳕鱼。分析发现，配额价格似乎不是影响因素，但配额制度的存在和渔获物存储能力的大小确实具有影响。他们建议执法工作应针对刺网渔船和存储能力较小的渔场，此时相应策略是有效的。

一些渔业管理人员允许渔民从他人处购买或租用许可证来弥补临时超限，成功地解决了这两个问题。只要超出配额的鱼的市场价值大于租赁配额的成本，渔民就会有动力捕鱼并在市场上销售，渔业资源存量不会处于危险之中。

显然，捕捞高级品种和丢弃其他鱼类仍然是一个重大问题。Zeller 等（2017）估计丢弃的鱼占全球捕鱼量的 10%～20%。丢弃的鱼中一些是高级品种，其他要么患病要么不是目标物种。

即使建立了保护鱼类资源的法律框架，偷捕（非法捕捞）也可能带来不可持续性。

例如，1986 年国际捕鲸委员会颁布商业捕鲸禁令，但该法令存在漏洞，日本每年仍继续捕杀数百只鲸鱼。2007 年 11 月，一支舰队无视众多国际抗议，在南极洲进行为期 5 个月的捕鲸作业。日本最初的捕杀目标是座头鲸，但作为对抗议的回应，最终停止捕杀这一品种，改为捕杀其他品种。因为座头鲸通常易受到人类行动的伤害，自 1966 年起禁止商业捕杀座头鲸，但日本一直宣称为科研捕杀不受该禁令的约束。

蓝鳍金枪鱼是另一个受到威胁的高商业价值物种，现已纳入国际保护之下。自 1970 年以来，蓝鳍金枪鱼的数量锐减了 85%，其中 60%的损失发生在过去十年。蓝鳍金枪鱼数量下降的主要原因是过度捕捞和非法捕捞（超过分配的配额）。日本是蓝鳍金枪鱼的最大消费国，蓝鳍金枪鱼是寿司的主要原料。西班牙、意大利和法国的船队是蓝鳍金枪鱼的主要供应者。

美国国家海洋渔业局负责管理《大西洋高度洄游物种管理条例》，其中包括针对国际大西洋金枪鱼资源保护委员会（International Commission for the Conservation of Atlantic Tunas，ICCAT）濒危蓝鳍金枪鱼配额的美国部分制订的一项捕捞份额计划。2014 年的第七修正案修订了 2006 年的规则，“将美国蓝鳍金枪鱼配额分配给国内不同的捕捞类别；实施适用于远洋延绳钓渔业的措施，包括蓝鳍金枪鱼个体配额（IBQ），建立两个新的渔船限制区域，达到年度蓝鳍金枪鱼配额时关闭远洋延绳钓渔业”，以及其他关于副渔获物和监管的规则。① 它还要求船舶在使用蓝鳍金枪鱼个体配额时，必须考虑意外的蓝鳍金枪鱼上岸和丢弃后死亡的情况。

国际论坛也尝试了一种截然不同的物种保护方法。2009 年，在联合国《华盛顿公约》（Convention on International Trade in Endangered Species，CITES）颁布之前，发生了禁止大西洋蓝鳍金枪鱼贸易的请愿行动。这是 CITES 首次针对主要商业渔业。尽管保护主义者和生物学家支持将蓝鳍金枪鱼列入 CITES，但许多行业组织反对。国家渔业研究所主席约翰·康奈利（John Connelly）在反对意见中写道：

> 商业开发的水生物种与 CITES 规定的其他物种存在本质差异……与其他物种不同，鱼和海产品存量一般不会受到生物性灭绝的威胁。尽管可以并且也确实存在过度捕捞，但渔民投资回报的损失会阻止商业鱼类资源走向生物性灭绝（Gronewold，2009）。

2010 年初，CITES 投票没有通过此禁令。2011 年 1 月，北方蓝鳍金枪鱼创下价格纪录，1 条 754 磅的蓝鳍金枪鱼售价高达 3 250 万日元，约合 40 万美元。你认为这个价格足以提供保护蓝鳍金枪鱼免遭灭绝的激励吗？为什么？见讨论 12.3。

讨论 12.3　蓝鳍金枪鱼：管理高价物种的困难

国际大西洋金枪鱼资源保护委员会（ICCAT）负责保护具有高度迁移特点的物种，

① www.federalregister.gov/documents/2014/12/02/2014-28064/atlantic-highly-migratory-species-2006-consolidated-atlantic-highly-migratory-species-hms-fishery.

包括几种金枪鱼。ICCAT报告鱼类生物存量和捕捞量的统计数据，也负责设定每年各个物种的允许捕捞总量（TAC）。

因为ICCAT从没有成功执行其配额，因此尚不清楚ICCAT是否有可靠的执行能力。监测数据始终显示捕捞量远大于允许捕捞总量。

另外，捕鱼业的国际压力经常导致允许捕捞总量（TAC）高于科学家的建议。例如，2009年，ICCAT的科学家们回顾了当前生物存量统计数据，发现当前存量不到初始存量的15%，于是建议全面暂停捕捞。ICCAT无视科学家们的建议，继续设定了13 500吨的配额。然而，它也同意在未来建立新的管理措施以恢复存量，估计恢复的可信度为60%。尽管听起来不错，但事实证明，如果执行得不够完美，会导致捕捞量超过13 500吨，到2022年，存量恢复的可能性不可能达到60%（见表12-3）。

表12-3 每年存量恢复的可能性和TAC水平

TAC	存量恢复可能性（%）				
	2010年	2013年	2016年	2019年	2022年
0	0	2	25	69	99
2 000	0	1	21	62	99
4 000	0	1	18	55	99
6 000	0	1	14	47	97
8 000	0	0	11	40	92
10 000	0	0	9	33	84
12 000	0	0	6	26	73
13 500	0	0	5	21	63
14 000	0	0	4	20	59
16 000	0	0	3	14	46
18 000	0	0	2	10	34
20 000	0	0	1	6	24

注：灰色强调在此捕捞量下，不可能实现60%可能性的存量恢复。

资料来源：Report of the 2010 Atlantic bluefin tuna stock assessment session (Table 1)；ICCAT，www.iccat.int/en.

资料来源：International Commission for the Conservation of Atlantic Tunas 2009 annual ICCAT meeting press release (November 16，2009)；ICCAT，www.iccat.org；Gronewold，G. (October 14，2009). Is the bluefin tuna an endangered species? *Scientific American*. Retrieved from www.scientificamerican.com/article.cfm?id=bluefin-tuna-stocks-threatened-cites-japan-monaco；Draft amendment 7 to the Consolidated Atlantic Highly Migratory Species Fishery Management Plan，*National Marine Fisheries Service*，August 2013. Retrieved from www.scribd.com/doc/161801821/NOAA-Draft-Bluefin-Tuna-Amendment.

小结

不限制捕捞有商业价值的资源一般会导致过度捕捞，过度捕捞反过来又会引起过量投资，减少捕捞者的收入，消耗资源存量，甚至可能造成物种灭绝，特别是对于那些捕捞成本很低、捕捞很容易的鱼类更是如此。捕捞成本比较高时，即使不限制获取资源，也不太可能发生灭绝。

私人部门和公共部门都已经采取行动纠正以往商业渔业资源管理不当带来的问题。许多国家通过重新界定私有产权，促进了水产养殖业的发展。加拿大和美国政府已经开始限制过度捕捞太平洋鲑鱼。已经制定限制捕鲸的国际公约。尽管这些计划似乎确实可以实现可持续的渔获量，但它们是否完全符合效率原则，还需进一步的检验和研究。

Costello 等（2016）利用全球 4 713 个渔场（这些渔场的渔获量占全球报告渔获量的 78%）的渔获量数据估计，全球最大可持续渔获量为 9 800 万公吨（不包括非法捕捞）。他们预测，一切照旧的渔业管理将导致世界上许多渔场持续崩溃。他们认为，常规改革可以增加鱼类资源的丰裕度（从而提高粮食安全）和利润。

旨在保护广泛的生物资源免遭过度开采的各种方法中，已经证明分享有效利用资源获得的效益这一创造性战略是有力的武器。在不威胁捕鱼者收入的情况下，个人可交易配额（ITQ）和领地使用权渔业（TURF）可以提高保护鱼群的可能性。加强产权是实现有效和可持续捕捞的关键。大约 20%的发展中国家实施了基于空间（主要在亚太地区）或基于配额的（主要在非洲国家）分配制度。

忽视进一步行动面临的各种障碍是愚蠢的，例如，个体捕捞者不愿服从多种形式的管制、缺乏有力的政策保护开放的海洋水域，以及实施各种方法的困难。在迫切需要有效管理之前，这些障碍是否会消除还有待观察。气候变化已经影响到海洋环境，因此迫在眉睫的挑战依然存在。

本章我们聚焦渔业，将其作为可再生生物资源的代表，从中推导出的模型和观点也可以用于思考如何管理其他野生动物种群。下一章还将讨论此话题。

讨论题

1. 建立“200 海里界限”是避免 200 海里界限内的渔业出现公地悲剧的政府干预形式吗？为什么？

2. 存在贴现时，有效率的鱼群规模可能降至最大可持续产量对应的鱼群规模以下，这是否违反了可持续原则？为什么？

自测题

1. 假设鱼群数量的增长和种群规模间的关系是 $g=4P-0.1P^2$，g 是增长量，单位为吨，P 是种群规模，单位是千吨。假设每吨鱼的价格是 100 美元，较小种群规模（继而是较大捕捞量）的边际效益计算为 $20P-400$。

a. 计算最大可持续产量对应的鱼类种群规模。如果种群规模持续保持在这一水平，每年的渔获量应该是多少？

b. 如果额外捕捞的边际成本（以种群规模表示）是 $MC=2\times(160-P)$，有效可持续产量对应的种群规模应该是多少？

2. 假设当地渔业委员会对一个捕鱼区域规定的每年捕鱼配额是 100 吨，继而假设每年 100 吨是有效可持续产量。当渔获量达到 100 吨时，当年的捕鱼结束。

a. 这是解决公共产权问题的有效方案吗？

b. 如果将 100 吨的配额分为 100 个可转让配额，每份配额有权捕捞 1 吨鱼，根据渔民的历史渔获量水平分配配额，你认为这种方式有何不同吗？为什么？

3. 在本章的渔业经济模型中，在政府取得相等收入的情况下，试比较捕鱼许可证成本增加和对单位捕捞努力量的税收增加对捕捞努力量的影响。假设渔场是私有财产。在渔业资源是可以自由获取的公共财产资源这一假设条件下，再次分析。

4. 当试图减少开放获取渔业的无效率程度时，通过禁止一些发动机类型渔船或对捕捞活动征税来增加捕捞努力量的边际成本，这些管制措施同样有效吗？为什么？

5. a. 在有效渔业的典型经济模型中，鱼价下降一般会导致可持续捕捞量更大还是更小？为什么？

b. 假设渔业允许自由进入。鱼价下降一般会导致可持续捕捞量更大还是更小？为什么？

6. 假设某渔业经历技术变化，捕鱼的固定成本上升，但捕鱼的边际成本下降。变化如下：前后总成本曲线交点对应的捕捞努力量高于之前有效可持续渔获量对应的捕捞努力量，但低于自由获取渔业的捕捞努力量。

a. 这一技术进步对静态有效捕捞努力量水平和静态有效渔获量水平有何影响？它们会增加还是减少，还是效果含糊不清？

b. 在自由获取的渔业中，这一技术进步对捕捞努力量水平和渔获量规模有何影响？它们会增加还是减少，还是效果含糊不清？

补充读物

Acheson, J. M. (2003). *Capturing the Commons: Devising Institutions to Manage the Maine Lobster Industry*. Hanover, NH: University Press of New England. 这是一本理论与经验结合的令人印象深刻的作品，加上内部人士对机构和管理机构人员的了解，这本书对美国最重要的渔场之一的历史进行了令人信服的考察。

Adler, J. H., & Stewart, N. (2013). Learning how to fish: Catch shares and the future of fisheries conservation. *UCLA Journal of Environmental Law & Policy*, 31 (1), 150-197. 这是对渔获份额的历史、法律和经济学的有用总结。

Clark, C. W. (1990). *Mathematical Bioeconomics: The Optimal Management of Renewable Resources*, 2nd ed. New York: Wiley-Interscience. 在各种产权制度下，本书对可再生资源开发当前理解的数学模型的谨慎发展进行了介绍。

NOAA Catch Share Policy: Executive Summary. (2013). Retrieved from www.nmfs.noaa.gov/sfa/domes_fish/catchshare/docs/noaa_cs_policy.pdf. A useful review of U.S. Fisheries Policy. *Review of Environmental Economics and Policy*, 6 (2), Summer (2012). 它包含来自研讨会：基于权利的渔业管理的几篇总结文章。

Schlager, E., & Ostrom, E. (1992). Property right regimes and natural resources: A conceptual analysis. *Land Economics*, *68*, 249-262. 它分析了若干产权制度的概念框架；作者使用这个框架来解释一些实证研究的发现。

更多的参考文献和重要的历史参考文献可在本书的配套网站查找：www.routledge.com/cw/Tietenberg。

附录　捕捞决策：渔业

界定有效可持续产量先要确定生物量的增长率和生物量存量之间的生物关系。这种关系可以用下式表达：

$$g = rS\left(1-\frac{S}{k}\right) \tag{12.1}$$

其中，g=生物量的增长率；r=该物种的内生增长率；S=生物量存量；k=栖息地的承载力。

由于我们希望选择最有效率的可持续产量，因此必须把考虑的可能结果限制在可持续的范围内。在此，可持续的渔获量 h_s 等于资源存量的增长量，即

$$h_s = rS\left(1-\frac{S}{k}\right) \tag{12.2}$$

下一步就是要把渔获量的规模定义为捕捞努力量的函数。传统模型表示为：

$$h=qES \tag{12.3}$$

其中，q＝常数（捕捞能力系数）；E＝捕捞努力量。

接下来我们把可持续产量表示为捕捞努力量的函数。这一函数可以通过两个步骤推导：首先，我们用 E 表示 S；其次，我们将新推导的 S 公式代入式（12.3），得到用捕捞努力量表示的可持续产量。

为了用 E 表示 S，我们把式（12.3）代入式（12.2），得到：

$$qES = rS\left(1-\frac{S}{k}\right) \tag{12.4}$$

重新整理此式，得到：

$$S = k\left(1-\frac{qE}{r}\right) \tag{12.5}$$

利用式（12.3）中的 $S=h/qE$ 并重新整理求得 h：

$$h_s = qEk - \frac{q^2 k E^2}{r} \tag{12.6}$$

对式（12.6）右侧的捕捞努力量 E 求导，并令导函数为 0，可以得到最大可持续捕捞努力量水平，最大条件为

$$qk - 2\frac{q^2 kE}{r} = 0 \tag{12.7}$$

因此，

$$E_{msy} = \frac{r}{2q} \tag{12.8}$$

其中，E_{msy}＝最大可持续产量水平下的捕捞努力量水平。

此时你能计算出最大可持续产量 h_{msy} 吗？[提示：还记得式（12.6）是如何用捕捞努力量来表示最大可持续产量的吗？]

为了进行经济分析，我们需要将生物信息转化为净效益公式。效益公式可由式（12.6）乘以单位渔获量价格 P 得到。假设捕捞努力量的边际成本是常数 a，总成本等于 aE。从效益函数中减去捕捞努力量的总成本就得到净效益公式。

$$\text{净效益} = PqEk - \frac{Pq^2 k E^2}{r} - aE \tag{12.9}$$

由于使式（12.9）最大化的捕捞努力量水平是有效率的，我们通过对式（12.9）的 E 求导，并使导函数等于 0，得到：

$$Pqk - \frac{2Pk q^2 E}{r} - a = 0 \tag{12.10}$$

重新整理得到：

$$E = \frac{r}{2q}\left(1-\frac{a}{Pqk}\right) \tag{12.11}$$

注意这一捕捞努力量小于最大可持续产量水平对应的捕捞努力量。你知道如何计算出有效的可持续捕捞量水平吗？最后，令式（12.9）的净效益函数为0，求出捕捞努力量水平，计算开放获取资源的均衡。

重新整理产量，得到：

$$E=\frac{r}{q}\left(1-\frac{a}{Pqk}\right) \tag{12.12}$$

注意此处的捕捞努力量水平大于有效可持续的捕捞努力量水平，可能大于也可能小于最大可持续产量对应的捕捞努力量水平。它们相互间的比较关系取决于参数的具体数值。

第13章 生态系统产品和服务：受到威胁的自然馈赠

蜜蜂为人类劳作，但从不留下伤痕。
上帝之花，仍然摇曳，
如前般美丽，等待蜜蜂的再次光临。
花朵盛开，蜂蜜流淌。

——乔治·赫伯特，《教堂》
(George Herbert，*The Church*)

引言

在前面的章节中，我们已经学习到，经济活动对自然界构成几种不同类型的威胁，包括将野生生物栖息地转化为房屋建设用地，有意或无意地排放危害野生生物的物质，过度捕猎生物种群，不一而足。我们也已经知道，经济激励如何在防止或至少减少这些潜在的破坏性影响中发挥补救作用，特别是对于具有商业价值的资源。

然而，这些具有商业价值的资源只占自然馈赠的一部分。当前我们仰赖的许多生态功能和服务依赖于自然的馈赠，而且自然未向使用者收取任何费用。这些生态产品和服务包括蜜蜂授粉、湿地对含水层的补给、可呼吸的空气、生物多样性、土壤固氮、通过固碳调节气候以及审美与休憩服务。如果这些服务至少能使一个人直接受益，我们就称之为生态系统服务。

1997 年，一组研究人员尝试对全球生态系统服务进行货币化估值（Constanza et al.，1997）。基于之前发表的研究成果和一些初步计算，他们提出（1997 年）16 种生物群落提供的 17 种生态系统服务的经济价值在每年 16 万亿和 54 万亿美元之间，平均每年 33 万亿美元（以 2014 年的货币计算约为 49 万亿美元），明显高于全球国内生产总值(GDP)。这篇论文引起了广泛的关注。

然而，由于其采用的研究方法存在争议，具体估值结果是有争议的。2014 年，康斯坦萨（Constanza）和同事们更新了结果。他们使用同样具有争议的方法，假设陆地面积变化，2011 年全球生态系统服务总价值为 125 万亿美元，假设生物群落不变，为 145 万亿美元。他们还发现，自 1997 年的研究以来，由于土地利用方式变化造成的生态系统服务损失为每年 4.3 万亿～20.2 万亿美元。没有争议的是，生态系统在人类的生活中扮演着非常重要的角色。

经济分析在人们认识生态系统服务的价值和保护生态系统免于退化方面可以发挥哪些作用？我们在本章中将讨论这个问题，并聚焦于经济分析的两个具体作用：（1）改进自然系统服务估值的量化方法，以提高结果的可靠性，表明生态系统产品和服务的重要性，注意识别其对人类福利的具体贡献；（2）促进私人、公共、公私合作伙伴关系等机制的设计，以及保护自然的重要组成部分免于退化的激励机制。

生态系统服务的现状

2001 年，联合国秘书长科菲·安南（Kofi Annan）启动了“千年生态系统评估计划”（Millennium Ecosystem Assessment，MA），旨在评估“生态系统变化对人类福利的影响，并为采取行动、提高生态系统保护和可持续利用及其对人类福利的贡献建立科学依据”。

为了研究生态系统和人类福利之间的关联，MA 将生态系统服务划分为以下几类：

- 供应服务：提供直接效益，比如水、木材、食物和纤维。
- 调节服务：包括防洪、水质调节、疾病预防和气候调节。
- 支持服务：包括光合作用、养分循环、土壤形成等在内的基本过程。
- 文化服务：提供休憩、审美和精神效益。

2005 年，MA 发布了四项主要研究成果：

- 在过去 50 年中，生态系统发生了快速变化——其速率快于过去任何时期。由于对地球资源和服务的需求不断增长，一些高速的改变是不可逆转的。
- 虽然生态系统的许多变化提高了一部分人群的福利，但这以生态系统的健康为代价。在评价的 24 种生态系统中，15 种生态系统正在衰退。
- 如果生态系统持续衰退，将难以实现诸多联合国“千年发展目标”，因为这会影响某些非常脆弱群体所依赖的资源。[①] 持续的衰退不仅加剧当前的贫困，而且限制未来几代人的选择，从而造成代际不公平。
- 最后，MA 表明，扭转生态系统的退化需要制度和政策方面的重大改革，评价特别指出，经济手段在这种转变中可以发挥重要作用。

另一篇报告《生态系统与生物多样性经济学》（the Economics of Ecosystems and Biodiversity，TEEB）研究了全球生物多样性衰退中政策不作为的代价。它发现，到 2050 年，在政策不变的几种情景下，当前的生物多样性可能继续减少 11%，40%的低环境影响农业将转变为集约型农业，60%的珊瑚礁将会消失（可能提前至 2030 年）。

在认识到生态系统服务的重要性后，政府间生物多样性和生态系统服务平台（Intergovernmental Platform on Biodiversity and Ecosystem Services，IPBES）于 2012 年 4 月建立，这是一个向联合国所有成员开放的独立政府间机构。IPBES 建立了论坛，用于整合、

---

① 千年发展目标（Millennium Development Goal，MDG）包括减少全球生物多样性丧失、减少环境资源损失和减少无法获得如安全饮用水等服务的人群数量。

审查、评价和辩证地评估来自全球生物多样性和生态系统服务方面的相关信息和知识。

生态系统服务的经济分析

生态系统服务是从自然资产存量中产生并且造福人类的自然资产流量。例如，热带雨林不仅可以提供固碳、栖息地、流域保护和休憩，而且能够提供木材。获得木材可以是可持续的，也可以是不可持续的。

经济分析可以帮助我们识别经济衰退的根源，评估保持并恢复生态系统服务的可能方法。仔细评估这些自然资产流量可以帮助我们完成上述两项任务。

这些评价方法中的一个主要方法是成本-效益分析，这些分析的使用范围比你们设想的更加广泛，不仅局限于水或者土地利用的传统项目评估。例如，Bandara 和 Tisdell (2004) 利用保护亚洲象的一项条件价值评估研究结果说明，保护斯里兰卡亚洲象的支付意愿水平高于为亚洲象造成的损失提供的补偿。

生态系统服务的价值

对扭转生态系统退化进行经济分析的出发点在于揭示因生态系统服务丧失而损失的经济价值。价值的量化（即使这种量化并不完美）可以表明生态系统服务损失或退化的程度。

本章探讨的多种服务是非市场化的产品或服务，这意味着我们必须采用不依赖于市场价格的估值方法。正如第 4 章所讨论的那样，有两种主要的估值方法：揭示偏好法——通过观察或测量人们在产品和服务上的支出进行估值，这些产品和服务包含了我们希望评价的属性；陈述偏好法——采取调查确定支付意愿。其他评价生态系统服务的常用方法包括市场价格调整法、避免成本法（或避免支出法）、生产函数法、损害成本法。[①] 这里我们着重评估生态系统直接或间接向人类提供的服务。

我们阐释一些具体情况来说明如何应用这些方法评估生态系统服务以及评估结果的重要性。

□ 珊瑚礁的价值

珊瑚礁是广泛而重要的沿海生态系统景观的组成部分，它们正面临与日俱增的危险。生态系统服务研究使一些具体的领域受益，其中之一是溯源，不仅能够更好地估计这些生态系统效益的价值，而且能够更好地识别价值的具体来源。

尽管珊瑚礁的一些威胁来自污染或过度捕捞，但最近气候变化显著加剧了珊瑚礁的损失。具体来说，海水温度升高已经诱发珊瑚礁白化，而海水中溶解过多的二氧化碳导致海洋酸化，这反过来又阻碍了珊瑚礁的再生。

这关系到哪些方面？珊瑚礁提供的生态服务有多么宝贵？在总体价值中，四类生态

① 这些方法的描述及其在生态系统服务评价中的作用详见 Bateman 等（2011）。

服务的贡献分别有多大？

一项为人熟知的研究（TEEB，2009）汇总了全球范围内有关珊瑚礁价值的现有文献，为回答这些问题提供了一些相关的估计。研究得出的表 13－1 不仅显示珊瑚礁提供了宝贵的生态系统服务，而且将其价值来源对应为本章开头所述的四类服务。

表 13－1　珊瑚礁的生态系统服务效益

珊瑚礁	生态系统服务的价值（美元/公顷/年，2007 年的价值）		研究数量
生态系统服务	平均值	最大值	
供应服务			
食物	470	3 818	22
原材料	400	1 990	5
观赏资源	264	347	3
调节服务			
气候调节	648	648	3
极端事件的缓和	25 200	34 408	9
废物处理/水净化	42	81	2
生物调控	4	7	2
文化服务			
美学信息/舒适性	7 425	27 484	4
休憩和旅游的机会	79 099	1 063 946	29
认知发展信息	2 154	6 461	4
总计	115 704	1 139 190	83
支持服务			
基因多样性维护	13 541	57 133	7

注：这些估计基于 TEEB 项目正在进行的分析（TEEB Ecological and Economic Foundations，Chapter7）。由于 TEEB 项目的数据库和价值分析仍在发展进行中，此表仅供说明之用。

ha＝hectare，为面积单位，即 10 000 平方米。

资料来源：TEEB（2009）. Climate Issues Updated（September）Table 1，p. 7.

请注意，研究发现文化服务（特别是旅游和休憩）对价值的贡献最大。显而易见，仅针对珊瑚礁供应服务的研究严重低估了珊瑚礁的价值。

此类测算的一种用途是计算气候变化造成的珊瑚礁退化损失，这一计算可能有助于设计气候变化政策。同样，可以使用估计结果推导温室气体减排政策带来的效益。

由于 TEEB 研究集合了许多个体研究的结果，它有助于我们了解各个研究的情况。研究范围是什么？使用什么方法得到估计结果？这些结果有什么用途？案例 13.1 中的研究发现有助于回答这些问题。

❖案例 13.1 美属维尔京群岛的珊瑚礁价值

美属维尔京群岛位于波多黎各以东直线距离约 100 英里的地方。四个主要岛屿分别是圣克洛伊岛、圣约翰岛、沃特岛和圣托马斯岛。

要认识当地珊瑚礁的价值，需要建立基线进行定量测量，比较可能的备选发展或保护计划，一项研究计算了这些珊瑚礁的总经济价值（TEV)。TEV 框架试图测量使用和非使用价值。这些信息是经济分析的基础，用于倡导保护珊瑚礁、建立损害赔偿的基线、决定是否向居民和游客征收潜在的使用者费用。

本研究的重点是评估维尔京群岛中选定地点的珊瑚礁及其临近栖息地的六种主要用途：(1) 渔业价值；(2) 旅游价值；(3) 休憩和文化价值；(4) 地产价值；(5) 海岸线保护价值；(6) 教育或科研价值。

研究应用了一系列估值方法，包括：(1) 渔业商业价值的揭示偏好研究；(2) 当地居民调查，估计当地文化和休憩对海洋环境的依赖程度；(3) 应用旅行成本法和选择实验法进行游客调查，全面深入了解海洋环境对岛上游客的重要性；(4) 珊瑚礁海岸保护功能分析；(5) 享乐定价分析，识别健康珊瑚礁对房价的积极影响；(6) 地理信息系统 (GIS) 分析，旨在编制美属维尔京群岛珊瑚礁的价值图；(7) 汇总各个部分以估算珊瑚礁的 TEV。

研究发现，珊瑚礁的 TEV 是每年 1.88 亿美元，其价值组成如下：

- 与珊瑚礁相关的旅游业——9 600 万美元；
- 休憩——4 800 万美元；
- 舒适性——3 500 万美元；
- 海岸保护——600 万美元；
- 支持商业性渔业——300 万美元。

请注意，正如前面全球案例汇总的情况一样，旅游业和休憩再次成为本案例中最大的价值来源。

资料来源：van Beukering, P., Brander, L., van Zanten, B., Verbrugge, E., & Lems, K. (2011). The economic value of the coral reef ecosystems of the United States Virgin Islands: Final report. *IVM Institute for Environmental Studies Report Number*: *R-11/06*. The Netherlands: Amsterdam (August 31).

□ 损失评价：生态系统服务的丧失

生态系统量化评估可以并且已经发挥重要作用的另一个领域是评价人类活动引起的生态系统破坏的程度。

石油泄漏就是这样的例子。在 2010 年墨西哥湾的“深水地平线”钻井平台发生灾难性漏油事件之前，《1990 年石油污染法案》已经建立了一个正式的法律框架，以确定石油泄漏何时对自然资源造成可量化的不利影响。受影响生态系统的受托人必须通过一个名为“自然资源损害评估”(Natural Resources Damage Assessment, NRDA) 的程序量化石油泄漏导致的损失程度，以向责任方寻求赔偿。经过 6 年的研究，2016 年经济学家估计石油泄漏对自然资源造成的损失为 172 亿美元。（详见第 18 章案例 18.4。）[①]

国家研究理事会（NRC，2013）最近的一份报告指出，强调生态系统服务和经济之间的关系可以提高公众对保护这些服务的认知和支持。该报告主张纳入更广泛的生态系统服务来评估漏油的损害程度，而非仅仅关注供给服务。涵盖更广泛的服务能够帮助我们确定既有利于受托人和直接利益群体，又有利于广大公众的恢复项目。

扩大评估范围的过程十分复杂，需要耗费更多的时间。根据记录，截至 2017 年，英国石油（BP）公司已经支付了超过 300 亿美元的清理费和赔偿金，但所有这些赔偿都是基于人类的直接损失，而非 NRC 建议的范围更广的损失。亚拉巴马州莫比尔湾的牡蛎礁恢复计划是一个例外。恢复计划最初的选址是为了方便那些因漏油事件失去收入的渔民，直接弥补他们的损失，但牡蛎的生态系统服务价值远高于渔民获得的直接价值。牡蛎的过滤作用不仅可以清除水体中的悬浮物，而且能够净化水体中的污染物。新选址采取了 NRC 建议的更广泛的生态服务范畴，更适合提供所有上述各种生态系统服务。2016 年，英国石油公司同意额外支付 208 亿美元，其中 88 亿美元将用于环境恢复，包括路易斯安那州沿海湿地的恢复。

□ 支持服务估值：授粉

评估生态系统有助于提高人们对极有价值但可能被低估的生态系统服务的保护意识，尤其是当这些服务的持续性受到威胁的时候。蜜蜂提供的授粉服务就是这样一种宝贵的生态系统服务。许多有价值的农业作物依靠蜜蜂授粉。

仅加利福尼亚州价值 20 亿美元的杏仁作物就需要大约 100 万个人造蜂房（超过美国总蜂房数的 40%）进行异花授粉。当杏树开花的时候，平板卡车载着人工管理的蜂房开往圣华金河谷，为当地的杏树授粉提供足够的蜜蜂。

然而，授粉的好处不仅包括增加农作物产量带来的直接经济影响，还包括非市场化影响，如增加基因多样性、改善生态系统的恢复力和提供营养循环。遗憾的是，这些重要的生态系统服务可能处于危险之中。

2006 年，大众媒体开始报道所谓的蜂群崩溃综合征——蜂群无故消失的现象。养蜂人调查显示，2010 年冬季，美国有 33%的蜂群死亡。尽管至今仍不清楚确切的原因，但可能存在多种原因。

瑞耐克斯（Ratnieks）和卡里克（Carreck）仔细研究了未来可能的蜂群丧失对经济的影响，并提出了一个重要的问题：

> 美国商业养蜂的未来是否会建立在为高价值作物授粉的基础上？如果是这样，一些因蜜蜂授粉而产量小幅增加的农作物将受此影响，这将带来哪些更广泛的经济成本？这些农作物不能支付庞大的授粉费用，迄今仍受益于大量蜜蜂提供的免费授粉。

授粉服务减少对世界其他地区的损害甚至可能比美国更高。一项研究认为，未来全球可能出现的授粉服务供应短缺不仅影响深远，而且对全球各地的经济影响也会大不相

① Bishop 等（2017）。

同（见案例 13.2）。

∵案例 13.2　评估授粉服务：两个说明

全球价值数百亿美元的授粉服务正在消失。包括野蜂在内的授粉昆虫数量不断减少，可能给全世界的农业生产带来风险损失，还会给发展中国家造成不成比例的影响。

临近热带雨林的野蜂为哥斯达黎加的咖啡生产提供授粉服务。尽管这种咖啡能够自花授粉，但人们发现野蜂授粉可以增加 15%～50%的咖啡产量。

Ricketts 等（2002）的一项研究检验了授粉与产量间的关系，并赋予这种特别的生态系统服务经济价值。研究人员发现生活在两个森林保护区域（分别为 46 公顷和 111 公顷）的蜜蜂为附近一个大型哥斯达黎加咖啡农场提供授粉服务的价值每年约 6 万美元。正如作者在文中总结的那样：

> 单就提供作物授粉这项服务而言……森林的价值至少与主要的竞争性土地用途的价值（数量级）同等重要，无疑比大多数政府认识的价值（例如，零）要大得多。

由于仅考虑了一个农场和一种生态系统服务类型，这些研究只能部分反映这片森林的价值，但研究本身显然已足以证明保护这片森林的经济价值。

认识到这种侧重于个案的局部分析应该辅以更具宏观侧重点的研究，催生了更聚焦全球视角的多种方法。其中一项研究使用了农业生产与贸易的多区域、可计算一般均衡（computable general equilibrium，CGE）模型，检验了授粉昆虫减少带来的全球经济影响（Bauer and Wing，2010）。

CGE 模型对各种事件或项目的经济影响进行数值评估。评估不仅包括对作物生产部门的直接影响，还包括各种间接的、非作物生产的影响。运用这类模型，研究人员不仅能估计不同地理区域授粉服务减少的影响，而且能推测当地授粉服务的不同替代品对这种影响的作用。

研究人员发现，由于直接授粉服务的减少，每年全球作物部门的损失估计为 105 亿美元，但是更广泛的经济损失（非作物生产部门）估计要大得多，为 3 340 亿美元。很明显，只评估直接服务的价值会严重低估授粉服务的价值。

他们还发现，世界上一些地区，尤其是非洲西部，可能遭受相对更大比例的损失。这些地区脆弱性更强的原因不仅是依赖授粉的作物在西非农业产出中占据更大的份额，而且因为农业部门在非洲经济中的重要性相对更高。

富裕国家也不例外。2017 年初，蓝莓、番茄和野花的关键授粉者——大黄蜂（Bombus affinis）第一个被列入美国濒危物种名单，也是第一个被列入濒危物种名单的野生蜜蜂。野生大黄蜂是美国三分之一农作物的重要授粉者，估计在美国的授粉服务价值为每年 30 亿美元（Gorman，2017）。

资料来源：Ricketts，T. H. et al.（August 24，2002）. Economic value of tropical forest to coffee production. *PNAS*（*Proceedings of the National Academy of Science*），101（34），12579 - 12582；Bauer，D. M.，& Wing，I. S.（October 2010）. Economic consequences of pollinator declines：A synthesis. *Agricultural and Resource Economics Review*，39（3），368 - 383. Gorman，S.（January 11，2017）. U. S. lists a bumble bee species as endangered for the first time. *Scientific American*.

□ 支持服务估值：森林和沿海生态系统

我们已经将估值方法广泛应用于森林生态系统服务、沿海和海洋生态系统服务以及生物多样性评估中。在总结沿海和海洋生态系统（coastal marine ecosystem service，CME）服务估值的文献时，Barbier（2012）指出，全球范围内已经评估了渔场、防护暴风雨袭击的红树林、丰富生物多样性的珊瑚礁、湿地过滤服务以及海草的损失价值。服务效益的价值量化可以为制定决策和设定优先序提供实证基础。

TEEB（2009）用其他几个例子显示效益来源的丰富多样。一个例子是推算保护马达加斯加某个具有丰富生物多样性的森林所产生的生态系统效益。资源效益来自药业（估计净现值为157万美元）、水土保持（估计净现值为38万美元）、固碳（估计净现值为1.05亿美元）、休憩和森林产品（估计价值为940万美元）。

这项研究还展现了效益如何从发展中国家流向一座遥远的城市（案例中指伦敦），指出了生态系统服务复杂的规模尺度。这些跨界效益包括药品、鱼类、咖啡、防洪和存在价值。对同时影响几种尺度（本地、区域、全球）的服务进行估值颇具挑战性，但不纳入各个尺度可能会严重低估服务的价值。

□ 生态系统估值的挑战和创新

价值的推算方法必须一致，估值的结果才有意义。一致性十分重要，不仅可以直接比较不同的估值研究，而且使效益转移法成为可能。（回顾第4章，效益转移法是使用某一研究地点的估值结果，为另一个政策地点的服务估值提供基础。）

实现这种一致性需要精确地界定服务，以及在服务如何创造价值方面达成一致，也需要在估值过程中避免重复计算。

对于非市场产品和服务来说，这些问题尤其具有挑战性。市场产品拥有基于实际购买情况定义明确的单位价值，而非市场产品和服务则可能具有一系列不同的属性，每一种属性都可能产生价值。如果不同的分析人员选择不同的属性进行估值，估值结果将不一致，而且这种不一致将使人们不能采用与政策相关的效益转移法（Johnston et al.，2005）。

MA（2005）的生态系统服务分类得到了广泛使用。但是，糟糕的是，这些分类容易出现重复计算。例如，将"水净化"和"新鲜水供应"列为两项不同的服务（Balmford et al.，2011；Boyd and Banzhaf，2007）。如果一项生态系统服务同时提供中间产品和最终产品，也容易发生重复计算。一个常见错误是分别计算两种服务的价值后简单加总，这会夸大估值结果。此外，不能简单地忽略中间服务，因为它们是最终价值的来源之一（Johnston and Russell，2011）。

考虑到这些困难，怎样将非市场估值方法用于实践？由于生态系统服务评价是相对较新的领域，人们还在探索清晰可靠的评价方法。例如，Boyd和Krupnick（2009）在对陈述偏好法相关文献的研究中指出，定义缺乏一致性仍然是比较常见的现象。Johnston和Russell（2011）也对最终生态系统产品和服务的定义不清晰表示痛心。

使用陈述偏好法的研究者已经开始解决非一致性问题——如何区分中间产品和最终

产品。对于使用陈述偏好法的经济学家来说，具体的挑战是在调查设计中识别出那些既符合生态科学，而且受调查者也能够感受和理解的产品。这可不是一项容易的任务。

估值的关键是区分输入和生态终端。人们重视湿地本身（输入）还是重视防洪（终端）？一个常见的评估方法是将生态信息简化或“映射”为受调查者有体验的结果。一个早期的例子是“未来资源研究所”提出的“水质阶梯”，用于一项国家级的条件价值评估研究（Carson and Mitchell，1993）。“阶梯”将水质措施的目标解释为三类：“可行船”、“可钓鱼”和“可游泳”。这种做法可以帮助受调查者理解评价的具体服务，但产生了另一个问题，由于这些术语缺乏精确的生态学定义，因此难以清晰地解释由此产生的支付意愿（Boyd and Krupnick，2009）。

当受调查者对评价的服务几乎没有任何经验或知识时，陈述偏好法面临的挑战更大。研究者试图通过简化情景来克服这个问题，但很多时候简化情景以牺牲生态学精度为代价。Johnston 等（2012）列举了一些使用“低”“中”“高”等术语来表征生物多样性水平的例子，但是这些术语与生物多样性的精确水平缺少特定的联系。不仅假设的含义可能在不同的受调查者之间存在差异，而且这些结果到底意味着什么样的生物多样性水平仍不清楚。

对于揭示偏好法，妥善处理中间产品和最终产品的难度较小，因为这类方法通常只针对最终产品，很少用来测算中间的生态投入（Johnston，2014）。但是，揭示偏好法只适用于生态系统服务的一个子集，即实际发生了服务购买的部分。此外，在使用揭示偏好法的情况下，即使已经证明最终产品有价值，有时也很难知道该价值的具体潜在来源。例如，如果舒适性价值研究发现靠近海滩提升了土地价值，那么海滩的哪些属性是该价值的来源？这种属性指的是海滩的宽度，沙滩的质量，还是两者兼有？

应对上述困境的一个新方法是结合陈述偏好法和揭示偏好法的数据。（注意案例 13.1 中的研究同时使用了两种方法。）通过结合这两种方法，可以利用对受调查者更具体的陈述偏好调查来更深入地探讨揭示偏好价值的来源。这样做的缺点显而易见，进行两项研究比只做一项研究成本更高。

Moore 等（2011）提供了一个有用的例子来说明基于属性的研究如何更清楚地说明“评价的对象”。他们的研究目标是评估森林保护项目的边际价值。在研究中，他们采用陈述偏好调查，要求受调查者考虑两种不同类型的保护选址——一种具有清晰的使用价值，如娱乐和容易获取；另一种则具有很高的生态价值，如更丰富的生物多样性或为濒危物种提供栖息地。识别和评估这些特定属性，而非仅推算出选址地点的总体价值，可以测算每种类型服务的边际价值。需要注意的是，评估特定生态服务单独的边际价值也有助于更精确地使用效益转移法。

对每种生态系统服务进行新视角的特定研究带来的成本较高，一种解决方法是使用元分析，元分析技术（参见第 4 章的内容）可以从大量以前完成的研究中获得启示。这种方法的优点是不仅可以基于大量研究得出服务价值，而且能够识别影响估值结果的研究特性。Brander 等（2006）对约 190 项湿地估值研究进行了元分析。他们发现，影响价值最显著的决定因素包括社会经济变量，如收入和周边社区的人口密度。有趣的是，他们发现某些特定的属性，如水质，具有很高的价值，但是湿地的大小和它的价值负相关。

尽管面临挑战，非市场估值的作用已经非常明显。许多研究强调保护一种或多种生态服务的好处，从而使政策更加完善。

保护自然服务的制度安排和机制

经济分析对维持和保护重要生态系统服务做出的一种贡献是价值评估，另一种贡献是用经济学来帮助设计制度和政策，提供经济激励。

□ 为环境服务付费

在这一方面，经济分析的一个主要作用是识别出各种创建制度安排的方式，补偿生态服务供给者提供的非市场化服务。这不仅为进一步维持和提高这些服务创造了更好的激励，而且提供了可以促进这一目标的收入来源。尽管我们之前已经列举了一些制度安排的例子[①]，一些其他的事例也有助于我们切实理解可供选择的制度安排和政策的范畴。

哥斯达黎加的环境服务付费（Pago por Servicios Ambientales，PSA）项目。最早在实践中应用经济分析的案例之一发生在哥斯达黎加。依据现有的森林相关法律，PSA 项目包含了森林生态系统提供的四种特定环境服务：（1）温室气体减排；（2）供人类消费、灌溉和能源生产的水服务；（3）生物多样性保护；（4）可供休憩和生态旅游的风景区。鉴于本章的内容，水服务部分是最有趣的，我们将聚焦水服务。

PSA 项目开始于一系列的自愿协议，这些协议包括水资源使用者向私人土地所有者付费，作为对后者保护特定森林区域的回报，这些森林区域可以为流域提供补给或净化服务。瓶装水生产商、城市供水系统、灌溉水用户和酒店都选择加入这些协议。在早期的协议中，水资源使用者只需支付四分之一的保护成本（因为水服务只是法律列举的森林提供的四种服务中的一种），但是在最近的协议中，水资源使用者不仅要支付所有的保护成本，还要承担管理费用。这些协议通常为期五年。

随着项目发展成熟，水资源使用者的支付费用中加入了一项水税，有效地将项目从自愿性转变为强制性。有趣的是，自愿协议仍然存在，不仅是因为缴付的税金中扣减了协议的支付款项，而且自愿协议使协议签订者能够更多地控制费用的用途。

Pagiola（2008）指出，PSA 项目很受土地所有者欢迎（希望参加的请求远远超过了可得的资金），而且与非参与者相比，参与者名下受到保护的森林占比更高。他也指出，PSA 项目存在一些特定的无效率。特别是，由于 PSA 项目中的付费水平相对较低且无差别，绝大多数资金缺乏瞄准机制，因此更易吸引参与机会成本较低或为负的参与者。其结果是，由于资金不足，未能纳入一些受社会欢迎的土地利用实践。

PSA 项目为我们提供了一个好机会来讨论这类项目的一个重要问题——经济可持续性。在最初的热情退潮后，这些项目只有创造出能够实现经济自我维持的手段，才能取得长期的成功。至少需要以下两个条件之一：（1）项目创造的激励足够大，使私人效益

---

① 参见案例 2.2（泰国虾类养殖的外部性）和案例 3.1（降低污染是经济理性的吗？来自《清洁空气法》的证据）。

高于收款人和参与者的成本之和；(2) 法律保证了充足的所需资金。

事实上，国际组织的期限拨款提供了生态服务获得的一些支付（包括 PSA 项目中的一些费用）。毫无疑问，这些赠款有助于项目建立和取得一些初步成绩，但是很多时候，并不清楚用完赠款后的情况。在 PSA 水服务项目中，相关税收和私人土地所有者明显的参与兴趣表明，该项目的经济可持续性前景看起来不错。

其他流域支付项目。流域服务投资是一个宽泛的类别，包括流域生态补偿、水质交易市场（见第 18 章）、河道生态需水回购和水基金。Bennett 等（2013）研究了流域生态系统付费的情况，发现截至 2011 年，29 个国家有 205 个正在开展的项目，其中 67 个项目在美国，61 个在中国。2011 年的交易金额为 81.7 亿美元，但并非所有付费都使用现金。支付形式也包括实物补偿、培训项目或农业投入品。

在跟踪的项目中，有 66 个项目叠加或“捆绑”了其他效益，其中大多数包括了生物多样性的协同效益，其他还包括碳补偿或美学方面的“捆绑式”效益。对濒危物种的关注也已经成为许多项目的首要动力。

让使用者为之前免费得到的服务付费，为保护这些生态服务提供激励和收入，从而产生有效的结果。但是，假设供应者威胁说，除非付费水平达到预期要求，否则将切断服务的供给。这是敲诈还是仅是一桩不错的生意（见讨论 13.1)？

讨论 13.1　为生态系统服务付费还是敲诈：亚苏尼国家公园

亚苏尼国家公园是地球上生物多样性最丰富的地方之一，1989 年，联合国教科文组织将其认定为生物圈保护区。它也是约 8.46 亿桶原油的贮藏地，占厄瓜多尔原油储备的 20%。作为一个发展中国家，厄瓜多尔曾经面临一个典型的困境——应该保护公园还是开采石油？

为了避免石油开采给亚马逊生物和文化多样性最丰富的地区之一造成环境破坏，厄瓜多尔政府提出如果世界各国向其捐赠因保护环境而放弃收入的 50%（在 13 年间约为 36 亿美元)，就永久放弃位于亚苏尼的 ITT（Ishpingo-Tambococha-Tiputini）油田的石油生产。

支持者认为，将这些款项用于避免二氧化碳排放，可以换来全球气候变化效益。他们计算的结果是，不开采和使用这些原油将减少 4.07 亿吨二氧化碳排放，避免毁林还能减少 8 亿吨二氧化碳排放。

批评者则认为，这是敲诈——“给我们钱，否则我们将毁灭地球”。

不管这是不是一个好主意，这个提议失败了。2013 年 8 月，厄瓜多尔总统宣布，由于只筹集到了目标金额的一小部分，已经终止此项倡议。

资料来源：Ecuador Yasuni ITT Trust Fund. Retrieved from http://mptf.undp.org/yasuni; Ecuador approves Yasuni park oil drilling in Amazon rainforest. Retrieved from www.bbc.co.uk/news/world-latin-america-23722204.

水资源服务不是生态系统服务付费体系中涉及的唯一服务，有时候付费也可以是实物而非现金（见案例 13.3)。

❖案例 13.3 玻利维亚涉及蜂箱和铁丝网的水交易

玻利维亚的 Amboro 国家公园是一个生物多样性非常丰富的生态系统。公园和周边地区正承受着非法土地入侵造成的巨大压力。周围高地迁来的移民得到当地政治领导人的鼓励，采伐公园内的木材，清理土地用于农业生产。当地社区缺乏明晰的产权，没有其他选择方案。由于木材采伐量不断增加和农业生产规模的扩大，Los Neros 河流比过去断流更早，危及当地依赖河流灌溉的社区。

Asquith（2006）为这个产权问题介绍了一个独特的解决方案，就是为环境服务付费。一个名为"自然玻利维亚"（Natura Bolivia）的环境保护组织帮助当地居民达成协议，下游水资源使用者要为保护流域内的原生植被付费。然而，付费形式不是资金补偿，而是对每 10 公顷受保护的云雾森林提供一个蜂箱和蜂蜜生产培训。2003 年，农民得到了 60 个蜂箱作为保护 600 公顷云雾森林的补偿。2004 年，市政府又为农民提供了 11 个蜂箱。截至 2006 年，2 100 公顷的云雾森林得到了保护。

Los Negros 计划正在缓慢建立一个环境服务市场，帮助界定该地区的产权。2006 年更新合同的时候，一些农民要求用铁丝网代替蜂箱，帮助他们加强土地的确权。目前为止已经证明，将市场机制（为环境服务付费）与发展地方实施机制、加强地方产权相结合，是一个成功的方法。

资料来源：Asquith，N.（December 2006）. Bees and barbed wire for water on the Bolivian frontier. *PERC*，24（4）. Available at www. perc. org/articles/bees-and-barbed-wire-water.

可交易权体系

另一种方法认为，如果能够分离出土地所有权中的各种权利来对应各种生态服务，我们不仅可以为服务供应更多的土地，还能够供应更适合提供生态服务的土地。一些土地因机会成本低，可能尤其适合提供环境服务，但其他一些土地机会成本可能非常高（因而不适合提供服务）。如果要求所有的土地都满足相同的环境服务要求，项目的成本将激升。但是，湿地银行和碳封存信用等许多项目设计的前提要求是土地所有者必须提供服务，但不限定在特定地块上提供。

□ 湿地银行

几届美国政府，无论是共和党还是民主党，都承诺湿地面积不出现净损失。[①] 尽管两党都承诺保护湿地，但随着人们对沿海和沿岸物业需求的增加，开发湿地带来的经济效益（和移除发展障碍的政治压力）也显著增加。

在这种压力下，试图保护湿地的一种政策工具就是为人所知的湿地减缓银行，它是指当原地点不可避免受到负面影响时，在就地补偿不可行，或者利用湿地减缓银行比就地

① Salzman 和 Ruhl（2006）的研究为本节提供了帮助。

补偿更加环保时，这种政策可以提供激励，建立异地等效湿地服务。美国环保署认为："湿地减缓银行的目标是替代许可造成的湿地和其他水生资源丧失的化学、物理和生物功能。"

湿地减缓银行覆盖了湿地、河流或其他水生资源区域，这些区域已经恢复、建立、改善或（在某些情况下）得到特别保护，目的是为水生资源不可避免遭受的影响提供补偿。减缓银行采取第三方补偿性减缓的形式，补偿性减缓的实施和成功运行由第三方负责，而不是法律要求承担减缓责任的对湿地造成负面影响的人。

当政府机构、企业、非营利组织或其他实体根据与（湿地）管理机构签订的正式协议承担减缓活动时，可以成立减缓银行。以"补偿性减缓信用"体现减缓活动的价值。原则上，采用生态评估技术，认证申请信用的区域提供的特定生态功能，确定可供出售的信用数量。

最近的一篇文献综述（Saltzman and Ruhl，2006）回顾了湿地减缓银行的运行情况：

> 尽管政策强制规定栖息地交易必须保证同等的价值和功能，然而经验显示，大多数项目的管理未能严格遵守此要求。在实践中，到目前为止，湿地项目中大多数批准的栖息地交易都是以英亩为单位，在许多情况下，既没有保证价值相等，也没有保证功能等效。

上述经验具有指导意义。仅仅确保补偿的面积与实际面积相等缺乏真正的同等性，除非这些面积提供相同的生态功能。

□ 碳封存信用

在某种程度上，土地所有者没有得到土地所有权带来的全部效益，他们可能低估或完全忽略其他人得到的效益。碳封存信用试图纠正此类失衡情况，它是一个有效的补救措施吗？

第 17 章将会讨论到，二氧化碳是一种温室气体，大气中二氧化碳浓度过高会导致气候变化。树木通过光合作用吸收（隔离）二氧化碳，继而将其从空气中去除，并降低对气候的威胁。

碳封存信用允许森林所有者因消除大气中额外的二氧化碳而获得信用，将碳吸收的正外部性内部化。他们可以通过投资额外的碳封存获得信用（比如植树）。这种信用（或补偿）可以出售，购买者可以使用购买到的减排量履行自身的法律义务，实现特定的碳排放目标。一些证据表明，与许多其他措施相比，这种方法减少碳排放比的成本更低。联合国运作的减少毁林和森林退化造成的排放（Reducing Emission from Deforestation and Forest Degradation，REDD）项目就运用此方法（详见案例 13.4）。

∵案例 13.4　减少毁林和森林退化造成的排放（REDD）：一箭双雕？

根据联合国的数据，农业扩张、向牧场转换、发展基础设施、破坏性采伐、火灾等引起毁林和森林退化，由此带来的温室气体排放量几乎占全球总排放量的 20%，超过了整个全球运输部门，仅次于能源部门。对此，联合国已经成立了一个项目，通过减少发展中国家的森林退化来减少排放。REDD 旨在为森林中储存的碳创造经济价值，激励发展中国家减少毁林排放并投资可持续发展的低碳路径。根据这项计划，国家将获得减排信用额度，通常根据商定基线测量出毁林导致的二氧化碳排放量，由此确定信用额度。这些信用可以在国际碳市场（此市场的信用可与国内减排量结合，以完成指定的国家目标）或自愿性碳市场（可利用此市场的信用实现其他组织的目标，比如实现碳平衡）上出售。森林趋势生态系统市场的数据显示，截至 2016 年，森林碳项目保护了 2 800 万公顷的森林。

该项目承诺为在两个目标方向上同时取得进展提供机会：（1）减少森林退化；（2）减少导致气候变化的排放。非常重要的挑战包括建立公平、有效的基线，确保监测和审查程序足够严格，以提供可靠而准确的实际减排措施。否则，信用授权的排放量可能会超过信用所依据的实际减排量。

资料来源：Government of Norway.（2009）. Reducing emissions from deforestation and forest degradation（REDD）：An options assessment report. An electronic copy of this report is available at the United Nations REDD Website：www. un-redd. org/；Forest Trends Ecosystem Marketplace.（2016）. View from the understory：State of forest carbon finance 2016. Available at www. forest-trends. org/documents/files/doc_5388. pdf（accessed February 10，2017）.

□ 通过可交易权解决开放获取资源中的冲突

在第 12 章中，我们介绍了渔业管理中的个人可转让配额（ITQ）。当海洋资源和服务受到自由获取问题困扰时，ITQ 是减少过度捕捞的一种选择。

Arnason（2012）认为，一个设计合理的 ITQ 系统也可以提供另一种完全不同的效益，有助于解决休憩和商业渔业之间的海洋资源冲突，以及渔业和其他海洋资源利用之间的资源冲突。权利可转让创造了经济手段和经济激励，使权利能够随着环境的改变转移到价值最高的用途上，精心的设计和充分的执行是成功解决冲突的关键。

ITQ 已经有助于解决冲突了吗？还没有，但是一些 ITQ 持有者已经开始与其他海洋资源利用者合作。在新西兰，扇贝渔业已经成立了一个协会，协调与其他开放水域的渔业和水产养殖业活动（Arnason，2012）。

一个棘手的国际冲突领域是鲸鱼数量的管理。可交易权可能有助于解决这一冲突吗（见讨论 13.2）？

讨论 13.2 鲸鱼的可交易配额？

国际捕鲸委员会早在 1986 年就已禁止捕鲸，但每年仍有约 2 000 头鲸鱼遭到捕捞——其中约 1 000 头是日本以“科学目的”的名义捕捞的，冰岛和挪威不承认这一禁令，每年捕捞约 600 头，还有 350 头用于维持生计（Costello et al.，2012）。2010 年，一些国家提议允许有限的捕鲸，希望此举可以减少实际捕获的鲸鱼数量。由于捕鲸国和非捕鲸国之间存在分歧，这一提议并没有落实。

Costello 等（2012）认为，可以使用可交易配额缓解捕鲸中存在的这一矛盾，从而“创建一个对捕鲸者和鲸鱼都有经济、生态与社会价值的市场”（p. 139）。在这一方案下，捕鲸者与环保主义者可以竞标获得配额，捕鲸者可以通过捕鲸或将配额卖给环保主义者获得利润。他们提议将可持续数量的“捕鲸份额”分配给国际捕鲸委员会的所有成员。（注意，这意味着不捕鲸鱼的国家也会得到一份捕鲸份额，捕鲸国家只有向不捕鲸国家购买才能获得这些份额。）这些份额将在全球市场进行交易，可以永久行使或者闲置。捕鲸的规模将取决于谁购买了这些份额，捕鲸规模可以介于零（环保主义者购买了所有份额）到可持续总配额之间。由于交易是自愿的，原则上这一市场机制有可能使各方均受益（包括鲸鱼）！

反对者们注意到此方案仍然面临多重挑战，包括确定可持续配额、如何在各方之间分配初始配额上达成一致，以及建立足够透明和执行有力的交易体系。此外，那些基于原则问题，反对给鲸鱼标价的人当然反对此方案。但是，科斯特洛（Costello）等指出，缺乏真实的价格可能正是阻碍反捕鲸行动的原因。

这一方案的成本与效益如何？绿色和平这样的环保组织已经花费了数百万美元开展反捕鲸运动。作者们估计美国绿色和平组织、国际绿色和平组织、海洋守护保育协会和世界自然基金会每年在反捕鲸行动上的花费约为 2 500 万美元。从一头小须鲸获得的利润约为 1.3 万美元，而一头长须鲸的利润则为 8.5 万美元（按照 2012 年市场价格与成本计算）。科斯特洛等估计可以用不到 400 万美元的价格购买海洋守护保育协会 2008 年拯救的 350 头鲸鱼。

这些组织可以采取简单的方式直接购买这些鲸鱼，而不是投入资金反对捕鲸，从而防止任何人捕捞它们。作者们认为这是一个双赢的方法！你认为作者们是对的吗？

资料来源：Costello，C.，Gaines，S.，& Gerber，L.R.（January 12，2012）. Conservation science：A market approach to saving the whales. *Nature*，481，139－140.

生态旅游

生态旅游是另外一个杰出的例子，它试图创造一个基于环境服务的收入来源，为保护这些服务提供资金。

根据国际生态旅游协会与国际自然保护联盟等组织的界定，生态旅游的定义为：

> 为了享受与欣赏自然（以及附带的过去与现在的文化特征），推进环境保护，前往自然地区进行对环境负责的旅游，游客造成的影响少，当地人能够有效地、积极地参与当地的社会经济发展。

生态旅游背后的原理是提供来自那片土地的收入来源，矫正反对土地保护的一些偏见。用第 10 章的话来说，它改变了私人保护竞租函数，使其更接近社会保护竞租函数。

并不是所有的生态旅游都符合这一定义。在缺乏适当监督和控制的情况下，在敏感的自然区域，游客人数的增加可能威胁生态系统与当地文化的完整性（见讨论 13.3）。另外，气候波动、汇率波动、政治与社会动荡可能导致旅游收入来源不稳定，由此可能使过度依赖旅游业具有风险。

对野生动物的另一主要威胁来自偷猎。偷猎指违法获取猎物或家畜。一般我们认为严格执法是解决偷猎问题的方法，但是在一些情况下，确保严格执法说易行难。狩猎会有帮助吗？

讨论 13.3 生态旅游提供了通往可持续的一条路径吗？

生态旅游推进保护的一种方法是为有效的保护项目提供必要资金。以玻利维亚的爱德阿都·阿瓦罗（Eduardo Avaroa）保护区为例，这里有多样化的景观，包括火山和雄伟山脉包围下的温泉与间歇泉，它的淡水湖与咸水湖为粉红色的火烈鸟群与其他鸟类提供栖息地。与此同时，附近还有23种哺乳动物与近200种植物在这类似沙漠的环境中繁荣生长。每年有超过40万名游客前来参观，它是玻利维亚游客最多的公园。

一个保护规划倡议认为旅游是保护区面临的主要威胁，于是大自然保护协会联合玻利维亚国家公园系统，开发了游客收费系统。根据报告，这一方案产生了超过50万美元的新资金，使保护区能够为减轻旅游带来的威胁提供资金支持。现在，游客付费方法已经向全玻利维亚公园系统推广。据估计，国家保护区系统每年可以创造300多万美元的新收入推进保护。

英国学者罗莎琳·达菲（Rosaleen Duffy）对生态旅游有不同的看法。达菲讲述了在英国前殖民地伯利兹（中美洲一个颇受欢迎的旅游目的地），水肺潜水和浮潜的游客们是如何破坏脆弱的珊瑚和其他海洋动物的。

“他们寻求珊瑚、雨林与遗迹，”达菲写道，“他们没有考虑到酒店建设、航线使用、潜水设备制造、进口商品消费的环境影响，甚至也不考虑像驾驶摩托艇前往珊瑚礁会污染水质这样显而易见的事情。”正如《时代周刊》（*Time*）对她著作的评论那样：“对于达菲而言，似乎只有待在家里的人才是唯一的好游客。”

资料来源：Duffy，D.（2002）. *A Trip too Far—Ecotourism，Politics and Exploitation*. Washington，D.C.：Island Press；Mary Ann Bird，M.A.（2002）. Ecotourism or egotourism. *TIME* online. Retrieved May 24，2007，from http：//content. time. com/time/magazine/article/0,9171,338585,00. html；The Nature Conservancy，Ecotourism and Conservation Finance. Retrieved May 24，2007，from www. nature. org/aboutus/travel/ecotourism/about/art14824. html.

例如，考虑非洲野生动物的案例，如何利用偷猎经济学来加强执法。从经济学的角度来看，提高非法活动的相对成本可以减少偷猎。原则上，可以通过提高对偷猎者的制裁标准来增加相对成本，但只有监督既能发现偷猎行为还能制裁偷猎者时，这个方法才有效。在许多地方，这是一项艰巨的任务，因为要监控的栖息地面积很大，而执法的资金预算有限。但是，案例13.5讲述了如何运用经济激励促进当地居民监督偷猎行为，并为执法行动带来更多收入。

实践已经证明其他类型的激励也是成功的。例如，肯尼亚的一个补偿方案使马赛部落的人从狮子的狩猎者转变为保护者。Mbirikani牧场的马赛人可以从食肉动物捕杀的家畜获得补偿。损失一头驴子能获得80美元，损失一头奶牛能获得200美元。自2003年该项目开始起，Mbirikani食肉动物基金会每年要补偿牧民750头家畜的损失。作为附带的集体性条款，如果任何一个牧民杀死了一头狮子，所有人都无法得到补偿。[①]

---

① Conservation International June 21，2007. www. conservation. org/NewsRoom/pressreleases/Pages/062107-Saving-Africa%E2%80%99s-Free-Roaming-Lions. aspx.

重新安排经济激励使地方组织能从保护行为中获得经济利益，可以为保护一些生物种群提供强有力的手段。开放获取破坏了这些激励措施。

❖案例 13.5　生态系统服务付费：津巴布韦的野生动物保护

20 世纪 80 年代末，津巴布韦启动了一个创新性计划，在全非洲所有野生动物保护计划中极为成功。该计划将野生动物从受国家保护的国有宝藏转变为由公共土地上的小农户和商业化农民共同控制与利用的活跃资源。这一转变对经济与野生动物都有利。

这一倡议叫作“本土资源的公共地区管理计划”。它最初由几所不同的机构与津巴布韦政府联合资助，这些机构包括津巴布韦大学的应用研究中心、津巴布韦信托和世界自然基金会。美国联邦政府目前主要通过美国国际开发署（United States Agency for International Development，USAID）为该计划提供资源。在该计划之下，村民集体在可持续水平上利用当地野生动物资源。外国人的战利品狩猎可能是该计划最重要的收入来源，因为狩猎者需要的设施很少，而且愿意支付大量费用来捕杀数量有限的大型动物。政府设定了狩猎许可证的价格以及每个地区每年可以捕猎的数量配额。各个社区出售许可证，并与在社区土地上从事摄影和狩猎探险的经营者签订合同。

村民获得相关的经济效益并决定如何使用这些收入，或以现金分红的形式将这些钱支付给家庭，可能相当于家庭平均收入的 20%或者更多。也可以将这些钱用于社区的资本投资，如建设学校或诊所。至少在一个地区，由于野生动物而遭受财产损失的人们可以从狩猎收入中得到补偿。农户也可以得到非货币效益，如问题动物与遭受捕杀牲畜提供的肉食。在可持续的水平下，当地社区拥有的资源能够不断满足村民们的需求，当地社区已经能够自力更生。这一自愿性计划自启动以来一直稳步扩大，现在已经覆盖了 28 个野生动物保护区，其中 15 个是狩猎区。

这个计划一直在发挥作用。2010 年，40 头大象遭到偷猎。2015 年，这一数字降至 5 头。此外，据估计，参加此计划的家庭收入增加了 15%～25%。1989 年至 2006 年，该计划向社区发放的红利为 2 080 万美元。

2014 年，美国暂停从坦桑尼亚和津巴布韦进口象牙，以减少偷猎大象的活动。在可以捕猎所有动物的项目划定区域，每年的狩猎者中一般约有 76%的美国客户。在该禁令下，美国公民在项目划定区域预定的 189 场大象狩猎活动中，最终取消了 108 场（57%）。由此导致该项目的收入显著下降。营业收入从 2013 年的 230 万美元降至 2014 年的 210 万美元，2015 年降至 160 万美元。

收入下降减少了保护野生动物的资金，也减少了社区成员保护大象的激励。虽然美国的禁令本意是好的，但如果偷猎行为再次出现，可能会适得其反。

资料来源：Frost，P. G.，& Bond，I.（2008）. The CAMPFIRE programme in Zimbabwe：Payments for wildlife services. *Ecological Economics*，65（4），776－787；http://campfirezimbabwe.org/index.php/news-spotlight；Jonga，C. and Pangeti，G.（2015）. https://firstforwildlife.wordpress.com/2015/08/18/the-campfire-program-in-zimbabwe/；Barbier，E.（1992）. Community based development in Africa. In T. Swanson & E. Barbier（Eds.），*Economics for the Wilds：Wildlife，Diversity，and Development*. Washington，D. C.：Island Press，107－118；Bojö，J.（February 1996）. The economics of wildlife：Case studies from Ghana，Kenya，Namibia and Zimbabwe. *AFTES Working Paper No. 19*. The World Bank；and the website http://www.Colby.edu/personal/thtieten/end-zim.html.

濒危动物保护的特殊问题

假设人们发现某一特定物种正濒临灭绝，并将其列入美国《濒危物种法案》(Endandered Species Act，ESA）的清单。经济学如何建立各种激励项目来提高这些物种存活的可能性?

生物保护学家们已经发现减少对濒危物种威胁的一个关键是避免将其栖息地分割为更小的区域。经济学家们为此已经开发出一些计划，试图减少栖息地的破碎化。

□ 保护银行

保护银行就是这样一个计划，在濒危和受胁物种的保护中加入定制的可转让信用计划。一个保护银行项目就是一片具有自然资源价值的土地，由负责实施地役权条款的实体通过保护地役权（见第 10 章）进行永久保护与管理。针对名单中的一些特殊物种（《濒危物种法案》清单）建立适宜它们的保护银行，并通过为它们提供更大、更完整的栖息地，来抵消对非保护银行土地上这些物种的影响。

人们创造了可销售的定量信用，使保护银行提供的栖息地服务可以交易。每一个信用对应一定数量的栖息地服务供给，以满足《濒危物种法案》的要求。因此，保护银行项目的支持方可以通过从保护银行一次性购买信用来完成《濒危物种法案》要求其承担的义务（见案例 13.6)。

∵案例 13.6　　保护银行：地鼠龟保护银行

美国亚拉巴马州莫比尔县经济快速发展。由于栖息地丧失，地鼠龟正在面临生存的问题。联邦将地鼠龟列入《濒危物种法案》(ESA）的受威胁物种名单。因此，小土地的所有者被迫在使用其土地时遵守一些相当严格的限制。这些限制给土地所有者造成了相当繁重的负担，而且已经证明由此导致的破碎化、片状的栖息地不利于保护地鼠龟，因此这些限制在社区中造成了相当大的冲突。

2001 年，莫比尔区域水与污水系统（Mobile Area Water and Sewer System，MAWSS）建立的一家保护银行缓解了冲突，在允许其他地方继续发展的同时，恢复与永久保护一块更大更适合、地鼠龟也更喜欢的长叶松林栖息地。

MAWSS 拥有 7 000 英亩的森林，能够缓冲与保护莫比尔县的水资源供给。根据保护银行的条款，MAWSS 已经同意划出 222 英亩土地，放弃这些土地上的所有开发，为保护地鼠龟永久管理这片土地。那些想要在莫比尔县其他地方建立地鼠龟栖息地的土地所有者可以从银行购买“信用”，以免除根据《濒危物种法案》他们本应承担的留出一小块土地的责任。因为大片连续的、适宜地鼠龟的土地比小块不连续的、破碎的土地对地鼠龟要好得多，地鼠龟可以从中受益；与此同时，土地所有者也可以为地鼠龟栖息地提供资金（通过购买信用）来开发土地。

资料来源：Environmental Defense's Center for Conservation Incentives (February 24，2003). Gopher tortoise conservation bank: Mobile area landowners and wildlife get help. Retrieved from www. environmentaldefense. org/?from=splash_continue&_ga=1. 202011924. 401743717. 1469651799.

□ 积聚奖金

Smith 和 Shogren（2002）提出了减少破碎化的另一种方法，即积聚奖金。积聚奖金是一种自愿性的激励机制，旨在将分散在私人土地上的破碎栖息地重新整合起来（此方法可以使来自土地所有者的阻力最小化），保护濒危物种与生物多样性。

现在，许多州都有激励土地所有者保护土地的各种计划，但是怎样才能进一步激励土地所有者优先保护与其他土地相连的土地？在这一奖金支付方案下，每个土地所有者能够从与其他闲置土地共边的每一英亩闲置土地上获得额外的支付（奖金）。如果两个土地所有者同时闲置共同边界上相邻的两块土地，那么双方都可以因邻居闲置的土地得到奖金。有了这一奖金，土地所有者就有明确的激励优先闲置与其邻居的闲置土地相邻的土地。注意，积聚奖金支付的是相连的土地而非特定的一片土地，土地所有者可以自由选择与其他闲置土地共边的任何土地。

这一机制为土地所有者提供了激励，使他们优先闲置那些会在共同边界上形成连续保护区的土地。政府机构的作用是瞄准关键栖息地，并将积聚奖金纳入各种补偿方案中，土地所有者自主决定是否参与。

Parkhurst 等（2002）使用实验经济学研究了这一机制的特性，他们发现没有奖金总是造成栖息地破碎化，而有了奖金后，参与者联合建立了最优的栖息地保护区。

□ 安全港协定

安全港协定是在私有土地上保存濒危和受威胁物种的一种新手段。[①] 这些协定从不同的角度解决土地所有者的激励问题，主要是克服《濒危物种法案》可能造成的一些相当严重的意想不到的后果。

《濒危物种法案》实际上禁止许多土地所有者采取可能有利于濒危物种的行动，因为这些表面上有利的活动可能造成一些意想不到的后果。根据《濒危物种法案》采取的措施，一片土地上的濒危物种可能导致新的法律约束，限制那些被认为将危及此物种的行为。因此，如果土地所有者只是简单地恢复了土地上的野生动物栖息地，并且这些栖息地吸引了濒危动物，他们可能发现在使用自己土地时将面临许多新的限制。结果，一些土地所有者不仅不愿意承担这样的风险，实际上还会积极防止濒危物种占用他们的土地。

安全港协定克服了这些背理动机。该协定保证，土地所有者如果同意开展预计对濒危物种有利的活动，将不会强加给他额外的《濒危物种法案》限制。如果土地所有者同意为某物种恢复、改善或创造栖息地，那么他的《濒危物种法案》责任将会冻结在现有水平上。但是，安全港协定不赋予伤害任何濒危物种（这些濒危物种在协定生效时就已经存在）的权利（根据土地所有者的“基准”责任确定）。安全港协定不影响这些责任。

---

① 此部分从文章“Environmental Defense’s Center for Conservation Incentives”中得到帮助，如果想了解关于安全港协定的更多信息，请浏览网页：www. environmentaldefense. org/article. cfm?ContentID=399。

□ 防止外来入侵物种

入侵物种是指有意或无意的活动引入的外来动植物。它们传播趋势迅速，对生态系统和人类健康造成损害。关于入侵物种的经济学文献相对较新，但人们一致认为，防止入侵的成本远低于缓解入侵损害的成本。因此，一旦一个物种占据了新的地点，防止入侵是更好的控制策略选择（参见例如，Finnoff et al.，2007；Kaiser and Burnett，2010）。通常在经济学中将其称为预警原则。

此外，人们已经引入许多物种，或者人们担心它们已经到达一个特定地点。案例13.7着眼于发现和监测入侵物种方面，公民科学项目的作用。

∴案例 13.7　监测经济学的发展及其在入侵物种管理中的作用

有句老话说，你无法管理你没有测量的东西。然而，测量的成本通常不低，这让那些预算有限但想做出可靠决策的管理者陷入两难境地。

渔业领域也是如此。在许多情况下，管理人员甚至不知道其所在地区的海洋和淡水环境中生存的所有物种。

新技术可能会改变这一点。科学家已经开发出包括环境 DNA 或 eDNA 在内的简单技术，可以从河道中提取经过过滤的水进行测试。在任何地方，可以花费 50～150 美元不等完成这些测试，这些测试足以检测出过去一两天出现在那片水域的任何物种。一个细胞就足够完成这些检测。这些检测的成本足够低，结果也足够可靠，因此美国林务局启动了一个项目来收集美国西部所有河流内的生物 DNA，最终创建一个水生环境 DNA 图谱。

这种方法的另一个常见用途是检测入侵物种。康奈尔大学（Cornell University）的研究人员面临一项艰巨的任务：监控纽约州 7 600 个湖泊和 7 万英里长的河流中的入侵物种。他们面临的挑战是如何以合理的成本获取样本。

为了应对这一挑战，他们与全州的科学老师合作启动了一个公民科学项目。首先将检测工具送到参与该项目的班级。这些班级的学生收集水样作为班级样本的一部分，其次，再由班级把收集到的水样送到康奈尔大学。最后，学生将返回的结果输入数据库。

这种样本收集方法的劳动力成本很低，新技术不仅使 DNA 检测成为可能，而且足够简单，因此公民科学家的检测结果是可靠的，进而可以在以前无法想象的规模上进行监测。同时，公民科学家可以参与“实践”科学。

资料来源：Robbins，Jim.（2017）. A splash of river water now reveals the DNA of all its creatures. *Yale Environment 360*（March 9）. Downloadable at：http://e360.yale.edu/features/edna-rivers-fish-bull-trout-forest-service（accessed March 9，2017）.

放眼未来

生态系统产品和服务可能是人们赖以生存的最终资源。本章强调了经济分析为这些产品和服务赋值的一些办法，以帮助政策制定者做出决策。我们也审视了经济激励与机制的多个案例，以促进生态系统产品和服务的供应并减少其退化。

正如我们所见，在这些案例中，理论相对直接，但是在实践中，尤其是在发展中国家，开发创新性机制（如生态系统服务付费或碳封存信用）仍然充满挑战。

小结

生态系统为人类提供许多服务，但是这些服务正受到威胁。在这一章里，我们探求了两类不同的经济分析方法如何为保护、维持与发展这些生态系统做出贡献。

首先是定量估计这些生态系统服务的价值，以证明它们的重要性，并提供用于成本-效益分析的指标。成本-效益分析可以辅助人们做出影响生态系统效益的一些决策。由于商业化物种（如鱼、森林）以及商业化资源（如水）已经有价格，估值较为容易。

对于其他生态系统服务而言，这项任务就更为困难，但是随着时间的推移，我们开始使用成本避免法、陈述偏好法和旅行成本法等技术评估生态系统服务，逐步消除其中一些障碍。人们越来越多地将这些方法用于各种不同的问题，如授粉服务估值，评价生态系统退化事件（如石油泄漏）的经济影响，定量分析湿地与河流缓冲带天然水净化系统的作用与经济效益。更新的方法［如可计算的一般均衡模型（CGE）］使分析人员不仅能计算出生态服务对人类的直接价值，还能分析间接价值。这些研究不仅证实与量化了生态系统服务的普遍意义，即生态系统服务极具价值并值得保护，还识别了供应服务、调节服务、支持服务与文化服务的许多供给路径。

其次，这一章也介绍了其他主要的保护途径——设计制度与机制，消除或至少减少加剧退化的背理动机。具体来说，我们研究了一些创新方案，让服务使用者为服务供给者提供的非市场化服务付费，以确保服务供给者有激励不将土地转为其他不相协的用途。另一类方法侧重于为服务创建新的可转让权利。这类方法不仅创建了新的市场（如湿地减缓银行、鱼类资源保护权或碳封存信用），将收入返还给保护这些服务的人来增强服务的经济可持续性，还提供了减少资源冲突的一种新方法。

最后，我们指出如何利用经济激励保护那些最脆弱的物种（即濒危物种）。环保组织已经转向使用经济方法，如保护银行，为市场提供激励，以保护更多的最适宜濒危物种的栖息地，安全港协定旨在抵消《濒危物种法案》无意给土地所有者带来的破坏栖息地的背理动机。

正如我们在这一章里所指出的那样，这个新的分支领域正在经历一些发展的挑战，但是已经取得的成绩和新的变革都预示着未来是光明的。

讨论题

1. 思考厄瓜多尔禁止油田开采来保护亚苏尼国家公园这一提议引发的争论所带来的问题。你的观点是什么？这仅仅是一次生态系统服务付费，还是一次勒索？此案例是否有别于上述其他生态系统服务付费的案例？如果是这样，此案例有何不同？

2. 思考利用生态旅游促进可持续发展引发的争论所带来的问题。你的观点是什么？生态旅游始终是一种可持续发展的途径吗？或者说它从来就不是一种可持续发展的途径？还是说它有时是可持续的？你认为政府应该在管理生态旅游中适当发挥作用，还是由私人部门负责生态旅游的全过程？你的理由是什么？

3. 2016 年，《户外》（*Outside*）杂志刊登了一篇关于澳大利亚大堡礁的讣告（www.outsideonline.com/2112086/obituary-great-barrier-reef-25-million-bc-2016）。这在一定程度上是一种恶搞，然而最近的证据表明，即使整个珊瑚礁没有全部消失，但大部分已经死亡，而且可能无法恢复。大堡礁的价值是多少？可能丧失哪些生态系统服务价值？

4. 保护生态系统服务的一个方法是为野生动物提供特定栖息地（如公园或保护区），并禁止在这些区域进行住宅开发。其他方法（湿地减缓银行与保护银行）允许在特定区域进行住宅开发，但要求在其他地方开展保护行动，以此抵消原址发展带来的不利影响。你认为在这些方法中，一种方法总是优于另一种吗？如果是这样，你的理由是什么？如果不是，问题的背景是否重要？经济学家将如何看待这些问题？

自测题

1. 本章讨论的几种政策选择都依赖于这样或那样的可转让权。这些方法的突出之处在于提出了“如何在方案中加入可转让性?”这一问题。试说明对于下面两个选项，为什么可转让权提高了效率：

(a) 碳减排信用；

(b) 保护银行。

2. 假设渔业有两个部门：(1) 一个商业性渔业部门，捕捞鱼类并将它们卖给加工者。(2) 一个休闲性渔业部门，船长带人们出海捕鱼，这是一种运动休闲方式。每个部门都有一个捕捞配额。进一步假设与商业性捕鱼相比，休闲性捕鱼的需求大幅上升。休闲性渔业部门毫无疑问会认为当前的捕捞配额较低，对其不公平，从而会导致冲突。试比较在捕捞配额可以或不可以在部门间转让的两种情况下，如何解决这一冲突？思考捕捞配额在部门间转让将如何影响每个部门解决冲突的动机。

补充读物

Agricultural and Resource Economics Review (continues the *Northeastern Journal of Agricultural and Resource Economics*) 42 (1), April 2013. 这一特殊问题完全致力于生态系统服务价值的经济学测量和分析。

Millennium Ecosystem Assessment (2005). *Ecosystems and Human Well-being: A Synthesis*. Washington, D. C., Island Press. 这是对于联合国生态系统的研究成果摘要。

National Research Council of the National Academies of Science (NRC) (2013). *An Ecosystem Services Approach to Dssessing the Impacts of the Deepwater Horizon Oil Spill in the Gulf of Mexico*. Washington, D. C.: National Academies Press. 它讨论了使用生态系统服务方法进行损害评估的好处和挑战，并对未来的研究领域提出了建议。

Pattanayak, S. K., Wunder, S., & Ferraro, P. J. (2010). Show me the money: Do payments supply environmental service in developing countries? *Review of Environmental Economics and Policy*, *4* (*2*), 254 - 274. 这是关于生态系统服务支付的文献调查，特别强调了它在发展中国家的使用。

Ruckelshaus, M., McKenzie, E. Taillis, H. Guerry, A. Daily, G. Kareiva, P. Polasky, S. Ricketts, T. Bhagabati, N. Wood S. & Bernhardt J. (2013). "Notes from the field: Lessons learned from using ecosystem service approaches to inform real-world decisions." *Ecological Economics*, http://dx-doi.org/10.1016/j.ecolecon2013.07.009. 它提供了对生物多样性和生态系统服务最近的评价的六课。

TEEB (September 2009). The economics of ecosystems and biodiversity: Climate issues update. 该报告审查了气候变化对生态系统和生物多样性的影响，特别强调了珊瑚和森林。

更多的参考文献和重要的历史参考文献可在本书的配套网站查找：wwww.routledge.com/cw/Tietenberg。

第14章 污染控制经济学概述

民主无关于情感，而是一种高瞻远瞩的政治制度。任何不考虑长期运行的制度都将很快自取灭亡。

——查尔斯·约斯特，《胜利与挫折的年代》(1964)
(Charles Yost，*The Age of Triumph and Frustration*，1964)

引言

在第 2 章中，我们介绍了一个描述自然系统和经济系统间关系的图。图的一侧描述了物质和能量流进入经济系统，而另一侧则是废弃物流返回环境。前面几章我们广泛地讨论了不同类型的自然资源，以及如何维持这些资源存量和流量的有效可持续水平，接下来将要讨论如何实现废弃物流反向流动返回环境时的平衡。因为废弃物流与进入经济系统的物质和能量流不可避免地交织在一起，所以建立废弃物流的平衡也将对输入流产生反馈影响。

必须解决以下两个问题：(1) 什么是适当的污染水平？(2) 为了达到既定的污染水平而需要削减污染物排放时，应如何在不同的污染物排放源之间分配减排责任？

在这一章中我们建立了分析污染控制的一个基本框架，为理解控制废弃物流的政策手段奠定了基础。该框架针对不同类型污染物，帮助我们确定有效率并具有成本有效性的配置方案；比较这些配置方案与市场配置；阐述如何利用效率和成本有效性原则制定理想的政策响应措施。接下来的章节将运用这些原理检验美国和世界其他地方控制废物流动的政策手段。

污染物分类

废弃物的排放数量决定了环境负荷，而负荷引起的损害则取决于环境吸收废弃物的能力（见图 14 - 1）。我们把环境吸收污染物的这一能力称为吸收能力 (absorptive capacity)。一旦排放负荷超过吸收能力，污染物就会在环境中累积起来。

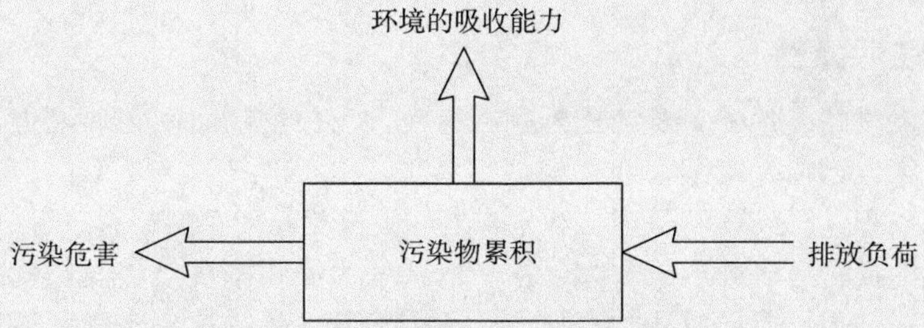

图 14-1　污染物排放与污染损害的关系

环境不能吸收或只能吸收一小部分的污染物是累积性污染物（stock pollutant）。随着排放进入环境，累积性污染物随时间不断积累。累积性污染物的例子包括：丢在路边不可生物降解的瓶子；在排放源附近的土壤中累积的重金属，如铅；持久性人造化合物，如二噁英和多氯联苯。

环境对其有一定吸收能力的污染物是基金污染物（fund pollutant）。只要这类污染物的排放速率不超过环境的吸收能力，污染物就不会累积。基金污染物的例子很多，如一些细菌可以将很多注入富氧溪流的有机污染物转化成损害较小的无机物，植物和海洋可以吸收二氧化碳。

问题的关键不在于消灭这些污染物。质量守恒定律告诉我们不可能消灭物质。而且，基金污染物进入空气或水体后可能转化为对人类或生态系统无害的物质，或者可能分散或稀释到无害的浓度。

我们也可以根据影响范围对污染物进行分类，从水平和垂直两个维度界定污染范围。水平维度关注的是遭受污染物损害的区域。局地污染物（local pollutant）引起的损害仅限于排放源附近，而区域污染物（regional pollutant）造成的损害可波及距排放源较远的地方。极端情况是全球污染物，其损害影响整个地球。这些分类并不相互排斥。一种污染物可能属于一个以上的类别。例如，硫氧化物和氮氧化物既是局地污染物又是区域污染物。

垂直影响范围描述了大气污染物带来的损害是由近地浓度还是高空浓度造成的。铅和颗粒物等一些污染物的损害主要取决于近地污染物浓度，而其他像臭氧消耗物质或温室气体（见第 17 章）造成的损害与其高空浓度有关。这种分类方法在针对不同类型的污染问题制定不同政策时十分有用。每一类型的污染需要特定的政策应对，如果不能识别这些区别，就会导致政策与预期目标背离。

定义有效的污染配置

污染物是生产和消费的残余物。这些残余物质最终以各种形式再循环或返回环境中。由于环境中的污染物使人们得到的环境服务贬值，因此，有效率的资源配置必须考虑污染物造成的成本。污染的有效配置取决于污染物的性质。

□ 累积性污染物

累积性污染物的有效配置要考虑到这一事实：污染物随时间在环境中累积，污染物累积造成的损害会增加并持续存在。根据其本质，由于对日后产生的损害取决于当前的行为，因此，累积性污染物使得现在和未来之间具有相互依存的关系。

污染造成的损害有多种形式。如果接触的某些污染物浓度足够高，就会对人体健康产生不利影响，甚至可能导致死亡，树木、鱼类等其他生物体也会受到损害，甚至非生物物质也会遭殃，如酸雨损毁雕塑，或者颗粒物使建筑物褪色等。

利用可耗竭资源模型中得到的直观经验，不难确定这种情况下有效配置的含义。例如，假设我们考虑某种商品 X 的配置。进一步假设生产 X 会按某一比例产生一定数量的累积性污染物。削减这种污染物的数量需要占用生产 X 的资源。假设环境中这种污染物的损害与其积累数量成比例。只要环境中仍有污染物存量，其损害就会持续。

根据定义，动态有效配置就要使净效益现值最大化。在这一例子中，任一时点 t 的净效益等于消费 X 获得的效益减去产生的累积性污染物对环境造成的损害成本。

损害成本是社会必须承担的。对有效配置的影响类似于开采矿物或燃料的成本。矿物的开采成本随着可耗竭资源的不断开采而增加；同样，与累积性污染物相关的损害成本也会随着其在环境中的积累而增加。累积性污染物的增加和 X 的生产数量成正比。因此，X 的生产数量与其污染成本的关系和矿物开采与开采成本的关系是一样的。随着时间的推移，损害成本和开采成本都随着生产数量的累积而增加。二者的一个主要区别在于开采成本只发生在开采时，而只要累积性污染物留存在环境中，损害成本就会持续存在。

我们可以利用这一相似点来推断累积性污染物的有效配置方式。正如第 6 章讨论的那样，当开采成本提高时，可耗竭资源开采和消费的有效数量将随时间推移而减少。

产生累积性污染物的商品的有效配置模式和上述情况完全相同。随着损害的边际成本不断增加，X 的有效产量（因此这种污染物在环境中的累积不断增加）会随着时间推移而下降。X 的价格随着时间推移增高，反映出社会生产成本的上升。为应对逐渐增长的边际损害，用来控制污染物的资源数量也会逐渐增加。最终会达到一个稳定状态，此时环境中的污染物数量停止增加，污染物存量的规模将保持稳定。在该平衡点，所有生产 X 造成的污染物进一步排放得到控制（可能是通过再循环的方式），商品 X 的价格和消费数量保持不变，但累积性污染物造成的损害将持续存在。

随着开采成本逐渐提高，技术进步可能改变有效的配置方式。具体来说，技术进步能够减少生产每单位 X 产生的污染物数量，找到回收累积性污染物的方法，不再让其流入环境，或者找到降低污染物损害的途径。技术进步的这些作用可以降低与 X 特定生产水平相关的边际损害成本。因此，与没有技术进步的情况相比，技术进步可以生产更多的 X。

在某种程度上，累积性污染物是可耗竭资源带来的代际公平问题的另一面。拥有可耗竭资源的当代人可能通过耗用资源用尽资源禀赋，从而给后代人造成负担。此外，当代人享有了使用可耗竭资源带来的效益，然而当人们忘记这种效益之后，污染带来的损害仍持续存在，因而累积性污染物可以通过传递损害给后代人造成负担。尽管这两种情况并不自动违反弱可持续发展标准，但它们也不会自动满足该标准。

□ 基金污染物

当基金污染物的排放超过环境的吸收能力时，基金污染物开始在环境中累积，并且与累积性污染物有一些相同的特征。然而如果排放速率足够低，环境可以吸收排放的废物，打破了当前排放与未来损害之间的关系。

于是，当下的排放造成当下的损害，未来的排放引起未来的损害，且未来损害的水平与当下的排放无关。这种按时间段分配损害的独立性使我们可以用静态效率而不是动态效率来研究基金污染物的有效配置。因为静态概念更为简单，我们综合考虑问题的更多维度，而不必将分析复杂化。

通常，分析的出发点是使废弃物流的净效益最大化。然而，如果我们面对一个同时最小化两种不同成本（损害成本和控制或者预防成本）的数学等式，我们能够更容易理解污染的含义。

为了用图形的方式检验有效配置，我们需要了解控制成本如何随控制程度发生变化，以及损害随污染排放量发生的变化。尽管我们在这些领域的知识还远不完备，但经济学家通常就这些关系对应的图形形状达成一致。

一般而言，单位污染物的边际损害随排放数量的增加而增加。当污染物的排放量很少时，排放量的增加所造成的损害很小。但是，当排放数量很大时，边际单位污染造成的损害显著增加。不难理解其中原因。环境中少量的污染很容易被稀释，生物体也能承受少量的污染物质。如果空气中的污染物数量增加，稀释的效果就会下降，生物体的承受程度也会下降。

边际控制成本通常随着控制量的增加而增加。例如，假设一个污染源试图通过购买一台静电除尘器来减少颗粒物排放，该除尘器可以在颗粒物经过烟囱时捕捉 80%的颗粒物。如果这个污染源要进一步控制排放，它可以再购买一台除尘器，置于烟囱第一台除尘器的上方。第二个除尘器捕捉剩余 20%颗粒物中的 80%，相当于全部未控制排放物的 16%。由此可见，第一台除尘器可以减少全部未控制排放的 80%，而第二台除尘器的成本与第一台除尘器相同，但只进一步减少了 16%的排放。显然，第二台除尘器每单位污染物的减排成本大于第一台除尘器。

图 14－2 用曲线表示以上两方面内容，从而推导出有效率的配置方式。从右向左移动意味着更高的控制程度和更少的污染排放。有效配置点是 Q^*，在这一点上，单位污染造成的边际损害成本等于控制污染的边际成本。[①]

更大的控制程度（Q^* 左边的点）是无效率的。因为控制成本的进一步增加超过损害成本的减少，所以总成本上升。类似地，低于 Q^* 的控制水平虽然降低了控制成本，但是增加的损害成本更大，总成本也会增加。增加或减少污染物的控制数量都会增加总成本。因此，Q^* 必须是有效配置点。

---

① 在这一点，我们可以知道为什么这个方程等于净效益方程。由于效益就是减少的损害，另一种表达方法就是边际效益等于边际成本。当然，这就是净效益最大化推导出的常见命题。

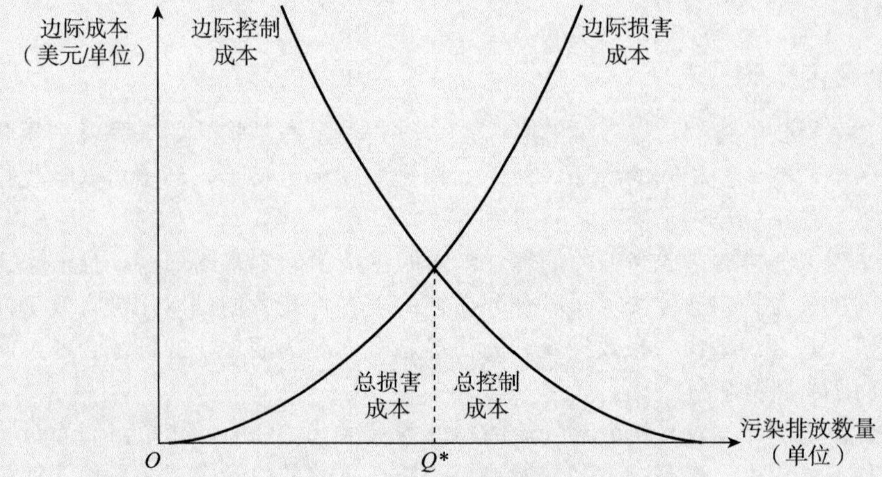

图 14-2 基金污染物的有效配置

图 14-2 说明在上述条件下，最优的污染水平不是零。你不必为此感到困惑，因为我们每天都要面对这样的规则。以机动车事故引发的损害为例。显然，机动车事故造成了相当数量的损害。然而我们不会试图把这一损害减少至零，因为这样做成本太高了。

关键并不在于我们不知道怎样阻止机动车事故的发生。只要我们消灭机动车就能做到！相反，问题的关键在于因为我们重视机动车带来的益处，因此我们采取措施减少交通事故（利用限速），直到减少事故的成本等于减少的损害水平为止。机动车事故的有效水平不为零。

另外，在某些情况下，最佳污染水平可能是零，或者接近零。当最初一单位污染引发的损害非常严重，以至于边际损害成本高于边际控制成本时，就会出现这种情况。这反映在图 14-2 上，就是把边际损害成本曲线向左移动较大的幅度，使其与纵轴的交点位于边际控制成本曲线与纵轴交点的上方。处理如钚这种高度危险的放射性物质似乎就有这样的特点。

我们很容易从有效配置的特性推导出其他特征。例如，从图 14-2 可得，一个国家不同地区的最优污染水平通常是不同的。对于人口水平较高或者对污染更加敏感的地区，其边际损害成本曲线与边际控制成本曲线相交于纵轴附近。效率意味着降低这些地区的污染水平。相比之下，在人口较少或较不敏感的地区，有效污染水平可能更高。

我们不难找到生态敏感地区的例子。例如，与其他地区相比，有些地区对酸雨较不敏感，因为当地的地质层能中和一定数量的酸雨。因此，相对于其他承受能力较低的地区，在这些幸运的地区，一单位酸雨所造成的边际损害较小。另外，我们也认为，与工业地区相比，对于国家公园以及可见性是美学欣赏重要组成部分的其他地区来说，影响能见度的污染物造成的损害更大。

污染的市场配置

在法律体系里，我们一般将空气和水视为公共池塘资源，市场对其配置失灵并不令人意外。过度开发免费资源的普遍结论也适用于此。人们已经过度使用大气和水资源的废物储存功能。然而，这个结论只触及表面，污染的市场配置还有更多内涵。

工厂制造产品的过程几乎不会将原材料百分百地转化成产出。工厂通常有几种选择来控制残余物：更充分地利用原材料以减少残余物的数量；减少生产，从而减少产生的残余物；再循环利用这些残余物有时也是一种可行的选择，消除废物流中最具损害的成分并处理剩下的物质。

污染物造成的损害一般具有外部性。① 污染物进入水体或大气中会对污染源下游或下风向的工厂和消费者（以及动植物）造成损害，但不影响污染源本身。尽管这些损害最终由社会整体来承担，但污染源通常不承担这些成本，因此也不会考虑这些成本。② 正如人们系统性地低估了其他环境服务的价值一样，把废物排入空气或水体是低效的，但对工厂却具有吸引力。在这种情况下，由于工厂唯一承担的成本是控制成本，因此工厂为了最小化成本，就会选择不减少污染物排放。工厂成本最小的方式不是整个社会成本最小的方式。

在累积性污染物中，这个问题尤为严重。不受调控的市场会导致 X 过量生产，由此产生大量污染，而用于污染控制的资源过少，环境中积累了大量累积性污染物，缺乏效率。因此，累积性污染物给后代造成很大负担，并且缺乏效率。

这种与污染控制相关的无效率和之前讨论过的与矿产、能源和食物开采或生产相关的无效率之间有重要的区别。对于私人产权的资源而言，市场力量能自动发出稀缺性的信号。我们可能低估这种市场力量（当人们忽视进口的脆弱性时），但这种力量在正确的方向上运作。甚至当我们将某些资源视为开放获取资源（渔业）时，市场力量也增加了其转变成私人产权资源（养鱼业）的可能性。如果在同一市场出售私人产权资源和开放获取资源，私人产权的所有者倾向于减少对开放获取资源的过度开发，有效率的企业能够得到更高的利润回报。

污染不存在类似的自动改良机制。③ 因为无辜的受害者而不是生产者承担了部分损害成本，因此产品价格无法反映这部分成本。试图单方面控制污染的公司处于竞争劣势，这部分额外的支出使得它们的生产成本高于那些不负责任的竞争者。自由市场不仅不能产生有效的污染控制水平，而且惩罚了那些试图有效控制污染的企业。因此，在污染控制领域，需要某些特别强的政府干预形式。

有效的政策响应

我们已经使用效率标准说明了为什么市场不能产生有效的污染控制水平，也说明了

① 注意，污染损害并不一定都有外部性。对于能把所有废气排入其内部的汽车来说，这些废气对其所有者不具有外部性。

② 实际上，即使仅仅为了避免负面的公众关系，污染源也会考虑一些成本。然而，这种考虑可能不完整；污染源不可能将所有的损害成本内部化。

③ 第 2 章提及受影响者确实有动机相互协商。但是，正如第 2 章所言，只有在受影响者数量较少时，这种方式才能较好地发挥作用。

次优污染控制对相关商品市场的影响。我们还可以使用效率标准定义有效的政策响应。

图 14-2 显示，对于市场整体来说，当边际控制成本等于污染造成的边际损害成本时，达到效率。这一原则同样适用于每个排放源。每个排放源应控制其污染水平，使得最后一单位排放的边际控制成本等于其造成的边际损害成本。一种方法是制定法律来限制每个排放源允许排放的污染数量。如果这一限制正好是边际控制成本等于边际损害成本时的排放水平，那么该排放源就可以实现效率。

另外一种方法是对每单位排放征税或收费，将每单位排放造成的边际损害成本内部化。每单位排污收费可以随着污染水平提高而增加（沿着边际损害曲线向上移动），只要税率等于边际损害成本和边际控制成本交点对应的边际损害成本（见图 14-2），污染税税率可以保持不变。污染者面对的排污税或污染费就是为其造成的边际社会损害付费，从而将污染成本内部化。对于污染者而言，有效率的选择就是成本最小化的选择。[①]

尽管理论上很容易确定这些政策工具的有效程度，但在实践中却难以实施。要想实施以上任何一种政策手段，必须知道每个排放者边际损害成本曲线和边际控制成本曲线交点处对应的排放水平，这是一项艰巨的任务，会给管制机构带来非常沉重的信息负担。管制机构通常在控制成本方面了解的信息很少，且缺乏边际损害函数的可靠信息。

在几乎不可能充分获取信息的情况下，环境部门如何合理地分配污染控制责任？包括美国在内的一些国家采取的一种方式是根据一些其他标准（如能够为人类或生态健康提供足够的安全边界）来选择合法的排污水平。无论通过何种方式确立阈值，都只解决了问题的一半。问题的另一半是，要达到预设的污染水平，如何在大量的排放者间分配排放责任。

这正是成本有效性原则的用武之地。一旦我们把目标设定为以最小成本达到预设的污染水平，就可以推导出任何符合成本有效性的责任分配方式所须满足的条件。这些条件可作为我们在多种政策工具之间进行选择的基础，由此选择的政策手段管制机构带来的信息压力较为合理。

均匀混合基金污染物的成本有效性政策

□ 定义成本有效性配置

我们从最易处理的均匀混合基金污染物开始入手。这类污染物造成的损害仅取决于其在大气中的数量。因此，政策主要关注如何以最小的控制成本来控制排放总量。对于均匀混合基金污染物而言，如何分配控制责任才符合成本有效性原则？

让我们来看一个简单的例子。假设两个污染排放源目前各自排放 15 单位的污染物，排放总数是 30 单位。进一步假设污染控制机构确定环境可以吸收 15 单位的污染物，因此需要减少 15 单位污染物。要使减排的总成本最小化，应如何在两个排放源之间分配 15 单位的减排任务？

---

① 另一种政策选择是将人们迁出受污染地区。政府已经在受到有毒物质严重污染的地区采取这一措施，如密苏里州的时代海滩和纽约的拉夫运河，见第 19 章。

我们借助图 14－3 加以解释。在图 14－3 中，从左往右表示第一个排放源的边际控制成本（MC_1），从右往左表示第二个排放源的边际控制成本（MC_2）。图中横轴的每一点都满足总共减排 15 单位污染物的要求，各点代表两个污染源减排量的不同组合方式。该图展示了在两个污染源之间分配 15 单位减排量的所有可能方式。例如，横轴的最左端表示第二个污染源承担全部减排责任，而横轴的最右端表示第一个污染源承担全部减排责任。中间的点表示不同的减排责任分配方式。哪种分配方式能使控制成本最小化？

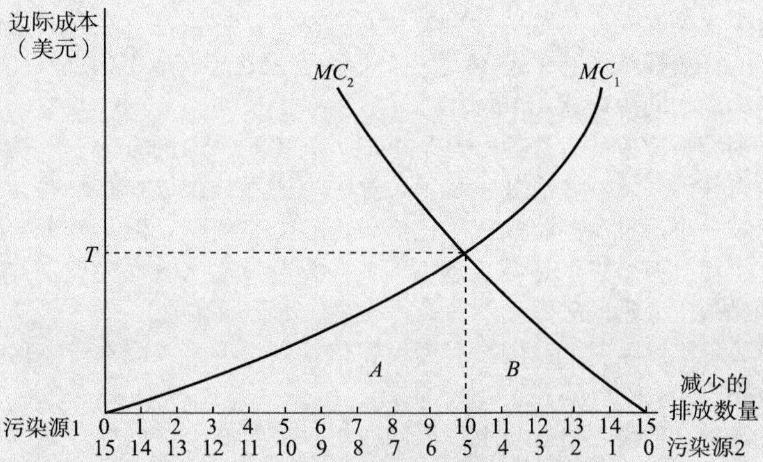

图 14－3　均匀混合污染物的成本有效性配置

在符合成本有效性的配置方式中，第一个污染源治理 10 单位的排放，而第二个污染源治理 5 单位的排放。这一减排配置下的总可变控制成本是图中的 A 和 B 的面积之和。A 的面积表示第一个污染源的控制成本，B 的面积表示第二个污染源的控制成本。其他任何配置方式的控制成本都高于该成本。（请自己解释原因。）

图 14－3 还证明了第 3 章中成本有效性的边际相等原则。当且仅当所有排放者的边际控制成本相等时，实现既定减排目标的成本才会最小化。[①] 在这一条件下，边际成本曲线相交处的配置方案符合成本有效性原则。

□ 符合成本有效性原则的污染控制政策

我们可以以上述命题为基础比较选择污染管制机构可能采用的各种政策工具，以实现有效配置。污染源有多种方案可以控制自身向环境中排放的污染物数量。成本最低的控制方法不仅在不同产业间存在差异，而且在同一产业的不同企业间也会有很大不同。选择成本最低的控制方法需要掌握可能的控制技术及其相关成本的详细信息。

通常来说，只要符合工厂管理者的利益，他们能够为自己的工厂获取这些信息。然而，负责实现污染控制目标的政府部门不太可能得到这些信息。由于对工厂的管制程度取决于工厂提供的成本信息，所以不太可能期望企业向政府部门提供中立客观的信息。

---

① 当边际成本随着减排数量增加而增加时，这一说法是成立的（见图 14－3）。假设一些污染物的边际成本随着减排数量增加而减少，在这种异乎寻常的情况下，何种分配方式符合成本有效性原则？

企业管理者希望减轻最终承担的减排责任，因此存在强烈的动机夸大其控制成本。

这使管制机构处于两难的境地。在不同污染者之间不当地分配控制责任可能造成很高的成本，但是管制机构决策时缺乏足够的信息做出正确的分配，掌握这些信息的工厂管理者不愿意分享这些信息。那么能否找到符合成本有效性原则的配置方法？答案取决于管制机构采取的措施。

排放标准。在开始讨论这一问题之前，假设污染管制机构采取传统的法律手段，即为每个污染源分别设定单独的排放标准。经济学文献将这种手段称为“命令控制”手段。排放标准对每个污染源允许排放的污染物数量施加了法律限制。在我们的例子中，很明显两个污染源的排放标准加起来是 15 单位，但由于缺乏控制成本信息，我们仍然不清楚如何在两个污染源之间分配这 15 单位。

解决这一困境最简单的方法——也是早期污染控制采取的方法——是在污染源之间平均分配减排责任。图 14－3 清楚地显示，这种方法不符合成本有效性。平均分配减排责任时，尽管第一个污染源的边际成本比有效配置方案更低，但其减少的成本远小于因此带来的第二个污染源增加的边际成本。因此与符合成本有效性的配置方案相比，如果两个污染源减排被迫处理同等数量的污染物，总成本是增加的。

当采用排放标准政策时，我们没有理由相信管制机构将以成本最小化的方式分配减排责任。这并不奇怪，谁会不相信？

然而，令人惊喜的是，一些政策手段确实可以使管制机构以符合成本有效性的方式分配减排责任，即使它们缺乏边际控制成本的相关信息。这些政策手段依靠经济激励实现预期效果，排污收费和排污权交易是两种最常见的手段。

排污收费。排污收费是对每单位排入大气或水体的污染物收费，该费用由政府收取。污染源向政府支付的总费用等于费率乘以排放的污染数量。因为企业要为污染付费，污染源会设法减少污染来节省费用，因此排污收费能减少污染。

企业会选择控制多少污染？只要控制成本低于排污收费，追求利润最大化的企业会选择控制污染而不是排放。我们用图 14－4 来说明企业的决策。不受控制的排放水平是 15 单位，排污收费率是 T。因此，如公司决定不减少任何排放，它需要支付的费用是 T 乘以 15，以区域 $0TBC$ 表示。

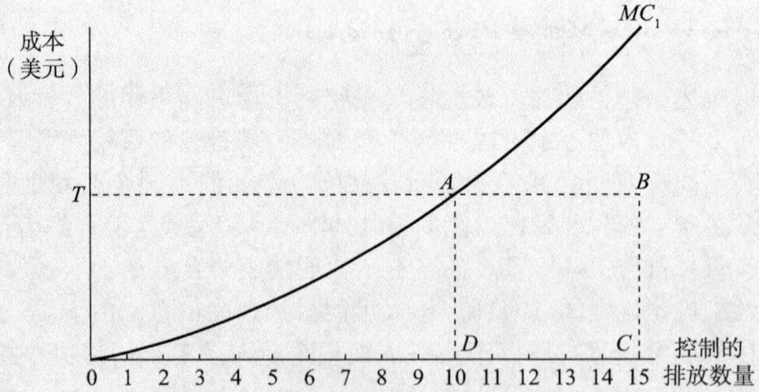

图 14－4　排污收费使污染控制成本最小化

这是企业最好的选择吗？显然不是，因为它可以以低于排污费的成本控制一部分污染。企业会一直减排直到边际减排成本等于排污费率。在该点之后，由于边际成本曲线高于排污收费率，因此企业支付排污费的成本更低。因此，企业会选择减排 10 单位，排放 5 单位，以实现成本最小化。在这种配置情况下，工厂的污染控制成本是 $0AD$ 的面积，总排污收费为 $ABCD$ 的面积，总成本是 $0ABC$ 的面积。这显然小于 $0TBC$ 的面积，即不治理任何污染时要支付的费用。

我们进一步探讨这个问题。假设对图 14－3 中的两个污染源实施相同的排污费率。每个污染源都会控制其排放直至边际控制成本等于排污费率。（排污收费率为 T，第二个污染源将治理 5 单位污染）。由于排污收费率相同，它们会在一致的边际控制成本水平下独立选择排放水平，这恰是成本最小化的配置。

这个发现很有意义。我们已经证明，只要管制机构对所有污染源采用相同的排污收费率，即使管制机构可能无法充分掌握控制成本的信息，但由此产生的激励可以自动诱使企业实现成本最小化的污染控制水平。

然而，我们还没有解决如何确定适当的排污收费水平这一问题。每个收费水平都对应某个减排水平。此外，只要每家工厂最小化自己的成本，就能以最小化所有工厂污染控制成本的方式分配减排责任。我们应设定多高的费率来保证最终减排量达到期望减排目标?

由于缺乏控制成本的必要信息，管制机构无法一开始就制定出正确的费率。不过，我们可以通过一个反复试错的过程找到合适的费率。开始时先选择一个费率，然后观察实施该费率时的减排数量。如果减排量大于期望值，说明应该降低费率；如果减排量小于期望值，那么应该提高费率。然后再观察调整费率后对应的新减排量，并将其与期望减排量进行比较，需要的话再进一步调整费率。重复这一过程直到实际减排量等于期望减排量，此时就找到了正确的排污收费率。

排污收费体系不仅促使追求成本最小化的污染源选择符合成本有效性的减排责任配置方案，而且激励发展更新、更经济的排放控制手段，也促进了技术进步，如图 14－5 所示。

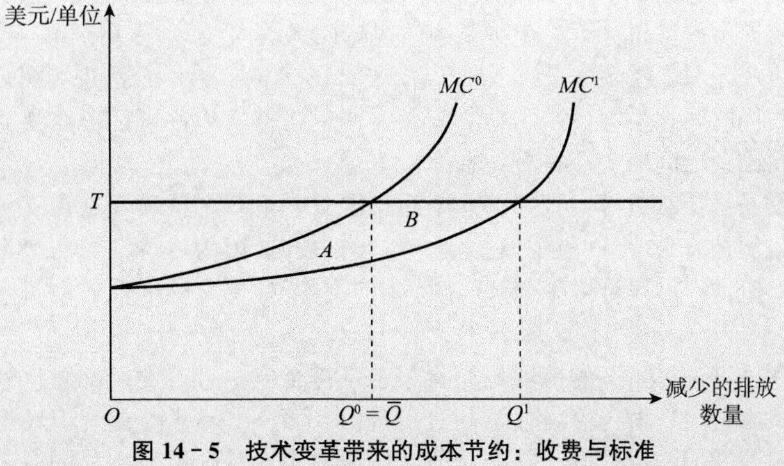

图 14－5　技术变革带来的成本节约：收费与标准

产生这个结果的原因非常直截了当。管制机构基于特定的技术水平制定排放标准。当管制机构发现新技术时会提高标准。更严格的标准会给工厂带来更高的成本，因此，面对排放标准，工厂存在动机向当局隐瞒技术变化。

在排污收费体系下，工厂采用更便宜的新技术会节约成本。只要工厂能以低于 T 的边际成本减排，采用新技术便是值得的。在图 14－5 中，MC^0 是采用新技术之前的边际成本，MC^1 是采用新技术后较低的边际成本。工厂采用新技术节约了 A 和 B 部分的成本，并自发地将减排量从 Q^0 提高到 Q^1。

采取排污收费政策，管制机构即使没有充分的控制成本信息，也仍能找到成本最小化的配置方式实现预定减排目标。排污收费也能刺激减排技术的进步。不利的是，找到合适的收费率需要反复实验。在寻找合适收费率的反复实验期间，污染源要面对波动的排污费用。在寻找合适费率水平的过程中，变动的排污收费率使得受此费用约束的企业难以规划未来。高收费率水平下合理的投资在低收费率水平下可能是不合理的。不论对于政策制定者还是企业管理者而言，这一试错过程还有很多地方有待改进。

总量控制和交易。管制当局有没有可能不经过反复试验就找到成本最小化的配置方式？如果采取总量控制和交易政策（排污权交易的一种形式），这是有可能的。在该体系中，所有污染源都面对一个排放总量限制（cap），通过分配（或购买）得到一定数量的排污许可证。每个许可证授权特定的排放量（通常是 1 吨），管制机构发放达到期望排放水平所需的许可证数量。这些排污许可证可以通过拍卖分配给出价最高的竞标者，也可以无偿地直接授予企业（这种配置方法就是“赠予”）。无论采用哪种方法获得的排污许可证都可以自由转让，可以买入或售出。排放量大于其许可量的工厂从排放量小于其许可量的工厂购买额外的许可证。如果工厂的实际排放量超过当年持有许可证所允许的排放量，工厂将面临严重的经济制裁。

图 14－6 显示了总量控制和交易机制如何自动实现符合成本有效性的配置，此图分析的情况和图 14－3 相同。先考虑许可证的赠予。假设第一个污染源得到了 7 个许可证（每个许可证对应 1 单位排放）。因为要控制的排放量为 15 单位，因此它必须减少 8 单位的排放。同样，假设第二个污染源得到了 8 个许可证，它必须减少 7 单位的排放。注意，两个工厂都有交易的动机。第二个污染源的边际控制成本（C）远高于第一个污染源的边际控制成本（A）。第二个污染源如果能以低于 C 的价格从第一个污染源买入许可证，就能节约成本。同时，如果第一个污染源以高于 A 的价格卖出许可证也会受益。因为 C 大于 A，两个污染源之间确实存在交易基础。

许可证交易会持续进行，直到第一个污染源只剩下 5 个许可证（控制 10 单位排放）而第二个污染源拥有 10 个许可证（控制 5 单位排放）。因为许可证对两个污染源的边际价值都是 B，所以许可证价格等于 B，此时两者不再有交易许可证的动机。许可证市场保持均衡。

注意排污许可证体系下的市场均衡状态正是符合成本有效性的配置！管制机构即使不了解控制成本，只要发行恰当数量的许可证（15 个），剩下的交给市场运作，便能达到符合成本有效性的配置。排污权交易使政府得以实现其政策目标的同时，实现目标的方式有更大的灵活性。

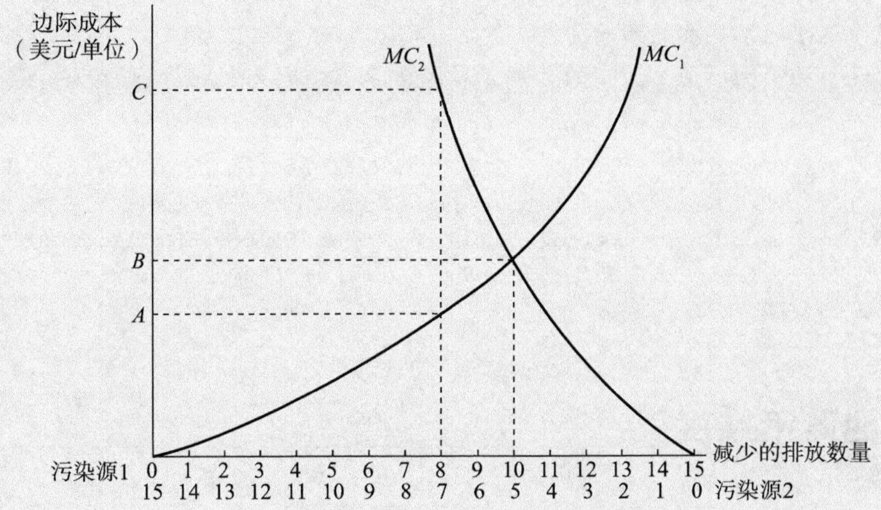

图 14-6　成本有效性与排污权交易

如果采取拍卖许可证的方式，均衡状态将如何改变？有趣的是拍卖不会改变均衡。两种配置方式的结果是一样的。采取拍卖方式，供求市场出清时的许可证价格是 B，我们已经说明 B 点是符合成本有效性的均衡。

总量控制和交易体系产生的激励促使污染源利用这种灵活性以最低成本实现减排目标。我们将在之后的两章中学习到，在当前改革管制手段的过程中，正是灵活性这个特点使得这种类型的手段越来越突出。

这一改革能走多远？发展中国家是否能够利用工业化国家的经验，直接利用市场手段控制污染？

正如讨论 14.1 中所说的那样，这一问题知易行难。

讨论 14.1　发展中国家可以利用市场手段控制污染吗？

在原则上利用市场手段的效果看起来很强大，一些观察机构建议发展中国家学习工业化国家的经验，直接采取市场手段（如排污收费或总量控制和交易）控制污染。该策略的可取之处与发展中国家的贫困程度有关；对贫困国家来说，以成本最低的方式减少污染尤为重要。此外，由于发展中国家经常急需收入，创收政策（如排污收费或者许可证拍卖）看起来特别有用。拥护者还指出，一些发展中国家已经开始采取市场手段。

另一种学说认为，由于发展中国家和工业化国家的基础设施存在差异，将工业化国家的经验转移到发展中国家充满风险。为了说明其更普遍的观点，他们指出，市场手段的有效性依赖于有效的监管和执行体系，发展中国家通常不具备这些条件。当缺乏有效的监管和执行体系时，市场手段的优越性并不那么突出。

当然也涌现了一些中间看法。那些持怀疑态度的人并没有说发展中国家不能利用市场手段，而是说它们可能不会如最乐观的支持者所预期的那样普遍适用。他们更像是在提出警示。市场手段的支持者当然已经看到了基础设施的关键性。由于认识到一些发展中国家可能比其他地区更适合采用市场手段（由于其基础设施的优点），支持者开始将能力建设视为这些国家发展的第一要务。

不论是市场手段还是生活中的其他手段，如果它看起来好得令人难以置信，那么有可能确实如此。

资料来源：World Bank（2000）. *Greening Industry：New Roles for Communities，Markets and Governments*. Washington，D. C.：World Bank and Oxford University Press；Russell，C. S.，& Vaughan，W. J. The choice of pollution control policy instruments in developing countries：Arguments，evidence and suggestions. In H. Folmer & T. Tietenberg（Eds.）. *The International Yearbook of Environmental and Resource Economics 2003/2004*. Cheltenham，U. K.：Edward Elgar，331 - 371.

其他政策维度

两种主要的污染控制政策工具（排污收费与总量控制和交易）依赖于经济激励。两种手段都使管理当局能够用符合成本有效性的方式分配污染控制责任。目前为止我们已经讨论了二者之间的主要差异，适当的排污收费率只能通过反复试错的方法得出，而对于总量控制和交易来说，市场可以迅速确定许可证的价格。除此之外，还有其他区别吗？

□ 收入效应

二者之间的一个显著区别是增加收入的能力不同。环境税和许可证拍卖能够提高财政收入，但是向排污者无偿赠与排污许可证的总量控制和交易制度没有效益。这个区别重要吗？

答案是肯定的，原因至少有两个方面①：第一，一些作者（Parry and Bento，2000；Bovenberg and Goulder，1996；Goulder，1997；Parry，1995）指出，环境税或可交易许可证拍卖政策产生的收入可以替代那些扭曲性税收带来的收入，从而减少了这类税收和与之相关的扭曲效应。数据显示，替代扭曲性税收会增加实施这些方法的净效益现值，我们称之为双重红利。只要实施这种增收措施并使用这种收入减少扭曲性税收在政治上是可行的，双重红利效应就会激励人们采取具有收入效应的政策工具。

第二个重要考虑是可以用税收或拍卖收入来减轻低收入家庭的负担。经验证据说明赠予许可证会造成累退的控制责任分配。（累退分配是指低收入家庭或个人承担了相对其收入而言较高的成本负担。）同样的证据也显示如果拍卖或税收收入具有恰当的瞄准机制时，就能消除政策的累退效果。

增收的最终结果与政策可行性有关。很明显，直到 2008 年，以赠予的方式初始分配许可证是争取政治支持来实施总量控制和交易立法的必要因素（Raymond，2003）。当前用户往往有能力阻碍相关措施的实施，而潜在的未来用户则没有这种力量。为了获得现有用户的支持，从这些资源中拨出相当一部分的经济租金分配给他们在政治上是有利的，

① 其他文献中给出了第三个理由：除非排污者通过增收工具承担所有外部成本，否则会认为是降低生产成本，人为提高产出，行业内的企业数量过多。

有时这种方式具有创造性（见案例 14.1）。

这种策略降低了现有用户的调整成本（adjustment cost），但通常会增加新排污者的调整成本。有趣的是，在气候变化案例中，实际经验表明，在向增收政策转变时，收取总收入的一小部分就可以确保不触及碳排放者的利益（Bovenberg and Goulder，2002）。因此，即使政策设计中考虑到政治可行性，原则上可以避免赠予所有许可证的方式。

案例 14.1　瑞典的氮氧化物收费

使用收费的方式控制污染面临的一个困境是，虽然从征收对象那里获得的收入相当可观，但额外的成本对该政策产生了很大的政治阻力。如果将收入的一部分返还给付费者，可以减少阻力。但是如果所有企业都知道能够收回付出的钱，那么就会丧失限制排放的经济激励。能否设计一个合理的返还体系，在不损害减排积极性的情况下提高政策可行性？

瑞典氮氧化物收费政策的设计瞄准了这一困境。1992 年，瑞典首次对大型能源企业实施氮氧化物排放收费，涉及 120 个热力厂和工业企业，约有 180 个锅炉。

最初，这项措施是为了产生显著的激励效果，而非增加政府收入。尽管按照国际标准实施了较高费率（因此产生了有效的经济激励），但政府没有留下这些收入，而是将其返还给排放源（减少了管制对象对政策的抵触）。

正是这种返还形式使该政策变得有趣。尽管根据排放数量征收排放税，但返还是基于能源产量的。实际上，这项政策奖励了单位能源产量中氮氧化物排放量少的企业，相应地也惩罚了单位能源产量中排放量高的企业，因此为减少单位能源产量的排放量提供了激励。

同预期一样，单位能源产量的排放量急剧下降。从 1992 年到 2007 年，单位能源投入的排放量减少了 67%。根据一项研究（OECD，2010），主要有三个解释：

- 在此期间，累积能源产量增加了 74%，这种增长主要发生在排放效率相对较高的工厂。
- 受管制的工厂投资来减少氮氧化物排放，因此能够以更少的排放生产更多的能源。
- 减排技术创新使得以较低的排放强度达到相同的产出水平。

但是，收入返还意味着这项收费政策不具备双重红利。

资料来源：Organisation for Economic Co-operation and Development.（2013）. The Swedish tax on nitrogen oxide emissions：Lessons in environmental policy reform. OECD Environment Policy Paper No. 2；OECD.（2010）. *Innovation Impacts of the Swedish NOx Charge*. Paris：OECD. Available at www. oecd. org/greengrowth/consumption-innovation/43211635. pdf.

尽管早期项目向大型排放企业赠予许可证，之后的项目更多地采用拍卖的方式。2009 年 1 月 1 日，随着美国东北部 9 个州（从马里兰州到缅因州）实施区域温室气体倡议（Regional Greenhouse Gas Initiative，RGGI），这改变了赠予许可证的历史趋势。这个总量控制和交易计划覆盖了大型化石燃料电厂的二氧化碳排放。

一些参与 RGGI 的州选择采用密封式投标系统拍卖近 100%的许可证，最后将收入返还各州。多数州选择使用这些收入来提高能源效率（见案例 14.2），而纽约州和新罕布什尔州选择用一些收入缓解预算赤字，新泽西州也采取后一种做法，但随后退出了 RGGI。

❖案例 14.2　RGGI 收入：缅因州的案例

缅因州效率信托（Efficiency Maine，EM）收到的资金来自每季度的 RGGI 拍卖。该信托是一个专门创建的准独立组织，法令要求效率信托将大部分 RGGI 资金用于提高能效，如节能照明、节能汽车、节能供暖和节能恒温空调等。

造纸厂等大客户的信托资金分配是基于使用 1 美元信托资金能够实现的节电（千瓦时）或减少二氧化碳（化石燃料）的减排表现。[注意：信托资金的分配取决于使用公共资金节电或者减少排放的表现，而不是公共和私人部门资金之和，这种设计影响企业方的资金投入（成本）构成——激励公司使用更多的自有资金和较少的公共资金以提高每单位信托资金的节能比率，从而提高其资金申请获批的可能性。]

要获得资助，所有提案还必须通过效益-成本测试，以确保资源得到有效利用。EM 2016 年的年度报告指出，在 2016 财年，大型企业电力项目的效益-成本比为 3.26，热能项目的效益成本比为 3.16，EM 所有电力项目和热能项目的效益-成本比则分别为 2.63 和 1.89。

EM 刺激的能源效率投资非常具有成本有效性。数据表明，节约能源的边际成本比购买能源低。换句话说，节能投资实际上降低了能源成本。较低的能源成本提高了参与公司的成本竞争优势，保障了就业机会，提振了当地经济，同时减少了导致气候变化的气体排放。

资料来源：The Regional Greenhouse Gas Initiative auction results website：www.rggi.org/market/co2_auctions/ results#state_proceeds（accessed June 19，2017）；Acadia Center.（2016）. Regional greenhouse gas initiative status report：Part I——measuring success. Available at：http://acadiacenter.org/document/measuring-rggi-success/（accessed June 19，2017）；Efficiency Maine（EM).（2016）. *FY2016 Annual Report*. Available at：www.efficiencymaine.com/docs/FY2016-Annual-Report.pdf（accessed on June 19，2017).

利用拍卖收入促进能效投资可以降低实现碳排放目标的成本。成本降低不仅是因为能源消耗减少（因此减少了碳排放），还因为能源需求下降降低了许可证的价格和电价。（你知道为什么吗？）

拍卖法改变了之前的赠予法，此改变的重要意义怎样强调也不过分。允许排污者在排放标准以下排污而不用付费购买污染权利（传统方法）意味着排污者已经拥有隐性的排污权，不需要为此付费。

与之相比，采取许可证拍卖方式的总量控制和交易计划意味着空气是属于全体公众的。向空气中排污的机构必须为获得这一稀缺权利付费。注意，对谁真正拥有大气产权的理解彻底改变了人们看待总量控制和交易政策的视角。

□ 对环境管制的变化做出响应

当外部环境发生变化而管理机构没有跟进决策时，收费制度和许可证制度的主要区别在于二者的响应方式不同。这方面的考虑非常重要，因为行政程序非常烦琐而且政策的改变通常很缓慢。[①] 我们考虑以下三种情况：排放源数量增加、通货膨胀和技术进步。

总量控制和交易计划下如果排放源数量增加，许可证的需求曲线就会右移。在许可证供应数量不变的情况下，许可证价格上升，控制成本也会上升，但排放量将保持不变。如果采取排污收费制度，管理当局没有新措施时，费率水平不变。这意味着现有污染源的排放数量不会因新排放源而改变。因此，新排放源可能会导致区域内水和空气的质量下降。因为需要考虑新排放源的控制成本，减排成本将会增加，但因为管制机构控制的排污数量较少，减排成本仍少于总量控制和交易计划下的减排成本。当经济不断增长时，许可证体系可以保证排放数量不增加。

在总量控制和交易制度下，控制成本发生通货膨胀将自动导致更高的许可证价格，但是在排污收费制度下，这将降低控制水平。实质上，如果名义收费不变，实际收费（经通货膨胀调整的名义收费）会随着通货膨胀而下降。

然而，我们不能一直认定收费制度控制污染的效果低于许可证制度。假设污染控制装置设计技术的进步降低了减排的边际成本。在总量控制和交易制度下，这会导致较低的许可证价格和较低的减排成本，但污染控制的总体水平不变。在收费制度下，控制总量实际上会增加（见图 14-5），以至于超过了总量控制和交易制度下的控制水平，此时后者的控制水平与成本下降之前的水平相同。

□ 不确定情况下的政策工具选择

收费制度和许可证交易制度的另一个显著区别是犯错成本。假设对于不同污染水平造成的损害和产生的预防成本，我们缺乏准确的信息，但又必须选择一个收费水平或许可证水平。在这种不确定的情况下，许可证制度和收费制度各自有什么优点？

答案取决于具体情况。许可证制度下的污染排放数量更确定，而收费制度下的边际控制成本更确定。许可证市场在满足环境标准方面更具确定性，但是在边际成本方面的确定性较低。当目标是总成本（损害成本和控制成本之和）最小化时，如果试错成本对于排放量变化的敏感性高于对边际控制成本变化的敏感性，许可证制度会是较好的选择。当控制成本更重要时，收费制度将是首选。什么时候会出现一种制度优于另一种制度的情况？

当边际损害曲线很陡而边际控制成本曲线很平缓时，排放量的确定性比控制成本的确定性更重要。实际排放量与预期排放量的较小偏差就会导致损害成本出现更大的偏差，而控制成本对于控制程度的变化不敏感。与收费制度相比，许可证制度更有利于避免损害成本的剧烈波动，出错成本更低。

然而，假设边际控制成本曲线很陡而边际损害曲线很平缓。污染控制程度的细微变化都会显著影响减排成本，但是对污染的损害程度影响不大。在这种情况下，收费制度能更精确地影响控制成本，损害成本波动带来的负面后果要小一些。

理论没有强大到可以帮助人们做出选择，需要实证研究帮助我们在具体情况下建立起政策偏好。

目前这些观点的一个有趣应用是控制加剧气候变化的各类气体。我们将在下一章看

---

① 尤其当改革涉及企业排污收费率发生变化时，这种情况就特别有可能出现。

到，边际成本曲线的形状对政策工具的选择很重要。对于最复杂的问题——温室气体来说，越来越多的科学证据显示气候对温度升高的反应可能是高度非线性的，且存在阈值或突变。这种科学认识说明损害对减排水平的敏感性更高，因此应该转向总量控制和交易手段（Keohane，2009）。这些情况表明，在面临不确定性时，无法确定许可证或收费哪个更好是普遍存在的，这取决于具体情况。

小结

本章我们建立了评估现行污染控制政策所需的概念性框架，讨论了许多不同类型的污染物，发现了政策背景的重要性。不同的政策适用于不同的情况。

累积性污染物造成最严重的跨期难题。商品的有效生产意味着其产生的累积性污染物能够随时间推移不断减少。理论上讲，当所有污染物实现循环利用时会达到一个临界点。超过这一点，环境中的污染物数量将不再增加。但是，除非长期内自然过程可以降解污染物，否则已经积累的污染物将持续损害环境。

我们将控制成本和损害成本之和最小时的污染物数量定义为有效率的基金污染物数量。根据这个定义，我们可以得到两方面的结论：(1) 不同区域的有效污染水平不同；(2) 除了一些特殊情况外，有效污染水平通常不为零。

污染具有典型的外部性，不论是累积性污染物还是基金污染物，市场产生的污染物通常高于有效数量。对于这两类污染物来说，这意味着高于有效水平的损害和低于有效水平的控制成本。过量的累积性污染物在环境中积累给当代人和后代人带来负外部性。

与自然资源稀缺时的情况不同，此时的市场不会自动改善逐渐积累的污染。试图单方面控制污染的工厂将处于竞争劣势。因此，污染控制中需要一些强有力的政府干预。

尽管理论上我们可以设计政策措施使每个污染源达到有效的污染水平，但实际操作非常困难，因为管理机构需要掌握的信息量非常庞大，几乎不可能实现。

成本有效性分析提供了走出这一困境的方法。对于均匀混合基金污染物来说，即使管制机构没有控制成本和损害成本的任何信息，只针对排放量的统一排放收费或许可证制度可以实现符合成本有效性的配置。除了巧合之外，统一排放标准不具有成本有效性。另外，与排放标准相比，排污权交易或者排污收费更能激励技术进步。

拍卖许可证或者征税可以增加收入是另一个重要特征。如果将排污收费或许可证拍卖的收入用于减少其他更具扭曲性的税收（如劳务税或者个人所得税），那么与不产生收入的政策相比，增收政策能够产生更大的社会福利。此外，至少从历史经验来看，通过免费赠予许可证或者税收返还的方式，把部分或全部收入返还给污染源有助于确保这一制度的实施获得政治支持。当然，用于这一目的的收入就不能再用于减少扭曲性税收或者降低许可证计划的累退性。

许可证和排污收费方式对污染源数量增长、通货膨胀、技术变化和不确定性的反应不同。我们将在后续章节中看到，一些国家选择排污收费，另一些国家则采用总量控制和交易。

讨论题

1. 史蒂文·凯尔曼（Steven Kelman）在《价格的激励》(*What Price Incentives?*) 一书中提到，从伦理的角度看，在环境政策中使用经济激励（如排污收费或排污权交易）是不合理的。他认为，将我们对环境的心理认知从神圣的保护地转变为可交易的商品会产生负面效应，这不仅影响我们对环境资源的使用方式，也影响我们对环境的态度。他的观点是把经济激励用于环境政策会弱化并降低人们一直以来对环境的珍视。

a. 请分析经济激励制度对穷人支付的价格、就业、污染控制法的守法速度的影响，并考虑一下凯尔曼的观点。与传统的管制手段相比，经济激励在伦理方面是更为合理还是更不合理？

b. 凯尔曼似乎认为由于排污许可证能自动防止环境恶化，因此从伦理上讲，它比排污收费更可取。你同意这一说法吗？为什么？

自测题

1. 两个工厂控制排放的边际成本分别为：$MC_1=200$ 美元$\times q_1$，$MC_2=100$ 美元$\times q_2$。其中 q_1 和 q_2 分别表示第一个工厂和第二个工厂的减排数量。假设在没有任何污染控制的情况下，每个工厂将排放 20 单位的污染物，或者说两个工厂一共排放 40 单位污染物。

如果总共需要减排 21 单位污染物，计算符合成本有效性的控制责任分配方式。

2. 假设管理机构想要通过排污收费制度实现第一个问题的目标。

a. 每单位排污费用应是多少？

b. 管制机构可以获得多少收入？

3. 在一个必须减排的区域，目前有 3 个污染源排放 30 单位的污染物，下表显示了三家企业的边际减排成本函数，说明了边际成本如何随减排数量的变化而变化。

企业减排数量	企业 1 边际成本（美元）	企业 2 边际成本（美元）	企业 3 边际成本（美元）
1	1.00	1.00	2.00
2	1.50	2.00	3.00
3	2.00	3.00	4.00
4	2.50	4.00	5.00
5	3.00	5.00	6.00
6	3.50	6.00	7.00
7	4.00	7.00	8.00
8	4.50	8.00	9.00
9	5.00	9.00	10.00
10	5.50	10.00	11.00

假设该区域需要减排 14 单位，计划采取总量控制和交易手段，将许可证拍卖给出价最高的竞标者。

a. 管制机构需要拍卖多少个许可证？为什么？

b. 假设没有市场力量，预计每家企业将购买多少许可证？为什么？

c. 假设需求等于供给，这些许可证的价格将是多少？为什么？

d. 如果管制机构决定采用排放税，而不是总量控制和交易，如果想要以符合成本有效性的方式实现 14 单位的减排目标，应该将税设定为多少？为什么？

补充读物

Baumol, W. J., & Oates. W. E. (1988). *The Theory of Environmental Policy*, 2nd ed. Cambridge:

Cambridge University Press. 这是一本外部性经济分析的经典著作，只有对多变量微积分非常熟悉的人才能理解。

Freeman，Jody and Kolstad，Charles D.（Eds.）.（2007）. *Moving to Markets：Lessons from Twenty Years of Experience*. New York：Oxford University Press. 这集合了 16 篇主要学者的论文，探讨了在转向以市场为基础的环境监管方面，可以从实际经验中吸取的教训。

Harrington，W.，Morgenstern，R. D.，& Sterner，T.（2002）. *Choosing Environmental Policy：Comparing Instruments and Outcomes in the United States and Europe*. Washington，D. C.：Resources for the Future. 它使用来自美国和欧洲的案例研究，对比了大西洋两岸直接监管和激励政策的成本与结果。

OECD.（1994）. *Environment and Taxation：The Cases of the Netherlands，Sweden，and the United States*. Paris：OECD. 它是为了一个更大的研究项目进行的背景案例研究，旨在发现财政政策和环境政策在多大程度上不仅可以兼容，而且可以相互加强。

Sterner，T. and Muller，Adrian（Eds.）.（2016）. *Environmental Taxation in Practice*，International Library of Environmental Economics and Policy. New York：Routledge. 本书聚焦实践中的环境税问题，收集了一系列主题，包括不同国家的比较和实施的关键方面。

Tietenberg，T.（2006）. *Emissions Trading：Principles and Practice*，2nd ed. Washington，D. C.：Resources for the Future. 本书考虑了利用排放交易来控制污染的演变过程，研究了这些项目在美国和国际上是如何实施的，并对过去 25 年来的成功、失败和经验教训进行了客观的评价。

更多的参考文献和重要的历史参考文献可在本书的配套网站查找：www. routledge. com/cw/Tietenberg。

附录 符合成本有效性的污染控制的数学意义

假设在没有控制的情况下，N 个污染者分别排放 u_n 单位的污染物。进一步假设在没有控制的情况下，某受点 R 的污染物浓度 K_R 为

$$K_R = \sum_{n=1}^{N} a_n u_n + B \tag{14.1}$$

其中，B 为背景浓度，a_n 为传递系数。假设 K_R 高于合法的浓度水平 Φ。因此，监管的问题在于为 n 个污染源分别选择具有成本有效性的控制水平 q_n。用数学式子表示为，最小化以下关于 N 个控制变量 q_n 的拉格朗日方程式：

$$\min \sum_{n=1}^{N} C_n(q_n) + \lambda\left[\sum_{n=1}^{N} a_n(u_n - q_n) - \Phi\right] \tag{14.2}$$

其中，$C_n(q_n)$ 指第 n 个污染源达到控制水平 q_n 时的成本，λ 是拉格朗日乘数。

通过对式（14.2）中的 λ 和 N 个 q_n 求微分，得到：

$$\frac{\partial C_n(q_n)}{\partial q_n} - \lambda^* a_n \geqslant 0, \quad n = 1, \cdots, N \tag{14.3}$$

$$\sum_{n=1}^{N} a_n(u_n - q_n) + B - \Phi = 0 \tag{14.4}$$

解这些方程式得到 N 维向量 q^0 和标量 λ^*。

注意，这一公式适用于均匀混合污染物和单一受点的非均匀混合污染物。在均匀混合的案例中，所有的 a_n 都等于 1，意味着对于所有承担控制责任的排放者来说，边际控制成本是相等的（一些排放源控制第一单位排放的边际成本超过其达到目标所需的边际成本，除此以外，对于其他排放源来说，前 N 个方程式是等价的）。对于单一受点的非均匀混合污染物来说，具有成本有效性的控制责任分配可以确保任意两个排放者的边际控制成本之比等于其传递系数之比。对于 J 个受点的情况来说，λ^* 和 Φ 都是 J 维向量。

□ 政策工具

λ 在每个政策情境中具有特定的意义。如果采取排污权交易，它就是市场出清时的许可证价格。在均匀混合的情况下，λ 表示授权一单位排放的许可证的价格。而在非均匀混合的情况下，λ 则是授权受点污染浓度提高一单位的许可证价格。在有税收的情况下，λ 则表示具有成本有效性的税率。

注意，当许可证价格或者税率等于 λ 时，工厂如何选择排放控制水平？每个工厂都想要实现成本最小化。假设每个工厂得到 Ω_n 个许可证，此时管理机构要确保对于这个集合的所有排放者

$$\sum_{n=1}^{N} a_n \Omega_n + B = \Phi \tag{14.5}$$

每个工厂想要

$$\min C_n(q_n) + P^0[a_n(u_n - q_n) - \Omega_n] \tag{14.6}$$

要使成本最小化，应选择满足如下条件的 $q_n(q_n^0)$：

$$\frac{\partial C_n(q_n)}{\partial q_n} - P^* a_n = 0 \tag{14.7}$$

这个条件（边际成本等于减少一单位浓度的价格）适用于 N 个工厂。因为 P^* 等于 λ^*，且管制机构选择的许可证数量能保证满足环境标准，所以这一配置符合成本有效性。同样，用具有成本有效性的税率 T^* 代替 P^* 也会得到同样的结果。

第15章 固定源的局地和区域空气污染

“只要新事物与旧事物完全一样，人们就会以非常开放的思想去对待新事物。”

——查尔斯·F. 凯特灵（美国工程师，电子启动器的发明者，1876—1958）

（Charles F. Kettering，American engineer，inventor of the electric starter，1876—1958）

引言

实现和保持空气清洁是一项极其艰巨的政策任务。例如，美国控制了约 27 000 个空气污染重点固定源和无数个小污染源。众多截然不同的生产过程排放不同类型的污染物，由此造成的损害范围或小或大，小到影响植物和人类的微小变化，大到改变地球气候。

应对空气污染问题的政策体系正不断改进。《1970 年清洁空气法修正案》提出了一个大胆的新政策方向，并在随后的相关法案中予以保留和完善。1970 年的修正案显著增强和扩大了联邦政府的直接责任。美国环保署（EPA）成立于 1970 年，旨在执行并监管全国大气污染物排放控制这一大规模尝试。美国环保署针对移动污染源和固定污染源分别出台了相应的控制方案。

常规污染物

常规污染物是相对比较常见的物质，几乎存在于全国所有地区的空气中。根据科学研究结果，这类污染物只有达到很高的浓度时才会产生危害。《1970 年清洁空气法修正案》要求美国环保署编制各类“标准文件”，为这类污染物制定可接受的浓度标准，因此，美国将这类污染物称为“标准污染物”。这些文件总结和评估了有关常规污染物各种健康和环境影响的现有研究。20 世纪 70 年代，空气污染控制的重点是标准污染物。

□ 命令控制型政策框架

第 14 章从理论层面描述和分析了一些控制污染的方法。传统的空气污染控制方法就是“命令控制”（command-and-control，CAC），主要依赖于排放标准。本节将概述这种方法的具体特点，从效率和成本有效性的角度分析该方法的缺陷，并说明基于第 14 章的逻辑出台的一系列改革是如何纠正这些缺陷的。

控制每种常规污染物的第一步是设定国家环境空气质量标准（National Ambient Air Quality Standards，NAAQS）。所有地方的空气质量都应达到 NAAQS 标准，在实际操作中，美国环保署在许多地点监测空气质量。

空气质量标准设定了某一具体时段户外空气污染物平均允许浓度的法定上限。我们根据长期平均值（通常为一年）和短期平均值（例如 3 小时）定义多数污染物的允许浓度。短期平均标准通常要求一年内超过短期平均允许浓度的次数最多为一次。污染控制成本对短期平均污染物浓度水平反应敏感。

美国定义了两种环境标准。一级标准是为了保护人类健康。一级标准为优先制定标准，规定的达标期限最短。所有污染物都有一级标准。法律要求一级标准设定的浓度水平必须足以保护最敏感的人群，而无须考虑控制成本。

二级标准是为了保护人类福利的其他方面免受污染物单方面的影响。目前，美国仅有三个单独的二级标准——分别针对二氧化氮、氧化硫和细微颗粒物。对于其他一些污染物，一级标准和二级标准允许的浓度水平相同。二级标准的目的是保护美学（特别是可见度）、物质实体（房屋、山脉等）和植被。若存在单独的二级标准，则必须同时满足一级标准和二级标准。[①]

美国环保署负责制定空气质量标准，各州控制机构负责执行标准。各州通过编制和执行州实施计划（state implementation plan，SIP）履行职责，SIP 的实施必须得到美国环保署批准。SIP 将一个州分成若干不同的空气质量控制区域，跨州界区域则需编制特别的控制计划，如纽约这样的大都市。

SIP 为每个控制区域规定了实施程序和时间表，以确保达到当地空气质量标准并减轻当地污染物对其他州的影响。各个控制区域所需的控制程度取决于污染问题的严重性。该计划将所有未在最后期限内达标的区域认定为非达标区域。

通常控制新污染源比控制现有污染源更容易且成本更低，因此《清洁空气法》制定了新污染源评估（New Source Review，NSR）计划。这项计划要求达标和非达标区域内的所有新建重点固定源（包括正在进行重大改建的项目）必须获得运行许可证。许可证要求污染源符合特定的标准（非达标区域标准严于达标区域）。这项计划的理论基础是在逐步淘汰老旧的高污染工厂时，确保新的替代工厂污染排放大幅降低。正如讨论 15.1 所述，新污染源评估计划引起了一些争议。

讨论 15.1☞ 通过新污染源评估计划瞄准新污染源是政策完善的要求吗?

新污染源评估计划的特点之一是它要求正在进行重大改建（不仅仅是常规维护）的大型固定污染源必须满足与新污染源同样严格的标准。常规维护不需要采用更严格的控制技术。由于该计划不包括常规维护，许多老旧工厂为避免重大改造后的更高排放标准

① 具体标准见网站：www.epa.gov/criteria-air-pollutants/naaqs-table（accessed June 9，2017）。

而从未升级。长此以往，这些老旧工厂的排放占总排放的比例越来越大。

一种应对措施是对私营企业采取执法行动，如美国东南部和中西部那些拥有和运行燃煤电厂的众多电力公司。一些法律诉讼指出，早应淘汰的这些工厂在“常规维护”政策的保护下经过改造，延长了运营时间。利用常规维护政策的豁免性延长老旧企业运转，违背了用现代低污染工厂替代老旧工厂来改善空气质量的原则。

新污染源评估计划的反对者认为这一计划与目标适得其反，导致空气质量恶化而非改善，因此应当取代这项计划，而不是更严格地执行它。根据反对者的观点，新污染源评估计划不仅阻碍了对新清洁技术的投资，还会阻碍企业充分维护发电设备以免引发重大改建。他们认为，解决办法是利用总量控制和交易政策建立一个公平竞争的环境，让所有电力企业（新企业和已有企业）都面对同样的排放限制。根据这项新政策，电力企业所有人将采取投资和/或报废战略，以最低成本实现所需的减排。总量控制和交易政策创造的新激励机制协调了私人目标和社会目标，人为推迟工厂关闭不再具有任何经济意义。

资料来源：Stavins，R.（2006）．Vintage-differentiated environment regulation. *Stanford Environmental Law*，25（1），29－63.

□ 命令控制型手段的效率分析

效率原则要求环境标准允许的浓度水平满足边际成本等于边际效益。为确定现行标准是否有效率，应该了解标准制定过程中的五个方面：（1）阈值概念，这是空气质量标准设定的基础；（2）标准等级的设置；（3）选择统一标准还是更适合区域特点的标准；（4）污染排放的时间安排；（5）标准设置过程中未考虑人类在污染空气中的暴露程度。

阈值概念。《清洁空气法》禁止权衡成本和效益，因此必须引入其他替代准则设定标准。衡量一级（健康相关）标准的准则是“健康阈值”。原则上，阈值的设定应保证足够的安全度，只要空气质量不低于标准，任何人群都不会遭受任何不利的健康影响。这种方法假定存在一个阈值，低于这个水平的浓度不会对健康产生不利影响。

若阈值概念是正确的，那么阈值以下浓度的边际危害函数为零，高于阈值的边际危害函数为正值。实际上，最新的研究证明情况并非如此。低于空气质量标准的污染水平也可能产生不利的健康影响。不会对普通人群（当然特别包括易感人群）产生不利健康影响的标准可能是零或接近零，这种标准显然低于目前的空气质量标准。标准要实现的控制效果和实际效果存在很大的差异。

环境标准的等级。缺乏防御性健康阈值使分析复杂化（见讨论 15.2）。因此必须引入一些其他准则以决定空气质量标准水平。效率原则要求标准的设定应实现净效益最大化，纳入对成本和效益的考虑。

讨论 15.2　空气标准中有关颗粒物和雾霾的争论

在对空气环境质量标准的一次定期审查中，美国环保署提出现行的臭氧和颗粒物标准未能有效保护 1.25 亿美国人，其中包括 3 500 万名儿童。据估计，更严格的标准每年能减少 100 万例严重呼吸道系统疾病和 1.5 万例过早死亡。

由于守法成本非常高，因此这个提案引起争议。由于在选定的浓度水平上不存在健康阈值（在某些严于提议标准的浓度水平下也会产生一些健康影响），并且法律禁止美国环保署使用成本-效益分析工具。面对法律上的挑战，美国环保署难以从稍严或稍松的标准中捍卫所选标准的优越性。

关于这个问题的裁定，哥伦比亚特区联邦上诉法院推翻了提案。由三个法官组成的陪审团以 2∶1 的裁定结果否决了美国环保署设定标准水平的方法：

> 美国环保署在颁布国家空气质量标准时依据《清洁空气法》违反了宪法赋予其的立法权……尽管美国环保署在决定不同的臭氧和颗粒物水平对公共健康的影响程度时采用的分析因素是合理的，但美国环保署似乎没有阐述任何“可理解的原则”来引导其应用这些因素……以至于美国环保署的政策判断是可以在 0 至微低于伦敦杀人烟雾（London's Killer Fog）浓度水平之间自由选择一点作为空气质量标准。

尽管美国最高法院最终推翻了这一威胁到美国环保署权力的判决，但因缺乏令人信服的健康阈值而造成的困境依旧存在。

现行政策制定空气质量标准时明确不考虑成本因素。如果在制定空气质量标准的过程中禁止考虑影响结果的一个关键因素，我们很难想象这会产生一个有效率的政策效果！

糟糕的是，第 4 章中已经详细讨论过目前的效益衡量方法并不足够可靠，因此也难以可靠地确定有效水平。例如，美国环保署对《清洁空气法》的一项早期研究发现，《清洁空气法》在 1970 年至 1990 年期间实现的货币化效益总额在 5.6 万亿～49.4 万亿美元之间，中值为 22.2 万亿美元。这是一个很大的不确定性区间。

该研究进一步指出，货币化效益的估计中由于排除了许多效应（例如，有毒空气的影响、生态系统影响和对人类健康的众多影响），可能大大低估了 22.2 万亿美元的效益中值。

美国环保署的估计值表明人们应该相信美国政府介入空气污染控制领域具有经济合理性，但是它们没能提供任何证据表明现行政策是或曾经是有效率的。

统一性。相同的一级和二级标准适用于全国各地。制定标准时未考虑不同区域的暴露人数、当地生态敏感性或守法成本等因素，这些因素都会对标准的有效性产生一些影响，因此，效率原则要求不同地区应采用不同标准。统一的环境标准与有效配置污染控制资源的要求不符。空间差异化标准以控制水平为目标，反映污染所造成的危害，从而每单位减排成本可以带来更多的损害削减，但人口密度较低的地区将面临更糟糕的空气质量。空间尺度上差异化的标准是有效率的，但它们对农村地区公平吗？这就是政策难题。

污染排放的时间表。标准污染物的环境浓度重要，排放的时间也重要。同一时间大量排放和同一地点大量排放一样麻烦。逆温环境阻止了污染物的正常扩散和稀释，由此产生的浓度水平非常危险，这种相对罕见但极具破坏性的情况引起了对污染排放时间的关注。应该如何处理这些情况？

从经济效率的角度分析，最明显的方法是根据环境状况调整控制程度。当（且仅当）大气流动性较弱时，应实施最严格的控制措施，而在正常环境下可以采用较宽松的控制手段。不允许间歇性控制，只采用不变的控制程度会大大提高守法成本，特别是在所需控制程度很高的情况下。然而，《清洁空气法》反对间歇性控制的强硬立场排除了采用这种方案的可能性。

浓度与暴露度。现行空气质量标准是根据户外空气中的污染物浓度制定的，但健康影响与人们暴露于污染物的程度密切相关。暴露程度不仅取决于人们所在地点的空气污染物浓度，还取决于暴露人数和在每个地点停留的时间。由于在美国人们只有10%的时间在户外活动，因此，在制定相关政策减少污染物的健康风险时，室内空气质量显得尤为重要。到目前为止，尽管室内空气污染具有明显的重要性，但人们对它的关注却很少。①

□ 命令控制型手段的成本有效性

尽管实证研究很难确定空气质量标准的无效率程度，但确定其成本有效性相对容易。虽然我们不能借助成本有效性分析某一特定空气质量标准是否有效率，但可以知道是否以尽可能最小的成本满足空气质量标准。

第14章的理论清楚地表明命令控制型手段通常不具有成本有效性，但没有表明命令控制型手段偏离成本最小化状态的程度。若偏离程度很小，改革的支持方可能无法克服安于现状的惰性情绪。若偏离程度很大，改革的可能性会较大。

命令控制型手段的成本有效性取决于当地环境状况，例如气象条件、污染源的空间分布、烟囱高度，以及成本随控制量变化的程度。目前已经建立了几个适用于不同大气环境中各种污染物的模拟模型来处理这些复杂情况。其中绝大多数研究发现，与符合成本有效性的手段相比，命令控制型手段的成本要高得多。②

如案例15.1所示，德国控制二氧化硫的命令控制手段确实不符合成本有效性，但这不是传统原因造成的。

❖案例15.1　德国控制二氧化硫（SO_2）排放的命令控制型手段

德国和美国控制SO_2排放的手段完全不同。美国采用总量控制和交易，德国则采用传统的命令控制型手段。理论上美国的方法具有较高灵活性，可以以相当低的成本实现其目标。实践经验表明确实如此，但原因要比人们想象的更加复杂。

德国的SO_2排放导致大面积的森林（雨林）死亡，因此德国的压力是要在相对较短的时期内大规模减少大型化石燃料燃烧所排放的SO_2。控制程度和规定的达标期限都

---

① 目前多数州已经通过立法要求在公共场所设立“禁烟”区域，保护非吸烟群体。这是对室内污染重要的政策回应。

② 有关这些研究的描述和结果来源见 Tietenberg，T. H.（2006）. *Emissions Trading：Principles and Practice*，2nd ed. Washington，D. C.：Resources of the Future，pp. 55－60。

非常严格。

严格的目标和期限意味着污染源在控制排放上几乎没有灵活性。但凡有一项技术能够满足控制要求，所有受到管制的污染源都必须安装这项技术。即使允许各个公司在设备安装后可以进行排污权交易，但在交易前各个公司的边际成本已经非常相近。由于交易的目的是使所有边际成本相等，大致相同的边际成本使交易能够节省成本的空间很小。

研究发现德国控制体系的成本劣势不是来自不相等的边际成本，而是来自命令控制型法规缺乏时间灵活性，正如 Wätzold（2004）所述：

> 德国各地的大型燃烧厂几乎同时安装脱硫设施，导致设备需求剧增，其价格也快速上涨。此外，由于德国缺乏必要技术的使用经验，还未获得任何学习效应；……在整个发电行业引入该系统前，应该了解其可能的缺陷……所有发电站都必须进行补救。(p. 35)

这与美国的硫许可交易计划有很大的不同。在美国控制体系下（本章后面将详细描述），可以储蓄许可证以备后期使用激励了一些企业更早达到减排目标。分阶段的达标限期并不要求所有企业同时达标，赋予了安装减排控制设备的时间灵活性。

资料来源：Wätzold，F. F.（2004）. SO_2 emissions in Germany：Regulations to fight Waldsterben. In W. Harrington，R. D. Morgenstern，& T. Sterner（Eds.），*Choosing Environmental Policy：Comparing Instruments and Outcomes in the United States and Europe*. Washington，D. C.：Resources for the Future，23 - 40.

□ 空气质量

每年，EPA 使用美国各地监测站的数据发布污染物排放趋势。表 15 - 1 显示了 1980 年至 2015 年各类污染物的减排情况。注意每种污染物都有所改善，并且一些污染物的改善情况非常明显。

表 15 - 1　美国排放量变化百分比（%，1980—2015 年）

	1980 年 vs 2015 年	1990 年 vs 2015 年	2000 年 vs 2015 年
一氧化碳（CO）	−71	−65	−50
铅（Pb）	−99	−80	−50
氮氧化合物（NO_X）	−58	−54	−49
挥发性有机化合物（VOC）	−54	−41	−19
PM_{10}	−57	−17	−14
$PM_{2.5}$	—	−24	−32
二氧化硫（SO_2）	−86	−84	−77

资料来源：www. epa. gov/air-trends/air-quality-national-summary. Accessed June 9，2017.

美国经验是否具有普遍意义？世界范围内的污染正在减少吗？世界卫生组织和联合国环境规划署下属的全球环境监测系统（Global Environmental Monitoring System，GEMS）负责监测全球空气质量。仔细研究其报告表明，美国经验适用于工业化国家，这些国家的污染总体上都有所减少（包括排放和室外空气质量两个方面）。

然而，多数发展中国家的空气质量持续恶化，那些暴露于不健康污染水平下的人数往往很多。[①]由于这些国家通常要努力为其国民提供足够的就业机会和收入，因此无法将大量资金浪费在低效率的环境政策上，特别是如果这种低效率往往牺牲穷人的利益补偿富人的需求。因此，必须找到适用于发展中国家的、具有成本有效性且比较公平的空气质量改善方法。

基于市场的手段

幸运的是，目前不仅存在更具成本有效性的方法，而且这些方法正在被使用。由于全球各地已经采用多种形式的方法，我们可以从实施情况中总结一些经验。

□ 排污收费

经济学家通常将污水或排污收费分为两类。第一类是符合效率的收费，促使污染者对其造成的所有损害做出完全赔偿。第二类是符合成本有效性的收费，以尽可能低的控制成本达到事先预定的空气质量标准或总排放水平。

日本采取的排污收费是基于人类健康损害的。四大公害事件要求日本企业必须向受害者赔偿污染造成的危害，1973 年日本通过了《污染健康损害赔偿法》。根据该法，凡是经医疗、法律及其他专家组成的委员会认证患有指定疾病的受害者，都有资格获得医疗费用、收入损失和其他费用补偿；但无权申请其他诸如疼痛、折磨等损失的补偿。如下两类疾病可依法获得补偿：具体来源相对明确的指定疾病和假定所有污染者都应承担一定责任的非特定呼吸系统疾病。

受害者的补偿资金主要来源于二氧化硫排污收费和机动车重量税。收费/税收水平取决于所需的补偿资金规模。

在总量控制和交易制度下，许可证价格会随市场条件变化自动调整，与此不同的是，行政程序决定排污收费标准。如果收费是为了某一特定目标筹集收入，收费率将由达到特定目标所需的成本决定；如果达到目标所需的成本上升，收费水平也应提高以保证额外的收入来源。[②]

有时这个过程会出现一些意想不到的变化。例如，日本依据前一年向空气污染受害者支付的赔偿金数额确定收费标准。当赔偿金数额增加时，污染物排放数量（收费依据）是下降的，因此，为了确保为赔偿筹集足够的收入，收费水平高得离谱，这又对企业减

---

① 例如，以二氧化硫为例，GEMS 研究估计，世界上仅 30%～35%的人口生活在空气清洁度不低于世界卫生组织指导准则推荐标准的地方。

② 理论上增税会减少收入（取决于污染削减的需求弹性），但通常情况并非如此。

排产生了相当大的激励。

1986 年修订该法律，变化之一是将资金用于污染治理研究、支付污染相关疾病的医疗费用以及向公众宣传研究成果。

□ 排污权交易

在早期的污染控制阶段，地方政府信守"稀释是解决手段"这一信条。在实际应用中，这个信条意味着需要建立高高的排放烟囱来控制局地污染物。根据这一理论，高空排放的污染物沉降到地面时，浓度会大大稀释，从而更容易达到附近监测点的空气质量标准。

20 世纪 80 年代末，美国已经清醒地认识到，《清洁空气法》不适合解决区域污染物的问题。如何修订法律来更好地应对区域污染物（如酸雨）是政府须首要解决的问题。

从政治角度来看，这是一项极其艰巨的任务。由于这些污染物可以通过高高的烟囱远距离传输，因此遭受污染物危害的地理区域往往并不是排放大量该污染物的地理区域。在很多情况下，污染的受害者和排放者甚至都不在同一个国家中！在这种政治背景下，不令人意外的结果是，承受污染危害的地区要求大规模快速减排，而承担减排成本的地区则更加谨慎并希望减缓减排进程。

经济分析有助于在错综复杂的政治诉求中找到一条可行路径。特别是在 1986 年，美国国会预算办公室（Congressional Budget Office，CBO）的一项研究通过量化各种行动的结果确定了针对上述争论的参数。美国以 1980 年的工厂排放水平为基准，设计了将二氧化硫减排 800 万吨到 1 200 万吨的多个方案，在考虑相关电厂排放量、电厂成本和煤炭市场供需水平的条件下，美国国会预算办公室利用一个基于计算机的仿真模型分析了各种方案的经济和政治结果。

分析的第一个结论是，额外控制的边际成本将迅速增加，尤其是在减排 1 000 万吨之后。据估计，减排 800 万吨时，每吨二氧化硫的减排成本是 270 美元；减排 1 000 万吨时，每吨二氧化硫的减排成本上升到 360 美元；减排 1 200 万吨时，每吨二氧化硫的减排成本高达 779 美元。随着减排目标提高，需要依赖更加昂贵的二氧化硫净化设备，减排成本急速上升（在含硫气体进入大气之前，净化器通过化学反应脱硫）。

第二个结论应该不会让读者感到惊讶，即与命令控制型政策相比，排污收费更具有成本有效性。在减排 1 000 万吨的目标下，命令控制型政策的成本是 360 美元/吨，而排污收费方案的成本是 327 美元/吨。排污收费的优越性在于它可以实现边际成本相等，而这是成本有效性的必要条件。

尽管排污收费可能是最具成本有效性的政策，但它不是最受欢迎的政策，特别是在那些有许多老旧重污染电厂的州。在排污收费政策下，排污企业不仅要购买更昂贵的减排设备，支付更高的运营成本，而且必须为剩余未控制的排放量支付排放费用。在排污收费政策下，企业控制酸雨将面临巨大的额外财务负担。在命令控制型政策下，电力企业需支付 32 亿美元以实现 1 000 万吨减排目标，与之相比，排污收费政策下，电力企业需要承担 77 亿美元的财务负担。由于排污收费政策更具成本有效性，较低的设备投资和运行成本节省了大量费用，但这部分费用远远小于企业支付排污费用所带来的额外支出。二氧化硫许可证交易计划解决了额外财务负担造成的政治困境。作为《1990 年清洁空气法修正案》的一部分，该方法旨在补充而不是取代传统方法。

该计划将硫氧化物排放许可证分配给较老的排硫电厂。该计划严格限制许可证数量，以确保 2010 年的排放量同 1980 年相比减少 1 000 万吨。

每个许可证提供了允许在特定年度排放 1 吨二氧化硫（SO_2）的有限授权，未使用的许可证可以转入下一年。排放源之间可以转让许可证。任何超量减排的电力企业可以将未使用的许可证转让给其他企业。法律规定任何企业的排放量都不能超过许可证（分配的许可证加交易获得的许可证）所允许的排放水平。每年年终审计排放额同配额是否持平。如果企业的排放量超过了其所持的排放配额，必须支付“超额排放”罚款，并在下一年度扣减等量的排放配额（等于超额排放量）。每年根据通货膨胀调整财政罚款。

该计划的一个关键创新是创建了许可证拍卖市场。美国环保署每年都会从分配的许可证中预留 2.8%投入许可证拍卖储备，这些许可证将会进行密封投标拍卖。出价最高的竞标者可以得到这些配额，拍卖成功的买家需要支付其出价（而不是市场出清价格）。拍卖所获的收入将按一定比例返还给那些扣减配额的企业。这种拍卖机制的主要优势在于使得许可证价格公开透明，投资者可获得更多信息，有利于推动其执行商业投资策略。

私人配额持有者也可以在拍卖市场中出售配额。潜在出售方详细指定可接受的最低价格。一旦发放完预留的配额，美国环保署就会将当前最高出价和出售方可接受的最低价格进行比较，并匹配买卖双方，直到剩余所有出价的总和低于剩余可接受的最低价格。

这项计划表现如何？在多数情况下其表现都相当不错，但也会出现不可预料的影响（见案例 15.2）。

案例 15.2　硫许可证计划 20 年历史回顾

2013 年发表的事后分析对硫许可证计划进行了详细的回顾性评估，并得到如下结论：

● 这项计划有效保护了环境，从 1990 年到 2004 年，尽管同期燃煤电厂的发电量增加了 25%，电力行业的二氧化硫排放量减少了 36%。

● 这项计划的长期年度排放目标在执行早期就已经实现。该计划最初的重点是生态效益，但实际效果并不理想，扭转生态系统酸化的时间比预期要长。回顾过去，该计划 95%以上的效益与生态影响无关，而由于减少了二氧化硫排放带来的空气中的硫酸盐颗粒物水平，从而大大改善了人体健康。

● 有效的惩罚和持续的排放监测保证了守法水平接近 100%。

● 一些证据表明，减排成本的跨期配置（通过许可证银行）至少接近有效。

● 与传统命令控制型手段相比，这部法案显然更具成本有效性，节约的费用大于法案颁布之前的期望值，且降低的成本绝大部分出于一件未能预料的事情——20 世纪 70 年代末和 80 年代初放松对铁路运费的管制。这一事件明显早于 1990 年该计划的颁布，它使得更多的低硫煤以更低的价格向东输送。

● 2011 年 7 月，《跨州空气污染条例》是由法院裁决产生的一部不同于以往的法规，将交易限制在州内，从而排除了具有成本有效性的州际交易。二氧化硫市场崩溃，许可证价格降至历史最低水平。

● 作者提到了这段历史中具有讽刺意义的事情：

● 尽管从罗纳德·里根（Ronald Reagan）总统到乔治·W. 布什（George W. Bush）总统的共和党政府倡导和实施了这项基于市场的具有成本有效性的政策创新（总量控制和交易制度），但近些年来，保守的共和党政客已经开始妖魔化这项计划。

● 最终，法院的判决和奥巴马政府随后的回应导致了二氧化硫市场崩溃，这也说明政府给予的东西，政府也会拿走。

资料来源：Schmalensee，R. & Stavins，R. N. （2013）. The SO_2 allowance trading system：The ironic history of a grand policy experiment. *Journal of Economic Perspectives*，27（1），103－122.

自硫许可证计划实施以来，其他国家也实施了许多其他形式的总量控制和交易计划。这些项目进展如何？Schmalensee 和 Stavins（2017）两位经济学家经历了这一制度的发展，回顾了发展的经验。他们以谨慎但积极的评价对其进行了回顾和总结：

> 总的来说，我们已经发现，如果我们合理设计并恰当实施“总量控制和交易”体系，就能够以具有成本有效性的方式实现其核心目标，即达到有针对性的减排标准。但问题在于细节、系统的设计和运行的经济环境非常重要。

主要警告如下：

● 一些成功可以归因于计划以外的因素。一个例子是案例 15.2 提到的，在硫许可证计划实施过程中及时放松铁路管制。另一个例子是水力压裂法的出现，水力压裂法使低成本的天然气更易获得，因此我们能够以比其他方式更深入、更便宜的方式实现第 17 章《区域温室气体倡议》所提出的碳减排目标。

● 要想从许可证交易中获得最大收益，许可证银行的储备非常重要。缺乏许可证储备可能导致价格飙升和崩溃。

● 排放的总量控制水平通常取决于预期排放量。经济状况变化能够将排放量大幅降至预期水平以下，此时上限不再具有约束力，也能增加排放量至预期水平以上并推高许可证价格，以至于在政治层面难以推行如此高昂的价格。我们在第 17 章可以看到更多细节，经济学家已经提出了一种方法来应对这一挑战，即将所谓的价格约束纳入设计。价格约束通过结合拍卖价格的上下限来减少价格波动。

小结

虽然工业化国家的空气质量有所改善，但发展中国家的空气质量仍旧持续恶化。历史上，空气污染控制一直基于传统的命令控制型手段。虽然该手段减少了排放，但既没有效率，也不具备成本有效性。

命令控制型政策之所以缺乏效率，部分原因是它基于一种法律上的假设，即低于某一特定浓度阈值的污染水平不会危害人们的健康。事实上，低于空气质量标准的污染水平也会造成损害。敏感人群

（例如患有呼吸道系统疾病的人们）特别容易受到危害。由于缺乏一个科学的健康防范阈值，我们难以在不考虑控制成本的情况下制定标准体系。

此外，传统政策没有充分考虑污染物的排放时间问题。由于现行政策目标并未考虑在损害最大的时间采取最大程度的控制措施，导致高损害时间的控制程度较弱，而低损害时间的控制程度较强。现行政策也未充分关注室内空气污染，至少在发达国家，室内空气污染对健康的威胁可能比室外空气污染更大。更糟糕的是，由于现有福利估计的置信区间都很大，因此难以精确测量政策引起的低效率程度。

传统控制政策也不具有成本有效性。减排责任在排放者之间的配置方式导致控制成本通常比实现空气质量目标所需的成本高出几倍，对不同地理环境下不同污染物的研究已经证实了这一点。

由于市场手段可以提供具有成本有效性的经济激励，因此传统手段最近向市场手段转变。市场手段能够以更加灵活的方式实现空气质量目标，不仅减少了控制成本，也缓解了经济增长和空气质量保护之间的冲突。

环境管制对于环境友好型技术的扩散有什么影响？是否有证据说明正在发展和使用减少环境影响的新技术？案例 15.3 认为，对于氯碱工业而言，答案是肯定的，但是，正如在前面案例中所看到的那样，与仅观察所有企业采用新技术相比，探讨技术如何扩散要更加复杂。

案例 15.3　氯碱制造业的技术扩散

世界上氯碱工业主要依靠三种类型的电池进行生产：水银电池、隔膜电池和离子膜电池。一般来说，水银电池技术的环境风险最高，其次为隔膜电池技术。

在过去的 25 年中，水银电池技术占总产品的份额从 22%降为 10%；隔膜电池技术占总产品的份额从 73%降为 67%，而离子膜电池技术从不到总产品份额的 1%上升为 20%。

环境管制发挥了什么作用？人们通常认为，在环境管制的刺激下，氯碱制造业会逐步采用环境友好型生产技术。但是情况并非如此。相反，环境管制使得氯碱用户转向使用不含氯碱的漂白剂来保护自身利益，从而减少了对氯碱的需求。需求下降迫使许多生产者关门停产，而那些仍在运营的工厂，绝大多数采用了更清洁的离子膜电池技术。

资料来源：Snyder，L. D.，Miller，N. H.，& Stavins，R. N.（2003）. The effects of environmental regulation on technology diffusion：The case of chlorine manufacturing. *American Economic Review*，93（2），431－435.

由于污染的影响范围超出了行政边界，实施综合的、具有成本有效性的控制手段将会面临更大的政治困难。跨越行政边界的污染物会产生外部成本，无论是排放国还是遭受排放影响的国家都没有适当的动机来制定有效的控制措施。

酸雨问题便是佐证。在 1990 年之前，美国的《清洁空气法》重点关注局地问题。为了控制局地污染，州政府要求安装高烟囱来稀释落到地面的污染物浓度。在这个过程中，很大一部分排放物跨区域传输，到达距离排放点数百英里以外的地面。只关注局地控制使区域污染问题更加严重。

解决酸雨问题非常困难，因为承担进一步控制成本的主体并不是享受污染控制效益的主体。以美国为例，中西部和阿巴拉契亚山脉各州的反对推迟了有关酸雨的立法进程，这些障碍包括：污染控制导致的更高电价；高硫煤采矿企业的大量失业产生的就业影响。

《1990 年清洁空气法修正案》出台的硫许可证交易计划克服了这些障碍。该计划首次明确设定了电厂的总排放量上限，并且以更灵活、更具成本有效性的方式减排至上限规定的总量水平。

讨论题

1. 有效地控制有害污染物应该考虑暴露程度——暴露于给定污染物浓度的人数越多，相应产生的损害就越大。因此在其他条件相同的情况下，造成损害最小的浓度是有效的控制水平。另一种观点认为，这项政策并没有公平对待所有公民。基于这种观点，公平要求所有公民都应受到相同安全浓度阈值的保护。请分析每种方法的优势和劣势。你认为哪种方法最好？为什么？

2. 如果你负责设计一个具有成本有效性的污染控制政策，你会选择基于排污收费还是排污权交易的方法？为什么？

自测题

1. 对每一单位排放征收相同的税率，是否能够产生具有成本有效性的污染控制责任分配方式？你的答案取决于环境目标是总体减排还是达到环境标准？为什么？

2. 假设排污权交易计划按照排放者的历史排放量免费分配排污许可证，这种分配方案是否符合成本有效性原则？你的答案是否取决于这种分配方案实施之前的宣传情况？

补充读物

Ando，A. W.，& Harrington，D. R.（2006）．Tradable discharge permits：A student-friendly game. *The Journal of Economic Education*（JEE），37（2），187－201. 这是一个课堂练习，旨在提高对可交易许可如何起作用的理解。

Blackman，A.（2010）．Alternative pollution control policies in developing countries. *Review of Environmental Economics and Policy*，4（2），234－253. 这篇文章回顾了发展中国家越来越倾向于尝试用其他方法来控制污染的有效性。

Harrington，W.，Morgenstern，R. D.，& Sterner，T.（Eds.）（2004）．*Choosing Environmental Policy：Comparing Instruments and Outcomes in the United States and Europe*．Washington，D. C.：Resources for the Future. 这是一项比较欧洲和美国在控制污染中使用直接监管和经济激励的相对有效性证据。

Hendrick，W.，& Perry，L.（2010）．Policy monitor：Trends in clean air legislation in Europe：Particulate matter and low emission zones. *Review of Environmental Economics and Policy*，4（2），293－308. 这篇文章描述了欧洲关于清洁空气立法的最新发展，重点是颗粒物（PM）。

Hubbel，B. J.，Crume，R. V.，Evarts，D. M.，& Cohen，J. M.（2010）．Policy monitor：Regulation and progress under the 1990 Clean Air Act Amendments. *Review of Environmental Economics and Policy*，4（1），122－138. 这篇文章描述了 1990 年美国空气污染管理局发布的修正案，在美国环保署颁布的法规通过后空气质量管理在法规颁布后的近 20 年里取得的进展，以及美国联邦一级空气质量管理计划的未来可能的方向。

OECD.（2016）．*The Economic Consequences of Outdoor Air Pollution*. Paris：OECD

Publishing. http://dx. doi. org/10. 1787/9789264257474-en. 它涵盖了预测 2015—2060 年间如果政策不作为，颗粒物（PM2. 5）高浓度和室外地面臭氧高浓度的经济后果。

Schmalensee，R.，Stavins，R. N.（2013）. The SO_2 allowance trading system：The ironic history of a grand policy experiment. *The Journal of Economic Perspectives*，27（1），103－121. 它评估了 20 年后的硫配额计划。

Schmalensee，R. and Stavins，R. N.（2017）. Lessons learned from three decades of experience with cap and trade. *Review of Environmental Economics and Policy*，11（1）：59－79. 文章考察了过去 30 年来实施的 7 个最著名的排放交易系统的设计和性能。

更多的参考文献和重要的历史参考文献可在本书的配套网站查找：www. routledge. com/cw/Tietenberg。

第16章 移动源的空气污染

你看不到两种东西的形成过程：火腿和法律。

——佚名

引言

与固定源污染一样，对移动源污染的控制始于人们关注威胁人类健康的常规污染物。随着对气候变化的认识不断增加，人们开始关注监管移动源。最初，应对这一新挑战的办法仅仅是扩大和强化解决健康问题的政策，但后来人们认识到，要想有效控制温室气体，政策必须更加全面，同时管理移动源和固定源。这一章我们主要讨论旨在保护人类健康的法规，以及随着对气候变化的担忧加剧，这些法规的演变。下一章我们将讨论专门针对气候变化的政策。

虽然移动源排放的污染物很多与固定源相同，但管理移动源需要不同的政策方法。这些差异主要源于污染源的移动性、机动车的数量和机动车在日常生活中的作用。

移动性对政策有两大影响。一方面，部分污染可能来自污染源的临时性停留——在错误的时间出现在错误的地点，比如大城市的交通高峰期。因为车辆跟随人移动，所以像管理发电厂那样改变机动车的位置并不可行。另一方面，由于任何特定车辆在其有效寿命期内可能在城市或乡村的不同地点报废，因此根据当地的污染模式调整机动车排放率更加困难。

移动源的数量也远远多于固定源。例如，美国大约有 27 000 个固定源，而登记的机动车数量则超过 2.5 亿辆。20 世纪 60 年代的机动车数量大约为 7 400 万辆，这个数字一直稳步增长。自 1960 年开始收集数据以来，公路机动车行驶里程（vehicle miles traveled，VMT）一直稳步增长（美国交通统计局），2015 年达到 310 万公里。[①] 随着要控制的污染源数量不断增加，执法显然更加困难。此外，仅在美国，33%的人为碳排放源来自交通部门，而其中 60%来自汽车发动机的汽油燃烧。与固定污染源相比，对移动源制定合适的激励措施更复杂。

---

① www.bts.gov/product/national-transportation-statistics.

固定源通常规模巨大且由专业管理人员运营；移动源则规模偏小，由非专业人员使用。这种小规模使得在不影响其性能的情况下控制排放更加困难，而且由于非专业的所有者缺少对车辆的可靠维护与保养，也会使减排措施更容易失效。

这些复杂形势可能会让我们产生错觉：我们应该忽略移动源而集中精力管理固定源。但是，我们不能如此行事。虽然单个机动车仅占污染问题的一小部分，但是移动源共同作用却是三大指标污染物（臭氧、一氧化碳、二氧化氮）的重要来源，也是重要的温室气体排放源。

其中，臭氧与二氧化氮的排放达标进程非常缓慢。随着柴油机使用量的增加，移动源排放占颗粒物排放的比例越来越高。

既然移动源的控制必不可少，那么我们有哪些政策可供选择？存在哪些控制点以及各自的优缺点是什么？在控制这些污染源时，政府需要先识别减排的责任主体。候选人明显就是制造商和车主。责任权衡取决于成本和效益的比较分析，特别是以下因素：(1) 受监管主体的数量；(2) 使用期内的劣化率；(3) 机动车辆的预期使用寿命；(4) 生产环节和使用环节减排项目的可行性、有效性以及成本。

虽然机动车辆数量众多且无处不在，但其生产却集中于少数厂家。管理污染源数量较少的控制系统更加容易且成本更低，因此监管生产环节具有相当大的吸引力。

然而，仅控制生产环节会产生一些问题。如果在正常使用过程中排放情况恶化，生产环节控制只能换来暂时的减排。虽然可以通过保修与召回等措施来应对排放控制的恶化，但必须权衡这些支持计划的成本与地方控制成本。

机动车是耐用品，新车只占全部汽车保有量的很小一部分。因为车辆的新旧替代缓慢，而生产环节控制只针对新车，因此需要更长的时间来实现既定的减排额。与同时针对旧车和新车的减排计划相比，生产环节控制的减排效果会更加缓慢。

有些削减移动源污染的政策手段不适用于生产环节控制，因为它们涉及车主的选择。生产环节控制策略旨在减少特定车型每英里的排放量，但是只有车主才能决定其驾驶车型以及驾驶的时间和地点。

这些并不是无关紧要的问题。与常规的汽油动力车相比，柴油汽车、混合动力车、公共汽车、卡车还有摩托车的排放量不相同。即使行驶里程数不变，改变道路上机动车的组合也能影响污染物的排放总量与排放类别。

与分散排放相比，集中排放会导致更高的污染浓度，因此，在城市驾驶比在农村驾驶造成的环境损害更大。地方控制措施可以将本地成本内部化，但是只关注生产阶段的国家政策则无法做到这一点。

因为传统通勤模式导致污染排放集中在早晚高峰时段，因此合理安排排放时间也非常重要。实际上，城市平均每天污染物浓度变化呈现两个峰值，分别对应早晚交通高峰时段。[①] 由于高浓度比低浓度更危险，因此在 24 小时内合理分散排放量也非常重要。

---

① 臭氧是一个例外。臭氧是碳氢化合物和氮氧化物在太阳光照条件下发生化学反应产生的物质。因此，晚交通高峰时，由于太阳光照时间不足以发生充分的化学反应，因此日臭氧浓度变化图一般只呈现一个峰值。

补贴和外部性

机动车所有者没有承担全部污染成本导致了机动车的高污染排放，这是低效率的。这种无效率的低成本主要来源于：(1) 道路交通的隐性补贴；(2) 车主未能将外部成本内部化。

□ 隐性补贴

公路上运送货物和人员所产生的社会成本同驾驶里程相关，但是私人成本不反映这种关系。例如：

● 道路建设和维护成本主要取决于车辆行驶里程，资金绝大部分来源于税收收入。各州平均仅 38%的道路基金来源于燃油税。在由一般税收支持建设和维护的道路上额外行驶 1 英里的边际私人成本为零，但社会成本不为零。

● 虽然停车场所的建设和维护费用很高，但停车场通常由雇主提供，不会给雇员带来任何边际成本。因为其他通勤方式不能得到类似的补贴，所以免费停车增加了人们对私人驾车的偏好。

其他交通补贴促进了高排放高耗油汽车的推广和使用。不久前美国的一个例子是，购买大型高油耗运动型多用途汽车（sport utility vehicle，SUV）的企业主收到了数万美元的税收减免，而小型节能汽车的购买者没有任何税收减免（Ball and Lundegaard, 2002)。(只有重量超过6 000 磅的汽车才有资格申请。)

这类税收优惠政策是 20 年前针对“轻型卡车”制定的，主要是为了帮助那些以卡车作为农业活动工具的小农场主群体。现在，为了税收减免而购买 SUV（在课税对象分类中将其认定为“轻型卡车”）的群体绝大多数都属于非农领域。

□ 外部性

道路使用者没有承担其行为选择所产生的全部成本，因为实际上其他一部分人承担了与之相关的许多费用。例如：

● 与事故相关的社会成本是车辆里程的函数。事故数量随着驾驶里程增加而增加。通常由保险支付事故的相关成本，但依据保险政策制定的保费基本不反映里程与事故之间的关系。因此，额外行驶里程的额外私人保险成本通常为零，但社会成本肯定不是零。

● 道路拥堵增加了特定距离的行驶时间，由此产生了外部性。驾驶时间延长也相应增加了汽油消耗量。

● 汽车使用者很少承担与温室气体排放有关的社会成本，这类成本也是行驶里程的函数。

● 近期研究发现，前方行驶汽车所排废气使后方汽车内部的污染程度很高。

由于驾驶者并没有完全承担驾驶的社会成本，所以行驶里程数是低效率的。[1]

---

① 美国车辆里程数据来自 www. rita. dot. gov/bts/sites/rita. dot. gov. bts/files/publications/national_transportation_statistics/html/table_01_35. html。

图 16－1 详细说明了拥堵点问题。当交通流量越来越接近道路的设计承载量时，交通流速降低，行驶在特定两点之间所花费的时间增加。从拥堵点开始，边际私人成本和边际社会成本开始偏离。驶入拥堵路段的驾驶员肯定会考虑到通过这一路段额外耗费的时间，但不会考虑因此使其他人耗费的额外时间。这就是一种外部性。

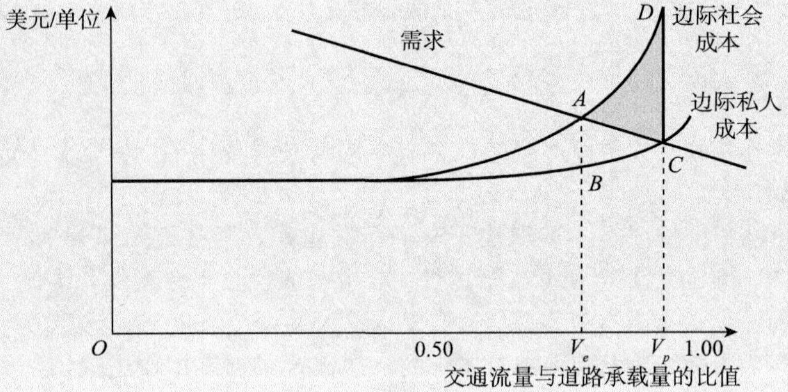

图 16－1　交通拥堵的无效率分析

当边际效益（需求曲线所示）等于边际社会成本时，交通流量与道路承载量的比是有效率的配置（V_e）。由于个人驾驶员不会将行驶在这段道路的外部成本内部化，因此过多人会驶入这段道路，导致交通流量过高，达到 V_p 点。由 A、C、D 三点构成的三角形（阴影区域）代表了由此产生的效率损失。最近的一项研究认为，2014 年的道路拥堵造成了 69 亿个小时的延误，额外消耗了 31 亿加仑的汽油，给道路使用者造成的成本总额高达 1 600 亿美元。[①]

□ 结果

低估道路交通成本产生了大量负面激励。拥堵道路过多，行驶里程过长，汽车旅行次数过多，交通能源消耗量过高，交通污染严重，如公共交通、自行车和步行等其他出行模式的需求过低。

然而，低估道路交通成本最致命的影响是其对土地用途的影响。交通成本过低导致分散式居住模式。由于交通成本很低，人们可以定居在远离工作和购物场所的地方。不幸的是，这种分散模式造成了难以逆转的路径依赖。一旦形成分散式居住模式，就很难合理发展高容量运输形式（如火车或公共汽车）。高容量运输系统需要高密度的客运通道来产生足够的载客量，以支付系统建设和运营相关的固定成本。然而，在分散式居住模式下，很难实现高出行密度。

① Annual Urban Mobility Report，Texas Transportation Institute.（2015）. http：//mobility. tamu. edu/ums/ and https：//static. tti. tamu. edu/tti. tamu. edu/documents/mobility-scorecard－2015. pdf.

移动源管制政策

□ 美国的政策回顾

对移动源污染的关注可以追溯至 20 世纪 50 年代早期的南加利福尼亚州，源于当时加州理工学院 A. J. 哈根·史密特（A. J. Haagen-Smit）博士的一份开创性研究成果。他的研究发现，机动车排放是造成南加州臭名昭著的光化学烟雾的罪魁祸首。

美国《1965 年清洁空气法修正案》规定了汽车排放碳氢化合物和一氧化碳的国家标准，标准于 1968 年正式生效。有趣的是，该法案的推动力不仅来自汽车污染影响的科学数据，也来自汽车产业自身。汽车产业希望通过全国统一的联邦标准，避免因各州自行颁布排放标准给产业带来的负面影响。汽车产业取得了成功，这项法案禁止除加利福尼亚州以外的各州自行制定标准。

直到 1970 年，美国的空气污染，特别是汽车污染问题仍未得到有效控制，采取进一步行动的政治意愿日益强烈。国会采取强硬方式通过了《1970 年清洁空气法修正案》，规定新排放标准在现有未控制的水平上减排 90%。到 1975 年，碳氢化合物和一氧化碳的减排要达标；到 1976 年，氮氧化物的减排要达标。然而人们普遍认为通过该法案时的技术水平并不能达到规定的排放标准。国会希望通过这部严厉的法案推动技术的迅速发展。

但实际效果却令人失望。接下来几年，截止达标期限不断延长。1972 年，汽车制造业请求推后一年执行各项标准，美国环保署署长驳回了该请求，最终双方走上法庭。1973 年 4 月的诉讼结果是，美国环保署署长同意将本应 1975 年截止的碳氢化合物和一氧化碳排放标准推迟一年。随后，1973 年 7 月，氮氧化物标准的期限也延后一年。[①] 这并不是最后一个推迟执行的事件。

□ 美国和欧盟的政策方法

美国应对移动源空气污染的政策设计框架已经成为许多其他国家（特别是欧洲）移动源控制的样板。美国方法是从汽车制造和使用两个环节着手同时控制排放，通过认证制度和对应的执行机制管理新汽车的排放标准。

认证和执行机制。认证制度检查汽车模型样车是否符合联邦标准。只有通过合格认证的发动机才允许销售。

一个相关的执行机制发挥对认证制度的补充作用，该执行机制包括装配线测试、召回和防篡改程序以及保修条款。如果这些测试显示 40%以上的汽车不符合联邦标准，则可能会暂停或撤销制造商的合格证书。

此外，环保署还对车辆进行低里程（至少 10 000 英里）和高里程（超过 50 000 英

① 同意延期的唯一法律依据是技术不可行性。获得延期批准前不久，认定日本本田 CVCC 发动机符合原始标准。试猜想，如果满足标准的公司属于美国而不属于日本，其结果一定非常有趣。

里）的在用（道路）测试。

当汽车制造缺陷造成排放水平超过联邦标准时，美国环保署有权要求制造商召回和修正。如果美国环保署发现汽车存在缺陷，通常会要求制造商召回汽车并采取纠正措施。如果制造商拒绝执行，美国环保署可以下令强制召回。

欧盟监管机构也采用类似的测试方法，但欧盟的测试往往限制较少，不包括在用测试。如案例 16.1 所示，这些认证制度并不能总产生其设计预期的结果。

案例 16.1　监管和执行：大众汽车的经验

道路测试具有售前认证的一些明显优势。例如，它考虑到汽车老化过程中排放控制系统的耐用程度。此外，其成本也更高。因此，从经济学的角度来看，道路测试的额外成本是否值得成为一个相当重要的问题。美国已选择纳入道路测试，而欧盟尚未纳入。

最近，大众汽车伪造测试结果的事件为道路测试的额外价值提供了新的信息。2015 年 9 月，大众汽车承认曾通过编程为近 1 100 万辆汽车在尾气排放测试中作弊。根据调查，该公司开发了一种特殊的软件，可以感知汽车何时进行测试，从而激活减排设备。一旦软件检测到测试结束，它就将汽车恢复到正常驾驶模式，这显然是为了提高绩效和驾驶性能。糟糕的是，这一软件设置也导致排放水平远远高于法律限制。

美国通过道路测试发现了伪造事实。2014 年 5 月，西弗吉尼亚大学的研究人员进行的一些道路测试，促使加利福尼亚州空气资源委员会调查大众汽车。最终大众汽车承认了这一造假行为。

2015 年 9 月，美国环保署下令大众汽车召回其装有受影响发动机的美国车型，其数量接近 60 万辆。绝大多数汽车（约 850 万辆）在欧洲，而亚洲、非洲和南美的数量要少得多。

这个例子表明，认证机制可能不总是像传统假设的那样可靠，道路测试能够发现欺诈行为，带来额外效益。

资料来源：Gates，Gilbert，Ewing，Jack，Russell，Karl，& Watkins，Derek.（March 16，2017）. How Volkswagen's "defeat devices" worked. *The New York Times*. Available online at：www.nytimes.com/interactive/2015/business/international/vw-diesel-emissions-scandal-explained.html?_r=0（accessed June 26，2017）；Klier，Thomas，& Linn，Joshua.（April 2016）. Comparing US and EU approaches to regulating automotive emissions and fuel economy. Resources for the Future Policy Brief No. 16-03.

□ 铅逐步淘汰计划

美国《清洁空气法》第 211 条规定，美国环保署有权管理汽油中包含的铅和其他燃料添加剂。根据这项条款，汽油供应商必须提供无铅汽油。通过确保可获得无铅汽油来减少空气中的铅含量，并保护催化转化器的有效性（含铅汽油会损害催化转化器）。[①]

20 世纪 80 年代中期，在颁布更严格的含铅汽油控制新法规之前，美国环保署公布了

---

① 在装有催化转化器的汽车上使用三箱含铅汽油就能使催化装置的效率减少 50%。

对其预期影响的成本-效益分析结果。若实施每加仑汽油含铅 0.01 克的拟定标准，将产生 360 亿美元（按 1983 年不变价格计算）的政策效益（减少不利的健康影响），而炼油行业的成本约是 26 亿美元。一系列公众高度关注的医学研究发现，即使大气中的铅浓度较低，也会严重影响人类特别是幼儿的健康和发展，由此各种行动开始了。1985 年 3 月 7 日，美国环保署颁布法规，对精炼汽油的含铅量制定了更加严格的标准。1986 年初步完成了铅逐步淘汰计划。

尽管这部法规毋庸置疑是有效率的，美国环保署仍希望在不增加铅使用量的前提下，给予供应商在达标期限上的灵活性。一些炼油厂可以轻松地提前完成达标期限，但其他炼油厂需要花费大量成本才能实现。美国环保署认为实现目标效果并不需要每家炼油厂都在每个截止日期前达标，因此启动了一项创新计划，为炼油厂满足法规要求提供额外的灵活性（见案例 16.2）。这项计划成功减少了铅排放和空气中的铅浓度。1981—2001 年，铅排放下降了 93%，空气中的铅浓度下降了 94%。

∵案例 16.2　躲开铅污染：铅逐步淘汰计划

根据铅逐步淘汰计划，约 195 个炼油厂获得了固定数量的铅使用权（在一定时期内授权的生产汽油所使用的铅总量）。（由于该项法规存在一些漏洞，一些新的“乙醇混合汽油”炼油厂利用了这个计划，但是它们的影响非常小。）随着时间的推移，铅权数量逐渐减少。有多余铅权的炼油厂可以将权利出售给其他炼油厂。

最初，美国环保署不允许存储这些铅权（某一季度创立的铅权必须在该季度使用），但随后又允许存储。铅权存储允许某一时期创立的铅权在本期或者 1987 年存储计划结束之前的任何时期使用。铅权价格最初是 0.75 美分/克，允许存储后上升为 4 美分/克。

提前减铅可以出售铅权以获得更多效益，因此炼油厂有动力快速减铅。即使面对设备失灵或者不可抗拒自然力，炼油厂也可以通过购买铅权来遵守期限要求，而不需要诉诸法庭要求延期的传统应对措施。铅权存储计划仅是推动政策向新领域过渡的一个方法，于 1987 年 12 月 31 日如期结束。

资料来源：Nussbaum，B. D.（1992）. Phasing down lead in gasoline in the US：Mandates，incentives，trading and banking. In T. Jones & J. Corfee-Morlot（Eds.）. *Climate Change：Designing a Tradeable Permit System*. Paris：Organisation for Economic Co-operation and Development Publication，21－34；Hahn，R. W.，& Hester，G. L.（1989）. Marketable permits：Lessons from theory and practice. *Ecology Law Quarterly*，16，361－406.

相比之下，欧盟于 2000 年开始禁止使用含铅汽油，并在 2005 年对轻型车辆实施了更严格的排放标准。俄罗斯总体上同意效仿西欧实施更严格的排放控制措施，但是铅的逐步淘汰要慢得多。1995 年，俄罗斯 25 家炼油厂中仅 8 家生产无铅汽油，大约占俄罗斯汽油产量的 40%。世界银行 2001 年的一份研究发现，俄罗斯一家设备落后的炼油厂无铅化的成本为每升汽油 0.005～0.02 美元。然而，如果炼油厂根据市场需求改进生产，这些成本可能下降一半。[1]

---

① Lovei，Magolna.（2001）. *Toward an Unleaded Environment：World Bank Support to Transition Economies*. Available at：www.worldbank.org/html/prddr/trans/m&j96/art5.htm.

□ 燃油经济性标准——美国方法

美国于 1975 年执行企业平均燃油经济性（Corporate Average Fuel Economy，CAFE）标准，希望通过提高汽车燃油效率来减少美国对进口石油的依赖。尽管 CAFE 标准不属于排放控制计划，但燃油效率确实会影响排放水平。

这项计划要求汽车制造商每年在美国境内销售的所有汽车和轻型卡车满足政府设定的每加仑汽油行驶里程标准（CAFE 标准）。这项计划的独特之处是，其规定的标准是一组车辆的平均值，而不是针对每一辆汽车的标准。因此，只要汽车制造商出售一定量的高里程汽车来保证平均水平满足标准，就可以出售一些低里程汽车。CAFE 标准于 1978 年正式生效，当时规定的标准是每加仑汽油的平均行驶里程为 18 英里，随后每年都不断提高，到 1985 年为每加仑 27.5 英里。许多人认为 CAFE 标准的确减少了石油进口。1977—1986 年，石油进口量占石油消费量的比重由 47%降低为 27%。在 2005 年新规则公布之前，CAFE 标准一直维持在每加仑 27.5 英里。

然而，CAFE 标准也存在一些问题。国会在制定 CAFE 标准时，由于轻型卡车仅占汽车市场的 20%，且主要为作业用车，因此允许为其设定较低的 CAFE 标准。1979 年设定的轻型卡车标准为每加仑 17.2 英里，1996 年上升到每加仑 20.7 英里（包括双轮驱动和四轮驱动）。随着 SUV（被归为“轻型卡车”类）迅速普及，目前卡车已经占据了近一半的市场。此外，汽车企业的高强度游说导致国会在 1985—2004 年未能提高标准。由于卡车和 SUV 的标准较低，燃油税没有任何增长来抵消不利影响，且卡车和 SUV 占在路机动车的比重不断提高，最终导致所有汽车平均每加仑的行驶里程非但没有提高，反而下降了。2005 年，轻型卡车标准自 1996 年以来第一次提高到每加仑 21 英里。

2008 年，美国环保署调整了车辆里程平均数的计算方式，特别是考虑到车辆的碳足迹，对碳足迹较大的车辆的燃油经济性要求较低。由于碳足迹和燃油经济性相关，最近汽油价格下降使燃油经济性的总体水平下降了 10%，部分原因是人们转而使用更大的车辆（Leard et al.，2017）。[①]

标准一直在提高。2010 年美国出台了同时控制燃油效率和温室气体排放的一系列新规。这些规则针对 2012—2016 年的车型，设定的 CAFE 标准于 2016 年达到每加仑 34.1 英里。美国环保署以及美国国家公路交通安全和管理局评估了中型和重型卡车新规的成本效益。按照 22 美元/吨的碳社会成本和 3%的贴现率计算，它们发现企业成本是 77 亿美元，社会效益是 490 亿美元，净效益总额约 410 亿美元。[②]设想一下碳社会成本为 37 美元/吨的净效益。2012 年标准再次提高，预计 2025 年达到 54.5 英里/加仑。

由于新燃油经济性标准仅针对新车，所以总体燃油经济性改善还需时日——最长可达 15 年或者直到淘汰所有老旧汽车为止，再加上“回弹效应”（燃油经济性改善带来行驶里程的增加），不禁使人发问：燃油税是否比燃油经济性标准更具有政策效率（Anderson

---

① 2017 年，美国环保署更新了制造商使用燃油经济性标签的计算结果。这些更新的数据更好地反映了新技术和制造商车辆结构的变化。参见：www.epa.gov / fuel economy / basic-information-fuel-economy-labeling。

② www.nhtsa.gov/staticfiles/rulemaking/pdf/cafe/CAFE_2014-18_Trucks_FactSheet-v1.pdf.

et al.，2011)？讨论 16.1 和案例 16.3 正是围绕这一问题展开的。

讨论 16.1 CAFE 标准还是燃油税？

原则上，提高燃油税或燃油经济性标准都可以提高石油消耗的燃油效率。前者通过提高驾驶成本，鼓励消费者购买燃油效率较高的车型，后者是确保所售新车型的平均燃油效率普遍提高。这两项政策产生的效果有区别吗？

事实证明效果的确不同，经济学可以解释原因。考虑一下这两项政策对额外驾驶 1 英里的边际成本所产生的影响。增加燃油税提高了单位里程的边际成本，但燃油经济性标准降低了边际成本。在第一种情况下，由于税收提高了汽油成本，额外行驶 1 英里的成本增加。在第二种情况下，燃油效率越高的汽车每英里油耗越低，因此成本下降。

按照这样的经济逻辑推理可知，即使两种政策都可以实现同样的燃油经济性，但由于税收政策减少了驾驶里程数，因此可更多地降低油耗。基于以上理由，税收政策的效果优于燃油经济性标准。

Austin 和 Dinan（2005）通过经济模型检验了上述观点，在节省相同数量汽油的条件下，他们比较了提高 CAFE 标准和燃油税两种政策。他们估计，采用 12%的贴现率，在节省与燃油经济性标准相同的汽油量条件下，每加仑税与 CAFE 标准相比成本减少了 71%！

然而，燃油经济性标准的支持者指出两点：(1) 美国国会不可能通过能够实现这种减排水平的高燃油税，因此燃油经济性标准更好，至少比完全没有政策要好得多。(2) 至少有一项细致的实证研究发现，实际上燃油经济性标准带来的驾驶增加的可能性非常小，甚至可能不会增加。后续的研究发现，前文这样的研究可能明显夸大了燃油税的成本效益优势。你知道为什么吗？

你觉得哪种说法最有说服力？

资料来源：Austin，D.，& Dinan，T.（2005）. Clearing the air：The costs and consequences of higher CAFE standards and increased gasoline taxes. *Journal of Environmental Economics and Management*，50，562 - 582. West，Jeremy，Hoekstra，Mark，Meer，Jonathan，& Puller，Steven L.（May 2015）. Vehicle miles（not）traveled：Why fuel economy requirements don't increase household driving. National Bureau of Economic Research Working Paper #21194.

案例 16.3 燃油价格下跌时的燃油经济性标准

燃油经济性标准旨在减少对化石燃料的依赖和机动车排放。正如我们在本章中所看到的那样，如果燃油价格降低带来行驶里程增加，或者人们转向购买燃油经济性较低的汽车，燃油价格可以抵消部分这种影响。燃油价格上涨时会怎样？

智库未来资源研究所的经济学家本杰明·利尔德（Benjamin Leard）、约书亚·林（Joshua Linn）和弗吉尼亚·麦康奈尔（Virginia McConnell）对这个问题以及另一个问题（建立在车辆属性之上的标准与市场条件的互动影响到标准的整体效果）感兴趣。

CAFE 标准最初仅基于车辆类型（汽车或轻型卡车）设定。然而，现在的标准也取决于车辆的碳足迹，使得汽车制造商销售大型汽车面临更低的燃油经济性要求（降低了整体的燃油经济性）。对于这些更严格的标准，油价下跌导致低燃油经济性汽车的市场份额增加，制造商可能不得不提高这些汽车的价格以达到标准。同样，当燃油价格上涨时，节能汽车的市场份额也会增加。

利尔德等人使用 1996 年至 2015 年的数据从统计学上检验了这些问题。他们的数据集包括燃油价格上涨的时期、燃油价格相对稳定的时期、2008 年至 2014 年燃油价格波动较大的时期，以及最近全球原油价格下跌约 25%的时期。有趣的是，他们发现价格上涨对汽车市场份额的影响是价格下跌的两倍。换言之，市场份额对价格上涨的反应大于对价格下跌的反应，而当燃油价格长期处于高位后，市场份额对价格上涨的反应减小。

他们的研究结果似乎表明，由于汽油价格和整体燃料经济性（市场份额）是相互关联的，因此最好的政策可能是将燃油经济性标准和燃料税这两种方法相结合。你怎么认为？

资料来源：Leard，Benjamin，Linn，Joshua，& McConnell，Virginia.（2017）. Fuel prices，new vehicle fuel economy，and implications for attribute based standards. *Journal of the Association of Environmental and Resource Economists*，4（3）：659 - 700.

□ 油耗税

油耗税是对不符合燃油经济性标准的汽车征收的。国会将这项税收作为《1978 年能源税法案》的一部分，旨在减少低燃油经济性汽车的生产和消费。该税的征收对象是制造商，这项税收超过了制造商由于不符合燃油经济性标准可能要支付的任何罚款。这项税收的计算公式中高速公路行驶的权重设定为 55%，将城市行驶的权重设定为 45%。[①]

□ 欧盟的燃油经济性标准

欧盟主要通过燃油税来解决燃油消费的外部性问题，征收了一些世界上最高的燃油税。欧盟的燃油经济性标准也高于美国。欧盟 2012 年的标准是每加仑 45 英里，并且逐年提高。欧盟也规定了每公里二氧化碳排放量不能超过 130 克。欧盟还将燃油经济性标准和高燃油税相结合，带来小型汽车需求的大幅度增加（Anderson et al.，2011）。在要求所有汽车必须为低排放的后续规定出台之前，荷兰、挪威、德国和瑞典使用差别税率鼓励消费者购买（以及生产者制造）低排放汽车。差别化的税收使清洁汽车具有税收优势（相应地，也是税后价格优势）。税收总额通常取决于：（1）汽车排放特征（高污染汽车征高税率）；（2）汽车大小（在德国，重型汽车有资格享受更大的税收优惠，以抵消对其设定的较高控制要求）；（3）汽车购置年份（由于所有汽车最终都要达标，因此税收差异会不断缩小）。

---

① 2016 年燃油税适用范围参见 https://nepis.epa.gov/Exe/ZyPDF.cgi/P100OA3I.PDF?Dockey=P100OA3I.PDF。

政策显然非常有效。瑞典 87%的新车符合税收优惠条件，德国则有 90%以上的汽车符合条件（Opschoor and Vos，1989）。

欧洲不仅汽油价格更高，同时也积极采取行动充分利用交通资本。欧洲的城际铁路系统比美国发达，城市内部的公共交通运行系统也更加完善。同时，欧洲也是汽车共享行动的倡导者，美国目前也开始推动这一计划（见案例 16.4）。

案例 16.4 汽车共享：更好地利用机动车资源?

公路上不断增长的机动车数量威胁了可持续发展。尽管从 20 世纪 70 年代以来，机动车单位里程的污染物排放量大幅减少，但是随着机动车数量和行驶路程的增长，由此导致的污染增加已经抵消了清洁机动车所带来的效益。

如何限制机动车数量？一项始于欧洲并推广至美国的政策是汽车共享。汽车共享政策制定者认识到汽车通常在绝大部分时间是闲置的，这是一种典型的产能过剩（德国的研究表明，汽车平均每天使用一小时）。因此，汽车共享策略试图将汽车所有权分配到几个车主身上，由这些车主共同使用并承担成本。

汽车共享现在是一个重要行业，五大洲的 30 个国家都有汽车共享项目。

汽车共享俱乐部通常收取前期使用费和按照实际使用时间、驾驶里程计算的附加费用（通常高峰期的使用费会更高）。一些汽车共享俱乐部还提供一键自动预定、24 小时派车以及诸如儿童安全座椅、自行车支架和车顶行李架等配件。

瑞士和德国的汽车共享俱乐部始于 20 世纪 80 年代。截至 2013 年，共有 46 万德国人加入汽车共享俱乐部，远高于 1997 年的 2 万人。据估计，30%的客户在加入汽车共享计划后出售了自己的汽车。欧洲最大的几个汽车共享中心在荷兰、奥地利、德国和瑞士。一些美国企业家引入了欧洲汽车共享理念，他们创办了 Zipcar，该公司目前在北美和英国的 50 个城市拥有 40 万名会员和汽车共享车队。目前上百个城市都已经出现了类似的汽车共享公司。

加州大学伯克利分校交通可持续研究中心和苏珊·沙欣（Susan Shaheen）一直在追踪 1997 年以来全世界汽车共享计划的发展情况。他们报告，到 2014 年 1 月 1 日为止，美国有 24 个汽车共享计划，涉及 1 228 573 个成员共享 17 179 辆汽车。

在推行汽车共享的地区，这项措施对空气污染控制有多大贡献？它可能的确降低了汽车数量并减轻公路拥堵。Zipcar 公司宣称，每个 Zipcar 可以减少道路上 15～20 辆私人汽车。此外，高峰时段定价可能鼓励用户在污染较轻的时段使用汽车。从另一个角度来看，这项措施并不一定减少行驶里程，而这又对降低污染至关重要。这项创新的贡献还需要通过更多可靠的实证研究来证明。

资料来源：Oliviera Jr.，Pedro（2013）. Car sharing takes off in Germany. Available at：www. pri. org/stories/2013-10-04/car-sharing-takes-germany；What do you do when you are green，broke and connected? You share.（October 10，2010）. *The Economist*. Retrieved from：www. economist. com/node/17249322?story_id=17249322&fsrc=rss；www. zipcar. com；Shaheen，Susan，& Chan，Nelson.（March 2015）. Mobility and the sharing economy：Impacts synopsis—spring 2015. Available at：http://innovativemobility. org/? project = mobility-and-the-sharing-economy-impacts-synopsis-2.

□ 其他国家的燃油经济性标准

Anderson 等（2011）总结了日本、中国、韩国、澳大利亚和英国等美国以外国家的燃油经济性标准。日本的一些标准最为严格，并对柴油车和汽油车实行不同的标准。中国按照重量制定油耗标准。

□ 燃油经济性标准的外部效益

燃油经济性标准产生正外部性主要体现在两个方面。提高燃油效率降低了排放水平，燃油效率改善的正外部性包括减少二氧化碳排放和减少对国外石油的依赖。这些外部效益和燃油效率的政治可行性共同提高了 CAFE 标准的吸引力。

有趣的是，Helfand 和 Wolverton（2011）全面评估消费者对燃油经济性反应的相关文献时发现，汽车制造商提供的车辆的燃油经济性低于消费者愿意购买的水平。尽管文献至今还没有深入分析这一现象的原因，但他们假定不确定性、属性捆绑和汽车设计程序都会产生影响。如果汽车制造商是风险规避者，并且燃油经济性的利润不确定，他们提供的燃油经济性水平就较低。汽车制造商会加大投资于消费者强烈偏好的汽车属性，包括尺寸、性能等。此外，由于属性通常是捆绑的，消费者可以选择包括颜色、外观特征等属性的组合。燃油经济性不是一个捆绑属性，因此制造商可能不会优先考虑对其进行多样化设计。最后，由于创新设计需要时间，因此制造商短期内不会依照消费者偏好调整生产策略（Helfand and Wolverton，2011）。

□ 替代燃料和机动车

替代燃料。《1990 年清洁空气法修正案》规定，一些非达标地区冬季应使用清洁（含氧）的汽车燃料，污染最严重的地区则应全年使用新配方汽油。乙醇和甲基叔丁基醚（methyl tertiary butyl ether，MTBE）是满足汽油含氧标准最常用的两种添加剂。

大多数非中西部地区的州出于成本考虑选择汽油添加剂 MTBE。MTBE 可以提高汽油燃烧效率和清洁度。糟糕的是，广泛使用 MTBE 的后果是它成了污染地下水源和饮用水的物质之一。一旦进入土壤或者水体中，MTBE 分解十分缓慢，还会加快汽油中其他污染物（如苯，一种致癌物质）的扩散。识别出 MTBE 的这些影响后，一些州采取措施禁止或者严格限制在石油中添加 MTBE。

MTBE 是一个有意思的案例，说明依赖"技术措施"解决空气污染问题可能会带来新的问题。回顾历史可以发现，某些"解决方案"的效果可能比原来的问题更糟。

即使在 MTBE 水污染问题浮出水面之前，人们对含氧燃料的成本有效性也存在质疑。例如，Rask（2004）比较了含氧燃料的烟气测试结果和修复改善排放系统后的效果，发现同含氧燃料相比，加强维护和修缮以降低一氧化碳和碳氢化合物排放水平的方法更具成本有效性。

1989 年，南岸空气质量管理区识别出 120 种减少挥发性碳氢化合物的方案。拟定采用的 68 种措施的成本有效性平均为 12 250 美元/吨。虽然不应该根据诸如此类的早期研究判断结果，但这些研究确实表明避免采取一些过激的措施是合理的。

新型机动车。为了鼓励发展具有环境友好型新型燃料和机动车，国会和一些州已经通过立法要求增加它们的使用量。

加利福尼亚州更进一步。1990 年 9 月，加利福尼亚州空气资源委员会（California Air Resources Board，CARB）通过了零排放汽车（zero emission vehicle，ZEV）法规。

ZEV 法规指出三种不同的车辆属于“零排放”，尽管其排放程度不同：（1）插电式混合动力汽车，它将传统的汽油发动机与电池结合起来；（2）完全依靠电池的电动汽车；（3）氢燃料电池汽车，通过氢燃料电池发电。

加利福尼亚州不断增加 ZEV 汽车的销售配额使 ZEV 计划发挥作用，配额指该州销售的零排放的新车和轻型卡车的比例。

ZEV 计划采用了信用证制度，分配给每一家汽车制造商“ZEV 信用证”，根据 ZEV 信用证折算出电动汽车销量需占所有车的固定比例。2018 年的比例是 4.5%，2025 年将上升到 22%。[①]

很明显，强制规定清洁汽车的销售份额是迫使制造商采用创新性汽车技术的一种尝试。注意，清洁汽车销售额不仅取决于制造数量，还取决于清洁汽车的需求是否充足。如果需求不足，制造商将不得不通过返利或者其他策略推动需求上升。需求不足不能成为未满足期限要求的合法抗辩。

这项策略在推动新汽车技术的发展和市场渗透方面发挥了多大作用？根据 CARB，加利福尼亚州是世界上轻型 ZEV 最大的市场之一。根据其截至 2016 年夏天的数据，加利福尼亚州人驾驶的 ZEV 占美国所有 ZEV 的 47%，而美国约占世界 ZEV 市场的三分之一。[②]当然，要识别这一计划的具体贡献需要更深入的分析，而不仅仅是时间点的比较，但这些数据很有意思。

□ 交通收费

交通收费分为如下几类：燃油税；拥堵收费；排放定价；事故外部性收费；道路收费；公共交通收费或补贴。下面是一些与道路使用相关的收费例子。[③]

燃油税。随着对制造商的控制措施日渐常规化，汽车排放更加清洁，政策注意力逐步转向使用者。由于现行政策没有将道路运输的全部社会成本内部化，因此驾驶员很少会出于最小化排放的考虑驾驶或维护汽车。我们距离实现成本完全内部化还有多远？Parry 等（2007）基于大量文献研究，估算出与行车里程相关的外部边际成本之和大约是每加仑 2.10 美元。

与里程相关的外部性包括局地污染物、拥堵和事故。燃油的外部成本（如石油依赖性和气候变化）是额外的每加仑 0.18 美元。图 16－2 列出了一些国家当前的燃油税税率。这些数据说明大多数国家应该进一步提高燃油税税率，以促进道路交通的全部社会

① www.ucsusa.org/clean-vehicles/california-and-western-states/what-is-zev #.WVEqZsZlmV5（accessed June 26，2017）.

② CARB，The Zero Emission Vehicle Program：www.arb.ca.gov/msprog/zevprog/zevprog.htm（accessed June 29，2017）.

③ 关于道路定价的总结参见 Anas 和 Lindsey（2011）.

成本内部化。

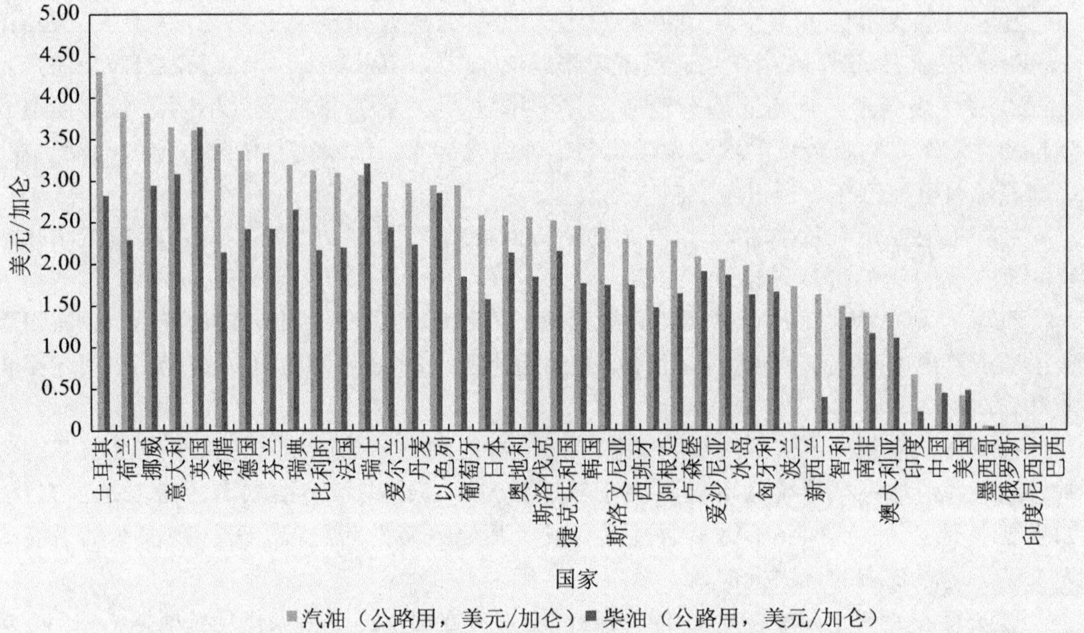

图 16-2　所选国家的 2 066 个燃油税税率

注：美国和加拿大的税率指各州/省的平均税率，图中其余税率是联邦/国家层次的。

资料来源：www. afdc. energy. gov/afdc/data/.

然而，燃油税不是成本内部化的唯一手段。由于燃油税政策通常没有考虑排放时间和地点，所以它是一类比较生硬的政策工具。拥堵收费可以着重解决时间和空间问题。

拥堵收费。交通拥堵不仅受车辆行驶里程的影响，还受驾驶地点和时间的影响。通过对在拥堵路段或高峰时段行驶的车辆收取拥堵费，解决车辆行驶的时间和空间外部性。目前有四类不同的收费机制：（1）分区收费；（2）交通设施收费；（3）收费车道；（4）共乘车道（high occupancy toll，HOT）。[①] 近年来，许多国家考虑采用道路或区域拥堵收费政策有针对性地解决某些特定时间和空间的污染物浓度问题。Anas 和 Lindsey（2011）认为由于制定收费政策不仅需要考虑时间，还要考虑车道宽度、行驶速度和道路上行驶的汽车类型等，因此很难制定和实施一项真正有效率的拥堵收费政策，完全有效率的收费政策可能需要超乎想象的信息量。

挪威、奥斯陆和意大利米兰已经执行了一段时间道路收费制度。美国许多州已经安装了电子收费系统。汽车高速公路安装了电子仪器后减少了收费站的拥堵。美国在拥挤的城市公路也保留了巴士专用道路（保留快速巴士专用道路降低了公交车辆的相对行驶时间，因此可以激励乘客少驾车、多乘坐巴士）。一些高速公路还建立了共乘车辆（high

---

① Congressional Budget Office（2009）. *Using Pricing to Reduce Traffic Congestion*. Washington，D. C.：A CBO Study.

occupancy vehicle，HOV），在某些时段，共乘车道上行驶的车辆必须载有 1 名以上的乘客。夏威夷的檀香山有一条大容量快速道路（zipper lane）。大容量快速道路位于高速公路的中间，早高峰时间车辆驶向檀香山，午后道路会改向，在晚高峰时期增加一条驶出檀香山的道路。

包括伦敦、斯德哥尔摩和新加坡在内的一些城市也采取了一些创新性的拥堵收费方法。新加坡的方法影响最为深远（见案例 16.5）。曼谷还禁止车辆在数个高峰时段从市区的某些地方运输货物，为巴士、汽车和摩托三轮车留出行驶空间。

案例 16.5　新加坡的分区移动源污染控制策略

新加坡的汽车污染控制体系是世界上最全面的策略之一。除了征收非常高的汽车登记费之外，还包括以下手段：

- 中心商业区正常营业时间的停车费高于晚上和周末的费用。
- 区域许可证计划，要求在限定时段驶入市中心限定区域的车辆必须出示专门购买的车辆许可证。这些许可证非常昂贵，若在要求时未能出示许可证将面临高额罚金。
- 道路高峰时段电子收费。这些费用通过“智能卡”技术自动扣除，不同时段和不同道路的收费各不相同。每三个月检查道路状况并调整收费额度。
- 人们可以选择购买非高峰期使用的机动车。这些车辆仅能在非高峰时段使用，特殊的红色牌照被焊在车辆上。这些汽车的所有者可以支付较低的登记费和道路税。
- 限制每年新车登记数量。政府所颁发的汽车牌照数量是固定的，车主要登记新车必须提交一份中标证明以获得牌照。
- 完善的公共交通体系为汽车出行提供了一个可行的替代方案。

这个体系有效吗？显然从两个不同的方面来看，这个体系非常有效。第一，这个体系可以为政府提供大量收入，政府可以利用这些收入来减轻日益沉重的税收压力。（这些收入属于财政部管理，而不是交通部门的专项基金。）第二，该体系大大降低了受影响地区的交通污染物。一氧化碳、铅、二氧化硫和氮氧化物的总水平都处于世界卫生组织和美国环保署制定的人类健康规则范围内。

资料来源：Chia，N. C.，& Phang，S.-Y.（2001）. Motor vehicle taxes as an environmental management instrument：The case of Singapore. *Environmental Economics and Policy Studies*，4（2），67 - 93.

北京目前正在评估一项提案草案，对进入北京某些地区的通勤者收取拥堵费。北京有 560 万辆汽车，多于世界上任何一个城市。Linn 等（2015）发现提案拟定的费用将影响那些可自由决定是否以及何时出行的人，而不是通勤者，部分原因在于通勤者的属性。最有可能受到收费影响的通勤者往往生活在交通拥堵圈之外，通常开车上班，可能更富有，因此他们对拥堵费的反应可能低于低收入人群。

Safirova 等（2007）比较了六种将拥堵外部性内部化的道路收费工具。这些手段包括三种分区收费计划（基于区域的拥堵税），即高速公路上与行驶距离有关的收费、市中心道路上与行驶距离有关的收费和燃油税。他们检验了 2000 年华盛顿特区中心区域内这些手段的有效性，准确模拟了采用的政策工具类型如何影响人们的居住选择（以及由此产生的行驶时间)。他们的问题是:“如何制定目标仅为解决交通拥堵的各种政策，同时又考虑驾驶机动车带来许多其他后果——交通事故、空气污染、石油依赖性、城市扩张和噪音等?”[1] 他们发现使用“社会成本定价”(将驾驶的社会成本纳入考虑)代替简单的拥堵费会影响工具政策选择的结果。具体来说，当政策目标仅仅是减少拥堵时，在整个道路网按照一天内的不同时段定价最有效果且效率最高。然而，若考虑额外的社会成本，则按汽车行驶里程征税也是有效率的。

私人收费道路。正在考虑使用新的政策来保证道路使用者支付所有维护公路的成本，而不是将这一负担转嫁到纳税人身上。墨西哥和加利福尼亚州奥兰治县已经实施的策略是允许建设新的私人收费道路。道路收费标准非常高，足以弥补所有建设和维护成本，在有些情况下还可以包括拥堵费。

免费停车。雇主承担为雇员提供停车位的费用，且大部分雇主免费提供这种福利，这种企业福利减少了雇员开车上班的一项重要成本。由于这项福利只惠及驾车上班的人，因此相对于步行、骑车、公共交通等其他出行方式，免费停车降低了开车的相对成本，而不利于员工选择污染较少的出行方式。因此，为驾车上班者提供免费停车位造成了低效率和高污染。

纠正这种低效率的方式是雇主为不使用停车位的员工发放同等水平的补贴。这种方式将改变雇主资金的使用方式，不再为雇员提供停车位，消除了对是否驾车上班行为的区别对待。

共享单车计划。城市停车成本高且难以寻找停车位，以及拥堵问题促使消费者寻找替代交通工具。一些城市已经实施自行车共享计划，并且越来越受欢迎。丹佛、蒙特利尔、明尼阿波利斯、新奥尔良等大城市都采用了共享单车计划，已经有超过 6 万名骑手参与了纽约城市自行车项目（www. citibikenyc. com/system-data)。

这些自行车共享计划的共同费用包括会员费加上按照租用时间收取的费用。通常租用三十分钟以下是免费的，超过三十分钟按照递增费率收费。数据显示，许多骑手在租用时间接近 30 分钟时把自行车归还，然后再租用另一辆。新自行车现在又有 30 分钟的“免费”时间。这种将骑行时间限制在免费时间段以内的行为叫作“串联”(daisy-chaining)。由于骑手可能需要走一小段路才能停靠自行车并找到另一辆，串联增加了通勤时间，但基于接下来 30 分钟的边际价格，节省的成本可能相当可观。

公共交通收费。通常认为公共交通可以减少汽车驾驶里程，从而减少污染排放和能源消耗。但是，真实结果往往并非如此，公共交通收费体系应能反映实际情况。

在没有道路拥堵的情况下，公共交通收费应等于边际服务成本减去反映公共交通外部效益的补贴（Anas and Lindsey, 2011)。若公共交通增加了道路拥堵程度，收费还应该包括拥堵费。

外部效益的补贴水平应该依据当地情况而定。虽然补贴可以吸引更多人乘坐公共交通工具，但是这些乘坐人员类型也是设计收费结构所需考察的重点内容。他们真正来自私人汽车使用群体吗？还是那些因公共交通费用较低才决定出行的人群？补贴可能也吸引那些将公共交通（例如轻轨）作为驾车补充而不是替代的人群。如果假定所

---

① http://www. rff. org/rff/News/Releases/2008Releases/MarginalSocialCostTrafficCongestion. cfm.

有的公共交通出行都由私人交通工具转移而来，因为其他出行方式普遍存在，需要的补贴水平将会非常高（Anas and Lindsey，2011）。

税收补贴综合政策。一些研究发现消费者会低估燃油经济性。一项研究表明消费者选择燃油效率较高的汽车时仅考虑了前三年的燃油节约量，这将燃油节约的价值低估了 60%（NRC，2002）。为了避免消费者购买新车时对其价值的低估，税收补贴综合政策对高排放（或高油耗）汽车的购买者征税，对低排放（或低油耗）汽车的购买者提供补贴。通过提高高排放汽车的相对成本，鼓励消费者考虑这些车辆的环境影响。税收补贴综合政策体系的结构关键取决于区分征税汽车和补贴汽车的边界。最简单的税收补贴综合政策结构采用每加仑燃油消耗的固定美元费率。税收收入可以作为补贴的资金来源，但先前的经验表明这类政策并非收入中性，补贴支出通常超过税收收入。税收补贴综合政策还未广泛投入应用，但加拿大安大略省和奥地利已经实施了这项政策。Greene 等（2005）研究表明，税收补贴综合政策实现的燃油经济性增长是单靠资金返还政策或高油耗税收政策的 2 倍。

电动汽车减免税。美国电动汽车的税收优惠补贴人们购买电动汽车，可以高达每辆车 7 500 美元。购买电动汽车的消费者不仅可以获得税收优惠，而且燃油费更低，排放更少的温室气体，这些都具有外部效益。但是减免税政策也有降低税收收入的负面影响。到 2019 年，减免税政策造成的税收收入损失预计高达 75 亿美元。另外，尽管减免税政策帮助汽车制造商降低了新车每加仑汽油的平均行驶里程，但电动汽车的销售有助于它们达到总体平均燃油经济性标准。[①]

任何制造商达到 20 万辆合格汽车的销售规模时就不再享有减免税政策。这个数字背后的理论是，制造商的销售具有足够的规模时，其非补贴价格已具有竞争力。

按驾驶里程付费（pay-as-you-drive，PAYD）保险。通过改变汽车保险支付方式，有可能将与汽车行驶相关的环境外部性内部化，由此减少交通事故和污染。正如案例 16.6 所述，微小的政策调整有可能会产生很大的不同。

❖案例 16.6 修订汽车保险条款，推进环境保护

尽管汽车技术的进步（例如，安全气囊和防抱死刹车系统的发明）使驾驶比以前更加安全，但道路伤亡人数仍处于低效率的高水平。由于人们决定驾驶里程和驾驶频率时并不考虑与事故风险相关的所有社会成本，所以汽车行驶里程往往过高。尽管驾驶者会考虑自己或家庭成员受伤的风险，但很可能将其他风险外部化。这些风险包括由于其驾驶导致其他驾驶员和行人受伤的风险、保险索赔涵盖的汽车损坏成本，以及交通事故对其他驾驶员造成的交通拥堵成本。人为地将这些成本外部化降低了驾驶的边际成本，由此增加汽车行驶里程带来了更高的污染。

实施 PAYD 保险可以改善这些低效率状况。对于 PAYD 保险，保险公司通过现有的权重因素（例如年龄、性别和已有驾驶经验）决定驾驶者的每英里保险费率，然后将保险费率乘以每年驾驶里程计算出每年的保费。这种方法大大增加了额外驾驶

① www.cbo.gov/publication/43633.

1英里的边际成本，但并没有增加每年的保险支出总额。Harrington和Parry（2004）认为根据每英里计算的保险成本，与将每加仑汽油行驶20英里的汽车的联邦燃油税从每加仑0.184美元提高到1.50美元产生的效果相同。尽管PAYD保险没有额外增加保险人的经济负担，但相当于显著提高了燃油税，并会显著影响人们的交通选择（因而显著影响了污染物排放）。

资料来源：Harrington，W.，& Parry，I.（2004）. Pay-as-you-drive for car insurance. In R. Morgenstern & P. Portney（Eds.）. *New Approaches on Energy and the Environment：Policy Advice for the President*. Washington，D. C.：Resources of the Future，53-56.

加快汽车报废。这里谈及的最后一项策略是提高持有旧车的成本（对污染水平高的汽车征收更高的登记费）或者对提前报废高污染汽车提供奖励，加速旧车的报废。

一种情况是允许固定污染源为停止使用的重污染车辆申请减排信用，可以通过检查、车辆维护或遥感识别高污染机动车。车主可以支付昂贵的费用改装车辆以符合标准，或者将汽车卖给执行淘汰旧车计划的公司。这些公司通常将汽车拆卸成零件，其余的回收利用。执行淘汰旧车计划的公司获得的减排额度取决于汽车的剩余使用寿命、预计仍可行驶的里程等因素，通过严格控制减排信用以保证交易可以改善空气质量。

2009年采取了另一种加速汽车报废计划，旨在刺激经济复苏的同时减少污染排放。案例16.7探讨了旧车换现金计划的效果。

❖案例16.7　旧车换现金计划：是否达到预期目的？

2009年7月27日，奥巴马政府实施了汽车补助退款系统（car allowance rebare system，CARS），也就是“旧车换现金计划”。这项联邦计划有两个目标：通过增加汽车销量以刺激经济增长，并通过使用新式节能汽车替代老旧汽车来改善环境。

根据CARS计划，消费者在出售旧车并购买或租赁新的合格车辆时，可从汽车经销商处获得3 500美元或者4 500美元的现金补贴。符合以下条件的抵换旧车才可以参加该项计划：（1）在抵换日期之前汽车制造车龄不超过25年；（2）城市公路和高速公路综合燃油经济性不超过每加仑18英里；（3）车辆仍可驾驶；（4）在抵换日期之前，汽车连续投保且全年登记在同一所有者名下。该项计划的截止时间为2009年11月1日，或者补贴金额用尽之时。由于联邦补贴很快用完，该计划结束于2009年8月25日。

在近一个月的运行期内，该计划产生了678 359个有效抵换交易，共计支出28.5亿美元。一项研究（Li et al.，2010）以加拿大作为对照组，发现这项计划显著地将其他月份的销售转移到了7月和8月。

研究认为，从环境效应角度分析，即使包括标准污染物减排带来的效益，这项计划的成本仍然高达每吨91～301美元，这个数字远远高于其他政策的单位减排成本。一些研究（Knittel，2009；Gayer and Parker，2013）也得出了相似的结论。此外，据估计，这项计划在2009年6—12月期间为汽车组装和零部件行业创造了3 676个工作岗位。然而，这种效应持续降低，到2010年5月已经降至2 050个。

总之，研究认为该项计划的效果喜忧参半。汽车销量的确增加了，但是大部分都是已有购买意向的消费者将购买计划提前或者推迟到 7—8 月造成的。这项计划的确产生了积极的环境效益，但不是一项具有成本有效性的方法。这个案例研究说明了一个更普遍的原则，即试图以单一政策工具实现两项政策目标很少达到具有成本有效性的结果。

资料来源：United States Government Accountability Office.（2010）. Report to Congressional Committees: Lessons Learned from Cash for Clunkers Program Report # GAO-10-486；Li, S., Linn, J., & Spiller, E.（2010）. *Evaluating "Cash-for-Clunkers": Program Effect on Auto Sales, Jobs and the Environment*. Washington, D.C.: Resources for the Future Discussion Paper 10-39；Knittel, C.R.（August 31, 2009）. The implied cost of carbon dioxide under the cash for clunkers program. Retrieved from: http://ssrn.com/abstract=1630647；Gayer, T., & Parker, E.（2013）. *Cash for Clunkers: An Evaluation of the Car Allowance Rebate System*. Washington, D.C.: Brookings Institution.

我们也了解到一些计划的效果不佳。一个越来越普遍的策略是通过限制汽车行驶天数来限制行驶里程。案例 16.8 说明这个策略可能适得其反。

❖案例 16.8 事与愿违的政策设计

为了应对严重的交通拥堵和空气污染，墨西哥城政府部门出台了限行政策，禁止每辆车在每周的特定一天行驶。限行时间根据车牌尾号确定。

这项政策似乎可以以相对较低的成本减少交通拥堵和空气污染。然而在这个案例中，人们对禁令的反应方式使得结果具有迷惑性。

世界银行评估了这项计划，认为这项政策在短期内是有效的，可以减少污染和拥堵。但是，长期来看，这项政策不仅无效，实际上还适得其反（矛盾的是，这项政策提高了拥堵和污染程度）。这种矛盾之所以发生，是因为大量居民对这一政策的反应是多买一辆车，两辆车的限行时间不同，从而保证其在第一辆车限行时仍可驾车出行，而一旦有了更多的车，总驾驶量实际上就增加了。若政策未能预料各种行为反应并将其纳入考虑，实际结果和预期结果就可能出现较大的差异。

资料来源：Eskeland, G.S., & Feyzioglu, T.（December 1995）. Rationing can backfire: The "day without a car program" in Mexico City. World Bank Policy Research Working Paper 1554.

小结

现行机动车辆排放政策采取统一的排放标准，同时管控生产端和使用端。

美国和欧洲现行手段的核心是单位里程排放标准，其在实际执行中存在许多不足之处。尽管它降低了单位里程的排放量，但未能有效降低污染物排放总量，也没能保证减排方案的成本有效性。

由于汽车驾驶里程的增加大大抵消了排放强度的降低，因此移动源污染排放总量的减少程度低于预期。不同于发电厂的硫排放，移动源的排放总量没有上限，因此，行驶里程增加，排放量也就随之增加。

统一的排放标准并未考虑不同区域的地理差异性，其效率大打折扣。污染严重的地区控制力度不够，而在空气质量优于规定标准的地区，控制力度又过大。

有针对性的检查、维修和加速报废等地方性措施在一定程度上纠正了地区非均衡性问题。因为只有少数机动车承担空气污染的主要责任，因此政府越来越依靠遥感技术识别高污染车辆，从而提高政策的针对性，由此实现政策净效益的最大化。

驾驶私人汽车的长期低成本已经形成了分散式发展模式，大大降低了公共交通的可行性，而不发达的公共交通又进一步导致了人口分散和公共交通载客量降低，形成恶性循环。长期来看，达到大气环境质量标准必须改变土地利用模式，建立大容量出行通道，提高公共交通的使用效率。虽然欧洲大部分地区已经做出改变，但美国仍需要摸索很长一段时间。只有人们选择居住和出行方式时真正考虑驾车的社会成本，才能推动社会发展模式进入正确轨道。

从过去移动源控制的经验中我们可以汲取一些传统环境政策的重要认识。传统观点认为，更严格的法律体系能够带来更好的环境效果，但与之相反，单位里程排放标准相关的处罚过于严厉，以至于政府在遭遇抵制后不愿继续实施。只有适度的威胁性措施才更加可信，从而才会产生预期效果。最严格的政策不一定产生最好的激励。

第二个洞见与传统观念相悖，即仅采用合适的技术措施不能解决环境问题。汽油添加 MTBE 是一项改善国家空气质量的先进技术，但是事后回顾发现，它对地下水的污染远超过了它对空气质量的改善。尽管技术手段可以且的确能在环境政策中发挥作用，但它也可能产生巨大的、不利的、意想不到的后果。

未来的移动源空气污染控制正在形成两个新趋势。第一个趋势是鼓励新能源汽车技术（从油电混合动力车到氢燃料电池汽车等）的开发与商业化。燃油经济性标准、燃油税、税收补贴综合政策，以及对低排放车辆制造商的销售配额制度等一系列政策设计将不断推动低排放机动车辆在汽车行业的发展。

第二个趋势是影响驾驶者的选择。这类措施相当引人注目。一部分措施着眼于使驾驶的私人边际成本更接近社会边际成本，如拥堵收费、按实际驾驶情况付费车险等。另一些如停车权的现金补贴政策试图营造多种出行方式间的公平竞争，让人们自由选择上班的交通方式。

发展中国家不断增长的汽车需求使这些政策更为复杂。2007 年印度汽车生产商塔塔汽车推出了“世界上最便宜的汽车”——Tata Nano。Tata Nano 的售价约 10 万卢比（2 500 美元）。塔塔汽车公司希望能够销售过百万辆这款价格低廉的精简版汽车。这款汽车的燃油效率相当不错（每加仑超过 50 公里），但是汽车绝对数量的增加就意味着燃料需求、交通拥堵和污染排放的大幅增加。

合理的移动源污染排放控制措施不仅仅是对汽车出厂前排放的控制，汽车消费、驾驶习惯、燃料选择甚至居住与就业选择都应纳入减少移动源污染排放措施的考虑范围，只有合理构建与这些选择相关的经济激励框架，才能对车主的选择产生积极影响。

讨论题

1. 像控制空气污染一样，将排放浓度阈值当作污染控制的基础。以最小成本达到浓度阈值的手段是分时段排放。为了实现这个目标，可以建立高峰时段收费体系，在高峰时段收取更高的排放费用。

a. 该政策是否有效率？为什么？

b. 这项政策会对公共交通的使用、燃油销售、市中心购物和出行模式产生哪些影响？

2. 提高燃油税在提高道路交通决策的效率和可持续性方面存在哪些优势和劣势？

自测题

1. “尽管燃油税和燃油经济性标准都能有效地提高新车单位行驶里程，但在减少车辆尾气排放方面，燃油税更有优势。”请对这一说法进行讨论。

2. 假设国家希望通过减少燃油消费量来确保国家能源安全和应对气候变化威胁。

a. 新车燃油效率标识制度有多大成效？分析这种手段的优势和劣势。

b. 低能效旧车淘汰政策有多大成效？分析这种手段的优势和劣势。

c. 将以上任何一种政策与按实际驾驶情况付费车险结合是否具有经济学意义？解释原因。

3. a. 若通过实施按实际驾驶情况付费车险解决机动车驾驶产生的外部性问题，制定保费时应该考虑哪些因素？

b. 你认为私人保险公司会将所有因素考虑在内吗？解释原因。

补充读物

Anas, A., & Lindsey, R. (2011). Reducing urban road transportation externalities: Road pricing in theory and in practice. *Review of Environmental Economics and Policy*, 5 (1), 66 - 88. 这是关于道路定价和政策的文献研究。

Anderson, S. T., Parry, I. W. H., Sallee, J. M., & Fischer, C. (2011). Automobile fuel economy standards: Impacts, efficiency, and alternatives. *Review of Environmental Economics and Policy*, 5 (1), 89 - 108. 这是对于燃油经济性标准的综合总结和评估。

Harrington, W., & McConnell, V. (2003). Motor vehicles and the environment. In H. Folmer & T. Tietenberg (Eds.). *International Yearbook of Environmental and Resource Economics 2003/2004*. Cheltenham, U.K.: Edward Elgar, 190 - 268. 它全面调查了我们从经济分析中学到的有关控制机动车污染的成本-效益分析方法。

更多的参考文献和重要的历史参考文献可在本书的配套网站查找：www.routledge.com/cw/Tietenberg。

第17章 气候变化

每件事都应该做得尽可能简单，简单到不能再简单。

——阿尔伯特·爱因斯坦
(Albert Einstein)

引言

随着污染物跨界传输愈演愈烈，政治因素已经成为复杂且具有成本有效性的控制手段得以有效实施的阻碍。由于跨界污染存在外部成本，排放者及排放源所在的政府都没有动力去控制这些跨界污染物。

科学上的不确定性是正确的市场激励机制没有形成的原因所在。科学上的不确定性限制了人类对这类问题的认知程度。对这些污染物之间相互关系的掌握程度决定了人类对问题的理解程度以及所采取的控制策略的有效性。到目前为止，人类还没有掌握这些知识。但是，若对跨界污染物问题采取不作为的态度，产生的后果将会极其严重，拖延处置并不是一种最佳的策略。为了避免在未来出现极端危机时，人类因可采取的行动方案有限而最终陷入困境，现在我们必须依据已掌握的知识制订出最佳的应对方案，尽管这些知识还非常有限。我们必须为后代保留选择权。

不作为的成本不仅仅局限于所产生的直接损害。由于跨界污染控制问题的争论，传统同盟国之间的国际合作已经被破坏，例如美国、墨西哥、加拿大以及欧盟国家。而且即将到来的资源稀缺（例如水资源）和由于极端天气灾害所带来的大批的跨国影响将会显著提高国家之间发生冲突的可能性。

这一章我们致力于研究气候变化所带来的独特挑战及机遇的相关证据。前两章我们奠定了分别针对固定源和移动源的基础国家策略，在本章中，我们不仅要考虑与气候变化相关的国际背景，还有更全面地应对固定源和移动源的战略和政策，以提高政策的成本效益。

气候变化的科学认识

温室气体是能够强烈吸收来自地球表面和大气的长波辐射（红外线），保留本应散发到太空中的热量的一类气体。从一定程度上说，地球所具备的适于人类居住的气候条件和其他星球上的不适于人类居住的气候条件都可以归因于大气层内温室气体的浓度和分布状态。改变各种温室气体的浓度能够改变气候。

虽然二氧化碳是最丰富和研究最广泛的一种温室气体，其他温室气体也具有相似的热辐射性质，包括氢氟碳化物、氮氧化物和甲烷。

目前人们对温室气体对于气候的影响的关注度日益提高不仅是由于温室气体排放量的不断增加改变了大气中温室气体的浓度，而且由于有很多种温室气体能够在大气中滞留很长时间，进而对气候产生长时间的影响。

通过化石燃料的燃烧、热带雨林的砍伐以及向大气中排放过多的温室气体，人类正在制造一个保温毯，这个保温毯吸收了大量的热量以至于使得地球表面的温度上升。

作为收集和评估气候变化领域科学信息的机构，政府间气候变化专门委员会（Intergovernmental Panel on Climate Change，IPCC）在 2013 年发布了其在气候变化领域的发现。值得注意的有以下几方面：

- 气候正在变暖是确切的，自 20 世纪 50 年代以来所观测的许多变化是此前几十年乃至上千年所未有的。
- 即使当前二氧化碳停止排放，气候变化的很多方面也将会持续数个世纪。
- 人类的影响很有可能是 20 世纪中期以来气候变化的决定性因素……证据来自大气中温室气体浓度的增加、辐射的增加、所观测到的温度上升以及对气候系统的不断理解。

科学研究表明气候变化比原来设想的更加迅猛。温度上升的速率是决定生态系统如何适应温度变化的关键因素，急剧的气候变化已经成为人们日益关注的问题，例如，被封存在北极冻土层的甲烷问题。随着气温的升高，冻土层逐渐融化，进而冰封的甲烷得以释放。由于甲烷是一种强大的温室气体，它们的释放能加剧气候变暖的速度。

气候变化将对人类健康产生不利影响，包括海平面上升带来的热浪和促进疾病宿主远距离迁徙，再加上风暴潮使海平面上升，导致沿海地区被淹没以及更极端的暴雨天气；引发极端干旱和更严重的水涝灾害；加剧海洋酸化，以及其他对人类的不利影响。

虽然大多数科学家接受这种对科学现状的看法，但并不是所有的观察者都这样认为。有些人甚至愿意把钱花在刀刃上（见案例 17.1）。

∵案例 17.1 关于气候科学的赌注

正如他所描述的那样，2011 年经济学家克里斯·霍普（Chris Hope）在英国剑桥举行的会议《卫报》的一篇文章中描述的场景：

> 大多数参与者对人类对气候的影响持怀疑态度，我拿起麦克风问他们是否愿意和我赌 1 000 英镑，2015 年一定比 2008 年热。两位勇士，兰·普利默（Lan Plimer）和阿兰·拉奇（Alan Rudge）和我打赌了。

科尔（Cole）随后找到了一位认为若 2015 年温度比 2008 年低则赔率为 5 的气候科学家詹姆斯·安南（James Annan）（具体来说就是如果 2015 年比 2008 年热，科尔要付安南 666 英镑，如果 2015 年更冷，安南要付给科尔 3 333 英镑）。虽然数字看起来有些奇怪，但实际上这对科尔而言是一个完美的对冲。如果2015年比2008年冷，他将赢得1 333英镑，如果2015年比2018年热，则他将赢得1 334英镑。此方面的押注已经转移了下行风险（失败的风险）。感谢安南，因为他相信这种风险非常小，因此愿意接受。

我们现在知道2015年比2008年更热，兰·普利默和阿兰·拉奇输了1 000英镑，根据他们的约定，科尔得到1 334英镑，安南得到666英镑。

特定的开始和结束日期在此投注中是否重要？虽然全球气温总体来说一直在上升，事实证明这是一个押注气候变化特别糟糕的日子。2008年其实是相对凉爽的一年，根据美国国家航空航天局太空研究所，一种强烈的周期性拉尼娜效应使太平洋和大洋洲大部分地区的温度比长期平均水平低。

相反，2015年底是当时有记录以来最热的一年，请注意，每项针对高温的投注涉及的截止日期为2015年的人都会输掉赌局。

是否会有一组不同的7年间隔，涉及较早的开始和结束日期，产生了不同的结果？收集数据，进行计算并且找出来，从1998年开始，每7年检索对比一次，到打赌中的2008年结束。总的来说，这些数据说明了气候变化中打赌的什么智慧？

资料来源：Hope，Chris.（July 28，2016）. Making a safe bet on climate change. In his Keeping an Eye on Climate Change blog. Available at：www.chrishopepolicy.com/2016/07/making-a-safe-bet-on-dangerous-climate-change/；NASA Goddard Institute for Space Studies（GISS）.（February 23，2009）. 2008 was earth's coolest year since 2000. Available at：www.nasa.gov/topics/earth/features/2008_temps.html.

有关气候变化政策的谈判

□ 广泛策略的特点

我们能够做些什么？人们已经考虑了三种策略：（1）气候工程；（2）适应；（3）减缓。

气候工程，或称地球工程学，其使用的策略可以被分为两个不同的类别：二氧化碳移除和太阳辐射管理。第一类策略，例如直接碳捕捉或者海洋施肥，其目的在于减少温室气体的浓度；而第二类策略，例如注射平流层气溶胶，其目的在于将进入地球的部分阳光反射回去从而降低地球的温度。有些人建议这些策略中的一种或多种可以提供具有成本效益的缓解措施，但最近的一些评论则强调这些方法充满着不确定性，并且可能具有潜在的负面作用，基于此，在传统政策尚未失效前这些方法目前并不能被认作全面减缓策略的一个替代。研究仍在继续，但地球工程学的最终作用仍待确定。

适应策略包括使自然或人类系统遭受的气候变化影响最小化的各种努力。这一方面的案例包括调整发展规划以增加灾害频发地区的适应能力，例如将运输系统和废物处置设施搬离易受到海平面上升影响的地区，加强公共卫生设施以应对由于气候不断变暖所带来的疾病变化以及由此引发的对公共卫生设施所产生的更大负担。

减缓策略则是指运用相应的策略来减缓温度上升的各种努力，这些策略的目标在于减少温室气体排放或增加地球吸收温室气体的能力。

在本章中，我们主要关注的是减缓策略。最重要的减缓策略在于如何对待我们所使用的化石能源。化石能源的燃烧导致温室气体的产生。二氧化碳排放可以通过减少燃料使用或使用能够较少产生乃至不产生二氧化碳的替代能源（例如风、光伏发电或者水能）。任何有关二氧化碳排放的大量减少都将会涉及我们能源消费方式的重大转变，这种重大转变伴随着经济成本的出现，因此关于如何严格遵循该策略的辩论是一个传统的公共政策问题。

另一种可能的策略则是鼓励通过植树或者改善土壤来增加碳的吸附能力。正如讨论 17.1 所指出的那样，在当今的气候变化谈判中，这种方法的必要性受到很大的争议。

寻找解决气候变化问题的全球策略的确是我们这个时代最具挑战性和紧迫性的问题，但是温室气体并非国际谈判所遇到的第一个全球污染物。因此，我们在后续的小节中将分析解决全球污染物的破冰之作，有关削减臭氧消耗物质的谈判。

讨论 17.1　在地球生物大气层进行碳封存可信吗?

森林和土壤隔离（存储）了大量的碳。研究表明只要在实践中做适当的改变，森林和土壤就会存储更多的碳。增加碳封存就意味着进入大气中的碳减少。对于这一潜能的认知极大地推进了在气候变化谈判中给予碳市场更多的信用额或者针对那些借助森林和土壤使更多碳得以吸收的行动的碳税政策。这样做是否被允许？如果允许，又该如何操作？这些问题目前争论激烈。

支持者认为这种形式的碳封存是一种典型的具有成本有效性的方式。成本有效性并非仅仅指取得既定目标的成本最小化，同样也包括在接近最终期限之际对于更为严格的减排目标接受度的提高。对于碳吸收信用额的许可或许也能够增加可持续活动的经济价值（例如限制毁林或者预防水土流失），从而为这些活动提供额外的激励。支持者进一步指出那些最贫穷国家中的最贫穷居民将会是这一经济价值增加的主要受益者。

反对者认为目前我们对于地球生物大气层碳封存的科学事实的了解还处在起步阶段，因此在给予具体多少碳信用额上还不清楚。并且目前已获得的观测结果显示碳封存不仅成本高（如果操作正确的话），而且受制于诸多不确定性。由于碳吸收在任何时间都很容易被重新释放，为保障效果持续性的监测和监管是必需的，从而增加了更多的成本。而且即便是在完备的监管体系下，被封存的碳也很有可能是暂时的（即使碳是被封存在保护区的森林中，其最终也可能由于树木的腐朽而进入大气）。最终，由于过分夸大的封存能力鼓励了这样一种行为的发生——为了增加碳吸收的量而砍掉缓慢生长的古老森林，取而代之的是速生林的种植，而这种行为显然并非我们所想要的。

□ 基于博弈论视角的气候谈判

经济学中被用于研究在参与者共同决定情境下的激励措施的领域是博弈论。结果被共同决定意味着任何一个国家在国际协议中的效益不仅仅取决于本国自己的决策，也取决于其他国家的决策。

博弈论的一个特别有趣的应变调查支持自我执行协议（Barrett，1994），即那些激励足以同时鼓励加盟协议以及让一个成员继续按规则办事。由于没有一个国家可以被强制签署国际协议，并且签约国签署协议之后总能撤销，自我执行协议是那些激励机制最有可能创造稳定成功的联盟。

建立自我执行协议的重要困难是搭便车效应。气候变化涉及全球污染物，减排的影响是公共利益。无论这些国家是否为减排做出了贡献，所有国家都受益于减排的效益。那些为减排承担了所有成本的国家，只获得了减排效益的一部分而已，这意味着做出减排努力的那些国家的私人边际效益是比所有国家收到的社会边际收益低的。因此当一个国家减少排放时，会是私人边际削减成本等于其私人边际效益为止的程度，这样的个人最佳选择下的减排是不足的。

巴雷特（Barrett）的模型假设签约国选择策略以使得它们的集体净效益最大化。在这个博弈过程中当一个国家加入国际协议时，其他签约国通过提高它们的减排水平作为回应，因此应该奖励该国加入协议。当一个国家退出协议时，剩下的签约国降低它们的减排水平，因此应该惩罚该国从协议中退出。这些问题的关注点在于稳定成功的联盟能在什么条件下实现，以及这些条件在多大程度上适应当前的气候谈判。

巴雷特分析发现，一个稳定成功的协议只有在合作和非合作的产出差别小的时候才能实现。为什么？气候政策的稳定成功的协议的一个障碍是搭便车效应。加入协议的国家支付参加的所有边际成本，但是只能拿回它们行为的边际效益的一小部分（余下的被其他国家获得，签约国和非签约国都一样）。非签约国获得了其他国家减排行为的利益而根本无须减排。遗憾的是，这种分析表明，正是在这些情况下，合作获得的效益是最大的，搭便车的效益也是最大的，从而抑制了稳定成功的协议的形成。

一个最新的研究（Barrett，2013）主要关注是否存在一个灾难阈值（被称为“临界点”），当足够靠近的时候合作会有一个更好的机会。此分析发现，当一个气候灾难阈值的细节是确知的，并且避免灾难的效益比成本高时，自我执行协议可以协调国家行为以便避免灾难。此时避免灾难的净效益比成本要低，但是协议通常不能避免灾难，只有适度削减排放量得以持续。这个分析还发现气温上升幅度的不确定性将触发灾难阈值，通常导致协调崩溃。

另一个基于实验室实验的博弈论研究（Jacquet，2013）揭示了合作中的更多障碍——合作效益的性质和时间。在博弈开始时，这个博弈是用真正的金钱在实验室做了10轮实验，6个参与者每人被分配固定数量的钱（40欧元）以用于在一个气候账户中投资。在每一轮中这些参与者选择将多少被分配到的钱放入一个气候账户中。

在第10轮实验结束时，如果6个参与者经过10轮实验所放入气候账户的金额超过120欧元，那么每个参与者将赢得此次博弈（减少了气候变化的威胁）。每个参与者由于减少了对气候变化的威胁，在获得除其放入气候账户后剩余的资金以外，还将获得额外的资金奖励。然而，如果10轮以后气候账户的资金小于120欧元，参与者就输掉了此次博弈并且将不会获得奖金。

博弈一共有三种不同的规则。在第一种情境下，第二天会收到获得的奖金（45欧元），七成的人会避免危险的气候变化。在第二种情境下，赢得的奖金（45欧元）会在七周之后收到，11组中会有4组成功。在最后一种情境下，获得的奖金会被用来种植橡树以吸收二氧化碳，从而给后代提供最大的效益，11 组中没有一组会达到目标。显然，从气候变化的行动中获得回报的过程是滞后的，这是另一个难以达成成功协议的原因。

这些结果在通常情况下非常令人沮丧，因为在当前气候政策舞台的主流环境下，这些国家力求建设一种稳定高效的协议来缓解温室气体，经过对动机的认真研究，它们对全球合作不置可否。

幸运的是，当前气候领域也包含这些模型之外的国际合作的其他方面，使得合作实现的可能性略微大一些。其中一个方面是关于共同利益的，这些利益来源于减少在温室气体减排进程中产生的其他非预期污染物。一个重要的例子是当低碳或无碳燃料可替代燃煤时，能够减少对人类健康的不利影响。因为从减少这些当地污染物所获的所有健康效益都被减排国家获得，搭便车效应不会出现。这可以给私人参与者一个强烈的额外动机进行减排，他们可以获得那些共同利益。有人认为这可以解释，例如中国最近对减少温室气体的兴趣增加。

另一个策略与“议题关联”相关：这些国家同时协商气候变化协议和与之关联的经济协议。典型的连接这两方面的协议就是关于贸易自由化的协议，或者是关于研发或国际债务的合作协议。这一路径背后的原因是有的国家获益于前一个问题，有的国家获益于后者。合作也许会带来共同受益，将两个问题联结起来可以增加这种机会，进而增加参与并遵守协议的动机。

要想理解它是如何发生作用的，我们来考虑 Cararro（2002）提到的一个研发的例子。为了消除从气候变化中搭便车获益的动机，假设只有协议中已批准的签约方可以在批准的成员内分享研发所得效益。事实是只有气候变化协议和研发协议都已批准的成员可以获得效益，因此它们有动机去批准协议。因为如果那些成员不批准就无法获得研发的效益，它们为了受益不得不参加协议。

另一个鼓励参与的策略涉及受益方向受损方的利益让渡。一些国家从有效的协议中比其他国家获益更多。如果受益方愿意分享一些所获效益给那些利益受损的国家，后者可能会更愿意加入协议。一些有意思的研究（Chandler and Tulkens，1997）指出可能存在一组利益让渡使得每个参与国家的境况比不参与要好。这是很令人欣慰的结果，但是它是否切合实际?

在实施概念上，使用转移支付作为诱因加入，根据协议，2007 年巴厘岛气候变化会议为更好适应气候变化建立了一种筹资机制。成立基金会的目的是为《京都议定书》（www. adaptation-fund. org）缔约方中的发展中国家的特定支持项目或计划提供金融支持。该基金会由全球环境组织运作，其资金来源主要是对清洁发展机制项目的收益征收 2%的税。请注意尽管此基金原本被设计用来适应气候变化而不是减排，但实际上这种只面向成员的协议也会给非签约者提供参与的激励。

作为一种补充手段，《联合国气候变化框架公约》的成员决定在 2010 年成立绿色气候基金，这将显著提高资金资助。绿色气候基金旨在为发展中国家提供支持以限制或减缓温室气体的排放，并帮助它们适应气候变化的影响，重点支持在气候变化不利影响中特别脆弱的发展中国家。[①] 截至2016年7月，已经批准的提案有约50项，其中10项已经支付了资金。

最后，选择成本-效益好的政策可以提高参与度。因为成本-效益好的政策可以降低参与的成本而不是利益，那些政策应该通过提高加入协议的净效益来提高参与度。

所有这些因素在寻求协议的过程中如何相互作用？历史上，气候变化协议主要是基于自上而下的方法，即目标和责任是协议自身确定的。这并不是所预期的结果，因为世界上许多国家，特别是发展中国家会保持观望。

2015年12月通过，并在2016年10月生效的《巴黎协定》采取的是自下而上的方法。每个国家被要求自己确定自己的减排贡献，也就是"国家自主贡献"（nationally determined contribution，NDC），来实现全球的目标。这些NDC在国际上不具有约束力（可执行）。

《巴黎协定》缔结后，专家们进行了计算，假定所有国家都履行了它们NDC的承诺，以求所有NDC的总和是否能满足协定中的温度提升目标。

专家们发现，NDC的总和不足以支持全球排放在温度升高范围内的排放水平。此外不久之后唐纳德·特朗普赢得了2016年美国总统大选，并宣布美国退出《巴黎协定》。显然到目前为止，似乎公共的良好效果大于共同利益、联系和转移支付的效果。

他山之石：削减臭氧消耗物质

幸运的是，并非所有旨在应对全球污染物挑战的国际协议都经历了这样惨淡的经历，是否在一些较早的协定中有经验和教训供我们学习？想想《蒙特利尔议定书》的经验，该议定书旨在控制消耗臭氧的气体。

平流层中的少量臭氧对地球上生命的质量意义重大。特别是，臭氧层吸收紫外线，保护人类、植物和动物免受有害辐射。由于臭氧层能够吸收红外辐射，臭氧也是决定地球气候的因素之一。

氯氟烃（CFC）是一类温室气体，可以通过一系列复杂的化学反应破坏平流层中的臭氧。这类化学物质能够被用于喷雾推进剂、缓冲泡沫、包装和绝缘泡沫、电子和金属器件的工业清洗剂、食品冷冻、医疗设备消毒、冰箱和食品储存、汽车和建筑物的空调系统。

由于对平流层臭氧破坏所引发的紫外线辐射增加而引发的健康影响中，最主要的是非黑色素沉着皮肤癌变的增加。此外，紫外线还可能与例如增加皮肤癌中更为严重的恶性黑色素瘤的发病、抑制人体免疫系统、对植物产生损害、导致牛的眼癌发生以及加速某些聚合材料退化等潜在的影响有关。

为了应对臭氧消耗问题，1988年9月，24个国家签署了《蒙特利尔议定书》。此后，

---

① 这些谈判有多么困难，这一点可以从以下事实得到说明：美国对绿色气候基金的承诺是特朗普总统举出的美国在《巴黎协定》下承担不公平负担的一个例子。尽管绿色气候基金实际上先于《巴黎协定》签署大约5年，直到2013年，全球合作框架才开始了第一轮谈判筹款。

各国又签署了一系列新的协议，扩大控制物质的范围，建立逐步淘汰的时间表。目前，这些协议已经在某种程度上控制了 96 种化学物质。

就减少目标排放而言，人们普遍认为《蒙特利尔议定书》是一个显著成功的案例。到 2008 年，超过 95%的臭氧消耗物质已经被逐步淘汰，并且臭氧层被认为将在 2075 年之前恢复到 1980 年之前的水平。

这一议定书是如何避免此前我们所识别的搭便车行为的？其成功的一个原因就在于人们在议定书签署之初就认识到发展中国家积极参与的重要性。议定书成功的一个要素就在于推迟了发展中国家淘汰臭氧消耗物质的最终时间表；另一个成功要素则是创立了多边基金。

1990 年，议定书签署各方同意设立一只多边基金，负责承担发展中国家采取禁止臭氧消耗物质生产和消费行动的额外成本，资金来源由工业化国家分担。这一基金至今已被多次补充，截至 2013 年 4 月，包括经济转型国家在内的 45 个国家共计捐款 30.9 亿美元。

基金推动发展中国家的技术转变，使之转向使用更多环境安全性产品、原料和设备。它为那些已经批准了议定书的发展中国家获得技术知识、替代技术信息、培训和示范工程提供渠道，也包括对那些不使用臭氧消耗物质的工程提供资金支持。

多边基金的存在，并非议定书成功的全部原因。臭氧层保护行动的成功在很大程度上是因为生产者寻找到了臭氧消耗物质的替代品，并且很快实现了产品的市场化。很多案例表明，那些被要求停止生产臭氧消耗物质的公司正是生产臭氧消耗物质替代品的公司。国家和生产者终止使用氯氟烃的行为较此前预期的更快也更廉价，究其原因，既得益于臭氧消耗物质替代品的可得性，又受益于销售臭氧消耗物质替代品足以弥补由于停产臭氧消耗物质所带来的损失。

回顾过去，我们现在知道的一类替代品是氢氧烃（HFC）具有有害效果——是效果明显的温室气体，尽管 HFC 在大气中的存在时间比二氧化碳短，但是被证明在以磅为单位的气体中是更加有力的温室气体。

为了应对这一挑战，2016 年 10 月，在卢旺达的基加利达成了逐步淘汰 HFC 的协议。这可能阻止到 2100 年温度升高 0.5℃（0.9 ℉），并且因此成为《巴黎协定》的有益补充。

经济学和减缓政策选择

在早先气候变化谈判中通过具有成本有效性的策略减缓气候变化是被优先考虑的。正如第 15 章阐述的原因，政策选择空间迅速地聚焦到碳税和排放权交易* 上来。

总体上，欧洲倾向于支持碳税，美国倾向于支持排放权交易。如表 17 - 1 所示，在实践中两种方法都被采纳了。

---

* 由于本章主要以气体为例来说明，因而在本章中 emissions trading 采用“排放权交易”的译文。——译者注

表 17-1　现有的和规划的碳市场和碳税

碳市场	碳税
《京都议定书》清洁发展机制和联合履行机制（2005 年）	芬兰（1990 年）
欧盟排放权交易体系（2005 年）	瑞典（1991 年）
美国区域温室气体倡议（2009 年）	挪威（1991 年）
新西兰（2010 年）	英国（2001 年）
美国加利福尼亚州（2013 年）	丹麦（2005 年）
加拿大魁北克（2013 年）	加拿大艾伯塔（2007 年）
中国试点项目（2013 年）和全国项目（2017 年）	瑞士（2007 年）
韩国（2015 年）	加拿大英属哥伦比亚（2008 年）
	印度（2010 年）
	日本（2012 年）

□ 背景：两个说明性的碳定价项目

碳排放权交易和碳税都是碳定价的形式，但它们的运作方式截然不同。在碳排放权交易中，政府设定允许排放量的大小，并让市场决定价格，而碳税则设定排放价格并允许市场来决定排放量的大小。为了让大家认识这些项目的本质，考虑以下两个例子：(1) 英属哥伦比亚碳税项目；(2) 欧盟排放权交易体系。

英属哥伦比亚碳税项目。自 2008 年以来，英属哥伦比亚对燃料燃烧产生的每吨二氧化碳（CO_2）当量排放物（CO_2-e）征收碳税。这个项目影响了英属哥伦比亚整体温室气体排放的 77%。

在这个项目下，二氧化碳当量排放物被定义为排入空气中的二氧化碳、甲烷（CH_4）、氮氧化物（N_2O），甲烷和氮氧化物等依照其导致全球变暖对应于相同效应的二氧化碳进行调整。特定的燃料，例如商业航空和航运被排除在外。为了推动政策实施，碳税以整体销售水平征收，利用之前征收机车燃油税建立的渠道进行征收。税的成本最终会以更高的产品价格的形式转移给消费者。

碳税是税收中性的（所有收集到的税收会通过其他税的减少返还给英属哥伦比亚）。为了保障低收入家庭的利益，低收入气候行动退税项目为成年居民提供了一次性的税收减免，减免的金额相当于特定收入门槛家庭净收入的 2%。

四年之后，相比较于加拿大的其他地区，英属哥伦比亚的人均燃料消费已经下降了 19%，同时其经济则与加拿大其他地方同步。2012 年新任政府接任后，保留了该计划，但也阻止了税率的年度上升。英属哥伦比亚的碳排放量在税率冻结后开始上升。在一定程度上，新政府不愿意超前其他国家，以免它们失去竞争优势。

此后，加拿大总理贾斯汀·特鲁多（Justin Trudeau）建立了自己的国家气候计划，要求所有的省和地区在 2022 年前都征收碳税或给出限额交易计划。

欧盟排放权交易体系（European Union Emissions Trading Scheme，EU ETS）。欧盟排放权交易体系在 2005 年发起，在 31 个国家中实施，这一体系是全球最大的碳排放权交易体系。该体系对于特定的温室气体排放设置限额。在该限额下，企业被分配一定的排放额度，当需要时它们可以出售或者购买这种额度。年终时，每个企业必须交出足够的额度来满足企业产生的碳排放或者为额外的碳排放缴纳罚款。企业可以为了在未来出售或者满足未来的需要来储蓄剩余的排放额度。这个限额（就是许可证额度的数量）会随着时间而逐渐减少，所以整体的碳排放会减少。

欧盟排放交易体系在所有的 28 个欧盟国家以及冰岛、列支敦士登和挪威均有运营。它限制了超过 11 000 座重型耗能设备（发电站和工业工厂）以及在这些国家/地区之间运营的航空公司，涵盖了欧盟温室气体排放量的 45%。

欧盟的温室气体排放在 1990 年至 2015 年间减少了 22%，而同期经济增长了 50%。根据欧洲环境代理商（European Environment Agency，EEA），减少主要是由于发电量的减少，排放量减少的减缓是由于最近配额的增加造成的。

□ 碳市场和碳税：这些方法在实践中是怎样起作用的?

成本节省。两种研究按照惯例被运用于评估成本节省：事前分析是基于电脑模拟的，而事后分析则检测实际的实施经历。虽然不是全部，但是在绝大多数情况下，大量的事前分析表明越来越多的基于特定源限制的传统管理方法开始向成本有效的以市场为基准的方法转变，例如排放权交易或者污染税可以隐性地以低得多的成本达到相似的减排量，或者以相似的成本达到高得多的减排量。事实也表明这两种手段通常比其余的诸如可再生资源补贴或命令控制型政策在单位支出上产生更多的减排量。

尽管现有的详细事后研究数量很少，但它们通常发现转变到这些以市场为基准的方法的成本节省是相当有效的，但是会比最理想状态节省的成本要少。也就是说，虽然税和排放权交易原则上是完全成本有效的，但在实践中多多少少会达不到这种程度。

减排。一项研究试图控制其他可以影响碳排放结果的因素，Lin 和 Li（2011）比较了使用碳税和不使用碳税的国家，研究随着时间的演进人均二氧化碳排放的变化。他们发现（挪威例外）碳税能导致减排，但是碳税的作用仅仅在芬兰是统计上显著的。研究者把这种统计显著的缺失归结于其他国家在某些能源密集型产业上的免税政策。

如上所述，在排放权交易市场中，欧盟的排放从 1990 年到 2015 年减少了 22%。在美国的东北部，实施区域温室气体倡议（Regional Greenhouse Gas Initiative，RGGI）使得 2008 年至 2015 年减排 37%，尽管其碳排放总量控制政策相当薄弱。RGGI 的减排主要源于燃料替代，辅以降低天然气价格以及提升能源效率，即降低了每单位输出的能源使用量。

当然，并不是所有温室气体的来源都能够被管制，当然还会出现泄漏的问题。当泄漏发生时，在管辖区域的实际减排量比那些报告的减排量要小，因为一些碳排放仅仅是被转移到另外一个地点而并不是减少了。当管辖源的减排压力导致其向未被管辖区域或者被更少管辖的源头进行排放传递时，泄漏就会发生。这种传递的通常渠道包括长久地转移它们的污染工厂到具有更低环境标准的国家，或者增加消费者对那些从未实行碳管制的国家进口的商品的依赖度。然而，到目前为止，证据表明碳泄漏的影响并不大。

□ 三个碳定价项目设计问题：利用收入、碳中和与价格波动

利用收入。两种形式的碳定价都可以在减少排放的同时增加收入，关于收入使用的各种选择有何不同?

收入可被用于减轻低收入人群的财务负担，以促进经济发展，增加减排量，援助因政策而流离失所的工人，甚至增加碳定价政策首次出台的可能性。尽管在某些情况下，特定的收入选择可以同时实现多个目标，其他则需要政治上的权衡。

人们已经设计出多种策略来实现一个或多个目标。它们包括：(1) 按照人均计算以一次性回扣的形式将收入返还给这些家庭；(2) 降低各种税项，如公司所得税、个人所得税、资本利得税、工资税等；(3) 补贴进一步的减排量；(4) 帮助因低碳能源供应而流离失所的工人。

某些收入策略可以被设计为"收入中性"。根据定义，税收中立政策的收入不能用于资助新的或扩展的计划。这可以通过向家庭返还所有碳定价收入来实现收入中立，或者通过降低其他税率以使较低税率给政府带来的收入损失等于碳定价所获得的收入来实现。收入中立也被认为有助于为不想看到政府规模扩张的人建立政策支持。

向家庭发放一次性回扣［例如向符合条件的家庭成员（最多4个）每月发放固定额度的支票］是一种减少碳定价对低收入人群负担的有效策略。经济研究发现一次性回扣是在确定目标下最有效的选择，它同时可以促进经济，但并不是最有效的促进经济的策略选择。

经济学家们发现用收入降低如资本利得税或公司所得税之类的税率将对经济产生最大的推动作用，但因为这些方法的受益者主要是高收入人群，所以它们对减轻低收入人群负担的作用最小。

某些不是收入中立的计划会使用收益来激励更多的排放量减少。常见的策略包括使用收益为那些投资了能源效率或者比如太阳能和风能等可再生能源的家庭或公司承担部分成本。一些能效项目已经被证明在高能源成本的领域可以促进经济发展，不仅通过降低能源成本，还通过保证当地的收益而不是将收益拿去进口燃料。研究表明，这种方式在促进经济方面并没有降低资本利得税或者公司所得税有效。尽管能效项目常常致力于补贴穷人们，投资的结果也确实降低了参与者的能源成本，但是这种方式在降低低收入人群的负担方面没有很有效，因为只有那些项目参与者才会从中获利。

最后，碳定价政策促使人们从高碳燃料转向低碳或零碳燃料。当低碳或者零碳行业的就业机会增加，高碳燃料行业的就业就会下降。研究表明，煤炭行业将是重灾区，一些收益可能被专门用于帮助这些失业的煤炭工人进行过渡。该策略可能有助于减少这些特定人群的负担，并且有可能减少在煤矿地区对碳定价的反对。

幸运的是，经济研究也发现，在收益的这些策略中，我们并不需要做出是或不是的选择，因为在通常涉及收益的碳定价项目中，可以同时使用几个策略，从而一次涵盖多个基础人群。

碳中和。虽然排放权交易和碳税都适用于这些项目的特定来源的排放，但碳中和无须缴纳任何税款或证明可以抵消的上限。碳中和是指通过减排原本没有包含在总量控制的那部分用来抵消总量控制内配额和购买（碳排放权）方的计税基础。碳中和或抵扣税

款在温室气体定价中有些许作用：

● 首先，越来越多的减排机会降低了服从减排要求的成本。

● 其次，通过这种方式减少成本可以使得服从减排要求更为容易从而增加碳定价项目颁布的可能性。

● 再次，碳中和通过为减排未包含在碳税或总量控制中的部分提供经济激励来扩大项目。

● 最后，因为抵消信用额能够把财政支持从其他为减排提供资金的来源中分离出来，它确保一些减排（例如在发展中国家中）是因为负担能力的原因而不是其他原因。

建立一个有效的碳中和计划的挑战在于确保所有三个基础性要求（即可计量的减排额、可执行性以及额外配套计划）都得到满足。这其中的一个障碍就是交易成本与中和有效性之间（假设有效碳中和是不便宜的）的权衡。

考虑到中和有效性，大多数项目目前正试图控制其使用。历史上的一个做法就是在总共所需补贴中将碳中和的使用（国内、国外或者两者兼有）限制在一个规定的比例中。例如，在美国东部地区的区域温室气体倡议中，二氧化碳中和配额仅被用作满足在控制期内 3.3%的碳排放控制目标；尽管当二氧化碳中和配额门槛达到时，这一配额的作用被认为将可能扩展到 5%～10%。在 2011 年，德国宣布它将不允许为了达到减排目标而使用碳中和。

价格波动。税收体系会固定价格，除非一些行政干预改变了这些固定价格，价格波动并不是一个问题。但无论在排放权交易的理论还是实践中，事实并非如此。

实践表明排放权交易不仅能够被价格波动影响，而且价格波动也并非偶然。在欧盟排放权交易体系案例中，最初的两次价格下跌是由于公众对于有关碳排放限额的实际排放量了解不充分和无法使第一阶段的补贴存储至第二阶段使用所造成的。而此后 2012 年的价格下跌则是由于过量的排放许可证、经济衰退以及气候政策的长期不确定性所造成的。

这一案例表明排放权交易体系的设计容易受到不稳定价格的影响，而这一影响则是通过两种不同的方式产生的：

● 首先，由于排放限额建立了一个固定的补贴供给体系，需求的变化（例如由于管制活动、经济衰退或者低碳能源的价格所影响的需求的变化）可以触发补贴价格的极大变动（因为供给无法对此做出响应）。

● 其次，补贴的需求源自减排义务的满足情况。改变环境（要么由于外部因素，要么由于在降低碳排放方面取得了超出预期的成功）可能产生补贴的盈余。这一盈余或许会造成价格的陡然下降，这是因为价格无法刺激总量需求增加。区域温室气体倡议和欧盟排放权交易体系市场都曾经历过这种价格下降盈余。

一个解决价格波动问题的可能有效的方法，例如在加利福尼亚州实施的计划，是形成一个安全的价格变动区间。建立一个安全的价格浮动上限将能够允许排放源以此前所规定的价格购买额外的配额，这一此前所规定的价格应当是足够高的从而使其不受到任何配额价格急剧升高的影响。2013 年，加利福尼亚的三个固定价格分别为 40 美元、45 美元和 50 美元，但这个价格会由于通货膨胀随着时间而上涨。为了阻止这些导致配额上限被突破的购买行为发生，2013 年至 2020 年通过分配一定比例的配额来建立储备金

（原为 4%）。截至 2016 年这些储备金还未使用，同时市场价格低于储备价格，但事实是它的存在仅仅是为了减少价格的不确定性。

争论：排放权交易的道德问题

排放权交易也无法避免争论。争论的一个方面提出了一个相当重要的问题：温室气体交易概念是否违背了传统的国际道德标准？（见讨论 17.2。）

讨论 17.2 全球温室气体排放权交易是不道德的吗？

1997 年 12 月，哈佛大学教授迈克尔·桑德尔（Michael Sandel）在《纽约时报》（*New York Times*）发表社论，认为温室气体排放权交易是一种不道德的行为。他认为将污染处理作为一种商品进行买卖，不仅免除了同污染相关的道德污名，而且减排交易破坏了责任分担原则，这项原则是全球合作的基础。较富裕国家利用从较贫穷国家的减排项目中所获取的排放权抵消其未来的更多排放，即使获取排放权的成本等于排放罚金，这种排放合法化的做法同惩罚排放企业相比是完全不同的，不仅在于新的授权排放是社会不可接受的，而且在于富裕国家可以通过支付一定费用来实现其道义上负有的责任，由较贫穷国家承担本应该由发达国家承担的减排义务。

针对这篇社论的回应主要集中在以下几点：第一，国际排放权交易是一种自愿行为，交易双方都会获益；一国并没有强迫另一国进行交易。第二，从历史上看，这些交易计划以更低的成本实现了更加清洁的空气，结果看上去已经证明了这种方法是合理的。第三，除了少数例外之外，真正意义上的污染控制法规允许一些排放不受惩罚；因为零排放既无效率，也无政治可行性。

资料来源：Sandel, M. J. (December 17, 1997). It's immoral to buy the right to pollute. With replies by Steven Shavell, Robert Stavins, Sanford Gaines, and Eric Maskin. *New York Times*; excerpts reprinted in Stavins, R. N. (Ed.) (2000). *Economics of the Environment*: *Selected Readings*, 4th ed. New York: W. W. Norton & Company, 449-452.

减缓政策：时机

大多数研究发现，采取行动减少排放量可以增加而不是减少我们未来的经济福祉。我们不仅知道如何设计降低行动成本的具有成本-效益的策略，而且规避损失所节省的成本是十分巨大的。经济合作与发展组织的最近一项研究发现，气候友好型政策系列可以使 G20 国家中的长期产出到 2050 年平均提高 2.8%，如果还考虑到规避的气候破坏，这一比例将上升近 5%。①

---

① OECD. (2017). *Investing in Climate*, *Investing in Growth*. Paris: OECD Publishing.

采取行动的时机如何重要？美国退出《巴黎协定》似乎至少会延迟全球减排实现的时间。经济学能说出对于温室气体减排现有投资的最佳水平是多少吗？以及如何实施这些投资的延迟会影响成本吗？

最早的控制气候变化方案的成本-效益研究推荐“缓慢”或“等待观望”型的政策。造成这种结果的原因是有启发性的。第一，现在若采取控制策略，成本由当代人负担，效益由未来人享受。成本-效益分析方法的现值标准更重视当前的价值。第二，能源使用和能源生产资本都具有长期性。与在其使用寿命结束时更换它们相比，加快它们的更换过程需要付出更加昂贵的代价。第三，模型分析预测未来会涌现出更多减排技术，由于存在更多的选择方案，目前采取拖延策略会降低减排成本。

然而，关于先前结论的两个担忧，加强了开始该结论的理由，在气候变化领域中运用成本-效益分析是存在争议的，而争议的产生则是由于现值标准的作用。虽然正如我们此前所讨论的那样，这种方法并非对后代存有偏见，但这意味着只要我们能够保证后代得到足够的赔偿以弥补他们受到的损害，后代的利益就得到了充分的保护。由于我们并不能保证后代有足够的人均福利增长，从长期看，这种方法会使得后代本应得的由稳定气候条件带来的利益被置于风险之中，因此引发了道德层面的关注（Portney and Weyant，1999）。

经济价值是另一个考虑角度，但是它与“观望”政策没有必然联系。将资本投资决策扩大到长期范围意味着占用当前的流动资金，将其用于投资。而且只有存在合理的技术创新动机的时候，未来技术进步降低成本的预期才能够实现。从以上两方面来说，等待只是简单地拖延了变革的进度。

随着时间的流逝，等待观望的情况进一步减少，大气排放的提升可能意味着减排成本在增加。最近麻省理工学院做了一项关于全球变化科学与政策联合计划的研究发现，推迟减排政策将大大增加减排成本。具体来说，他们发现将政策的启动时间从 2010 年推迟到 2030 年，将会增加减排成本，到 2050 年成本增加 52%，到 2100 年成本增加 26.4%。①

讨论中关于控制气候保护所需投资时机的另一个重要考虑是气候变化成本和效益两方面的不确定性。政府必须在不具备完全知识的情况下采取行动，政府怎么能够面对这样的不确定性局面做出合理的反应？

正如经济学分析所指出的那样，犯错的风险明显是不对称的。如果我们要求超量减排，现有的一代人将承受不必要的成本。此外，如果现实真如最悲观的预期那样糟糕，地球灾难性的、不可逆转的损失将降临在后代头上。

Yohe、Andronova 和 Schlesinger（2004）用备受推崇的标准气候变化模型分析了两种政策错误的后果。模型假设 2005 年决策者选择全球性减排政策，执行期为 30 年。2035 年后，决策者基于 30 年间对气候变化问题认识的进展，进一步修改政策。这个模型的不确定性来源于对大气温室气体浓度和随之发生的气候变化之间的关系的认识仍不

---

① Chen，Y.-H. H.，Babiker，M.，Paltsev，S.，& Reilly，H.（2016）. Costs of climate mitigation policies. MIT Joint Program on the Science and Policy of climate Change Report 292. Available at：https://globalchange.mit.edu/publication/15766（accessed June 14，2017）.

全面。他们重点关注的问题是：“现在什么是最好的策略？”

他们发现适度减排的避险策略现在主导了“观望”策略。当前行动不仅推动了资本周转，提供了技术进步的经济刺激，而且可以回避高成本和潜在不可逆的失误。例如在30年后的末尾发现科学家发现需要将温室气体排放浓度控制在更严格的水平，避免超过特定阈值（例如前面讨论的甲烷问题），到那时再实现控制可能不仅更难、成本更高，而且可能已经无法实现（因为已经太迟了）。现在我们对于大气的关注更多，大多数研究表明我们等待采取行动的时间越长，成本上升的幅度就越大。

适应政策的作用

减缓策略试图通过限制造成污染的排放来限制造成的损失冲击，适应往往会通过减少冲击造成的损害来限制确实发生的影响。从最佳政策回应的意义上讲，适应和减缓这两种策略是互补的。由于每种策略的边际成本函数是向上倾斜的，这通常意味着最佳策略是同时采用减缓和适应两种策略。偏离这个最佳值必然意味着超过必要的更高的成本。

与此同时，在另一种意义上，这两种策略也可以互相替代：通常情况下，其中一个被需要得更多。为了理解它们怎么互相替代，需要记住这两种策略的最佳水平都是投资到该策略的额外单位的边际成本等于减少该单位的边际损害。因此，对于任何一种策略，更高的边际损害意味着更高的投资于该策略的需求。

如果这些策略是可以互相替代的，则可以降低减排的边际成本，例如降低适应的需求。为什么？思考一下，在最佳政策中，较低的边际成本和不变的边际损害意味着较高的最佳减缓水平。减缓水平的提高不仅会降低其他减缓单位的边际损害，而且会降低其他适应单位的边际损害。减缓的更低的边际损害将带来更低的损害。从这种意义上来说，减缓和适应是替代品：增加一种会降低另一种的有效数量。

如果你仔细浏览网页，你就会发现一些专家在考虑减缓措施和适应作为一种选择。他们进一步建议政策制定者应该选择花费更少的一种政策。经济分析指出，这是一种错误的选择。

- 第一，如上所述，每种策略的边际成本函数都向上倾斜，这意味着最佳方法将是同时采用两种策略。偏离这种最佳方式意味着成本必将高于必要水平。
- 第二，就适应和减缓两种策略而言，它们并不是完美的替代品。适应策略必须针对特定地理区域的特定问题，而减缓策略则在全球范围内具有更广泛的损失减少效果。
- 第三，在某种程度上它们的时间安排可能不一样。必须尽早采取减缓措施以防止排放物质在大气中的累积。一些调整措施也可以尽早进行，但是一些也可以等到对损害的强度和位置有了更多的了解之后进行。

正如世界银行的一项研究指出的那样：

> 需要采取一系列综合行动，包括避免排放（减缓）和应对影响（适应）并且有意识地接受其他剩下的损失。然而，一些不可逆转的损失是无法弥补的，因此减缓

气候变化可能是应对气候变化的最廉价的长期解决方案，最重要的是避免可能引发真正灾难性后果的门槛。①

适应策略可以采取什么形式？它们的范围从大规模的基础架构变更——例如建造防波堤以防止海平面上升——到行为变化，如个人浪费更少的水，农民种植不同的作物，家庭搬迁到更高的地区来防洪。它们还可能涉及公众和私人策略，私人策略范围从改进的预警系统到只会由不知情的卖家购买的建筑法所禁止的不牢固的建筑物。

考虑公共和私人部门各自最佳角色的一种方法是仔细研究私人决策者（家庭和企业）的角色预期会发挥的作用（确实已经在应对已经发生的气候威胁方面发挥了作用）。私人会适应气候变化吗？这些反应可能既有效又充分吗？还是公共部门可以填补这些空白？

Frankhauser（2016）对这一领域的经济研究的回顾清楚地表明，第一个问题的回答是一个响亮的“是”！私人确实会适应，其中一个研究最多的部门是农业，研究显示了农业实践方面的明显差异，例如在不同气候条件下的作物选择。从长远来看，农民也通过调整农场规模或从事非农业活动来应对气候波动。

尽管很少有人研究企业在适应气候变化方面的投资，但事实是，家庭根据气候变化而调整能源消耗早已有充分的文献记载。既有能源需求也有相关产品，例如，空调随着季节和气候区域的需求变化。此外，我们发现这些私人做出的反应在降低死亡率和增加幸福感方面产生了可观的社会效益。

因此，尽管文献确实提供了令人信服的证据表明私人确实可以适应，但是确实没有提供令人信服的证据证明这些反应完全有效或者是足够的。首先，对于适应气候变化进行的投资的研究是十分有限的；其次，很少有专注于气候变化带来的可能损失的研究。更为重要的是，文献记载了许多限制私人行动的阻碍，因而降低了私人适应策略的有效性。

- 产权很重要。（还记得前面关于租户和业主关于能效投资动机的差异的讨论吗?）因为会产生由于财产损失而造成的损失，在适应上投资租户也比业主有更低的动机。通常来说，模棱两可或受到侵害的财产权是有效私人行动的障碍。
- 有效私人行动取决于有关风险性质和适应性选择的良好信息。这些有关未来风险的信息大多是公共物品，这意味着除非政府提供或参与，不然会供不应求。
- 适应选择也可能受到承受力的限制，包括低收入降低了借贷能力。
- 最后，大部分适应措施涉及道路或公共场所等公共资本运输系统，因此许多私人应对政策的可行性受到了公共适应的影响。

这份简短的清单表明了政府的多方面作用：

- 它应该确定导致适应性市场失灵的情况，并采取纠正或消除导致失灵的激励措施扭曲的政策。
- 它应该提供有关气候变化带来的风险的公共信息。

① Shalizi, Z. and Lecocq, F. (August 2010). To mitigate or to adapt: Is that the question? Observations on an appropriate response to the climate change challenge to development strategies. *The World Bank Research Observer*, 25 (2), 295 - 321, p. 295.

- 它应该提供财务机制来帮助适应气候变化有负担问题的人群。
- 它应该制订公共资本的适应计划，例如交通基础设施方面的计划。

小结

臭氧消耗物质涉及保护地球免受有害紫外线辐射的平流层内臭氧屏障的破坏，这一问题成为国际社会所面临的第一个全球污染问题。由于这类污染物具有累积性，有效的应对方法是随着时间的推移逐步减少这类污染物的产生。

为了限制这类气体在大气中的富积，有关臭氧消耗物质的国际议定书创立了一个限制其生产和消费的体系。在国际上，这一体系成功的部分原因在于多边基金和其他一些激励机制（如延迟的最后期限）的建立促使发展中国家加入；同时其成功也部分得益于那些逐步淘汰臭氧消耗物质的生产者的损失可以由其转向生产替代品所获得的效益来弥补。

国际普遍认为同臭氧消耗相比，气候变化问题更加难以解决。气候变化问题具有和臭氧消耗问题相同的特点，如搭便车问题以及当代人承担成本而后代享受效益。此外，气候变化还有其他特点。例如，一些国家从气候变化中受益，但未受损，因此它们不存在进一步控制的激励。同臭氧消耗物质不同，控制温室气体意味着控制化石能源的使用，而化石能源是现代社会的发展动力。

幸运的是，气候变化问题的经济分析不仅明确了必须采取行动，而且清楚地阐明了各种有效手段。一些实证研究认为，如果破坏影响远高于预期，为了提供保障防止不可逆转的负面影响的发生，现在采取行动减少温室气体排放是非常有意义的。

经济学也阐明了阻碍有效参加气候变化协定的各种因素以及相应的解决方案。博弈论研究表明搭便车效应比当前政策所被认知的效果更为长期，从而搭便车效应会阻碍参与。然而范畴宽广的博弈论研究给出了可以为参与提供激励的具体策略（例如国际贸易和议题关联）。国际费用分摊可能是一种可以成功对抗气候问题的必要因素，就如在臭氧消耗问题中那样。

由于碳定价是应对气候变化的成本-效益高的主要政策形式，现有的国家和地方的碳定价项目越来越多，名单中包含一些重要参与者这确实是好消息。

有证据表明这些项目以相应的成本有效性方式实现了减排，但是在某些问题上，例如价格波动和适当的碳中和作用仍有待解决。

在随后的几十年时间里，不仅要保留各项方案，而且必须加强各种政策选择方案。及时有效地应对全球和区域污染问题并不容易。在目前的政治制度模式下，对全球性问题进行决策不是易事。国际组织仅考虑其所服务的国家利益。本章所讨论的各项国际协定的机制能否成功应对这些全球性问题，只能等待时间给予我们答案。

讨论题

1. 个人可以通过购买碳中和来减少其碳足迹。例如现在乘坐飞机的旅客在购票时会被问到是否希望购买碳中和。这是国家气候变化政策的补充或者替代吗？为什么？

2. 你所在的国家、地区或州政府采取了什么措施来应对气候变化？有采用碳定价形式吗？如果是这样，结果怎么样？你所在的区域有人在做地区适应规划吗？这些方法的基本原理是否和本章讨论的有效策略具备一样的特征？为什么？

自测题

1. 请解释为何运用排污收费所得收入为碳捕捉技术提供资金和运行补贴的气候政策比单独的排污收费气候政策有更低的成本有效性?

2. 通常来说，来自控制气候变化领域的排污收费方式会比该政策从其他污染物处所获得的收益更为庞大。请问在什么样的条件下会导致高收入?

3. 用“正确”、“错误”或“不确定”来判断以下命题，并解释原因。(“不确定”是指在既定条件下可能是正确的，也可能是错误的。)

a. 对现有未控制的温室气体排放征税意味着更有效率。

b. 为了控制温室气体，依靠一系列区域体系(例如 EU ETS) 而非一个真实的全球体系会使得碳泄漏问题更为严重。

4. 假设有两个实施限额交易政策的国家正打算联结两国市场。A 国家有 20 吨排放限额，其国内减排的边际成本是 10 美元，未控制排放量水平为 60 吨。B 国家有 40 吨排放限额，国内减排的边际成本是 $1 \times q$ 美元，其中 q 是排放削减量，未控制排放量水平为 80 吨。

a. 在两国市场未联结之前，两个独立的碳减排市场的价格分别是多少?每个国家会减排多少吨碳?

b. 如果允许国家之间交易排放配额，联结两国市场，那么两国配额的交易价格是多少?每个国家会减排多少?如果有交易，请描述两国之间发生的配额交易。

5. 请讨论：关于公共物品的协商，例如温室气体减排，合作协议通常比不合作协议带来更高的总量效益，所以合作比不合作更好。

补充读物

Calvo, E., & Santiago J. R. (2012). Dynamic models of international environmental agreements: A differential game approach. *International Review of Environmental and Resource Economics*, 6, 289 - 339. 它是国际环境协定动态模型的综述。

Fankhauser, Sam. (2016). Adaptation to climate change. Grantham Research Institute on Climate Change and the Environment Working Paper No. 255. Available at: www. lse. ac. uk/GranthamInstitute/publication/adaptation-to-climate-change/. Last accessed on April 1, 2017. 它是一项关于适应性经济学的研究。

Fell, Harrison, Burtraw, Dallas, Morgenstern, Richard D., & Palmer, Karen L. (2012). Soft and hard price collars in a cap-and-trade system: A comparative analysis. *Journal of Environmental Economics and Management*, 64 (2): 183 - 198. 它比较了限额交易系统中涉及基准排放水平和成本的限价(最高限价和最低限价)。

Mendelsohn, R., Dinar, A. et al. (2006). The distributional impacts of climate change on rich and poor countries. *Environment and Development Economics*, 11, 159 - 178. 这以经济分析得出结论，贫困国家因其位置，将受气候变化的大部分损害。

Metcalf, G. E. (2009). Designing a carbon tax to reduce US greenhouse gas emissions. *Review of Environmental Economics and Policy*, 3 (1), 63 - 83. 它描述了在美国设计碳税，以控制温室气体排放的考虑。

Stavins, R. N. (2008). Addressing climate change with a comprehensive US cap-and-trade system. *Oxford Review of Economic Policy*, 24 (2), 298-321. 它描述了在美国控制温室气体排放的总量管制与交易政策时需要考虑的因素。

Stern, N. (2008). The economics of climate change. *American Economic Review*, 98 (2), 1-37. 它是世界银行前首席经济学家的评估。

Tietenberg, T. H. (Summer 2013). Reflections——Carbon pricing in practice. *Review of Environmental Economics and Policy*, 7, 313-329. 它对现有的碳定价方案进行审查，考虑其有效性和正在出现的设计的教训。

U. S. Environment Protection Agency. 2016. Climate change indicators in the United States, 2016, 4th ed. EPA 430-R-16-004. www. epa. gov/climate-indicators. 本报告提供了 37 个指标，帮助读者了解长期记录中观察到的气候变化的原因和影响、这些变化的重要性，以及它们对人类、环境和社会可能产生的后果。

Willianms Ⅲ, Roberton C. (June, 2016). Environment taxation. Resources for the Future Discussion Paper 16-24. Available at: www. rff. org/files/document/file/RFF-DP-16-24. pdf. 本文在回顾近期经济研究的基础上，评估了潜在的环境税改革的经济和环境效应。

更多的参考文献和重要的历史参考文献可在本书的配套网站查找：www. routledge. com/cw/Tietenberg。

第18章 水污染

这是最好的时代，也是最坏的时代；是智慧的时代，也是愚蠢的时代；是信仰的时代，也是怀疑的时代……

——查理·狄更斯，《双城记》(1859)

(Charles Dickens, *A Tale of Two Cites*, 1859)

引言

尽管各种污染物具有一些共性，但同样存在显著的差异。差异性为我们针对每一种污染物制定政策条款提供了依据。例如，我们可以发现尽管由机动车和固定污染源所排放的各类污染物经常是相同的，但采取的政策手段却有显著的差异。

水污染控制同样有其特点，下面是与政策密切相关的几个特点：

(1) 相对于大气污染控制，休憩效益在水污染控制中更为重要。

(2) 废水和其他废弃物处理的规模经济性使我们能够将建立大型集中式处理设施作为一项污染控制措施；而对于空气污染而言，实地控制则是一种标准方法。

(3) 许多水污染很难追查到某一明确的污染源。道路和农业径流带来的污染物以及污染物的大气沉降都是主要的水污染面源来源。控制面源污染增加了水污染控制的复杂性。

上述这些特点决定了需要制定新的政策措施。本章我们将探讨控制水污染这一独特但又重要的污染形式存在的问题以及前景。

水污染问题的性质

□ 纳污水体的类型

三类基本类型的水体容易受到污染。第一类是地表水，包括河流、湖泊以及覆盖地球表面大部分的海洋。从历史上看，决策者几乎毫无例外地仅仅关注预防和清除湖泊和河流的水污染。

第二类，地下水曾经被认为是未受污染的水资源，已经被发现受到有毒化学品的大量污染。地下水是指那些位于地表以下存在于土壤和岩石缝隙的水以及在完全饱和的地质构造中蕴含的水。

第三类，海洋，才刚开始受到关注。

虽然地表水是饮用水的重要来源，但它还有许多其他用途。娱乐性好处，例如游泳，钓鱼和划船，是非饮用水地区地表水政策制定的重要决定因素。地下水主要用于灌溉和饮用水来源。

□ 污染源

对于湖泊河流污染控制政策而言，区分点源和面源这两种不同污染源是非常有必要的，尽管二者之间的区别并不总是那样清晰。点源通常是指通过管道、排水口以及沟渠将污染物排放到某一特定区域的地表水中；而面源则通常是以一种间接的、分散的形式来影响水体。面源的实例包括暴雨过后草地及农场的化肥和杀虫剂的流失。从政策角度来看，面源污染更加难以控制，因为污染来源和时间都很难预测，而且在长时间内一直未得到法律法规方面的重视，直到最近情况才有所改变。由于在控制点源污染方面取得了显著的成效，目前，面源污染占美国水域超过一半的污染负荷。

当污染物质渗入饱水层时就会造成地下水污染。许多潜在的污染物会在水流缓慢通过岩石和土壤层时被过滤和吸附掉；但有些污染物却无法被过滤掉，有毒有机化学品是这类污染物的主要代表，在迁移的过程中可能不会被滤除。一旦这类物质进入地下水，即便量很少，净化起来也非常困难。而且，由于地下水的补给率相对于原水很小，因此混合和稀释污染物的现象也很少发生。

三种主要海洋污染包括石油泄漏、海洋倾废和垃圾的深海处置（主要为塑料垃圾）。自 20 世纪 70 年代以来，石油泄漏的频率和泄漏量都呈下降趋势（见图 18－1）。但泄漏事件仍不少见，如表 18－1 所示，近海钻探增加了这类风险，如墨西哥湾最近发生的“英国石油溢油事故”。由于错误地认为海洋巨大的承载力能够接纳大量的废弃物而不受到显著的破坏，导致各种现代生活的副产品都被毫无顾忌地倾倒入海中。倾倒的物品包括污水、污物、有害化学品、微量重金属甚至放射性物质。最近，人们意识到海洋中存在大量的塑料垃圾。大量的塑料垃圾被海洋生物摄入，导致每年成千上万的海洋鸟类和哺乳动物死亡。

□ 污染物类型

为了我们的研究目标，我们可以用第 14 章提供的分类方法对大量水污染物进行分类。

基金污染物。基金污染物是指那些环境对其具有一定同化能力的污染物。如果对污染物的吸收能力足以抵消污染物的注入量，则这类污染物就根本不会在环境中蓄积。一种典型的水中基金污染物被称为可降解污染物，因为其在水中可以被降解或分解。可降解污染物通常是那些能够被水中细菌侵蚀分解的有机残留物。

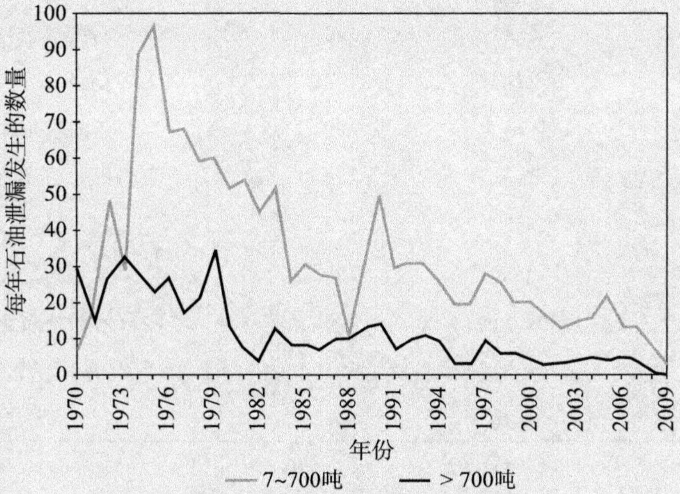

图 18-1　石油泄漏频率下降

资料来源：International Tanker Owners Pollution Federation Limited website：www. itopf. com/information-services/data-and-statistics/statistics/index. html.

表 18-1　重大石油泄漏事故

排名	泄漏量（吨）	船只名称	年份	地点
1	287 000	Atlantic Empress	1979	西印度洋多巴哥岛附近
2	260 000	ABT Summer	1991	距安哥拉 700 海里洋面
3	252 000	Castillo de Bellver	1983	南非萨尔达尼亚湾
4	223 000	Amoco Cadiz	1978	法国布列塔尼海域
5	144 000	Haven	1991	意大利热那亚海域
6	132 000	Odyssey	1988	距加拿大新斯科舍 700 海里海域
7	119 000	Torrey Canyon	1967	英国锡利群岛海域
8	115 000	Sea Star	1972	阿曼湾
9	100 000	Irenes Serenade	1980	希腊纳瓦里诺湾
10	100 000	Urquiola	1976	西班牙拉科鲁尼亚
11	95 000	Hawaiian Patriot	1977	距檀香山 300 海里海域
12	94 000	Independenta	1979	土耳其博斯普鲁斯
13	88 000	Jakob Maersk	1975	葡萄牙波尔图

续表

排名	泄漏量（吨）	船只名称	年份	地点
14	85 000	Braer	1993	英国设得兰岛
15	74 000	Aegean Sea	1992	西班牙拉科鲁尼亚
16	72 000	Sea Empress	1996	英国米尔福德港
17	70 000	Khark 5	1989	距摩洛哥大西洋海岸 120 海里
18	70 000	Nova	1985	伊朗湾哈格岛附近海域
19	67 000	Katina P	1992	莫桑比克马普托附近海域
20	63 000	Prestige	2002	西班牙加利西亚附近海域
35	37 000	Exxon Valdez	1989	美国阿拉斯加威廉王子湾
131	11 000	Hebei Spirit	2007	韩国

资料来源：International Tanker Owners Pollution Federation Limited website：updated June 2017：www.itopf.com/knowledge-rescources/data-and-statistics/ statistics/＃major. Reprinted with permission from ITOPF.

有机废物的分解过程需要消耗氧气，所耗氧气量则取决于污染物的数量。水体中所有的高等生物都是好氧生物，它们需要氧气才能得以存活。当河流中含氧量下降时，那些缺氧耐受性较差的鱼类会成为首批牺牲者，死亡率会上升。当含氧量足够低时，即便是好氧细菌也会死亡；这时河流就会变为厌氧环境，生态系统就会发生重大的改变，河流变得极其糟糕——河流浑浊变黑并且散发臭味！①

为了控制水体中的污染负荷，我们需要进行两种监测：（1）监测水体的环境状况；（2）监测污染物的排放量或者通常能够标示污染物的受污水体。针对这些可降解污染物，监测水体环境状况的常规方式是测定水体中的溶解氧（dissolved oxygen，DO）。如同温度、流速以及污染负荷一样，水体中的溶解氧也是水环境的一项特征。这种测定一定体积水中需氧量的方法被称为生化需氧量（biochemical oxygen demand，BOD）*。

利用模型技术，对于某点受污水体的生化需氧量的测定可以转化为对河段各个排污口所在地溶解氧的测定。这一步对于河道周边实施排污许可证制度和环境排放收费政策具有重要意义。

如果我们能够将河流中各个有机废水排放点的溶解氧数值绘制成一条曲线，这条曲线就会有一个或多个最小值，这被称为氧垂点。氧垂点能够反映河流中溶解氧含量较低点的位置。那么，我们就可以基于在这些氧垂点达到一个希望的溶解氧水平而设计相应的环境标准或环境收费体系；而排放标准或排污收费体系则仅仅是为了实现一个特定的生化需氧量削减目标。前者将考虑排放者的位置，而后者对此则没有考虑。本章接下来将考察特定河道对上述这些体系进行模型分析的研究。

第二类基金污染物是热污染，它主要是由于更多的热量注入水体所造成的。当工厂或发电厂取用地表水作为冷却水，然后又将升温的冷却水排放到水体中时，就会导致热

① 夏末秋初，温度上升和流速变缓时会产生严重的缺氧状况。

* 原文对 BOD 的理解存在较大偏差。目前通用的对于生化需氧量的理解为：在一定期间内，微生物分解一定体积水中有机物质所消耗的溶解氧的数量。——译者注

污染。热量通过蒸发作用在受体水中扩散，提高了排放口周围水体的温度，使得水中溶解氧下降，从而导致该区域生态的巨大改变。

还有一类污染物就是以氮、磷为代表的植物营养素。这类污染物能够刺激藻类和水草等水生植物的生长。这些水生植物一旦繁殖生长过量，就会产生恶臭以及景观上的问题。过量的营养物质进入湖泊就会造成富营养化问题。

各种可降解污染物可以按照环境对其吸收能力形成一张谱图。在谱图一端的污染物代表环境对其具有很强的吸收能力，而另一端则表示吸收能力近乎为零。极端情况是环境对其毫无吸收能力，这类污染物被称为累积性污染物。

靠近谱图的末端有一类无机合成化学品，被称为持久性污染物。这类物质之所以持久存在是因为它们的分子结构复杂，在水体中难以有效地分解。即便它们能够降解，也非常缓慢，这一特性使得这类污染物能够在水体中长距离迁移而分子结构不发生变化。

这类持久性污染物不仅可以在水体中积累，在食物链中也可以积累。而且随着生物等级的提高，生物体内污染物积累量逐步提高。在诸如浮游生物这类低等生物体内，持久性污染物的积累量相对较小，但以浮游生物为食的小鱼却不能将这类污染物排出体外，因此体内的含量就比较高。依此类推，大鱼吃小鱼，因此鱼越大其体内持久性污染物积累量就越高。

由于持久性污染物在食物链中积累，这对目前的监测提出了有趣的挑战。传统的方法只涉及对水中污染物浓度的监测，但这远远不够，因为其危害不仅在于水中的浓度，而且在于其在食物链中的浓度。尽管相比于其他污染物，对于持久性污染物环境效应的监测更加紧迫，但其面临的困难也更大。

最后一类基金污染物是细菌、病毒等具有传染性的生物。它们随着生活垃圾、动物排泄物以及像制革、肉类加工等这类工业的废弃物被排入地表水和地下水中。这些生物体在水体中要么繁殖壮大，要么经历一段时间后逐渐消亡，这取决于水体条件是否适合其继续生长。

最近，在河道和鱼类组织中发现了医疗污染物。在2002年，美国地质调查局对美国30个州的139条河流进行了测试，发现采样的80%的河流产生了诸如避孕药和抗抑郁药等药物残留的证据。同时，样本中也发现了脂肪酸盐、香料及咖啡因等物质的残留。虽然尚不清楚这些物质最终将导致的破坏程度，但对于水污染控制政策来说，这无疑是一个挑战。

累积性污染物。由累积性污染物所造成的最棘手的污染问题就是此类污染物在环境中难以降解。自然过程不能去除或转化这类污染物，同样水体自身也无法净化它。

累积性污染物主要包括无机化学品以及矿物质等，而其中最为著名的一类就是重金属，例如铅、镉和汞。在日本曾经发生过严重的重金属中毒事件。由于人们向海洋倾倒垃圾，以事发地命名的水俣病导致了52人死亡和150人受到严重的脑部神经损害。水俣病的致病原因困惑了专家多年，直到发现当地居民每日三餐所吃的鱼中富集着高浓度的有机汞才最终找到了致病的原因。

在美国，汞污染问题导致政府对许多淡水鱼和洄游鱼发出了食用警示，特别是那些哺乳期的妇女和儿童一定要注意避免大量食用某些鱼类。讨论18.1调查了鱼类食用警示对消费者行为的影响。

另一起发生在日本的污染事件，患者表现为全身骨头剧烈疼痛，这种病被称为“痛痛病”。科学家发现这种全身骨痛疾病的根源在于镉的摄入，而周边矿山则是镉的主要来源，很显然，患者是食用了受到镉污染的稻米和大豆才致病的。

讨论 18.1 鱼体内的有毒物质：鱼类食用警示改变消费行为了吗？

由于汞的持久性存在并在生物体内积累，食物链上层的动物积累量会更多。摄入汞会导致婴儿及孩童的神经紊乱。2001 年 1 月，美国食品药品监督管理局发布了一篇关于鱼类中含有甲基汞的报告。随后，相继在 2004 年和 2006 年又有两篇更新的报告发表。部分报告内容如下：

> 几乎所有的鱼类和贝类都含有汞的踪迹。对于大多数人而言，冒险食用鱼类和贝类并不会造成健康威胁。然而，一些汞含量更高的鱼类和贝类可能会损害未出生婴儿和幼儿的神经发育。汞的风险程度取决于鱼类和贝类的摄入量以及鱼类和贝类中汞的含量。因此，美国食品药品监督管理局和美国环保署建议：备孕的妇女、孕妇、哺乳期的母亲及幼儿应避免食用某些鱼类，或者食用汞含量稍低的鱼类和贝类。

美国食品药品监督管理局要求计划在 6 个月内怀孕、孕妇以及哺乳期的母亲接受关于甲基汞的新报告。

Shimshack、Ward 和 Beatty（2007）利用劳工统计局的《消费支出调查》调研了这些报告对消费和选择的影响效果。特别地，他们查看了 1999—2002 年间罐装鱼肉消费警示的作用效果，这四年包括警示公布前和公布后的各两年。他们调查了消费者是否减少对罐装鱼肉的消费以及什么因素导致了这些结果。

在比较目标家庭（那些有小孩的家庭）和非目标家庭后，他们发现目标家庭由于受到告诫明显减少了对罐装鱼肉的消费，其中受过高等教育的消费者表现得更加强烈。此外，他们发现相比于对健康的关注度，报纸杂志的阅读量更加影响减少鱼肉消费的结果。有趣的是，由于溢出效应，非目标消费者在目标消费者的影响下也会减少对罐装鱼肉的消费。

信息获取对有效的健康警示作用十分重要。那些教育程度比较低且不读报纸杂志的高危消费者并未明显减少罐装鱼肉的消费量。因此，作者认为这样一组人群同样很有可能难以抵御这方面对健康的负面影响。

什么才是不同人群获取信息的最佳渠道？不恰当的信息获取方式会导致健康危险不均衡分布，甚至会被视为环境公平问题。

资料来源：Shimshack，J. P.，Ward，M. B.，and Beatty，T. K. M.（2007）. Mercury advisories：Information，education and fish consumption. *Journal of Environmental Economics and Management*，53（2），158－179；www.fda.gov；www.cfsan.fda.gov/-dms/admehg3.html.

与持久性污染相似，一些累积性污染物也是难以被监测的。这些污染物富集于食物链中可以引发与持久性污染物相同的危害。因此，除了对环境取样监测外，还必须辅以食物链各单元的样本为参考。但问题的复杂性在于，重金属可以迅速沉淀形成沉积物，虽然对沉积物可以进行监测，但如果仅仅从水体中进行取样则可能会使这些重金属物质漏检。

传统水污染控制政策

世界各地的水污染控制政策各不相同，在本节中我们先较为详细地讨论美国的有关政策，从而提供一个依靠法律方法进行水污染控制的翔实案例；接下来我们讨论欧洲的做法，与美国不同，其政策更加强调经济激励。

美国水污染防治政策的制定先于联邦大气污染防治政策。我们或许会认为由于联邦政府有较多的时间，可以从先前的错误做法中吸取经验教训，因此水污染防治政策更趋完善。但事实并非如此。

美国的经验

□ 早期法律

第一部被用于管理向河流中排污行为的联邦法律是国会通过的《1899年垃圾法》。这部法律制定的初衷在于保护航运事业，它禁止任何有碍河流作为航道的排污行为。且在没有获得美国工程师协会首席工程师颁发的许可证的条件下，禁止向河流中排放任何污染物。而要获得这样的许可证，契约方需要担负清淤的责任，并主要负责清淤物的处置工作。这项法案实际上并未得到有效实施，直到1970年这项法案才作为联邦执行行动的依据被重新提议并短暂使用（尽管收效甚微）。

《1948年水污染控制法》代表了联邦政府首次对水污染防治进行直接干预的尝试，在此之前这是州和地方政府的职责。而且，该法案尽管重申水污染防治的首要责任应落实到各州，但有一点变化是它开始要求联邦政府行使调查、研究和检测的工作。

《1956年水污染控制法修正案》对于当前的治理措施仍具有重要的启示。该法案的两个规定尤为重要：（1）联邦政府对于污水处理厂的兴建要给予财政支持；（2）通过执行会议这一机制对废物倾倒行为进行直接的联邦管治。

第一条规定可以视为基于对某项污染控制行为（对废物处理厂的建立）进行补贴的防治策略。市政当局可以获得联邦政府的补贴，而补贴的额度达到城市污水处理厂建设所需费用的55%。这一做法不仅减少了当地政府的建设成本，而且降低了用户的成本。由于联邦政府的资助是一项补助而非贷款，因此用户所缴纳的费用并不涵盖联邦政府的补贴部分；这样用户就可以以较低的费率来覆盖非补贴部分的建设成本，并保证污水处理厂的正常运转和日常维护。

1956年的修正案所赋予联邦政府管理排污行为的权力是相对有限的，它所涉及的仅仅是各州间的污染者排放行为；而此后的法律则在此方面进行了拓宽，到1961年所有向适航水域的排污行为都被纳入联邦政府的管理范围之内。

执行会议是由《1956年水污染控制法修正案》所确立的针对排污行为实施管理的执行机制。上述机制规定可以由指定的联邦污染监管机构召开会议以解决州际的水污染问题，也可以由受影响的州的州长提议召开会议。但事实上，这种官方的决议不具有强制性，以至于监管机构在执行各项决议时束手无策，因此这种会议也难以取得预期的效果。

《1965年水质法》试图通过制定州际水域水质标准和要求各州提交实施计划的措施来改进管理程序。这一措施看起来像是现行的空气污染控制措施，但事实上有很大的差别。然而针对1965年的法案，各州提出的计划是很含糊笼统的，并未试图将污水排放标准与环境水质标准建立起联系，而是通常采取省事的做法，采用二级处理的方式，去除80%～90%的生化需氧量和85%的悬浮物。但事实上，由于这些标准并未与环境水质标准建立起特别的联系，而相应的法律权力又是基于这种联系的，因此导致这些标准很难在法庭上执行。

□ 后续法律

点源。正如前面的章节所讨论的那样，20世纪70年代对于空气污染控制措施失望沮丧的气氛笼罩着华盛顿。正是由于空气污染法规的失利导致了具有强制性的《1972年水污染控制法修正案》的制定，通常被称为《清洁水法案》。这部法案自其前言部分就确立了整部法案的基调，即要求实现两个目标：（1）“……到1985年为止，禁止向适航水域排放废物”；（2）“……到1983年6月1日，实现关于保护鱼类、水生贝壳类、野生动物繁殖和人类水上娱乐活动的中期水质目标”。这些具有强制性的目标与以前的治理政策截然不同。

这一法案还引入了新的执行程序，要求所有的排污者都需要获得排污许可证方能排污，从而避免了《1899年垃圾法》以适航为前提的难以执行的弊端。并且，排污者只有达到以一定技术需求为基础的排放标准才能获得许可证。一旦这些排放标准要求统一强制执行，就会完全绕过环境水质标准，因此，环境水质标准可以不依赖于当地水体情况。①

根据《清洁水法案》，美国分两个阶段实施排放标准。第一阶段到1977年，以排污许可证为条件，要求企业达到以当前经济可行的最佳可行技术为基础的出水限度。而在设置这些国家标准时，美国环保署需要考虑整个技术的成本以及相应的效益，而并不考虑单个水源的状况或对特殊水源的排放。另外，到1977年所有公有污水处理厂都将达到二级处理标准。到1983年，工业企业则要求达到可能是更为严格的基于以经济上可实现的最佳实用技术为基础的出水标准，而公有污水处理厂则要求达到基于最佳可行污水处理技术的出水标准。

污水处理厂的补贴计划始于1956年，其内容经过《1972年水污染控制法修正案》的稍加修正得以继续执行。1965年的法案允许联邦政府的补贴额度可以达到污水处理厂建设成本的55%，1972年的修正案将这一比例提高到75%，同时1972年的法案增加了针对这项计划的资金支持。但在1981年，联邦政府所承担的比例又下降至55%。

---

① 事实上，并不能完全回避环境水质标准。如果统一的控制措施不足以达到预期标准，排放限制就会相应更加严格。

1977 年对于《清洁水法案》的修正延续了这种管理措施，但是做了较大的修改调整。这一修正案对于传统污染物和有毒污染物进行了更加仔细的区分，对于后者制定了更为严格的标准要求，并且对 1972 年的修正案所提出的所有最终期限都做了推迟。

对于传统污染物，一种新的处理标准取代了最佳实用技术标准。对于这类污染物的排放标准是基于“最佳常规技术”，并且完成这些标准的最后期限为 1984 年 7 月 1 日。在设定这些标准时，美国环保署需要考虑与增加污染控制设备的成本相比较，水质的改善是否合理。对于非传统污染物和有毒污染物（常规污染物清单以外的污染物），基于可实现的最佳实用技术的标准继续使用，但是最终期限延长至 1984 年。

1977 年修正案做出的最优修改涉及预处理标准，以将废物发送到公有处理系统。这些标准的设计是为了防止排放，否则可能会阻碍处理过程，并防止引入废物处理设施无法处理的有毒污染物。

面源。与点源控制不同，美国环保署曾经未得到管理面源污染的明确授权，国会曾经认为这是各州的责任。

《清洁水法案》第 208 款批准了对各州提出的污水治理的管理执行规划予以联邦资助。第 208 款进一步指出，各州的规划必须识别出重要的面源污染以及控制面源污染的步骤和方法。尽管里根总统在 1987 年 2 月否决了《清洁水法案》，国会却通过了再次给予《清洁水法案》的授权，批准给予额外的 4 亿美元用于帮助各州控制径流，但还要求各州承担控制面源污染的首要责任。

在控制面源污染方面，联邦政府主要的职责是实施“保护与储备计划”，这个计划由美国农业部实施而非美国环保署。这项计划旨在减少 4 000 万～4 500 万英亩受到严重侵蚀的耕地，并由政府向农户提供植草种树补贴。这项补贴计划有助于减少水土流失以及减少氮、磷和固体悬浮物的负荷。

自 20 世纪 80 年代后期以来，美国明显加强了面源污染控制措施。最常用的手段是自愿计划以及和土地所有者分摊成本计划。《清洁水法案》第 319 款明确规定了州面源污染管理计划的实施导则。2003 年，美国环保署动用了《清洁水法案》第 319 款基金中很大一部分资金（1 亿美元）用于解决面源污染严重破坏当地水质的地区面临的问题。[①] 市政当局近期的另一个职责是对雨水和污水管道的分离，从而避免污水处理厂在暴雨天气的超负荷。联邦政府同时也对这些项目进行补贴。

□ 最大日负荷总量计划

1999 年，在意识到基于技术的国家污水排放标准以及日益重要的面源污染控制的问题之后，美国环保署向之前《清洁水法案》中非强制性的最大日负荷总量计划（Total Maximum Daily Load，TMDL）注入了新的生命。最大日负荷总量是计算在水质标准限度内水体所能容纳的污染物的最大总量，并且将这些污染量分配到各个污染源。计算结果中必须包括安全边际，以确保水体可用于其设计目的，此外，还要考虑水质的季节性变化。

最大日负荷总量计划代表水污染控制向基于环境质量的方式的转变，这种方法被长

---

① *U. S. Federal Register* Vol. 68，No. 205（October 2003）.

期用于空气污染控制。在此计划之下，各州、各区域以及各个部落都发布了水质标准。发布的标准被用于各个水体的计划用途（例如饮用水供应或者游泳、垂钓等消遣用途）。之后，各州政府必须出台政策以达到相关标准，包括将面源污染有效控制的政策。

□《安全饮用水法》

《1972 年水污染控制法修正案》重点是提高水质，以达到捕鱼和游泳的标准。然而，这样的水质还不能够作为饮用水，因此，《1974 年安全饮用水法》针对公共供水系统提出了更为严格的标准。其中最为重要的饮用水管理法规针对细菌、浑浊度、化学放射性污染物等设定最大允许浓度水平指标；除此之外还有一些辅助性法规维护“公共福利”，以防止水体臭味和感官问题可能引发的大量人群停止使用受影响水源的现象。这些辅助性法规要求各州参考实施，但美国环保署并不强制要求执行。

《1986 年安全饮用水法修正案》要求美国环保署在 3 年内发布 83 种污染物的主要标准，（1）在此基础上，到 1991 年再增加 25 种污染物的标准；（2）设立以可实现的最佳实用技术为准的标准；（3）检测公共供水系统中的可控和非可控化学污染物。大约有 60 000 个公共供水系统要遵守这样的规定。这一修正案也加强了违反这些标准的民事和刑事处罚力度。

最新的饮用水标准已经涵盖了甲基叔丁基醚、砷、氡、铅、微生物、消毒剂副产品等物质。2007 年美国环保署发布了通过输水管道进入饮用水中的铅和铜这两种重金属的终极标准。而很多老房子往往都有含铅的铜制水龙头或配件、铅管以及焊锡的铜管。

□《清洁水规则》

奥巴马政府于 2017 年制定的《清洁水规则》旨在对大型水体采取现有的联邦保护措施，并将其扩大到包括流入这些较大水域的湿地和小型支流。这个规则堵住了使溪流湿地面临污染风险的漏洞。

2015 年，美国环保署和美国陆军部发表了一份报告，审查了扩大“美国水域”定义的成本和收益。它们的估计是，保护水资源的确会带来经济成本，每年在 2.36 亿美元和 4.65 亿美元之间。但报告还得出结论，防止水污染的经济效益会更大：在 5.55 亿美元和 5.72 亿美元之间。正如我们在本书中所看到的那样，估算成本和收益可为制定环境政策提供依据。

□ 海洋污染

石油泄漏。《清洁水法案》禁止向适航水域倾泻构成危害数量的石油。而美国环保署将“危害”定义为“所有破坏现有水质标准或在水体表面形成油污膜”的行为，因此实际上禁止了所有的油污排放。

企业的责任包括遵守海岸警卫队的管理（处理石油泄漏意外事故和预防事故发生）和承担相应事故的经济责任。如果确实发生了石油泄漏事故，企业一定要立即报告给海岸警卫队或美国环保署。如果漏报就会面临高达 10 000 美元的罚款和/或长达一年的监禁。

除了发布通告外，排污者要么停止排污行为，要么承担由相关政府部门清理所需费用。排污者向政府实际支付的清除成本（removal cost）限定在 5 000 万美元之内。如果有确凿的证据证明是重大过失或故意的不法行为所致，这种限定额度将会被取消。清除成本除了清理成本（cleanup cost）外，还包括对自然资源破坏的赔偿。（自然资源破坏的定义是"联邦政府或州政府对由于石油泄漏对自然资源带来的危害进行恢复所发生的成本或开支"。）本章后面的案例 18.4 给出了深水地平线漏油事故造成的损害估计。

海洋倾废。除了石油泄漏受到《清洁水法案》和《1990 年石油污染法案》的管理之外，向海洋倾倒废物也受到《1972 年海洋保护调查和避险法》的管理。这部法律管理的范围包括所有在美国领海内向海洋倾倒废物的行为以及美国船只或公民向海洋倾倒废物的行为，无论倾倒地点发生在何处，都将对其进行管制。除了极少数例外情况之外，任何向海洋倾倒工业废物或管沟污泥的行为都是被禁止的。这项法律特别禁止向海洋倾倒核废料、化工废料、生物战剂以及高放射性废物。该项法律修正后，可被允许的海洋倾倒行为的废物包括疏浚土、养殖废物、人类遗骸以及沉船；而且这种倾倒行为要受到特别管理，并且需要视具体情况而定。

海洋垃圾。与面源污染相似，海洋漂浮垃圾的来源众多，并且很难找到确定的污染源位置。海洋垃圾对海洋生物十分有害，特别是塑料垃圾经常被海洋生物误当食物。很多塑料垃圾都是有毒物质，每年有成千上万的海洋鸟类和海洋生物因此而丧生。据了解，海龟和信天翁都会将塑料垃圾误当食物食用，并将塑料碎屑喂给它们的幼崽。

"太平洋垃圾带"（Great Pacific Garbage Patch）又称太平洋垃圾漩涡（Pacific Trash Vortex），是一处坐落在北太平洋的巨型垃圾漂浮带。科学家并不能确定垃圾带的面积，但所有估计出的都很庞大。

除了明确的倾废外，几乎没有法律管制海洋垃圾。一些州和国家对百货商店里塑料袋的使用发布了禁令或收取一定费用。尽管很难实施，夏威夷州还是发布了全州的塑料袋禁令。①

效率与成本有效性

回忆一下前面章节所讲的有关未被污染水资源的有效配置，其要求所有使用者的边际效益相等（见图 9-3）。然而，一旦回水受到污染，这种有效的分配模式将会改变。②

图 18-2 显示了回水污染物在两种使用者中有效分配的影响情况，即上游使用者（upper basin user，UB）和下游使用者（lower basin user，LB）。有效的分配应该确定在二者边际效益相等的点。如果二者对未被污染水的边际效益相同，就意味着他们接受相同的取水量（回忆图 9-4）。然而，若从上游边际效益函数（MB'_{UB}）中减去受污染回

① 关于塑料袋的全部立法请见：www.ncsl.org/issues-research/env-res/plastic-bag-legislation.aspx。

② 回水是对未消耗部分水的一种估量。例如，农业取水是将水源地的水施用于农业土地，消耗部分水实际就是植物对水吸收的部分。回水是未消耗部分的水，最终会返回河道并被下游使用者取用。回水会带给下游浸出的污染物、杀虫剂、农药及土壤中的盐。

水的影响，将会打破平衡，导致对一方的不公平。更多的水资源被分配给下游使用者（Q'_{LB}），而较少的水资源被分配给上游使用者（Q'_{UB}）[对此情况更加详细的讨论见 Bennett（2000）]。在分配决策中，水质的计算是非常重要然而经常被忽略的因素。

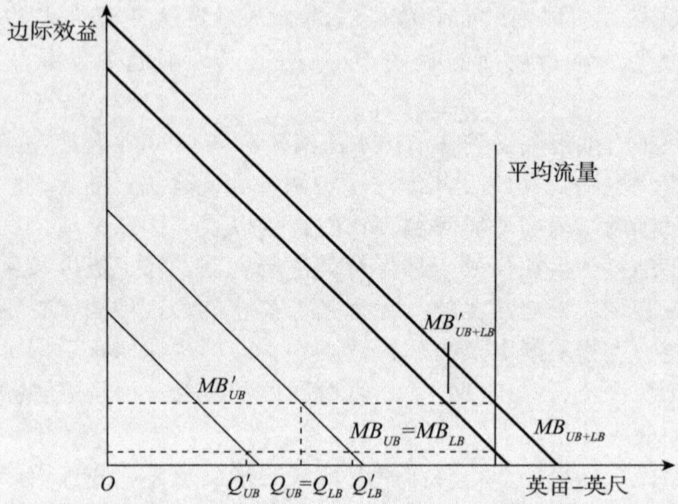

图 18－2　回流被污染条件下的经济效率

资料来源：Bennett，L. L.（2000）. The integration of water quality into transboundary allocation agreements：Lessons from the southwestern United States. *Agricultural Economics*，24，113－125.

□ 环境标准与零排放目标

根据《1956 年水污染控制法修正案》的定义，环境标准是追求目标量化的一种手段。环境标准体系使得管理部门可以根据特定水体用途决定水质标准。饮用水的水质标准最高，游泳区域的水质次高，依此类推。环境标准一经确定，就可以对各种源（水源、污染源）履行管理控制职责。而且实际水质与预期水质目标之间差距越大，针对污染控制所付出的努力也就越大。

但环境标准的早期执行并不成功。国会并未在强化排放标准的法律基础的同时保留排放标准与环境标准之间的联系，反而通过确定零排放目标的做法降低了环境标准的重要性。此外，排放标准虽被赋予独立的法律地位，却失去了与其他环境标准的相互联系，从而造成了早期立法的失误。

针对这一观点，Mark Twain（1893）以其特有的风格对其进行了生动形象的阐述：

> 我们应该谨慎地避免仅凭一次经历得到的智慧；免得我们像坐在一个热火炉盖子上的猫那样。即使很舒服，她绝不会再坐在炎热的火炉盖上；而且，她也绝不会坐在寒冷的盖子上。(p. 125)

目前执行的治理措施的最基本问题就在于它建立在错误的假设基础之上，那就是法律越严格，取得的效果越好。零排放目标就是严苛标准的一个典型事例，但事与愿违，其执行效果并不理想。Kneese 和 Schultze（1975）曾指出，20 世纪 60 年代末，法国曾尝试用法律来实现零排放目标并对违法者予以严厉的处罚，但由于公众认为该法律不合理而难以执行。法律如果难以执行，则对污染控制的效果就不显著；反之，如果条款不那么苛刻但却易于执行，则效果会更好。

美国的情况是否正是如此？结果似乎是这样的。1972 年美国环保署发布了实现零排放目标的预计可行成本，在 1971—1981 年的 10 年期间，清除 85%～90%的工业和城市污水中的污染物需要 620 亿美元；而清除全部污染物则需 3 170 亿美元，是前者的 5 倍多，但这一数字与实际所需费用相比，可能还是偏低（Kneese and Schultze，1975）。

成本是否合理？可能它在一些情况下是合理的，但或许并不适用于所有污染物。遗憾的是，零排放目标并未考虑不同污染物之间的差异，这一情况在可降解污染物中表现得尤为明显。立法者或许在法律制定中已经有所觉察，因此并未制定明确的时间表或程序步骤以确保在 1985 年或其他时间必须实现零排放目标。

□ 国家排放标准

为解决水污染问题，美国国会采取的对策是双管齐下，对策之一就是制定实施国家排放标准（另一种对策就是补贴建设公共污水处理设施）。对于大约 60 000 种污染源分别制定恰当的标准的确十分重要，但毫无疑问，难度极大。在强制执行和分配控制责任方面的挑战非常普遍，以至于我们所看到的在空气污染中的经济激励措施，花了很多年才在水污染中出现。

在将控制责任分配到各个来源之间时，美国环保署对每个来源做出唯一确定的内在困难以及行为本身的局限性，例如需要采用相对统一的标准。从第 14 章我们知道，统一的污水排放标准并不具有成本-效益，但由此产生的成本增加是否足够大，以至于不建议使用其他方法（如废水收费或配额），仍然是一个悬而未决的问题。在固定源空气污染控制中成本增加很大这一事实并不能暗示在控制水污染方面也是如此。

□ 市政污水处理补贴

水污染控制计划的第二个争论焦点涉及是否补贴污水处理厂的问题。该计划也遇到很多问题，从可支配资金不足到计划产生的刺激影响等。

资金分配。由于资金最初是按照先到先得的方式进行分配的，毫无疑问，这样的资金分配方式没能产生最好的结果。例如，我们常常看到的情况是完善的污水处理厂排放的水质显著优于接纳的水体；同样，联邦资金传统上主要集中于郊区社区的较小污水处理厂而不是那些有着严重污染问题的大城市。

《1977 年清洁水法案修正案》试图解决这一问题，要求各州针对污水处理资金补贴设定优先序列，同时授权美国环保署在举行公众听证会后，不仅可以否定州的优先资金补贴名单，还可以要求重新修订名单。修正案的目的是保证将资金分配给最重要的项目，随着《1981 年市政污水处理设施建设修正案》的通过，这种做法得到了进一步加强。这一修正案要求各州建立优先资助项目的名单，确保那些对水质和公共健康最为重要的项目可以得到资助。

运行与维护。当前的政策主要补贴的是建设污水处理设施，但并不是提供激励促进污水处理设施的有效运转。建立市政污水处理厂本身并不能保证水质更为清洁。美国环保署对于1976年和1977年两年污水处理厂运行情况的年度检查报告显示，只有约一半的污水处理厂的运行令人满意。最近的调查发现污水处理厂的平均绩效水平并未较前些年有明显的改变。

当污水处理厂长期或严重不能有效运行时，美国环保署可以起诉相关城市，要求其服从环保署的直接命令或接受罚款。由于存在各种宪法法律层面的障碍，因此实际上很难迫使地方政府向联邦财政部缴纳罚金。由于缺乏有效且可靠的制裁措施，环保署很难与市政当局相抗衡。因此，目前还无法保证能够根本解决污水处理厂难以有效运转的问题。

资本成本。由于有联邦资金的补贴，当地部门最终只需承担污水处理设施实际建设成本的一部分。由于大部分资金来自纳税人，因此当地部门缺乏积极性去降低建设成本。国会预算办公室（1985）估算，如果切实增加地方承担部分的份额，能够减少建设成本的30%，地方部门也会更加仔细地使用自己的资金。

□ 预处理标准

为了解决无法处理的有毒废物进入市政污水处理厂的问题，美国环保署确定了预处理标准，管理进入污水处理厂的废水水质。然而，这些标准面临与其他地方标准相似的问题，同样未能实现成本有效性的目标。控制流入污水处理厂的废水水质为环境政策的制定提供了更多方面的考虑，即经济激励的方法为以较低成本实现同等效果提供了新的契机。

□ 面源污染

现有的法律对面源污染控制收效甚微，然而面源污染在很多地区是整个水污染问题的一个重要部分。在某些方面，政府试图通过更为严格地控制点源污染来弥补这种失衡，但这种做法是否有效?

基于以下两点判断，这种做法还是有效的。如果面源污染引起的边际危害明显小于点源污染的边际危害，那么面源污染控制水平较低是合理的。由于在很多情况下，面源污染物与点源污染物不同，上述情况在逻辑上是可能的。

另外，如果很低程度的面源控制成本仍然很高，忽略面源控制也是合理的。那么现实中是否存在这些情况?

成本。由于相对缺乏面源污染的成本信息，导致目前研究面源污染控制的经济激励尚处于起步阶段。然而，一些可获得的案例研究能够带给我们一些经济分析的意识。目前多数可获得的研究集中在农业面源污染领域。

McCann和Easter（1999）测算了与各种农业面源污染控制政策有关的交易成本。由于面源污染的监测成本大大高于点源污染，因此交易成本（政策执行时发生的管理费用）是面源污染控制中一个重点考虑的因素。政策执行的净效益等于节省的污染物削减成本减去交易成本；如果交易成本太高，就会抵消政策执行时所获得的全部或大部分节省的污染物削减成本。

McCann 和 Easter（1999）特别关注双城附近的明尼苏达河，这条河流由于水质问题变得“不适合游泳、不适合垂钓和不适合划船”。McCann 和 Easter（1999）考虑了四种减少农业磷排放的政策措施：在最佳管理实践方面的教育、保护性耕作要求、永久开发权计划的扩展、对含磷化肥征税。他们研究发现对含磷化肥征税的交易成本最低（94 万美元），其次是交易成本是 311 万美元的教育项目，保护性耕作和保护地役权计划的扩展的交易成本最高，分别为 785 万美元和 937 万美元。从交易成本角度出发，他们的研究表明与其他方法相比，征税具有比较优势。然而，由于磷肥需求的价格弹性较低（预计在－0.25 和－0.29 之间），为了保证能够达到期望的水质改善结果，需要大幅度提高税收标准。

Schwabe（2001）分析了北卡罗来纳州纽斯河面源污染控制的多种政策，比较了北卡罗来纳州最初和最终提议的措施的成本有效性。1998 年纽斯河的营养物负荷非常高，被归为养分敏感水体①。在这项研究开展前的两年中，发生了两起大型的养猪场废物泄漏事件，致使水华爆发并导致 1 100 万条鱼死亡。北卡罗来纳州一开始提出的规定要求所有靠近河流的公司必须建设植被过滤带。这就好比一致性削减策略，它使相关县的总氮排放量均削减 30%。运用最小成本数学规划模型，他发现一致性削减是成本效率最高的策略，特别是当建设植被过滤带的政策无法实现 30%的削减量目标时。然而，作者指出一致性削减只是针对特定情况具有优势，但不能在一般情况下采用。

尽管有这些证据，在空气污染控制中发挥如此重要的监管改革运动，在水污染控制方面的发展却慢得多。人们在威斯康星州的福克斯河上进行了早期的交易尝试，但在实施后的头十年中仅完成了一项交易。

□ 流域排污权交易

最近，流域排污权交易项目又日益引起重视。1996 年，美国环保署在北卡罗来纳州的塔尔-帕姆利科河、长岛海湾、切萨皮克湾和爱达荷州的蛇河以及博伊西河下游尝试进行排污权交易试点。还有后续几十个小型的排污权交易项目在实施。目前全球有 57 个排污权交易项目在实施，其中只有 6 个不在美国（Selman et al.，2009）。对于水污染控制，典型的排污权交易主要是点源排污者向具有较低边际削减成本的污染源（点源或面源）购买其削减的排污量以达到水质标准。

目前交易的市场主要集中在氮或磷等污染物上，尽管尚未评估一些最新的交易，但至少有 23 个交易项目进行过至少一次交易（见表 18－2）。6 个不在美国的项目中有 4 个来自澳大利亚（其中 3 个正在有效运作，1 个正在建立当中），1 个来自加拿大，另一个来自新西兰（Selman et al.，2009）。

---

① 养分敏感水体是指遭受植物过量生长，要求限制营养物质输入的水体。

表 18-2 截至 2007 年 6 月至少有过一次交易的美国国家污染物排放削减许可证交易计划汇总

点源-点源交易	交易污染物	点源-面源交易	交易污染物
威斯康星州长岛海湾	总氮	马萨诸塞州韦兰中心	总磷
科罗拉多州贝尔河	总磷	纽约州克罗顿河流域	总磷
北卡罗来纳州纽斯河	总氮	特拉华州平纳克尔	总氮、总磷
北卡罗来纳州夏洛特-梅克伦堡	总磷		
佐治亚州科布县	总磷	明尼苏达州拉赫尔啤酒厂	抵消生化需氧量的总磷
佐治亚州纽曼市	总磷	明尼苏达州南明尼苏达甜菜产业	总磷
明尼苏达州通用许可证	总磷		
内华达州拉斯维加斯过水区	总氨、总磷	威斯康星州红杉河	总磷
		俄亥俄州大迈阿密河	总氮、总磷
		新墨西哥州陶斯滑雪谷	总氮
		亚利桑那州洛塔铜业公司	铜
		俄勒冈州清洁水服务	水温
		科罗拉多州樱桃溪	总磷
		科罗拉多州查特菲尔德研究公司	总磷
		科罗拉多州狄龙湖	总磷

资料来源：Table from Summary of NPDES Trading Programs that have Traded at Least Once as of June 2007. Retrieved from www. ecosystemmarketplace. com/pages/dynamic/article. page. php? page_id=5335 & section=home&eod=1. Reprinted with permission of Ecosystem Marketplace.

然而，事前研究表明，经济效益可以很大。案例 18.1 展示的是通过排污权交易解决长岛海湾赤潮问题潜在的成本节约（在低水平溶解氧的情况下）。考虑到企业可以灵活利用污染控制技术的规模经济产生巨大的成本节约，因此，这种点对点的交易项目可以实现廉价而且快捷的污染清除。

∵案例 18.1 长岛海湾的氮排污权交易

在每年夏季的几个月中，长岛海湾都要经历严重的缺氧（溶解氧含量很低）。这种富营养化的现象主要是由于城市污水处理厂过度排放氮造成的。正如本章所讨论的那样，以前水污染控制的大部分政策主要是通过技术标准来控制排放。经济学理论揭示许可证交易为污水处理厂提供可以灵活选择的空间，能够以较低的成本实现目标，20 世纪 90 年代后期，康涅狄格州、纽约州以及美国环保署探索在排水进入长岛海湾的污水处理厂之间进行排污权交易的可能。这项计划针对的是某些特定管理区之间的交易，计划的总目标是自 1999 年起，在 15 年内实现氮排放量削减 58.5%。

Bennett 等（2000）估算了在长岛海湾 11 个指定管理区之间进行交易的成本。然后他们又估算了扩大交易区后的两种交易模式所节约的成本：(1) 在州境内，跨管理区的排放源之间进行交易；(2) 在所有排放源之间进行交易。对于每一种交易情景，排放源按照其地理位置被分成小组（被称为“泡泡”）。每一个泡泡内可以进行交易，但不允许在泡泡之间进行交易。

Bennett 等（2000）发现了经济学理论预测的情景，交易范围的扩大（即较少的泡泡数量）可以显著地节约成本。当泡泡交易被扩大至两州之间时，根据他们的估算，成本将会节约 20%或者说 1.56 亿美元。下表反映了他们的研究成果。

交易泡泡数量	总成本现值（百万美元）	11 个泡泡节约的相关成本（百万美元）	节约率（%）
11	781.44	—	—
2	740.55	40.89	5.23
1	625.14	156.30	20.00

并非所有的排放都能产生同样的影响。事实上，位于长岛海湾东部以及康涅狄格州北部的排放源的危害不像靠近纽约市的排放源那样显著。尽管削减成本有所差异，但所提议的管理计划还是建议每个管理区执行相同的氮削减比例。

由于不同管理区之间的边际削减成本差异显著（表明交易可以削减成本），边际损失同样差异显著，因此不适合实施简单的“一吨换一吨”的排污权交易。正如第 14 章所指出的那样，对于非均匀混合污染物要想实现成本-效益目标需要更为复杂的排污权交易体系。目前，由于考虑到这一复杂性，排污权交易并未考虑在 11 个管理区之间进行，尽管这样做会显著地节约潜在成本。

2002—2004 年，康涅狄格州长岛海湾交易计划实现的总氮削减超出了最大日负荷总量所要求的数量。2002—2009 年，1 550 万吨的氮信用交易额达 4 590 万美元，通过交易达到的成本削减在 3 亿至 4 亿美元之间。信用价格从 2002 年的 1.65 美元上涨到 2009 年的 4.54 美元。然而，如结果显示的那样，价格是由州政府所决定的而交易通过信用交换来实现，那么允许价格自由波动的潜在交易价值并没有实现。

资料来源：Bennett，L. L.，Thorpe，S. G.，& Guse A. J.（December 2000）. Cost-effective control of nitrogen loadings in Long Island Sound. *Water Resources Research*，36（12），3711－3720；Kibler，V.，& Kasturi，K.（2007）. Status of water quality trading programs today. Katoomba Group's Ecosystem Marketplace. Retrieved from www.ecosystemmarketplace.com; Connecticut Department of Environmental Protection（2010）. Retrieved from www.ct.gov/deep/cwp/view.asp?a=2719&q=325572&deepNav_GID=1635%20.

如果针对某一污染物的基于市场的控制手段有助于达到《清洁水法案》的目标，美国环保署将对其进行支持。2008 年，美国环保署发布了《水质交易监测方案》并为监测的交易方案寻找到了节省大量成本且有效消除氮、磷等营养元素的方法。但是由于交易机制不同，不同方案之间的比较会十分困难。一些交易是个案处理，而一些交易是公开市场交易；一些交易依赖于中间经纪人，而一些交易则通过直接谈判操作；还有一些根本就不依赖于市场机制。[①] 由于污染物的空间分配计算困难，流域排污权交易的进行也十分复杂，因此需要得到复杂的交易比（Olmstead，2010）。交易比确保了交易之后的污染

① 美国 EPA 排污权交易参见 www.epa.gov/npdes/water-quality-trading。

减少量与目标减少量相等。交易比的重要参数有污染源位置、交易者间距、面源污染干扰的不确定性以及污染物被排放后是否反应。复杂的交易比可能会是交易的一大障碍。以俄亥俄河上游为例的研究（Farrow et al.，2005）发现，如果交易比基于污染源的相关危害进行计算，社会成本可以降到最低。当然，对于危害的计算还一直存在挑战。

由于检测和执行方面的困难（特别是面源污染）、减排成本的差异、足够的交易数量以及交易灵活性的存在（Fisher-Vanden and Olmstead，2013），水质交易并不是简单易行的。当交易市场较为有限（交易者较少）或者成本差别不大时，交易的可能性也比较小。较大的边际减排成本差异可以产生更大的交易成效；按照这个道理，点源-面源交易或许可以获得最大的交易成效。时间和空间灵活性的缺乏同样也会抑制水质交易（Fisher-Vanden and Olmstead，2013）。

由于美国环保署对点源和面源采取不同的处理措施，这就意味着如果能够很好地权衡这些控制措施，就可以降低成本。点源已经引起了最高的关注度并且得到了有效的清除，面源却始终无人问津。这意味着也许点源额外的边际削减成本已经非常高，以至人们正把控制力度向面源转移。图 18－3 描绘了目前的境况，点源（MC_{PS}）的边际削减成本明显低于面源（MC_{NPS}）。但是，由于政策着重于点源，因此点源已清理干净，这意味着该点源位于边际成本曲线的较高部分。如果没有策略处理面源，则面源仍处于零清除状态。现在，在不同的清除水平比较二者，面源的边际减排成本更低。考虑一个场景，在该场景中，点源已经清理了 50%（图 18－3 中的点 d），而面源却没有清理掉。假设监管机构正在寻求 10%的额外清理，你能看到面源的额外减排总成本比点源少吗？点源可以清除 10%，总成本为区域 $defg$，面源能够通过更小的成本清理区域 $0abc$ 中同样的面积。换句话说，额外清理的点源总成本（$defg$）大于面源（$0abc$）。这两个来源可以通过交易来削减总成本，直到基本成本再虚线上相等为止。在那之后，所有贸易收益将被消除。

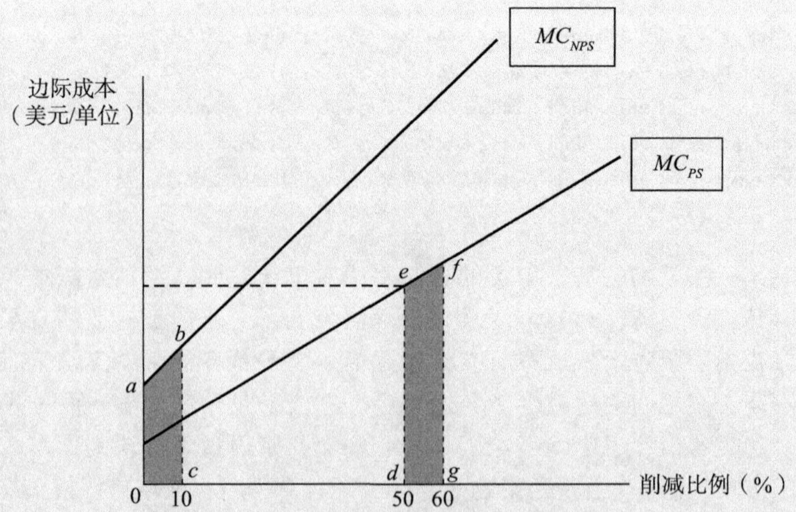

图 18－3　点源交易和面源交易的潜在成本节约

这一方案同时也刺激了点源-面源交易。科罗拉多州就发生过类似的情况。An Industrial Economics（1984）针对科罗拉多州狄龙湖磷排放控制的研究证实，点源-面源交易更具成本有效性。

在这个湖中，四个城市市政排污系统形成了唯一的磷排放点源，然而同时还存在大量的未加控制的面源。点源和面源向湖中排放的磷总量已经超过了湖的吸收净化能力。

为了减轻磷污染的负荷，传统的方法是对点源实施更为严格的控制措施。然而，研究发现，如果能够采用兼顾点源和面源的均衡控制计划，则达到预期磷控制目标的成本相比于仅仅对点源施加更为严格的管理措施每年能够节省 100 万美元。从这项研究中可以提取出更为普遍的观点，即当对点源控制越来越严格时，边际控制成本随之上升，将会使得控制面源污染的选择变得更有吸引力。表 18－2 中列出的 13 个点源-面源交易证明我们已经明显达到了那一点。

除了节省成本之外，交易有时还会实现更大的排放削减量。Kibler 和 Kasturi（2007）描述了一个实际污染物削减量超出预期的案例。明尼苏达州南部地区甜菜产业每年需要抵消 6 500 磅总磷排放，通过交易该工业实际完成了 15 767 磅磷减排。你所在的州有水污染交易的项目吗?

水质、流域排污权交易和 GIS。土地利用变化（见第 10 章）显著影响着流域的健康。[①] 进入河流的农业和城市径流是目前水污染的最大来源。Hascic 和 Wu（2006）通过使用土地利用电子地图研究了土地利用与水质之间的关系。他们发现营养元素和传统水污染物的浓度受到农业和城市发展用地量的显著影响，但有毒污染物的浓度则依赖于交通或矿产用地。这些结果表明水质交易计划应当在流域健康和全流域健康中考虑土地利用情况。GIS 技术对于理解这些关系是一个很有用的工具。

□ 大气污染沉降

以面源污染形式存在的另外一种复杂的污染是沉降到水体中的大气污染物。空气传播的污染物例如二氧化碳、汞以及氮等最终通过大气沉降进入河流湖泊中。湿沉降是指污染物通过降水落到地面的过程，干沉降是指污染物在重力作用下的沉降。

讨论 18.1 强调了一些围绕一种处理空气传播沉积物方法的问题，例如针对许多鱼类中的汞含量而引起的鱼类消费咨询。水污染控制的复杂性来自空气质量法规和市场机制可能涉及也可能不涉及的污染物对于土地（或水体）的影响。空气质量改善的外部效益可能相当大。最佳空气质量水平以及美国环保署不同部门分别负责大气质量和水质又说明了什么?

欧洲经验

欧洲的水法起源于 20 世纪 70 年代，当时制定了饮用水标准，并为鱼类贝类、洗浴和地下水设定了目标。1999 年，第二阶段水法开始通过《城市废水处理指令》、《硝酸盐指令》和修订后的《饮用水目标》。1996 年，通过了《综合污染与预防控制指令》，以解

① 美国环保署针对流域所选择的电子数据包括传统污染物环境水质数据、有毒物质环境水质数据以及其他水质指标。见 http://www.epa.gov/surf。

决大型工业设施的污染问题。

经济激励手段是欧洲控制水污染的重要方式，并且征收排污费在很多国家发挥着重要作用。排污费征收体系采用多种形式，以捷克斯洛伐克* 为例说明其中一种普遍的形式，即利用收费手段实现预定的环境标准。另外一种形式，例如联邦德国，主要是利用收费手段来鼓励企业实现比法定要求更好的污染控制水平。第三种形式，以匈牙利和民主德国为例，展现的是收费体系如何与排放标准相结合。

在几十年中，捷克斯洛伐克运用排污收费制度来保证水质达到预定水平；其基本收费主要针对生化需氧量和固体悬浮物，并辅以 10%～100%的超标排放罚款，这主要取决于个体排污者对环境污染物浓度的影响。排污费的基本费率根据接纳水体水质状况而定。从概念上讲，这种收费制度与环境排污收费制度十分相似，并且都以合理的成本和效益著称。

联邦德国于 1976 年公布了排污收费体系，1981 年开始执行。费率水平与标准的遵守程度有关。如果企业未能达到应达到的标准，则要对实际排放的全部排放量支付费用。根据发放的许可证的要求，如果满足联邦针对不同工业部门分别制定的排放标准，则仅按基本费率的一半收费，这同样适用于隐含在最低标准中的排放水平。如果公司能够证明排放水平低于最低标准的 75%，则对（更低的）实际排放水平按照基本费率的一半征收。在可能实现减排 20%的新污染控制设备安装之前的 3 年，豁免收费。排污费所得的收入由政府管理机构使用，主要用于支付管理成本，并对私人或公共污染削减行动予以资金支持。

在匈牙利和民主德国使用的是将排污收费和排放标准相结合的方法，对超过规定排放限额的部分征收排污费。在匈牙利的收费体系中，收费的标准是根据受体水质的状况决定的，并辅以其他一些因素作为参考。起初匈牙利的收费体系并未发挥明显的作用，但当收费标准提高以后，污水处理行动兴起。法国收取与污染量成正比的污水税，收入用于补贴废水处理。

尽管上述欧洲各国的做法不尽相同，而且并非都达到成本有效的水平，但是其存在就表明排污收费体系是可以存在并且是可行的。德国环境问题专家委员会估计，对于排污者而言，德国的排污收费政策与其他统一处理政策相比，能够节约三分之一的成本。此外，该委员会还鼓励企业在成本合理的情况下可以做得比统一标准更好。

Bystorm（1998）研究了瑞典建设湿地，减少面源氮营养盐污染的一种非常不同的方法，瑞典的一个重要政策目标是减少波罗的海的氮负荷。尽管众所周知，通过湿地生物的吸收有助于减少氮浓度，但这一方法与其他替代性的更为传统的控制方法相比，其成本有效性如何？

为了回答这一问题，比斯特龙（Bystorm）估算了建设湿地削减面源污染的成本，并比较了转变土地利用方式（例如种植薪炭林）减少氮的方法。研究发现建设湿地的边际削减成本要低于转种其他作物的方法，但其仍高于减少含氮肥料使用的边际成本。

---

* 捷克斯洛伐克自 1993 年 1 月 1 日分为两个独立国家：捷克共和国和斯洛伐克共和国，由于本研究的时间始于 20 世纪 70 年代，故延用捷克斯洛伐克这一名称。——译者注

欧洲水框架指令（European Water Framework Directive，WFD）于 2000 年 10 月通过，目标是到 2015 年在欧盟实现所有地下水和地表水（河流、湖泊、过渡水域和沿海水域）的“良好状态”。

Ek 和 Persson（2016）评估了欧洲水框架指令在瑞典的实施情况，发现成本-效益受到水资源管理复杂性的挑战。该指令强调经济工具的作用，但目标并非基于经济效率。绝对目标使设计一种有效的经济手段充其量是一项挑战。瑞典的现有系统也主要基于命令和控制。在荷兰和法国，用于重金属和其他排放物的收费已用于水利基础设施（Olmstead，2010）。

废水不是唯一的水污染问题。塑料是一种日益增长的污染源，其中大部分最终污染了海洋。爱尔兰是第一个对使用塑料袋征税的国家。案例 18.2 检验了爱尔兰对塑料袋征税的影响。

∴案例 18.2　爱尔兰对塑料袋征税的效果

大量增加的人均固体废弃物揭示了爱尔兰在 20 世纪 90 年代经济的快速增长。由于缺少充足的垃圾填埋区域，垃圾处理费用不断升高，导致了更多的非法倾倒和乱扔垃圾行为。人们担心随着环境的破坏，作为爱尔兰最大产业的旅游业受到了负面影响。同样，很大程度上取决于健康卫生声誉的食品行业也会受到垃圾产生量过剩的威胁。

最常见的垃圾就是塑料袋，因此爱尔兰政府在 2002 年发布了“塑料袋环境税”，除了一些得到健康安全认可的塑料袋外，这项税收针对全部的塑料购物袋征税。政府向零售商征收每个袋子 15 美分的费用，零售商再将费用责任传递给消费者。这项税收制度的目的在于，通过建立经济刺激机制促使消费者改变消费行为，用更加环保的购物袋替代塑料袋，例如“爱心环保袋”。（爱心环保袋是承重大的、可回收材质的或者编织的袋子，在各大超市都可购买，均价只需 1.27 欧元。）

预测此项税收制度将减少 50%的塑料袋使用量，事实上结果更为惊人，减少量为 95%。一年内，爱尔兰消费者的塑料袋消费量从 12.6 亿个减少到 12 万个。而政府效益大约增长了 1 000 万欧元。效益被置于环保基金，用于回收利用、垃圾处理以及反对乱丢垃圾运动等环保行动。

这项税收制度已经被政府和类似的环保组织视为最大成就。税收结合集中的环保意识运动使得爱尔兰消费者能够热情地接受这一制度。爱尔兰零售商尽管在开始时持怀疑态度，最终也认识到税收带来的巨大效益。估测显示，它们为顾客提供免费的购物袋的这部分成本从此被抵消，同时税收的颁布使得“爱心环保袋”的销量增加 600%～700%，零售商又有更多的利益可得。送往爱尔兰垃圾填埋场的塑料垃圾明显减少，从而推动了环境视觉美学上的进步。这起案例的成功促进了税收思想的传播。例如，2008 年中国禁止超薄塑料袋的使用并向其他塑料袋收费。

资料来源：Dungan，L. What were the effects of the plastic bag environmental levy on the litter problem in Ireland? Retrieved from http://personal.colby.edu/personal/t/thtieten/litter.htm.

发展中国家经验

在发展中国家，由命令控制手段转向经济激励手段对水污染进行控制的进程并不快。一些利用排污费和许可证手段的尝试都不成功。一些人认为失败的原因主要在于缺乏监管能力，例如缺少技术、政策和财政手段，无法有效地建立与监管收费和许可证计划。违法行为以及缺乏基础设施阻碍了很多计划的实施。案例 18.3 揭示了一个切实取得成功的实例——哥伦比亚实施排污收费计划的经验。

∵案例 18.3　哥伦比亚水污染控制的经济激励手段

1997 年，哥伦比亚实施了一项新的国家计划——污染物排放收费。对排污者的每单位污染物排放进行收费。哥伦比亚目前有 33 个地区环境部门，其中一些地区环境部门已经实施排污费政策 30 年。此次是第一次全国性的污染物排放收费计划。

这一新计划要求各地区环境部门收集并在地图上标出所有生化需氧量（BOD）和总固体悬浮物（total suspended solids，TSS）的排放污染源。然后针对每一流域的总排放量设定一个 5 年的削减目标，并按照每单位 BOD 和 TSS 征收排污费。环保署设定一个最低费率，但是如果削减目标没有达到，各地区环境部门可以每 6 个月上调这一费率。

这一计划在运行中出现了一些问题，包括各地区执行水平不一，排污费征收面涵盖不全，以及市政污水处理部门普遍不遵守计划等。在项目初期的 1997—2003 年，据测算，市政污水处理部门缴纳的排污费应占到总数的 30%多，但实际上只有 40%的市政污水处理部门缴纳了排污费。考虑到一些地区环境部门为达到削减目标提高了排污费的费率，因此未缴费的排污者应对其他缴费的污染者面临大幅增加费率的情况负责。

哥伦比亚的这一计划失败了吗？令人惊奇的是证据显示计划是成功的。在很多流域，1997—2003 年污染物排放大幅下降：点源排放的 BOD 下降了 27%、TSS 下降了 45%。

计划成功的一个原因就是设定排放目标改善了先前缺乏执行力的困境。此外，收集排放源数量和位置信息也是成功执行计划的一个必要因素。与命令控制型政策相比，收费政策更加透明的特性也促进了计划的成功。

这项研究的作者认为，计划成功的最重要因素在于足够的基础设施。

资料来源：Blackman，A.（Spring 2006）. Economic incentives to control water pollution in developing countries：How well has Colombia's wastewater discharge fee program worked and why? *Resources*，20 - 23.

对于发展中国家而言，水污染控制问题因贫困、执行不力以及缺乏技术会在未来变得更为复杂。而且，发展中国家死于水传播疾病的人更多。2003 年由于水和卫生措施等因素导致的死亡人数高达 160 万，其中 90%为五岁以下的儿童，而且大多数来自发展中国家。2004 年非洲有 2 331 人死于霍乱，而美国则无人死于此病。根据世界卫生组织报告，改善供水可以减少腹泻发病率 6%～25%，而改进卫生措施可以减少 32%的腹泻发病率。

“将无法可持续获得完善水供应和卫生措施的人口比例减少一半”是联合国千年发展目标之一，一项成本有效性研究表明，该目标可以确切地带来经济效益。

根据区域的不同，投资 1 美元可带来 3～34 美元不等的经济效益。进一步改善水质，如随用随消毒及改善水和卫生条件，将会使投资 1 美元的经济效益变为 5～60 美元（Hutton and Haller，2004）。

与美国和加拿大不同，中国实施累加的排污费征收制度，随着违规行为等级的增加，每一单位罚款也将增加（Wang and Wheeler，2005）。中国还依靠自我通报制度。Wang 和 Wheeler（2005）从 3 000 个中国工厂的数据和结合税收及排放量的联合测定模型中得出，排污费结合自我通报制度会形成强有力的威慑力。然而，当地执行力度的区域性差异是抑制法规制度普遍遵从的一大因素。

□ 油轮石油泄漏事故

当前治理石油泄漏措施的主要特征就是在很大程度上依赖于法律体系的能力，通过责任法使石油泄漏成本内部化。从原则上讲，这种方法是直截了当的。考虑到石油泄漏责任可能影响到油轮的利益，强制船主支付泄漏的清理费用，包括赔偿自然资源破坏，可以激发船主的责任心。但这项措施在实践中是否有效?

法律补救措施的一大问题就在于高昂的管理成本，确定恰当的处罚力度并非易事。即便是法庭能够迅速判决，但由于法定清污的经济责任是有限的，因此强制性法律条例也并非充分有效。这一点可由图 18－4 证明，该图主要描述的是船主对于采取预防措施的反应。船主为使成本最小化，选择的预防措施水平应使采用预防措施的额外成本等于边际期望惩罚成本的减少量。两个因素影响期望惩罚的边际减少值：石油泄漏的概率和经济责任的大小。函数曲线向下倾斜，因为人们假定采取更多的预防措施会使石油泄漏可能性以及经济责任的边际减少值更小。

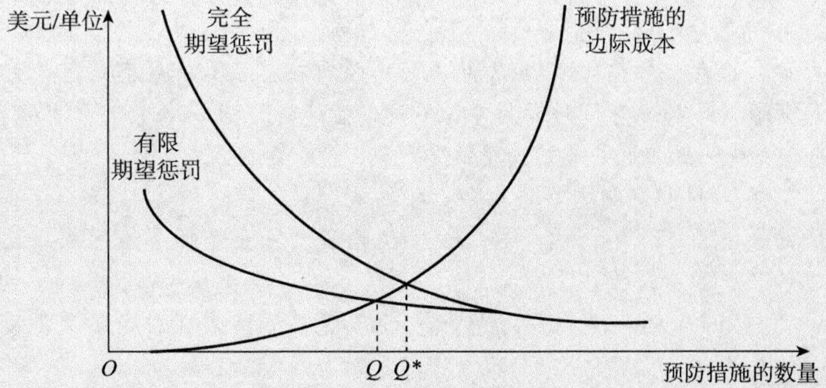

图 18－4　石油泄漏责任

在无限责任条件下，Q^* 点表示船主成本最小化的选择。若强制性罚金等于实际危害和事故发生后需要赔偿的危害之和，这是一个有效点，此时外部成本内部化。因采取各种成本合理的预防措施，减少石油泄漏的可能性和泄漏的危害性，船主的私人成本也会降到最低。采取预防措施将会比支付清理费用便宜得多。

有限责任条件会产生不同的结果。在有限责任条件下，期望成本函数会向下方偏移，表示预防措施水平低于实际危害所对应的完全预防措施。① 较低水平的预防措施预示着危害将超过承担的有限责任，然而船主不必支付超出的部分。（对于船主而言，在有限责任条件下，在较低预防措施水平下增加预防措施带来的唯一好处就是可以降低石油泄漏发生的可能性；在这一范围内，除非发生了事故，否则增加的预防措施不能表现为减少了财务上的支出。）在较低预防措施水平条件下，有限期望惩罚与完全期望惩罚两条曲线间的差异比较大，当事故的期望惩罚与有限责任条件下一致时，两条曲线之差为零。

有限责任对于船主选择预防措施水平有什么影响？一旦确定了有限责任的程度（就像最近石油泄漏案例表现出的情况那样），船主就会采取很少的预防措施（如图 18－4 中的 Q 点），发生石油泄漏的事故数量和事故规模都会处于很高的无效率水平。②

Garza-Gil 等（2006）估测了著名的"西班牙加利西亚石油泄漏"的经济损失。最终有 6.3 万吨石油泄漏（见表 18－1）并且油轮沉没。这次泄漏事件被认为是最严重的油轮泄漏事件，不仅因为泄漏面积庞大，而且在西班牙北部和法国南部的著名旅游地区引起了"黑潮"。Garza-Gil 等（2006）发现这一事件对于渔业和旅游业的短期危害损失大约高达 2 亿欧元，此外，清理和修复费用总计达 7.62 亿欧元，其中还没有涵盖休憩机会以及被动使用价值的损失。现有的世界责任框架还没有包含这些价值。（回顾第 4 章中这些价值在埃克森·瓦尔迪兹号事件的灾害评估中起到的重要意义。）忽略这些价值将意味着对油轮主的风险规避造成怎样的影响？

尽管油轮泄漏的频率已大大减少，但海上钻井却增加了泄漏的风险。2010 年，由英国石油（BP）公司经营的深水层钻井平台在墨西哥湾爆炸，喷出了 1.34 亿加仑石油，这是美国有史以来最大的漏油事故。示例 18.4 检验了这次泄漏造成的经济损失。人们对近海钻探（尤其是在北极水域）的兴趣日益增加，增加了像这样的泄漏事故的风险。

∵案例 18.4　深海范围英国石油公司漏油事故损失估算

2010 年春，在深海领域，英国石油（BP）公司在墨西哥湾经营的一个钻探设备爆炸，并开始喷油。到 2010 年 8 月漏油井封顶时，估计有 1.34 亿加仑的原油流入了墨西哥湾，几乎是埃克森·瓦尔迪兹号漏油量的 20 倍，也是美国历史上最大的海上泄漏。

2016 年，在对这些影响进行了为期六年的研究后，经济学家估算了石油泄漏对自然资源造成的损失为 172 亿美元，这一数字反映了"防止类似规模海湾石油泄漏可能造成的损害所产生的公众效益"。[a]

Bishop 等（2017）第一次利用全国代表的陈述偏好调查（回顾第 4 章）估算了漏

---

① 为避免混淆，考虑当危害超过责任限定时，额外预防措施所对应的边际期望惩罚不为零。即使在两条期望惩罚曲线相交之后，进一步的预防措施也并不会降低最终的惩罚数额，但它却能够降低石油泄漏发生的可能性，并影响最终的惩罚数额。

② 假设在有效的预防措施水平下，石油泄漏所造成的危害低于所界定的有限责任。如何通过图表对此情况加以描述？你认为船主的选择有效吗？

油所造成自然资源损失的货币价值。他们采访了从美国成年人中随机抽样获得的样本。受访者被告知在漏油之前海湾的状况，以及事故的原因和损害。

然后，他们被告知一项预防类似事故的计划。受访者被问及，基于他们的收入，他们的家庭愿意一次性支付多少税金以防止未来的漏油事件。这笔钱将用于支付防止此类泄露的第二个管道安全功能。调查有两个版本。A 版本描述了对三种要素的危害：鸟类（褐色鹈鹕、北部塘鹅和皇家燕鸥）、沼泽和娱乐活动。B 版本描述了对更多动物和植物的危害，包括蜗牛、海龟和宽吻海豚。[b]

他们使用最新的调查设计技术，结合了邮件调查和面对面采访的方法。他们专门尝试减少偏误，包括社会期望偏误的方法。当受访者试图以讨喜的状态展示自己时，就会出现社会可取性偏误，最常见的例子是选民声称自己投票时没有投票。调查管理员担心，在这种情况下，受访者可能会过分夸大其支付意愿。另一种选择是，鉴于人们经常认为对美国人征税在社会上是不受欢迎的，因此他们可能低估（或抗议）他们的支付意愿。即使支付工具增加了税费，他们也没有获得大量的抗议票。

《1990 年油污染法》规定，自然资源损害评估中应同时包括使用价值和非使用价值，这些评估可以为定居提供依据。它还允许根据美国整个人口遭受的损失来评估损失。

通过将所估计的居民下限边际支付意愿乘以适当的家庭数，可以进行总经济损失的计算。对于 A 版本，经济损失的点估计为 15 332 412 434 美元（112 647 215 户乘以 136.11 美元）。对于 B 版本，经济损失的点估计为 17 236 150 367 美元（112 647 215 户乘以 153.01 美元）。

2016 年，该案例最终确定的金额为 208 亿美元，其中 88 亿美元为自然资源损害赔偿。这笔钱是对清理工作花费的约 300 亿美元的补充。

注：a. www.sciencedaily.com/releases/2017/04/170420141825.htm.

b. www.fws.gov/doiddata/dwh-ar-documents/980/DWH-AR0290122a.pdf.

资料来源：www.fws.gov/doiddata/dwh-ar-documents/980/DWH-AR0290376a.pdf; www.fws.gov/doiddata/dwh-ar-documents/980/dwh-AR0290122a.pdf; www.fws.gov/doiddata/dwh-ar-documents/980/DWH-AR0302133.pdf; Biship, R. C. et al. (2017). Putting a value on injuries to natural assets: The BP oil spill. *Science*, 356 (6335), 253-254.

□ 全面评价

尽管水污染控制的效益测算还面临诸多不确定性因素，但效益的确存在。

一项早期研究表明水污染控制的现有净效益是正值，但未来随着成本的逐步增加，效益可能会变为负值。Carson 和 Mitchell（1993）运用条件价值评估法测算的效益显示，1990 年的总效益要比总成本高 64 亿美元。但他们同样发现，要将水质提高到可游泳的标准，将会导致高边际成本和低边际效益，预计总成本将超过总效益。

Griffiths 和 Wheeler（2005）总结了那些采用成本-效益分析法对具有重要经济意义的水质规则①的成本和效益进行分析的结果。在 5 个与地表水有关的规则中，2 个未能通过

① 具有重要经济意义的水质规则是指经济影响超过 1 亿美元的规则。

成本-效益分析，其余 3 个的预期效益与成本相仿。他们指出有关的政策未必一定要通过成本-效益检验后才能被采纳执行，成本-效益分析法仅仅是决策过程的一部分。

用具有成本有效性的政策取代当前已实施的政策，将有可能在不影响效益的前提下显著降低成本。成本有效性要求我们开发一些更好的政策，实现点源污染控制和实现点源与面源污染控制之间更好的平衡。削减成本将可能使得效益在未来仍是正值。但由于控制水平或许仍然过高或过低，因此净效益为正未必会使得政策变得有效率（意味着效益的现值并没有实现最大化）。糟糕的是，我们现在还缺乏足够的证据证明总体的控制水平能够使净效益最大化。

经济激励手段不仅能改善当前的政策成本和效益，而且相对于具有刚性的基于技术标准的系统，更能激励和促成有利的变化。Russell（1981）试图模拟污染控制责任配置对区域经济发展、技术变化和产品结构变化的影响，评价经济激励手段发挥的促进作用的重要性。他集中研究了特拉华河口 11 个县的钢铁、造纸和石油冶炼行业，假设如果 1940—1978 年期间存在针对三种污染物（BOD、固体悬浮物和氨）的可交易许可证，情况会产生何种变化。计算中假定 1940 年的企业已经得到了排污许可证，排污行为合法化，新的污染源需要购买许可证，并且其他厂家可以购买那些由于工厂倒闭或生产规模萎缩释放出来的许可证。

研究发现，几乎每隔十年就会由于工厂关闭、规模缩小、产品结构调整以及新技术的采用，产生大量可出售的许可证。如果没有可交易的许可证，管理部门为了保护水质，不仅需要紧跟技术的发展以便及时调整排放标准，而且要确保排放量的增加和减少间的总量平衡。这样一项艰巨的任务完全可以由市场、可交易许可证来完成，由于许可证制度可对变化做出灵活的、具有可预见性的反应，所以能够促进经济的发展。

可交易许可证能够鼓励和促进这一变革。由于许可证有价格，为了使成本最小化，企业必须不断寻求新的机会以更低的成本控制排放。这一寻求的过程最终导致了采用新技术和调整产品结构，从而减少了排污量。对污染源施加压力，促使其不断寻求更好的方法来控制污染排放的做法是经济激励手段胜于行政命令控制型手段的一大显著优势。

小结

历史上，针对水污染控制的政策主要关注的是排放到地表水的传统污染物；直到最近，关注的焦点才转向比我们以前认识到的更为普遍的有毒污染物，转向传统上认为未受污染仍保持清洁的地下水，以及转向以前被错误地认为容积巨大因此可以抵御大多数污染物的海洋。

早期的水污染控制遵循与空气污染控制相似的做法。20 世纪 70 年代以前的相关立法收效甚微。失败导致人们制定了更为强硬严格的联邦法律，但由于这些法律不切实际，因此水污染控制仍止步不前。

水污染防治的这一结果也与空气污染防治相仿。但最新一波改革浪潮改善了空气污染防治的进程，并使得其更符合成本有效性原则，但在水污染控制方面却没有出现相似的情况。河流湖泊的治理政策仍旧依赖于补贴市政污水处理设施建设以及强加工业污染源的国家排放标准。

前一种措施（补贴政策）由于资金分配的问题和约一半的污水处理厂运行不佳而受阻。后一种措施（排放标准）不仅出现了标准制定时间上的严重推迟，而且确定标准还需要通过一系列法庭程序。此外，排放标准在点源污染源之间分配控制责任的方式也导致了成本的大幅增加。面源污染一直处于几乎被忽略的地位。现有水污染控制方法不是刺激技术进步，而是大大抑制了技术的发展。

这种技术进步的迟滞本是可以避免的，技术进步的迟滞并非由于制度缺乏刚性。相反，由于忽视动态和静态条件下都具有更好灵活性和更佳成本有效性的排污收费和排污许可证制度，过多依赖于直接管制的手段，所以导致这样的结果产生。认识到这一缺陷后，有关流域排污权交易才逐步引起各方的重视。相比之下，欧洲水框架指令的重点是经济工具，但不一定是经济效率。

法律系统承担了控制石油泄漏方面的绝大部分责任。因石油泄漏而需要承担的责任包括支付清污费和赔偿相应的自然资源损失。从原则上讲这种方法是有效的，但在实际操作中，由于责任的有限性和审理石油泄漏事故所需的巨大行政成本，该方法也面临层层障碍。

讨论题

1. “解决水污染控制的唯一永久的方法就是定期回收再利用所有生产的副产物。零排放目标认同该现实，并且要求所有排污者向这一目标努力。相对宽松的政策充其量是权宜之计。”请讨论此观点。

2. “政府在履行保护国家的饮用水职责时，只需干预公共供水系统，私人供水系统的饮用水安全能够得到充分保护，无须政府介入。”请对此观点进行讨论。

3. 墨西哥湾深水层 BP 公司漏油事件是美国历史上最大的漏油事件。如何进行自然资源损害评估（例如案例 18.4 中的评估），以帮助可能正在努力解决许可需求增加的决策者？收益大于风险吗？

自测题

1. 考虑第 14 章问题 1（a）的情况。

a. 如果把 10 个排污许可证分给第二个排放源，9 个排污许可证分给第一个排放源，请计算相关的结果：市场上许可证的价格是多少？交易后每个排放源的许可证变为多少？每个排放源交易后，许可证的净支出是多少？

b. 假定一个新的排放源进入某地区，其边际控制成本恒定为每削减单位排放量需 1 600 美元。进一步假定未来在没有任何控制情况下将增加 10 单位的排放量。如果保持只有 19 个总的允许排放单位的上限，将导致何种控制责任配置情况？每个企业用于清除污染物的费用是多少？许可证价格将发生怎样的变化？将会发生哪种交易？

2. 假设有三个工业企业污染河流，每个企业排放 10 单位的污染物，它们各自的排放削减成本函数分别为 $MC_1=3$ 美元，$MC_2=4$ 美元，$MC_3=5$ 美元。

a. 如果目标是将排放量成本有效地削减到原来的一半（15 单位），每个企业分配的削减量应该是多少？

b. 控制这些排放量的总可变成本是多少？

c. 如果迫使每个企业削减一半的排放量，总可变成本又将是多少？这个分配结果与考虑成本有效性的分配结果相同吗？为什么？

补充读物

Brouwer，R.，& Pearce，E.（Eds.）（2005）. *Cost Benefit Analysis and Water Resources Management*. Cheltenham，U.K.：Edward Elgar. 它是对水污染控制项目、洪水控制和水分配进行的效益/成本分析案例研究。大多数案例发生在欧洲。

Fisher-Vanden，K.，& Olmstead，S.（Winter 2013）．Moving pollution trading from air to water：Potential problems and prognosis. *Journal of Economic Perspectives*，27（1），147－172. 它对迄今为止的水质交易计划和在实施水质交易方面仍然存在的挑战进行分析。

Ohmstead，S. M.（Winter 2010）．The economics of water quality trading. *Review of Environmental Economics and Policy*，4（1），44－62. 它是对水质经济学的文献的全面回顾。

Selman，M.，Greenhalgh，S.，Branosky，E.，Jones，C.，& Guiling，J.（March 2009）．Water quality trading programs：An international overview. *WRI Issue Brief*，*1*. WRI（World Resources Institute）．它是对全球 57 个水质交易项目的概述和分析。

更多的参考文献和重要的历史参考文献可在本书的配套网站查找：www. routledge. com/cw/Tietenberg。

第19章 有毒物质与环境公正

事实上我们解决某个问题可能需要很长时间乃至几代人共同努力，但这并不能成为我们推迟解决该问题的理由……现在的困难总能设法解决，而我们永久的困难在于我们每时每刻都需解决当前的问题。

——T. S. 艾略特，《基督教与文化》，1949

（T. S. Eliot，*Christianity and Culture*，1949）

引言

美国引发公众关注有毒物质的地点是拉夫运河（Love Canal），这一历史事件具有讽刺意味在于任何一个公正的观察员都不会选择用"love"（爱）来描述各团体和这个严重事件之间的关系。

拉夫运河在许多方面体现了有毒物质造成的困境。1953 年之前，胡克（Hooker）电气化学公司（现为胡克化学公司，是西方石油公司的一个子公司）将废弃化学品倾倒在纽约州尼亚加拉瀑布附近的一条废弃老河道里，即拉夫运河（1968 年西方石油公司收购了胡克公司）。由于当时人们认为黏土层不会渗漏，所以将这些废弃化学品埋在其中看似是一种合理的处理方式。

1953 年，胡克公司以 1 美元的价格将拉夫运河的产权转让给尼亚加拉瀑布教育委员会，教育委员会随后在此建造了一所小学。这一做法明确消除了人们对胡克公司化学品危害的担心，随后小学附近的住宅开发也迅速跟进。

1978 年由于当地居民抱怨废弃化学品向地面泄漏，这一地区又成为争论的中心。当地新闻也报道了自燃火灾和地下室中的气体挥发等问题。医学报告指出当地居民出现流产、出生缺陷以及肝脏疾病的比例异乎寻常的高。

欧洲和亚洲也有过类似的污染事件。1976 年，位于塞弗斯科的 F. Hoffmann-La Roche 工厂发生污染事件，将二噁英排放到意大利乡村上空。之后，印度博帕尔市的美国联合碳化物公司合金厂发生爆炸，向附近居民区泄漏了致命毒气，造成了巨大的人员损失；瑞士巴塞尔附近的桑多兹化学公司一个仓库发生火灾，灭火用水携带了大约 30 吨的有毒化学物流入莱茵河，而莱茵河是德国一些城镇的饮用水源。2010 年，位于墨西哥湾路易斯安那州近海的英国石油公司“深水地平线”钻井平台发生爆炸并引起火灾，造成 11 人死亡，地下输油管道破裂造成了大规模的石油泄漏。

在前面的章节中，我们讨论过一些应对有毒物质问题的政策手段。大气排放标准规定了排入大气中的污染物种类和数量；污水排放标准规定了可以直接排入水体的物质；预处理标准控制了进入污水处理厂的有毒物质种类和数量，此外还制定了饮用水中许多物质的最大浓度标准。

这一系列给人深刻印象的政策尚不足以解决拉夫运河问题以及其他许多性质类似的问题。例如，密歇根州弗林特市 2015 年发生的水污染灾难就证明，当发现违反饮用水标准的行为时，水质已经污染了。明确最大污染物浓度水平有助于判定何时存在污染，但并不能从根本上防止或控制污染。许多针对空气和水的排放标准的确有助于控制点源污染，但在非点源污染控制方面收效甚微。进一步来讲，大多数水体有毒污染物属于受纳水体难以降解的累积性污染物，而非基金污染物。因此，污染物的暂时性固定排放水平控制（一种用于基金污染物控制的传统方法）并不适合这些有毒物质，因为这些污染物浓度随着时间推移而逐渐增加。最后，控制事故性污染物排放可能需要一套十分不同的政策，需要寻求一些其他的控制形式。

本章我们将阐述和评价有关有毒物质的产生、使用、运输和处理等方面的政策，以及这些政策对环境公正的影响。这将涉及多个角度：处理有毒物质的恰当方法是什么？政府如何保证所有有毒物质得到恰当处理，且不会使某些社会经济群体受到不成比例的损害？如何防止偷排行为？谁来清理旧址？清理工作的资金来源是什么？因他人行为而受到有毒物质损害的受害者是否应得到赔偿？如果应该，谁来赔偿？立法和司法机构在构建恰当的激励机制中应起到何种作用？

□ 有毒物质污染的本质

控制有毒物质的现行法律体系的首要目标在于保护人类健康，而保护其他生命体为次要目标。有毒物质对于健康的潜在危险取决于物质毒性以及人体对有毒物质的暴露度。生命有机体接触物质后受到毒害，就是产生了毒性。大多数化学物质在正常浓度下是无毒的；但如农药等物质的设计出发点就具有毒性。同时，如果浓度过高，即便是精制食盐这种中性物质也可能会有毒。

虽然使用任何化学品都会有一定程度的风险，但也会有好处。公共政策的任务在于权衡控制化学物质使用的成本和效益，确定可接受的风险程度。

□ 健康影响

有毒物质导致的两个主要健康问题是致癌风险和对生殖的影响。

致癌风险。许多人怀疑癌症患者死亡率的增加可能和接触致癌物增多有关，但癌症的潜伏性使得证明或推翻这种联系十分困难。潜伏期是指从接触致癌物到发现患癌之间的一段时间。癌症的潜伏期从 15 年到 40 年不等，所知最长的潜伏期长达 75 年。

在美国，已经证实某些癌症发病率的增加与吸烟有关，尤其是对于女性而言，随着吸烟女性的比例不断增加，肺癌的发病率也在增加。然而吸烟并不是导致癌症增加的全部原因。

尽管还没有完全确定其他的致癌因素，但一个可能的因素是第二次世界大战以来化学合成品的生产和使用增加。实验室已经证明很多化学品都具有致癌性。然而，由于没有考虑到暴露程度，不足以证明这些化学品和癌症发病率的上升有关。实验室可以通过动物实验研究各种物质剂量与结果的关系。要研究化学品在普通人群中的致癌效应，应先估计暴露于特定剂量下的人群数量。目前，我们的数据还不充足，无法有把握地做出相关推算。

生殖影响。研究环境对人类生殖的影响仍是一门新兴科学。然而，越来越多的科学证据显示：吸烟、酗酒和干扰内分泌的化学品可能造成不孕，影响胎儿的生长发育和婴儿出生后的健康情况，还可能导致基因缺陷并遗传给后代。

男人和女人都存在这样的问题。对男人而言，接触有毒物质会导致精子数量下降、精子畸形和基因缺陷。对女人而言，则会导致不孕或是婴儿出生缺陷等问题。

然而，这并不是唯一的健康问题，接触有毒物质还可能产生更广泛的影响。例如，Muir 和 Zegarac（2001）发现，在加拿大和美国，四类特定健康问题（糖尿病、帕金森氏症、神经发育影响和甲状腺功能减退症以及智力缺陷）至少 10%以及高达 50%的累积成本可归结为环境因素诱发。①

□ 政策问题

许多因素导致有毒物质问题难以解决，其中主要涉及三个方面：有毒物质的数量、潜伏期和不确定性。

有毒物质的数量。在目前已知的几千万种化学合成物中，大约有 10 万种广泛用于商业领域。许多化合物毒性很小甚至没有毒性，即便是毒性非常大的物质，如果将其隔离，也几乎没有风险。解决有毒物质问题的关键在于识别有问题的物质，并制定合适的管理政策；但由于涉及的物质种类非常多，上述工作非常艰巨。

潜伏期。由于潜伏期的长短受各种因素的影响，该问题变得更加复杂。毒性有急性和慢性两种。急性毒性是指短期接触有毒物质对有机体产生的毒害效应。慢性毒性是指持续或长期接触有毒物质所产生的毒害效应。仅靠一种方法并不能解决所有问题。

筛选导致慢性疾病的有毒化学物远比筛选导致急性疾病的物质更复杂。确定急性毒性的传统技术是测定致死剂量，这是一种相对快捷的方法——计算导致一半实验动物死亡的有毒物质剂量，但这种方法并不太适用于筛选慢性毒性物质。

通常对实验动物进行低剂量有毒物质的长期暴露实验测定慢性毒性。这种实验花费巨大，费时费力。鉴于有限的物力和财力，美国环保署只能测试每年新产生的大约 700 种化学物质中的一小部分。如果由工业部门做这些实验，巨大的花费会阻碍其生产许多具有潜在价值的新化学物质，而这些化学品的市场有限且专业化程度较高。

不确定性。政策制定者的另一个难题是监管依据的科学证据具有不确定性。实验室

---

① Muir, T., & Zegarac, M. (2001). Societal costs of exposure to toxic substances: Economic and health costs of four case studies that are candidates for environmental causation. *Environmental Health Perspectives*, 109 (Suppl 6), 885 - 903.

研究发现，化学物质对动物的影响并不完全等同于对人类的影响。连续 3 年大剂量暴露的效应不一定等同于连续 20 年等量暴露的效应。有些效应是协同的，即其他可变因素可能会增强或减弱这些影响。（例如，吸烟的石棉工人肺癌患病率比不吸烟工人高出 30 倍。）在大多数情况下，癌症都不是某一特定致癌源所致。因此，政策制定者不得不在有限的信息条件下采取行动（见案例 19.1）。

案例 19.1 管理双酚 A 毒性风险的艰苦路径

双酚 A（BPA）是在政府机构监管缓慢的情况下控制潜在有毒物质有所成效的一个例子。食品行业每年使用超过 60 亿磅的双酚 A 来制造食品罐头中的树脂，以及制造奶瓶与许多其他产品中的聚碳酸酯塑料。美国疾病控制与预防中心（Centers for Disease Control，CDC）称 95%的美国人血液内含有一定数量的双酚 A。

2008 年 4 月，美国国立卫生研究院（National Institutes of Health，NIH）的美国国家毒理学计划（National Toxicology Program）表达了对孕期与儿童期接触双酚 A 可能影响乳腺和前列腺发育、加速青春期的到来、影响美国儿童行为的关注。此后不久，加拿大政府就禁止出售或使用含双酚 A 的奶瓶，而这正是市场上最受欢迎的奶瓶。

尽管美国政府没有这样的禁令，但加拿大的政策却引起了美国市场的反应。包括 Playtex（瓶子和杯子制造商）和 Nalgene（便携水壶制造商）在内的双酚 A 厂商宣布转向生产不含双酚 A 的产品。包括沃尔玛和玩具反斗城在内的主要零售商宣布将迅速淘汰含有双酚 A 的奶瓶。此外，2009 年以来，13 个州和哥伦比亚特区实施了进一步的限制。

美国食品药品监督管理局之前曾认为双酚 A 是安全的，但在 2010 年 1 月宣布：

> 近日采用新型方法研究了双酚 A 的影响，结果令美国国立卫生研究院的美国国家毒理学计划和美国食品药品监督管理局产生了同样的担心，双酚 A 可能会对胎儿、婴儿以及儿童的大脑、行为和前列腺产生潜在的影响。

2012 年 7 月，美国食品药品监督管理局禁止在婴儿奶瓶和儿童水杯中使用双酚 A，但没有限制其他消费品使用双酚 A。

美国处理这一风险的方式十分有价值，在联邦政府实施管控之前，市场与州政府已经做出及时反应，联邦政府最终跟随了其脚步。

资料来源：The National Institutes of Health website：www.niehs.nih.gov/health/topics/agents/sya-bpa/ (accessed December 5，2016)；Food and Drug Administration website：www.fda.gov/NewsEvents/PublicHealthFocus/ucm064437.htm (accessed May 23，2013)；Environmental Working Group website：www.ewg.org/bpa/ (accessed December 5，2016).

从经济角度看，政策如何应对两难困境应取决于市场处理有毒物质问题的有效程度。如果市场自身能够提供正确信息和适当激励，可能就不需要政策了。此外，如果政府能够更好地提供信息和激励，就有必要进行政府干预。正如下面阐述的那样，最恰当的政策反应和形式关键取决于有毒物质来源（污染者）与受影响者之间的关系。

市场配置与有毒物质

很多情况下都会发生有毒物质污染问题。为了界定有效的政策回应，我们必须研究在正常的市场情况下会出现什么响应。我们来看一下污染源和受害者之间的三种可能关系：雇主与雇员、生产者与消费者以及生产者与第三方受害者。前两种关系都是正常的契约关系，而后一种关系属于非契约关系，只是由于污染才产生了联系。

□ 职业危害

很多职业都有风险，例如有些人需要接触有毒物质，雇主和雇员是否有足够的激励来确保工作场所的安全?

法规管制的强烈支持者对市场的夸张描述表明，情况并非如此。他们认为，雇主追求利润最大化，很少愿意在安全方面投入资金，也可以轻易替换生病的工人。因此，处于弱势的工人无能为力；雇主会解雇那些抱怨的人，并让唠叨少的人接替他的工作。

许多法规管制的强烈反对者都认为这种夸张描述忽视或者有意忽略了市场压力的重要性，比如雇员希望工作场所安全的愿望对雇主产生的激励，以及这些激励措施对雇主的反馈效应。当考虑到包括这些压力在内的全部情况时，法规管制可能不必要，甚至会适得其反。

在这种市场激励的观点下，雇员只有在得到适当补偿时才会接受在潜在的危险环境中工作。风险越高的职业工资理应越高。工资的增加应足以补偿其增加的风险，否则雇员会去其他地方工作。对雇主来说，更高的工资就是危险工作环境的真实成本。这同样也会激励雇主创造更安全的工作环境，因为更安全的工作环境会降低风险溢价，从而减少支付的工资。成本之间应该协调平衡，提供安全环境的成本应能从低工资上收回来（见图 19-1）。

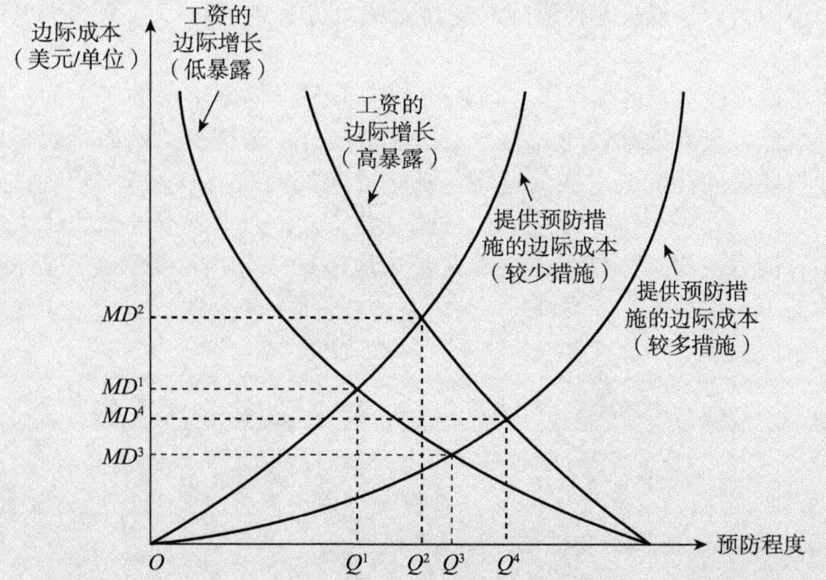

图 19-1　职业安全的市场供给

第一类成本曲线是工资的边际增长，反映了预防水平越低，工资支出就越高。两条曲线分别代表了高暴露和低暴露条件下的两种不同情况。高暴露情况下接触有毒物质的工人数量多于低暴露情况。由于低暴露条件下的边际风险较低，所以低暴露的成本曲线比较平缓。

第二类曲线是提供预防措施的边际成本曲线，反映了预防措施的边际成本不断增加。两条不同的曲线反映了两种不同的生产情况。采用一些昂贵预防措施的公司面临相对较陡峭的边际成本曲线；而采用许多便宜预防措施的公司面临的边际成本曲线就比较平缓。

图 19-1 描绘了四种可能的结果——这四条边际成本曲线的每个交点。注意，不同情况下的选择也不尽相同。而且我们也注意到选择的风险程度（在图中表示为边际损害，记为 MD）与预防程度并非完全相关。图中 MD^2 的边际损害最高，但与之相应的预防水平（Q^2）并非最大。因为提供预防措施的成本很重要，有时接受风险并提供适当补偿的成本更低。

由于工资的边际增长曲线精确反映了边际损害（因为雇员要求更高的工资以补偿其所受到的损害），所以这些市场均衡也是有效的。因此，有效解决职业损害的方法不仅因物质而异，而且不同工厂的解决方法也不同。只要这种普遍看法是正确的，市场就可以根据实际情况选择恰当的预防措施。

支持者们指出市场配置应该允许雇员有更多的选择，而不是要求所有工作场所达到同样的安全等级。各种职业的风险程度不尽相同，风险较大的职业（例如清理有毒物质泄漏）就会吸纳那些不那么回避风险的人，这些人会得到高于平均水平的工资（以补偿增加的风险）；从公司角度而言（对消费者也一样），与每个工作场所都要达到相同的风险标准相比，支付高工资的成本更小。而那些厌恶风险的工人则可以自由选择那些风险较小的工作。

工资是否真正反映了风险？实证研究表明，在美国等国家，高风险职业的工资的确包含风险溢价（Viscusi and Aldy，2003）。从这些研究中可以得到两个有关风险溢价的结论：（1）不同人对于减少相似风险的支付意愿差异非常大；（2）为减少风险的支付意愿是巨大的。

在工资准确反映风险的情况下，政府部门应该怎样控制工作场所中的污染？法院提出这样一种观点：或许最有效的解决方式并不是最合乎道德的。例如，如果雇员是一名孕妇且职业可能对胎儿造成潜在的危害，那么准妈妈是否有权拿尚未出生的孩子冒险，或者是否需要给胎儿一些额外的保护？更进一步来说，如果成本最低的解决办法是禁止孕妇或有生育能力的妇女从事可能给胎儿带来风险的工作，这是一个可行的解决方案，还是对妇女的不公平歧视？如案例 19.2 所示，这些都不是空谈。

∴案例 19.2　危险工作场所的易感人群：一个历史案例

一些雇员特别容易受到职业危害的影响。孕妇和哺乳期妇女尤其脆弱。当雇主试图管理危险的工作场所时，要么将易感人群与危险隔离开来，要么把危险水平控制在最易感雇员也可接受的水平上。

很容易从图 19-1 中推出该选择的经济解释。假设公司几乎没有控制措施，即位于上方的那一条提供预防措施的边际成本曲线。通过解雇易感员工，公司处于低暴露曲线。解雇易感人群会降低工人的边际风险，降低公司成本，且公司只需采用少量的预防措施。但这对于那些失去工作的员工公平吗？

围绕这一问题的争论在 1978 年达到顶峰，当时美国氨基氰公司出于对职业风险的考虑，决定禁止所有育龄妇女在西弗吉尼亚州柳树岛的铅制铬酸盐燃料生产车间工作。美国职业安全和健康管理局审查了这一决定后，根据《职业安全与健康法案》的一般责任条款（该条款要求雇主为雇员提供一个没有危险的工作环境）传唤了氨基氰公司，并对其处以 1 万美元的罚款。但事情并未结束，1980 年初，石油、化工和原子能职工工会根据《1964 年人权法案》起诉氨基氰公司歧视妇女。1991 年 3 月最高法院裁决，禁止育龄妇女在可能危害胎儿的场所工作并不是一种可行的风险控制方式，工作场所必须保障所有人的安全。

资料来源：*International Union v. Johnson Controls*，499 U. S. 187（1991）.

伦理道德问题并非市场解决方案面临的唯一挑战，工资可能并没有反映真实的风险。雇员对于危险的应对能力取决于其对危险严重性的认知程度。雇员通常对有毒物质的了解并不完全，在发展中国家这样的地方，这些信息甚至完全匮乏。因此，工资的边际增长曲线可能由于人为作用向原点旋转。在这种情况下，雇主会采取极少的预防措施，市场也不会提供足够的压力来纠正这种危险。雇主可以通过所有雇员的健康报告在最有利的位置评估风险程度。但因为公布风险信息意味着雇员将要求更高的工资补偿，以及可能引起法律诉讼，雇主会阻止这些信息披露。

对于雇员而言，接触某一特定有毒物质的危险信息是一种公共物品；每一名雇员都存在搭便车的动机，指望其他人公布信息。每个雇员都没有动机承担必要研究的费用来揭露风险程度。因此，雇主和雇员似乎都不可能提供有关风险情况的足够信息。①

由此，政府应在界定伦理问题、促进风险损害的研究以及为受影响的各方提供信息等方面发挥重要的作用。但是，这并不意味着当信息可得，且伦理边界已经确定时，政府就必然应该负责确定工作场所的安全等级。对于那些过于危险以至于理性的工人不愿意在此环境下工作的情况，政府的作用应是设立并执行安全阈值。

这一分析表明，市场不太可能提供关于职业风险的有效信息，为此有些州制定了“知情权”法。法律要求企业向雇员和公众披露与工作过程中使用的有毒物质有关的潜在健康风险。一般要求雇主：（1）在有毒物质容器上加贴标签；（2）清点工作场所使用的所有有毒物质；（3）为所有受影响的雇员提供处理这些有毒物质的培训。法律的支持者指出这些法律针对的并不是拥有完善披露计划的大型化学公司，而是多数没有工会的小型公司。

□ 产品安全

使用某种产品时也可能接触到有害或潜在有害物质，比如食用含有化学添加剂的食

① 由于工会代表众多工人，并且可以在收集、解释和发布风险信息方面充分发挥规模经济的优势，因此预计工会能够形成更有效的信息流。现有证据表明，工资风险溢价的优势得益于工会工人的数据信息。

品。市场可以有效提供安全产品吗？

一种观点认为，市场对双方（消费者和生产者）的压力足以产生一个有效的安全水平。较安全的产品通常生产成本较高，因此售价也较高。如果消费者觉得增加的安全性与成本相符，他们就会去购买较安全的产品；否则就不会。如果生产商提供的商品风险过高，其产品市场就会萎缩，因为消费者会转向购买更安全的竞争品牌，即使那些更加昂贵。类似地，若生产商提供的商品过度安全（意味着厂商以极大的成本消除了那些消费者为了获得低价完全愿意承担的风险），其产品市场也会萎缩，因为消费者会选择更为便宜而风险稍大的产品。

这一理论同样表明市场不会（也不应该）为所有产品确定一个统一的安全水平。不同的消费者对风险的规避程度不同。一些消费者愿意购买风险较高但便宜的产品，而另一些消费者则可能倾向于安全但较为昂贵的产品。[①]

因此，市场通常会同时提供不同安全等级的产品，以反映和满足消费者对风险的不同偏好。强制所有产品遵循同样的安全级别标准是无效率的。统一的产品安全标准并不比统一的职业安全性标准更为有效。

如果这种对市场的认识完全正确，政府就没有必要为了保护消费者进行干预来确保有效的风险水平。通过群体性的消费偏好，消费者会保护好自己。

然而，市场难以自我调节的原因在于产品安全信息的可得性。消费者通常通过其个人经验或者商标和消费警示来获得某种产品的信息。有毒物质的潜伏期可能过长，以至于单凭个人经验无法做出有效的市场反应。即使几年后出现某些损害，消费者也很难将其与某种特定产品联系在一起。尽管通过调查大量消费者的购买模式与其随后的健康状况可能揭示一些潜在的联系，但消费者自身很难推断出这种联系。此外，当产品风险过大以至于理性消费者都不会接受时，禁止生产可能是一条妥当的补救措施。（注意，正如案例 19.1 所述，禁止生产是几个州管理双酚 A 风险的一个选择。）

如果消费者能够得到有关风险的充足信息，就可以通过购买行为在选择可接受的风险水平方面发挥重要的作用，但安全信息的充分程度是问题的关键。（回忆讨论 18.1 中关于鱼类消费建议的论述。）

□ 第三方

最后一种情况涉及第三方，即与污染者之间并无契约关系的受害者。石油泄漏就是一个例子。同样，当临近污水处理设施、偷排有毒物质或者邻居不当使用农药等行为污染地下水时，受害者是第三方。通常在此情况下，受害方很难对污染者施以直接的市场压力，因此要求政府干预的诉求就会极其强烈。

但这并不必然意味着行政或立法的补救措施就是恰当的。最恰当的反应可能仅仅是要求公开更详细的风险信息，或者由司法系统给某些有关部门施加特定责任。

责任法为第三方受害者的外部成本内部化提供了一条司法途径。如果法院发现：(1)

---

① 一个经典的例子就是美国人购买私家车的方式。显而易见，一些体型较大、价格更高的汽车要比那些体型较小且相对便宜的汽车更安全，至少对车主来说是这样。一些消费者愿意为这种额外的安全性付费，而另一些消费者则不愿意。

损害已经发生；（2）损害由有毒物质引起；（3）这种有毒物质由某一排放源产生，就会强制要求污染者赔偿受害者的损失。与“一刀切”（因此效率较低）的管制方法不同，法院的裁决可以根据诉讼的具体情况进行调整。而且，任何特定的责任裁决都可能会对其他相关方产生影响。例如，对原告的裁决可能会提醒其他污染者现在应该采取有效的预防水平了，避免为将来产生的损害付出代价。

原则上讲，责任法可以强制潜在的有毒污染源（包括面源污染源）采取有效的预防水平。不同于管制手段，责任法可以为受害者提供赔偿。然而，提起诉讼以获得损害赔偿产生了大量的行政成本，因此为特定情况选择补救措施时，必须斟酌这些行政成本与潜在效益，以达到有效率的平衡。

责任法解决有毒污染也需要很长时间。在密歇根州弗林特市的著名案例中，引发该市供水铅污染的决策发生在 2007 年，随之而来的是一连串诉讼，直到 2017 年 3 月，一位联邦法官终于批准了一项 9 700 万美元的和解协议。

危险废弃物的选址决策

密歇根州弗林特市的人口中有 56.6%是非洲裔美国人，41%的人口生活在贫困线以下。贫穷的少数族裔社区对有毒废弃物的处理有什么影响吗？解决这个问题花了多长时间？

要想思考种族和接触有毒物质之间的可能联系，回顾种族在有毒废弃物选址中的已知影响具有指导意义。

□ 历史

1979 年，后来成为南得克萨斯大学社会学家的罗伯特·布拉德（Robert Bullard）完成了一份报告，讲述了得克萨斯州休斯敦市一个富裕的非洲裔美国人社区最终未能阻止在该社区选址建设危险废弃物填埋场的事件。他的分析表明，除了经济收入状况，种族也是影响这类土地利用决策的可能因素。

1982 年，500 名抗议示威者反对在北卡罗来纳州一个低收入社区建设多氯联苯（PCB）填埋场的选址决策，正如危险废弃物工厂选址所揭示的那样，环境公正已经成为一个全国性的问题。从抗议现场回来后，哥伦比亚特区国会议员沃特·方特罗伊（Walter Fauntroy）要求总审计署（General Accounting Office，GAO）调查美国环保署第 4 区（佐治亚州、佛罗里达州、亚拉巴马州、肯塔基州、田纳西州、北卡罗来纳州和南卡罗来纳州）的危险废弃物选址情况。1983 年的调查结果发现，四分之三的商业危险废物处理设施位于非洲裔美国人社区，剩下的四分之一位于低收入社区。

1987 年，基督联合教会种族正义委员会调查了美国全国危险废弃物的选址问题。它对建有商业危险废弃物设施的社区进行统计分析，其结果发现：

> 在与商业危险废弃物设施选址相关的测试变量中，种族是最显著的变量。这体现了一个统一的全国性问题。

1994 年，替代政策中心发表了《再论有毒废弃物和种族：对 1987 年报告的更新》。报告指出，尽管近年来全国对这一问题的重视程度越来越高，但相比于 1980 年，在少数族裔社区建设商业有毒废弃物设施的可能性甚至更高了。

并不是所有的研究都得出同样的结论，但在 Hamilton（2003）一篇详细的文献回顾中发现，美国的大多数研究结果是低收入和少数族裔确实面临更高的危险废弃物设施风险。其他工业化国家缺乏不同收入居民接触危险废弃物风险的详细资料。

□ 环境正义研究和 GIS 的新作用

应用地理信息系统（GIS）技术使关于污染或者危险废弃物场所选址这类分布不公平问题的研究变得更加深入。GIS 技术使我们可以在设施层面、城市层面或其他地理区域展开分析。例如，目前美国环保署的大多数区域办公室都在利用美国调查局的人口统计学数据，并结合使用 GIS 地图。这项技术使我们可以将人口普查数据叠加在危险废弃物设施或是超级基金场地周边的同心圆上，以便发现哪些人距离危险点最近。通过结合设施周边外部性的半径假设和流行病学的研究数据，我们也可以估计风险的分布情况（Hamilton，2006）。

这些研究有哪些发现？研究结果各不相同，但它们表明，只采用一种衡量公平的方法（如低收入）可能产生误导。例如 Hamilton 和 Viscusi（1999）考虑了多种衡量公平的方法，包括种族分布、平均家庭收入和潜在的致癌风险，他们的研究显示结果对于采用的衡量方法非常敏感。

其他研究利用了美国环保署有毒物质排放清单的数据，数据包括所有需要报告有毒物质排放信息的工厂的自我报告数据。研究发现最可能面临有毒空气排放威胁的人口群体包括少数族裔、租房者、收入低于贫困线的穷人和教育程度比较低的人。研究还发现新英格兰地区的污染对房屋价格和收入有显著的负面影响（见案例 19.3）。

这些发现说明了什么问题？这些发现的政策含义是什么？

∵案例 19.3　新污染设施是否对房产价值和收入有影响？来自新英格兰地区的分析

Hanna（2007）将新英格兰地区 1980 年和 1990 年的人口普查数据与该时期开始运营的制造公司有毒物质释放清单（Toxic Release Inventory，TRI）数据相结合，分析了污染设施对周边社区的影响。这一研究主要关注了新英格兰地区各州人口普查区的价格、工资、污染以及收入变化情况。

Hanna（2007）使用新工厂的数据建立污染暴露指数进行相关分析，该指数由调查区域与污染源之间的距离乘以 TRI 报告的污染源排放量加权求和得到。TRI 数据中有 167 个新英格兰地区的企业。新工厂排放的污染物中有 10%是二氯甲烷，这是一种空气污染物且可能是致癌物。研究发现，污染对房产价值和收入具有显著的负效应。其估计表明，房屋与污染企业之间的距离每靠近 1 英里，房产价值下降 1.9%。

资料来源：Hanna，B. G.（2007）. House values，incomes，and industrial pollution. *Journal of Environmental Economics and Management*，54，100－112.

□ 选址的经济学分析

我们的出发点之一是了解危险废弃物处理场选址地点的动态变化，以及收入和种族因素可能产生的影响。分析先要确认危险废弃物设施通常不受周边居民欢迎。即使处理危险废弃物对社会整体有意义，但所有潜在候选社区都必然存在邻避效应：不要建在我家后院（not in my backyard，NIMBY）。

要理解选址的经济学道理，先要考虑处理设施所有者和接纳该设施的社区各自的动机。处理设施所有者希望利润最大化，他们将会寻找一个废弃物处理成本较低的地点。靠近废弃物来源是降低运输成本的一个有效办法。由于处理设施通常是土地密集型，所以低成本土地也非常有吸引力。最后，场地选择应尽可能减少责任风险，以减少未来由于损害可能造成的赔偿支出。

接纳社区也有自己的计较，以确保得到的效益大于付出的成本。它们希望尽可能确保废弃物处理场地对于员工和社区周边的居民都是安全的，它们也希望得到足够的赔偿来弥补靠近该地的风险。赔偿可以采取许多形式（增加就业机会、增加税收收入、提供新的公共服务等）。

关于接纳社区的特征，效率原则给我们哪些启示？低收入社区之所以有吸引力，不仅因为这些社区的土地价格相对较低，还因为这些社区通常对承担风险要求的赔偿较少。在低收入社区选址是意料之中的，而不是例外情况。此外，一旦一个社区建有危险废弃物处理设施，由于居民迁移和对周边房地产价值的负面影响，该社区人员组成的收入水平就可能更加糟糕。假设高收入家庭回避风险的支付意愿更高，他们就可能搬迁到风险较低的社区，那么高风险社区异常低的土地价格（或租金）可能吸引更多的低收入家庭。即使废弃物设施选址时该社区并不是低收入群体，也可能在此后发展成为低收入社区。

即使基于效率原则，我们能够说明为什么废弃物设施更多地出现在低收入社区，但是我们难以用明确的经济理论说明种族因素比收入因素更重要。解释这一现象需要更多地关注市场失灵。

有效率的选址既需要充分的信息，也需要充分落实达成的协议。在信息不充分的情况下，接纳社区难以完全了解风险，因此可能低估了风险。有一种假说解释了种族的重要性，它指出少数族裔社区获得充分信息的途径少于同样地点的白人社区。这意味着它们可能无意中与废弃物处理设施业主达成瑕疵协议。另外一个假设是，由于它们在管理层的代表较少，因而缺乏执行社区意愿的权力。这个假设意味着即使是潜在有效率的协议可能也得不到有效落实（Bullard，1990）。整体而言，种族因素作为（收入因素以外且比收入因素更重要）独立前提变量的重要性说明当前的选址过程可能具有歧视性，而且缺乏效率。除非能够保证接纳社区具备充分信息并且能够执行社区意愿，否则危险废弃物处理设施选址过程仍然存在严重缺陷。

争论的问题之一是因果关系的方向。考虑两种完全不同的情况。第一种情况是，由于土地价格较低吸引了危险废弃物处理设施，从而使这些社区居民暴露的风险更高。第二种情况是，在危险废弃物设施进入社区后，土地价格或房价降低吸引了人们搬进社区。

人们已经在一些研究中探讨了先有鸡还是先有蛋的问题。[①]案例 19.4 介绍了一个这方面的洛杉矶研究。

❖案例 19.4 到底谁先来的——有毒处理设施还是少数族裔邻居?

Pastor 等（2001）在洛杉矶县研究了这个“谁先来”的问题。他们利用 1970—1990 年的数据，研究了到底是有毒物质储存和处理设施（toxic storage and disposal facility，TSDF）后搬入少数族裔社区，还是先有的 TSDF。利用地理编码的地点位置和 GIS 技术，研究人员确定了受影响的普查区域。研究人员通过测绘设施位置，并以此为中心绘制 1/4 英里和 1 英里的环形缓冲区，确定了潜在受影响的居民。数据包括 83 个 TSDF，其中 39 个是处理大多数废弃物的大容量设施。距这些设施 1/4 英里的范围内有 55 个人口调查区，距设施 1 英里的范围内有 245 个人口调查区。

研究人员发现，这段时间内接受 TSDF 的社区确实是租户比例异常高的低收入少数族裔社区。然而，在危险设施迁入后，少数族裔居民的数量有所增加，但与其他居民相比，少数族裔居民的迁入率并非不成比例。换句话说，在废弃物处理设施选址之前，收入低于平均水平、拉丁族裔及非洲裔美国人数量高于平均水平的社区更有可能接受 TSDF。在做出选址决定之后，几乎没有证据表明哪一个种族或民族迁入水平更高。

作者承认此研究存在两方面的局限性：一是社区层面的分析都没有个体风险暴露率的数据，而社区内部的个体暴露率可能是不同的。二是居住在 TSDF 周边的人们的风险感知存在不确定性。一些证据显示人们更担心无意中接触到的危险。

资料来源：Pastor，Jr.，M.，Sadd，J.，& Hipp，J.（2001）. Which came first? Toxic facilities，minority move-in and environmental justice. *Journal of Urban Affairs*，23，1-21.

□ 政策响应

环境公正和危险废弃物选址。认识到与危险废物选址相关的问题，1992 年 11 月 6 日，美国环保署内正式成立环境公平办公室，以应对影响少数族裔和低收入社区的环境问题。尽管该办公室建立的主要原因是危险废弃物处理设施的选址问题，但如今办公室所关注的领域已经远远超出这个范围。开始阶段的工作重点是收集更多关于环境问题的信息，加强对受影响社区的执法检查和落实情况监测。

1994 年，克林顿总统发布了 12898 号行政命令，“为解决少数族裔和低收入人群的环境公正问题采取联邦行动”，其目标是确保少数族裔群体和低收入群体免受不公平或过高的环境风险。

这项命令的实施效果如何？2004 年，美国环保署公布了针对此项行政命令的评估报告，评估得分并不高。事实上，该报告表示 12898 号行政命令没有得到充分执行，美国环保署“未能始终将环境公正纳入日常工作中”。报告也指出：“美国环保署没有……识

① Boyce（2007）回顾了有关环境保护因果关系的一些争论。

别出行政命令所针对的人群，既没有界定也没有制定标准来识别受到更大影响的人群。”①

2014 年，在 12898 号行政命令颁布 20 周年之际，罗伯特·布拉德博士总结了他对该命令结果的看法：

> 经过几十年的艰苦努力和斗争，该命令取得了一些胜利，但尚未实现为所有社区争取环境公正的目标。即使在 2014 年，最潜在的健康预测指标是（地址的）邮政编码。种族和贫困也是强有力的预测指标，关于在污染设施附近上学的学生、对人类健康构成最大威胁的污染社区位置、是否有危险废弃物处理设施、是否有城市热岛、是否可以获得健康食品、是否有公园和乔木等。②

同时暴露于各种风险使因果关系的识别更加复杂。低收入者可能居住在高排放工厂附近，但是低收入者也会面临较差的营养状况和不足的医疗服务，这两点也关系到疾病水平的上升（Hamilton，2006）。

加拿大和欧洲的环境公正。美国之外关于环境公正的实证研究非常有限，但一些地区已经开展了案例研究，特别是在加拿大和欧洲。这些案例研究有助于区分在危险废弃物处理设施选址方面，哪类政策能够有效实现环境公正。

研究表明，在加拿大艾伯塔省和马尼托巴省，公众参与是危险废弃物处理设施选址成功的重要因素（此处“成功”的含义是，不仅处理设施可以找到场所，而且设施建立后接纳社区没有出现环境不公正现象）。这些省的选址过程不仅是自愿的，而且包含多个环节，社区可以在这些环节中对项目行使否决权。

有趣的是，选址结果并不总在低收入社区。事实上，作为处理设施选址地的天鹅山镇就是一个例子，其居民平均收入显著高于该省的平均水平，也是全省失业率最低的地区之一。

为什么社区会接受这样的处理设施？处理设施带来的潜在工作机会显然是一个重要原因，由此产生的财产税收入可能也是一个重要因素。

工作假设的一个推论可能是，我们预计当地的高失业率增加了社区接受危险废弃物处理设施的可能性。情况看起来正是这样。比如，Dente 等（1998）调查了法国、匈牙利、意大利、荷兰和西班牙等国废弃物处理设施成功选址的情况，发现和预计的一样，失业率更高的地区更有可能接受处理设施。然而，他们也发现，社区更可能接受来自本地的废弃物，因为这样社区居民将从产生废弃物的工厂中获得就业收益。

风险感知的作用。经济学和认知心理学文献中都探讨过邻避效应（NIMBY）。Messer 等（2006）深入研究了风险认知心理学，总结了该领域的一项研究结果，该研究评估了《综合环境响应、赔偿和责任法案》（即通常所说的《超级基金法案》）下清理危险废弃物的效益。尽管相关立法已于 1980 年通过，但法律的复杂性推迟了许多超级基金地点的清理工作。Messer 等（2006）希望知道推迟时间的长短是否影响清理工作后产权价值

---

① Report of the Office of the Inspector General，March 1，2014.

② Bullard，Robert.（2014）. New report tracks environmental justice movement over five decades. Available at：www.nrdc.org/experts/albert-huang/20th-anniversary-president-clintons-executive-order-12898-environmental-justice. Accessed December 7，2016.

的最终恢复。

研究人员考察了四个超级基金地点：洛杉矶的一个土地填埋场；新泽西州的蒙特克莱尔、西奥兰治和格伦里奇镇（美国镭公司曾经的所在地）；马萨诸塞州沃本的 Industri-plex 和 Water Wells G&H；科罗拉多州的鹰矿。这些地点的清理工作都明显延期或受到阻碍。

他们发现将这些地点列入超级基金、清理项目自身和相关的新闻报道都对财产价值产生了负面影响。媒体报道对公众的风险认知产生了深远的影响，以至于可能导致人们回避这里的地产。如果当前所有者感觉继续持有财产的成本大于他们的房屋价值，而且潜在的买主少之又少，他们可能不愿意继续居住在此。在这项研究中，随着清理工作不断延期，财产价值持续下跌。例如，如果清理工作延期 20 年，清理效益（表现为财产价值的恢复）的现值是微不足道的，因为财产价值还需要 5～10 年才能恢复。

将补偿作为政策工具。实现环境公正的一种政策方法是向接纳危险废弃物处理设施的社区提供补偿或接纳费。原则上，这将有助于确保当地社区获得收益，而不仅仅是承担成本。另外，让产生废弃物的人支付赔偿可以使环境风险的成本内部化。

尽管补偿常常是寻找共同点的一种有效方法，但如讨论 19.1 中所示，情况也不总是如此！

讨论 19.1 为接纳环境风险提供补偿总能增加人们接纳风险的意愿吗？

在瑞士就核废料储存库选址举行公投的前一周，研究人员在备选社区开展了一次调查。他们发现为接纳该设施的社区提供补偿法降低了该地接纳设施的意愿！具体而言，Frey 和 Oberholzer-Gee（1997）以及 Frey 等（1996）发现，当询问社区居民是否愿意无偿接纳一个核废物储存库时，50.8%的受访者回答“愿意”。而如果提供补偿，这一比例降低到了 24.6%！研究人员认为，提供补偿时接纳率下降是因为提供补偿使人们失去了公民责任感。如果受访者认为接纳该设施是其公民责任的一部分，一旦提供补偿，其责任感就会下降。在这种背景下，研究人员相信由于居民将补偿视为道德上不可接受的贿赂，因此应该予以拒绝。

另一种不同的解释是补偿可能发挥信号作用。也许在提供补偿前，人们感知到的风险不大，但提供补偿时，社区居民可能将之视为一个风险增加的信号，风险已经高到必须提供补偿了。

这个结果有多普遍？Lesbirel（1998）研究了日本能源工厂的选址。在这个非常不同的背景下，作者发现，确实如预期的那样，补偿有助于这些工厂的选址。他认为调查结果与日本的信念相一致，即日本的制度结构有助于风险管理战略的参与式谈判，使得工厂和接纳社区之间的讨价还价富有成效。这一过程有效避免了道德困境，消除了补偿的信号作用。在福岛核事故发生后，这种日本社会的特点还是否有效，仍有待观察。

这些案例的寓意是什么？这表明补偿不会自动增加社区接受危险设施的可能性，但由于社会背景的不同，这也有可能发生。

资料来源：Frey，B. S.，& Oberholzer-Gee，F.（1997）. The cost of price incentives：An empirical analysis of motivation crowding out. *American Economic Review*，87（4），746－755；Frey，B. S，Oberholzer-Gee，F.，& Eichenberger，R.（1996）. The old lady visits your backyard：A tale of morals and markets. *Journal of Political Economy*，104（6）.

□ 有毒物质排放清单

1986 年 1 月美国国会通过了有毒物质排放清单（Toxic Release Inventory，TRI），作为《环境保护与社区知情法》的一部分。颁布《环境保护与社区知情法》的部分原因是为了应对两起重大事故。1984 年印度博帕尔异氰酸甲酯泄漏导致数千人死亡；不久之后该集团在美国西弗吉尼亚的一家子公司又发生了化学品泄漏。公众（工人和社区成员）对有毒化学品信息的要求促使了《环境保护与社区知情法》通过。《环境保护与社区知情法》与《1990 年污染预防法》都要求收集现场处理的、回收的以及为获取能源焚烧的有毒化学品的相关数据。TRI 是一个对公众开放的数据库，提供了排放入环境的有毒物质信息，所涉及的大多数物质本身不受排放标准的限制。

TRI 规定，在给定年度内，使用清单所列化学品 10 000 磅及以上的企业，以及进口、加工或生产清单所列化学品 25 000 磅及以上的企业，如果有 10 名以上全职雇员，企业必须对现有的每一种化学品提交一份报告。TRI 涵盖了约 650 种化学品。最近 TRI 得到扩充，新增了某些持久性生物累积性有毒化学品更低的报告阈值。该类化学品是一种累积性污染物，能够在机体组织中积累，包括汞、农药和二噁英。

公司每年都要报告清单所列化学品的排放和使用情况。（数据可从 www. epa. gov/tri/tridata/index. htm 获得。）报告包括如下信息：公司的名称、母公司的名称（如果有的话）、排放的有毒物质和排放频率以及化学品排放的媒介等。各州数据都可获得并向公众开放。公司还必须分别向州和地方主管部门以及消防和应急部门报告排放情况。

其他一些国家现在也采用相似的报告机制，即污染物排放与转移登记制度（Pollutant Release and Transfer Registers，PRTR）。这些制度都与 TRI 稍有差异。在日本，PRTR 包括扩散源（如机动车）的数据。加拿大的 PRTR——国家污染物排放清单也收集每处设施的雇员数量。墨西哥的 PRTR 是一种自愿行为，因此数据有限。澳大利亚、捷克、挪威以及英国的 PRTR 制度都包括现场排放数据。

TRI 减少了排放到环境中的有毒物质吗？EPA 年度报告显示，排放量已经大幅减少。尽管通过仔细检查相关文件［例如，Natan and Millers（1998）］发现有些减排只是由于相关定义发生了变化，但也有一些减排是真实的。很明显，报告夸大了减排的效果，但减排确实发生了。在 TRI 的化学品中，大约 180 种是已知或疑似致癌物。2011 年，美国环保署报告称，2003—2011 年，这些致癌物在空气的排放量减少了 50%。

□ 加利福尼亚州 65 号法案

美国环保署建立有毒物质排放清单后，1986 年 11 月，加利福尼亚州经过公民直接投票通过了 65 号法案——《1986 年安全饮用水和有毒物质执行法》。65 号法案旨在保护加利福尼亚州的公民和饮用水源免受有毒化学品的侵害，要求生产、使用或运输一种及以上所列化学品的公司必须将情况告知潜在受影响的市民，所列化学品为致癌物质或对生殖有影响的物质。当该类化学品的用量或潜在暴露剂量超过了由指定科学家设定的“安全港”数量时，公司必须将相关信息告知受影响的人群。每一种化学品都有一个“安全港”阈值，阈值确立的依据是化学品自身的危害程度或排放混合物的危害程度。65 号法案要求加利福尼亚州政府至少每年发布一次已知致癌或有生殖毒性的化学物质清单。

这一法案涉及三种告知类型：（1）对于长期使用会造成不良健康影响的商品，必须贴上警示标签；（2）如果企业向空气、土壤和水体中排放的有毒物质超过长期暴露安全水平，必须向公众告知相关情况；（3）采用 65 号法案所列有毒化学品生产产品，或在生产过程中产生的副产品含有相关有毒化学品，那么必须告知工人面临的潜在危险。

65 号法案只要求拥有 10 名或以上全职雇员的公司将相关信息告知面临危险的人群。非营利机构（如医院、回收厂以及政府机构等）排放的污染物占加利福尼亚州污染的 65%以上，但无须遵守 65 号法案。

根据 65 号法案，公民、行业协会会员以及环保组织可以起诉那些未及时向受影响群体提供有关信息的企业。胜诉的原告可以获得大额的赔偿，这鼓励了个体有效利用法律，进而减少了政府监管的必要。行业协会的成员同样也有强烈的动机相互监督，这样企业就不会发生欺骗行为，并且看起来比竞争对手更环保。

这一法案改变了现状吗？至少在控制铅的暴露水平上的确如此（见案例 19.5）。

∴案例 19.5 通过强制披露进行监管：铅的案例

Rechtschaffen（1999）介绍了一个特别有趣的案例研究，是有关 65 号法案如何通过发展新技术、改进生产过程以及污染预防措施来大幅减少铅的暴露浓度的。他甚至认为，在解决某些来自饮用水、消费品以及其他来源的铅危害方面，65 号法案似乎比联邦法律更加有效。

Rechtschaffen（1999）识别了 65 号法案之所以获得相对成功的几个特点。我们在这里指出其中的两点。

第一，尽管不时有人呼吁需要一个整体战略，然而并没有协调一致的联邦方法来控制铅危害。相反，众多监管部门下属的一系列代理机构管控铅暴露浓度。相比之下，除非所列化学品的暴露浓度降至“安全港”标准之下，否则 65 号法案的警示浓度标准可以不受限制地适用于任何化学品的暴露浓度，不论其来源是什么。因此法案的覆盖率高，披露标准得到广泛应用。

第二，与联邦法律不同，65 号法案自动生效，适用于任何国家认定为致癌或导致生殖危害的化学品。这与联邦法律恰恰相反，在联邦法律中，除非政府设定了限制标准，否则允许私人活动导致的铅暴露。在联邦法律下，企业向联邦政府力争推迟限制性标准生效的日期是有经济意义的，而 65 号法案提供的激励恰恰相反，法案颁布后即刻生效，“安全港”标准是法令中的唯一救济条款，较低的暴露不受法令的警示要求限制。至少一些企业愿意存在“安全港”标准；延期实施标准的代价是巨大的，并且这样做没有任何益处。

资料来源：Rechtschaffen，C.（1999）. How to reduce lead exposure with one simple statute：The experience with Proposition 65. *Environmental Law Reporter*，29. 10581 - 10591.

□ 国际协议

20 世纪 90 年代爆发的争论之一是，向愿意接受危险废弃物以换取大量补偿的地区出口危险废料的效率和道德问题。很多地区，特别是贫穷国家，表示愿意在“合适条件下”接受危险废料。合适的条件通常包括降低安全隐患和提供足够的补偿（就业机会、资金以及公共服务），从而使接受废物的社区认为接受废物是可取的。一般来说，要求的补偿低于利用其他方法处理这些危险废料的成本，因此这些协议对有害废料输出国也具有很大的吸引力。

反对者认为接受危险废弃物的社区往往对其将面临的风险知之甚少，而且并没有能力处理大量安全跨越国际边境的危险废料，由此引发了对此安排的强烈抵制。在极端情况下，由于一些人秘密运入废料，这一过程完全没有公众参与，因此社区甚至毫不知情。

1989 年通过的《控制危险废料越境转移及其处置巴塞尔公约》（The Basel Convention on the Control of Transboundary Movements of Hazardous Wastes and Their Disposal）为这些问题提供了满意的回答。这一公约要求经济合作与发展组织（OECD）的 24 个成员必须得到发展中国家政府的书面许可后，才能向其出口有毒废物以进行处理和回收。此后，1994 年，大多数（并不是所有）工业化国家达成了一项补充协议，完全禁止 OECD 成员向非成员出口有毒废物。

随着电子设备销售量不断增加，电子垃圾中有价值的材料也迅猛增加，电子垃圾中有毒物质出口的执法越来越难（回忆一下第 8 章关于电子垃圾的讨论）。

一些出口到发展中国家的二手电子产品变成电子垃圾，通常在该国将其分解。令人担忧的是，分解过程对分解者的健康是有害的，尤其在没有适当防护措施的情况下。电子垃圾往往含有有毒物质，比如铅、汞、镉和阻燃剂等。

Kinnaman 和 Yokoo（2011）的研究报告发现：印度电子垃圾分解场周围空气中的铅、二噁英和呋喃浓度超过了世界卫生组织的指导线。

2011 年，美国国会提出了《电子产品回收责任法》，禁止美国出口电子垃圾，但未获通过。

小结

有毒物质潜在的环境污染是最复杂的环境问题之一。有潜在毒性的物质数以百万计，其中大约有 10 万种使用频繁。

因为关系到企业雇员和消费者，尽管不总是能够产生有效的结果，市场为解决有毒物质问题提供了相当大的推动力量。借助可靠的有毒物质处理信息，各方都有动力将危害性降至可接受的水平。但当涉及第三方时，压力缺失了，此时问题往往转变为无辜的旁观者承担有毒物质的外部成本。

政府的有效职责包括从确保提供充足的信息（使市场参与者可以根据信息做出选择）到设定危险物质的暴露限制标准。遗憾的是，决策的科学基础非常薄弱。关于有毒物质危害的信息非常有限，且获取全部信息的成本非常高昂。因此，我们必须确定优先次序并设计筛选试验，以便集中力量应对那些最为危险的物质。

不同于空气和水污染，法院在有毒物质问题方面可能发挥特别重要的作用。责任法不仅可以激励市场提供更多有关化学物质潜在危害的详尽信息，而且可以激励化学物质的生产商、废物产生者、废物运输者以及废物处置者采取预防措施。司法救济也可以根据工作环境采取不同水平的预防措施，并且提供了一种补偿受害者的方法。

然而，司法救济并不足以解决问题，费用高昂，并且不适用于处理影响人群较多的问题。原告难以逾越美国现行体制下的举证责任，尽管日本已经通过一些激进的革新应对这一问题。此外，可能需要相当长的时间才能解决法庭中的案件。

环境风险带来的负担和降低风险的政策公平吗？很明显不公平。危险废料处理设施的选址看来给低收入人群和少数族裔社区造成了很大的风险负担。这一结果表明，目前的选址政策既无效率又不公平。这项政策失败主要在于未能确保接受社区的居民知情并同意，以及非常不公正地执行现有法律保护条款。

神学家莱因霍尔德·尼布尔（Reinhold Niebuhr）曾说过："民主是解决问题的最好方法。"这似乎最恰当地描述了有毒物质问题的制度性回应。面对这一问题，我们的政治体制做出了一系列的立法和司法反应，但既没有效率，也不完善。然而无论如何，它们已经积极迈出了任何变革都必须迈出的第一步。

讨论题

1. 你认为法院正确地解决了案例 19.2 所示的难题吗？为什么？

2. 在过去的几十年里，产品责任法的司法体系从"买者负责"逐步转变为"卖者负责"。使用和消费风险产品的责任已经由买方转向卖方。这种转变更有效地分配了风险还是相反？为什么？

3. 向发展中国家出口危险废料是有效的方法吗？有时有效？总是有效？从来无效？这样做道德吗？有时这样？一直这样？从来都不是？请清晰阐述你的判断依据。

4. 公共部门应该怎样解决自然产生并通过地下室或供水管道渗入房屋的有毒气体（如氡气）问题？这是一种外部性吗？房主有适当的激励采取有效的预防措施吗？

自测题

1. 经济活动可能引起环境风险的公司有时需要在活动开始前提供履约保证金。所需保证金数额等于预期损失的现值，任何由于有害废物泄漏导致的场地修复资金可以立即直接从积累基金中获得。如果环境成本低于预期，任何未使用的资金将在指定日期退回。

一种方法依赖履约保证金，一种方法根据严格责任条款强制任何泄漏有毒物质的公司承担清理费用，这两种方法在实践中有什么区别？

2. 告知消费者产品制造过程中使用的所有有毒物质是否足以提高毒物质的使用效率？为什么？

补充读物

Jenkins，R. R.，Klemicky，H.，Kopitsz，E.，& Alex Marten，A.（2012）. Policy monitor——U. S. Emergency response and removal：Superfund's overlooked cleanup program. *Review of Environmen-*

tal Economics and Policy，6（2），278 - 297. 它描述和评估了国家响应能力规定的关键组成部分，以响应实际和威胁性的危险释放，包括恐怖分子故意释放：超级基金应激反应和撤出计划。

Mendelsohn，R.，& Olmstead，S.（2009）. The economic valuation of environmental amenities and disamenities：Methods and applications. *Annual Review of Environment and Resources*，34，325 - 347. 它回顾了过去 40 年来我们评估环境便利设施和不便利设施的经济价值的能力演变。

Sigman，H.，& Stafford，S.（2011）. Management of hazardous waste and contaminated land. *Annual Review of Resource Economics*，3. 它从经济角度审查了危险废弃物管理。

更多的参考文献和重要的历史参考文献可在本书的配套网站查找：www. routledge. com/cw/Tietenberg。

第20章 寻求可持续发展

寻求可持续发展道路的挑战势必会带来动力——确切地说是强制力——推动我们重新探索多边的解决方式以及重新组织国际经济合作体系。这些挑战超越了国家主权的界限，也超越了局限的经济发展策略和相互分割的科学学科的界限。

——格罗·哈莱姆·布伦特兰，挪威首相，《我们共同的未来》(1987)

(Gro Harlem Brundtland, Prime Minister of Norway, *Our Common Future*, 1987)

引言

在 1992 年 6 月的前两周里，来自 178 个国家的代表团聚集于里约热内卢，揭开了起草未来全球经济可持续发展计划的序幕。这届联合国环境与发展大会（即大家熟知的地球峰会）被组织者列为有史以来最盛大的峰会，旨在为解决全球环境问题打下基础。会议的焦点就是可持续发展。

什么是可持续发展？根据《布伦特兰报告》（*Brundtland Report*），可持续发展是指既能满足当代人的需要，又不对后代人满足其需要的能力构成危害的发展（World Commission on Environment and Development，1987）。世界普遍认为，是《布伦特兰报告》把可持续发展的重要性提高到了目前的水平。但是对于可持续发展的定义，则远远不止这一种。批评家认为，可持续发展的定义需要重新界定，部分原因是原有的这一定义不够确切。尽管它拥有大批的支持者，但其也有根本的缺陷；仔细推敲可以发现这一定义是无意义的。就像皇帝发现了他的新装一样，事情并不总像人们看到的那样真实。

在这一章里，我们尽力考察可持续发展的定义以及它对于未来是否有指导意义。可持续发展的基本原理是什么？可持续发展对于改变我们现有系统运作的意义是什么？如何实现向可持续发展的过渡？全球经济系统能自动演化至可持续发展还是需要改变相关政策？什么政策需要改变？

发展的可持续性

假设我们要绘制一个普通人未来长期福利的发展趋势（见图 20－1）。横轴为时间，以世纪为单位；分别有四种基本的文明发展趋势，标记为 A、B、C、D；t^0 表示现在。曲线 D 以指数方式增长，未来是过去的简单重复。尽管一般认为这种情景假设是不符合现实的，但其含义值得我们思考。在这一情景之下，不仅当前的福利水平可以持续，而且福利的增长也是可持续的。我们对代际公平的考虑将导致我们更关注当代人，因为他们是最贫穷的。如果可能无限增长，那就毫无必要为后代担忧。

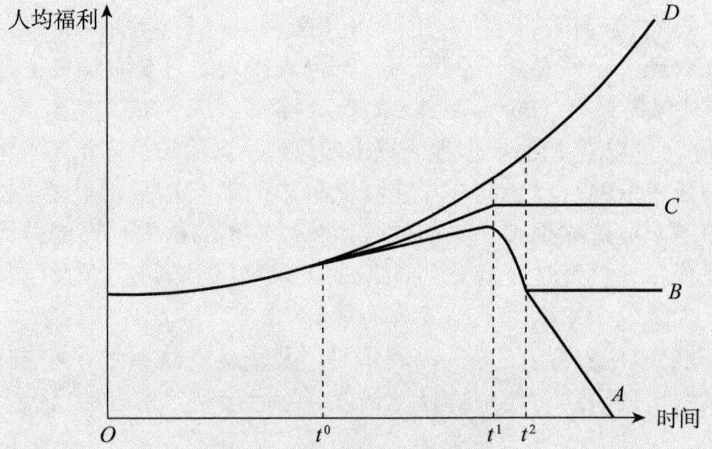

图 20-1　可能的未来愿景

第二种情景（曲线 C）假设增长速度缓慢下降，在增速减小到 0 时保持稳定。后代人的福利不会降低，每一代都至少与前代人保持相同水平。尽管当前的福利增长不都可持续，但福利水平是可持续的。既然每一代人的福利水平都可持续，那么这个过程中的人为限制就没有必要了。限制增长将损害后代人的利益。

第三种情景（曲线 B）假设增长情况与第二种情景类似，不同的是，t^1 和 t^2 时期的人们福利水平低于前人。当前的福利水平和增长都是不可持续的，而可持续性准则（sustainability criterion）将会要求采取政策来转变经济，使前几代人不会以牺牲后代人的利益为代价而从中受益。

最后一种情景（曲线 A）认为可持续的个人福利水平是不存在的，唯一可持续的福利水平为 0。当代人的所有消费只是加速文明的灭亡。

以上情景说明了可持续性的三个重要方面：（1）存在正的可持续福利水平；（2）最终的可持续福利水平相对于当前福利水平的大小；（3）后代福利水平对前人行动的敏感性。第一个方面之所以重要，是因为如果存在正的可持续福利水平，那么在某种程度上，我们就可以把逻辑上最不可能发生的情景 A 排除在外。第二个方面的重要性在于，如果最终的可持续福利水平高于当前水平，就没有必要采取比较激烈的措施来降低当前的生活水平。最后一个方面提出了这样一个问题：当代人的行为是否可以增加或者减少最终的可持续福利水平？如果答案是肯定的，可持续性准则建议我们把这些影响考虑在内，以免因为福利由后代人被动非自愿转移至前人，造成后代人的贫困。

第一个方面的问题相对容易解决。可再生能源尤其是太阳能以及大自然在一定范围内的污染净化能力，可以保障正的可持续福利水平。[①] 所以情景 A 可以排除。

情景 B 和 C 要求采取行动来维持可持续的福利水平，它们的区别在于所采取行动的激进程度。尽管没有人能够准确预知最终经济活动将会稳定在什么水平，但本章稍后讨论的生态足迹测量结果表明，当前的福利水平是不可持续的。如果这一评估可靠，那么就必须采取激进的行动。如果情景 C 更有可能，那么行动可以更为谨慎，但仍然有必要。

当代人对后代福利水平的影响，可能积极，也可能消极。我们可以使用现有资源去累积资本存量，为后代提供庇护所、生产力和交通，但是机器和建筑不可能永远存在。甚至资本可能在物理上仍然存在，但因为不符合后代人的需要而失去了经济价值。

我们能为后代做的最持久的贡献可能来源于经济学家所称的人力资源——对人的投资。尽管接受教育和培训的人会逝去，但他们提出的思想不会消失。知识是永恒的。[②]

然而，当前所采取的行动也同样可能降低将来的福利水平。* 化石燃料的燃烧可能改变气候，对未来的农业造成损害。当前的含氯氟烃物质的排放，可能破坏大气的臭氧层，增加皮肤癌的发病率。放射性废弃物可能增加未来基因受到损害的可能性。动植物基因多样性减少将大大降低未来医学上新发现的数量。

假如我们可能实现更高的可持续福利水平，我们的经济系统是会自动选择一条可以获得可持续福利水平的道路，还是选择一条以牺牲后代利益来增加当代人利益的道路？

□ 市场配置

市场不完善（包括代际外部性、免费资源和市场力量）产生负面激励，严重干扰了我们实现可持续发展。

允许免费获得资源通常促使了资源的非可持续配置。免费获得资源，即使是可再生能源，也无法保证可持续性，因为留给后代的资源存量会减少。在极端情况下，一些物种可能被过度采伐或捕杀而灭绝。

代际外部性同样也破坏了市场产生可持续结果的能力。温室气体排放将成本施加在后代人头上，对当代人的影响是外部性的。当前的减排行动由当代人支付成本，但要体察其效益却要等到很久以后的将来。经济理论清楚地预测，未来温室气体的排放量将远远超过可持续性标准要求的数量。

虽然市场不完善通常会加剧不可持续性，但我们不能由此得到一般性结论，认为市场不完善毫无例外地会加剧不可持续性。当一种可再生资源面临供应不足的威胁时，市场有时能起到保护可持续性的安全阀的作用。渔业是一个例子，一种可再生资源的供给下降引发另一种替代可再生资源的可得性。即使政府牺牲后代人的利益来满足当代人的需求，进行不利的干预，市场也会通过替代产品来限制这种对后代利益的损害。

市场对稀缺信号的灵活性和响应能力是我们实现向可持续性转变的重要部分。然而，

---

① 一项研究估计，人类目前使用的可再生能源中，有 19%～25%来自光合作用。在陆地上，这一比例很可能达到 40%（Vitousek et al.，1986）。

② 虽然思想可以永远存在，但随着时间的推移，这些思想的价值可能会下降，因为它们会被新的思想所取代。那个设计马蹄铁的人，在当时对社会做出了巨大贡献，但随着我们对马匹运输的依赖，这种洞察力对社会的价值降低了。

* 这是一种可能，但非必然。——译者注

尽管市场在过去表现得相当成功，但认为仅仅依靠市场机制就能够自动实现可持续发展的想法是比较天真的。

□ 效率与可持续性

假设未来政府能够消除所有的市场不完美，使全球经济系统恢复效率。在这种理想化的世界里，代际外部性和代内外部性将会降低到有效率的水平。将一般性资源的消耗限制在有效率的水平，不超过物种的更新能力，先前形成的卡特尔自然资源市场将恢复竞争。这一系列政策是否就能够实现可持续性，还是需要更多政策才可以？

我们思考这个问题的一种方式是研究体现代际资源配置要义的不同模型。对于每一个模型而言，这个问题就变成“有效率的市场能否自动导致可持续发展”。我们从这些模型中得到的结论是非常清楚的：恢复市场效率并不足以产生可持续性。

我们以可耗竭资源的长期配置为例。设想在一种简单经济中，唯一的经济活动是生产和消费一种可耗竭资源。即使在人口不变、需求曲线稳定的条件下，有效数量表明消费量随着时间推移而减少。在这一假设环境中，后代的情况会恶化，除非当代人将部分净效益转移到未来，否则，即使是有效率的市场配置也无法实现可持续性。

丰富的可再生替代资源的存在并不能解决这个问题。即使在这种更为适宜的环境下，可耗竭资源的消耗量仍然会下降直到一定限度为止。在没有补偿转移的情况下，即使是有效市场也会使可耗竭资源的利用超过其能够持续供给的水平，以维持更高的生活水准，来维持一个高于其持续供给能力的生活水平。

Dasgupta 和 Heal（1979）发表了一篇在历史上很重要的文章，他们在一种稍现实的模型中得到了类似结果。他们假设在一种经济体中，单一的消费品是由资本和一种可耗竭资源来生产的。可耗竭资源的有限供给可以用来产生资本，也可以和资本共同生产消费品。产生的资本越多，剩余可耗竭资源生产消费品的边际产量越高。

他们证明了在这个模型中存在一个可持续的恒定消费水平。增加的资本积累（意味着可耗竭资源的边际产量不断增加）能够补偿持续减少的可耗竭资源获取量。然而，他们同样也证明，采用任何正贴现率都必然导致消费水平下降，违背可持续性准则。当然，贴现是动态有效配置的一个内生因素。

在该模型中，可持续发展是可能的，但它并不是市场（甚至是有效市场）造成的结果。为什么不是？什么才能保障可持续的资源配置？Hartwick（1977）认为，只有投资于全部稀缺租金时，且当代人完全不能使用这些稀缺租金时，人们才可以得到可持续的人均消费轨迹（满足我们对可持续性的定义）。

人们通常会得到这样的结果吗？答案是否定的。在正的贴现率水平下，我们已经消费了一些稀缺租金，违反了哈特威克规则，这一点意义重大。恢复效率通常会表现出向可持续性方向的靠近，但仅仅依靠其自身并不够，必须制定进一步的政策才能保证可持续的结果。

并非所有经济模型的结论都如此令人沮丧。特别是，一类内生技术进步模型认为有效市场的可持续性产出是存在的。内生技术进步是指增长进程中的内在经济激励能够带来可造福后代人的技术进步率（记住技术进步使生产可能性边界向外移动）。只要这一技术进步率足够抵消当代人对后代人造成的损害，有效市场就能保持可持续性产出。

内生技术进步率就一定足以保持可持续性产出吗？这并不一定。

我们在第 5 章中指出，保持一个非下降的资本存量（包括实体的和自然的）价值水平为判断当前活动的可持续性提供了一种可观测的方法。如果资本存量的价值下降，那么活动就是不可持续的。我们能够由此自动得出这样一个结论：非下降的资本存量价值水平就意味着当前消费水平的可持续性吗？根据 Asheim（1994）的研究和 Pezzey（1994）的详细阐释，答案是否定的。当我们错误地估计了资本存量时，净财富的上升可能和非持续性同时发生。我们过快地消耗不可再生资源会造成其价格下降，价格使人产生错觉，以为消耗掉的价值小于新增投资的价值，所以增加了资本存量的价值。事实上，在正确的价格下，资本存量可能是下降的。

Howarth 和 Norgaard（1990）的研究从不同角度得到了相似的结论。他们假设分给每一代人特定份额的可耗竭资源使用量，改变资源份额，计算每一代人的资源配置情况，得到跨代的竞争性的资源配置方案，从而反映出代际资源产权分配的影响。他们的两个结论与我们的研究目的有关：（1）配置结果对代际的初始产权分配敏感；（2）把产权完全分配给第一代不会产生可持续的结果。这个研究从另一个角度支持了我们的结论：可耗竭资源的有效配置不一定会产生可持续的结果。

可再生资源又是怎样的情况？原则上，至少可再生资源流量可以永远持续下去。可再生资源的有效市场配置与可持续发展是否一致？John Pezzey（1992）研究了一种可再生资源（例如玉米）配置的长期可持续性。在这个模型里，只有当以下两个条件都成立时，福利才能得到持续增长：（1）资源的增长率超过贴现率和人口增长率之和；（2）初始的食物供给足以满足已有人口需要。第一个条件有时很难满足，尤其在人口增长迅速而生态资源增长缓慢的情况下。在人口快速增长时，出于人口压力人们很难将收获量控制在可持续的限额以下，因此可再生资源的持续发展难以实现。这一发现的主要寓意是，在人口快速增长的情况下，可再生资源的可持续发展要困难得多，因为超过可持续收获率的压力变得难以抗拒。

第二个条件引起了更普遍而且更具挑战性的关注。它意味着一种很明显的可能性，即如果初始条件远离可持续路径，在没有外部干预的情况下，人们难以实现可持续的结果。让我们举一个最简单的例子来理解该问题。某国很贫穷，人们为了生存下去，不得不牺牲未来的发展，吃掉所有的玉米种子。我们可以从中得到两点启示：（1）尽快采取行动非常重要，以确保情况不会恶化到生存危机影响投资的程度；（2）对最贫困的国家来说，国际援助可能是其可持续政策中的重要内容。

我们必须仔细地区分我们已经讨论过的内容和没有讨论的内容。效率可能有效地促进可持续性的改善，但效率不一定是可持续性的充分条件或必要条件。三个不同的案例可以用来说明。在第一个案例中，私人的无效率结果和有效率结果都是可持续的，这时恢复效率能够提高福利水平，但不是实现可持续所必需的。在资源相对于使用量来说十分充裕的情况下，这一结论更加明显。在第二个案例中，私人的无效率均衡不可持续，有效率结果可持续，这样恢复效率不仅可以增加当前的福利水平，而且足以保证可持续性。在最后一个案例中，无论是私人的无效率结果还是有效率结果都是不可持续的，此时恢复效率不足以产生可持续的结果。当代人做出一些牺牲以充分保护后代人的利益是必要的。

有效市场并不总能实现可持续发展路径，这并不意味着不可持续才是常态。事实上，回顾历史记录表明，效率准则和可持续准则的相悖只是例外情况，而不是规律。资本积累和技术进步增加了人们能够使用的资源，并且在资源减少的情况下依然提高了随后的福利水平。然而，这两个标准并不是必然相容的，随着资源的减少和全球外部性的增加，可以预见这两个标准之间的冲突会更加明显。

□ 贸易与环境

贸易开放是一种传统的发展途径。自由的国际市场能够提供更低价格的消费品（得益于进口产品的可得性和由此产生的竞争性），并为国内生产商开拓国外市场提供机会。比较优势理论认为贸易能够让双方都获益，理所当然，有人可能会质疑，在从理论到实际的过程中，事情变得更加复杂了。

产权的角色。本书前面的研究清楚地表明，当一些国家（假定是欠发达的南方国家）产权界定不清或者没有把外部影响内部化时，国际贸易无疑会给环境造成不利的（和无效率的）影响。在这种情况下，国际贸易会显著加剧公地悲剧。出口国家的产权界定不清，（通过人为压低价格）刺激进口国大幅扩张它们对这些低价资源的消耗。在这种情况下，贸易增加了对公共资源的压力并加速它们的耗竭，加剧了环境问题。

一个例子是贸易对濒临灭绝的野生动物如大象的影响。当前应对这一挑战的方法包括禁止象牙交易。放宽禁令是否真的可以增强对偷猎大象的保护？见讨论 20.1。

讨论 20.1 通过允许有限的国际象牙贸易，会增强或减少对大象种群的保护吗？

由于盗猎和其他非法活动使大象种群受到威胁，因此 1990 年濒危物种国际贸易公约实行了跨境象牙禁令。这项禁令还不足以解决问题，因为中非十年来已经失去了 64%的大象。

一项建议的变更建议允许从库存来源进行象牙贸易。由于在收集过程中没有破坏任何大象，因此濒危物种国际贸易公约认为应保留这种储存的象牙，以及出于正当管理理由（例如控制有问题的动物）拍摄的大象的象牙。

拟议的贸易将以定期拍卖合法非洲象牙为基础，这些大象的数量稳定，并有足够的动力来组织可靠的恢复和储存系统。所得款项将被用于支持目前尚未获得资助的大象保护计划。购买国将仅限于具有透明执法和同样动机以防止非法贩运的国家。濒危物种国际贸易公约可以随时撤销一个国家的买卖地位。

反对者坚持认为，通过自然死亡和可持续管理实践从非洲大象种群中收集的象牙可以提供足以满足需求的说法是天真的。他们指出，目前，大多数拥有大象种群的非洲国家反对象牙贸易。如果合法供应仅基于少数几个支持贸易的国家的供应，那么反对贸易的国家中的其他人口将继续成为目标，非法市场将继续蓬勃发展。

他们进一步建议，区分合法象牙贸易和非法象牙贸易实在太难管理了，事实是现有的许可和监管制度显然行不通。

反对者还争辩说，所需要的不是重新开放有限的象牙市场，而是更好地监管和执行现有禁令。

如果你是濒危物种国际贸易公约理事会成员，你将如何投票？为什么？

资料来源：Scriber，Brad.（August 18，2014）．100,000 elephants killed by poachers in just three years，landmark analysis finds. *National Geographic*. Available at：http：//news. nationalgeographic. com/news/2014/08/140818-elephants-africa-poaching-cites-census/；Rice，Mary.（October 13，2014）．The case against a legal ivory trade：It will lead to more killing of elephants. *Environment 360.* Available at：http：//e360. yale. edu/feature/counterpoint_the_case_against_a_legal_ivory_trade_it_will_lead_to_more_killing_of_elephants/2815/；Walker，Jobm Frederick.（October 13，2014）．The case for a legal ivory trade：It could help stop the slaughter. *Environment 360.* Available at：http：//e-360. yale. edu/feature/point_the_case_for_a_legal_ivory_trade_it_could_help_stop_the_slaughter/2814/.

污染避风港和逐底。控制外部性（例如污染）失灵提供了国际贸易引起环境退化的另一种可能解释，这就是所谓的“污染避风港”假说。根据这一假说，生产者在一国受到严格的环境管制影响后，会把他们污染最严重的生产能力转移到环境管制相对宽松的国家（假设是低收入国家），或者会面临市场份额的损失。环境管制严格的国家的消费者受到低价格的激励，将会选择消费这些在污染避风港生产的产品。

污染避风港的污染水平受到三个方面的影响：（1）结构效应；（2）技术效应；（3）规模效应。从结构效应来说，污染物排放随着污染产业和清洁产业的不同组合而改变；当污染产业相对于清洁产业比例上升时，污染增加，即使总产出保持不变。（注意这是污染避风港假说的预期结果。）技术效应包含了每个产业单位产出的污染物排放率。如果污染避风港由于贸易开放，每个企业都加大了污染，那么该国的污染必然增加。最后，规模效应考察的是产出水平对污染排放的影响；即使结构效应和技术效应为零，污染避风港的污染排放也会由于总产出增加而增加。

如果污染避风港假说正确，它在为环境退化提供一种解释渠道之余，也为发展中国家采用较低的环境标准提供了理由，即低环境标准有助于解决失业问题。换句话说，它提出了一种“逐底”（race to the bottom）的反馈机制——国别竞争刺激发展中国家保持低环境标准以吸引就业，而就业会转移到以低环境标准换取低生产成本的地区。

污染避风港假说和它的逐底含义是否有实证依据？早期的实证研究如 Dean（1992）表明，没有任何证据能够表明环境管制对贸易或者资金流产生了影响。Jaffe 等（1995）在考察环境管制对美国竞争力的影响时得到了同样的结论。但是，Copeland 和 Taylor（2004）综述的一些研究发现，在其他条件相同时，环境管制能够影响贸易流和企业选址，但是影响程度较小。

我们是否可以明显识别出污染产业向发展中国家的转移？似乎不行。试图分离出结构效应、技术效应和规模效应的研究普遍发现，结构效应（证实污染避风港假说最重要的效应）相对于规模效应偏小，而且技术效应一般会减少而不是增加污染（Hettige，Mani，and Wheeler，2000）。虽然贸易能够通过规模效应增加污染，但是这些发现和我们预期从逐底效应中得到的结果距离还很远。

事实上，这些结果并不奇怪，因为污染控制成本相对只占生产成本中的一小部分。如果低环境标准成为企业选择厂址或者贸易方向的决定因素，那反而奇怪；除非达到这些环境标准的成本已经成为生产成本中的重要组成部分。

波特诱导式创新假说。事情到这里并没有结束。哈佛商学院的教授 Michael Porter

(1991) 提出，更严格的环境保护能够在适宜的环境下促进就业，而不是损害就业，这也就是现在所谓的“波特诱导式创新假说”。这一非传统观点认为，在环境管制最严格的国家，企业具有竞争优势而不是竞争劣势；因为严格的环境管制促使企业去创新，而具有创新能力的企业更有优势。这种优势对于生产污染控制设备的企业而言，尤为显著（这些设备可以出口到那些随后提高环境标准的国家）。其他一些企业也会发现这种优势，事实上满足环境管制的要求降低了它们的生产成本。文献（Barbera and McConnell，1990）中记录了这样一些例子，表明管制诱导出了更低的生产成本；但很少有研究证明波特假说是广泛成立的。

显然，环境管制诱导的创新有可能同时增加生产（降低成本）和降低排放，但是很难说清情况总是如此还是在正常情况下都是如此。假设这一情况普遍存在，那也很难解释为什么所有企业在没有管制的条件下不去主动采取这些技术。

波特假说的价值在于它提醒了我们，某一个根深蒂固的传统认识（环境管制会削弱企业竞争力）可能是错误的。但是，使用这一假说来断言环境管制能够普遍提高竞争力也可能是错误的。

环境库兹涅茨曲线（Environmental Kuznets Curve，EKC）。尽管自由贸易的拥护者们已经意识到自由贸易可能带来的环境影响，尤其是在面对出口国的外部性问题或产权问题时，但他们认为这些问题是能够自我修正的。特别地，他们认为自由贸易能够增加收入，而收入增加能够促进环境保护。

表明这一观点的特殊函数关系来自西蒙·库兹涅茨（Simon Kuznets），现已去世的哈佛大学教授，因此被称为环境库兹涅茨曲线。按照这一关系，在转折点之前，随着人均收入的增加，环境退化程度提高；在转折点之后，随着人均收入增加，环境退化程度降低。早前的一些研究采用国别为观察单位（数据点），描绘人均收入水平和二氧化硫浓度等指标的关系，验证了这一观点。

该观点认为，通过贸易增加收入能够提供一种自我修正的机制；但是如果这种修复包括污染产业的向外转移，那么含义就大不一样了。如果环境库兹涅茨曲线表示的不是污染减少而是污染转移，这将显著地改变它的含义；而这对于特定国家来说意义尤其重要。因为它意味着，发展中国家可能永远也无法达到库兹涅茨曲线的转折点，因为它们的污染将无处转移，污染密集型产业将滞留在这些国家无法转移出去。

贸易如何影响库兹涅茨模型？Cole（2004）研究这个问题并发现，建立环境库兹涅茨模型时详细考虑贸易的影响，对于大部分污染物而言并不会导致转折点消失，却会影响转折点出现的时间。特别是控制污染密集型产业的转移会使转折点的出现时间晚于不考虑这些因素时的情景。

是否存在一个一般性的结论——污染问题会随着发展自我修正？总体上，这个观点缺乏实证支持（Neumayer，2001；Pasten and Figueroa，2012）。早期研究使用不同的国家共同作为数据点，但是结论却认为国家个体能够随着收入的增加最终加强环境保护。之后的研究考察在同一个国家，随着时间的变化和收入的增长，环境保护是否得到加强；但一般都没有发现预想的结果（Vincent，1997；Deacon and Norman，2006）。其他研究发现，环境库兹涅茨曲线关系对于一些污染物（例如二氧化硫）存在，对另一些污染物（如二氧化碳）不适用（World Bank，1992；List and Gallet，1999）。最后，正如案例

20.1 所阐释的那样，一些国家的案例研究表明，自由贸易制度普遍使这些大幅度开放贸易的国家环境污染密集而不是减少了。

∵案例 20.1 NAFTA 改善了墨西哥的环境吗？

北美自由贸易协定（North American Free Trade Agreement，NAFTA）于 1994 年正式生效。通过降低关税壁垒以及促进商品和资本的自由流动，NAFTA 将美国、加拿大和墨西哥变为了一个巨大的单一市场。这一协定在促进贸易和投资方面取得了显著的成绩，但它在促进墨西哥环境保护工作方面也成功了吗？

根据 Kevin Gallagher（2004）的研究成果，答案是否定的；尽管这一结果未必是由“污染避风港”假说所识别的那些驱动力造成的。在一些因素导致污染减少的同时，另一些因素导致了污染的增加；总体来讲，空气质量是下降的。

污染避风港假说或许会使我们寄希望于重污染企业由美国搬往墨西哥，但很明显，这一情况并未出现。大量的统计验证都没有证实这一假说。

就贸易给空气质量带来的正面效应而言，加拉格尔（Gallagher）发现墨西哥的产业发生了明显的变化——正逐步脱离污染密集型行业；贸易协定签署后的产业结构较签署前污染更少了（这一现象正好与污染避风港假说所预计的结果相反）。加拉格尔甚至发现一些墨西哥的行业（特别是钢铁和水泥行业）甚至要比其美国的竞争对手还要清洁。加拉格尔将这一事实归结为墨西哥成功获得了用于兴建配备更清洁技术的现代化工厂的新的投资。

导致空气质量下降的最显著的贸易因素是规模效应。尽管贸易协定签署后相关的产业结构逐步远离原有的重污染行业部门（这意味着单位产出的污染物平均排放量下降），但出口的增长极大地刺激了产品产量的增加。增加的产量意味着更多的排放（在本例中，排放量几乎增加了一倍）。

环境库兹涅茨曲线的一个推断就是，贸易所带来的收入增加将会导致更严格的环境管治，进而会抑制污染物的排放。但是这一推断也没有得到印证。加拉格尔发现贸易协定签署后，尽管墨西哥的收入已达到了贸易协定签署前有关研究预测的拐点，但墨西哥政府实际投入环境政策方面的资金和企业层面的环境执法检查均下降了 45%。

资料来源：Gallagher，K. P.（2004）. *Free Trade and Environment*：*Mexico*，*NAFTA and Beyond*. Palo Alto，CA：Stanford University Press.

这些迹象告诉我们什么？显然，环境管制并不是企业选址或贸易方向的决定因素。这意味着合理的环境管制不会威胁造成污染的生产企业离开该地区、减少当地的就业。除了极少数特殊情况外，企业的搬迁与否和当地的环境管制并没有关系。

如果环境退化是由该国不恰当的产权制度或外部效应内部化体系造成的，那么必须或亟须要做的是纠正造成这些市场失灵的根源，而不是阻止贸易。这些与贸易相关联的低效率问题可以通过恰当的产权制度或污染控制机制得到解决。此外，如果建立适当的产权制度或污染控制机制在政治上不可行，那么必须寻求其他的资源保护途径，可能包括限制不利的贸易。但是，使用这些贸易限制时必须谨慎，因为在这种情况下它们是次优的政策手段，有可能适得其反。①

尽管上述论点表明，对自由贸易的环境影响最严厉的主张没有得到严格审查，但建议开放自由贸易边界不可避免地导致效率和/或可持续性的提高同样是错误的。事实取决于事实，所以纯意识形态不会使我们走得太远。背景是很重要的。

由于新的贸易机构正在出现，因此对环境产生重大影响的新问题也随之出现。特别令人关注的是《关税与贸易总协定》(GATT) 和世界贸易组织 (WTO)。

□ GATT 和 WTO 下的贸易规则

签署于 1947 年的《关税与贸易总协定》(简称《关贸总协定》，即 GATT) 是世界贸易组织 (WTO) 的前身，通过控制和削减贸易商品关税以及提供解决贸易争端的通用机制，《关贸总协定》搭建了一个平台促进其成员国的自由贸易。目前，世界贸易组织已取代《关贸总协定》，成为制定跨国贸易规则的唯一全球性国际组织。

作为致力于自由贸易的国际组织，世界贸易组织通过其对国际贸易的影响力来解决贸易国之间的争端。而针对贸易的任何形式的国内限制 (包括环境限制)，除非其通过世界贸易组织审核，否则都将受到世界贸易组织的质疑。为了判定限制做法能否通过审核，世界贸易组织特制定了一系列法则用于区分可接受做法和不可接受做法。

这些法则主要审查的对象是"差别待遇"。例如，针对进口产品实施的有差别的环境标准 (对国内产品和进口产品不执行同样的标准) 就是典型的差别待遇，这种做法是不可接受的。可能用来解决某一特定环境问题的做法，如果其成本并非最低 (对贸易的影响也不是最小)，那么也是不可接受的。

产品审查与工艺审查之间的差别是这些法则中最受争议的一条 (见讨论 20.2)。简单来说就是世界贸易组织可以接受那些有关产品审查的规则 (例如执行食品中最高可接受农药残留水平的规则)，但是不接受那些涉及工艺审查的规则 (例如拒绝某一国家燃煤钢厂生产的钢材)。对于后者，世界贸易组织认为燃煤钢厂生产的钢材与其他工艺生产的钢材并无两样，这些产品被认为是同质的，因此不接受对其进行差别对待。

任何国家都无法对其进口产品进行工艺审查，这明显限制了其将外部影响内部化的能力。有鉴于此，我们可以采用其他一些非贸易的措施将其他国家产生的外部影响内部化 (例如，签署限制碳排放的国际协议等)。讨论 20.2 指出，另外一种做法就是生态标签，生态标签至少可以对这些有争议的做法施加一些市场压力。但是，在不引发世界贸易组织控制措施的前提下，这种标识制度到底能走多远仍有待我们进一步观察。

讨论 20.2 进口国运用贸易限制措施能影响出口国的不当渔业捕捞行为吗?

生活在东热带太平洋的黄鳍金枪鱼经常与成群的海豚相伴行进，发现这一特性可以

① Barbier 和 Schulz (1997) 举了一个例子：某国为了减少森林砍伐限制了木材的出口，结果却造成了森林价值的大幅贬值，人们纷纷砍伐森林以将其变成耕地。

帮助渔民很容易地判断出金枪鱼群的位置。渔民们利用这一特性可以增加其渔获量，但同时也会对海豚产生致命的影响。一旦确认了海豚的位置，渔船就会利用巨型围网来围捕金枪鱼，同时也捕获（经常是杀死了）海豚。

为了回应公众对这种捕捞技术的抗议，美国通过了《海洋哺乳动物保护法》（Marine Mammal Protection Act，MMPA）。这部法律禁止进口以意外杀害海洋哺乳动物或严重危害海洋哺乳动物的方式捕捞到的鱼。

1991 年，关贸总协定争端解决小组宣布，美国对墨西哥金枪鱼的禁令是非法贸易限制，因为其对物质上相同的货品（金枪鱼）实施了差别对待。根据这一规则，贸易国可以对有害的产品进行控制（前提是它们给予国内外产品同等对待），但并不包括生产工艺或收获工艺存在危害的产品。由此，通过运用国内规则进行有选择性的产品进口禁令，以促使其他国家转变其生产或收获的方式，被裁定为违反了国际贸易规则。

美国采取了强制实施的生态标签计划来应对裁决。根据该计划，通过杀害海豚方式捕捞的金枪鱼可以进口，但出口国不得使用“海豚安全”标签。使用巨型围网捕获的金枪鱼，只有经过捕获船上专门的观察员证实，在捕捞过程中没有海豚死亡的前提下，才准许使用“海豚安全”标签。这场争端最终通过两国的双边协议而非世界贸易组织的裁定得以解决。

资料来源：关贸总协定官方的历史案例可见：www.wto.org/english/tratop_e/dispu_e/cases_e/ds381_e.htm#top (accessed December 21，2016)。

□ 自然灾害

可持续性的一种威胁来自自然灾害，例如飓风、洪水和野火，国家研究委员会（National Research Council）在其 2012 年的报告中指出：

> 2011 年，美国遭受多起灾难的袭击，其中包括 14 起与天气和气候相关，造成超过 550 亿美元的经济损失，打破了自 1980 年以来的纪录，仅 600 名美国人死亡，成千上万的人流离失所。

这份研究继续表明，建立韧性文化可以减少该国遭受灾难的脆弱性以及由此带来的成本。什么是韧性？根据这个报告，韧性是为不良事件做好准备、计划，并且从中吸收、恢复的能力。

韧性的提升可以带来多少不同？一项由多灾减灾委员会的研究发现：为地震、飓风、洪水等灾难在灾前多投资 1 美元做好准备，将会在灾后节省 4 美元。

本书的读者将会认识到一些可以增加韧性的策略。一个是面向房主、企业和政府提供即将面对的风险以及经济有效的减轻风险的方式的信息，另一个是鼓励减少私人风险投资的政策。

洪水保险是一个可以提高面对洪水风险的人性的工具。洪水是最常见和最耗费资金的自然灾害之一。在原则上，精心设计的洪水保险计划可以减少经济损失并且提供恢复的资金来减少灾后恢复时间。随着气候的变化，洪水的风险在提高，增加抵御能力真的非常成本有效。

正如案例 20.2 指出的那样，改策略必须为了有效而设计得很好以及恰当地推行，否则最终只会增加损害后的赔偿，最重要的还是在于细节。

❖案例 20.2 洪水保险——增强抗自然灾害能力

除了其他特征以外，有效的洪水保险设计还要求（1）保费足以支付索赔的水平；（2）反映一下情况的保费结构：各个保费支付人面临的实际风险的严重性。

美国在 1968 年建立了国家洪水保险计划（National Flood Insurance Program, NFIP）。NFIP 洪水保险并不是强制性的，而是指定的在洪水多发地区的房屋和企业需要购买洪水保险才能获得联邦政府支持的抵押贷款。地图不仅用于指定容易发生洪灾的区域，同时还表征了它们的风险程度。

这个程序是否满足两个效率检验？简单说，并没有。

从历史上来看，保费水平太低而无法支付理赔。2016 年 NFIP 因索赔超过保费收入而产生的债务为 230 亿美元。此外，国会提高保费的尝试引起了强烈的反应，导致在政治上无法将保费提高到有效的水平。

另一个因素是用来界定风险的地图。由于气候变化加剧了洪水的风险，旧的地图低估了洪水的风险。同时不幸的是地图的更新并没有跟上步伐，因此低估风险十分常见。

保费结构设计也出现了一些问题。在有效的保单设计中，采取降低其结构风险措施的保单持有人应面对较低的保费，以反映较低的风险。这些溢价折扣为房主和企业降低风险提供了动力。如 Kousky 和 Shabman（2016）的报告指出，NFIP 一直在提供高额溢价措施，而不是通过其他有效的缓解洪灾措施来提高结构。结果，这些其他措施未得到充分利用，损失也超过了必要的损失。实际上，该程序主要使人们能够在相同区域进行重建，而没有做任何足以减轻未来风险的事情。

人们会期望这些激励措施带来更高的未来索赔额。

自然资源保护委员会的一项研究发现，全美国约有 2 109 个被 NFIP 覆盖的物业遭受了 10 次以上的洪灾，每次洪水过后 NFIP 都会赔付用于重建。有一个被 NFIP 覆盖的房屋经历了 40 次洪灾，从洪水保险赔付中收到了 428 379 美元。

仅仅是洪水保险的存在并不是有效恢复的证据。

资料来源：National Research Council（2012）. *Disaster Resilience*：*A Nationl Imperative Washington*, D. C.：The National Academies Press；Kousky, Carolyn, & Shabman, Leonard A.（July 29, 2016）. The role of insurance in promoting resilience. This blog is available at：www. rff. org/blog/2016/ role-insurance-promoting-resilience；Moore, Rob（August 11, 2016）. Flood, rebuild, report：The need for flood insurance reforms. The blog is available at：www. nrdc. org.

□ 自然资源诅咒

增长受阻的最后一个特别有趣的原因可能为那些资源丰富的国家带来了特殊的问题。

常识告诉我们，自然资源丰富的国家更有可能实现经济的繁荣。然而事实恰恰相反，资源丰富的国家不太可能实现快速发展（见案例 20.3）。

∵案例 20.3　自然资源诅咒假说

有充分的证据表明自然资源禀赋丰富的国家往往发展并不快，这一点或许令人感到诧异，原因不仅仅是资源丰富的国家更容易出现商品价格的反复波动。

为什么丰富的资源禀赋会抑制增长？人们提出几种可能的解释，其中最显著的共同的特征是资源部门对投资于其他更可能支持发展部门的资金有“挤出”效应：

- 一个非常流行的解释被称为“荷兰病”，即资源丰富的国家通常可以从原材料出口中大幅提升财政收入。这一现象导致资本和劳动力从传统的生产制造业转移出来，从而导致制造业衰退。
- 另一种解释则是伴随资源产业繁荣而来的国内物价上涨阻碍了制造业出口的国际竞争力，进而阻碍了出口带动的发展模式。
- 第三种解释是由于资源丰富的国家可以从资源部门获得大量租金，从而导致其他部门缺少企业家精神和创新能力。因此，自然资源丰富的国家的预期创新能力较低，导致发展速度较低。

资源丰富的国家可能没有实现预期的重大发展机遇，同时，令人鼓舞的是相当多资源并不丰富的国家已经实现了显著的发展。

资料来源：Sachs，J. D. and Warner，A. M.（2001）. The curse of natural resources. *European Economic Review*，45（4－6），827－838；Auty，R. M. *Sustaining Development in Mineral Economies*：*The Resource Curse Thesis*. London：Routledge；Kromenberg，T.（2004）. The curse of natural resources in the transition economies. *Economics of Transition*，12（3），339－426；Frankel，J. A.（April 2012）. The natural resource curse：A survey of diagnoses and some prescription. *Harvard Kennedy School Faculty Research Working Paper Series* *RWP*12－014.

增长与发展的关系

在历史上，经济增长是不是发展的一种工具？经济增长是否真正使人均生活水平提高？是经济增长还是经济不增长会使美国收入最低的人和全世界发展得更好？

要以每个人都满意的方式回答这些问题显然是非常困难的，但无论如何，我们必须从某处开始。恰当的出发点是澄清增长的含义，人们存在一些对增长失望的原因可以追溯我们测量增长的方法。并非所有的增长都是不好的，但是一些传统上评价增长的指标数值上的增加并不总是好的。一些热衷于零经济增长的现象正是因为用现今的衡量方法显现出的经济增长有一些并非我们所期望的特征。

□ 传统衡量方法

对于一个国家或是全世界，真正衡量发展的方法应该能够做到发展的指标随着我们生活的改善而提高，随着我们生活的恶化而下降。这样的衡量方法被称为福利标准，而传统的衡量方法并未被设计成衡量福利的方法。

我们现在衡量增长是使用产出指标，表明生产了多少物质产品和提供了多少服务，而并非以我们生活的改善程度为标准。衡量产出听起来很简单，但事实并非如此。大多数人所熟悉的经济增长的标准是以 GDP，即国内生产总值为标准，它表示的是一年内所生产的物质产品和提供的服务之和。价格通常是对这些产品和服务在 GDP 中的重要性进行加权的工具。从概念上讲，GDP 就是在产品销售之前的生产过程中每个部门增加的价值的总和。

为什么用价格来加权？因为我们需要比较一些价值不同的商品。价格充分考虑了商品对于消费者的价值，从而提供了一个容易进行比较的权重体系。从前面的章节中，我们知道价格应该既反映消费者的边际效益，又反映生产者的边际成本。

GDP 从来不是衡量福利水平的标准。这个指标被用于衡量生活福利水平的局限性在于，它包括了替代旧机器的新机器的价值，而非增加的资本存量规模。一些投资仅仅是购置新机器，而没有增加资本存量的规模。为了弥补这一缺陷，我们引入一个新的概念，即国内净产值（net domestic product，NDP）。NDP 为排除货币贬值因素后的国内生产总值。

NDP 和 GDP 共有的缺陷是它们都受到通货膨胀的影响。如果所有商品和服务保持不变而价格上涨一倍，那么 NDP 和 GDP 就会翻一番。既然福利和产出都没有增长，那么我们需要一个准确的指标来反映该事实。

为了解决这一问题，国民收入的统计采用扣除了通货膨胀影响的不变美元衡量的 NDP 和 GDP。从概念上来说，这需要定义市场上跨期存在的一篮子商品，这些商品的定价每年都会更新。如果购买这些商品的花费增加 10%，由于数量保持不变，我们就会知道价格上涨了 10%。消除了价格对指标的影响后的增长应该被归因于商品数量的增长和服务的增长。

这种修正并不能解决所有的问题。例如，并非所有 GDP 的组成要素都对福利有着相同的贡献。也许，在现有的统计体系中，与我们关系最密切的要素是消费，即家庭消费的商品和服务的数量。它没有包括政府支出、投资、进出口等要素。

最后，对现有统计体系容易做的修正是将实际消费除以人口得到人均实际消费，使我们得以区分人口增加之后为保持人们生活水平不变而需要的产出增加和由每个人消费更多商品和服务引起的产出增加。

人均实际消费指标与我们利用较易得到的数据得到的以福利水平为指向的产出指标接近，但与一个理想的福利指标仍然相差甚远。

特别地，人均实际消费指标不能区分经济增长是来自收入水平的真实增长，还是自然资本贬值带来的经济增长，自然资本贬值是指自然提供的各种资本存量的减少，例如土壤、大气、森林、野生动物和水等。

John Hicks（1939）清楚地给出了传统上的收入定义：

> 在实际事务中，人们计算收入的目的是提示自己在不使自己的经济状况恶化的情况下可以消费的数量。按照这种观点，我们似乎应该定义一个人的收入为一周之

内他的消费最大值，而且在一周的起始和结束的时候，他的经济状况没有变化。(p. 172)

尽管我们在人造资本（例如建筑物、桥梁等）方面采用了与上述定义一致的方式进行处理，却没有将其应用在自然资本方面。对于人造资本的耗损，统计体系中单独设置折旧费表示机器设备耗损后价值的减少。只有从总收入中减去折旧，经济活动中的增长才能作为收入的增长。效益中替代折旧资本的部分不能被视为收入。

标准的国家收入统计体系中没有对自然资本进行类似的调整。人们错误地将自然资本存量的贬值记为收入。这样的统计体系不能体现出掠夺自然资源使其不断兑现的发展战略与保护自然资本存量不使其贬值的发展战略的区别，将两种战略的效益都记作收入。

考虑这样一个类比的例子。美国许多高质量的教育机构可以得到很多资金资助。机构一年的预算收入包括学费收入、其他费用收入、一定比例的利息收入和捐助资金的资本效益。除非在特殊情况下，标准的财政操作不允许机构违反规定提取捐助资金并将其视为收入上的增长。

然而，传统的国家统计体系恰恰允许我们对自然资源资本采取这样的处理方式。我们可以将以土壤枯竭、砍伐森林、污染海洋为代价的经济活动视为收入，而无视自然资本存量的减少。

由于希克斯（Hicks）的定义中不包含自然资本，决策者受到了误导。在误导信息的影响下，决策者更可能采取非可持续发展战略。对资源依赖型国家调整国民收入统计方法（将希克斯的定义统一应用到人造资本和自然资本中）将产生很大的差异。

由于意识到现行的统计体系中存在严重的缺陷，许多工业化国家为了克服这些缺陷已经提出了（或者少数国家已经建立了）调整的统计体系，这些国家包括挪威、法国、加拿大、日本、荷兰和德国。在此问题上仍存在着严重的分歧，分歧在于是将调整作为一个补充账户，还是应该对现有的统计体系进行彻底的改造。

□ 其他衡量方法

我们是否满足了可持续性标准？尽管这一问题难以回答，但人们已经设立了一些指标来帮助我们做出回答。这些指标在构建和着眼点上都有所区别。

生态足迹。一类指标就是生态足迹，不同于其他指标是基于经济评价的，生态足迹是一类基于实物量的测算值表。生态足迹指标试图衡量的是为满足特定数量人口或者特定人类活动，需要多少面积的可再生和不可再生生态生产性土地，以提供所需的自然资源供给和污染消纳能力。[①] 这一足迹以“全球英亩”的统一单位进行描述，一单位对应一英亩全球平均生产力水平的生态生产性空间。由于土地生产力随时间变化，因此每年都有一套专门用于生态足迹计算的均衡因子。通过比较这一足迹和实际的生态可用土地面积，可以揭示赤字或盈余。

---

① 这一指标的细节可见全球生态足迹网的网站：www. footprintnetwork. org/en/index. php/gfn/page/footprint_basics_overview/（accessed December 21，2016）。你同样可以在下列网站中通过回答一些问题来测算自己的生态足迹：www. myfootprint. org/en/index. php/GFN/page/callulators/caccessed December 21，2016。

这一指标和其他指标一样，是从国民消费计算中分离出来的，国民消费是在国内生产的基础上，通过加上进口、减去出口计算得出的。这一平衡关系总共覆盖72个类别，例如谷物、木材、鱼粉、煤和棉花。计算每一资源使用类别的足迹（单位是英亩）时，将该类别的消费总量除以其生态生产力（或单位面积产量）。以二氧化碳排放足迹为例，将二氧化碳排放量除以森林的平均同化（固碳）能力，就可以得到吸收这些污染所需要的面积。

按照生态足迹指标，工业化国家的消费水平是最不可持续的，即满足它们消费需求的生态生产性土地面积超过其本国所能提供的土地面积。生态足迹的分析同时也表明，现有的全球消费水平，在现有生态生产性土地数量条件下无法无限期持续下去——我们目前已经处于生态赤字中了。

真实发展指标。另一种衡量方法是真实发展指标（Genuine Progress Indicator, GPI）。GDP是用来衡量当前生产的，而GPI则是用来衡量经济活动所产生的经济福利的，本质是将社会资本折旧作为经济成本。GPI来源于个人消费支出（GDP的主要组成部分），但也从包括收入分配、环境成本以及如犯罪和污染等负面行为在内的24个方面对GDP进行了改进。GPI同样也补充了GDP没有包括在内的积极方面，例如志愿活动和家庭劳动力的效益。Kubiszewski等（2013）对GPI从时间尺度和国别层面进行了拓展分析，发现国家间的GPI呈现显著变化，1950—2003年期间主要的趋势如下：

● 全球人均GPI在1978年达到峰值，与此同时全球生态足迹超过了全球生态承载力。

● 在1975年以后，几乎各国的生活满意度都没有显著提升。

● 在全球范围内，人均GPI未能超过人均GDP（7 000美元）。

人类发展指数。我们对于所有这些衡量福利的方法都不满意的一个原因就在于它们过多关注平均水平。在一定程度上讲，社会的每一名成员并非都涉及被剥夺权利的严重问题，这种关注会使大家对福利产生一种错误的印象。为了纠正这一问题，联合国开发计划署于1990年提出了一种可供选择的衡量方法——人类发展指数（Human Development Index, HDI）。这一指数包括三个主要部分：寿命、知识和收入。

尽管由于该指数包含的评价指标以及每部分的权重都相当随意，从而引发了很大的争议，但联合国开发计划署（2015）通过比较不同国家的HDI得出了一些有趣的结论：

● 过去25年来取得了重大进展，20亿人摆脱了发展水平低下的状况。1990—2014年间，随着34个国家进入高人类发展指数范畴，生活在高人类发展指数国家的人数增加了一倍多，从5亿人增加到12亿人。

● 以人类发展指数（HDI）衡量的人类发展情况持续改善，但速度较慢。2000年至2010年间，发展中国家的HDI年增长率为1.2%，而2010—2014年期间每年仅增长0.7%。

● 经济增长不会自动转化为更高的人类发展水平。例如，赤道几内亚和智利的收入相似，但人类发展指数差别很大（分别为0.592和0.847）。

● 人类发展指数排名前五的国家是：挪威（0.9441），澳大利亚（0.935），瑞士（0.930），丹麦（0.923），荷兰（0.922）。这一排名自2014年以来并没有变动。人类发展指数排名倒数的五个国家是：尼日尔（0.348）、中非共和国（0.350）、厄立特里亚（0.391）、乍得（0.392）和布隆迪（0.400）。

国民幸福指数。不丹是位于喜马拉雅山脉东侧的一个亚洲小国，它与印度和中国接壤。2008 年 11 月，这个国家采用国民幸福指数而非传统的衡量方法来指导该国的发展战略。通过对不丹国民进行广泛调查而形成的国民幸福指数（单一数值）是基于 9 个核心领域构建的，这 9 个领域被认为是不丹幸福和福利的重要组成部分：

（1）心理健康；

（2）时间利用；

（3）社区生活；

（4）文化；

（5）健康；

（6）教育；

（7）环境多样性；

（8）生活标准；

（9）政府管理。

如果上述 9 个领域能够获得足够的改善提高，那么国民幸福指数就会得以提高。由于国民幸福指数还是非常新的一种衡量方法，能否取得其应有的效果还有待观察。2015 年的一些结果显示，总体来看，很少有女性比男性幸福，都市居民比农村居民幸福，单身和已婚人群比丧偶、离婚、分居人群幸福，受教育水平高的人比受教育水平低的人幸福，最后，农民相对于其他职业幸福感更低。

金钱对于幸福有多重要？这似乎是一个简单的问题，但这种简单性可能是有欺骗性的（见案例 20.4）。

∵案例 20.4　　幸福经济学：金钱能买来幸福吗？

最近几年来，经济学家和心理学家对所谓的幸福经济学产生了浓厚的兴趣。什么使人幸福？收入在幸福中所起到的作用是怎样的？

一位心理学家和一位经济学家（Kahneman and Deaton，2010）在 2008—2009 年通过询问涉及主观幸福感的几个问题，分析了 450 000 名美国居民对幸福感的反馈；结果显示这一问题的回答非常复杂，取决于幸福感如何被衡量。

研究者定义了两种截然不同的幸福感的主观衡量方法。

● 一种方法叫作情绪幸福感，是指单个人每天生活的情绪质量——愉悦、痴迷、不安、悲伤、生气以及感动等这些使人快乐或不快乐的情绪发生的频率以及程度。在这项研究中，情绪幸福感是通过两个变量表征的：一是哪些方面会对幸福感产生积极的影响，这主要是通过三个二进制（1 或者 0）变量加以测定，这三个变量分别是自我幸福感、享受以及大笑和微笑的频率；二是通过两个二进制变量测定对幸福感产生的负面效应，这两个变量是紧张和忧虑。所有的问题都是询问受访者此前一天的经历。

● 第二种方法叫作生活评价法，要求受访者对其目前的生活进行评判，0 代表当前生活最差、10 代表生活最好。不同于第一种方法侧重于对某一特定时间点生活感受的测定，第二种方法更倾向于对整个生活周期幸福感的测定。

在得到收入如何影响幸福感测定的统计结果之前，研究者利用数据考察了一些可比较的观察结果。研究者发现大多数受访者觉得幸福并对生活感到满意。这些结果表明美国公众在生活评价指数中排名靠前（位于斯堪的纳维亚地区国家、加拿大、荷兰、瑞士和新西兰之后，居第 9 位），同样在幸福感（排名第 5 位）、微笑（排名第 33 位）和享受（排名第 10 位）等指标中排名较好；但在忧虑（在最不忧虑排名中位居第 89 位）、悲伤（在最不悲伤排名中位居第 69 位）和生气（排名第 75 位）等排名中表现较差。同时，美国受访者表现出非常高的紧张感（在 151 个国家中排名第 5 位）。

对于收入，现有的研究表明“缺乏收入会带来情感痛苦和较低的生活评价指数……然而，在当代美国超过 75 000 美元（2008—2009 年）的高收入既不能获得更多的幸福感，也无法消除不幸福感或者紧张感，尽管高收入能够提高个人的生活评价指数”(p. 16491)。

资料来源：Bruni，L.，& Porta，P. L.（2005）. *Economics and Happiness*：*Framing the Analysis*. Oxford University Press；Kahneman，D.，& Deaton，A.（2010）. High income improves evaluation of life but not emotional well-being. *Proceedings of the National Academy of Sciences*，107（38），16489 - 16493.

小结

可持续发展是指这样一个发展历程：在满足当代人（特别是穷人）需求的同时，又不牺牲后代人满足其需求的发展能力。

市场不完善常常使得可持续发展的前景更加黯淡。代际外部性例如气候变化给后代人增加了极大的成本。免费使用生物性公共资源会导致资源的过度开采，甚至物种的灭绝。

即便是有效率的市场也未必一定能产生可持续发展。恢复效率的做法对于可持续发展来说是可取且有用的，但还不足以达成可持续的福利水平。原则上，针对可耗竭资源，动态有效配置能够产生符合后代人利益的分配框架，但实际上未必完全如此。当贸易成为发展策略的一部分时，我们必须小心谨慎。贸易对于环境的影响既不是完全有益的，也不是完全有害的。取决于条件。

我们审视了一系列指标，试图评估当前国家层面实践的可持续程度。尽管所有这些指标都不尽完善并存在缺陷，但这些指标均反映出一些重要的启示。

生态足迹对我们的启示是规模是非常重要的，同时我们所依赖的地球在满足我们人类的无限欲望方面是有限的。尽管生态足迹关于我们已经超出地球承载能力的发现不是确定的，但它的确对那些幼稚地认为我们的消费是无限的人提了一个醒，同时强调我们应该开始好好思考如何应对这些限制。生态足迹同样有效地指出，与贫穷一样，财富也是对可持续的一种巨大挑战。

人类发展指数提示我们，与其他一些我们所坚信的相比较，收入增加与世界上最贫穷居民福利之间的关系远非毋庸置疑。收入增长可以为穷人提供一些改善的方式，但仅仅当其他配套政策措施（例如全面的医疗保健、教育以及减少腐败等）得以实施时，它才能发挥作用。该指数也识别出一批在保证穷人分享发展成果方面已经取得巨大进步的发展中国家。

新的可持续发展模式是可能存在的，但其未来并不会必然被采纳。经济激励政策会促进不可持续行为向可持续行为的转变。在寻求解决办法的道路上，我们必须认识到市场力量是极其强大的。试图忽略这些力量有可能将导致失败。尽管如此，依然有可能引导和利用这些力量来增加可持续性产出。采取这些步骤需要我们的思考和行动的方式有别于传统。世界的不同地方是否承担相同的任务还需要我们拭目以待。

讨论题

1. 思考控制人口的一个可能机制。肯尼思·博尔丁（Kenneth Boulding）于1964年首次提出了一种设想：允许每个人有一个孩子（而且只能有一个）。由于该构想允许代际人口的替代，出生人数必然等于死亡人数，这样就实现了人口平衡。

这一构想是颁发出生证，允许持有证书的人生育一个孩子。夫妻双方可以合用证书，这样就可以有两个孩子。但一个孩子出生时，相对应的一本证书就失效了。如果没有证书证明，孩子就会被别人收养。此外，证书是可以完全交易的。

你觉得这是一个好方法吗？它的优缺点是什么？美国目前适合实施这种政策吗？如果你认为合适，主要原因是什么？如果你认为不合适，是否有其他国家适合实施这种政策？为什么？

2. 请讨论下列观点："今天使用任何不可再生资源都会妨碍后代人的使用。因此，对每一代人而言，唯一道德上立得住脚的政策就是只使用可再生能源。"

3. 请讨论下列观点："后代人既不能对当前的选举投票，也不能为当前的市场决定投资。因此，发现市场经济忽视了后代人的利益就不足为奇了。"

4. 请讨论下列观点："贸易仅仅意味着一个国家可以开发另一国家的经济帝国主义；环境是不可避免的受害者。"

5. 假设有人开发了一种高质量的人造象牙，可以用于制造目前由天然象牙制成的产品，那么合法的人造象牙贸易对天然象牙的价格会有什么影响？你会支持人造象牙贸易吗？原因是什么？

自测题

1. 因为出口税通常看来是由外国消费者来负担的，很多国家都愿意采取这种方式征税。那么这种完全向外国消费者征收的出口税的必要假设是什么？这些假设对于像咖啡或橘子这样的商品的世界市场的影响有多大？

2. 假设一场国家性灾难冲击了食物生产，如2010年俄罗斯大旱，请用供给和需求曲线描绘出它是如何影响消费者和生产者的。是不是每个人的境况都在变差或某些人的境况转好？为什么？

3. 假设美国对进口糖征收关税。这会对消费者、国内外生产者和土地使用造成什么后果？

补充读物

Copeland, B. R., & Taylor, M. S. (March 2004). Trade, growth, and the environment, *Journal of Economic Literature*, 42, 7-71. 从理论中得到的教训的研究以及对于专注于贸易及环境之间关系的实证研究的优秀综述。

Deacon, R. T., & Norman, C. S. (2006). Does the environmental Kuznets curve describe how individual countries behave? *Land Economics*，82（2），291 - 315. 为了研究国家内部的时间序列数据，作者发现，在较富裕的国家中，没有证据表明二氧化硫存在库兹涅茨曲线，但在其他污染物和较贫穷的国家中，没有证据表明存在库兹涅茨曲线。

De Soysa，I.，& Neumayer，E.（2005）. False prophet or genuine savior? Assessing the effects of economic openness on sustainable development，1980—1999. *International Organization*，59（3），731 - 772. 测算了以真实储蓄率来衡量对外贸易和国外直接投资的依赖对可持续性的影响。他们发现开放性提高了可持续性。

Fischer，C.（2010）. Does trade help or hinder the conservation of natural resources? *Review of Environmental Economics and Policy*，4（1），103 - 121. 这篇文章回顾并总结了最近有关贸易和自然资源保护之间联系的经济学文献的教训。

Frankel，J. A.（April 2012）. The natural resource curse：A survey of diagnoses and some prescriptions. *Harvard Kennedy School Faculty Research Working Paper Series RWP12 - 014*. 这篇论文综述了有关自然资源诅咒的文献，重点分析了六种成因。

Kubiszewski，I.，Costanza，R.，Franco，C.，Lawn，P.，Talberth，J.，Jackson，T，& Aylmer，C.（2013）. Beyond GDP：Measuring and achieving global genuine progress. *Ecological Economics*，93，57 - 68. 它是对已估计的 17 个国家 1950—2003 年期间的全面发展指标的综合，并对结果进行分析。

Layard，R.（2005）. *Happiness：Lessons from a New Science*. New York：Penguin Press. 一位杰出的英国经济学家综合运用心理学、经济学、神经科学和社会学的见解，探索了人类幸福的来源。

Pasten，R.，& Figueroa，E. B.（2012）. The environmental Kuznets curve：A survey of the theoretical literature. *International Review of Environmental and Resource Economics*，6（3），195 - 224. 这篇文章回顾和总结了大部分关于环境库茨涅兹曲线的文献。

Speth，James Gustave.（2016）. Getting to the Next System：Guideposts on the way to a new political economy. The Next System Project Report ＃2. 它提出了我们如何实现一个更加"公正、可持续和民主的未来"的愿景的观点。

更多的参考文献和重要的历史参考文献可在本书的配套网站查找：www. routledge. com/cw/Tietenberg。

第21章 再看未来愿景

“从喧嚣中辨别真理，不仅需要科学知识，还需要自我认知：接受不可预知未来的冷静，预测所能预测事物的胆识，以及辨别是非的智慧。”

——纳特·西尔弗，《信号与噪声：为什么如此多的预测失败了，但有些却成功了》(2012)

(Nate Silver，*The Signal and the Noise*：*Why So Many Predictions Fail—But Some Don't*，2012)

引言

现在让我们再回到本书开头。我们的研究以两种崇高却冲突的未来愿景为始，对可耗竭资源与可再生资源管理、污染以及它们各自的发展过程等构成未来愿景的组分细节进行了认真的剖析。在剖析的过程中，我们掌握了大量有关单一环境与自然资源问题的有用知识。现在是时候将这些知识融合起来，对两种愿景进行一次系统的评估了。

解决问题

在第1章中，我们提出了大量的问题，作为如何在有限环境条件下实现发展的研究重点。这些问题主要涉及三个方面的内容：(1) 如何正确地界定问题？(2) 我们的经济、政治制度能否以一种及时而且明确的方式应对目前的挑战？(3) 是否既可以满足当代人的需求而又不损害后代人满足其自身需求的能力？短期目标与长期目标能否协调一致？这一节接下来的三个部分将会对相关的证据进行概括和解释。

□ 问题的概念化

在本书的开头，我们已经提到，如果问题被表征为，伴随有限的资源供给，需求以指数形式增长，那么资源最终将会被耗尽。并且如果这些资源是必不可少的，那么当这些资源被耗尽时，整个社会就会陷入崩溃的境地。

这是“强假设”。我们已经认识到，对于我们面对的情形，这是一个相当粗糙并且在某种程度上引起误解的表征。事实上对于资源的稀缺，资源需求的增长并非无动于衷，价格会起作用。

价格并非影响需求增长的唯一因素，人口增长水平的下降同样也起着至关重要的作用。一方面，由于发达国家在全球资源中占有着与其人口比重不相称的份额，因此这些发达国家人口增长的大幅下降同样对资源需求增长的减缓产生了重大的正面影响。但另一方面，高发展速度、高人口密度国家，如印度，其消费水平的快速提高则起到了相反的作用。

模型的第二个方面——资源有限的说法也是过于粗糙的：(1) 忽略了大量可再生资源储备的存在；(2) 将注意力集中在了错误的假定之上。

毫无疑问，很大一部分资源是无限的。至关重要的是，大量可再生资源包括能源是可以长期有效供给的。对于日益稀缺的可耗竭资源的正常反应是转向可再生资源，例如石油。而且这一转变正在发生。最显著的例子包括转变为风能、水力发电、太阳能和氢燃料电池。

此外，资源有限的说法也会对公众产生误导，因为其暗示我们把更多的注意力放在资源的“用尽”上。而事实上，对于大多数资源，我们永远也不会将其用尽。以目前的消费速度，所谓的有限资源至少能满足人们数百万年的需求。而且，影响未来生活水平的主要威胁是包括环境成本在内的资源开采与使用成本的不断上涨，而非资源枯竭的可能。我们利用这些资源的限度并非由地壳中资源的缺乏而决定，而是由资源使用对环境造成的结果所决定的。气候变化的含义包括海平面的上升、热极端天气、干旱以及海洋风暴，这些异常天气可能造成严峻的后果以至人们必须重新评价我们对碳基能源的选择。同样，气候变化可能会加剧生物多样性锐减，会不可逆地改变生态系统，减小其应对未来冲击的修复能力。

不违背可持续性也可以应对资源稀缺性问题，包括发现新的传统原料以及发现非传统原料的新用途，同时也包括那些以前认为是废弃物的东西。我们同样可以通过减少制造产品所消耗的原材料数量来延长这些资源储备的使用期限。这方面典型的例子包括减少处理既定信息量计算机系统的体积大小以及大幅减少家庭供暖所需的能源消耗数量。

对于能源资源，问题的关键在于向低碳能源的替代发生得是否足够快和有效率，得以在保障经济福利的同时避免气候变化带来严重危害。随着特朗普总统的当选，这个问题在美国引起了最强烈的关注，特朗普正在废除现有的碳减排政策，并退出了遏制这一风险的全球协议。

矛盾的是，一些最明显的事例表明，行将达到使用极限的并非那些可耗竭资源，而是可再生资源。人口增长或收入增加导致的需求压力是导致这一现象的主要因素。需求扩增迫使人们开垦耕种大量的边缘土地，砍伐大片生物富集的森林。土地因过度耕作而导致土壤肥力下降和产量减少。需求压力还会导致生物资源例如渔业因过度捕捞而濒临灭绝。交易更会增强这一过程，特别是在所有权制度没有充分保护资源的情况下。对很多资源来说，问题并非由其有限性引起，而是由管理方式导致的。因此，认识到“可再生”与“可持续”并非同义词就显得尤为重要了。

目前对于资源短缺问题的概念化表征提示我们，过于乐观或过于悲观的观点都是错误的。近期无法跨越资源利用能力的物理极限并不是什么严重问题，而问题的关键在于不利的大气环境以及使用资源的生物后果。我们已经启动了向可再生资源、可回收资源以及低成本的可耗竭资源的转变，而转变的速度是否足够快还有待发现。

□ 制度响应

我们要想理解社会如何应对日益严峻的资源枯竭和环境破坏，关键在于了解社会制度如何对此做出反应。而强调分权决策的市场体制和恪守公众参与和多数决定原则的民主政治体制就能够足以应对资源枯竭与环境破坏的挑战吗？

回顾历史，我们可以发现，尽管我们的经济、政治体制远非完美，并且存在一些明显的缺陷和不足，一些严重缺陷已在历史经验中显现，但并非致命点……（尚未显现?）从积极的一面来看，市场能够自动而迅速地对高价格的资源做出反应。该资源的需求被降低，同时其替代品的需求被提高，且激励人们减少对其的浪费。回收利用资源的市场正在扩大，消费者的偏好也在改变。绿色建筑大量出现，可再生能源也已经被利用。虽然政府激励也许能加快这一进程，但政府显然不是主导者。一旦产权被合理界定，市场体制就会刺激消费者和生产者通过采取一系列有效的方式来应对资源的枯竭（见案例 21.1）。

❖案例 21.1　可持续发展的私人激励：采纳可持续发展能有利可图吗？

由雷·安德森（Ray Anderson）创建的地毯制造商英特飞公司（Interface Corporation），意识到公司的低效率主要和其所属产业有关，这促使它完全改变了公司的业务性质。如何管理这次转变是很有启发意义的。

首先，公司认识到家具下面的地毯通常并没有磨损，因此这样的地毯并不需要更换。于是，小方块地毯取代了传统的墙到墙式的整块地毯。在传统的做法中，地毯中任何一部分磨损就意味着要更换整个地毯，而小方块地毯则只需更换那些磨损的部分。作为额外效益，减少更换地毯的同时减少了所用胶水释放有毒气体的可能性。

其次，英特飞公司彻底改变了与消费者之间的关系。英特飞公司如今开展地毯租赁业务，取代了从前的地毯销售业务。事实上，英特飞公司已成为一家出售地毯服务而非销售地毯的公司了。对于英特飞员工而言，方块地毯更容易替换，并且用一晚上的时间就可以清洁干净，消除了影响白天业务的生产力损失。同时消费者的成本也显著降低，这不仅归功于只需更换较少的地毯所节省的费用，同时也因为租赁具有税收优惠政策。租赁地毯执行的是消费税，并非资产税，因而其被征收的税额相对较低。

环境也同样受益。在传统的工业活动中，大多数用过的地毯被送到填埋场进行填埋处理。剩余的则被重新制成价值很低的产品。英特飞公司认识到这是一种资源的浪费，于是研发了一种全新的产品，当其使用寿命将要结束时可以重新再被制造成地毯。这种产品不仅能够减少加工过程中能源和原材料的消耗，并且具有高效抗污的特点，相当于普通地毯四倍耐用以及便于清洗。

这些向可持续制造转变的做法并非政府强制执行的结果，而是这家具有创新性的企业发现改变能够同时使自身和环境受益才决定这么做的。

英特飞公司的事例令人叹服。在安德森提出倡议的 15 年后，英特飞公司收获了：

- 温室气体减排 94%；
- 化石燃料消费降低 60%；
- 废弃物减少 80%；
- 用水量减少 80%；
- 新机器、材料和制作工艺流程的发明和专利；
- 销售额增长 66%，收益翻倍，利润率提高。

资料来源：Hawken，P.，Lovins，A.，& Lovins，L. H.（1999）. *Natural Capitalism：Creating the Next Industrial Revolution*. Boston，MA：Little，Brown and Company. Anderson，Ray，with Robin White.（2011）. *Business Lessons from a Radical Industrialist*. New York：St. Martim's Griffn.

尽管有证据支持这一观点，但它并不支持一个更有力的结论，即市场将自动为未来选择一条动态有效或可持续的道路。市场自身的缺陷经常会使可持续发展变得不可能。将我们吃的鱼、呼吸的空气以及喝的水等视为公共资源来处理就会破坏其可持续利用性。如果不干预市场，那么就会导致过度开采公共资源，进而降低后代人获得的净效益。在经济活动没有产生足够的净效益增长的情况下，过度开采活动就违背了可持续发展的准则。

外部性同样也是市场向可持续发展转变的一大障碍。如果承担了许多非可持续资源使用成本的人不是相关资源使用人，就会导致私人成本和社会成本不一致和市场进程出现偏差。因此，只有当将外部性内部化时，可持续资源才能有一个公平的竞争环境。对有效气候变化政策的迫切需要，就是一个明显的例子。

即便是高效的市场也未必能可持续发展。对于创造可持续福利水平而言，恢复效率是一种可取但常常并不足以产生可持续福利水平的手段。尽管从原理上讲，动态的有效配置能够勾勒出与后代人利益相一致的使用可耗竭资源的框架，但正如我们在实践中所看到的那样，这并不是自发的，甚至不是通常的情况。市场具有一定的自我校正能力。以捕鱼为例，公共资源减少已经导致私人鱼类养殖业的发展。这种由于产权界定不清所导致的人为资源枯竭刺激了私人财产替代物的发展。

市场拥有自我修复的能力，尽管这令人感到欣慰，但其并非总是有效的。在一些情况下，还存在着成本更低、效率更高的方法（例如预防自然资源恶化）。预防性药物经常要比正确的手术治疗更有效。在另外一些情况下，例如空气被污染，我们找不到其他合适的私人替代品。因此，为妥善解决这一问题，用宏观调控手段来弥补单纯市场调节的不足，有时就显得尤为必要。

污染控制就尤为需要政府干预。不受控制的市场不仅会产生大量的污染，而且由于市场倾向于给产品压价（比如煤炭），促使生产或消费环节的污染更加严重。试图单方面控制污染的企业面临较高价格带来的被逐出市场的风险。政府干预的目的就在于确保在经营决策中忽视环境破坏的企业不能得到降低成本带来的竞争优势。

目前我们已经在减少污染物排放，特别是在减少传统大气污染物方面取得了显著的进步。最近，管理手段的创新，例如硫补贴计划以及加利福尼亚州全球变暖解决法案，已成为形成灵活且有效地控制大气污染物的制度框架的一个重要代表。这些制度能够以较低的成本达到环境目标，从而在一定程度上减少了对这些制度改革的抵制。这些制度已经使得人们的感知成本与感知效益更相符。

然而，政府干预都是有益的，这样的假设可能会是一个大错误。比如酸雨问题，就几乎是由于政策体系只关注本地污染，却忽视区域环境问题而加剧的。此外，为了减少空气污染而在汽油中添加甲基叔丁基醚（MTBE）也酿成了大错。前者鼓励了高架点源的排放污染，后者增加了新的水污染问题。

政策进程中看起来并未得到很好处理的一个方面的问题就是改善速度不够快。民意调查明确显示公众强烈支持环境保护，即便是以成本上升和就业率下降为代价。从历史上看，正如对于机动车尾气污染的控制那样，决策者有时的应对之策是通过制定强硬的法律来促使技术快速发展，从而改善环境。

常识表明，制定带有明确时间期限的严格法律相比于没有明确期限的宽松法律能够更快地实现环境目标。在机动车污染中，常识往往是错误的。制定带有不合理明确期限的过度严格法律可能产生适得其反的作用，这些规制事实上是无法执行的。认识该问题的污染者不断寻求（和成功）拖延执行法律。从污染者的角度来看，通常更好的方法是花费一些资源去改变法律，而并不是去遵守法律。在相对宽松的法律环境下不会出现这种情况，因为企业缺乏法律上站得住脚的理由来推迟执行法律。

然而在大多数情况下，需要的是平衡。信息不总是越慢越好的，有时及时的反应是有效解决方案的一个关键部分。典型的例子是气候变化政策，分析表明，拖延行动将增加成本。

另一个有关政府干预无效甚至起相反作用的典型事例就是对待能源和水的问题。通过对天然气和原油实施价格上限，政府实际上在很大程度上抑制了经济系统的调节弹性。存在的价格控制，限制了供给者扩大供给的动机，并且消费者消费的时间表更倾向于现在。水的情况与之相似，将水的价格调节到低于供给的边际成本，水务当局实际上是补贴了过度消费。

总的来说，由经济体制和政治体制的影响交织在一起所演绎出来的一些问题已经被混淆了。看起来简单的做法，诸如“交由市场解决”或“需要更多政府干预”，是经不起仔细推敲的。经济部门和政治部门的关系应当是一种选择性的参与关系，有些领域需要政府参与，有些则未必。具体问题需要具体分析和对症解决。正如在前文对一系列环境与自然资源问题的分析那样，我们发现采用效率和可持续原则可以将各类政策之间的差异勾勒出来，这些差异可以作为政策改革的一个基础。

□ 可持续发展

从历史上看，增加投入和技术进步是工业化国家经济发展的重要动力源泉。在未来，例如劳动力等一些生产要素，将不会像它们过去那样快速增长，至少在发达国家是这样。这种增长率下降对经济发展的影响取决于边际生产率递减法则、替代可能性以及技术进步等因素的相互作用。尽管技术进步以及替代品的可获得性能够抵消经济下滑的趋势，边际生产率递减法则意味着更低的增长率。

有一种观点认为，新科技的发展如自动驾驶汽车、制造业机器人将成为劳动力的替代品，并减少劳动供给缩减所产生的阻碍。另一种观点预测由于热力学第二定律决定了技术进步的有限性，意味着经济增长的进程必将以一个稳定或静止的状态达到极限，而此时经济增长率不可避免地将降低为零。

经济正在经历变革，但变革并非如以往那般。企业对于其可持续性的日益关注同样也发挥了作用。当公众获得更多的信息后，他们就开始使用自己作为消费者、雇员、股东以及选民的权力使企业了解他们支持的是与可持续发展理念相一致的商业行为。

认识到传统的促进经济增长的方法对经济环境问题的局限性后，我们试图分析历史上工业化国家的发展是否使该国的居民过得更好。研究结果表明，发展给国民带来了更多的休闲娱乐、更长的预期寿命、更多的商品和服务，因此国民是受益的。然而其他一些方法，例如生态足迹法，则反映出一个更值得注意的现象。这些现象提醒着我们，我们不能够精确测量出地球对人类活动的承载能力，并不意味着就会减少环境限度的存在和重要性。

资料分析表明，认为世界各国人民都能从经济发展中自动受益的想法是非常幼稚的。尽管经济的增长显然使一些居民受益，但结果对所有环境中的所有人并不是必然的。污染的扩增和重要资源例如水和土地的减少，会对至少一部分人得到的利益产生抵消或者削减效应。新的可持续发展模式是有可能的和令人期待的，但高收入国家或低收入国家并不会自动采取这种模式。

采用经济激励方法对环境与自然资源进行管理，已成为环境与自然资源政策的一个重要组成部分。与以往要求安装特定污染控制装置等命令控制型政策不同，经济手段通过改变对污染者排污行为的经济激励来实现环境目标。这种激励的改变可以通过费或税、权益转让、信息公开或者责任法等形式得以实现。通过改变个体所面对的经济激励，个体会运用其典型的信息优势选择最佳的方式来履行应承担的责任。当个体有兴趣转换为一种新的发展模式时，这种转变的速度将可能是惊人的。

公共政策和可持续发展应是一种相互支持的关系。在一些情况下，这种关系以公私合作的方式实现，政府和私人部门就公共服务和基础设施提供达成明确协议（见案例 21.2）。在另一些情况下，这种关系需要政府管制以确保市场向所有参与者传达了正确的信息，从而可持续的结果可以与其他企业目标共存。经济激励手段是促进建立这种一致性关系的一种方法。而美国、欧洲、亚洲实施的各种不同形式的经济激励政策的经验也表明，经济手段同样也是灵活有效的。

✧案例 21.2　公私合作：卡伦堡经验

卡伦堡（Kalundborg）位于距哥本哈根 75 英里的一个小岛上，这座城市因各种主要产业构建的协同关系和创造的大量就业岗位而闻名。自 20 世纪 70 年代起，四个主要产业，连同小规模商业以及市政府开始发展一种协同合作关系，设计目标是降低处理成本，实现廉价资料输入，并从其废弃物品中获得效益。

卡伦堡阿斯耐斯（Asnaes）火电厂将剩余的蒸汽供应给名为斯塔朵尔（Statoil）的一家炼油厂。作为交换，斯塔朵尔炼油厂将其炼油气供应给火电厂用以发电。同时，阿斯耐斯火电厂将过量的蒸汽卖给当地的一家渔场和这个城市的一个供热系统，以及挪伏·挪尔迪斯克（Novo Nordisk）制药和工业酶加工厂。为了延续这个循环，渔场和挪伏·挪尔迪斯克制药和工业酶加工厂将其产生的污泥作为肥料返还至农田。火电厂产生的飞灰被卖给了一家水泥厂，而经过脱硫工艺产生的石膏则卖给了一家板材生产商。斯塔朵尔炼油厂将其从天然气中分离的硫卖给了一家名叫凯米拉（Kemira）的硫酸生产商。

整套过程并非出自集中规划，而仅仅是出于实现公共和私人实体最大利益的考虑。尽管这一动机纯粹出于经济利益，但这种协同关系的确带来了环境效益。因此，这是一种经济与环境的可持续发展模式。

资料来源：Desroches，P. Eco-Industrial Parks：The case for private planning，*Report # RS 00－1*. Political Economy Research Center，Bozeman，MT 59718；Kalundborg Symbiosis website：http://www.symbiosis.dk/en (accessed December 23，2016).

该如何应对全球环境问题？经济激励手段在这里也能发挥作用。碳定价能够促进成本在参与方之间分摊，同时又能够确保按照费用有效的方式应对额外控制的需求。通过区分实施何种控制和谁最终为此付费这两个问题，政府就可以显著地扩大控制的可能性并且降低执行成本。如果将生物种群的产权赋予当地社会，就会激励它们去保护这些物种。减少债务的策略能够降低为偿还账务出售自然资源的压力。

欧洲、英属哥伦比亚和一些亚洲国家已经对排污收费有了更多的经验。这一政策是向排放的每单位污染物收取一定的费用。污染者具有对其污染行为造成的环境损害支付相应费用的责任，企业认识到这种费用是一项商业经营过程中的可控成本。因此，企业纷纷寻求相关可能的方式来降低其所造成的环境损害，例如调整投入、改进生产工艺、采用适当的方法将残留物转化为危害更少的物质以及回收副产品等措施。排污费较其他国家高得多的荷兰、瑞典和日本的经验表明，征收排污费的效果非常明显。

征收排污费和配额拍卖能够增加税收。成功的发展，特别是可持续发展，需要公共部门和私人部门之间建立一种共生关系。为了能够作为一个平等的合作伙伴，公共部门必须得到足够的资金支持。如果无法筹集足够的资金，公共部门就会成为经济转型进程中的一个障碍；但如果公共部门通过不恰当的激励手段获得资金，同样会阻碍经济转型的进程。排污费为公共部门提供了一种增加收入的现实机会，同时又减少了其他更为扭曲的税收政策给发展带来的障碍。其他一些税收形式（例如工资税）可能会由于打击合法的发展激励手段而阻碍经济发展；而排污费则为可持续发展提供了相应的激励和资金支持。美国的一些情况表明，用碳定价代替一些传统的增收措施，例如资本效益税、所得税以及销售税等，可以更为显著地避免对发展的阻碍。

对未来的公共行为的激励和对私人行为的激励同等重要。现有的国民经济核算体系传递了错误的经济信号。尽管国民收入核算从未具备评估一个国家福利水平的功能，但其实际上却被当作具有此项功能而被使用着。人均国民收入是一种评价国民富裕程度的惯用方法。但现有核算体系的建设却往往提供令人误解的信息。

石油泄漏不意味着泄漏地资源禀赋价值的下降，在现有的核算体系下清理费用反而被认为增加了国民收入；也就是说，泄漏事实上带来了GDP的增长。原因很明显，这没有考虑由此导致的自然环境的破坏。现行的核算体系并未明确以下两种发展之间的差别：

一是那些依靠破坏国家自然资源禀赋，同时对资源环境价值产生不可挽回损失所带来的经济增长；二是资源环境禀赋和价值未受损失的可持续发展。因此，只有对这些核算体系进行适当的修订，才能以恰当的标准来评判政府的行为。

实施各种经济激励手段未必一定能够实现可持续发展。人们既可能滥用，也可能恰当运用经济激励手段。还记得税收减免政策促进了巴西在雨林的脆弱土地上经营牛场这一做法，不仅促进了不可持续行为，而且对具有重要生态意义的雨林造成了无法挽救的损害。我们必须小心使用经济激励措施。

小结

我们的社会正在演变。一种正在经济体系、司法体系、立法机构以及政府执法部门之间形成的互补关系前途无量。然而，想到美国的高度党派性，我们仍处于迷雾中。重要的是，不仅仅政客们要联合起来，推出党派或非党派措施以解决我们最具紧迫性的问题，而且公众必须清楚，一部分责任是我们自己的。如果没有公众的积极参与，政府是无法解决所有问题的。

我们并不能管理所有的行为。抓住每一个违法者的成本实在是太高了。我们的法律体系之所以能够有效是因为无论人们是否受到监控，绝大多数人都遵守法律。对法律的高度自愿服从是法律体系能够顺利运转的根本。

例如，处理有毒物质问题的最好办法是让所有潜在有毒物质制造者都真心地关注他们产品的安全性，并且每当出现问题时，能够找出原因解决问题。要形成一种可接受的风险水平，其根本在于产品制造者、使用者、运输者以及这些有毒物质处理者之间相互配合、相互支撑，从而形成合力。政府可以通过控制或处罚那些少数不配合的人的方式来对此提供支持，但这一方式不能完全替代相关方之间的整体协作关系。我们不能也不应该完全依靠利他主义来解决这些问题，但也不应过分低估利他主义的重要性。

我们同样也需要认识到市场能够反映消费者偏好。确保我们的购买和投资能够反映环境价值将有助于引导市场走向正确的方向。如果消费者对其有需求，就可以促进零排放汽车更快地进入市场。一旦消费者避开不可持续捕捞的渔业的鱼产品，可持续渔业就会扩增。视大型企业为恶人容易，反观自身为恶人则难得多。

我们正处于一个时代末期的观点可能是正确的，但我们也正处于一个新时代的开始。未来不意味着文明的衰落，而是文明的变革。前路或许布满荆棘，并且我们用以应对这些困难的社会制度并未如我们所希望的那般完美和恰当，但毫无疑问的是，我们正在进步。

讨论题

1. 你对未来是持乐观态度还是悲观态度？为什么？

2. 考虑到在实现可持续发展进程中市场与政府之间的恰当平衡，你赞同政府需要发挥更加重要的作用还是赞成减少政府对市场的影响？为什么？

补充读物

Anderson, Terry, and Leal, Donald (Eds.). (2015). *Free Market Environmentalism for the Next*

Generation. London：Palgrave Macmillan. 这本书以世界各地环保企业家的成功为基础，为环保主义的未来提供了一个自由市场的愿景。它探讨了下一代的环境市场思想。

Hawken，P.（2010）. *The Ecology of Commerce Revised Edition*：*A Declaration of Sustainability*. New York：Harper Collins. 作为该领域的经典之作，这本书阐述了为什么商业成功和可持续的环境实践不需要，并且为了我们的地球不应该再相互排斥。

Speth，James Gustave.（2012）*America the Possible*：*Manifesto for a New Economy*. New Haven，CT：Yale University Press. 他从进步的角度描绘了未来的景象。他发现，我们让美国的生活条件在一个广阔的前线恶化了，并直接向一个我们不想让子孙进入的地方前进。他提出了一个愿景，告诉我们如何才能走得更好。

更多的参考文献和重要的历史参考文献可在本书的配套网站查找：www. routledge. com/cw/Tietenberg。

自测题答案

第1章

1. 短缺将提高价格，从而降低需求，直到等于新的更少量的供给。因为这将减少而非加剧短缺，所以这是一个负反馈循环。

然而，如果消费者预期价格更高，在价格升高前买进并囤积，从而加剧短缺，这就是一个正反馈循环。

第2章

1. (a) 这是一个公共物品，因此将 100 条需求曲线垂直相加，得到 $P=1\ 000-100q$。这条需求曲线在 $P=500$ 时与边际成本曲线相交，此时 $q=5$ 英里。

(b) 净效益可由一个直角三角形表示，其高为 500 美元（需求曲线穿过纵轴的点是 1 000 美元，减去边际成本 500 美元），底为 5 英里。直角三角形的面积是 1/2×底×高=1/2×5×500 美元＝ 1 250 美元。

2. a. 令 $MC=P$，所以 $80-1q=1q$。解 q，求得 $q=40$，$P=40$。

b. 消费者剩余＝800 美元。生产者剩余＝800 美元。消费者剩余＋生产者剩余＝1 600 美元＝经济剩余。

c. 边际效益曲线的斜率是需求曲线的 2 倍，因此 $MR=80-2q$。令 $MR=MC$，得到 $q=80/3$ 和 $P=160/3$。利用图 2-8，生产者剩余是价格曲线（FE）之下和边际成本曲线（DH）之上的部分。可以通过求矩形（由 FED 和从 D 点向纵轴引出的水平线围成）与三角形（由 DH 和从 D 点引出的水平线与纵轴的交点围成）的面积之和得到。

矩形的面积＝底×高。底＝$\frac{80}{3}$，高＝$P-MC=\frac{160}{3}-\frac{80}{3}=\frac{80}{3}$。

因此，矩形的面积＝$\frac{6\ 400}{9}$。

直角三角形的面积＝$\frac{1}{2}\times\frac{80}{3}\times\frac{80}{3}=\frac{3\ 200}{9}$。

生产者剩余＝$\frac{3\ 200}{9}+\frac{6\ 400}{9}=\frac{9\ 600}{9}$ 美元。

消费者剩余$=\frac{1}{2}\times\frac{80}{3}\times\frac{80}{3}=\frac{3\ 200}{9}$美元。

d. （1）$\frac{9\ 600}{9}$美元>800 美元；

（2）$\frac{3\ 200}{9}$美元<800 美元；

（3）$\frac{12\ 800}{9}$美元<1 600 美元。

3. 这项政策不符合效率原则。当企业考虑采取减少漏油数量的措施时，它会比较这些措施的边际成本和减少的漏油量所对应的边际赔偿期望减少值。然而，当无论企业漏油数量为多少，企业都要支付 X 美元时，企业的边际赔偿期望减少值就会为零。因为支付的数量不会因泄漏量的控制而降低，从而采取预防措施的激励将是低效率的。

4. 如果“赔偿越大越好”意味着有效率，那么这种普遍的观点并不正确。当损害赔偿金和造成的损害相等时才是有效率的。确保赔偿金反映实际损害的做法将会恰当地将外部成本内部化。只有当赔偿越来越大并接近真实的损害时，损害赔偿金才是越大越有效的。因为超过真实成本的赔偿金会造成不能真实说明损害的过度预防，所以这是没有效率的。

5. a. 描述性的。结合实证可以对此进行评估。

b. 规范性的。一个描述性的分析能够对濒危物种保护支出的影响进行评估，但是从那样一个分析到保护支出被浪费的结论需要在分析中加入价值观判断。

c. 规范性的。一个描述性的分析能够对比渔业资源私有化和非私有化的影响，但是将这些结果转化为渔业资源必须私有化才能保护的结论通常需要加入价值观判断。如果数据揭示出这样的结论，即除了私有化没有别的手段可以保护渔业资源，转化为“必须”将有非常强的描述性基础。

d. 描述性的。这一关系可以直接利用数据进行实证性评估。

6. a. 对于捕鲸者而言，一小群鲸鱼是公共池塘资源。它们的特征是非排他性和可分性。

b. 对鲸鱼守护者而言，一小群鲸鱼是公共物品，因为它们的特征具有不可分性和非排他性。

c. 减排温室气体的效益是公共物品，因为它具有不可分性和非排他性。

d. 对当地居民而言，市镇供水是一种公共池塘资源，因为它具有可分性和非排他性。对于非当地居民而言，它不是一种公共池塘资源，因为他们被排除在外了。

e. 瓶装水都不是，因为它兼具可分性和排他性，实际上它是私人物品。

第3章

1. 在风险中性的情况下，因为预期净效益［＝0.85×4 000 000 美元＋0.10×1 000 000 美元＋0.05×(－10 000 000美元)＝3 000 000 美元］是正的，所以应该推行该政策。

相关的讨论题：看到这些数值，在风险中性下，你是如何思考这一问题的？或者如果你更为厌恶风险，与其预期的可能性相比，你会给第三种结果更高的权重吗？

2. a. 本例中（依据第二等边际原理）的成本有效性要求满足目标（去除 10 条鱼），

每种方法的边际成本相等。已知 $q_1+q_2+q_3=10$，$MC_1=MC_2=MC_3$。关键是削减未知数，达到一个方程一个未知数。由于 $MC_1=MC_2$，可知 $10q_1=5q_2$，即 $q_1=0.5q_2$。同理，$MC_2=MC_3$，所以 $5q_2=2.5q_3$，即 $q_3=2q_2$。将这些值代入第一个方程，可得 $0.5q_2+1q_2+2q_2=10$，所以 $q_2=10/3.5=2.86$（保留两位小数）。$q_1=1.43$，$q_3=5.72$。（由于四舍五入，这三个数值加总的和为 10.01 而不是 10.00。）

b. 这三种方法的边际成本均随着去除量的上升而增长。因此对于每一种方法，第一条鱼的去除成本比第二条鱼的去除成本低，依此类推。如果使用方法 3 去除所有的鱼，考虑去除最后一条鱼的边际成本。在此情形下，边际成本＝2.5 美元×10＝25 美元。注意成本有效的配置，当边际成本相等的时候去除最后一条鱼的成本（利用 q_1 来计算）＝10 美元×1.43＝14.3 美元。在边际成本增长的情形下，使用组合方法更为便宜。

c. 在此情形下，因为去除每一条鱼的边际成本是 2.5 美元，将仅仅使用方法 3。这是因为方法 3 的边际成本低于方法 1 的 10 美元和方法 2 的 5 美元。注意，对于实际使用的方法，边际成本必须相等。未使用的方法的边际成本将是更高的。

3. 由于成本-效益的检验要求效益的现值大于成本的现值，我们能够通过计算效益的现值来发现最大可行的当前成本。可以这样计算，$500\ 000\ 000\ 000/(1+r)^{50}$，这里 r 为 0.10 或 0.02。在贴现率为 10%的情形下，现值约为 43 亿美元；当贴现率为 2%时，现值约为 1 858 亿美元。对于长期问题的解决，贴现率在决定当前资金支出的有效性方面起着重要的作用。

第 4 章

1. 为了最大化净效益，应增加海岸警卫队预防石油泄漏的执法行动，直至最后一单位的边际效益等于该单位行动的边际成本。根据效率原则，应该选择边际效益等于边际成本时的行动水平。当边际效益大于边际成本时（如本例的情况），行动应该加强。

2. a. 根据所给的数据，直排式加热器的标准项目中挽救每条生命的成本低于本章中所给出的生命隐含价值的估值，而提议的甲醛标准项目中挽救生命的成本高于这些估值。根据成本-效益分析，应增加用于安装直排式加热器的资源配置，而放宽甲醛标准使得成本和效益的水平相当。

b. 根据效率原则，政府项目挽救生命的边际效益（由那一情境中的生命隐含价值所决定）应等于挽救该生命的边际成本。当且仅当边际效益相等时，边际成本才会相等。并且，正如我们在本章所看到的，风险估值（隐含生命的价值）取决于各自的风险情境。因此，所有政府项目中的风险估值不可能全部相等。

3. a. 为降低风险的总支付意愿是 2 亿美元（每人 50 美元×4 000 000 暴露人口）。预期挽救的生命为 40 条（过早死亡的风险 1/100 000×4 000 000 暴露人口）。隐含的生命统计价值为 5 000 000 美元（总支付意愿 200 000 000/被挽救的 40 条生命）。

b. 该项目预期挽救 160 ［＝(6/100 000－2/100 000)×4 000 000］ 条生命。依据 a 中的生命统计价值，只要成本不大于 800 000 000 美元（每条生命的价值 5 000 000 美元×挽救的 160 条生命），项目的效益就是大于成本的。

第5章

1.（a）每一个时期均配置10单位。

（b）P＝8美元－0.4q＝8美元－4美元＝4美元。

（c）边际使用者成本＝$P-MC$＝4美元－2美元＝2美元。

2. 因为这个两期静态配置的例子（忽略了对其他时期的影响）在可得的20单位之内的配置是可行的，所以边际使用者成本为0。在边际成本为4美元的情况下，给每一期分配10单位，每一期净效益将分别实现最大化。在这个例子中不存在跨期稀缺，因此价格等于边际成本4美元。

3. 参照图5-2。在第二种模型中，时期2更低的边际开采成本将提高本期的边际净效益曲线（因为边际净效益是不变的需求曲线与降低了的MC曲线之间的差值）。这反映在图5-2中是时期2边际净效益现值曲线平行向左移动。这个移动产生两个直接结果：交点向左移动（意味着时期2开采得更多），交点在距横轴更高的垂直距离上（意味着边际使用者成本增加）。

4. a. 贴现率越高，时期2净效益函数的现值就越低。这将反映为函数向右下方转动。与贴现率变化前相比，新的函数必然与时期1的边际净效益现值曲线相交于更靠右下方的一点。交点更向右侧意味着配置到时期1的资源更多，配置到时期2的资源更少。交点更低意味着边际使用者成本的现值降低了。

b. 由于贴现率越高，配置到时期2的资源的现值越低，时期1拥有相对更多资源的配置方案将会增加资源使用的现值。由于较早期利用资源的边际机会成本已经降低了，边际使用者成本的现值较低。

5. a. 在两期模型中，通过向左上方移动时期2的边际净效益现值曲线就会反映为时期2需求的增加。移动之后，新函数必然与时期1的边际净效益现值曲线相交，交点更靠近横轴的左侧、Y轴更靠上的位置。这意味着配置到时期2的资源增长了（从而降低了配置到时期1的资源），并且边际使用者成本有较高的现值。

b. 当未来的需求增长时（因此使得边际资源的相对价值更高了），人们将会为未来保留更多的资源。这是通过边际使用者成本上升、产生更高的价格实现的。价格越高，越会激励人们节约更多的资源留待未来使用。因为需求曲线已经移动了，尽管存在更高的价格，但更多的资源会在时期2消耗。

第6章

1. 根据提示，$MNB_1/MNB_2=(1+k)/(1+r)$。当$k=0$时，$MNB_2=MNB_1(1+r)$，这种情况已经讨论过。当$k=r$时，$MNB_1=MNB_2$，资源存量增长效应正好抵消了贴现效应，两个时期开采量相同。若$r>k$，则$MNB_2>MNB_1$。若$r<k$，则$MNB_2<MNB_1$。

2.（a）当需求曲线随时间变化向外移动时，既定未来资源配置的边际净效益也随之增长。这种情况会增加边际使用者成本（因为它是当前使用资源的机会成本），相应地也增加了总边际成本。因此，早期使用者成本会更高。

（b）现阶段资源消费量减少，将更多的资源保留下来用于未来消费。

3.（a）这同图 6－6（a）和图 6－6（b）描述的环境成本具有相同的影响，开采税增加了总边际成本，从而提高了资源价格。同竞争性配置相比，开采税会减少所有时期的资源消费量。

（b）由于开采税增加了单位资源开采的边际成本，从而减少了资源累积开采量。不征税情况下人们会开采的一些资源，在征收开采税后，人们将不会开采这些资源，因为这些资源的税后成本超过了替代资源的成本。税后所有时期的资源价格会高于征税时点前的资源价格。征税时点后的资源价格等于（征税或未征税的）替代资源价格。

4. 边际开采成本与消费者为可耗竭资源支付的最高价格的交点决定了最终开采出地面的累积资源量。在这个模型中，最高价格是替代资源的价格。垄断和贴现率都不影响边际开采成本或者替代资源的价格，也不会影响资源最终累积开采量。然而，补贴会降低替代资源的净价格（市场价格减去补贴）。在替代资源补贴政策下，边际开采成本和净价格的交点提前，此时的资源累积开采量少于没有补贴的情况。

5. 这两项政策的替代时点不同。补贴政策下的替代时点会更早。虽然两者都产生相同的可耗竭资源累积开采量，但补贴政策下的开采速度会更快。税收政策提高了税后价格，减少了资源需求（从而降低可耗竭资源的消耗速率），而补贴政策降低了边际使用者成本，增加了资源需求（从而提高可耗竭资源的开采速率）。

6. a. 一旦实施开采税，可消耗资源开采者的税后单位收入就会减少。预期到这种变化，开采者将开采时期提前到征税时点之前，相对来说会更早地开采更多的资源。因为资源累积开采量由替代资源的价格决定，而该价格不受政策的影响，所以资源累积开采量将保持不变。只有开采时间会受到影响。

b. 在这种情况下，开采税会产生同 a 相同的激励，即促使开采者更早地开采资源，但是可耗竭资源累积开采量将下降。包括税收在内的边际成本上升，会在资源累积开采量较低时就达到丰裕资源的边际成本。

第 7 章

1. 在经济衰退期，需求曲线向左移动，出现价格下行压力。若要维持价格不变，供应量必须减少。由于阻止价格下降的压力落在卡特尔组织的肩上，处于竞争边缘的生产商仍能继续生产，需求减少导致 OPEC 国家的生产份额减少最为严重。这导致卡特尔的市场份额下降。为了保护自己的市场份额，OPEC 成员会降价销售。在不断增长的市场中，卡特尔的市场份额可以在不降价的情况下得到有效保护。

2.（a）生产者剩余 $=\frac{3\,200}{9}$美元，$P=MC=\frac{80}{3}$美元。

消费者剩余$=\frac{9\,600}{9}$美元，$q=\frac{80}{3}$美元。

（b）价格控制是垄断配置的镜像。这两种配置的净效益完全相同，但在生产者和消费者之间的分配则非常不同。与垄断配置的情形相比，这种价格控制下的消费者剩余较大，而生产者剩余较小。从本质上，回答第 2 章第 2 道自测题 c 部分时所讨论的矩形代表的效益在有价格上限时转移给消费者；在垄断条件下转移给生产者。

3. 造纸公司。因为关闭机器可以消除能源成本，因此将高能源成本按比例分配到五台造纸机器中。公司不会按比例停用所有能源，而是停用成本最高的能源。因此，关停决策必须考虑到机器关停所能够节省的能源成本，否则公司会亏损。

4. 峰值电厂仅仅在很短的一段时间内运行，这些资本支出在大多数时间内都处于闲置状态，只在投入使用时才产生运行成本。因此，对于电厂来说，设计峰值电厂以尽可能降低固定资本成本是合理的，即使这意味着运行成本增加。相反，基荷电厂几乎是连续运行的，因此将固定成本按比例分配于大数值的发电量中，单位电力的成本压力会小很多。

5. 不能。这会将与石油相关的外部性内部化，但没有将其他燃料（如煤炭等）的气候变化外部性内部化，并且消费者从石油转向煤炭实际上可能会加剧这些外部性。

6. a. 错。可耗竭资源储量少的卡特尔成员通常会更加支持这种目标，但是资源储量较大的卡特尔成员担心过快过早地提高油价会迫使它们更早地转向可再生资源，从而导致其资源库存积压。

b. 错。人为压低价格的价格管制会提高资源开采速度，但会降低最终资源累积开采量。

c. 错。价格管制降低了边际使用者成本，可以在市场价格达到价格控制水平以前影响可耗竭资源的开采路径。

d. 不确定。如本章所示，尽管外部成本内部化通常可以改善效率，但是如何内部化的细节确实很重要。例如，补偿水平过高或过低。效率要求支付的补偿正好等于造成的损害。过度补偿会使未来运行的预期成本超过有效率的水平，从而妨碍一些有效的石油开采，最终导致无效率。另一方面，不充分的补偿最终低估了未来运行的预期成本，可能会导致过度的石油开采。

7. 可再生能源信用证给予电厂更多的灵活性，降低了电厂达到可再生能源配额标准的合规成本。例如，当没有信用证市场时，不管电厂所在区域是否适合发展可再生能源电力，电力企业都必须提供必要数量的可再生能源。当可再生能源信用市场建立后，电力企业可以在最适宜的地区发展可再生能源电力（如必要的风流、水流或者太阳辐射），再将多余的电力销售到那些可再生能源发电成本高的辖区。用高效生产的电力（低成本）替代低效生产的电力（高成本）可以使企业以较低的成本满足标准要求。

8. 政策目标只关注国家安全问题而忽视气候变化的影响，说明国内生产量由 S_{d1} 和 P_{w2} 的交点决定，总消费量由 P_{w2} 和国内需求曲线的交点决定。由此产生的结果是价格降低（P_{w2} 而不是 P_{w3}），国内生产量增加（由于国内生产者忽视了气候变化的影响），国内消费量增加（由于价格降低）。

9. a. 当比较两只产生同样光亮的灯泡时，我们需要以下信息：(1) 计划期限（分析涵盖的年份）；(2) 每种类型灯泡的成本；(3) 预计平均每年可以使用的灯泡数量；(4) 灯泡需要多长时间才能更换；(5) 每种灯泡的耗电量；(6) 每千瓦时的电费。计划期限不能超过 LED 灯泡的使用寿命。计划期限里的每一年组成一列，每一行是该年用于计算的数据或计算结果——前两行是该年购买每种灯泡的支出金额，另两行是每种灯泡在使用期间运行所消耗的电量，最重要的两行是当年每种灯泡成本的现值。通过将计划期限内每个年份的现值结果相加得到每种灯泡的成本现值。计划期限内成本现值最低的灯泡最具有成本有效性。

b. 这主要取决于改变了电费组成的哪个部分。改变月度基本电费对两种灯泡成本效益的计算影响相同，因此不会改变它们之间的差异。然而，改变与用电量相关的电费会对白炽灯泡造成更大的冲击，因为这种灯泡消耗的电量更多。因此，增加与用电量相关的电费会相对抑制白炽灯泡的使用，鼓励 LED 灯泡的使用。

10. 是的，利率会影响决策，特别是对那些借钱购买热泵的人来说。利率不仅增加了购买热泵的融资成本，而且在计算购买热泵的成本-效益时，通常将这个利率当作贴现率。较高的贴现率降低了节约能源在决策中的相对重要性（因为节约的能源分散在了未来几年，而购买的成本发生在第一年）。

第 8 章

1. (a) 假定只使用天然矿石。在这种情况中，$p=MC_1$，因此 $10-0.5q_1=0.5q_1$ 或者 $q_1=10$，则 $MC_1=5$。使用可回收资源生产任何产品的边际成本显然高于 5，因此市场不会使用可回收资源。也就是说，产品产量是 10 单位，而且它们的生产原料全部来源于天然矿石。

(b) 需求曲线向右上方移动，价格就会升高到足以刺激生产者使用可回收材料生产一些产品的水平。解决问题的关键是认识到生产者会使以可回收资源为原料的边际生产成本等于以天然矿石为原料的边际生产成本。令 $0.5q_1=5+0.1q_2$ 或者 $q_1=10+0.2q_2$，将等式代入需求函数可得：

$$p=20-0.5\times(10+0.2q_2+q_2)\text{ 或者 }p=15-0.6q_2$$

解 $p=MC$，可得

$$15-0.6q_2=5+0.1q_2\text{ 或者 }q_2=\frac{100}{7}$$

$$q_1=10+0.2\times\left(\frac{100}{7}\right)=\frac{90}{7}$$

通过以下等式可验证答案：

$$p=MC_1=MC_2=\frac{45}{7}$$

2. a. 两种手段分别产生不同的影响。因为生产特许权使用费对单位开采量收费，增加了企业的边际开采成本。奖金竞标不会影响边际开采成本。若矿石的边际开采成本不断增加，生产特许权使用费会促使边际开采成本（包括特许权使用费）在累积开采量较低时就等于市场最高价格，因此与奖金竞标相比，生产特许权使用费政策下的矿石开采数量更低。

b. 奖金竞标政策没有扭曲资源的跨期配置，符合效率原则。竞标前使利润最大化的配置方式在竞标后仍能保持利润最大化。尽管政府参与利润分配，但没有扭曲激励机制。生产特许权使用费通过提高边际开采成本扭曲了激励机制。

c. 奖金竞标政策会给企业带来一些风险。政府从中可以得到固定的收入。企业可能会收入很多，也可能会损失很大，主要取决于资源储备的价值。在生产特许权使用费政策下，企业和政府共担风险。如果证明矿山拥有较高的价值，企业利润和政府收费都会增加。反之，如果资源储备的价值不高，企业和政府都会获得较小的收益。

3. 不断上升的社会处理成本是刺激回收率提高的因素之一，但绝不是唯一因素。只要不是唯一的影响因素，回收率就不会自动跟随社会处理成本的增加而上升。首先，个人边际处理成本的增加必须能如实反映出不断上升的社会成本，才会刺激回收行为；社会成本的增加不能自动导致个人边际处理成本增加。其次，必须建立可回收资源市场。若不能很好地利用这些资源，回收它们也没有任何意义。

4. a. 垃圾贴费用政策效率更高。因为财产税政策与垃圾处理数量无关，因此额外处理一包垃圾的边际成本是零，大大低于城镇垃圾处理成本。消费者的边际成本不能反映城镇的边际成本。相比之下，垃圾贴费用政策对每个垃圾袋施加了一个边际成本，若正确计算垃圾贴的价格，该边际成本可以完全反映城镇的边际成本。

b. 由于非法处理不需要承担垃圾贴费用，因此垃圾贴政策会诱发非法处理行为（若被抓住将会面临经济处罚）。如果监管和执法不严会导致垃圾非法处理行为猖獗，这可能使城镇回收和处理分散垃圾的成本超过 30 美元，还会降低垃圾贴政策的效率。财产税不会激励非法处理行为，因为不管一个家庭选择如何管理垃圾，都要缴纳垃圾处理费。

对一些大型垃圾实施押金返还政策有利于减少非法处理行为，因为非法处理会产生成本，即消费者的押金。但是，因为一旦物品送到收集点，押金就会被返还给消费者，因此押金返还体系不会给城镇增加任何收入来弥补处理成本。

第 9 章

1. 因为所需的供水量取决于当年的最大用水量，所以在用水量高峰时期对用水户收取的更高水价反映了这一时期扩大供水能力的额外成本。

2. 假设这个费率是恰当的，那么固定费率制更具效率，因为它使用户进一步消费的边际成本为正。而在固定费用制下，进一步消费的边际成本为零。

3. a. 如果地下水来自私人水井，而私人水井又从私人含水层取水，所有者就会有完全的信息，从而有激励以有效的速率开采地下水。私人所有者将面临所有成本，包括现在和未来的成本，并能够相应做出平衡。现在和未来社会边际净效益曲线的现值等于同期私人边际净效益曲线的现值。但是，注意完全的信息非常重要。如果所有者不知道全部信息，无论激励多好，他都不能很好地进行有效配置。

b. 在这种情况下，地下水来自私人水井，但含水层由许多开凿私人水井的用水户共享，这就不会产生有效的配置。任何特定时期或全部时间都会存在背理动机。因为这是一种可以分割的资源，在某一时间段，每个用水户都知道即使自己不用水，邻居也会抽水。取水量超过有效数量的动机是防止别人抽水使自己受损。在长时间内，用水户的行动好像边际使用者成本为零一样，因为此时丧失了 a 中对现在和未来的权衡。在私人含水层的私人水井中，现在不用的水以后还可以用，但这在共享含水层中不成立。如果我不用水，别人就会用掉，且永远都不存在了。这种特殊的机制安排鼓励了过度用水，因此会加剧缺水问题。

4. 为此目的使用阶梯水价的关键是区分每月的用水需求量。具体来说，第一阶是满足基本需求的基本水量，而第二阶包含了超过基本水量的其他用水。第一阶水价较低，而第二阶水价应该反映边际使用者成本和边际开采与输水成本带来的所有稀缺租金。因为边际使用者成本为正意味着该阶的边际收入高于边际开采和输水成本，所以尽管第一阶用水的成本较低，水厂仍然能够覆盖其开支。同时，因为大多数家庭的用水量至少比第一阶的基本水量多一些，因此额外用水的价格就是第二阶的有效水价（边际成本）。额外用水的价格是有效价格有助于保护节约用水的动机。

第10章

1. 拥堵费将增加通勤者的交通成本，而增加车道将减少通勤者的交通成本（考虑出行时间）。根据竞租函数分析，拥堵费将使住宅用地的竞租函数更加陡峭，从而导致城市地区的住宅用地密度更高，减少了向依赖高速道路的郊区扩展。反过来，新车道使竞租函数不那么陡峭，鼓励更多的人搬入郊区。

2. 土地所有者拥有的产权是一组权利束。保护地役权使土地所有者可以只转让特定的某些权利（通常是开发权）。对于土地保护组织来说，只购买感兴趣的权利比购买整块土地便宜得多。因此与直接购买土地相比，保护地役权可以使土地保护组织用给定的预算保护更多的土地。与市场价格相比，捐赠者们可能更看重一些特别的权利（因此无论价格多少，他们都希望保留这些权利，保护地役权可以为其提供一个办法）。但是另外一些权利的市场价格（或者是税收减免的金额）可能更高，因此出售或捐赠是最好的选择。例如，一片森林的所有者可能希望继续采伐林木，但他对将森林出售给开发者几乎或根本没有兴趣时，他愿意捐赠开发权。

3. 与所得税相比，房地产税与之最明显的区别是它使土地和土地改良变得更加昂贵。反过来，与那些需要较少土地的活动相比，这将提升所有土地密集型活动的成本，如林业或农业。这也可能导致所有从事土地密集型活动的企业考虑能否转向使用较少的土地。这也可能导致一些居民减少居住面积。

4. 当然，这个问题可能有很多答案，以下是其中可能的一些答案。

a. 这个年龄段人口的家庭规模应该更小（因为成年子女迁出），因此减少了对居住面积的需求。一些这样的家庭可能减少居住面积，搬入小一些的居住空间。

b. 随着居住空间的需求降低和交通困难的增加，一些人口可能流回城市地区。

c. 离学校近变得不重要，而离医疗机构近变得更重要。

d. 由于人们美化和维护住宅景观的精力下降，公寓式住宅变得更有吸引力，因为物业负责所有住宅景观的美化和维护，住户只需缴纳月费。由于大多数公寓比房主原来的住房小，所以这也是减小住宅面积的一种方式。

e. 随着年龄增长，老年人的健康问题也愈发凸显，辅助生活设施变得越来越普遍，一些退休者将搬到靠近子女的地方居住。

f. 随着老年家庭不再受工作或抚养子女的约束，他们能够更加自由地搬入高品质的地方，参与符合其年龄特点的休闲活动。

g. 经过一生的积蓄，家庭资产净值可能更高，这些财富可能也会带动季节性第二居所的销售。

注意，可以通过适当的数据验证许多这样的假设。公寓在家庭住宅存量中的比例上升了吗？老年家庭正在搬回城市地区吗？购买第二居所更为普遍了吗？这些听起来都是很好的研究课题。

5. 因为对乙醇燃料补贴提高了种植玉米用作燃料的利润，这将（1）增加国内农业用地的数量（因为每英亩的收入增加）；（2）增加国内农业用地中用于生产燃料玉米的用地数量（因为每英亩土地的净效益增加）；（3）降低国内用于生产粮食作物的土地数量，因为农民受到每英亩土地净效益变化的影响，将更多的土地用于燃料原料生产，从而减少了生产粮食作物的土地（玉米用地是最明显的，但不是唯一）。

6. 在家工作减少了通勤，因此降低了通勤成本。由此人们在工作地点附近居住的动机减弱了。如果工作地点集中于某地，在家工作增加了偏远居住地点的吸引力。因此，根据这种影响，开发密度可能下降。

第 11 章

1. 采伐后用作住宅开发的林地采伐期最早（采伐时树龄最小），因为在这种情况下，延缓采伐的成本最大。它包括一个附加成本——延缓住宅开发建设的成本，因为在树龄较小时采伐可以实现净效益最大化，因此我们必须将这个问题考虑在内。

2. 成本变化趋势是两种相互抵消的趋势综合作用的结果。采伐成本是材积量的函数，随着材积量的增加而增加。然而，对成本贴现，越远的成本贴现越多。当树木生长率很小时，贴现效应超过树木的生长效应，成本的现值开始降低。

3. 对森林生物质燃料需求的相对增长将增加此类用途的木材价值。从某种程度上来说，增加的燃料供应降低了用户的能源成本，消费者从中获益，但如果他们将这些木材用于其他用途，他们可能受损（因为价格可能提高）。薪柴的生产者将受益，但更传统燃料的生产者将受损。非燃料木材产品的生产者（如使用木浆的造纸厂）将会因为成本增加而蒙受损失。在某种程度上，这些国内的生物质燃料替代了进口燃料，国家将原本花费在国外的资金留在本地，且资金在本地有较高的乘数效应，因此国民收入将有望增加。

4. 如果森林所有者积极出售休憩产品和采伐的木材，市场有望实现有效的均衡。在这种情况下，森林所有者比较采伐和休憩各种组合的边际净效益（反映为各自的收入流），并选择产生最高净效益的组合。但是，如我们常常见到的那样，如果私人所有者只出售木材，就会低估休憩用途的价值。

5. 当消费者直接获得认证所保护的效益时，认证是特别有效的手段。当消费者不能直接感受到效益时，认证的有效性下降。森林认证和有机产品认证体系都传达了大量关于外部性的信息。例如，森林认证告诉我们木材的采伐是不是可持续的，但是从造房或制作家具等角度来说，可持续采伐的木材与不可持续采伐的木材没有明显区别。真实的效益是间接的和精神层面的——知道采伐过程没有破坏环境。有机产品认证带来了同样的间接精神效益，但还传达了一些直接影响消费者的信息（如没有杀虫剂残留）。因此，在其他条件相同的情况下，有机产品认证的结果可能更加有效。

6. 木材价格上涨使得人们更有可能在采伐森林后复种，减少土地转为其他用途的可能性。这两点都有利于发展可持续林业。此外，木材价格上涨也会使非法采伐者获利更多，这与可持续林业不符。因此，答案取决于非法活动的可能性。

第 12 章

1. a. 当额外减少鱼群数量的边际效益为零时，可获得最大可持续产量为：$20P-400=0$，解得 $P=20\ 000$ 吨。利用增长量 g 的方程可算得最大可持续产量：$g=4\times 20-$

0.1×20^2＝40 吨。

b. 令边际成本等于边际效益，可求得有效的可持续产量，即 $20P-400=2\times(160-P)$。因此 $P=32.7$。这比最大可持续产量条件下的渔获量更大。

2. a. 这种方法不是有效的。尽管这一方法在理论上产生了有效的可持续产量，但实际上并不是有效的解决方案。因为这一方法的成本太高而不能实现净效益最大化。每个渔民出于自身利益，要尽快地捕获尽可能多的鱼。这将导致渔船过于庞大，且不能保证捕鱼成本最低的渔民从事捕捞活动，所以净效益可能会小于预期。

b. 这种方法将是有效的。配额制度确定了具有排他性的产权，因此消除了尽快、尽量多捕鱼的动机。因为每个渔民的捕捞配额是有保证的，他们可以各自选择合适的捕鱼时间。由于消除了迫切捕鱼的动机，也就不需要使用过大的渔船。捕鱼成本高的渔民发现将其捕捞配额出售给捕鱼成本更低的渔民，可以从配额交易中获取最大效益。配额转让确保了捕鱼成本最低的渔民实施捕捞，因此实现了净效益最大化。

3. 捕鱼许可证成本的增加表现为总成本曲线向上平移，而对每单位捕捞努力量征税表现为总成本曲线绕原点向左转动。后者提高了捕捞努力量的边际成本，而前者不影响边际成本。

当渔业资源是私人财产时，捕鱼许可证的费用不影响捕捞努力量（除非这一费用高到使捕鱼无利可图，捕捞努力量跌为零）。而对捕捞努力量征税必然会减少捕鱼活动。

当渔业资源是开放获取的免费资源时，两种方式会减少同样的捕捞努力量。（请记住，在免费获取的渔业中，总成本等于总效益时达到均衡。既然这两种政策能带来同样的收入，那么对总成本的影响也是相同的。）

4. 当试图降低开放获取渔业的无效率程度时，一项管制政策通过禁止使用特定类型发动机的渔船来增加捕捞努力量的边际成本，但该政策不如对捕捞努力量征税有效。尽管两种措施都使捕捞努力量的总成本增加，但税收产生的成本是转移成本，不浪费净效益，符合效率原则，而限制发动机类型造成净效益损失而不仅仅是转移，所以不符合效率原则。

5. a. 回答这个问题要记得效益的定义是价格乘以渔获量。价格下跌将反映为成本曲线向内移动。

在典型的有效渔业经济模型中，鱼价下跌一般会导致更小的可持续产量。根据 $MB=MC$ 确定有效的捕捞努力量水平。鱼价下跌，MB 减少，MC 不变。重新使 $MB=MC$ 的唯一方法是通过降低捕捞努力量增加 MB，因为有效点在最大可持续产量的左侧，可持续产量将降低。

b. 如果该渔业是开放获取资源，鱼价降低的影响将更为复杂。在开放获取渔业中，捕捞努力量的均衡水平是 $TB=TC$。在这种情况下，因为 TB 曲线向下移动，捕捞努力量下降。影响如同上面的 a 所示。但是，在这种情况下，因为开放获取渔业的均衡通常位于最大可持续产量对应的捕捞努力量水平右侧，捕捞努力量水平降低意味着更高的可持续产量。重要的是，在这种情况下，减轻对鱼群数量的压力可以使鱼群更持续地增长，这意味着能用更少的捕捞努力量捕到更多的鱼。

6. a. 变化是之后曲线的斜率更平坦，但与 Y 轴的交点更高。对于静态有效捕捞努力量水平（$MB=MC$）来说，MC 将下降。为了重新使 $MB=MC$，必须增加捕捞努力量

（从而降低 MB，记住 MB 是 TB 曲线的切线），直到 MB 再次等于 MC。在最大可持续产量点的这一侧增加捕捞努力量将增加可持续产量的规模。

b. 在开放获取渔业中，技术变化会降低总成本，从而扩大捕捞努力量。但是，因为捕捞努力量水平位于最大可持续产量点的右侧，捕捞努力量增加将降低可持续产量。

第 13 章

1. (a) 没有排放总量约束的发展中国家一般是碳减排信用的供给方。因为碳减排信用的目的是满足总量约束下的减排限额，因此在供给国没有价值。碳减排信用跨国交易可以将它们出售给出价最高方。这种可转让性为信用供给方提供了激励，使它们减排并将减排信用出售给价高者。获得减排信用的购买方可能从中得到最大的效益。由于买卖双方都从交易中获利，因此效率提高，净效益增加。

(b) 保护银行使土地所有者从另一个地点更大的项目中获得环境保护权利，以履行其在某地的保护义务。如果这些权利不能在不同地点之间转让，初始土地所有者就必须在自己的土地上完成保护义务。因为这种方法可能规模更小，通常使栖息地更加破碎且更不适宜物种生存，代价更为昂贵。可转让性以更低的成本和更好（分散较少）的规模实现保护义务，同时为濒危物种提供更适宜的栖息地。

2. 随着休闲性渔业需求的上涨，从业人员可能希望增加他们的捕捞份额。当部门之间缺乏可转让性时，只有通过行政管理改变历史捕捞份额，将更多的捕捞份额分配给休闲性渔业，减少分配给给商业性渔业的份额。商业性渔业部门的从业人员可能反对这样的变化，因为转出去的每一个份额对他们都意味着货币损失。但是，当部门之间可以转让份额时，休闲性渔业的从业人员将购买额外的份额，为此他们将给出更高的价格，使一些份额从商业性渔业部门转向休闲性渔业部门。因为交易是自愿的，转让性减少了冲突，在这种情况下，出售者获利而非受损。

第 14 章

1. 在符合成本有效性的减排方案里，边际控制成本应该相等。所以有 200 美元 $\times q_1 = 100$ 美元 $\times q_2$。而且，总减排量是 21 单位，即 $q_1 + q_2 = 21$。解第一个方程得 $q_1 = 0.5q_2$。把它代入第二个方程得 $0.5q_2 + q_2 = 21$，解这个等式得 $q_2 = 14$，$q_1 = 7$。

2. a. 从文中可知 $T = MC_1 = MC_2$。从自测题 1 中我们得到 $MC_1 = MC_2 = 1\,400$ 美元。因此，$T = 1\,400$ 美元。

b. 税收 $= T(20 - q_1) + T(20 - q_2) = 1\,400$ 美元 $\times 13 + 1\,400$ 美元 $\times 6 = 26\,600$ 美元。

3. a. 管制机构要拍卖 16 个许可证（当前排放水平为 30 单位减去需要减排的数量 14 单位）。

b. 市场出清的价格将是 4 美元。因为需求等于供给，且所有企业的边际减排成本相等，所以 4 美元的边际减排成本可以减排所需的 14 单位。

c. 当价格是 4 美元时，企业 1 将减排 7 单位，因此需要购买 3 个许可证。企业 2 将减排 4 单位，因此需要购买 6 个许可证。企业 3 将减排 3 单位，因此需要购买 7 个许可证。注意在这种情况下，企业减排 14 单位，管制机构提供了 16 个许可证。

d. 我们知道当 $MC_1=MC_2=MC_3=4$ 美元时，配置具有成本有效性。如果企业的边际成本等于 4 美元，通过排污收费可以实现有效配置。因此，需要的税是 4 美元。

第 15 章

1. 如果环境目标是总排放量控制，对每一单位排放征收相同的税率，通常会产生具有成本有效性的污染控制责任分配。在这种情况中，成本有效性要求所有排放者的边际减排成本相等，而统一的税率可以满足这个要求。但是，如果环境目标是大气标准，统一的税率就无法实现具有成本有效性的污染控制责任分配。在这种情况中，你希望不同排放者降低浓度的边际成本（不是污染物边际减排成本）相等。在这种情况下，排放物的位置（而不仅仅是排放量）也很重要，那么统一的税率就不具有成本有效性。

2. 在分配排污许可证后，允许排污权交易可以实现成本有效性，这种分配（以及排污许可证总量正确的其他分配方式）符合成本有效性。交易过程可以消除初始分配后不具有成本有效性的因素。然而，如果企业提前知道会将更多的许可证分配给排放量较大的企业，这会产生成本无效性的激励，导致企业为了在交易体系运行后获得更多额外的排污许可，在过渡时期内增加排放。这些额外排放会使实现目标更加艰难和昂贵，成本超出最低值。

第 16 章

1. 在实现总量减排方面，税收具有两个优势。首先，燃油经济性标准降低了每英里的驾驶成本，从而使驾驶里程增加。燃油税增加了每英里的驾驶成本。其次，燃油经济性标准仅适用于新车，而燃油税适用于任何车辆。由于新车只占行驶车辆的一小部分，所以燃油税可能见效更快。

然而，显然只有具有政治可行性，而且税率高到足以产生预期变化时，税收才会具有这种优势。

2. a. 新车燃油效率标识制度的优势在于它似乎更具政治可行性，能够促进更多节能新车的生产。但是，这项制度仅影响新车，不会对汽车行驶里程数产生影响。而且，正如前几章所述，标识制度只有影响到那些与消费者直接相关的属性时，才能达到最佳效果。节能确实直接影响消费者，但是某些效益具有外部性，特别是同能源安全和气候变化相关的效益，未来的消费者很可能无法将其完全内部化。这些不利因素会减弱其效果。

b. 低能效旧车问题的严重性与其所占车辆的份额不成比例，因此的确应成为政策的控制目标，但这也只是问题的一部分。就政策本身而言，它并不能将与购置新车相关的外部性内部化，也不能将与使用年限未满的车辆减排相关的绝大部分外部性内部化。而且，绝大部分低能效旧车的所有者都是低收入群体。如何淘汰这些旧车（没有补贴所有者）至关重要，剥夺交通工具会大大增加低收入群体的负担（特别是那些无法选择公共交通工具的农村人群）。

c. 按实际驾驶情况付费车险可能是一个有效的补充，因为不同于其他政策，它侧重于将与驾驶里程相关的外部性内部化，解决了其他政策本身无法克服的缺陷。

3. a. 基于社会角度分析，效率要求驾驶每英里的边际保费包括与驾驶里程相关的所有成本。这些成本包括潜在的事故损害、气候变化影响（例如温室气体排放）和国家安全威胁（源于进口依赖）等。

b. 私人保险公司只关注与事故损害理赔相关的所有成本。将其他损害内部化需要政府介入。

第 17 章

1. 排放费用等于边际成本，这是成本-效益的必要条件。补贴促使人们选择边际成本较高的期权。通过均衡补贴后的边际成本，公用事业将最大限度地减少其支出。这不会最大限度地降低总控制成本，因为更加依赖碳捕获技术的结果更加划算。

2. 在这种情况下，高额的收入来源于高额的费用和不受控制的排放量的费用。会出现这种情况，在较低的控制水平下，控制的边际成本会迅速上升。由于收费等于控制的边际成本，较高的边际控制成本包含较高的收费率。此外，如果这种功能在相对较低的控制水平下迅速上升，则存在大量高收费率的污染排放。高收费乘以大量的不可控制的排放量将产生高收入。

3. a. 不确定。尽管在多数情况下都认为这是正确的（因为税收会内部化由以下原因造成的损害相关的外部成本：温室气体），这的确取决于税收水平。将税率设置的很高以至于迫使其施加的收益低于成本。

b. 正确。区域系统仅控制其辖区内的排放者，因此除非所有可能的区域都已经建立了控制系统，一些发射器将保持不受控制，泄漏是业务从受控实体流向非受控实体的结果（因为它们可以以较低的成本生产，因此收取较低的价格）。从受控的排放者到不受控制的排放者的业务流导致增加排放量至少部分地抵消了该地区实现的减排量。一个真正的全球体系，是将所有的排放者纳入同一个排放权交易系统或者是无一例外地面对相同的温室气体排放税，据此，泄露问题消除。

4. a. 由于 $P_A=MC_A$，同时 $P_B=MC_B$，国内的减排上限都得到满足，则价格在 A 国是 10 美元，在 B 国为 40 美元，且每个国家减排 40 吨。

b. 在关联的情况下 $P=MC_A=MC_B$，因为配额可以从一个市场流向另一个市场，直到价格均等为止。因为国家 A 可以降低固定利率 10 美元的边际成本，即 MC 和两个市场的价格。（你可以吗？为什么？）实现所需的 60 吨总减排量则表示 B 国将因此减少 10 吨（$MC_B=1$ 美元×10＝10 美元），A 国将减少 50 吨（$MC_A=10$ 美元）。因此 A 国将使用其 50 吨减排量中的 20 吨来满足上限和出口剩余的 30 吨的配额给 B 国。B 国将会使用 10 吨减排上限，并且进口 20 吨来自 A 国的配额。

5. 尽管合作的结果是集体决策的首选，但是由于搭便车效应的存在这不太可能是最佳的结果。虽然集体联合的国家会更好，如果每个国家都进行了合作，如果它们选择不加入，那么各个国家可能会更好地完成协议。关于个体选择和集体之间分歧的悖论可能会产生激励，因为非加入者仍可能获得协议的任何好处，并且避免加入者的减排成本义务。

第 18 章

1. a. 价格将是 1 400 美元。最终的分配结果是，第一个排放源控制 7 单位并持有 13

个排污许可证；第二个排放源控制 14 单位并持有 6 个许可证。第一个排放源需要以总成本 5 600 美元购买 4 个排污许可证——由使成本最小化的 13 个排污许可证减去初始分配到的 9 个排污许可证所得。第二个排放源将售出 4 个排污许可证，以使原有的 10 个排污许可证减少到可以最小化成本的 6 个排污许可证，所以第二个排放源将从交易中获得 5 600 美元。

b. 我们知道，在最终的均衡中，边际控制成本会相等。由于第三个排放源有恒定的边际控制成本 1 600 美元，这决定了最终的边际控制成本。最后的排污许可证价格将是 1 600 美元。第一个和第二个排放源将按照边际控制成本等于 1 600 美元选择相应的控制水平，从而确定最终控制的分配责任。因此 1 600 美元＝200 美元×q_1，得 $q_1=8$；且 1 600 美元＝100 美元×q_2，得 $q_2=16$。

第三个排放源要治理足够的排放量以达到控制目标。在无控制条件下总的排放量是 50 个单位。前两个排放源治理了 24 单位，剩余的 26 单位是无控制的。由于设定的控制目标水平是 19 单位，所以第三个排放源需要治理剩余的 7 单位（$q_3=7$）。由于第三个排放源没有得到初始的许可证分配，所以它必须购买 3 个排污许可证，其中 2 个来自第二个排放源，1 个来自第一个排放源。

2. a. 对于这些恒定边际成本函数，成本-效率的取得在于在最小边际成本条件下确保这些企业尽可能多地削减污染物排放。在本案例中，这意味着确保第一家工业企业削减 10 单位污染物，而第二家企业削减 5 单位污染物。

b. 这一案例的总可变成本就是每一削减单位的边际成本之和。因此，第一家工业企业的削减成本是 30 美元（＝10 单位×3 美元/单位），第二家工业企业的削减成本是 20 美元（＝5 单位×4 美元/单位），总可变成本是 50 美元。

c. 如果每个工业企业被要求削减 5 个单位污染物，则总可变成本将是 15 美元×(5单位×3美元/单位)＋20美元×(5单位×4美元/单位)＋25美元×(5单位×5美元/单位)＝60 美元。比成本-效率条件下多出来的 10 美元是由于分配责任由原来的每单位 3 美元条件下削减 5 单位替换成为每单位 5 美元条件下削减 5 单位而来的；即每单位污染物削减所多出来的 2 美元* 导致了总可变成本多出 10 美元。

第 19 章

1. 在实践中，依赖履约保证金的手段和根据严格责任条款向任何泄漏有毒物质的公司征收清理费用的手段之间的主要区别在于，前者要求活动开始之前将资金存入第三方托管账户中。对于公司而言，履约保证金在保证期内占用了部分资金，这是严格责任条款下不会产生的成本。对于政府而言，履约保证金确保了在需要时可以及时为清理有毒物质提供资金。如果漏油企业事后没有足够的资金清理有毒物质（这也就是所谓的判决无法执行问题），履约保证金就显得尤为重要。在这种情况下，实施严格责任条款收效甚微，因为企业已经没有能力履行其法律责任。

2. 告知消费者产品制造过程中使用的有毒物质可能会提高消费者应对风险的效率。但是，产品制造工人以及回收处理工人在产品使用寿命结束后面临的风险对于消费者而

---

* 原书稿此处为 20 美元，经验证为错误。——译者注

言是一种外部性，消费者知情并不太可能将这些风险完全内部化以产生有效的结果。

第20章

1. 只有当需求是完全无弹性的时，出口税才能完全由消费者承担。在本案例中，消费者将支付较高的价格（包括税收在内）。如果物品并非完全弹性的，则对于这种物品的需求将会减少并且国内生产者将会以减少销售量的形式承担部分成本。

就世界食品市场而言，其需求并非完全无弹性的。因此，消费者既可以选择减少此种食品消费量来应对价格上涨，也可以通过向其他供货商购买此种食品甚至转向购置其他种类食品等形式来应对出口关税。

2. 例如2010年俄罗斯大旱，这样一种自然灾害将会使供给曲线向左移动，价格将上升。消费者由于其净效益减少而受到损失。那些失去所有作物的生产者的情况变得更坏，但对于其他生产者而言这种情形对其的影响却是正面的。所有的其他生产者（例如国外生产者），其作物完全没有受到影响，由于更高的价格将会提高其生产者剩余，因此其境况会变得更好。对于那些部分作物受损并非全部作物受损的生产者，其效益取决于由于作物受损所带来的损失与以更高价格出售作物而获得的效益之间的比较。

3. 美国对进口糖征收关税对于国内消费者而言使国内糖价格上升，进而会相应地提高国内消费者对于本国糖的消费量，而降低对于进口糖的消费量。美国国内糖产业获利能力的提高将促进其对土地和其他本土资源的竞争。

术语表*

吸收能力（Absorptive Capacity） 环境吸收污染物而不引发损害的能力。

酸雨（Acid Rain） 大气中的酸性沉降物。

急性毒性（Acute Toxicity） 机体短时间内暴露于某种物质所引起的损害程度。

调整后净储蓄（Adjusted Net Savings） 一个以弱可持续标准度量经济体是否可持续发展的指标。（以前也叫“真储蓄”** 。）

富氧的（Aerobic） 水中溶解氧的浓度足以维系需氧有机体的生存。

年龄结构效应（Age Structure Effect） 由于人口增长率的变化引起的年龄分布的变化。

积聚资金（Agglomeration Bonus） 一种自愿性激励机制，用以保护濒危物种和生物多样性，用降低土地所有者抵制的方式将私人土地上破碎的栖息地集合起来。

替代燃料（Alternative Fuels） 非传统燃料，如甲醇。

环境许可证体系（Ambient Allowance System） 一种可转让许可证体系，其中许可证的内容是在受影响地区达到一个预先设定的排放浓度时，这一设计能对控制污染责任达到一种具有成本有效性的分配。

环境标准（Ambient Standards） 对空气、土壤或水中的特定污染物浓度规定的法定最高限量。

厌氧的（Anaerobic） 水中溶解氧的浓度不足以维持生命的存在。

水产养殖（Aquaculture） 有控制地养殖和捕获鱼类产品（当涉及一些鲑鱼渔场，其设施布置在海洋中时，称为“海水养殖”）。水产养殖提供一个将受影响的渔场变成私人财产的机会（水产养殖能为受影响的渔业创造一种私有产权制度）。

资产（Asset） 具有价值且构成所有者部分财富的实体。

分配数量义务（Assigned Amount Obligations） 根据《京都议定书》的规定，缔约国被批准的温室气体排放水平。

信息不对称（Asymmetric Information） 造成市场失灵的一种来源，指由于交易中涉及的经济主体掌握的信息不同带来市场失灵。

汽车认证计划（Automobile Certification Program） 在工厂内对汽车进行测试，以达到联邦排放标准。

平均成本定价（Average-Cost Pricing） 以平均成本对资源的使用定价（监管机构有时用这种方法使受监管公司的经济利润为零，但通常是无效率的）。

基荷电厂（Base-Load Plants） 用几乎一直在运行的发电机（通常具有高的固定成本，低的可变成本）发电的电厂。

成本-效益分析（Benefit-Cost Analysis） 对某一行动的收益（效益）和损失（成本）的量化分析。

效益转移法（Benefits Transfer） 在一种情景下，不是重新计算效益估值，而是把另一种情

---

* 本术语表中部分术语在正文中并未出现，英文原书如此。——译者注

** 《环境科学大辞典》（北京：中国环境科学出版社，2008）中，将“Genuine Savings”译为真储蓄。——译者注

景下得出的效益估值转移到此情景下作为替代。

经济可行的最佳可行技术（Best Available Technology Economically Achievable） 一个比最佳实用技术要求更加严格的污水排放标准。这个标准被美国环保署定义为已经取得或有能力实现的最佳控制和治理手段。

竞租函数（Bid Rent Function） 将单位土地价格作为到市中心距离的函数。这个函数适用于作为居住或农业用途的土地。

生化需氧量（Biochemical Oxygen Demand） 测定当一定量污水排放到河流中时一定体积水中对氧的需求量。

累进定价（Block Pricing） 一种定价方式，阈值以下每单位消费量的收费固定，对超过阈值后每单位消费量实施新的价格。累进价格越高，高于阈值的每单位消费量的价格越高。

副渔获物（Bycatch） 捕鱼时，与目标物种一起被无意捕获的非目标鱼类。

总量控制和交易制度（Cap-and-Trade System） 政府制定排污限额，并依据限额将排污许可证分配给排放源的排污权交易体系。排放源之间可以自由交易排污许可证。与排污权交易的信用形式不同。

碳税（Carbon Tax） 一种对所有碳排放源的排放制定税率并征收税款的控制气候变化的政策。

承载力（Carrying Capacity） 某一给定的栖息地能够无限维持的种群数量水平。

卡特尔（Cartel） 生产者之间签订的一种合谋协议，目的在于限制产量并提高价格。在这种情况下，该集团倾向于像垄断者那样行动并瓜分这种共谋行为所带来的利益。

第 11 章（Chapter 11） 北美自由贸易协定（NAFTA）中保护投资者免受政府关于降低他们的投资价值政策影响的规定。

窒息价格（Choke Price） 消费者为一单位资源所愿意支付的最高价格。如果高于这个价格，资源需求量就会变成零。

慢性毒性（Chronic Toxicity） 由于长时间内或持续地暴露于外来物质而对生物机体造成损害。

清洁发展机制（Clean Development Mechanism） 依据《京都议定书》框架制定的排污权交易机制。在这一机制里，工业化国家可以通过在发展中国家投资温室气体减排战略，并使用因此而得到的减排量来帮助达到它们的“分配数量义务”。

封闭系统（Closed System） 没有输入也没有输出的系统。

科斯定理（Coase Theorem） 一个以诺贝尔经济学奖获得者罗纳德·科斯命名的著名命题。这一命题表明，如果没有交易成本，不论法律确立何种产权制度，都能形成有效的资源配置。

蛛网模型（Cobweb Model） 用以说明较长生长周期由于影响产品的价格波动，从而影响农民生产决策的一种理论。

命令控制型手段（Command and Control） 通过政府命令的法律制约控制污染的手段。在这一手段里，政府不仅要制定环境目标，而且要把排放义务分配到具体的污染源。

公共池塘资源（Common-Pool Resource） 资源被几个使用者共同分享使用。

共有产权制度（Common-Property Regimes） 资源由一个集体共同管理的产权体系。

社区土地信托（Community Land Trust） 基于社区利益，协助获取并持有土地的组织，通常用于为社区成员提供支付得起的获取土地的方式。

比较优势（Comparative Advantage） 在商业理论中，比较优势意味着产品的机会生产成本最低。

补偿估价（Compensating Variation） 一种评价由于价格上涨带来福利变化的方法。收入增加将使得消费者的福利状态和价格未涨时一样。

竞争均衡（Competitive Equilibrium） 供给和需求相等时的资源分配状况，此时所有代理商都是价格接受者。

综合资产（Composite Asset） 由多个相关资产组合而成的资产。

需求结构效应（Composition of Demand Effect） 投入品相对成本的变化对需求的影响。（例如，提高矿石成本且回收的投入品价格保持稳定，将使得更多地依赖再回收原料的公司的产品更便宜，从而对消费者更具吸引力。）

拥堵外部性（Congestion Externalities） 资源使用水平高于资源最优容量导致其他人的成本

更高。

拥堵定价（Congestion Pricing） 在高峰时段收取较高费用以减少交通量（以及相应的空气污染）和鼓励使用公共交通系统。

联合分析（Conjoint Analysis） 研究支付意愿的一种调查技术，要求受访者在设计的两种可相互替代的状态中选择，每一种状态对应一组特征和一个价格。

联合利用（Conjunctive Use） 联合管理地表水和地下水，实现综合利用的最优化，将过度依赖单一来源的不利影响最小化。

保护地役权（Conservation Easements） 土地所有者和土地信托或政府部门签订的法律协议，为了保护土地的环境价值，协议限制土地的利用（很多情况下是永久的）方式。

不变美元（Constant Dollar） 消除价格上升引起的产值增长。

消费者剩余（Consumer Surplus） 对于消费者而言，商品或服务的价值超过其必须支付的价格部分，可通过计算需求曲线下方和价格曲线上方的面积得到。

消费量（Consumption） 家庭消费的商品和服务的数量。

消费性使用（Consumptive Use） 在有关用水的法律中，指取自水源但不再返回的水。

条件排序（Contingent Ranking） 要求受访者对不同水平的环境舒适性（或风险）的可替代情景进行排序的价值评估技术。通过比较这些排序，发现增加的环境舒适性（或风险）与减少（或增加）的能用货币表征的其他商品之间的替代关系。

条件价值评估（Contingent Valuation） 用于确定人们对服务或环境舒适性的支付意愿的调查方法。

常规污染物（Conventional Pollutants） 在一国大部分地区较为常见且假定在较高浓度时才引发危险的物质。

企业平均燃油经济性标准［Corporate Average Fuel Economy（CAFE）Standards］ 对特定层次的新车制造商的平均每加仑油所驶最小里程的规定。小汽车在一个等级，运动型多功能汽车和轻型卡车在另一个等级。

标准污染物（Criteria Pollutants） 由美国环保署制定的环境标准的常规空气污染物（包括硫氧化物、颗粒物、一氧化碳、臭氧、二氧化氮和铅）。

当前储量（Current Reserves） 在现行价格下开采可获得利润的已知资源。

衰减振荡（Damped Oscillation） 在没有进一步供给量冲击的情况下，价格和数量的波动幅度逐渐减小至均衡点。

债务换自然（Debt-Nature Swap） 通过债务国实施相关环境行动而置换或取消该发展中国家的债务。

深生态学（Deep Ecology） 即认为环境具有内在价值的观点，该价值独立于人类的利益之外。

可降解（Degradable） 能在水中降解或分解的污染物。

需求曲线（Demand Curve） 反映商品或服务的价格与消费者希望购买的数量之间关系的函数。

沉降（Deposition） 污染物从大气转移到地球表面（土地或水体）的过程。

开发影响费（Development Impact Fees） 为弥补新的建设带来的额外的公共服务成本而收取的一次性费用。

区别管制（Differentiated Regulation） 对某一类污染源（如新车）实施比其他污染源（如旧车）更严格的管制。

贴现率（Discount Rate） 用来将效益流或成本流换算成现值的比率。

溶解氧（Dissolved Oxygen） 天然存在于水体中的氧气，可为有机体所利用。

可分割消费（Divisible Consumption） 一个人对商品的消费减少了其他人的商品可消费量。（例如我用了一些木材建造房子，那你就不能再利用这些木材了。）

双重红利（Double Dividend） 二次福利效益。由于使用扭曲性税收而减少由于这些税收引起的福利（高于从减少污染中获得的福利损失）所形成的二次福利效益。

向下螺旋假设（Downward Spiral Hypothesis） 一个关于人口增加引发一系列持续且强化的环境退化的正反馈循环。

干沉降（Dry Deposition） 空气污染物变重

而降落到地球表面（土地或水体）的现象。

动态效率（Dynamic Efficiency） 用于选择在不同时点资源配置方式的主要规范经济学标准。如果在某一时期，某一资源的所有可能配置中，某一方式实现了净效益现值的最大化，它便满足动态效率标准。

动态有效可持续产量（Dynamic Efficient Sustained Yield） 能产生最高净现值的可持续产出。

生态足迹（Ecological Footprint） 一个可持续发展指标，用于计算支撑一定人口的资源需求及吸纳这些人口产生的废物和经济活动所需的生产性土地面积。

规模经济（Economies of Scale） 产出的增长率大于投入的增长率，也就是说，平均成本随产出规模增加而下降。

生态系统服务（Ecosystem Services） 由自然供给的服务，至少能使一人直接受益。

生态旅游（Ecotourism） 一种受关注生态的旅游者欢迎的旅游方式，可作为保护当地生态环境的一个收入来源。

有效定价（Efficient Pricing） 能使资源有效配置的价格体系。一般来说，当价格等于边际成本时，则实现有效定价。

排污收费（Emission Charge） 对排污者向空气或水体中排放的每单位污染物所征收的费用。

排放标准（Emission Standard） 对污染源所排放的污染物数量的法律限定。

排污许可证体系（Emissions Allowance System） 一种可转让许可证系统，其中的许可证指的是排放一定量污染物的权利。这个体系可使均匀混合污染物的控制义务实现成本有效性分配。

排放银行（Emissions banking） 允许公司保留减排信用或排放许可证，以备将来使用或出售。

减排信用（Emissions Reduction Credit，ERC） 可转让许可证系统的组成部分。排污削减超过所要求水平的污染源可获得多削减那部分排放的信用。这一信用可留作将来使用或出售给其他污染源。

排污权交易（Emissions Trading） 给予经济刺激的污染控制型手段，不同于命令控制型手段。在这一体系中，主管机构制定允许的污染水平并将排污许可证分配到污染源。总的排污许可证不超过允许的污染水平。污染源可自由买卖或交易这些许可证。

能源效率投资（Energy Efficiency Investment） 能源服务（如照明或供暖）需要一定量的能源投入，用于减少能源投入的投资被称为能源效率投资。

强制性（Enforceability） 产权应该受到保护以免被别人强制性夺取和侵犯。

熵（Entropy） 不能用于做功的能量总数。

环境库兹涅茨曲线（Environmental Kuznets Curve） 环境退化程度随人均收入的增长先加剧后减缓的经验关系。

环境可持续性（Environmental Sustainability） 当指定资源的物理储量不减少时所实现的可持续性。

等效估价（Equivalent Variation） 一种评估价格上涨带来福利变化的方法。收入减少或价格上涨对消费者的影响没有差异。

遗产税（Estate Tax） 在所有者去世后按照市场价格对其财产所征收的税。

富营养化（Eutrophic） 水体中含有过多的营养物质。

电子垃圾（E-Waste） 废弃不用的电子产品，如废电视机。

排他性（Exclusivity） 因拥有和使用资源所产生的所有效益和成本属于所有者，并且只属于所有者，可以直接或间接地出售给他人。

期望净效益现值（Expected Present Value of Net Benefits） 某项政策所有可能结果的净效益现值总和，其中每一种结果依其发生的概率而赋予不同的权重。

期望值（Expected Value） 当某一资源的价值依赖于几种可能出现的结果时，资源的期望值是每一种结果出现的概率乘以该资源在这一结果下的固体废物值的总和。

扩展生产者责任（Extended Producer Responsibility） 认为产品制造商有责任在商品生命周期的末期回收商品及其包装的观点，以此促进有效率的包装和回收体系。

外部不经济（External Diseconomy） 当事人被某一外部性所损害（例如，我的水井被邻近工厂的化学物质污染了）。

外部经济（External Economy） 当事人从某

一外部性中获益（例如，我的邻居决定不开发那块湿地，湿地可以作为我供水的补给处）。

外部性（Externality） 一个主体（公司或家庭）的福利依赖于其他主体的行动。外部性可表现为外部经济或外部不经济。

税收补贴综合政策（Feebates） 对购买高排量汽车的行动征税，并同时补贴购买低排量汽车的行为。税收收入是补贴的主要资金来源。

反馈循环（Feedback Loop） 将行动和其在背景条件下产生的结果联结起来的封闭环，该结果能影响进一步的行动。

热力学第一定律（First Law of Thermodynamics） 能量和物质既不能被创造，也不能被毁灭。

固定成本（Fixed Cost） 不随产出变化而变化的生产成本。

一组车辆的平均标准（Fleet Average Standard） 总体平均燃油经济性标准中的一个标准，对售出的所有汽车的平均每加仑汽油行驶里程做出规定，而不要求每辆车都满足这一标准。

搭便车效应（Free-Rider Effect） 当某一物品具有消费上的不可分性和非排他性的性质时，消费者可以享受别人所购买物品的效益而不必付费（例如，那些决定不采取任何控制气候变化措施的国家可以免费“搭乘”采取措施国家的效益）。

燃油经济性标准（Fuel-Economy Standard） 是政府计划，对每一家制造商的所有新车做出规定，要求其在规定期限内需达到的单位加仑汽油行驶里程标准。

全额成本定价（Full-Cost Pricing） 在水资源管理中，这种定价机制不仅包括所有的供水和排水费用，还包括水利系统的重置成本。

基金污染物（Fund Pollutants） 环境中具有一定吸收能力的污染物。如果排放速率超过吸收能力，污染物将在环境中累积。

盖亚假说（Gaia Hypothesis） 负反馈循环的一个例子，表明了地球是一个生命有机体，拥有不断寻求最佳物理和化学环境的复杂反馈系统。

转基因产品（Genetically Modified Organisms） 指代通过先进的基因工程方法（包括 DNA 操作）植入新特性的农作物。

真实发展指标（Genuine Progress Indicator） 可持续发展的有效指标，在计算长期福利趋势时，将由发展带来的资源消耗、污染破坏、收入分配等效应列入考虑。

全球环境基金（Global Environmental Facility） 一个为发展中国家提供贷款和资助的国际性组织，与世界银行存在松散型联系，提供贷款和赠款，用于保护海洋、生物多样性、臭氧层、控制气候变化等国际环境问题的相关项目。资金使用的方式采用了边际外部成本原则。

政府失灵（Governmental Failure） 一些政府行为产生的低效率。

温室气体（Greenhouse Gases） 引起气候变化的全球性污染物。它通过吸收长波（红外的）辐射，捕获本应辐射到太空中的热量。

绿色悖论（Green Paradox） 一项旨在减少排放的计划反而加速了排放，或者增加了排放总量。

地下水（Groundwater） 地表水层下方土壤、岩石或完全饱和地理构造中的水。

地下水污染（Groundwater Contamination） 污染物质渗透到含水层所造成的污染。

哈特威克规则（Hartwick Rule） 如果将所有从可耗竭资源的使用中获得的稀缺租金以资本方式投资，则资源配置的结果满足弱可持续发展标准。

健康阈值（Health Threshold） 以充分高的安全边界定义的一种环境标准。只要不低于这一最低标准水平，就能保证任何人不遭受不利于健康的影响。

特征资产价值（Hedonic Property Values） 暴露于不同水平的环境舒适性（或风险）的资产的价值差异决定了环境舒适性（或风险）的价值。

特征工资法（Hedonic Wage Studies） 一种价值评估技术，当工人暴露在不同的环境舒适性（或风险）下时，其所得的工资存在差异，据此差额可以确定环境舒适性（或风险）的价值。

高等级（High-Grading） 抛弃较低价值的鱼，偏好较高价值的鱼，提高捕捞配额的收入。

业主费（Host Fees） 向垃圾处理厂征收的用以补偿垃圾场所设置在社区的费用，可提高当地社区接受这些处理厂的意愿。

人类发展指数（Human Development Index） 由联合国发展计划署构建的基于寿命、知识和收入的社会经济学指标。

假设偏差（Hypothetical Bias） 在以人为设计为基础的调查中，由于缺乏真实的情形或选择，没有充分考虑受访者的回答便会产生的问题。

影响分析（Impact Analysis） 尝试对提案的所有后果做一个尽可能明晰的分析。可能会将定性和定量的信息混合在一起，货币化和非货币化的信息混合在一起。可能包含定量与定性信息及货币化与非货币化的信息。

收入弹性（Income Elasticity） 衡量当由收入变化一个百分点时引起的消费者对商品或服务需求变化的百分比的度量。

个人可转让配额（Individual Transferable Quotas，ITQs） 通过限制捕鱼数量来保护渔业和捕鱼收入的措施。每个渔民都可分配到一定的配额，获得一定比例的许可渔获量。这些比例可以转让给其他渔民或用于自己的合法捕捞。

不可分割消费（Indivisible Consumption） 一个人对某一物品的消费不会减少其他人可获得的数量（例如，我从温室气体控制中获得的效益不会减少你从中获得的效益）。

信息偏差（Information Bias） 在条件价值评估的调查中，当受访者被迫对其了解很少或根本不了解的情况进行价值评估时，就会产生信息偏差。

无形效益（Intangible Benefits） 不易被赋予货币化价值的效益。

交互资源（Interactive Resources） 储量规模由生物因素和人类行为共同决定的资源。

等产量曲线（Isoquant） 生产一种商品，在相同产量下的两种生产要素投入量的所有可能组合的轨迹。

联合履约（Joint Implementation）《京都议定书》中制定的基于项目的排放交易机制。工业化国家的投资者通过投资另一个工业化国家的项目获得受认可的温室气体减排信用。

次级请求权（Junior Claims） 应用于水资源管理中，一定数量的水资源的权利等级从属于优先级请求权。在水资源不足的情况下，满足一级请求权后，才能兑现这些权利。

《京都议定书》（Kyoto Protocol） 一个控制温室气体排放的国际协议，于 2005 年 2 月起生效。

土地（保护）信托（Land Trust） 专为保护地役权并确保土地的使用遵从地役权相关条款而设立的机构。

潜伏期（Latency） 从接触有毒物质起到发觉由该物质造成损害时之间的时间段。

比较优势理论（Law of Comparative Advantage） 一个国家或地区应从事其具有比较优势商品的专业化生产。

边际生产率递减法则（Law of Diminishing Marginal Productivity） 在存在固定要素投入时，随着可变要素投入的不断增加，可变要素的边际生产率最终将趋于下降。

收益递减规律（Law of Diminishing Returns） 当部分投入要素增加而其他要素投入固定不变时，投入和产出的关系最终将有可变投入的生产率递减的结果。

铅逐步淘汰计划（Lead Phaseout Program） 一个转让许可证项目，用以降低在汽油中分阶段禁铅的成本，相较于其他可能的方式提前实现了汽油无铅化。它把提炼汽油的过程中使用铅的可转让的权利分配给提炼者，权利数量随时间逐渐减少，直到规划周期末时消失。

蛙跳式发展（Leapfrogging） 指新的开发区域没有紧挨现有的开发区域，而是向更外发展，跨过了临近的地块。

责任规则（Liability Rules） 当出现损害时，损害者给予受害一方经济赔偿的原则。损失的评估须由法院来完成。

低排放汽车（Low-Emission Vehicles） 比目前传统汽车的排放标准更为严格。

边际勘探成本（Marginal Cost of Exploration） 发现额外一单位资源的边际成本。

边际成本定价（法）（Marginal-Cost Pricing） 基于边际成本确定对资源使用所收取的价格。（该定价原则一般来说符合效率原则。）

边际外部成本原则（Marginal External Cost Rule） 全球环境基金（GEF）分配资助资金时使用的一个原则。根据这一原则，基金会对有益于全球环境（产生正的全球净效益）但从其国内来看是不合理的投资（国内边际成本超过国内边际效益）的额外开支提供资金支持。各国应承担国内应承担的开支（国内边际效益超过国内边际成本）。

边际开采成本（Marginal Extraction Cost） 开采额外一单位资源的成本。

边际机会成本（Marginal Opportunity Cost） 用提供最后一单位某种物品的额外成本作为衡量所放弃效益的边际机会成本。

边际使用者成本（Marginal User Cost） 放弃未来边际机会成本的现值。

边际支付意愿（Marginal Willingness to Pay） 消费者愿意为最后一单位商品或服务所支付的货币值。

海洋保护区（Marine Reserve） 禁止捕鱼且严格保护使免遭诸如污染威胁的特定海洋地理区域。

市场经济（Market Economy） 在经济系统中，私人消费者的购买决策和生产者的自愿生产决策最终形成价格，价格引导资源的配置决策。

市场失灵（Market Failure） 市场经济产生的低效率的资源配置。

最大可持续产量（Maximum Sustainable Yield） 可永远持续的最大收获量。

微电网（Microgrid） 由一组相互连接的电力负荷和具有明确边界的分布式能源组成的一个单一可控实体。根据情况，微电网既可以接入更大的电网，也可以完全独立运行。

最小存活种群（Minimum Viable Population） 低于该数量则再生率为负且最终趋于灭绝的种群数量水平。

模型（Model） 正式或非正式的分析框架，突出问题的某些方面以更好地理解复杂的关系。

垄断（Monopoly） 市场上卖方由一个生产者主导时的状况。

《蒙特利尔议定书》（Montreal Protocol） 关于控制臭氧消耗物质的国际协议。

多边基金（Multilateral Fund） 《蒙特利尔议定书》框架下为帮助发展中国家履行淘汰使用臭氧消耗物质的要求而设立的基金。

短视（Myopia） 目光短浅；过分考虑现在的状况。

自然资本（Natural Capital） 环境和自然资源禀赋。

自然均衡点（Natural Equilibrium） 在没有外界影响下稳定保持的存量水平。

自然资源诅咒假说（Natural Resource Curse Hypothesis） 这一假说认为具有丰富的自然资源的国家倾向于比资源禀赋不如它们的国家发展得慢。

负反馈循环（Negative Feedback Loop） 从行动到反应之间的闭合路径。这一反应路径是自我限制的，而非自我强化的。

过失（Negligence） 侵权法中的一种规则，要求造成民事损害的一方对受影响的一方承担责任。若不能履行责任，则要求损害者对受害者给予赔偿。

净效益（Net Benefit） 在某一资源配置中，效益超过成本的部分。

新废料（New Scrap） 由生产过程中的残留材料构成的废弃物（也称“用前废料”）。

新污染源评估计划（New Source Review Process） 所有大型的改扩建污染源在建设前要经评估并获得许可。这些企业通常要遵守更为严格的要求，而具体的要求则根据污染源所在是达标区域还是非达标区域而定。

非达标区域（Nonattainment Region） 污染物浓度超过环境标准从而要执行更严格的环境法规的地域。

违约处罚（Noncompliance Penalty） 一种对违反污染控制要求行为的收费，以减少其获利能力。设计这种收费是为了消除从违规行为中获得经济利益的行为。

非消费性使用（价值）（Nonconsumptive Use） 水法中指水还存在于水源中，或者没有减少水的可获得性的使用（价值）（例如游泳）。

非排他性（Nonexcludability） 不管个人或组织是否为提供某一资源做出贡献，他们都不能被排除在享有这一资源所带来的利益之外。

面源（Nonpoint Sources） 如农地径流田或已开发土地的分散的污染源。

不可再生资源（Nonrenewable Resource） 在对人类有意义的时间范围内无法再生的资源。

非均匀混合污染物（Nonuniformly Mixed Pollutants） 对于这些污染物来说，它们所造成的损害不只是其排放量的函数，与其排放源的位置也有关（例如颗粒污染物和铅）。

非使用（被动使用）价值［Nonuse（Passive-Use）Value］ 来自个人使用动机之外的资源价值。

规范经济学（Normative Economics） 一个经

济学分支，用于评估可替代资源配置方式的可取性，关注“应该如何配置”。

养分敏感水体（Nutrient Sensitive Waters） 水体富营养化导致藻类大量繁殖、溶解氧水平下降、鱼类死亡增加等。

职业危害（Occupational Hazards） 工作之中遇到的风险。

旧废料（Old Scrap） 由消费者使用过的产品所形成的废料（也称“用后废料”）。

开放获取资源（Open-Access Resources） 没有限制使用权的公共池塘资源。

开放系统（Open System） 输入和输出能量和物质的系统。

机会成本（Opportunity Cost） 因提供服务的资源不能被用于其他用途而放弃的最大净效益。

最优（Optimal） 最好或最有利的选择。

最优化程序（Optimization Procedure） 一种探寻实现目标的最优方案的系统化方法。

选择价值（Option Value） 人们为了能在未来使用某一资源而做出选择，对该选择赋予的价值为选择价值。

产出指标（Output Measure） 目前在国民收入会计中用以表示商品和服务产量的计算指标。

过多分配（Overallocation） 在某一用途或时间段内资源量的分配超过了最优水平。

过量与崩溃（Overshoot and Collapse） 一个关于超过自然环境承载量将导致社会崩溃的预期。

氧垂点* **（Oxygen Sag）** 溶解氧浓度低的位点，一般位于污水注入的点。

臭氧消耗物质（Ozone-Depleting Gases） 破坏平流臭氧层的全球污染物（其中包括氯氟烃和哈龙等）。

帕累托最优（Pareto Optimality） 如果不存在别的可行的资源配置方案，能够使至少一个人获益而又不使别的任何人状况受损，那么当前的资源配置方案就是帕累托最优的。（这是以经济学家帕累托的名字来命名的。）

按实际驾驶情况付费车险［Pay-As-You-Drive (PAYD) Insurance］ 个体的汽车保险年费由驾驶里程乘以一个额定系数而得的机制。这一设计通过将与驾驶里程有关的事故成本内部化来降低无效率性。

峰值发电设备（Peaking Units） 只在峰期使用的发电设备（一般具有较低的固定成本，但具有较高的可变成本）。

峰值定价（Peak-Load Pricing） 对峰期的资源使用者在峰期收取更高的资源供给费用。峰期的额外收费用以补偿扩张成本，因为峰期内增长的需求带来扩张成本。

高峰期（Peak Periods） 资源需求量特别高的时期（例如，在夏天最热的时期，空调大量使用时对电的需求很高的时期）。

货币外部性（Pecuniary Externalities） 通过价格上升传递的外部性影响。（例如，由于我的土地周边的单位扩张经营规模，从而使得临近的住房供给紧张，最终导致我的土地价值上升。）与多数外部性不一样，货币外部性一般不会导致低效率的配置。

履约保证金（Performance Bond） 要求启动风险项目者交给信托基金的一定数额的金钱，用以保障预期的损失能得到补偿。

持久性污染物（Persistent Pollutants） 具有复杂分子结构的在水中不能有效分解的无机污染合成物。

规划周期（Planning Horizon） 在有时间期限的决策中所考虑的效益和成本的时间段。例如，对于像发电厂这样的投资，规划周期可能与项目的使用年限一致。对于林业来说，规划周期可以与采伐林木时树木的生长年龄一致（有限规划模型），或者延伸到永远（无限规划模型）。除了采伐时的树龄（有限规划模型的核心）之外，无限规划模型还要考虑林业决策的后续后果（如再造林、采伐、保护等）。

点源（Point Sources） 通过诸如排污口或排污管这类容易识别的排污点进行排放的污染源（大多数工业和市政污染源都是点源）。

污染避风港假说（Pollution Havens Hypothesis） 一国更为严格的环境管制的结果是，或者

* 常见的是“氧垂曲线”（Oxygen Sag curve），指在污染源的下方根据河流水中溶解氧浓度与流动距离或时间所绘制的曲线。——译者注

使国内的生产能力转移到管制更松的国家，或者从管制较松的国家增加进口。

波特诱导式创新假说（Porter Induced Innovation Hypothesis） 面临严厉环境管制的厂商具有竞争优势，因为它们被迫进行创新。创新一般能提高生产率。

实证经济学（Positive Economics） 经济学的一个分支，关注描述替代性资源配置，不涉及价值判断，关心“是什么”的问题。

正反馈循环（Positive Feedback Loop） 行动与自我加强而非自我限制的反作用构成的封闭路径。

潜在储量（Potential Reserves） 在不同价格下可潜在供给的资源储备数量。

现值（Present Value） 某时期内的效益或成本流在当前的贴现值。

现值标准（Present Value Criterion） 资源应该分配给那些能够从所有可能的资源用途中获得最大净效益现值的人。

价格管制（Price Controls） 由政府设置最高或最低价格。

初始效应（Primary Effects） 某项行动产生的直接的、可测量的效应。

一级标准（Primary Standard） 被设计用以保护人们健康的空气污染环境标准。

优先占用法则（Prior Appropriation Doctrine） 水权被分配给引导水流并首先将水用于有益用途的主体。

私人边际成本（Private Marginal Cost） 当额外生产一单位资源时生产者所承担的成本。

生产者剩余（Producer Surplus） 生产者生产的商品或服务的价值超过生产成本的部分。计算价格曲线以下和边际成本曲线以上围成区域的面积可得之。

产品收费（Product Charges） 对与污染排放有关的产品征收的费用（如燃油税）。当直接对污染排放收费有困难时采用这种间接的污染控制方式。

产权（Property Rights） 界定资源使用的权利、特许权和各种限制的权利束。

产权规则（Property Rules） 管理权利初始配置的法律规则，权利的价值留由市场决定。

房地产税（Property Tax） 根据土地价值和其上新增资产价值征收的税种。

65 号法案（Proposition 65） 美国加利福尼亚州的一个法令，规定生产、使用或者运输一种或一种以上特定污染物且数量超过“安全港”阈值的企业必须告知潜在的受影响者。

公共物品（Public Good） 具有非排他性和不可分性的资源。

人均实际消费（Real Consumption Per Capita） 不变美元消费量除以人口所得的数量。

真实资源成本（Real-Resource Costs） 与转移成本相对应，这些是由私人部门和社会共同承担的成本，因为包括了净效益的损失，而不只是在社会和私人部门之间的转移。

回弹效应（Rebound Effect） 能源效率投资（即降低了提供一定水平的有用能源服务所需的能源投入量）导致的消费增加。比如，买了一辆节能汽车后，你可能多跑几英里，或者你的房子更节能后，你可能调高目标温度。

受让区域（Receiving Areas） 在可转让开发权的体制下，从限定开发区所有者手中购得的开发权可在该区域中使用。

回收附加费（Recycling Surcharge） 在购买商品时对消费者征收的费用，用以支付商品的回收成本和生命周期末的处置成本。

区域污染物（Regional Pollutants） 能在排放源的一定距离之外造成损害的污染物（这样的例子包括酸雨和对流臭氧层）。

累退分配（Regressive Distribution） 不同收入群体从政策获得的净效益中，富人获得的效益比例比穷人的更大。

可再生能源信用证（Renewable Energy Credit） 是授予合格的可再生能源生产者的一种官方记录，可以单独出售，覆盖可再生能源带来的额外成本。可以用于证明符合可再生能源发电配额标准。

可再生能源配额制（Renewable Portfolio Standards） 规定生产一定比例可再生能源发电量的强制性目标和完成期限的标准。

可再生资源（Renewable Resources） 在人类的生命周期内随着时间的推移可自然再生的资源。

寻租（Rent Seeking） 为了通过保护性的规章或立法来达到获取更高利润的目的而将资源用

在游说或其他活动之中。

无主物制度（*Res Nullius* Regime）　一种产权体制，其中没有人拥有或控制资源。这种体制下的资源开发往往是基于“谁先到，谁优先”的原则进行。

资源禀赋（Resource Endowment）　存在于地壳和大气中的资源的天然状况。

资源分类方法（Resource Taxonomy）　根据预计储量的确定性和资源恢复的经济可能性，对自然资源储量的性质进行描述的分类系统。

回水（Return Flow）　水资源管理中的一个术语，指上游使用者分配得到的水资源中没被消耗且最终将返回河道的那部分水资源（因此可被下游使用者获得）。

收入中性的税或费（Revenue-Neutral Tax or Fee）　是指不会增加政府总收入的政府性税费，收入增加通过将收入返还给家庭或降低现有收费费率的方式被抵消，总收入保持不变。

河岸法则（Riparian Rights）　只要对其他权利持有人不造成负面的影响，将水资源使用权配置给临近水的土地所有者。

无风险资本成本（Risk-Free Cost of Capital）　一项投资在获得高于或低于期望回报的风险均为零时的回报率。

风险中性（Risk-Neutrality）　在产生相同期望值的选择方案中，某个主体不存在偏好。

风险溢价（Risk Premium）　当预期收入与实际收入可能不同的时候，需要用来补偿这一资本所有者的一个额外的回报率。它相当于为承担风险提供补偿。

规模效应（Scale Effects）　生产的规模如何影响平均成本。

稀缺租金（Scarcity Rent）　在长期均衡中由于固定供给或成本增加而得到的生产者剩余。

次生效应（Secondary Effects）　某一行动在初始效益之外的间接影响。

二级标准（Secondary Standard）　用以保护除健康之外的其他人类福利的环境标准。

热力学第二定律（Second Law of Thermodynamics）　熵，即不能用来做功的能量，熵增。

出让区域（Sending Areas）　在可转让开发权体系中，土地所有者可以出售开发权的地区。

一级请求权（Senior Claims）　在水资源管理中赋予该权利所有者优先获得一定数量的水的权利。在水资源不足时，一级请求权比次级请求权有更高的优先性。

碳社会成本（Social Cost of Carbon）　向大气中多排放一吨二氧化碳或相当于二氧化碳的物质造成的额外经济损失。

社会边际成本（Social Marginal Cost）　当增加一单位资源的生产时整个社会所需要承担的成本，一般来说包括私人边际成本加上外部边际成本。

社会主义经济（Socialist Economy）　中央计划经济，政府控制生产方式。

蔓延（Sprawl）　土地使用过于分散的无效率的土地使用模式。

稳态均衡（Stable Equilibrium）　在暂时的冲击后能重新恢复的储量水平。

起点偏差（Starting-Point Bias）　要求受访者在预先确定范围的一系列可能性中做出回答，答案取决于调查问卷确定的范围，这时产生的偏差即为起点偏差。

静态效率（Static Efficiency）　当时间不是一个重要的考虑要素时，在多种配置方式中进行选择的规范经济学标准。在所有可能的资源使用方式中，如果一种配置方式实现了净效益的最大化，那么它就满足了静态效率标准。

静态有效可持续产量（Static Efficient Sustained Yield）　渔业生产中能产生最大经常性净效益的可持续捕获水平。

固定污染源（Stationary Source）　不移动的污染源（例如与汽车相对应的工业污染源）。

统计显著（Statistically Significant）　观察到的差异不会是由于偶然性导致的。

累积性污染物（Stock Pollutants）　由于环境对其只有很小或根本没有消纳能力而在环境中积累起来的污染物。

策略性偏差（Strategic Bias）　在条件价值评估调查中，受访者为了影响某一特定结果而提供了存在偏差的答案。

战略石油储备（Strategic Petroleum Reserve）　石油进口国为最小化由于国外提供者禁运所带来的损失而建立的石油储备。它可以在短期内作为替代能源使用。

平流层（Stratosphere）　位于对流层之上的

大气层，延展至离地球表面约 31 英里的地方。

严格责任（Strict Liability） 一种侵权法原则，它要求对污染损害负责的一方补偿受害方遭受的损失，与过失责任不同，受害方不必证明损害方存在过错。

强可持续性（Strong Sustainability） 如果自然资本存量不减少，便可实现强可持续性。

次优方案（Suboptimal Allocation） 可以重新调整配置使得在没有人境况恶化的情况下实现一个或多个人的状况得到改善的分配方式（也被称为低效配置）。

补贴（Subsidies） 使得购买者的成本低于生产的边际成本的来自政府的支付或税收减免。

替代（Substitution） 用一种资源替代另一种资源。例如，当初始资源不再具有成本有效性或者其数量或质量出现下降时就可能出现替代。

硫许可证拍卖（Sulfur Allowance Auction） 该拍卖由芝加哥期货交易所运作，在一年一度的拍卖会上，公共部门拿出一定比例的许可证以供出售，出售所得返还给这些公共部门。（这被称为“零收入”拍卖，因为政府从中不获得收入。）该拍卖保障了许可证供给的连续性并提供了很好的价格公共信息。

硫许可证交易计划（Sulfur Allowance Program） 一个可转让的许可证计划，目标在于使发电厂在 1980 年水平的基础上削减 1 000 万吨的硫排放。它包括拍卖和排放上限。

地表水（Surface Water） 存在于河流、湖泊和水库中的那些在地球表面集合并流淌的淡水。

可持续性准则（Sustainability Criterion） 判断资源在各代之间配置的公平性的准则。一般要求任何一代使用的资源应不超过会使得后代无法获得至少同等福利水平的使用水平。

可持续林业（Sustainable Forestry） 符合一种可持续性定义的林业经营，尽管该术语更通常是指符合环境可持续性准则。

可持续产量（Sustainable Yield） 能无限维持的产出水平。它可以通过使每年的产出等于每年的人口净增长来达到。

协同（Synergistic） 剂量反应关系取决于若干相互关联的因素。

“回收”原则（“Take-Back” Principle） 这一理念认为产品生产者有责任在产品使用周期结束时回收产品及其包装以提高包装和回收的效率。

有形效益（Tangible Benefits） 能被合理地赋予货币价值的效益。

技术进步（Technological Progress） 流程或技术方面的革新使得一定数量的投入产生更多的产出或者服务。

热污染（Thermal Pollution） 向河道中注入热量而造成的污染。

第三方（Third Parties） 与污染源之间没有合同关系的受害者（他们既不是该污染源所生产产品的消费者，也不是污染源的雇员）。

总成本（Total Cost） 固定成本与可变成本之和。

有毒物质排放清单（Toxic Release Inventory） 美国的一个要求企业报告有毒物质排放数据的机制。通过公开数据警告社区居民他们所面临的风险和鼓励先于法规的排放削减。

毒性（Toxicity） 因接触有毒物质而给有机体造成的损害程度。

交易成本（Transactions Costs） 在完成交易时产生的成本。（例如，在购买房屋时，这些费用可能包括给安排此次销售的经纪人的支出、给银行的一次性费用以及向政府索要必要表格的费用。谈判所花费的时间的价值也是一种交易成本。）

可转让性（Transferability） 产权能在所有者之间基于自愿原则进行交换。

传递系数（Transfer Coefficient） 一个用来模拟污染物流动的系数。它描述的是某一特定污染源排放增加一单位引起的特定受点污染物浓度增加的程度。

转移成本（Transfer Cost） 一种对于私人的成本，而不是对整个社会的成本。因为它包括了从一个社会成员转移到另一个社会成员的净效益。

对流层（Troposphere） 最靠近地球表面的大气层。其厚度在赤道处的 10 英里与极地的约 5 英里之间变化。

两部定价（Two-Part Charge） 在水资源管理中，这种收费把按量收费和不随使用量变化的固定月费结合起来。月费用以补偿固定成本。

过少分配（Underallocation） 赋予某一给定用途或时期的资源低于最佳水平。

统一排污收费（Uniform Emission Charge） 所有污染源，不论其规模或位置，对其排放的污水使用同样的单位排放征收比率的收费。

统一处理（Uniform Treatment） 使每一排放水平都削减某一特定百分比的策略。

均匀混合污染物（Uniformly Mixed Pollutants） 对这些污染物而言，其对环境的损害取决于排放到大气中的数量。排放的地点不是政策考虑的因素。（例如，臭氧消耗物质和温室气体。）

使用者成本（User Cost） 由稀缺性造成的机会成本。它表示资源由于不能用于其下一个最佳用途而放弃的机会的价值。（例如，对于现在正在使用的一单位可耗竭资源，其使用者成本是指将该资源保存到下一时期再使用所能获得的净效益。）

用益物权（Usufruct Right） 该权利的持有者可以使用某种资源（通常会受某些限制），但不拥有完全所有权。

可变成本（Variable Cost） 随产量而变化的生产成本。

按量定价（Volume Pricing） 服务的费用是使用量的函数。在垃圾处理和水资源分配中都有应用。

弱可持续性（Weak Sustainability） 上一代人的资源使用水平不会阻碍下一代人享有至少同样的福利水平。若总资本存量（自然资本加上实物资本）不降低，就实现了弱可持续性。

福利标准（Welfare Measure） 表示社会福利水平上升或下降的发展指标。

湿沉降（Wet Deposition） 空气污染物通过雨或雪降落到土地或水体。

零排放（Zero Discharge） 不允许目标污染物的任何排放。

零排放汽车（Zero Emission Vehicle） 不直接向空气中排放污染物的汽车（这样的例子包括以太阳能和燃料电池为动力的汽车。一般也包括电动汽车，虽然生产电力通常会导致污染。）

分区排污收费（Zoned Effluent Charge） 根据地点不同采取不同单位费率的排污收费。通常越靠近污染问题严重的地点或处于上游的污染源面临越高的费率。

经济科学译丛

序号	书名	作者	Author	单价	出版年份	ISBN
1	环境与自然资源经济学(第十一版)	汤姆·蒂坦伯格等	Tom Tietenberg	79.00	2021	978-7-300-29213-7
2	货币金融学(第十二版)	弗雷德里克·S. 米什金	Frederic S. Mishkin	98.00	2021	978-7-300-29134-5
3	现代经济学原理(第六版)	罗伯特·J. 凯伯	Robert J. Carbaugh	72.00	2021	978-7-300-25126-4
4	现代劳动经济学:理论与公共政策(第十三版)	罗纳德·G. 伊兰伯格等	Ronald G. Ehrenberg	99.00	2021	978-7-300-29116-1
5	国际贸易(第十一版)	保罗·R. 克鲁格曼等	Paul R. Krugman	52.00	2021	978-7-300-29058-4
6	国际金融(第十一版)	保罗·R. 克鲁格曼等	Paul R. Krugman	59.00	2021	978-7-300-29057-7
7	国际经济学:理论与政策(第十一版)	保罗·R. 克鲁格曼等	Paul R. Krugman	98.00	2021	978-7-300-28805-5
8	财政学(第五版)	乔纳森·格鲁伯	Jonathan Gruber	118.00	2021	978-7-300-28892-5
9	面板数据分析(第三版)	萧政	Cheng Hsiao	69.00	2021	978-7-300-28646-4
10	宏观经济学(第十三版)	鲁迪格·多恩布什等	Rudiger Dornbusch	89.00	2021	978-7-300-28853-6
11	曼昆版《宏观经济学》(第十版)课后题解答与题库	N. 格里高利·曼昆等	N. Gregory Mankiw	62.00	2021	978-7-300-28855-0
12	共谋理论和竞争政策	小约瑟夫·E. 哈林顿	Joseph E. Harrington, Jr.	39.00	2021	978-7-300-28804-8
13	离散时间的经济动力学	苗建军	Jianjun Miao	108.00	2020	978-7-300-28814-7
14	微观经济学(第四版)	戴维·A. 贝赞可	David A. Besanko	125.00	2020	978-7-300-28647-1
15	经济建模:目的与局限	劳伦斯·A. 博兰德	Lawrence A. Boland	49.00	2020	978-7-300-28532-0
16	计量经济分析(第八版)(上下册)	威廉·H. 格林	William H. Greene	158.00	2020	978-7-300-27645-8
17	微观经济学(第四版)	保罗·克鲁格曼等	Paul Krugman	86.00	2020	978-7-300-28321-0
18	发展宏观经济学(第四版)	皮埃尔·理查德·阿根诺等	Pierre-Richard Agenor	79.00	2020	978-7-300-27425-6
19	平狄克《微观经济学》(第九版)学习指导	乔纳森·汉密尔顿等	Jonathan Hamilton	42.00	2020	978-7-300-28281-7
20	经济地理学:区域和国家一体化	皮埃尔-菲利普·库姆斯等	Pierre-Philippe Combes	56.00	2020	978-7-300-28276-3
21	公共部门经济学(第四版)	约瑟夫·E. 斯蒂格利茨等	Joseph E. Stiglitz	96.00	2020	978-7-300-28218-3
22	递归宏观经济理论(第三版)	拉尔斯·扬奎斯特等	Lars Ljungqvist	128.00	2020	978-7-300-28058-5
23	策略博弈(第四版)	阿维纳什·迪克西特等	Avinash Dixit	85.00	2020	978-7-300-28005-9
24	劳动关系(第10版)	小威廉·H. 霍利等	William H. Holley, Jr.	83.00	2020	978-7-300-25582-8
25	微观经济学(第九版)	罗伯特·S. 平狄克等	Robert S. Pindyck	93.00	2020	978-7-300-26640-4
26	宏观经济学(第十版)	N. 格里高利·曼昆	N. Gregory Mankiw	79.00	2020	978-7-300-27631-1
27	宏观经济学(第九版)	安德鲁·B. 亚伯等	Andrew B. Abel	95.00	2020	978-7-300-27382-2
28	商务经济学(第二版)	克里斯·马尔赫恩等	Chris Mulhearn	56.00	2019	978-7-300-24491-4
29	管理经济学:基于战略的视角(第二版)	蒂莫西·费希尔等	Timothy Fisher	58.00	2019	978-7-300-23886-9
30	投入产出分析:基础与扩展(第二版)	罗纳德·E. 米勒等	Ronald E. Miller	98.00	2019	978-7-300-26845-3
31	宏观经济学:政策与实践(第二版)	弗雷德里克·S. 米什金	Frederic S. Mishkin	89.00	2019	978-7-300-26809-5
32	国际商务:亚洲视角	查尔斯·W.L. 希尔等	Charles W. L. Hill	108.00	2019	978-7-300-26791-3
33	统计学:在经济和管理中的应用(第10版)	杰拉德·凯勒	Gerald Keller	158.00	2019	978-7-300-26771-5
34	经济学精要(第五版)	R. 格伦·哈伯德等	R. Glenn Hubbard	99.00	2019	978-7-300-26561-2
35	环境经济学(第七版)	埃班·古德斯坦等	Eban Goodstein	78.00	2019	978-7-300-23867-8
36	管理者微观经济学	戴维·M. 克雷普斯	David M. Kreps	88.00	2019	978-7-300-22914-0
37	税收与企业经营战略:筹划方法(第五版)	迈伦·S. 斯科尔斯等	Myron S. Scholes	78.00	2018	978-7-300-25999-4
38	美国经济史(第12版)	加里·M. 沃尔顿等	Gary M. Walton	98.00	2018	978-7-300-26473-8
39	组织经济学:经济学分析方法在组织管理上的应用(第五版)	塞特斯·杜玛等	Sytse Douma	62.00	2018	978-7-300-25545-3
40	经济理论的回顾(第五版)	马克·布劳格	Mark Blaug	88.00	2018	978-7-300-26252-9
41	实地实验:设计、分析与解释	艾伦·伯格等	Alan S. Gerber	69.80	2018	978-7-300-26319-9
42	金融学(第二版)	兹维·博迪等	Zvi Bodie	75.00	2018	978-7-300-26134-8
43	空间数据分析:模型、方法与技术	曼弗雷德·M. 费希尔等	Manfred M. Fischer	36.00	2018	978-7-300-25304-6
44	《宏观经济学》(第十二版)学习指导书	鲁迪格·多恩布什等	Rudiger Dornbusch	38.00	2018	978-7-300-26063-1
45	宏观经济学(第四版)	保罗·克鲁格曼等	Paul Krugman	68.00	2018	978-7-300-26068-6
46	计量经济学导论:现代观点(第六版)	杰弗里·M. 伍德里奇	Jeffrey M. Wooldridge	109.00	2018	978-7-300-25914-7
47	经济思想史:伦敦经济学院讲演录	莱昂内尔·罗宾斯	Lionel Robbins	59.80	2018	978-7-300-25258-2
48	空间计量经济学入门——在R中的应用	朱塞佩·阿尔比亚	Giuseppe Arbia	45.00	2018	978-7-300-25458-6
49	克鲁格曼经济学原理(第四版)	保罗·克鲁格曼等	Paul Krugman	88.00	2018	978-7-300-25639-9
50	发展经济学(第七版)	德怀特·H. 波金斯等	Dwight H. Perkins	98.00	2018	978-7-300-25506-4
51	线性与非线性规划(第四版)	戴维·G. 卢恩伯格等	David G. Luenberger	79.80	2018	978-7-300-25391-6
52	产业组织理论	让·梯若尔	Jean Tirole	110.00	2018	978-7-300-25170-7
53	经济学精要(第六版)	巴德,帕金	Bade, Parkin	89.00	2018	978-7-300-24749-6
54	空间计量经济学——空间数据的分位数回归	丹尼尔·P. 麦克米伦	Daniel P. McMillen	30.00	2018	978-7-300-23949-1

经济科学译丛						
序号	书名	作者	Author	单价	出版年份	ISBN
55	高级宏观经济学基础(第二版)	本・J. 海德拉	Ben J. Heijdra	88.00	2018	978-7-300-25147-9
56	税收经济学(第二版)	伯纳德・萨拉尼耶	Bernard Salanié	42.00	2018	978-7-300-23866-1
57	国际贸易(第三版)	罗伯特・C. 芬斯特拉	Robert C. Feenstra	73.00	2017	978-7-300-25327-5
58	国际宏观经济学(第三版)	罗伯特・C. 芬斯特拉	Robert C. Feenstra	79.00	2017	978-7-300-25326-8
59	公司治理(第五版)	罗伯特・A.G. 蒙克斯	Robert A.G. Monks	69.80	2017	978-7-300-24972-8
60	国际经济学(第15版)	罗伯特・J. 凯伯	Robert J. Carbaugh	78.00	2017	978-7-300-24844-8
61	经济理论和方法史(第五版)	小罗伯特・B. 埃克伦德等	Robert B. Ekelund. Jr.	88.00	2017	978-7-300-22497-8
62	经济地理学	威廉・P. 安德森	William P. Anderson	59.80	2017	978-7-300-24544-7
63	博弈与信息:博弈论概论(第四版)	艾里克・拉斯穆森	Eric Rasmusen	79.80	2017	978-7-300-24546-1
64	MBA宏观经济学	莫里斯・A. 戴维斯	Morris A. Davis	38.00	2017	978-7-300-24268-2
65	经济学基础(第十六版)	弗兰克・V. 马斯切纳	Frank V. Mastrianna	42.00	2017	978-7-300-22607-1
66	高级微观经济学:选择与竞争性市场	戴维・M. 克雷普斯	David M. Kreps	79.80	2017	978-7-300-23674-2
67	博弈论与机制设计	Y. 内拉哈里	Y. Narahari	69.80	2017	978-7-300-24209-5
68	宏观经济学(第十二版)	鲁迪格・多恩布什等	Rudiger Dornbusch	69.00	2017	978-7-300-23772-5
69	国际金融与开放宏观经济学:理论、历史与政策	亨德里克・范登伯格	Hendrik Van den Berg	68.00	2016	978-7-300-23380-2
70	经济学(微观部分)	达龙・阿西莫格鲁等	Daron Acemoglu	59.00	2016	978-7-300-21786-4
71	经济学(宏观部分)	达龙・阿西莫格鲁等	Daron Acemoglu	45.00	2016	978-7-300-21886-1
72	中级微观经济学——直觉思维与数理方法(上下册)	托马斯・J. 内契巴	Thomas J. Nechyba	128.00	2016	978-7-300-22363-6
73	动态优化——经济学和管理学中的变分法和最优控制(第二版)	莫顿・I. 凯曼等	Morton I. Kamien	48.00	2016	978-7-300-23167-9
74	投资学精要(第九版)	兹维・博迪等	Zvi Bodie	108.00	2016	978-7-300-22236-3
75	环境经济学(第二版)	查尔斯・D. 科尔斯塔德	Charles D. Kolstad	68.00	2016	978-7-300-22255-4
76	MWG《微观经济理论》习题解答	原千晶等	Chiaki Hara	75.00	2016	978-7-300-22306-3
77	横截面与面板数据的计量经济分析(第二版)	杰弗里・M. 伍德里奇	Jeffrey M. Wooldridge	128.00	2016	978-7-300-21938-7
78	宏观经济学(第十二版)	罗伯特・J. 戈登	Robert J. Gordon	75.00	2016	978-7-300-21978-3
79	动态最优化基础	蒋中一	Alpha C. Chiang	42.00	2015	978-7-300-22068-0
80	管理经济学:理论、应用与案例(第八版)	布鲁斯・艾伦等	Bruce Allen	79.80	2015	978-7-300-21991-2
81	微观经济分析(第三版)	哈尔・R. 范里安	Hal R. Varian	68.00	2015	978-7-300-21536-5
82	财政学(第十版)	哈维・S. 罗森等	Harvey S. Rosen	68.00	2015	978-7-300-21754-3
83	经济数学(第三版)	迈克尔・霍伊等	Michael Hoy	88.00	2015	978-7-300-21674-4
84	发展经济学(第九版)	A.P. 瑟尔沃	A.P. Thirlwall	69.80	2015	978-7-300-21193-0
85	宏观经济学(第五版)	斯蒂芬・D. 威廉森	Stephen D. Williamson	69.00	2015	978-7-300-21169-5
86	现代时间序列分析导论(第二版)	约根・沃特斯等	Jürgen Wolters	39.80	2015	978-7-300-20625-7
87	空间计量经济学——从横截面数据到空间面板	J. 保罗・埃尔霍斯特	J. Paul Elhorst	32.00	2015	978-7-300-21024-7
88	战略经济学(第五版)	戴维・贝赞可等	David Besanko	78.00	2015	978-7-300-20679-0
89	博弈论导论	史蒂文・泰迪里斯	Steven Tadelis	58.00	2015	978-7-300-19993-1
90	社会问题经济学(第二十版)	安塞尔・M. 夏普等	Ansel M. Sharp	49.00	2015	978-7-300-20279-2
91	时间序列分析	詹姆斯・D. 汉密尔顿	James D. Hamilton	118.00	2015	978-7-300-20213-6
92	微观经济理论	安德鲁・马斯-克莱尔等	Andreu Mas-Collel	148.00	2014	978-7-300-19986-3
93	产业组织:理论与实践(第四版)	唐・E. 瓦尔德曼等	Don E. Waldman	75.00	2014	978-7-300-19722-7
94	公司金融理论	让・梯若尔	Jean Tirole	128.00	2014	978-7-300-20178-8
95	公共部门经济学	理查德・W. 特里西	Richard W. Tresch	49.00	2014	978-7-300-18442-5
96	计量经济学导论(第三版)	詹姆斯・H. 斯托克等	James H. Stock	69.00	2014	978-7-300-18467-8
97	中级微观经济学(第六版)	杰弗里・M. 佩罗夫	Jeffrey M. Perloff	89.00	2014	978-7-300-18441-8
98	计量经济学原理与实践	达摩达尔・N. 古扎拉蒂	Damodar N. Gujarati	49.80	2013	978-7-300-18169-1
99	经济学简史——处理沉闷科学的巧妙方法(第二版)	E. 雷・坎特伯里	E. Ray Canterbery	58.00	2013	978-7-300-17571-3

经济科学译丛						
序号	书名	作者	Author	单价	出版年份	ISBN
100	环境经济学	彼得·伯克等	Peter Berck	55.00	2013	978-7-300-16538-7
101	高级微观经济理论	杰弗里·杰里	Geoffrey A. Jehle	69.00	2012	978-7-300-16613-1
102	高级宏观经济学导论:增长与经济周期(第二版)	彼得·伯奇·索伦森等	Peter Birch Sørensen	95.00	2012	978-7-300-15871-6
103	卫生经济学(第六版)	舍曼·富兰德等	Sherman Folland	79.00	2011	978-7-300-14645-4
104	计量经济学基础(第五版)(上下册)	达摩达尔·N. 古扎拉蒂	Damodar N. Gujarati	99.00	2011	978-7-300-13693-6
105	《计量经济学基础》(第五版)学生习题解答手册	达摩达尔·N. 古扎拉蒂等	Damodar N. Gujarati	23.00	2012	978-7-300-15080-8

金融学译丛						
序号	书名	作者	Author	单价	出版年份	ISBN
1	货币金融学(第三版)	R. 格伦·哈伯德等	R. Glenn Hubbard	96.00	2021	978-7-300-28819-2
2	房地产金融与投资(第十五版)	威廉·B. 布鲁格曼等	William B. Brueggeman	118.00	2021	978-7-300-28473-6
3	金融工程学原理(第三版)	罗伯特·L. 科索斯基等	Robert L. Kosowski	109.00	2020	978-7-300-28541-2
4	金融市场与金融机构(第12版)	杰夫·马杜拉	Jeff Madura	99.00	2020	978-7-300-27836-0
5	个人理财(第11版)	E. 托马斯·加曼等	E. Thomas Garman	108.00	2020	978-7-300-25653-5
6	银行学(第二版)	芭芭拉·卡苏等	Barbara Casu	99.00	2020	978-7-300-28034-9
7	金融衍生工具与风险管理(第十版)	唐·M. 钱斯	Don M. Chance	98.00	2020	978-7-300-27651-9
8	投资学导论(第十二版)	赫伯特·B. 梅奥	Herbert B. Mayo	89.00	2020	978-7-300-27653-3
9	金融几何学	阿尔文·库鲁克	Alvin Kuruc	58.00	2020	978-7-300-14104-6
10	银行风险管理(第四版)	若埃尔·贝西	Joël Bessis	56.00	2019	978-7-300-26496-7
11	金融学原理(第八版)	阿瑟·J. 基翁等	Arthur J. Keown	79.00	2018	978-7-300-25638-2
12	财务管理基础(第七版)	劳伦斯·J. 吉特曼等	Lawrence J. Gitman	89.00	2018	978-7-300-25339-8
13	利率互换及其他衍生品	霍华德·科伯	Howard Corb	69.00	2018	978-7-300-25294-0
14	固定收益证券手册(第八版)	弗兰克·J. 法博齐	Frank J. Fabozzi	228.00	2017	978-7-300-24227-9
15	金融市场与金融机构(第8版)	弗雷德里克·S. 米什金等	Frederic S. Mishkin	86.00	2017	978-7-300-24731-1
16	兼并、收购和公司重组(第六版)	帕特里克·A. 高根	Patrick A. Gaughan	89.00	2017	978-7-300-24231-6
17	债券市场:分析与策略(第九版)	弗兰克·J. 法博齐	Frank J. Fabozzi	98.00	2016	978-7-300-23495-3
18	财务报表分析(第四版)	马丁·弗里德森	Martin Fridson	46.00	2016	978-7-300-23037-5
19	国际金融学	约瑟夫·P. 丹尼尔斯等	Joseph P. Daniels	65.00	2016	978-7-300-23037-1
20	国际金融	阿德里安·巴克利	Adrian Buckley	88.00	2016	978-7-300-22668-2
21	个人理财(第六版)	阿瑟·J. 基翁	Arthur J. Keown	85.00	2016	978-7-300-22711-5
22	投资学基础(第三版)	戈登·J. 亚历山大等	Gordon J. Alexander	79.00	2015	978-7-300-20274-7
23	金融风险管理(第二版)	彼德·F. 克里斯托弗森	Peter F. Christoffersen	46.00	2015	978-7-300-21210-4
24	风险管理与保险管理(第十二版)	乔治·E. 瑞达等	George E. Rejda	95.00	2015	978-7-300-21486-3
25	个人理财(第五版)	杰夫·马杜拉	Jeff Madura	69.00	2015	978-7-300-20583-0
26	企业价值评估	罗伯特·A. G. 蒙克斯等	Robert A. G. Monks	58.00	2015	978-7-300-20582-3
27	基于Excel的金融学原理(第二版)	西蒙·本尼卡	Simon Benninga	79.00	2014	978-7-300-18899-7
28	金融工程学原理(第二版)	萨利赫·N. 内夫特奇	Salih N. Neftci	88.00	2014	978-7-300-19348-9
29	国际金融市场导论(第六版)	斯蒂芬·瓦尔德斯等	Stephen Valdez	59.80	2014	978-7-300-18896-6
30	金融数学:金融工程引论(第二版)	马雷克·凯宾斯基等	Marek Capinski	42.00	2014	978-7-300-17650-5
31	财务管理(第二版)	雷蒙德·布鲁克斯	Raymond Brooks	69.00	2014	978-7-300-19085-3
32	期货与期权市场导论(第七版)	约翰·C. 赫尔	John C. Hull	69.00	2014	978-7-300-18994-2
33	国际金融:理论与实务	皮特·塞尔居	Piet Sercu	88.00	2014	978-7-300-18413-5
34	货币、银行和金融体系	R. 格伦·哈伯德等	R. Glenn Hubbard	75.00	2013	978-7-300-17856-1
35	并购创造价值(第二版)	萨德·苏达斯纳	Sudi Sudarsanam	89.00	2013	978-7-300-17473-0
36	个人理财——理财技能培养方法(第三版)	杰克·R. 卡普尔等	Jack R. Kapoor	66.00	2013	978-7-300-16687-2
37	国际财务管理	吉尔特·贝克特	Geert Bekaert	95.00	2012	978-7-300-16031-3
38	应用公司财务(第三版)	阿斯沃思·达摩达兰	Aswath Damodaran	88.00	2012	978-7-300-16034-4
39	资本市场:机构与工具(第四版)	弗兰克·J. 法博齐	Frank J. Fabozzi	85.00	2011	978-7-300-13828-2

Environmental and Natural Resource Economics，11th Edition by Tom Tietenberg and Lynne Lewis
ISBN：9781138632295

北京市版权局著作权合同登记号：01-2019-0833

图书在版编目（CIP）数据

环境与自然资源经济学：第十一版/汤姆·蒂坦伯格（Tom Tietenberg），琳恩·刘易斯（Lynne Lewis）著；王晓霞等译. --北京：中国人民大学出版社，2021.4
（经济科学译丛）
书名原文：Environmental and Natural Resource Economics（11th Edition）
ISBN 978-7-300-29213-7

Ⅰ.①环… Ⅱ.①汤… ②琳… ③王… Ⅲ.①环境经济②自然资源-资源经济学 Ⅳ.①X196 ②F062.1

中国版本图书馆 CIP 数据核字（2021）第 055152 号

"十三五"国家重点出版物出版规划项目
经济科学译丛
环境与自然资源经济学（第十一版）
汤姆·蒂坦伯格
琳恩·刘易斯 著
王晓霞 石 磊 安树民 耿介坦 等译
Huanjing yu Ziran Ziyuan Jingjixue

出版发行	中国人民大学出版社		
社 址	北京中关村大街 31 号	邮政编码	100080
电 话	010－62511242（总编室）		010－62511770（质管部）
	010－82501766（邮购部）		010－62514148（门市部）
	010－62515195（发行公司）		010－62515275（盗版举报）
网 址	http://www.crup.com.cn		
经 销	新华书店		
印 刷	固安县铭成印刷有限公司		
开 本	787mm×1092mm 1/16	版 次	2021 年 4 月第 1 版
印 张	29.5 插页 2	印 次	2023 年 12 月第 2 次印刷
字 数	688 000	定 价	79.00 元